Die Bekämpfung des Anschleichens an eine börsennotierte Gesellschaft und das Gebot der Rechtssicherheit

Börsen- und kapitalmarktrechtliche Abhandlungen

Herausgegeben von Horst Hammen

Band 20

Zur Qualitätssicherung und Peer Review der vorliegenden Publikation

Die Qualität der in dieser Reihe erscheinenden Arbeiten wird vor der Publikation durch den Herausgeber der Reihe geprüft.

Notes on the quality assurance and peer review of this publication

Prior to publication, the quality of the work published in this series is reviewed by the editors of the series.

Erik Emmerling

Die Bekämpfung des Anschleichens an eine börsennotierte Gesellschaft und das Gebot der Rechtssicherheit

Eine Analyse der aktuellen Meldepflichten des WpHG bezüglich stimmrechtsvermittelnder Instrumente des Kapitalmarkts unter besonderer Beachtung des strafrechtlichen Bestimmtheitsgrundsatzes des Art. 103 Abs. 2 GG

PETER LANG

Bibliografische Information der Deutschen Nationalbibliothek
Die Deutsche Nationalbibliothek verzeichnet diese Publikation in der Deutschen Nationalbibliografie; detaillierte bibliografische Daten sind im Internet über http://dnb.d-nb.de abrufbar.

Zugl.: Erfurt, Univ., Diss., 2020

D 547

ISBN 978-3-631-83663-7 (Print)
E-ISBN 978-3-631-84055-9 (E-PDF)
E-ISBN 978-3-631-84056-6 (EPUB)
E-ISBN 978-3-631-84057-3 (MOBI)
DOI 10.3726/b17791

PL Academic Research ist ein Imprint der Peter Lang GmbH.

Peter Lang – Berlin · Bern · Bruxelles · New York · Oxford · Warszawa · Wien

Diese Publikation wurde begutachtet.

www.peterlang.com

Vorwort

Die vorliegende Arbeit wurde im September 2019 bei der Staatswissenschaftlichen Fakultät der Universität Erfurt als Dissertation eingereicht. Für die Veröffentlichung konnten Literaturveröffentlichungen bis Juli 2020 berücksichtigt werden.

An dieser Stelle gilt mein Dank all jenen, die mich bei der Arbeit an dieser Dissertation mit stetem Zuspruch, hilfreichen Ratschlägen und wertvoller Kritik unterstützt haben. In diesem Zusammenhang gilt mein besonderer Dank den folgenden Personen:

Zunächst bedanke ich mich sehr herzlich bei meinem Doktorvater Herrn Prof. Dr. Carl-Heinz Witt für seine hervorragende persönliche Betreuung und Unterstützung sowie die Erstellung des umfassenden Erstgutachtens. Mein herzlicher Dank gilt ebenso Frau Prof. Dr. Susanne Sieker für Ihr reges Interesse an meiner Arbeit und die rasche Erstellung des Zweitgutachtens. Danken möchte ich zudem Herrn Prof. Horst Hammen für die Aufnahme der Arbeit in seine Schriftenreihe „Börsen- und kapitalmarktrechtliche Abhandlungen" beim Peter Lang Verlag.

Mein ganz besonderer Dank gebührt meiner Familie und insbesondere meinen Eltern, die mir stets meinen Rücken gestärkt und mich durch ihr immerwährendes Vertrauen und ihre Förderung in die Lage versetzt haben, meine Ziele zu verfolgen und zu erreichen. Von ganzem Herzen bedanke ich mich an dieser Stelle bei meiner Frau, die es mir ermöglicht hat, die für eine solche Arbeit notwendigen zeitlichen Freiräume zu schaffen und die es stets verstanden hat, mir den erforderlichen Rückhalt und die nötige Motivation zu geben. Danke für Deine unendliche Geduld.

Erik Emmerling im September 2020

Inhaltsübersicht

Inhaltsverzeichnis

Abbildungsverzeichnis

Abkürzungsverzeichnis

2. FiMaNoG	Zweites Finanzmarktnovellierungsgesetz
3. FFG	Drittes Finanzmarktförderungsgesetz
a. F.	Alte Fassung
a. a. O.	am angegebenen Ort
a. E.	am Ende
a. M.	am Main
Abb.	Abbildung
Abs.	Absatz
ACQ	Audit Committee Quarterly
AEUV	Vertrag über die Arbeitsweise der europäischen Union
AG	Aktiengesellschaft
AG	Die Aktiengesellschaft
AK	Kommentar zum Grundgesetz für die Bundesrepublik Deutschland (aus der Reihe Alternativkommentare)
AktG	Aktiengesetz
AL	Ad Legendum
ALR	Allgemeines Preußisches Landrecht
Alt.	Alternative
Anh.	Anhang
Anm.	Anmerkung
AnsFuG	Anlegerschutz- und Funktionsverbesserungsgesetz
AöR	Archiv des öffentlichen Rechts
ARSP	Archiv für Rechts- und Sozialphilosophie
Art.	Artikel
AT	Allgemeiner Teil
Aufl.	Auflage
Az.	Aktenzeichen
BaFin	Bundesanstalt für Finanzdienstleistungsaufsicht
BAKred	Bundesaufsichtsamt für das Kreditwesen
BB	Betriebs-Berater
Bd.	Band
BDI	Bundesverband der Deutschen Industrie e.V.
BeckRS	Beck online Rechtsprechung
Begr.	Begründung
BGB	Bürgerliches Gesetzbuch
BGBl.	Bundesgesetzblatt
BGH	Bundesgerichtshof

BGHSt	Entscheidungen des Bundesgerichtshofs in Strafsachen
BGHZ	Entscheidungen des Bundesgerichtshofs in Zivilsachen
BImSchG	Gesetz zum Schutz vor schädlichen Umwelteinwirkungen durch Luftverunreinigungen, Geräusche, Erschütterungen und ähnliche Vorgänge (Bundes-Immissionsschutzgesetz)
BKR	Zeitschrift für Bank- und Kapitalmarktrecht
BörsG	Börsengesetz
BRAO	Bundesrechtsanwaltsordnung
BR-Drs.	Bundesrats-Drucksache
bspw.	beispielsweise
BT-Drs.	Bundestag-Drucksache
Buchst.	Buchstabe
BVerfG	Bundesverfassungsgericht
BVerfGE	Entscheidungen des Bundesverfassungsgerichts
BVerfGG	Bundesverfassungsgerichtsgesetz
BVerwG	Bundesverwaltungsgericht
bzw.	beziehungsweise
CfD	Differenzkontrakte (*Contracts for Difference*)
CFLaw	Corporate Finance law
Chap.	Kapitel (*Chapitre*)
d. h.	das heißt
DAV	Deutscher Anwaltverein
DAX	Deutscher Aktienindex
DB	Der Betrieb
ders.	derselbe
dies.	dieselbe/dieselben
Diss.	Dissertation
Dr.	Doktor
DStR	Deutsches Steuerrecht
ebda.	Ebenda
EG	Europäische Gemeinschaft
EGAktG	Einführungsgesetz zum Aktiengesetz
Einl.	Einleitung
EL	Ergänzungslieferung
EMA	Europäische Arzneimittel-Agentur (*European Medicines Agency*)

EMIR	Verordnung (EU) Nr. 648/2012 des Europäischen Parlaments und des Rates vom 4. Juli 2012 über OTC-Derivate, zentrale Gegenparteien und Transaktionsregister (*European Market Infrastructure Regulation*)
ESMA	Europäische Wertpapier- und Marktaufsichtsbehörde (*European Securities and Markets Authority*)
ESMA-VO	Verordnung (EU) Nr. 1095/2010 über die Europäische Wertpapier- und Marktaufsichtsbehörde
etc.	et cetera
EU	Europäische Union
EuGH	Europäischer Gerichtshof
EU-LeerverkaufsVO	Verordnung (EU) Nr. 236/2012 des Europäischen Parlaments und des Rates vom 14. März 2012 über Leerverkäufe und bestimmte Aspekte von Credit Default Swaps
EUR	Euro
EuR	Zeitschrift Europarecht
Eurex	European Exchange
EUV	Vertrag über die Europäische Union
EWG	Europäische Wirtschaftsgemeinschaft
EZB	Europäische Zentralbank
f.	folgend
FAG	Gesetz über Fernmeldeanlagen (Fernmeldeanlagengesetz)
FAG	Fischers Aktien-Gesellschaft (heute eine Marke der Schaeffler Gruppe)
FAQ	Häufig gestellte Fragen (*Frequently Asked Questions*)
FAZ	Frankfurter Allgemeiner Zeitung
FCA	Aufsicht über die Einhaltung der Transparenzanforderungen in Großbritannien *(Financial Conduct Authority)*
FS	Festschrift
ff.	folgende
FI	Finanzinstrument
FKVO	Fusionskontrollverordnung
Fn.	Fußnote
FS	Festschrift
FSA	Finanzdienstleistungsaufsicht in Großbritannien (*Financial Services Authority*)

GenG	Genossenschaftsgesetz
GG	Grundgesetz der Bundesrepublik Deutschland
GmbH	Gesellschaft mit beschränkter Haftung
GmbHG	Gesetz betreffend die Gesellschaften mit beschränkter Haftung
GWB	Gesetz gegen Wettbewerbsbeschränkungen
GWR	Gesellschafts- und Wirtschaftsrecht
h.c.	Ehrendoktor (*honoris causa*)
HeilBerG NRW	Heilberufsgesetz Nordrhein-Westfalen
HGB	Handelsgesetzbuch
Hrsg.	Herausgeber
i. e. S.	im engeren Sinne
i. H. v.	in Höhe von
i. S. d.	im Sinne des/r
i. V. m.	in Verbindung mit
Ing.	Ingenieur
insbes.	insbesondere
ISDA	Handelsorganisation von Teilnehmern am Markt für OTC-Derivate (*International Swaps and Derivatives Association*)
iur.	Juristisch (*iuris*)
JuS	Juristische Schulung
JZ	Juristen Zeitung
KAGB	Kapitalanlagegesetzbuch
Kap.	Kapitel
KapMuG	Kapitalanleger-Musterverfahrensgesetz
KG	Kommanditgesellschaft
KMRK	Kapitalmarktrechts-Kommentar
KOM	Europäische Kommission
Komm.	Kommentar
KWG	Kreditwesengesetz
LG	Landgericht
lit.	Litera
Liv.	Buch (*Livre*)
m. w. N.	mit weiteren Nachweisen
MAD	Marktmissbrauchsrichtlinie (*Market Abuse Directive*)
MaKonV	Verordnung zur Konkretisierung des Verbotes der Marktmanipulation

MAR	Verordnung (EU) Nr. 596/2014 des Europäischen Parlaments und des Rates vom 16. April 2014 über Marktmissbrauch und zur Aufhebung der Richtlinie2003/6/EG des Europäischen Parlaments und des Rates und der Richtlinie 2003/124/EG, 2003/125/EG und 2004/72/EG der Kommission (Marktmissbrauchsverordnung) (*Market Abuse Regulation*)
MiFID	Richtlinie 2004/39/EG des Europäischen Parlaments und des Rates vom 21. April 2004 über Märkte für Finanzinstrumente, zur Änderung der Richtlinien 85/611/EWG und 93/6/EWG des Rates und der Richtlinie 2000/12/EG des Europäischen Parlaments und des Rates und zur Aufhebung der Richtlinie 93/22/EWG des Rates (Finanzmarktrichtlinie – *Markets in Financial Instruments Directive*)
Mrd.	Milliarde
MTF	Multilaterales Handelssystem (*Multilateral Trading Facility*)
MüKo	Münchner Kommentar
n.F.	Neue Fassung
NJW	Neue Juristische Wochenschrift
NJW-RR	Neue Juristische Wochenschrift Rechtsprechungs-Report
Nr.	Nummer
NStZ	Neue Zeitschrift für Strafrecht
NVwZ-RR	Neue Zeitschrift für Verwaltungsrecht Rechtsprechungs-Report
NZG	Neue Zeitschrift für Gesellschaftsrecht
NZM	Neue Zeitschrift für Miet- und Wohnungsrecht
OLG	Oberlandesgericht
OMT	Anleihenkaufprogramm der Europäischen Zentralbank (*Outright Monetary Transactions*)
OTC	Außerbörslicher Handel zwischen Finanzmarktteilnehmern (*Over the Counter*)
OWiG	Gesetz über Ordnungswidrigkeiten (Ordnungswidrigkeitengesetz)
Prof.	Professor
Reg.Bl.	Regierungsblatt
RegE	Regierungsentwurf

RisikoBegrG	Risikobegrenzungsgesetz
RL	Richtlinie
Rn.	Randnummer
Rs.	Rechtssache
Rspr.	Rechtsprechung
S.	Satz/Seite
SE	Europäische Gesellschaft (*Societas Europaea*)
sic	So stand es geschrieben (*sīc erat scriptum*)
SJZ	Schweizerische Juristen-Zeitung
Slg.	Sammlung der Rechtsprechung des Gerichtshofes und des Gerichts Erster Instanz
sog.	sogenannte/r
Sp.	Spalte
St. Rspr.	Ständige Rechtsprechung
StGB	Strafgesetzbuch
str.	Streitig
StVZO	Straßenverkehrs-Zulassungs-Ordnung
TA Lärm	Sechste Allgemeine Verwaltungsvorschrift zum Bundes-Immissionsschutzgesetz (Technisch Anleitung zum Schutz gegen Lärm)
TA Luft	Erste Allgemeine Verwaltungsvorschrift zum Bundes-Immissionsschutzgesetz (Technische Anleitung zur Reinhaltung der Luft)
TÄUG	Transparenzrichtlinie-Änderungsrichtlinie Umsetzungsgesetz (aus dem Jahr 2015)
TCI	*The Children´s Investment Fund* (britischer Hedgefonds)
TierSchG	Tierschutzgesetz
Transparenzrichtlinie 2013 oder TRL-ÄndRL	Transparenzrichtlinie-Änderungsrichtlinie (2013)
TRL	Transparenzrichtlinie
TUG	Transparenzrichtlinie-Umsetzungsgesetz (aus dem Jahr 2007)
u.a.	und andere
Unterabs.	Unterabschnitt
Urt.	Urteil
USA	Vereinigte Staaten von Amerika (*United States of America*)
UWG	Gesetz gegen den unlauteren Wettbewerb
v.	von/vom
VAG	Versicherungsaufsichtsgesetz
VermAnlG	Vermögensanlagegesetz

VG	Verwaltungsgericht
Vgl.	Vergleiche
VW	Volkswagen
VW-Gesetz	Gesetz über die Überführung der Anteilsrechte an der Volkswagenwerk Gesellschaft mit beschränkter Haftung in private Hand (auch VWGmbHÜG)
VWGmbHÜG	Gesetz über die Überführung der Anteilsrechte an der Volkswagenwerk Gesellschaft mit beschränkter Haftung (auch VW-Gesetz)
WiRO	Wirtschaft und Recht in Osteuropa
wistra	Zeitschrift für Wirtschafts- und Steuerstrafrecht
WM	Wertpapier-Mitteilungen
WpAV	Wertpapierhandelsanzeigeverordnung
WPg	Die Wirtschaftsprüfung
WpHG	Wertpapierhandelsgesetz
WpPG	Wertpapierprospektgesetz
WpÜG	Wertpapierübernahmegesetz
WpÜG-AV	Wertpapierübernahmegesetz-Angebotsverordnung
ZD	Zeitschrift für Datenschutz
ZEuP	Zeitschrift für Europäisches Privatrecht
ZGR	Zeitschrift für Unternehmens- und Gesellschaftsrecht
ZgS	Zeitschrift für die gesamte Staatswissenschaft
ZHR	Zeitschrift für das gesamte Handelsrecht und Wirtschaftsrecht
Ziff.	Ziffer
ZIP	Zeitschrift für Wirtschaftsrecht
ZRP	Zeitschrift für Rechtspolitik
zu vergl.	zu vergleichen
ZVglRWiss	Zeitschrift für Vergleichende Rechtswissenschaft

A. Einleitung

Der (potenzielle) Erwerber einer bedeutenden Beteiligung[1] an einer börsennotierten Aktiengesellschaft sieht sich einer Reihe grundlegender Fragen gegenüber. Am Anfang stehen zumeist strategische Überlegungen, beispielsweise diejenige, ob es sich allein um eine renditeorientierte Anlage handeln oder das Ziel einer Einflussnahme auf unternehmerische Entscheidungen der Gesellschaft verfolgt werden soll.

Eine solche Transaktion eröffnet daher unterschiedliche Problemfelder, und zwar vor allem deshalb, weil bei dem Aufbau einer größeren Beteiligung an einer börsennotierten Aktiengesellschaft eine Vielzahl von Vorschriften zu beachten ist. Dazu zählen im Kern das Wertpapiererwerbs- und Übernahmegesetz (WpÜG),[2] die Angebotsverordnung zum WpÜG (WpÜG-AV),[3] das Wertpapierhandelsgesetz (WpHG),[4] die Wertpapierhandelsanzeigeverordnung zum WpHG (WpAV),[5] das Wertpapierprospektgesetz (WpPG) sowie das Börsengesetz (BörsG). Diese Gesetze und Verordnungen stellen in weiten Teilen zugleich nationale Umsetzungsakte dar, die auf europäischen Rechtsakten basieren.

---

1 Im Folgenden wird der Begriff der „bedeutenden Beteiligung" verwendet. Darunter sind solche Beteiligungen zu verstehen, die mit Erreichen, Überschreiten oder Unterschreiten eines bestimmten Schwellenwertes gesellschaftsrechtliche, kapitalmarktrechtliche und/oder aufsichtsrechtliche Offenlegungspflichten begründen. Dieser Begriff ist abzugrenzen von der „wesentlichen Beteiligung" im Sinne des § 43 WpHG, die einen Beteiligungserwerb in Höhe von 10 % der Stimmrechte an einem börsennotierten Emittenten beschreibt und dem Erwerber besondere Erklärungspflichten auferlegt.

2 Wertpapiererwerbs- und Übernahmegesetz vom 20. Dezember 2001, BGBl. I 2001, S. 3822.

3 Verordnung über den Inhalt der Angebotsunterlage, die Gegenleistung bei Übernahmeangeboten und Pflichtangeboten und die Befreiung von der Verpflichtung zur Veröffentlichung und zur Abgabe eines Angebots vom 27. Dezember 2001, BGBl. I 2001, S. 4263.

4 Gesetz über den Wertpapierhandel (Wertpapierhandelsgesetz – WpHG) vom 9. September 1998, BGBl. I 1998, S. 2708.

5 Verordnung zur Konkretisierung von Anzeige-, Mitteilungs- und Veröffentlichungspflichten nach dem Wertpapierhandelsgesetz (Wertpapierhandelsanzeigeverordnung – WpAV) vom 13. Dezember 2004, BGBl. I 2004, S. 3376. Überschrift geändert durch Artikel 1 der Verordnung vom 2. November 2017, BGBl. I 2017, S. 3727. Diese wiederum ergänzt durch Verordnung zur Mitteilung der Stimmrechte aus Aktien und anderen Instrumenten nach dem Wertpapierhandelsgesetz (Stimmrechtsmitteilungsverordnung – StimmRMV) vom 2. Oktober 2018, BGBl. I 2018, S. 1723, zuletzt geändert durch Verordnung vom 2. Juni 2020, BGBl. I 2020, S. 1217.

Für diese Untersuchung von besonderer Bedeutung sind dabei die Transparenzrichtlinie I[6] und II[7] sowie die Transparenzrichtlinie-Änderungsrichtlinie aus dem Jahre 2013.[8]

Denn bei der Übernahme eines börsennotierten Unternehmens sind insbesondere eine Vielzahl unterschiedlicher Publizitätspflichten zu beachten, die grundsätzlich – bis auf wenige Ausnahmen – nebeneinander anwendbar sind.[9] In der Vergangenheit sind aufsehenerregende Fälle bekannt geworden, in denen es um die Vermeidung von einzelnen dieser Publizitätspflichten ging. Dies gibt Anlass, sich mit diesen Publizitätspflichten vertieft auseinanderzusetzen.

Gegenstand dieser Untersuchung sind daher die Offenlegungspflichten des 6. Abschnitts des WpHG, namentlich die §§ 33, 38 und 39 WpHG (früher §§ 21, 25, 25a WpHG). Diese Meldepflichten des WpHG erfuhren durch das Anlegerschutz- und Funktionsverbesserungsgesetz (AnsFuG) vom 5. April 2011[10] sowie durch das Gesetz zur Umsetzung der Transparenzrichtlinie-Änderungsrichtlinie[11] vom 20. November 2015[12] wesentliche inhaltliche Änderungen. Die Neugestaltung der Mitteilungspflichten für Instrumente im Sinne des § 38 WpHG, deren vorrangiges Ziel es ist, das Anschleichen an Zielgesellschaften im Rahmen von Übernahmen zu erschweren, soll Kern dieser Untersuchung sein. Die Beachtung dieser Pflichten ist von essenzieller Bedeutung für den Erfolg einer Übernahme, da sie einerseits einen weiten und komplexen Anwendungsbereich aufweisen und andererseits die bei ihrer Nichtbeachtung drohenden Sanktionen zu erheblichen Nachteilen finanzieller sowie gesellschaftsrechtlicher Art führen können.

---

6 Richtlinie 88/627/EWG über die bei Erwerb und Veräußerung einer bedeutenden Beteiligung an einer börsennotierten Gesellschaft zu veröffentlichenden Informationen vom 12. Dezember 1988, ABl. EG Nr. L 348 vom 17. Dezember 1988, S. 62.

7 Richtlinie 2004/109/EG zur Harmonisierung der Transparenzanforderungen in Bezug auf Informationen über Emittenten, deren Wertpapiere zum Handel auf einem geregelten Markt zugelassen sind und zur Änderung der Richtlinie 2001/34/EG vom 15. Dezember 2004, ABl. EG Nr. L 390 vom 31. Dezember 2004, S. 38.

8 Richtlinie 2013/50/EU zur Änderung der Richtlinie 2004/109/EG des Europäischen Parlaments und des Rates zur Harmonisierung der Transparenzanforderungen in Bezug auf Informationen über Emittenten, deren Wertpapiere zum Handel auf einem geregelten Markt zugelassen sind, der Richtlinie 2003/71/EG des Europäischen Parlaments und des Rates betreffend den Prospekt, der beim öffentlichen Angebot von Wertpapieren oder bei deren Zulassung zum Handel zu veröffentlichen ist, sowie der Richtlinie 2007/14/EG der Kommission mit Durchführungsbestimmungen zu bestimmten Vorschriften der Richtlinie 2004/109/EG vom 22. Oktober 2013, ABl. EU Nr. L 294 vom 6. November 2013, S. 13.

9 *Lebherz*, WM 2012, S. 154 (155).

10 Gesetz zur Stärkung des Anlegerschutzes und Verbesserung der Funktionsfähigkeit des Kapitalmarkts, BGBl. Teil I Nr. 14/538 vom 7. April 2011.

11 Im Folgenden auch als „Transparenzrichtlinie 2013" oder „TRL 2013" bezeichnet.

12 Gesetz zur Umsetzung der Transparenzrichtlinie-Änderungsrichtlinie, BGBl. Teil I Nr. 46/2029 vom 20. November 2015. Im Folgenden auch als „TÄUG" bezeichnet.

Ohnehin sind diese Meldepflichten einem ständigen Wandel unterworfen. Noch dazu weitet der Gesetzgeber seit geraumer Zeit den Anwendungsbereich der Meldepflichten des WpHG zunehmend aus. Damit geht ein hohes Maß an Verunsicherung der Marktteilnehmer einher, und zwar vor allem deshalb, weil im Jahre 2012 mit der ersten Neuformulierung der Meldepflichten des WpHG durch das AnsFuG Meldetatbestände geschaffen wurden, die eine nicht geringe Zahl unbestimmter Rechtsbegriffe enthielten und eine Vielzahl bekannter sowie noch unbekannter Finanzinstrumente erfassen sollten. Darüber hinaus konkurrieren auf dem Gebiet kapitalmarktbezogener Meldepflichten nationale mit europarechtlichen Regelungen. Sie konfrontieren den Rechtsanwender mit einer Flut von Richtlinien und Verordnungen sowie nationalen Umsetzungsgesetzen.

So verwundert es kaum, dass die Meldepflichten des WpHG bereits gut vier Jahre nach ihrer Neugestaltung durch das AnsFuG aufgrund der Umsetzung neuer europarechtlicher Transparenzvorschriften im Jahre 2015 abermals einer Änderung unterzogen wurden, eben durch das TÄUG.[13] Eine Änderung, die das WpHG im Ganzen betrifft, erfolgte zuletzt durch das Zweite Finanzmarktnovellierungsgesetz (2. FiMaNoG) aus dem Jahr 2017.[14] Durch dieses Gesetz wurde das WpHG aufgrund der durch die zahlreichen vorhergehenden Änderungen eingetretenen Unübersichtlichkeit neu nummeriert und auch strukturiert. So sind die altbekannten Meldepflichten des 5. Abschnitts (§§ 21 ff. WpHG a. F.) nun im 6. Abschnitt (§§ 33 ff. WpHG) zu finden.

Ziel der folgenden Untersuchung ist es, die Intention des Gesetzgebers hinsichtlich der Gestaltung der aktuellen Meldepflichten des WpHG näher zu beleuchten. Hierbei soll insbesondere der Frage nachgegangen werden, ob das Anschleichen durch die neuen Meldepflichten wirksam bekämpft wird. Diesbezüglich soll zu Beginn der Untersuchung die Entstehungsgeschichte der Meldepflichten nachvollzogen werden. Das Verständnis der Motivation des Gesetzgebers bei der Einführung und Weiterentwicklung von Vorschriften zur Transparenz von Beteiligungen an börsennotierten Gesellschaften ist entscheidend, um den Wirkungsmechanismus dieser Vorschriften nachvollziehen zu können. Hierbei soll vor allem die zunehmende Bedeutung europarechtlich geprägter Normsetzung herausgestellt werden. Sodann soll ein systematischer Überblick über die derzeit geltenden Meldepflichten erfolgen. Auch sollen Publizitätsvorschriften außerhalb des WpHG zu diesem in Relation gesetzt und eine entsprechende Abgrenzung der Anwendungsbereiche vorgenommen werden.

Ziel soll es sein, ein Grundverständnis für die Systematik der Mitteilungs- und Veröffentlichungsvorschriften des WpHG zu schaffen, um sich auf diesem Verständnis aufbauend der Problematik des Anschleichens zu nähern. Diesbezüglich

---

13 Vgl. Fn. 12.

14 Zweites Gesetz zur Novellierung von Finanzmarktvorschriften auf Grund europäischer Rechtsakte (Zweites Finanzmarktnovellierungsgesetz – 2. FiMaNoG) vom 23. Juni 2017, BGBl. I S. 1693.

soll vor allem der Frage nachgegangen werden, wie das Anschleichen mittels stimmrechtsvermittelnder Instrumente funktioniert und welche Gründe einen Investor zu einem solchen Vorgehen bewegen. Hierbei sollen vor allem die widerstreitenden Interessen der Beteiligten mithilfe der Beschreibung bekannt gewordener Fälle des Anschleichens wie der letztlich gescheiterte Versuch der Porsche AG, den VW-Konzern zu übernehmen, und der erfolgreichen Übernahme der Continental AG durch die Schaeffler KG beleuchtet werden. Eine genaue Analyse der Funktionsweise der für den heimlichen Beteiligungsaufbau typischerweise verwendeten Instrumente soll hierfür die Grundlage bilden. Daneben sollen die für ein Tätigwerden des Gesetzgebers zur Bekämpfung des Anschleichens aufgeführten Argumente vertieft betrachtet werden. Hierbei soll insbesondere erläutert werden, inwieweit der heimliche Beteiligungsaufbau eine Marktstörung darstellt. Das Bedürfnis nach markt- und zeitgerechten Informationen sowie eine mögliche Umgehung der Mindestpreisregeln des WpÜG werden dabei einen Schwerpunkt der Betrachtung bilden.

Zudem sollen die Meldepflichten bezüglich stimmrechtsvermittelnder Instrumente mit Blick auf deren rechtssichere Anwendbarkeit und Bestimmtheit einer eingehenden Untersuchung unterzogen und die Frage geklärt werden, welche auslegungsleitenden Prinzipien zur Sicherstellung einer rechtssicheren Anwendung dieser Vorschriften existieren und wie diesen bestmöglich Geltung zu verschaffen ist. Insbesondere soll hierbei die mögliche Zulässigkeit einer gespaltenen Normanwendung kritisch in den Blick genommen werden.

Aufgrund der Tatsache, dass eine Zuwiderhandlung gegen die Meldepflichten des WpHG mit erheblichen Sanktionen verbunden ist, soll im Anschluss eine vertiefte Auseinandersetzung mit den Anforderungen des besonderen Bestimmtheitsgrundsatzes des Art. 103 Abs. 2 GG erfolgen und die Frage geklärt werden, inwiefern diese Anforderungen eine weitergehende Konkretisierung erfahren können. Diesbezüglich soll vor allem auf die vom Bundesverfassungsgericht entwickelten Grundsätze zur Konkretisierung von unbestimmten Gesetzen eingegangen werden. Ferner sollen die mithilfe dieser Analyse gewonnenen Erkenntnisse dazu dienen, die Vereinbarkeit der aktuellen Meldepflichten bezüglich stimmrechtsvermittelnder Instrumente mit dem besonderen Bestimmtheitsgebot des Art. 103 Abs. 2 GG vertieft zu betrachten. Dabei sollen ebenso die im Schrifttum formulierten Vorschläge zur Konkretisierung der Anforderungen des Art. 103 Abs. 2 GG bewertet und – soweit notwendig – durch die Entwicklung eigener Kriterien ergänzt werden.

Die so gewonnenen Erkenntnisse sollen der Klärung der Frage dienen, ob und welcher Kriterien es zur rechtssicheren Konkretisierung der unbestimmten Tatbestandsmerkmale der Meldepflichten bezüglich stimmrechtsvermittelnder Instrumente bedarf. Ein Schwerpunkt der Untersuchung soll hier auf dem Merkmal der „vergleichbaren wirtschaftlichen Wirkung" im Sinne des § 38 Abs. 1 S. 1 Nr. 2 WpHG liegen. Zugleich soll geklärt werden, welche Instrumente, die typischerweise zum unbemerkten Beteiligungsaufbau genutzt werden können, von der Vorschrift des § 38 Abs. 1 S. 1 Nr. 2 WpHG erfasst sind (also eine vergleichbare wirtschaftliche Wirkung aufweisen) und inwieweit ein Anschleichen speziell mit dieser Vorschrift verhindert wird.

Daran anschließend sollen im Schrifttum formulierte Vorschläge zur Verbesserung der Meldepflichten hinsichtlich ihres Aufbaus, ihrer Formulierung als auch ihrer Anwendung aufgegriffen sowie dahingehend untersucht werden, ob sie einen konkreten Gewinn an Rechtssicherheit beinhalten und wie diese Vorschläge zu realisieren wären, um ein anwenderfreundlicheres und der Rechtssicherheit zuträglicheres Normgefüge zu schaffen.

B. Überblick über die Meldepflichten des WpHG

I. Entstehungsgeschichte

1. Der Ursprung

Als Ursprung von Transparenzanforderungen im Beteiligungsrecht kann die Einführung der gesellschaftsrechtlichen Mitteilungspflicht im Aktiengesetz von 1965[15] gesehen werden.[16] Gemäß dem damals eingeführten – und noch heute bestehenden – § 20 Abs. 1 S. 1 AktG löst der Erwerb einer Beteiligung i. H. v. mehr als 25 % an einer inländischen Aktiengesellschaft eine Mitteilungspflicht gegenüber der Gesellschaft aus. Zum damaligen Zeitpunkt setzte sich der Gedanke durch, dass ein Großaktionär seine Anteilsposition offenlegen müsse, um die Aktionäre und die Gläubiger der Gesellschaft besser über geplante und bestehende Konzernverbindungen zu unterrichten sowie der Unternehmensleitung die wahren Machtverhältnisse in der Gesellschaft zu verdeutlichen.[17] Diese Überlegung war der Tatsache geschuldet, dass sich die Machtverteilung in börsennotierten Aktiengesellschaften grundlegend nach dem Umfang der gehaltenen Beteiligung bestimmt und die häufig geringe Hauptversammlungspräsenz eine wesentliche Beeinflussung grundlegender Entscheidungen auch ohne das Vorhandensein einer objektiv beherrschenden Stellung ermöglicht. Die Normierung der genannten Mitteilungspflicht war nicht unumstritten. Als wichtigster Kritiker darf hier *Wilhelm Vallenthin* genannt sein, damaliges Vorstandsmitglied der Deutschen Bank, der in den aktienrechtlichen Offenlegungspflichten einen Widerspruch zur freiheitlichen Wirtschaftsordnung erblickte, der mit der Anonymität der Aktie unvereinbar sei.[18] Dieses Aufbegehren verhallte nicht ungehört. Nachdem der Rechtsausschuss des Bundestages dem Vorhaben seine Zustimmung verweigert hatte, vermochte erst der Wirtschaftsausschuss den Bundestag von den Vorteilen der neuen Publizitätspflichten zu überzeugen.[19]

---

15 BGBl. I 1965, S. 1089.

16 Ähnlich *Friedeborn*, Vormitgliedschaftliche Beteiligungstransparenz (2014), S. 16.

17 Begr. RegE AktG, abgedruckt bei *Kropff*, AktG 1965, S. 38; vgl. auch *Veil*, ZHR 177 (2013), S. 427 (428 f.); kritisch *Schäfer*, BB 1966, S. 229 (230), der den Gleichheitssatz des Grundgesetzes zumindest angetastet sieht sowie die wirtschaftspolitische Zweckmäßigkeit hinterfragt.

18 *Vallenthin*, in: Marburger Aussprache zur Aktienrechtsreform (1959), S. 36 (49); ähnlich *Friedeborn*, Vormitgliedschaftliche Beteiligungstransparenz (2014), S. 17, *Christ*, Barausgleichsderivate (2011), S. 41 f.

19 Vgl. *Fleischer/Schmolke*, NZG 2009, S. 401 (402) m. w. N.

Den aktienrechtlichen Mitteilungspflichten der §§ 20 ff. AktG lag vor allem der Gedanke gesellschaftsrechtlicher Transparenz zu Grunde.[20] Der Gesellschaft, ihren Organen und ihren Anteilseignern sollte mehr Vertrauen in das eigene Unternehmen vermittelt und damit eine Akzeptanzsteigerung bei den Marktteilnehmern herbeigeführt werden.[21] Mithin versagte der Gesetzgeber durch die Einführung der aktienrechtlichen Transparenzvorschriften Großaktionären ihren behaupteten Anspruch auf Anonymität.[22] Dieser aktienrechtliche Transparenzgedanke war über Jahrzehnte prägend für die in Deutschland geltenden Mitteilungspflichten bezüglich Aktiengesellschaften.

Mehr und mehr setzte sich aber ein weiterer Gedanke in den Überlegungen zur Funktionsweise der Beteiligungstransparenz durch. Man löste sich von der bis dahin allein gesellschaftsrechtlichen Perspektive der Transparenzvorschriften und erkannte, dass Anlage- und Investitionsentscheidungen einer ausreichenden Informationsgrundlage bedürfen. Kennen potenzielle Privatinvestoren und institutionelle Anleger die Beteiligungsstruktur einer börsennotierten Gesellschaft, so sind ihnen Investitionsentscheidungen aufgrund aussagekräftiger Prognoseentscheidungen möglich. Denn nur durch solche Informationen ist es möglich, strategische Investitionen zu tätigen. Die Frage, ob eine Minderheitsbeteiligung oder gar eine beherrschende Stellung angestrebt werden soll, kann allein aufgrund vorhandener Beteiligungstransparenz substantiiert beantwortet werden. Das heißt, nicht nur die betroffene Gesellschaft, sondern der Markt muss Kenntnis über die Aktionärsstruktur in börsennotierten Aktiengesellschaften erhalten. Fehlt eine solche Publizität, wird aufgrund mangelnder Prognostizierbarkeit der künftigen Entwicklung der Machtverhältnisse eine nur geringe Bereitschaft zur Investition bestehen. Die Einführung einer solchen – kapitalmarktbezogenen – Transparenz führt im Ergebnis zu einer Erweiterung des Investitionspotenzials, da durch die gewonnenen Informationen sinnvolle Anlageentscheidungen möglich sind, welche potenziellen Anlegern einen Einstieg erleichtern und damit gleichzeitig einen Vertrauenszuwachs der Marktteilnehmer bedeuten. Man erkannte, dass das Vertrauen von Anlegern in den Finanzplatz Deutschland durch das mit diesem Vertrauen einhergehende Investitionspotenzial gleichzeitig die Attraktivität für nationale und internationale Emittenten steigert.[23] Diese Überlegungen mündeten in ein europarechtliches Publizitätsregime.

---

20 Vgl. Begr. RegE AktG, abgedruckt bei *Kropff*, AktG 1965, S. 38.
21 Begr. RegE AktG, abgedruckt bei *Kropff*, AktG 1965, S. 38 (39).
22 Vgl. Begr. RegE AktG, abgedruckt bei *Kropff*, AktG 1965, S. 38 (39).
23 So auch *Hildner*, Kapitalmarktrechtliche Beteiligungstransparenz (2002), Einl., S. 19.

2. Europa ist am Zug: Die Transparenzrichtlinien und ihre Umsetzung

a) Die Transparenzrichtlinie I

Das Fundament der europarechtlichen Offenlegungspflichten bildete die Transparenzrichtlinie I aus dem Jahre 1988,[24] welche den Beginn einer immer weiter voranschreitenden Harmonisierung der europäischen Kapitalmärkte darstellte. Der europäische Gesetzgeber war dabei von der Zielvorstellung geleitet, den Anlegerschutz im Wertpapierbereich zu verbessern, das Anlegervertrauen zu stärken sowie die Funktionsfähigkeit des Kapitalmarkts zu gewährleisten.[25] Zudem sollte durch eine weitreichende Offenlegungspflicht und die damit verbundene Kenntnis der Existenz von Großaktionären eine Reduzierung missbräuchlich nutzbarer Informationsvorsprünge erreicht werden.[26] Die Richtlinie räumte den Mitgliedstaaten jedoch einen weitgehenden Spielraum hinsichtlich der Umsetzung in nationales Recht ein. So sah Artikel 4 Abs. 1 S. 1 der Transparenzrichtlinie I Meldeschwellen bezüglich börsennotierter Gesellschaften bei 10, 20, 33 13, 50 und 66 23 % der Stimmrechte vor, ermöglichte es aber den Mitgliedstaaten, die Schwellen von 20 % und 33 13 % durch eine einzige Schwelle von 25 % und die Schwelle von 66 23 % durch eine Schwelle von 75 % zu ersetzen (Art. 4 Abs. 1 S. 2). Von dieser Möglichkeit machte der deutsche Gesetzgeber Gebrauch. Die Schwellen von 33 13 % und 66 23 % hatten damit im deutschen Offenlegungsregime keine Bedeutung.[27] Zudem enthielt die Richtlinie eine Eingangsmeldeschwelle von 10 %. Aus heutiger Sicht ist diese Schwelle als überaus zurückhaltend, mit Blick auf die nicht unerheblichen Widerstände aber als ein erster mutiger Schritt hin zu einem transparenten Kapitalmarkt, zu bezeichnen.

Bedenken gegen die Transparenzrichtlinie I und ihre Umsetzung gab es auf breiter Flur. Dies zeigte sich vor allem daran, dass das Wertpapierhandelsgesetz und die hier bedeutsamen §§ 33 ff. WpHG (zuvor §§ 21 ff. WpHG a. F.) erst zum 1. Januar 1995 in Kraft getreten sind, obwohl Art. 17 Abs. 1 der Transparenzrichtlinie I eine Umsetzung in nationales Recht bis zum 1. Januar 1991 vorschrieb. Grund für diese verzögerte Umsetzung waren dieselben Bedenken, wie sie einst bei der Einführung der aktienrechtlichen Mitteilungspflichten im Jahre 1965 geäußert worden waren.[28] Der Grundstein für eine differenziertere rechtspolitische Diskussion über die Funktionen und Folgen von Meldepflichten war

24 Vgl. bereits Fn. 6.
25 Vgl. *Weber-Rey/Benzler*, in: Habersack/Mülbert/Schlitt, Handbuch der Kapitalmarktinformation, 2. Aufl. (2013), § 20, Rn. 33 m. w. N.
26 Vgl. Begr. RegE Zweites Finanzmarktförderungsgesetz, BT-Drs. 12/6679, S. 52.
27 Vgl. Begr. RegE Zweites Finanzmarktförderungsgesetz, BT-Drs. 12/6679, S. 52.
28 Vgl. Nachweise bei *U. H. Schneider*, in: Assmann/ders./Mülbert, WpHG, 7. Aufl. (2019), Vor § 33, Rn. 2 sowie *Fleischer/Schmolke*, NZG 2009, S. 401 (402).

die von führenden Vertretern der Kreditwirtschaft formulierte Aufforderung an den deutschen Gesetzgeber, möglichst zeitnah einen Rechtsstandard herbeizuführen, der eine größtmögliche Transparenz des Marktgeschehens sowie die Durchführung ordnungsgemäßer und fairer Übernahmeverfahren gewährleistet.[29] Damit war auch in Deutschland der Startschuss für eine auf Transparenz aufbauende „Finanzmarktkultur“[30] gefallen. Der folgende Regierungsentwurf[31] und das Umsetzungsgesetz zur Transparenzrichtlinie I (Zweites Finanzmarktförderungsgesetz)[32] begegneten jedoch nicht unerheblicher Kritik.[33] So wurde eingewandt, die in der Transparenzrichtlinie I genannten Meldeschwellen ließen keine optimale Bewertung der Aktionärsstruktur zu; zudem seien die Sprünge zwischen den einzelnen Meldeschwellen zu groß und die ungenaue bzw. fehlende Erfassung schuldrechtlicher Geschäfte lasse nicht erkennen, wann ein Paketaufbau stattfinde.[34] Die geäußerte Kritik richtete sich wohlgemerkt nicht gegen das Ansinnen weitreichender Kapitalmarkttransparenz, sondern wollte diese optimiert und stellenweise erweitert wissen.

b) Exkurs: Diskussion über einen gesellschaftsrechtlichen Ansatz

Im Jahre 1990 gab es im Schrifttum zudem einen Vorschlag zur Etablierung einer weitreichenden Beteiligungstransparenz, welche sich aus der aktionärsrechtlichen Treuepflicht[35] herleiten lassen sollte. Dieser diskussionswürdige Ansatz zur Bekämpfung des Anschleichens an Zielgesellschaften geht auf eine Untersuchung *Burgards* zurück.[36] Dieser bediente sich nicht eines kapitalmarktrechtlichen, sondern eines gesellschafts- bzw. aktienrechtlichen Publizitätsgedankens, angelehnt an § 20 AktG.[37] *Burgards* Ansatz sollte jedoch über den aus § 242 BGB

---

29 *Kopper*, Frankfurter Allgemeine Zeitung vom 10. April 1990, S. 21.

30 *Otto*, AG 1994, S. 167 (170).

31 RegE Zweites Finanzmarktförderungsgesetz, BT-Drs. 12/6679.

32 BGBl. I 1994, S. 1749.

33 Vgl. *Krause*, AG 2002, S. 133 (135) m. w. N.

34 Vgl. *Krause*, AG 2002, S. 133 (135) m. w. N.

35 Das Bestehen einer Treuepflicht der Gesellschafter untereinander und nicht nur zwischen ihnen und der Gesellschaft ist seit den Entscheidungen des Bundesgerichtshofs (BGHZ 103, S. 184, 195 = WM 1988, S. 325) sowie des Bundesverfassungsgerichts (WM 1990, S. 755) unumstritten; zur Geschichte der gesellschaftsrechtlichen Treuepflicht und ihrer dogmatischen Herleitung ausführlich *Weber*, Vormitgliedschaftliche Treubindungen (1999), S. 26 ff., 53 ff.; *Friedeborn*, Vormitgliedschaftliche Beteiligungstransparenz (2014), S. 102 ff.; allgemein *Lutter*, ZHR 153 (1989), S. 446 ff.

36 *Burgard*, Offenlegung von Beteiligungen (1990), S. 64 ff. in Anlehnung an *Wiedemann*, Minderheitenschutz und Aktienhandel (1968), S. 51 ff.; siehe auch *Burgard*, AG 1992, S. 41 (47 ff.).

37 *Burgard*, Offenlegung von Beteiligungen (1990), S. 67 f.; *ders.*, AG 1992, S. 41 (48) m. w. N.; *Lutter*, ZHR 153 (1989), S. 446 (455 ff.); kritisch: *Martens*, in: K. Schmidt,

abgeleiteten Treuepflichtgrundsatz hinausgehen, sobald ein Aktionär einen Einfluss auf die Gesellschaft ausübt, ausüben kann bzw. ausüben will.[38] Als Möglichkeit des Aktionärs, Einfluss zu nehmen, wollte *Burgard* jede Position der Stärke verstanden wissen, die zu einer Schädigung der Gesellschaft oder der Mitaktionäre führen kann bzw. dem betreffenden Aktionär Sondervorteile verschafft.[39]

Um einen Missbrauch der Anonymität der Aktie – gemeint ist hier der heimliche Paketaufbau über den Aktienmarkt – auszuschließen, sollte daher eine Offenlegungspflicht schon bei der bloßen Absicht eines qualifizierten Beteiligungserwerbs bestehen.[40] Bei Verletzung dieser Pflicht durch einen Gesellschafter sollten sowohl die Gesellschaft als auch die übrigen Gesellschafter Schadensersatz verlangen können.[41]

Auch wenn der damalige Ansatz von *Burgard* der Tatsache geschuldet war, dass die Publizitätspflicht des § 20 AktG erst bei einem Schwellenwert von 25 % der Aktien der Gesellschaft eingriff, hätte dieser Gedanke doch auch über 15 Jahre später fruchtbar gemacht werden können. Denn obwohl eine weitreichende europarechtlich geprägte Regulierung der Kapitalmarkttransparenz gelungen war, gab es dennoch Schlupflöcher, wie sie nicht zuletzt die Fälle Porsche/VW und Schaeffler/Continental aufgezeigt haben. Aufgrund der Nichterfassung der in diesen Fällen genutzten Finanzinstrumente in den kapitalmarktrechtlich geprägten Meldetatbeständen des WpHG und den Pflichtangebotsvorschriften der §§ 35 ff. WpÜG konnte eine „Lücke“ im Transparenzregime vermutet werden. Ob diese Lücke mithilfe der gesellschaftsrechtlichen Treuepflicht geschlossen werden könnte, soll kurz betrachtet werden.

Dem Damoklesschwert des Art. 103 Abs. 2 GG und dem daraus folgenden besonderen Bestimmtheitsgrundsatz ist die These *Burgards* jedenfalls nicht ausgesetzt, denn sie knüpft nicht an die kapitalmarktrechtlich geprägten und damit bußgeldbewehrten Meldepflichten des WpHG an.[42] Unabhängig davon, dass diese Meldepflichten zur Zeit des Beitrags von *Burgard* noch nicht existierten, fußt dessen Theorie nämlich allein auf der gesellschaftsrechtlichen Treuepflicht. Verstöße gegen sie sollten ausschließlich zivilrechtliche Rechtsfolgen in Form des Schadensersatzes auslösen und damit keiner Straf- oder Bußgeldbewehrung unterliegen. Der besondere Bestimmtheitsgrundsatz und das aus ihm folgende Analogieverbot wären insoweit nicht zu beachten.

Rechtsdogmatik und Rechtspolitik (1990), S. 251 (266) der die Treuepflicht als „rechtspolitische Allzweckwaffe“ geißelt.

38 *Burgard*, AG 1992, S. 41 (48).

39 Vgl. *Burgard*, AG 1992, S. 41 (48).

40 Vgl. *Burgard*, AG 1992, S. 41 (50) in Anlehnung an *U. H. Schneider*, AG 1990, S. 56 (60) sowie *Timm*, WM 1991, S. 481 (493 f.).

41 Vgl. Fn. 40.

42 Zum besonderen Bestimmtheitsgrundsatz und dem Analogieverbot aus Art. 103 Abs. 2 GG detaillierter ab Seite 182, dort Gliederungspunkt 2.

Doch wohnen dieser These mehrere Schwächen inne. Die Zahl unbestimmter Rechtsbegriffe, welche diese Theorie bemühen muss, um Kriterien für das Eingreifen einer Offenlegungspflicht aufzustellen, ist der Rechtssicherheit abträglich, da für den Adressaten nur schwer ersichtlich ist, zu welchem Zeitpunkt die „bloße Absicht eines Beteiligungserwerbs" gegeben sein soll. Das Fehlen eines einschränkenden Adjektivs wie „bedeutende", „wesentliche" oder „einflussreiche" Beteiligung lässt den Rechtsanwender hinsichtlich seiner Transparenzverpflichtungen im Dunkeln. Es stellt sich bei Übernahmesachverhalten zudem stets die Frage, ob es tatsächlich einen Missbrauch der Anonymität der Aktie darstellt, wenn ein Erwerber versucht, eine Zielgesellschaft so kostengünstig wie möglich zu erwerben, und die anderen Aktionäre sowie die Öffentlichkeit daher über seine Absichten so lange wie möglich im Dunkeln lässt,[43] oder ob es sich insoweit um die Wahrnehmung berechtigter Interessen handelt. Zudem kann eine treuepflichtgebundene Offenlegungspflicht nur bestehen, wenn bereits ein Mitgliedschaftsrecht begründet ist. Für einen potenziellen Erwerber von Aktien kann diese Pflicht nicht und erst recht nicht im Vorfeld des Erwerbs begründet werden, sofern der Erwerber noch keine Aktionärsposition innehat. Eine solche Vorwirkung der aktienrechtlichen Treuepflicht wurde zwar zum Teil befürwortet und dies damit begründet, dass eine Einwirkungsmöglichkeit auch eine Einwirkungskontrolle rechtfertigen könne.[44] Hingegen ist es zumindest aufgrund der Einführung des WpHG durch den Gesetzgeber fraglich, ob eine ungewollte Schutzlücke im Transparenzregime existiert oder ob der Gesetzgeber nicht sehenden Auges eine solche im Lichte der Rechtssicherheit und -klarheit hingenommen hat.

Gegen eine Schutzlücke spricht, dass der Gesetzgeber, selbst nach Bekanntwerden der noch darzustellenden Fälle Porsche/VW sowie Schaeffler/Continental,[45] die Bindung an die Aktionärsstellung beibehielt. Denn die im Wege der kleinen Reform der Meldepflichten durch das Risikobegrenzungsgesetz[46] vorgenommenen Änderungen der Meldepflicht des § 25 WpHG a. F. betraf vor allem eine Zusammenrechnung von Stimmrechten aus Aktien sowie aus vergleichbaren Positionen in anderen Finanzinstrumenten.[47] Die Meldungen wurden insoweit aussagekräftiger. Dennoch setzte die Meldepflicht bezüglich Finanzinstrumenten nach dem damaligen § 25 WpHG weiterhin zumindest einen Anspruch auf den Erwerb von Aktien des Emittenten voraus.[48] Diese Feinjustierung des

43 So *Burgard*, AG 1992, S. 41 (50).

44 Vgl. Nachweise bei *Friedeborn*, Vormitgliedschaftliche Beteiligungstransparenz (2014), S. 106, 107 ff.

45 Siehe hierzu ab Seite 92, dort Gliederungspunkt 3.

46 Gesetz zur Begrenzung der mit Finanzinvestitionen verbundenen Risiken (Risikobegrenzungsgesetz), BGBl. Teil I Nr. 36, S. 1666 vom 18. August 2008.

47 Vgl. hierzu Begr. RegE Risikobegrenzungsgesetz, BT-Drs. 16/7438, S. 8.

48 *Schwark*, in: Schwark/Zimmer, KMRK, 4. Aufl. (2010), WpHG § 25, Rn. 1.

Transparenzgefüges durch den Gesetzgeber war Ausdruck einer weiterhin gewollten engen Bindung der Meldepflichten an eine – jedenfalls in greifbarer Nähe befindliche – Aktionärsstellung. Eine Ausweitung der Meldepflichten auf Gestaltungen, die einen Aktienerwerb allenfalls ermöglichen, jedoch ihrer rechtlichen Ausgestaltung nach nicht vorsehen, kann daher nicht über eine eventuelle Vorabwirkung mitgliedschaftlicher Treuepflichten begründet werden. Denn eine von den kapitalmarktrechtlich geprägten Meldepflichten gänzlich losgelöste, eigenständige Fallgruppe gesellschaftsrechtlich geprägter, vorverlagerter Offenlegungspflichten ließe Entstehungsgeschichte und Intention des Gesetzgebers bezüglich der §§ 33 ff. WpHG außer Betracht. Diesen spricht der Gesetzgeber, wenn auch nur noch in geringem Maße, weiterhin gesellschaftsrechtliche Wirkung zu.[49] Mithin darf nicht außer Acht gelassen werden, dass *Burgards* These von gesellschaftsrechtlichen Offenlegungspflichten, welche aus der Treuepflicht der Aktionäre abgeleitet werden, vor dem Erlass des WpHG (1995) sowie des WpÜG (2002) aufgestellt wurde, um ein auf dem Transparenzgedanken fußendes Korrektiv einzuführen. Der besagten These wird daher spätestens seit Erlass des WpÜG zu Recht eine eigenständige Existenzberechtigung abgesprochen.[50] Mithin ließen sich aus einer der Treuepflicht entspringenden Meldepflicht keine allgemeingültigen Schwellenwerte für verpflichtende Mitteilungen im Wege der Rechtsfortbildung herleiten.[51]

Es ist allein Aufgabe des Gesetzgebers, eine interessengerechte Lösung bezüglich marktgerechter Transparenzanforderungen zu erarbeiten und diese zu kodifizieren.

c) Einführung europarechtlich vorgegebener Meldepflichten in das WpHG

Die Einführung von Mitteilungspflichten in das WpHG im Jahre 1995 durch die Umsetzung der Transparenzrichtlinie I in nationales Recht – im Zuge des Zweiten Finanzmarktförderungsgesetzes – war Ausdruck der Akzeptanz von vornehmlich der Funktionsfähigkeit des Kapitalmarkts dienenden Transparenzanforderungen in Deutschland,[52] jedoch ohne dass der gesellschaftsrechtliche Ansatz aufgegeben worden wäre.[53] Die Meldeschwellen betrugen gemäß

---

49 Vgl. Begr. RegE Zweites Finanzmarktförderungsgesetz, BT-Drs. 12/6679, S. 33 (35): „Auch für die Unternehmen selbst ist die Kenntnis ihrer Eigentümerstruktur von Bedeutung.".

50 Vgl. *Friedeborn*, a.a.O. (Fn. 44), S. 109 m. w. N.

51 So auch *Fleischer/Schmolke*, NZG 2009, S. 401 (402).

52 Vgl. Begr. RegE Zweites Finanzmarktförderungsgesetz, BT-Drs. 12/6679, S. 33: „Für die Funktionsfähigkeit der Finanzmärkte ist das Vertrauen der Anleger von entscheidender Bedeutung."

53 Vgl. Begr. RegE Zweites Finanzmarktförderungsgesetz, BT-Drs. 12/6679, S. 33: „Zur Transparenz gehört auch, daß den Anlegern die Eigentümerstruktur der börsennotierten Gesellschaften bekannt ist. Sie läßt Rückschlüsse auf die weitere Entwicklung des Unternehmens zu und ist ein Faktor im Anlagekalkül."

§ 21 Abs. 1 WpHG a. F. 5, 10, 25, 50 sowie 75 % und gingen damit hinsichtlich der Eingangsmeldeschwelle über die Vorgaben der Transparenzrichtlinie I hinaus. Begründet wurde die Etablierung dieser Meldeschwellen vor allem mit der Forderung der deutschen Öffentlichkeit nach einer verstärkten Offenlegung von Beteiligungen und dem Interesse an größtmöglicher Transparenz.[54] *Happ*[55] und *Falkenhagen*[56] sahen für eine Absenkung der Meldeschwelle unter die von der Transparenzrichtlinie I vorgegebene Mindesteingangsschwelle von 10% hingegen keinen Anlass. *Happ* kritisierte die pauschale Bezugnahme in der Begründung des Regierungsentwurfs[57] auf Eingangsmeldeschwellen in anderen Rechtsordnungen, wie beispielsweise derjenigen der USA, Japans, Frankreichs und Großbritanniens, zur Rechtfertigung der (gleichen) Eingangsmeldeschwelle in Deutschland. Nach seiner Ansicht sei die Präsenz in Hauptversammlungen deutscher Aktiengesellschaften mit denen in anderen Ländern nicht vergleichbar, da insbesondere durch § 135 AktG – der die Möglichkeit der Stimmrechtsausübung durch Kreditinstitute im Wege der Bevollmächtigung zulässt – eine, in Relation gesehen, stets hohe Präsenz gegeben sei, die dazu führe, dass einer 5 %-Beteiligung nicht ein derartiges Gewicht zugemessen werden könne wie in anderen Staaten.[58] Einen qualifizierten Nachweis für diese Behauptung blieb *Happ* jedoch schuldig. Zudem wies bereits die Begründung des Regierungsentwurfs auf die andauernde Rückläufigkeit der Präsenz in Hauptversammlungen deutscher Aktiengesellschaften hin.[59]

Damit einher geht ein Phänomen, welches als rationale Apathie bezeichnet wird.[60] In Gesellschaften mit atomistisch gestreuten Anteilsrechten zeigen Aktionäre ein sehr geringes Interesse, sich an Unternehmensentscheidungen zu beteiligen.[61] Bei solcherlei gestreutem Anteilsbesitz ist es bereits mit einer relativ geringen Beteiligung möglich, entscheidenden Einfluss in der Hauptversammlung einer Aktiengesellschaft zu erlangen, da der einzelne Aktionär seiner Beteiligung ein nur sehr geringes Einflusspotenzial zumisst und der Hauptversammlung eher fernbleibt, als sich aktiv an ihr zu beteiligen. Damit ist derjenige, der eine zur Gesamtzahl der Aktien bzw. Stimmrechte verhältnismäßig geringe Beteiligung hält, umso einflussreicher, sobald er in der Hauptversammlung

54 Vgl. Begr. RegE Zweites Finanzmarktförderungsgesetz, BT-Drs. 12/6679, S. 35: „In der deutschen Öffentlichkeit ist in jüngster Zeit eine verstärkte Offenlegung von Beteiligungen gefordert worden, um den Anlegern ein genaueres Bild von Beteiligungsverhältnissen an börsennotierten Aktiengesellschaften zu vermitteln und ihnen dadurch die Entscheidungsfindung zu erleichtern."

55 *Happ*, JZ 1994, S. 240 (243 f.).

56 *Falkenhagen*, WM 1995, S. 1005.

57 Vgl. Begr. RegE Zweites Finanzmarktförderungsgesetz, BT-Drs. 12/6679, S. 52.

58 Vgl. *Happ*, JZ 1994, S. 240 (244).

59 Vgl. Begr. RegE Zweites Finanzmarktförderungsgesetz, BT-Drs. 12/6679, S. 52.

60 *Witt*, Übernahmen von Aktiengesellschaften (1998), S. 8, Fn. 31 m. w. N.

61 So auch *Siems*, Die Konvergenz der Rechtssysteme (2005), S. 111 f.

von seinem Stimmrecht Gebrauch macht, zumal das Aktiengesetz bei vielen Beschlüssen bereits die einfache Stimmenmehrheit anstatt einer Kapitalmehrheit genügen lässt. Auch wenn die einfache Stimmenmehrheit in der Hauptversammlung bei Erreichen der Eingangsmeldeschwelle von 5 % noch fernliegen mag, so kann das Erreichen einer Sperrminorität doch bereits greifbar nah sein. Mit 5 % hat ein Erwerber also bereits „einen Fuß in der Tür".[62] Die Senkung der Eingangsmeldeschwelle auf 5 % erscheint mit Blick auf dieses Phänomen durchaus gerechtfertigt, da ein Kapitalanteil in Höhe von 5 % bei Abstimmungen in der Hauptversammlung bereits für eine Sperrminorität ausreichend sein könnte. So hatte bereits *Burgard* darauf hingewiesen, dass Offenlegungspflichten schon vor diesem Zeitpunkt einsetzen sollten.[63] Zudem stellt der Vergleich mit anderen Rechtsordnungen und den dort nachprüfbaren Erfahrungen ein sachliches Argument für eine entsprechende Festlegung der Eingangsmeldeschwelle in Deutschland dar.

Falkenhagen sprach hinsichtlich der Kodifizierung der 5 % – Meldeschwelle von einer deutschen Überregulierung, da eine Beteiligung von nur einem Zwanzigstel am Grundkapital einer Gesellschaft keinen bedeutenden Einfluss begründen könne.[64] Dass mit Beteiligungen i. H. v. 5 % durchaus erheblicher Einfluss in einer Hauptversammlung erzielt werden kann, wurde indes soeben dargelegt. Darüber hinaus veranlasste das Geschehen um die Deutsche Börse AG bei der geplanten Übernahme der *London Stock Exchange* im Mai 2005 den deutschen Gesetzgeber sogar dazu, die Eingangsmeldeschwelle im Zuge des Transparenzrichtlinie-Umsetzungsgesetz (TUG)[65] vom 5. Januar 2007 weiter auf 3 % abzusenken.[66] Damals wurde der Vorstandsvorsitzende der Deutschen Börse AG im Mai 2005 durch den britischen Fonds The Childrens Investment Fund Management (TCI) gestürzt, obwohl dieser anfangs weniger als 5 % der Stimmrechte hielt und seinen Anteil an der Deutschen Börse AG erst nach und nach auf 8,5 % aufstockte.[67] Ausgangspunkt der Auseinandersetzung war die geplante Übernahme der London Stock

62 *Burgard*, AG 1992, S. 41 (51).

63 *Burgard*, AG 1992, S. 41 (51).

64 *Falkenhagen*, WM 1995, S. 1005.

65 Gesetz zur Umsetzung der Richtlinie 2004/109/EG des Europäischen Parlaments und des Rates vom 15. Dezember 2004 zur Harmonisierung der Transparenzanforderungen in Bezug auf Informationen über Emittenten, deren Wertpapiere zum Handel auf einem geregelten Markt zugelassen sind, und zur Änderung der Richtlinie 2001/34/EG (Transparenzrichtlinie-Umsetzungsgesetz – TUG), BGBl. I 2007, S. 10 ff.

66 Die Vorgänge um die Deutsche Börse AG haben aufgezeigt, dass bereits mit Beteiligungen unterhalb von 5 % Einflussnahmepotenzial auf den Emittenten besteht; vgl. *Fleischer/Schmolke*, NZG 2009, S. 401 (403); *Engert*, ZIP 2006, S. 2105 (2107) sowie die Begr. RegE TUG, S. 28.

67 ZEIT-Online vom 11. Mai 2005: „Sturz aus dem Börsenhimmel", abrufbar unter: http://www.zeit.de/2005/19/a_boerse1 und „Werner Seiferts teurer Traum", abrufbar unter http://www.zeit.de/2005/20/Dt__B_9arse/komplettansicht (jeweils

Exchange durch die Deutsche Börse AG, deren Kosten TCI zu hoch erschienen. TCI setzte mithilfe weiterer Hedgefonds den Abbruch der Verhandlungen durch und drohte dem amtierenden Vorstand mit Absetzung auf der nächsten Hauptversammlung.[68] Der damalige Vorstandsvorsitzende der Deutschen Börse AG kam dieser Drohung durch seinen Rücktritt zuvor.

Die geäußerte Kritik an den Veröffentlichungspflichten konnte die fortschreitende Öffnung der Kapitalmärkte hin zu mehr Transparenz nicht aufhalten. Denn es ließ und lässt sich nicht von der Hand weisen, dass im Rahmen der fortschreitenden Internationalisierung der Kapitalmärkte ein enormes Investitionspotenzial auch bezüglich deutscher Aktiengesellschaften zu erkennen ist. Damit einher ging auch die Erkenntnis, dass die Beteiligungstransparenz so gestaltet sein muss, dass sie Informationen für jedermann bereithält, also für derzeitige wie für potenzielle Aktionäre.[69] Die Homogenisierung der Transparenzstandards fungiert dabei als immer bedeutenderer Wettbewerbsfaktor, da Transparenz zum einen Vertrauen schafft, zum anderen eine für derzeitige wie zukünftige Anleger wertvolle Informationsbasis für deren Prognoseentscheidungen bietet und somit die Bereitschaft potenzieller Kapitalgeber steigert, Investitionen in Deutschland zu tätigen. So wird in der Begründung des Regierungsentwurfs zur Einführung des WpHG darauf hingewiesen, dass sich die Attraktivität des Finanzplatzes Deutschland durch eine Angleichung an internationale Transparenzstandards erhöhe und damit eine positive Entwicklung des Kapitalzuflusses durch institutionelle und private Investoren erreicht werden könne, die dem erhöhten Kapitalbedarf deutscher Aktiengesellschaften zur Befriedigung verhelfe.[70] Insbesondere der Börsenhandel ist dabei auf das Vertrauen der Anleger angewiesen und reagiert auf Veränderungen in der Aktionärsstruktur mit nicht unwesentlichen Auf- bzw. Abschlägen bei der Kursbildung.[71] Denn aus der Aktionärsstruktur können sich für den versierten Investor wichtige Informationen hinsichtlich der zukünftigen Ausrichtung der Gesellschaft sowie potenzieller Umstrukturierungs- und Übernahmeszenarien ergeben. Mögen diese Informationen vor allem Ergebnis einer Analyse und Auslegung des bisherigen Verhaltens einzelner Aktionäre oder Aktionärsgruppen sein, so bilden sie doch einen gewichtigen Faktor hinsichtlich der strategischen Bewertung der eigenen Investitionsmöglichkeiten. Mithin

---

zuletzt abgerufen am 30. August 2020); FAZ vom 17. Januar 2005: „Aktionär wehrt sich gegen LSE-Übernahme“, abrufbar unter: http://www.faz.net/aktuell/wirtschaft/unternehmen/boersenfusion-aktionaer-wehrt-sich-gegen-lse-uebernahme-1212506.html (zuletzt abgerufen am 30. August 2020).

68 Vgl. ZEIT-Online vom 11. Mai 2005: „Sturz aus dem Börsenhimmel“, abrufbar unter: http://www.zeit.de/2005/19/a_boerse1 (zuletzt abgerufen am 30. August 2020).

69 *Witt*, Übernahmen von Aktiengesellschaften (1998), S. 8.

70 Vgl. Begr. RegE Zweites Finanzmarktförderungsgesetz, BT-Drs. 12/6679, S. 52.

71 Vgl. *Witt*, Übernahmen von Aktiengesellschaften (1998), S. 8.

geben diese Informationen nicht zuletzt den Ausschlag für eine Entscheidung zum Kauf oder Verkauf von Aktien.

Die Transparenzrichtlinie I wurde im Jahr 2001 aufgehoben und die publizitätsbezogenen Bestimmungen in die Art. 85 ff. der Koordinierungsrichtlinie[72] aufgenommen. Es folgten unabhängig von der Aufhebung der Transparenzrichtlinie I mehrfache Anpassungen der Meldepflichten des WpHG durch den deutschen Gesetzgeber. Zu erwähnen ist dabei insbesondere die Angleichung der Vorschriften an diejenigen des im Jahre 2001 erlassenen Gesetzes zur Regelung von öffentlichen Angeboten zum Erwerb von Wertpapieren und von Unternehmensübernahmen vom 20. Dezember 2001.[73] Während Artikel 1 dieses Gesetzes das Wertpapiererwerbs- und Übernahmegesetz (WpÜG) einführte,[74] erfolgte in Artikel 2 eine Modifikation der Zurechnungstatbestände des § 22 WpHG a. F. sowie eine Anpassung des Wortlauts der §§ 21 Abs. 1a und Abs. 2, 25 Abs. 2 S. 1, 26 Abs. 1 S. 1 und Abs. 3 sowie des § 30 Abs. 1 Nr. 4 WpHG a. F.[75] Die Offenlegungspflichten wurden auf alle Gesellschaften erstreckt, deren Aktien zum Handel an einem organisierten Markt[76] zugelassen sind. Der Gesetzgeber ging mit dieser Erweiterung des Anwendungsbereichs der §§ 21 ff. WpHG a. F. über die Vorgaben der Transparenzrichtlinie I hinaus, welche die Publizitätspflichten lediglich für Gesellschaften vorsah, deren Aktien zum Handel an einer Börse zugelassen sind, und passte den Anwendungsbereich des WpHG auf diese Weise an denjenigen des WpÜG an.[77]

Nur der Vollständigkeit halber sei auf redaktionelle Änderungen der §§ 21 ff. WpHG a. F. durch das Gesetz über die integrierte

72 Richtlinie über die Zulassung von Wertpapieren zur amtlichen Börsennotierung und über die hinsichtlich dieser Wertpapiere zu veröffentlichenden Informationen (2001/34/EG), ABl. EG Nr. L 184 vom 6. Juli 2001, S. 1 ff.

73 Gesetz zur Regelung von öffentlichen Angeboten zum Erwerb von Wertpapieren und von Unternehmensübernahmen vom 20. Dezember 2001, BGBl. I 2001, S. 3822; vgl. schon den Regierungsentwurf vom 5. Oktober 2001, BT-Drs. 14/7034.

74 Siehe BGBl. I 2001, S. 3822 ff.

75 Siehe BGBl. I 2001, S. 3822 (3837).

76 Der Begriff „organisierter Markt" ist in § 2 Abs. 11 WpHG legal definiert und beschreibt diesen als „[...] ein im Inland, in einem anderen Mitgliedstaat der Europäischen Union oder einem anderen Vertragsstaat des Abkommens über den Europäischen Wirtschaftsraum betriebenes oder verwaltetes, durch staatliche Stellen genehmigtes, geregeltes und überwachtes multilaterales System, das die Interessen einer Vielzahl von Personen am Kauf und Verkauf von dort zum Handel zugelassenen Finanzinstrumenten innerhalb des Systems und nach nichtdiskretionären Bestimmungen in einer Weise zusammenbringt oder das Zusammenbringen fördert, die zu einem Vertrag über den Kauf dieser Finanzinstrumente führt." Nicht unter den Begriff eines organisierten Marktes fällt der Freiverkehr; siehe dazu *Assmann*, in: ders./Schneider/Mülbert, WpHG, 7. Aufl. (2019), § 2, Rn. 215.

77 Vgl. *U. H. Schneider*, in: Assmann/ders., WpHG, 6. Aufl. (2012), Vor § 21, Rn. 7.

Finanzdienstleistungsaufsicht vom 22. April 2002[78] und das Vierte Finanzmarktförderungsgesetz vom 21. Juni 2002[79] hingewiesen.

d) Die Transparenzrichtlinie II

Der Transparenzrichtlinie I folgte im Jahr 2004 die Transparenzrichtlinie II[80]. Die zuvor in der Transparenzrichtlinie I normierte Eingangsmeldeschwelle von 10 % wurde nun auf 5 % herabgesetzt. Damit folgte die europarechtliche Regelung der anhaltenden Tendenz in den Mitgliedstaaten. Denn vielerorts hatte man bereits vor Erlass der Transparenzrichtlinie II die nationalen Eingangsmeldeschwellen auf 5 % oder weniger festgeschrieben oder abgesenkt. Der deutsche Gesetzgeber setzte die Transparenzrichtlinie II durch das Transparenzrichtlinie-Umsetzungsgesetz (TUG) vom 5. Januar 2007[81] in nationales Recht um und wich dabei in zwei Punkten von den Vorgaben der Transparenzrichtlinie II ab. Zum einen senkte er die Eingangsmeldeschwelle des § 21 Abs. 1 WpHG a. F.[82] auf 3 % ab und zum anderen verschärfte er die Konzernzurechnungsvorschriften im Mutter-Tochter-Verhältnis durch Einführung des § 22 Abs. 3a WpHG a. F.[83] Insbesondere die mit 3 % unterhalb der europarechtlichen Vorgaben liegende Eingangsmeldeschwelle begründete der deutsche Gesetzgeber mit einer Verbesserung der Markttransparenz sowie einer Erschwerung des unbemerkten „Anschleichens“ an Emittenten.[84] Zudem verwies er auf die Gegebenheiten in anderen großen europäischen Mitgliedstaaten wie Frankreich und Italien.[85]

Daneben brachte das TUG mit dem damaligen § 25 WpHG erstmals eine Meldepflicht für das Halten von sonstigen Finanzinstrumenten, die zum Erwerb von Aktien berechtigen. Der damalige Regierungsentwurf spracht insoweit selbst von einem Novum.[86]

---

78 Gesetz über die integrierte Finanzdienstleistungsaufsicht vom 22. April 2002, BGBl. I 2002, S. 1310 ff., BT-Drs. 14/7033.

79 Gesetz zur weiteren Fortentwicklung des Finanzplatzes Deutschland (Viertes Finanzmarktförderungsgesetz) vom 21. Juni 2002, BGBl. I 2002, S. 2010 ff., BT-Drs. 40/8017.

80 Vgl. Fn. 7.

81 Vgl. Fn. 65.

82 Nunmehr § 33 Abs. 1 WpHG.

83 Vgl. Begr. RegE Transparenzrichtlinie-Umsetzungsgesetz (TUG), BT-Drs. 16/2498, S. 8 f. sowie S. 28.

84 Vgl. Begr. RegE TUG, BT-Drs. 16/2498, S. 28.

85 Vgl. Begr. RegE TUG, BT-Drs. 16/2498, S. 28.

86 Vgl. Begr. RegE TUG, BT-Drs. 16/2498, S. 28.

3. Reform der Beteiligungstransparenz auf nationaler Ebene: Das AnsFuG

a) *Zielsetzung des Gesetzgebers*

Das AnsFuG vom 05. April 2011[87] basierte nicht auf einer europäischen Richtlinie, sondern stellte einen von europäischen Vorgaben unabhängigen Schritt[88] des deutschen Gesetzgebers dar.[89] Durch die Reform wurde zum einen der Wortlaut des damaligen § 25 WpHG teilweise neu gefasst und zum anderen ein generalklauselartig formulierter § 25a WpHG eingeführt. Durch diese Neugestaltung der Vorschriften zur Beteiligungstransparenz sollte es zukünftig nicht mehr möglich sein, unbemerkt Stimmrechtspotenzial an börsennotierten Aktiengesellschaften unter Zuhilfenahme von Finanzinstrumenten oder sonstigen Instrumenten aufzubauen (sog. Anschleichen).[90] Damit ging eine deutliche Vorverlagerung des Zeitpunktes einher, zu dem wertpapierhandelsrechtliche Mitteilungen abgegeben werden mussten. Ausgangspunkt der Überlegungen des Gesetzgebers zur genannten Reform waren dabei zum einen aus der Presse bekannte Fälle wie der (vergebliche) Versuch der Porsche Automobil Holding, die Volkswagen AG durch Aufbau einer 75-prozentigen Beteiligung zu übernehmen, oder der aufsehenerregende – und letztlich erfolgreiche – Versuch der Schaeffler KG, die Kontrolle über die Continental AG zu erlangen.[91] Zum anderen wurde der Gesetzgeber

---

87 Vgl. Fn. 10.

88 Bereits vor dem Erlass des AnsFuG reformierte der deutsche Gesetzgeber die Meldepflichten des WpHG im Wege des Risikobegrenzungsgesetzes vom 12. August 2008 (Gesetz zur Begrenzung der mit Finanzinvestitionen verbundenen Risiken vom 12. August 2008, BGBl. I 2008, S. 1666). Dieses brachte eine Ausweitung der Mitteilungspflichten über Finanzinstrumente in § 25 WpHG a. F., die Einführung von Mitteilungspflichten für Erwerber wesentlicher Beteiligungen (§ 42 WpHG) sowie die Überarbeitung und Konkretisierung der Stimmrechtszurechnung aufgrund eines *acting in concert.* Wesentliche transparenzbezogene Änderungen erfuhr das WpHG dabei durch die Einführung des § 27a WpHG a. F. sowie die Änderung der §§ 22 Abs. 2, 25 sowie 28 WpHG a. F. Zudem zeigen sich im Hinblick auf die Begründung des Gesetzesentwurfs eine fortschreitende Etablierung des kapitalmarktrechtlichen Publizitätsansatzes sowie eine mehr und mehr in den Hintergrund tretende gesellschaftsrechtliche Motivation.

89 Kritisch dazu *Heusel*, WM 2012, S. 291 (294): „Auch wenn sich der deutsche Gesetzgeber zu schnellem Handeln aufgefordert sah, gefährdet der nationale Alleingang das angestrebte europaweite *level playing field.*"

90 Vgl. Entwurf der Bundesregierung für ein Gesetz zur Stärkung des Anlegerschutzes und Verbesserung der Funktionsfähigkeit des Kapitalmarkts (Anlegerschutz- und Funktionsverbesserungsgesetz), BT-Drucks. 17/ 3628 vom 8. November 2010, S. 1 (im Folgenden: Begr. RegE AnsFuG, BT-Drs. 17/3628).

91 So u.a.: ZEIT ONLINE, 25. Februar 2009, „Continental-Übernahme, Aufsicht genehmigt Schaeffler-Offerte", http://www.zeit.de/online/2008/31/bafin-schaeffler-conti;

in einem offenen Brief der Dax-Vorstände aus dem Jahre 2008 zur Bekämpfung des unbemerkten Anschleichens aufgefordert.[92] Den Fällen Porsche/VW sowie Schaeffler/Continental war gemeinsam, dass Stimmrechtspotenzial über Finanzinstrumente aufgebaut wurde, welche nach damals geltendem Recht keine Meldepflichten gegenüber der BaFin oder der Zielgesellschaft auslösten.[93] In diesen beiden Fällen gelang das „Anschleichen" mithilfe von Finanzinstrumenten mit Zahlungsausgleichsverpflichtungen, sogenannten *Cash Settled Equity Swaps*.[94]

Die neuen Meldepflichten des WpHG sollten dazu beitragen, das Vertrauen in die Integrität und Funktionsfähigkeit des Kapitalmarktes zu stärken.[95] Um ein besseres Verständnis der Regelungssystematik dieser Meldepflichten zu erreichen, wurde auch von den „drei Säulen"[96] gesprochen. Während § 21 WpHG a. F. als erste Säule denjenigen zur Offenlegung verpflichtete, der selbst Stimmrechte am Emittenten hielt, verpflichtete § 25 WpHG a. F. als zweite Säule denjenigen zur Meldung, der aufgrund gehaltener Finanzinstrumente und sonstiger Instrumente ein Recht zum einseitigen Erwerb von mit Stimmrechten verbundenen Aktien am Emittenten innehatte. Die dritte Säule bildete der damals neu eingeführte § 25a WpHG, welcher es für die Entstehung einer Meldepflicht bereits genügen ließ, wenn der Meldepflichtige Finanzinstrumente oder sonstige Instrumente hielt, die nicht bereits von § 25 WpHG a. F. erfasst waren, ihm aber faktisch oder wirtschaftlich *ermöglichten*, mit Stimmrechten verbundene Aktien des Emittenten zu erwerben. Ein rechtsverbindlicher und durchsetzbarer Anspruch auf die Lieferung von Aktien eines Emittenten war daher nicht erforderlich. Der

---

Handelsblatt Online vom 23. August 2008: „Schaeffler: Wenn Angreifer sich anschleichen", abrufbar unter: http://www.handelsblatt.com/unternehmen/industrie/continental-uebernahme-schaeffler-wenn-angreifer-sich-anschleichen/3009678.html (jeweils zuletzt abgerufen am 30. August 2020).

92 Vgl. „Brief der Dax-Vorstände" an das Bundesfinanzministerium vom August 2008 zu möglichen Verbesserungen von Kapitalmarktregelungen, abrufbar unter: http://www.handelsblatt.com/unternehmen/industrie/dokumentation-der-brief-der-dax-finanzvorstaende-im-wortlaut/3012574.html (zuletzt abgerufen am 30. August 2020).

93 Vgl. nur BaFin Pressemitteilung vom 21. August 2008. Nach Untersuchungen der BaFin hat das Swap-Geschäft bei Schaeffler keine Mitteilungspflicht wegen des Haltens sonstiger Finanzinstrumente ausgelöst (§ 25 Abs. 1 WpHG), da der Cash Settled Total Return Equity Swap keinen Anspruch auf Lieferung von Continental-Aktien vermittele, abrufbar unter: http://www.adius-portal.de/08090513/30/Handels--und-Gesellschaftsrecht/Keine-Verletzung-von-Meldepflichten-bei-Uebernahmeverfahren-Continental-AG-festgestellt.html (zuletzt abgerufen am 30. August 2020).

94 *Krause*, AG 2011, S. 469 (469). Zum „Anschleichen" detailliert weiter unten S. 79, Gliederungspunkt I.

95 *Reimer*, Vorwort zum BaFin Journal (März 2011), S. 2.

96 Vgl. *U. H. Schneider*, in: Assmann/ders./Mülbert, WpHG 7. Aufl. (2019), Vor § 33, Rn. 36.

Gesetzgeber wollte damit sicherstellen, dass sämtliche aktuellen und zukünftigen Fallgestaltungen erfasst würden, bei denen Finanzinstrumente aufgrund ihrer wirtschaftlichen Logik zum Erwerb von Aktien der Zielgesellschaft führen konnten.[97] Ob das Instrument dabei eine Lieferung der Aktien oder einen Ausgleich in Geld vorsah, sollte für die Meldepflicht unerheblich sein.[98]

aa) Grundtatbestand und Regelungstechnik

Hinsichtlich der Regelungstechnik bediente sich der Gesetzgeber in § 25a Abs. 1 WpHG (in der Fassung des AnsFuG) einer Generalklausel mit in den Tatbestand integrierten Regelbeispielen (siehe den damaligen § 25a Abs. 1 S. 2 Nr. 1 und Nr. 2 WpHG).[99] Das erste Regelbeispiel umfasste das sog. *Hedging*, also Instrumente, bei welchen eine Risikoabsicherung der jeweiligen Gegenseite des Geschäfts durch Erwerb der dem Instrument zugrundeliegenden Aktien möglich ist. Insbesondere Instrumente mit Barausgleich wollte man erfassen.[100] Die zweite Fallgruppe sollte Fälle einbeziehen, in denen ein Erwerb direkt aufgrund der Ausgestaltung des jeweiligen Instruments erfolgen kann. Insbesondere Stillhalterpositionen bei Put-Optionen mit physischem Settlement sowie Call-Optionen mit physischem Settlement, die nicht bereits von § 25 WpHG (in der Fassung des AnsFuG) erfasst waren,[101] sollten darunter fallen.

Der Gesetzgeber wählte damit einen vermittelnden Ansatz zwischen zwei zuvor diskutierten rechtstechnischen Umsetzungsmöglichkeiten, nämlich einem sog. *Rule-based* und einem sog. *Principle-based*-Ansatz.[102] Der *Rule-based*-Ansatz beschreibt eine Regelungstechnik, wie sie auch in den §§ 33 Abs. 1, 38

97 Vgl. Begr. RegE AnsFuG, BT-Drs. 17/3628, S. 19.
98 Vgl. *Krause*, AG 2011, S. 469 (477).
99 Wortlaut des § 25a WpHG in der Fassung des AnsFuG.: *(1) Wer unmittelbar oder mittelbar Finanzinstrumente oder sonstige Instrumente hält, welche nicht bereits von § 25 erfasst sind und die es ihrem Inhaber oder einem Dritten auf Grund ihrer Ausgestaltung ermöglichen, mit Stimmrechten verbundene und bereits ausgegebene Aktien eines Emittenten, für den die Bundesrepublik Deutschland der Herkunftsstaat ist, zu erwerben, hat dies bei Erreichen, Überschreiten oder Unterschreiten der in § 21 Absatz 1 Satz 1 genannten Schwellen mit Ausnahme der Schwelle von 3 Prozent entsprechend § 21 Absatz 1 Satz 1 unverzüglich dem Emittenten und gleichzeitig der Bundesanstalt mitzuteilen. Ein Ermöglichen im Sinne des Satzes 1 ist insbesondere dann gegeben, wenn 1. die Gegenseite des Inhabers ihre Risiken aus diesen Instrumenten durch das Halten von Aktien im Sinne des Satzes 1 ausschließen oder vermindern könnte, oder 2. die Finanzinstrumente oder sonstigen Instrumente ein Recht zum Erwerb von Aktien im Sinne des Satzes 1 einräumen oder eine Erwerbspflicht in Bezug auf solche Aktien begründen. [...].*
100 Vgl. RegE AnsFuG, BT-Drs. 17/3628, S. 20.
101 Bspw. Call-Optionen, die eine Bedingung vorsehen, auf welche nicht allein der Inhaber Einfluss hat (vgl. RegE AnsFuG, BT-Drs. 17/3628, S. 20).
102 Vgl. *Heusel*, WM 2012, S. 291 (292).

Abs. 1 WpHG Anwendung findet, d. h. die Beschreibung eines meldepflichtigen Vorgangs durch einen spezifisch ausformulierten Meldetatbestand.[103] Der *Principle-based* oder auch prinzipienorientierte Ansatz stützt sich auf eine Generalklausel, in welcher der klare gesetzgeberische Wille zur Regelung eines Lebenssachverhalts (Meldepflichtigkeit von Finanzinstrumenten mit Aktienbezug) zum Ausdruck kommt.

Die Konzipierung des Grundtatbestands des damaligen § 25a WpHG als Generalklausel diente der Verhinderung von Umgehungskonstruktionen, indem er nicht speziell auf einzelne Finanzderivate abzielte, sondern das unmittelbare oder mittelbare Halten von Finanzinstrumenten oder sonstigen Instrumenten einer Offenlegungspflicht unterzog, welche nicht bereits von § 25 WpHG (in der Fassung des AnsFuG) erfasst waren und die es ihrem Inhaber oder einem Dritten auf Grund ihrer Ausgestaltung ermöglichten, mit Stimmrechten verbundene und bereits ausgegebene Aktien eines inländischen Emittenten zu erwerben. Dieser Ansatz bezweckte die Verhinderung eines weiteren „Katz-und-Maus-Spiels"[104] zwischen Investoren und Gesetzgeber. Andererseits führte die Verwendung einer Generalklausel auch zu einer höheren Unbestimmtheit der Norm aufgrund des Einsatzes unbestimmter Rechtsbegriffe zur Umschreibung der gesetzgeberischen Ziele. Die daraus folgende mangelnde Konturierung des Publizitätstatbestandes brachte wiederum eine erhöhte Rechtsunsicherheit mit sich. Um die nachteiligen Wirkungen des generalklauselartigen Tatbestandes einzudämmen, nahm der Gesetzgeber die bereits angesprochenen Regelbeispiele auf.

bb) Der neue Leitgedanke

Die mit der Einführung des damaligen § 25a WpHG im Zuge des AnsFuG einhergehende Erweiterung des Publizitätsregimes war gleichzeitig Ausdruck eines neuen Leitgedankens. Der Markt für Finanzinstrumente sollte neuen, auf wirtschaftlichen Einflussmöglichkeiten beruhenden Offenlegungsregelungen unterworfen werden, was gleichzeitig eine Abkehr von dem bisherigen Prinzip der tatsächlichen Inhaber- und damit Stimmrechtsposition bedeutete. Denn eine tatsächliche Stimmrechtsposition ist nur gegeben, wenn eine Inhaberschaft (Eigentumsposition) an der jeweiligen Aktie besteht. Nur dem Inhaber der Aktie vermittelt diese auch ein Stimmrecht, sofern es sich nicht um eine stimmrechtslose Vorzugsaktie handelt[105]. Diesem Grundgedanken trug § 21 WpHG in der Fassung des AnsFuG Rechnung, der eine Meldepflicht nur bei tatsächlichen Rechtsänderungen festschrieb.[106] Zwar wurde bereits durch die Einführung des

103 Vgl. *Heusel*, WM 2012, S. 291 (292) dort noch zu §§ 21, 25 WpHG in der Fassung des AnsFuG.

104 *Heusel*, WM 2012, S. 291 (292).

105 Es sei denn, das Stimmrecht lebt nach § 140 Abs. 2 bzw. § 141 Abs. 4 AktG wieder auf.

106 Vgl. allein *U. H. Schneider*, in Assmann/ders., WpHG, 6. Aufl. (2012), § 21, Rn. 6.

damaligen § 25 WpHG im Zuge des TUG der dingliche Stimmrechtsbezug aufgeweicht, indem auch schuldrechtlich gesicherte (hypothetische) Erwerbspositionen eine Meldepflicht im Vorfeld der tatsächlichen Stimmrechtsinhaberschaft unterworfen wurden.[107] Mit Einführung der Vorschrift des § 25a WpHG im Wege des AnsFuG sah *Heusel* jedoch eine bemerkenswerte Änderung der bisherigen Rechtssystematik der Meldepflichten des Wertpapierhandelsgesetzes vollzogen.[108] Durch die Aufdeckung „quasi-hypothetischer Positionen“, die weder unmittelbar oder mittelbar Einfluss vermittelten noch zwingend zu einer künftigen Beteiligung führten, werde der Stimmrechtsbezug aufgegeben, und es verbleibe eine merkliche „Disharmonie“ im Transparenzgefüge.[109] Einen die Homogenität des Regelungsgefüges gefährdenden Fremdkörper vermochte *Heusel* in der Regelung indes nicht zu erblicken.[110] Die Mehrzahl der Literaturstimmen teilte die Einschätzung *Heusels*, dass die erkannten Transparenzdefizite durch die Regelung des § 25a WpHG in der Fassung des AnsFuG effektiv bekämpft würden, dass diese Regelung zum Teil aber weiterer Anpassungen bedürfe.[111]

b) Résumé

Das AnsFuG und namentlich der damalige § 25a WpHG sollten Marktstörungen durch Differenzkontrakte beseitigen und das Vertrauen der Marktteilnehmer in funktionsfähige Finanzmärkte stärken. Damit ging eine Ausweitung der bis dato bestehenden Mitteilungs- und Veröffentlichungspflichten mit Stimmrechtsbezug auf solche Finanzinstrumente oder sonstige Instrumente einher, die ihrem Inhaber lediglich die wirtschaftliche Möglichkeit des Erwerbs stimmrechtsvermittelnder Aktien gewährten. Das Bestehen eines schuldrechtlichen oder dinglichen Erwerbsanspruchs wurde nicht vorausgesetzt.

Die enge Bindung der Mitteilungspflichten des WpHG an die tatsächliche Inhaberschaft wurde schon im Jahre 2007 durch das Transparenzrichtlinie-Umsetzungsgesetzes (TUG) aufgegeben. Bereits zu diesem Zeitpunkt wurde § 25 WpHG ein erstes Mal neu gefasst und eine Mitteilungspflicht für Finanzinstrumente eingeführt, die ein Recht auf Lieferung von Aktien beinhalten. Bereits mit dieser Regelung hatte der Gesetzgeber die Meldepflichten des WpHG auf den Zeitpunkt vorverlagert, zu dem ein unbedingter (schuldrechtlicher) Lieferungsanspruch besteht.

Mit Einführung des § 25a WpHG durch das AnsFuG genügte für eine Meldepflicht nun die aus einem wirtschaftlichen Interesse folgende, konkrete

107 Vgl. bereits oben S. 48, dort Gliederungspunkt d) sowie *Heusel*, WM 2012, S. 291 (295).
108 *Heusel*, WM 2012, S. 291 (296).
109 Vgl. *Heusel*, WM 2012, S. 291 (296).
110 Vgl. *Heusel*, WM 2012, S. 291 (296).
111 Vgl. für viele nur *Krause*, AG 2011, S. 469 (484); *Brandt*, WM 2014, S. 543 (552 f.).

Zugriffsmöglichkeit auf mit Stimmrechten verbundene Aktien mithilfe von Finanzinstrumenten oder sonstigen Instrumenten.[112] Der Begriff der „sonstigen Instrumente“ war und ist, anders als der Begriff der „Finanzinstrumente“, nicht in § 2 Abs. 4 WpHG definiert und sollte im Rahmen des § 25a WpHG in der Fassung des AnsFuG nach dem Willen des Gesetzgebers sämtliche Abreden erfassen, die aufgrund der dem Instrument zugrundeliegenden Logik den Erwerb von mit Stimmrechten verbundenen Aktien ermöglichten.[113] Dem unbemerkten Anschleichen an börsennotierte Aktiengesellschaften sollte damit ein Riegel vorgeschoben und die Karten auf dem Markt für Unternehmensbeteiligungen neu gemischt werden.

4. Die Transparenzrichtlinie-Änderungsrichtlinie 2013

Die erwähnte kurze Halbwertszeit kapitalmarktrechtlicher Meldepflichten lässt bereits erahnen, dass die Regelungen des WpHG in Gestalt des AnsFuG nicht allzu lange Bestand hatten. Mit der Transparenzrichtlinie-Änderungsrichtlinie 2013[114], die bis zum 27. November 2015 in deutsches Recht umzusetzen war, erweiterte auch der europäische Normgeber die Beteiligungstransparenz in den europäischen Mitgliedstaaten. Die Richtlinie verfolgt dabei nicht mehr den Ansatz einer Mindestharmonisierung,[115] sondern denjenigen einer partiellen Vollharmonisierung.[116] Dies lässt den Mitgliedstaaten in bestimmten Bereichen keinen Ermessenspielraum mehr hinsichtlich der Umsetzung der Vorgaben der Transparenzrichtlinie-Änderungsrichtlinie 2013 in nationales Recht. So ist es den Mitgliedstaaten verwehrt, hinsichtlich der Berechnung der Mitteilungsschwellen, der Zusammenrechnung der Stimmrechtsanteile aus Aktien und aus Finanzinstrumenten sowie der Ausnahmen von Mitteilungspflichten von der Transparenzrichtlinie in der Fassung der Änderungsrichtlinie 2013 abzuweichen.[117] Hingegen

---

112 Vgl. Begr. RegE AnsFuG, BT-Drs. 17/3628, S. 19.

113 Begr. RegE AnsFuG, BT-Drs. 17/3628, S. 19 f.; *Brandt*, WM 2014, S. 543 (545).

114 Richtlinie 2013/50/EU des Europäischen Parlaments und des Rates zur Änderung der Richtlinie 2004/109/EG des Europäischen Parlaments und des Rates zur Harmonisierung der Transparenzanforderungen in Bezug auf Informationen über Emittenten, deren Wertpapiere zum Handel auf einem geregelten Markt zugelassen sind, der Richtlinie 2003/71/EG des Europäischen Parlaments und des Rates betreffend den Prospekt, der beim öffentlichen Angebot von Wertpapieren oder bei deren Zulassung zum Handel zu veröffentlichen ist, sowie der Richtlinie 2007/14/EG der Kommission mit Durchführungsbestimmungen zu bestimmten Vorschriften der Richtlinie 2004/109/EG, ABl. EU Nr. L 294 vom 6. November 2013, S. 13 ff. (im Folgenden: Transparenzrichtlinie-Änderungsrichtlinie 2013).

115 Vgl. *Veil*, WM 2012, S. 53 (54).

116 Vgl. *Veil*, WM 2012, S. 53 (56), *Brinckmann*, BB 2012, S. 1370 (1372), *Heinrich/Krämer*, CFLaw 2013, S. 225.

117 Vgl. Transparenzrichtlinie-Änderungsrichtlinie 2013 (Fn. 114), Erwägungsgrund 12.

bleibt es den Mitgliedstaaten weiterhin unbenommen, strengere und zusätzliche Schwellen für die Mitteilung gehaltener Aktien und Finanzinstrumente vorzusehen, die Mitteilungspflichten auf Kapitalanteilsschwellen zu erstrecken, zusätzliche Informationen über bedeutende Beteiligungen zu verlangen sowie strengere Verfahrensvorschriften einzuführen.[118] Ein Bericht der Europäischen Kommission[119] hat zwar Zweifel an einer nur partiellen Vollharmonisierung aufkommen lassen, da in der Vergangenheit vor allem grenzüberschreitend tätigen Emittenten aufgrund der uneinheitlichen Transparenzanforderungen in den einzelnen Mitgliedstaaten[120] und des daraus folgenden erhöhten Verwaltungsaufwands hohe Kosten entstanden waren.[121] Jedoch konnte sich die Kommission in diesem Punkt nicht gegen die nationalen Interessen der Mitgliedstaaten durchsetzen. Im Schrifttum wird die Ansicht vertreten, dass die Transparenzrichtlinie-Änderungsrichtlinie dennoch eine umfassende Vollharmonisierung in Bezug auf die Beteiligungstransparenz vorsehe, da der Wortlaut des Art. 3 Abs. 1 Unterabs. 5 der Richtlinie keine derartigen Einschränkungen des Harmonisierungsgebots erkennen lasse, wie sie aus Erwägungsgrund 12 folgten.[122] Die Frage, ob die Transparenzrichtlinie-Änderungsrichtlinie eine partielle oder umfassende Vollharmonisierung vorsieht, ist für den weiteren Verlauf der Untersuchung indes nicht entscheidend, sodass eine tiefgehende Betrachtung dieses Problems an dieser Stelle nicht erfolgen wird.

Der Bericht der Kommission, der vor allem aus den Erkenntnissen einer externen Studie[123] resultierte, betonte einen weiteren Aspekt. Aus Sicht der Kommission führte die fehlende Offenlegung von Derivaten mit Barausgleich zu einer Verstärkung des Problems der „verborgenen Anteilseigner",[124] auch *Hidden*

---

118 Vgl. Transparenzrichtlinie-Änderungsrichtlinie 2013 (Fn. 114), Erwägungsgrund 12.

119 Bericht der Kommission SEK (2010) 611 an den Rat, das Europäische Parlament, den Europäischen Wirtschafts- und Sozialausschuss und den Ausschuss der Regionen – Anwendung der Richtlinie 2004/109/EG zur Harmonisierung der Transparenzanforderungen in Bezug auf Informationen über Emittenten, deren Wertpapiere zum Handel auf einem geregelten Markt zugelassen sind.

120 Beispielsweise müssen Investoren in Großbritannien jede Veränderung ihrer Beteiligung um einen Prozentpunkt melden, wobei eine Eingangsmeldeschwelle von 3% gilt; vgl. *FCA Handbook, DTR 5.1.2,* abrufbar unter: https://www.handbook.fca.org.uk/handbook/DTR/5/1.html (zuletzt abgerufen am 30. August 2020).

121 Vgl. Bericht der Kommission (Fn. 119), S. 5, Punkt 12.

122 *Epe*, Die neue Beteiligungstransparenz (2018), S. 195 ff. (200).

123 Mazars (Dezember 2009), Studie über die Anwendung ausgewählter Pflichten gemäß der Richtlinie 2004/109/EG zur Harmonisierung der Transparenzanforderungen in Bezug auf Informationen über Emittenten, deren Wertpapiere zum Handel auf einem geregelten Markt zugelassen sind; abrufbar unter: https://www.mazars.com/Home/News/Our-publications/Surveys-and-studies/Transparency-Directive-Assessment-Report (zuletzt abgerufen am 30. August 2020).

124 Vgl. Bericht der Kommission (Fn. 119), S. 5, Punkt 13.

Ownership genannt. Dies führte aus Sicht der Kommission zu möglichem Marktmissbrauch, Ineffizienz des Preisbildungsmechanismus und sog. *Empty Voting* („leere Stimmrechtsausübung") und damit letztlich zu fehlendem Vertrauen der Anleger in den Markt sowie zu Divergenzen zwischen den Anlegerinteressen und den langfristigen Interessen der Unternehmen selbst.[125] Diese Argumente machten aus Sicht der Kommission eine Anpassung erforderlich.[126] Dementsprechend verpflichtet die Transparenzrichtlinie-Änderungsrichtlinie 2013 die Mitgliedstaaten, in ihren nationalen Publizitätsregimen eine Ausweitung der Mitteilungspflichten auf solche Finanzinstrumente vorzusehen, die eine vergleichbare wirtschaftliche Wirkung wie stimmrechtsvermittelnde Wertpapiere haben, unabhängig davon, ob sie einen Anspruch auf physische Abwicklung einräumen oder nicht.[127]

Zudem wurde in der Transparenzrichtlinie in der Fassung der Änderungsrichtlinie 2013 das Sanktionsregime erweitert.[128] Um einen Mindestgrad an einheitlichen Sanktionen innerhalb der Europäischen Union (EU) zu erreichen, wurden die Mitgliedstaaten verpflichtet, dafür Sorge zu tragen, dass die zuständigen staatlichen Stellen bei Verstößen gegen die Anforderungen der Richtlinie Geldsanktionen verhängen, die hinreichend hoch sind, um abschreckend zu wirken.[129] Neu war die Unterscheidung zwischen natürlichen und juristischen Personen bei den Bußgeldrahmen. Bei juristischen Personen wurde der Bußgeldrahmen auf bis zu zehn Millionen Euro[130] und bei natürlichen Personen auf zwei Millionen Euro[131] festgeschrieben. Bei den Erstgenannten besteht alternativ die Möglichkeit, ein umsatzbezogenes Bußgeld in Höhe von bis zu 5 % des jährlichen (Konzern-)Gesamtumsatzes oder bis zur zweifachen Höhe der infolge des Verstoßes erzielten Gewinne oder vermiedenen Verluste zu verhängen.[132] Daneben ist die Aussetzung der Ausübung der Stimmrechte aus Aktien als weitere Sanktionsmöglichkeit vorgesehen, wobei den Mitgliedstaaten eingeräumt wird, die Aussetzungen nur bei den schwerwiegendsten Verstößen anzuordnen.[133] Den Mitgliedstaaten bleibt es unbenommen, zusätzliche Sanktionen sowie höhere Bußgeldbeträge vorzusehen.[134] Darüber hinaus ist eine öffentliche Bekanntmachung

---

125 Vgl. Arbeitsdokument der Kommissionsdienststellen SEK(2011) 1280 vom 25. Oktober 2011, S. 3.

126 Vgl. Bericht der Kommission (Fn. 119), S. 7, Punkt 19.

127 Art. 13 Abs. 1b Unterabs. 1 lit. a bis g Transparenzrichtlinie-Änderungsrichtlinie 2013.

128 Vgl. Erwägungsgrund 16 sowie Art. 28 ff. Transparenzrichtlinie-Änderungsrichtlinie 2013.

129 Vgl. Erwägungsgrund 16 der Transparenzrichtlinie-Änderungsrichtlinie 2013.

130 Art. 28b Abs. 1 Buchst. c) lit. i) Transparenzrichtlinie-Änderungsrichtlinie 2013.

131 Art. 28b Abs. 1 Buchst. c) lit. ii) Transparenzrichtlinie-Änderungsrichtlinie 2013.

132 Gemäß Art. 28b Abs. 1 Buchst. c) lit. i) Transparenzrichtlinie-Änderungsrichtlinie 2013 ist der höhere der Beträge maßgeblich für das festzusetzende Bußgeld.

133 Art. 28b Abs. 2 Transparenzrichtlinie-Änderungsrichtlinie 2013.

134 Art. 28b Abs. 3 Transparenzrichtlinie-Änderungsrichtlinie 2013.

von Verstößen unter Nennung der Art des Verstoßes und der verantwortlichen Personen vorgesehen (sog. *Naming and Shaming*).[135]

Die infolge des Berichts der Kommission beschlossenen Änderungen der Transparenzrichtlinie verfolgen vor allem das Ziel, erkannte Transparenzlücken zu schließen.[136] Diese Transparenzlücken fußen ersichtlich auch auf den bereits erwähnten Fällen Schaeffler/Continental sowie Porsche/VW.[137] Hierin wird zugleich die Entschlossenheit des europäischen Gesetzgebers deutlich, verloren gegangenes Vertrauen in die Kapitalmärkte zurückzugewinnen. Um das europäische Transparenzgeflecht noch enger zu spannen, wurde in die Transparenzrichtlinie-Änderungsrichtlinie 2013 auch ein neuer Artikel 13a eingeführt, der eine Zusammenrechnung von eigenen oder zugerechneten Stimmrechten aus Aktien eines Emittenten mit Stimmrechten aus meldepflichtigen Finanzinstrumenten vorsieht.[138] Zudem entsteht eine erneute Mitteilungspflicht, sobald der Inhaber die einem Finanzinstrument zugrundeliegenden Aktien erwirbt und infolgedessen die Gesamtzahl der Stimmrechte aus diesen Aktien die relevanten Schwellenwerte erreicht oder überschreitet.[139] Auf der anderen Seite wurden weitere Ausnahmetatbestände aufgenommen, um übermäßige Belastungen für die Marktteilnehmer zu vermeiden.[140]

Neu ist vor allem die Ankündigung, von der Europäischen Wertpapieraufsichtsbehörde ESMA (*European Securities and Markets Authority*) einen Katalog offenzulegender Instrumente erstellen zu lassen.[141] Ergänzend soll die ESMA gerechtfertigte Ausnahmen von der Mitteilungspflicht benennen, wobei sie den „Möglichkeiten des Missbrauchs zur Umgehung der Mitteilungspflicht" Rechnung tragen soll.[142]

Neben den Vorgaben der Transparenzrichtlinie-Änderungsrichtlinie existieren auf europäischer Ebene weitere Bestimmungen, die Transparenzpflichten bezüglich Derivatekontrakten vorsehen. Art. 9 EMIR[143] statuiert eine weit über Art. 13, 13a TRL 2013 hinausgehende Meldepflicht für Derivatekontrakte, welche durch Unternehmen[144] abgeschlossen werden. Diese Geschäfte müssen seit

---

135 Art. 29 sowie Erwägungsgrund 17 der Transparenzrichtlinie-Änderungsrichtlinie 2013.

136 *Brinckmann*, BB 2012, S. 1370 (1372).

137 Arbeitsdokument der Kommissionsdienststellen, a. a. O. (Fn. 125), S. 3 dort Fn. 8.

138 Art. 13a Abs. 1 Transparenzrichtlinie-Änderungsrichtlinie 2013.

139 Art. 13a Abs. 2 Transparenzrichtlinie-Änderungsrichtlinie 2013.

140 Bspw. Ausnahmen gemäß Art. 13 Abs. 4 i. V. m. Art. 9 Abs. 6 Transparenzrichtlinie 2013.

141 Art. 13 Abs. 1b Unterabs. 2 Transparenzrichtlinie-Änderungsrichtlinie 2013.

142 Art. 13 Abs. 4 Transparenzrichtlinie-Änderungsrichtlinie 2013 sowie Erwägungsgrund 13.

143 Verordnung (EU) Nr. 648/2012 vom 4. Juli 2012 über OTC-Derivate, zentrale Gegenparteien und Transaktionsregister (ABl. L 201 vom 27.7.2012, S. 1) (*European Market Infrastructure Regulation*, EMIR).

144 Die EMIR unterscheidet zwischen „finanziellen" und „nichtfinanziellen Gegenparteien".

dem 12. Februar 2014 an ein Transaktionsregister[145] gemeldet werden. Ein meldepflichtiger Derivatekontrakt liegt nach Art. 2 Nr. 5 EMIR dann vor, wenn er in Anhang I, Abschnitt C, Nr. 4–10 der MiFID[146] aufgeführt ist. Diese Meldepflicht ist jedoch nicht auf stimmrechtsvermittelnde Finanzinstrumente beschränkt und soll daher nicht näher beleuchtet werden.

II. Die aktuellen Meldepflichten nach der Umsetzung der Transparenzrichtlinie-Änderungsrichtlinie 2013

Im Folgenden soll ein Überblick über die wesentlichen Neuerungen im Bereich der Meldepflichten durch das TÄUG gegeben werden. In diesem Zusammenhang sei darauf hingewiesen, dass nachfolgend die im Zuge des 2. FiMaNoG eingeführte Nummerierung im WpHG verwendet wird,[147] um den aktuellen Rechtsstand wiederzugeben. Davon umfasst sind auch die Meldepflichten des WpHG. Dies ist eine besondere Herausforderung für die folgende Untersuchung, da die wesentlichen Änderungen der Meldepflichten des WpHG aufgrund der Umsetzung der Transparenzrichtlinie-Änderungsrichtlinie 2013 durch das TÄUG im Jahre 2015 erfolgten, welche vor allem die damaligen §§ 21, 25, 25a des WpHG betrafen. Diese Vorschriften erhielten kurz darauf aufgrund des 2. FiMaNoG eine neue Nummerierung, nämlich §§ 33, 38, 39 WpHG. Dies bedeutet, dass im Fortgang der Untersuchung zwar die neue Nummerierung der Meldepflichten zugrunde gelegt wird, jedoch bezüglich der mit den neuen Meldepflichten verbundenen gesetzgeberischen Intention auf die Gesetzesbegründung des TÄUG (dort insbesondere §§ 21, 25, 25a WpHG) zurückgegriffen werden muss. Damit ist auch die Notwendigkeit des Rückgriffs auf Kommentierungen, Monografien und Beiträge zu den §§ 21, 25, 25a WpHG in der Fassung des TÄUG und davor geltenden Fassungen (bspw. AnsFuG) verbunden.

Ausgangspunkt der folgenden Betrachtung ist eine kursorische Darstellung der Systematik der Meldepflichten des WpHG (1.). Sodann erfolgt ein kurzer

---

145 Transaktionsregister sind Dienstleistungsunternehmen, welche die ESMA nach den Vorschriften der EMIR zulässt und deren Tätigkeit sie überwacht.

146 Richtlinie 2004/39/EG vom 21. April 2004 über Märkte für Finanzinstrumente, zur Änderung der Richtlinien 85/611/EWG und 93/6/EWG des Rates und der Richtlinie 2000/12/EG des Europäischen Parlaments und des Rates und zur Aufhebung der Richtlinie 93/22/EWG (ABl. L 145 vom 30. April 2004, S. 1) (*Markets in Financial Instruments Directive*, MiFID); neu gefasst durch Richtlinie 2014/65/EU vom 15. Mai 2014 über Märkte für Finanzinstrumente sowie zur Änderung der Richtlinien 2002/92/EG und 2011/61/EU (Neufassung) (ABl. L 173 vom 12. Juni 2014, S. 349) (*Markets in Financial Instruments Directive*, MiFID2) sowie teilweise ersetzt durch Verordnung 8EU) Nr. 600/2014 des Europäischen Parlaments und des Rates vom 15. Mai 2014 über Märkte für Finanzinstrumente und zur Änderung der Verordnung (EU) Nr. 648/2012 (ABl. L 173/349 vom 12. Juni 2014, S. 84).

147 Vgl. insoweit bereits Fn. 14.

Überblick über die wesentlichen Neuerungen der §§ 33, 34, 38, 39 WpHG in der Fassung des TÄUG (2.).

1. Überblick über die Meldepflichten des WpHG

§ 33 WpHG regelt zunächst Voraussetzungen, Zeitpunkt, Adressaten und, in Verbindung mit den Bestimmungen der WpAV sowie deren Formularanhang, Inhalt sowie Form der Mitteilungspflichten hinsichtlich der Veränderung von Beteiligungen an börsennotierten Aktiengesellschaften. Die Zurechnungsnorm des § 34 WpHG erweitert diese Mitteilungspflichten auf wirtschaftlich vergleichbare Sachverhalte. § 35 WpHG enthält Definitionen und Sonderregelungen hinsichtlich der Tochterunternehmenseigenschaft bei Konzernsachverhalten, während § 37 WpHG eine Befreiung von der Meldepflicht vorsieht, sofern ein Mutterunternehmen die Meldepflicht für das Tochterunternehmen erfüllt. Unter den in § 36 WpHG näher bestimmten Voraussetzungen bleiben Stimmrechte im Rahmen der Meldepflicht des § 33 WpHG unberücksichtigt. § 38 WpHG enthält eine Meldepflicht bezüglich kapitalmarktbezogener Instrumente, welche dem Inhaber eine einseitige Möglichkeit zum Erwerb von Aktien eines Emittenten verschaffen oder eine vergleichbare wirtschaftliche Wirkung aufweisen. § 39 WpHG statuiert eine Meldepflicht für die Summe der nach §§ 33 und 38 WpHG gehaltenen Stimmrechtsanteile.

Weiterhin sei auf § 43 WpHG (zuvor § 27a WpHG) hingewiesen. Danach hat ein Meldepflichtiger im Sinne der §§ 33, 34 WpHG, der die Meldeschwelle von 10 % der Stimmrechte erreicht oder überschreitet, dem Emittenten der Aktien mitzuteilen, welche Ziele er mit dem Erwerb verfolgt, und über die Herkunft der Mittel aufzuklären. Es handelt sich insoweit aber nicht um eine eigenständige Fallgruppe der Beteiligungstransparenz des WpHG, sondern um eine Konkretisierung der Meldepflichten der §§ 33, 34 WpHG, wie bereits aus dem Wortlaut des § 43 Abs. 1 WpHG ersichtlich wird. Diese Norm soll nach dem Willen des Gesetzgebers vorrangig unerwünschte Aktivitäten von Finanzinvestoren erschweren oder verhindern.[148] Zudem dient sie aufgrund der Pflicht zur Angabe über die Mittelherkunft ersichtlich auch dem Zweck der Geldwäschebekämpfung.

§ 40 WpHG regelt die Pflicht zur Veröffentlichung der dem Emittenten zugegangenen Stimmrechtsmitteilungen gegenüber der Öffentlichkeit. Der Emittent hat diese Veröffentlichung gemäß Absatz 2 gleichzeitig der BaFin mitzuteilen.

Hinsichtlich der Rechtsfolgen fehlender oder falscher Mitteilungen sieht § 44 WpHG einen weitgehenden Verlust der mit den Aktien des Emittenten

---

148 Vgl. RegE RisikoBegrG, BT-Drs. 16/7438, S. 8 (hier noch zur damaligen avisierten Änderung des § 27 WpHG; im weiteren Gesetzgebungsverfahren wurde hieraus die eigenständige Vorschrift des § 27a WpHG (nun § 43 WpHG); vgl. BR-Drs. 449/08); *U. H. Schneider*, in: Assmann/ders./Mülbert, WpHG, 7. Aufl. (2019), § 43, Rn. 1.

verbundenen Rechte vor. § 119 WpHG enthält strafrechtliche, § 120 WpHG Bußgeld-Sanktionen. Für Verstöße gegen die Mitteilungs- und Veröffentlichungspflichten der §§ 33 ff. WpHG kommen indes allein die Ordnungswidrigkeitstatbestände des § 120 WpHG in Betracht. § 124 WpHG sieht eine zwingende Bekanntmachung von Maßnahmen und Sanktionen wegen Verstößen gegen die Mitteilungs- und Veröffentlichungspflichten seitens der BaFin vor.

2. Wesentliche Mitteilungstatbestände im Melderegime

a) Allgemeines

Die Meldepflichten des WpHG wurden durch das TÄUG neu ausgerichtet und wurden – zuletzt durch das 2. FiMaNoG – neu verortet.[149] Wie bereits erwähnt, erfolgte aufgrund des 2. FiMaNoG eine neue Nummerierung der Vorschriften des WpHG. Vor der Reform der Mitteilungspflichten des WpHG durch die Umsetzung der Transparenzrichtlinie-Änderungsrichtlinie 2013 wurden die §§ 21, 25, 25a WpHG a. F., wie bereits erläutert, als die drei Säulen des Melderegimes des WpHG bezeichnet.[150] Diese metaphorische Beschreibung des Verhältnisses der Meldepflichten zueinander kann so nicht ohne weitere Erläuterungen aufrechterhalten werden, denn die Meldepflicht nach § 25a WpHG a. F. ist nun in den Tatbestand des § 38 Abs. 1 S. 1 Nr. 2 WpHG übertragen und neu formuliert worden. Möchte man das Bild der drei Säulen weiterhin bemühen, so stellt nunmehr § 33 Abs. 1 WpHG die erste Säule, § 38 Abs. 1 S. 1 Nr. 1 WpHG die zweite Säule und § 38 Abs. 1 S. 1 Nr. 2 WpHG die dritte Säule dar. § 39 WpHG käme, um den metaphorischen Kontext nicht zu verlassen, wohl eher einem Architrav[151] gleich, da er eine Zusammenrechnung der Stimmrechtsanteile der drei Säulen vorsieht und diese damit letztlich verbindet.

Der deutsche Gesetzgeber hat § 33 WpHG in seiner grundsätzlichen Konzeption beibehalten. Die Norm dient wie zuvor als Meldepflicht für Stimmrechte aus Aktien. § 25a WpHG in seiner durch das AnsFuG eingeführten Fassung, wurde in den Tatbestand des neuen § 38 WpHG integriert. Es erfolgte somit eine Fusion der Regelungsgegenstände der §§ 25, 25a WpHG a. F. zu einem in seinem Wortlaut gänzlich umformulierten § 38 WpHG. § 39 WpHG normiert nun eine eigenständige Meldepflicht für die Summe der nach §§ 33, 34 und 38 WpHG gehaltenen Anteile, welche bisher in vergleichbarer Form in den §§ 25, 25a WpHG in der Fassung des AnsFuG enthalten war. Nach dem Willen des Gesetzgebers sollten die Anpassungen der §§ 25, 25a WpHG a. F.[152] durch das TÄUG keine wesentlichen

149 Vgl. Fn. 14.

150 Vgl. *U. H. Schneider*, in: Assmann/ders./Mülbert, WpHG 7. Aufl. (2019), Vor § 33, Rn. 36.

151 Zumeist auf Säulen ruhender Horizontalbalken.

152 Nunmehr §§ 38, 39 WpHG.

inhaltlichen Änderungen der Meldepflichten mit sich bringen.[153] Dennoch ist auf einen entscheidenden Aspekt hinzuweisen: Hinsichtlich der Vorgaben der WpAV sind die Mitteilungspflichten der §§ 33, 34, 38 und 39 WpHG nicht mehr als voneinander losgelöste Meldetatbestände zu betrachten. Denn gemäß § 12 Abs. 1 WpAV ist für die Mitteilung einer Schwellenberührung das verbindliche Formular der Anlage zu § 12 WpAV zu verwenden.[154] Dieses Formular ist vom Meldepflichtigen immer vollständig auszufüllen.[155] D. h. es müssen mit jeder Berührung von Meldeschwellen eines einzelnen Meldetatbestandes die Stimmrechtsbestände für jeden Meldetatbestand der §§ 33, 34, 38, 39 WpHG offengelegt werden. Damit wird eine Offenlegungspflicht für sämtliche Meldetatbestände des WpHG eingeführt, sobald es zum Erreichen, Überschreiten oder Unterschreiten einer Meldeschwelle in einer Säule kommt.[156]

b) § 33 WpHG

§ 33 WpHG (ehemals § 21 WpHG) regelt die Meldepflichten bei Stimmrechten aus Aktien, wobei gemäß § 33 Abs. 3 WpHG[157] auch unbedingte, sofort zu erfüllende schuldrechtliche Ansprüche oder eine entsprechende Verpflichtung umfasst sind. Was den Zeitpunkt der Änderung des Stimmrechtsanteils angeht, ist damit auf das schuldrechtliche Verpflichtungsgeschäft abzustellen. Dies stellt ein Novum dar.[158] Der Gesetzgeber hat damit die zuvor höchst umstrittene Frage geklärt, ob § 21 Abs. 1 S. 1 WpHG a. F. neben dem Verfügungsgeschäft auch das Verpflichtungsgeschäft erfasst.[159] Die Frage war vor allem für die Abgrenzung der Meldepflichten nach § 21 Abs. 1 WpHG a. F. sowie nach § 25 Abs. 1 WpHG a. F. – vor deren Neufassung durch das AnsFuG – von Bedeutung. Nach der Neufassung durch das AnsFuG sprach sich die herrschende Meinung gegen die Einbeziehung schuldrechtlicher Erwerbsansprüche durch § 21 Abs. 1 WpHG a. F. aus, da Mitgliedschaftsrechte aus Aktien allein vom Inhaber ausgeübt werden könnten und § 25 Abs. 1 WpHG in der Fassung des AnsFuG sonst keine eigenständige Bedeutung zukommen würde.[160] Die Änderung wirft neue Fragen der Abgrenzung des

---

153 Vgl. Begr. RegE TÄUG, BT-Drs. 18/5010, S. 46.
154 Siehe Anhang zu dieser Untersuchung.
155 Vgl. *Gieschen*, Präsentation der BaFin zur TRiL 2013, S. 7.
156 Vgl. *Dietrich*, Präsentation der BaFin zur TRiL 2013, S. 26.
157 Zuvor § 21 Abs. 1b WpHG in der Fassung des TÄUG.
158 Vgl. bereits Fn. 86.
159 Vgl. zum Stand der Diskussion *Cahn*, AG 1997, S. 502 (506); *U. H. Schneider*, in: Assmann/ders., WpHG, 4. Aufl. (2006), § 21, Rn. 41 ff.; *Dehlinger/Zimmermann*, in: Fuchs, WpHG, 1. Aufl. (2009), § 21, Rn. 28; *Schwark*, in: ders./Zimmer, KMRK, 4. Aufl. (2010), § 21 WpHG, Rn. 17 m. w. N.; *Buck-Heeb*, Kapitalmarktrecht, 6. Aufl. (2013), § 8, Rn. 434.
160 Vgl. allein *U. H. Schneider*, in: Assmann/ders., WpHG, 6. Aufl. (2012), § 21, Rn. 73; *Schwark*, in: ders./Zimmer, KMRK, 4. Aufl. (2010), § 21 WpHG, Rn. 17; *Buck-Heeb*, Kapitalmarktrecht, 6. Aufl. (2013), § 8, Rn. 434.

§ 33 von § 38 WpHG (ehemals § 25 WpHG) auf. Zumindest die Abgrenzung von nach § 33 Abs. 1 WpHG zu meldenden Geschäften zu der Meldepflicht aus § 38 Abs. 1 Nr. 1 WpHG bezüglich Instrumenten mit Erwerbsmöglichkeit sieht der Gesetzgeber nun als erleichtert an, da aufgrund der Vorverlagerung des Anknüpfungszeitpunktes nach § 33 Abs. 3 WpHG keine doppelte Meldepflicht entstehe.[161] Ein Rechtsgeschäft falle jetzt, je nach Art der Ausgestaltung der Lieferbedingungen, entweder unter § 33 Abs. 1 oder § 38 Abs. 1 Nr. 1 WpHG.[162]

Die Ausnahmen des § 36 WpHG gelten zudem nicht nur für die Meldepflicht des § 33 WpHG, sondern auch für sämtliche meldepflichtige Instrumente des § 38 WpHG (siehe § 38 Abs. 1 S. 2 WpHG).

aa) Tatbestand

Nach § 33 Abs. 1 S. 1 WpHG ist mitteilungspflichtig, wer durch Erwerb, Veräußerung oder auf sonstige Weise 3, 5, 10, 15, 20, 25, 30, 50 oder 75 % der Stimmrechte aus ihm gehörenden Aktien an einem Emittenten, für den die Bundesrepublik Deutschland der Herkunftsstaat ist, erreicht, über- oder unterschreitet. Die Mitteilungspflicht knüpft damit an die gehaltenen Stimmrechte und nicht an die Kapitalbeteiligung an. Somit unterliegen beispielsweise stimmrechtslose Vorzugsaktien keiner Meldepflicht, es sei denn, es liegt ein Aufleben der Stimmrechte nach § 140 Abs. 2 AktG vor.[163] Des Weiteren ist für die Mitteilungspflicht entscheidend, wem die Aktien i. S. d. § 33 Abs. 1 S. 1 WpHG „gehören".

Nach § 33 Abs. 1 S. 1 i. V. m. § 2 Abs. 13 WpHG ist für eine Meldepflicht zunächst Voraussetzung, dass es sich um einen Emittenten handelt, dessen Herkunftsstaat die Bundesrepublik Deutschland ist und dessen Aktien gemäß § 33 Abs. 4 i. V. m. § 2 Abs. 11 WpHG zum Handel an einem organisierten Markt zugelassen sind. Der Begriff des Emittenten wird im Laufe der Untersuchung noch näher beleuchtet.[164]

Die Mitteilungspflicht beginnt mit Kenntnis oder fahrlässiger Nichtkenntnis des Meldepflichtigen vom Berühren der Meldeschwellen nach § 33 Abs. 1 S. 1 WpHG (siehe § 33 Abs. 1 S. 3 WpHG). Für den Beginn der Fristberechnung nach § 33 Abs. 1 S. 1 WpHG werden gemäß § 33 Abs. 1 S. 5 WpHG nunmehr aktive und passive Schwellenberührungen unterschieden.[165] Passive Schwellenberührungen

---

161 Begr. RegE TÄUG, BT-Drs. 18/5010, S. 44 dort zu § 21 Abs. 1b.

162 Vgl. Begr. RegE TÄUG, BT-Drs. 18/5010, S. 44. Siehe hierzu auch Seite 226, dort Gliederungspunkt b).

163 *U. H. Schneider*, in: Assmann/ders./Mülbert, WpHG, 7. Aufl. (2019), § 33, Rn. 40–43; *v. Hein*, in: Schwark/Zimmer, KMRK, 5. Aufl. (2020), § 33 WpHG, Rn. 19, 20; *Buck-Heeb*, Kapitalmarktrecht, 10. Aufl. (2019), § 8 II 1, Rn. 713; *Zimmermann*, in: Fuchs, WpHG, 2. Aufl. (2016), § 26a, Rn. 5; *Brandt*, WM 2014, S. 543 (544).

164 Siehe Seite 236, dort Gliederungspunkt c).

165 Vgl. insoweit RegE TÄUG, BT-Drs. 18/5010, S. 44 („Zu Buchstabe b. Doppelbuchstabe bb").

beruhen nicht auf einer Handelsaktivität des Aktionärs, sondern auf einer Veränderung der Gesamtzahl der Stimmrechte. Dies ist beispielsweise der Fall, wenn aufgrund einer Kapitalerhöhung aus genehmigtem Kapital neue Aktien ausgegeben werden. Daher ist für den Beginn der Meldefrist bei einer passiven Schwellenberührung allein die positive Kenntnis des Aktionärs, spätestens jedoch die Veröffentlichung der Gesamtzahl der Stimmrechte gemäß § 41 WpHG durch den Emittenten maßgeblich. Die Rechtslage bezüglich aktiver Schwellenberührungen bleibt hingegen unverändert. Gemäß § 33 Abs. 1 S. 4 WpHG gilt zudem die unwiderlegliche Vermutung, dass der Meldepflichtige spätestens zwei Handelstage nach dem Erreichen, Über- oder Unterschreiten der genannten Schwellen Kenntnis erlangt hat.

Für den Zeitpunkt der Änderung des Stimmrechtsanteils ist gemäß § 33 Abs. 3 WpHG nunmehr auf das schuldrechtliche Verpflichtungsgeschäft abzustellen. Danach gilt als „Gehören" i. S. d. § 33 Abs. 1 WpHG – sowie des gesamten 6. Abschnitts des WpHG – bereits das Bestehen eines unbedingten und ohne zeitliche Verzögerung zu erfüllenden Anspruchs auf die Übertragung von Aktien oder einer entsprechenden Verpflichtung.

Eine Meldepflicht für noch nicht ausgegebene Aktien besteht weiterhin nicht.[166] Nach § 33 Abs. 2 WpHG kann jedoch bei einer erstmaligen Börsennotierung ohne Zutun des Meldepflichtigen eine Mitteilungspflicht entstehen, wenn dieser bei der Erstzulassung der Aktien zum Handel am organisierten Markt 3 % oder mehr der Stimmrechte am Emittenten hält.

bb) Rechtsfolgen

Den Meldepflichtigen trifft sowohl eine unverzügliche Mitteilungspflicht gegenüber dem Emittenten als auch eine solche gegenüber der BaFin. Hinsichtlich des Merkmals der Unverzüglichkeit ist es ausreichend, wenn die Mitteilung spätestens innerhalb von vier Handelstagen erfolgt (§ 33 Abs. 1 S. 1 WpHG a. E.), wobei die Mitteilungen an den Emittenten und die BaFin gleichzeitig zu erfolgen haben. Dies gilt insoweit unverändert.

Die Mitteilungen gegenüber dem Emittenten und der BaFin sind in Schriftform bzw. per Telefax in deutscher oder englischer Sprache abzugeben.[167] Überdies müssen die Mitteilungen die weiteren Voraussetzungen gemäß § 12 Abs. 1 bis Abs. 4 WpAV in Verbindung mit dem verbindlichen Formular der Anlage zur WpAV erfüllen. Bei diesem Formular handelt es sich um ein von der BaFin zur Verfügung gestelltes Dokument, welches auf dem nicht verbindlichen, aber europaweit einheitlichen Meldeformular der ESMA[168] aufbaut. Es ist mithin darauf

166 *Brandt*, WM 2014, S. 543 (545).

167 § 14 WpAV sowie BaFin, Emittentenleitfaden 2018, Modul B (Stand: 30. Oktober 2018), Ziffer I.2.2.5, S. 9.

168 Abrufbar auf der Internetpräsenz der ESMA unter: https://www.esma.europa.eu/document/standard-form-major-holdings (zuletzt abgerufen am 30. August 2020).

zu achten, dass die Mitteilung inhaltlich richtig und umfassend abgegeben wird, da sie anderenfalls als nicht abgegeben gilt und die gesetzlich vorgesehenen Sanktionen ausgelöst werden. Seit dem 30. Oktober 2018 hat die BaFin zudem ein elektronisches Verfahren eröffnet, wonach der Meldepflichtige seine Mitteilung gegenüber der Bundesanstalt über die Melde- und Veröffentlichungsplattform der BaFin („MVP“) elektronisch übermitteln kann.[169]

Ist die Mitteilung erfolgt, so ist der Emittent nach § 40 WpHG verpflichtet, die Mitteilung zu veröffentlichen und an das Unternehmensregister weiterzuleiten, damit auch die Öffentlichkeit Kenntnis von der Stimmrechtsveränderung erhält.[170]

cc) Berechnung der Stimmrechtsquote

Ausschlaggebend für die Berührung der Schwellenwerte sind allein die Stimmrechte und nicht die Kapitalanteile. Für die Berechnung der Stimmrechtsquote ist die Zahl der Stimmrechte des Meldepflichtigen (Teilmenge = Zähler) ins Verhältnis zu der Gesamtmenge der von der Gesellschaft begebenen Stimmrechte (Gesamtzahl = Nenner) zu setzen.[171] Grundsätzlich entspricht die Zahl der ausgegebenen Aktien auch der Zahl der ausgegebenen Stimmrechte (§ 12 Abs. 1 AktG). Bezüglich der Ermittlung der Gesamtmenge der Stimmrechte hat der Gesetzgeber in § 41 WpHG eine wesentliche Erleichterung geschaffen, weil Inlandsemittenten (§ 2 Abs. 14 WpHG) nunmehr verpflichtet sind, die Gesamtzahl der Stimmrechte unverzüglich, spätestens innerhalb von zwei Tagen, zu veröffentlichen, wenn es zu einer Zu- oder Abnahme von Stimmrechten gekommen ist. Diese veröffentlichte Gesamtzahl der Stimmrechte kann der Meldepflichtige gemäß § 12 Abs. 3 WpAV seiner Stimmrechtsmitteilung zugrunde legen.[172] Zum Teil wird gefordert, dass sich der Meldepflichtige nur auf die Veröffentlichung der Gesamtzahl der Stimmrechte durch den Emittenten beziehen dürfe, sofern es zwischen dieser Veröffentlichung und der Mitteilung des Meldepflichtigen zu keinen weiteren Änderungen des Stimmrechtsanteils gekommen ist und der Meldepflichtige von diesen Änderungen Kenntnis hatte.[173]

---

169 Vgl. BaFin, Emittentenleitfaden 2018, Modul B (Stand: 30. Oktober 2018), Ziffer I.2.2.5, S. 9. Die Melde- und Veröffentlichungsplattform der BaFin („MVP“) ist unter folgendem Link erreichbar: https://portal.mvp.bafin.de/MvpPortalWeb/app/login.html (zuletzt abgerufen am 30. August 2020).

170 *Weber-Rey/Benzler*, in: Habersack/Mülbert/Schlitt, Handbuch der Kapitalmarktinformation, 2. Aufl. (2013), § 20, Rn. 58.

171 *v. Hein*, in: Schwark/Zimmer, KMRK, 5. Aufl. (2020), § 33 WpHG, Rn. 19; *U. H. Schneider*, in: Assmann/ders./Mülbert, WpHG, 7. Aufl. (2019), § 33, Rn. 30.

172 *Buck-Heeb*, Kapitalmarktrecht, 10. Aufl. (2019), § 8 II 1, Rn. 713.

173 In Einzelheiten streitig: siehe hierzu *Zimmermann*, in: Fuchs, WpHG, 2. Aufl. (2016), § 21, Rn. 17, 26.

Grundsätzlich sind für die Berechnung der Stimmrechtsquote allein Stammaktien einzubeziehen, da aus diesen das Stimmrecht nach § 134 AktG folgt.[174] Ebenso relevant sind aber stimmrechtslose Vorzugsaktien im Falle des § 140 Abs. 2 AktG, nämlich wenn den Inhabern der Vorzugsaktien der Vorzug nicht bzw. nicht vollständig gezahlt wurde.[175] Denn in diesem Fall folgt auch aus Vorzugsaktien ein Stimmrecht, bis der Vorzug vollständig gezahlt ist. Darüber hinaus sind nach nahezu einhelliger Auffassung eigene Aktien der Gesellschaft zumindest bei der Berechnung der Gesamtzahl der Stimmen (= Nenner) zu berücksichtigen, obwohl der Gesellschaft gemäß § 71b AktG aus ihnen keine Stimmrechte zustehen.[176] Begründet wird diese Sichtweise seitens der BaFin mit der unveränderten Gesamtzahl der Stimmrechte bei eigenen Aktien; erst mit dem Einzug von eigenen Aktien und der Herabsetzung des Kapitals reduziere sich auch die Gesamtzahl der Stimmrechte.[177] Ändert sich die Gesamtzahl der Stimmrechte aufgrund von Kapitalmaßnahmen der Gesellschaft, kann sich auch ohne eigenes Zutun die Stimmrechtsquote des Meldepflichtigen ändern und so eine Meldepflicht ausgelöst werden. Dies ist beispielsweise der Fall, wenn der Meldepflichtige im Rahmen einer Kapitalerhöhung sein Bezugsrecht nicht ausübt und aufgrund der damit verbundenen Veränderung seiner Stimmrechtsquote eine Meldeschwelle unterschreitet.[178] Gemäß § 12 Abs. 2 AktG unzulässige Mehrstimmrechtsaktien sind in die Berechnung einzubeziehen, soweit sie nicht aufgrund von § 5 Abs. 1 S. 1 EGAktG am 1. Juni 2003 erloschen sind. Mehrstimmrechtsaktien bestehen nämlich nur weiter, wenn die Hauptversammlung der Gesellschaft vor dem Ablauf des 1. Juni 2003 diesbezüglich einen Fortgeltungsbeschluss gefasst hat.[179]

---

174 Vgl. *U. H. Schneider*, in: Assmann/ders./Mülbert, WpHG, 7. Aufl. (2019), § 33, Rn. 33; *Buck-Heeb*, Kapitalmarktrecht, 10. Aufl. (2019), § 8 II 1, Rn. 713.

175 Vgl. *v. Hein*, in: Schwark/Zimmer, KMRK, 5. Aufl. (2020), § 33 WpHG, Rn. 19, 20; *U. H. Schneider*, in: Assmann/ders./Mülbert, WpHG, 7. Aufl. (2019), § 33, Rn. 40–43; *Buck-Heeb*, Kapitalmarktrecht, 10. Aufl. (2019), § 8 II 1, Rn. 713; *Zimmermann*, in: Fuchs, WpHG, 2. Aufl. (2016), § 26a, Rn. 5; *Brandt*, WM 2014, S. 543 (544).

176 So *U. H. Schneider*, in: Assmann/ders./Mülbert, WpHG, 7. Aufl. (2019), § 33, Rn. 51 ff.; *Buck-Heeb*, Kapitalmarktrecht, 10. Aufl. (2019), § 8 II 1, Rn. 714; *Sudmeyer*, BB 2002, S. 685 (687); *Krämer/Heinrich*, ZIP 2009, S. 1737 (1743 f.). Dagegen noch *Schwark*, in: ders./Zimmer, KMRK, 4. Aufl. (2010), § 21 WpHG, Rn. 14, der für eine Nichteinbeziehung plädierte, wobei *v. Hein* in der 5. Aufl. (2020) im Rahmen der Kommentierung des § 33 WpHG dieser Ansicht nicht mehr folgt, vgl. *v. Hein*, in: Schwark/Zimmer, KMRK, 5. Aufl. (2020), § 33 WpHG, Rn. 22.

177 Vgl. BaFin, Emittentenleitfaden 2018, Modul B (Stand: 30. Oktober 2018), Ziffer I.2.3.2.2, S. 12.

178 Vgl. hinsichtlich der Einzelheiten allein *U. H. Schneider*, in: Assmann/ders./Mülbert, WpHG, 7. Aufl. (2019), § 33, Rn. 34 ff. sowie *Dehlinger/Zimmermann*, in: Fuchs, WpHG, 2. Aufl. (2016), § 21, Rn. 48 ff.

179 Zu den Einzelheiten der Berechnung siehe *U. H. Schneider*, in: Assmann/ders./Mülbert, WpHG, 7. Aufl. (2019), § 33, Rn. 37 ff.; *Nottmeier/Schäfer*, AG 1997, S. 87 (92); *Falkenhagen*, WM 1995, S. 1005 (1008).

dd) Zurechnung von Stimmrechten nach § 34 WpHG

Bei der Bestimmung der Höhe der gehaltenen Stimmrechte kommen nicht nur Stimmrechte aus selbst gehaltenen Aktien, sondern, wie der Verweis auf § 34 Abs. 1 und Abs. 2 WpHG in § 33 Abs. 1 S. 1 WpHG verdeutlicht, auch solche aus von Dritten gehaltenen Aktien unter Zurechnungsgesichtspunkten in Betracht.[180] Da die Zurechnungsvorschriften nicht Kern dieser Arbeit sind und es an juristischen Analysen dieses Themenkomplexes nicht mangelt,[181] soll an dieser Stelle ein kurzer Überblick über die wesentlichen Neuerungen durch das TÄUG genügen.

So wurden in § 34 Abs. 1 S. 1 WpHG (ehemals § 22 Abs. 1 S. 1 WpHG) zwei neue Zurechnungstatbestände (Nummer 7 und Nummer 8) angefügt.

Nummer 7 statuiert die Zurechnung von Stimmrechten für Fälle, in denen separate Stimmrechtsübertragungen losgelöst von der Aktie erfolgen. Da in Deutschland aufgrund des geltenden aktienrechtlichen Abspaltungsverbots (§§ 8 Abs. 5, 405 Abs. 3 AktG) eine Abspaltung einzelner Mitgliedschaftsrechte von dem durch die Mitgliedschaft vermittelten Bündel an Rechten und Pflichten nicht möglich ist,[182] erfasst § 34 Abs. 1 Nr. 7 WpHG nur solche Fallkonstellationen, in denen aufgrund ausländischen Rechts eine Abspaltung einzelner Mitgliedschaftsrechte durchgeführt wird.[183]

Nummer 8 ergänzt die bisherige Regelung über die Zurechnung von Stimmrechten bei Sicherungsübereignung von Aktien in § 34 Abs. 1 S. 1 Nr. 3 WpHG um weitere Fälle der Sicherungsverwahrung und setzt damit die Vorgaben des Artikels 10 lit. c) der Transparenzrichtlinie 2013 um. Die Regelung soll dann eingreifen, wenn dem Sicherungsnehmer die Stimmrechte nicht bereits aufgrund seiner Stellung als Inhaber der Aktien zustehen. § 34 Abs. 1 S. 1 Nr. 3 WpHG soll also nach dem Willen des Gesetzgebers im Falle der Sicherungsübereignung von Aktien als *lex specialis* zu § 34 Abs. 1 S. 1 Nr. 8 WpHG fungieren.[184] Das Konzept der alternativen Stimmrechtszurechnung, d. h. entweder Stimmrechtszurechnung auf den Sicherungsgeber oder Mitteilungspflicht des Sicherungsnehmers als Inhaber der mit Stimmrechten verbundenen Aktien, wird damit aufgegeben.[185] Eine Zurechnung findet dann statt, wenn der Sicherungsverwahrer Stimmrechte

---

180 Die Einbeziehung der Geltung des § 34 WpHG in den Tatbestand des § 33 Abs. 1 WpHG wird auch als Tatbestandsannex zu § 33 Abs. 1 WpHG bezeichnet. Vgl. insoweit noch zum alten Recht *Zimmermann*, in: Fuchs, WpHG, 2. Aufl. (2016), § 21, Rn. 1.

181 Siehe allein *Hippeli*, Zurechnung nach WpHG und WpÜG (2013); *Rulf*, Die Zurechnungstatbestände des WpHG und WpÜG (2009).

182 Vgl. *Heider*, in: MüKo AktG, Band 1, 3. Aufl. (2008), § 8, Rn. 87.

183 Vgl. § 34 Abs. 1 Nr. 7 WpHG a. E. („soweit diese rechtlich zulässig ist."); sowie Begr. RegE TÄUG, BT-Drs, 18/5010, S. 45.

184 Vgl. Begr. RegE TÄUG, BT-Drs, 18/5010, S. 45.

185 Vgl. Begr. RegE TÄUG, BT-Drs, 18/5010, S. 45.

hält und die Absicht bekundet, diese auch ausüben zu wollen.[186] Nunmehr müssen also sowohl der Sicherungsnehmer (§ 34 Abs. 1 S. 1 Nr. 8 WpHG) als auch der Sicherungsgeber (§ 34 Abs. 1 S. 1 Nr. 3 WpHG) ihre Meldepflicht erfüllen.[187]

Die Absätze 3 und 3a des § 22 WpHG a. F. wurden im Zuge des TÄUG in die Neureglung des § 22a WpHG a. F. (nunmehr § 35 WpHG), dort in die Absätze 1 und 2, überführt. Dies geschah zu dem Zweck, im neu eingeführten § 35 WpHG nun sämtliche Regelungen zusammenzuführen, welche die Tochterunternehmenseigenschaft im Rahmen der Zurechnung sowie den Wegfall dieser Eigenschaft bestimmen. Dabei wurden die bis dahin im WpHG und im Kapitalanlagegesetzbuch verstreuten Regelungen zusammengefasst.

c) § 38 WpHG

§ 38 WpHG[188] enthält nunmehr Mitteilungspflichten für sämtliche meldepflichtigen Instrumente mit Ausnahme der 3%-Schwelle. Dabei normiert Abs. 1 S. 1 Nr. 1 der Vorschrift eine Meldepflicht für Instrumente, die ihrem Inhaber entweder ein unbedingtes Recht auf den Erwerb von Aktien einräumen (Buchst. a)) oder ihm ein Ermessen in Bezug auf sein Erwerbsrecht verleihen (Buchst. b)).

§ 38 Abs. 1 S. 1 Nr. 2 WpHG sieht eine Meldepflicht für Instrumente vor, die eine vergleichbare wirtschaftliche Wirkung wie die nach § 38 Abs. 1 S. 1 Nr. 1 WpHG meldepflichtigen Instrumente aufweisen, unabhängig davon, ob sie einen Anspruch auf Lieferung von Aktien beinhalten oder nicht. § 38 Abs. 1 S. 1 Nr. 2 WpHG stellt nicht mehr auf das „Ermöglichen" eines Aktienerwerbs ab, wie dies in § 25a WpHG a. F. der Fall war. Vielmehr wird auf das Kriterium der vergleichbaren wirtschaftlichen Wirkung abgestellt, wie es auch Art. 13 Abs. 1 lit. b) der Transparenzrichtlinie-Änderungsrichtlinie 2013 vorsieht. Dieses neue Kriterium könnte restriktiver zu verstehen sein als der Begriff des Ermöglichens und damit zu neuen Abgrenzungsschwierigkeiten führen,[189] dies auch mit Blick auf die nunmehr geltende Maßgeblichkeit des unbedingten schuldrechtlichen Verpflichtungsgeschäfts. Dieser Aspekt wird später einer vertieften Betrachtung unterzogen.[190]

Eine weitere Neuerung, die hier nicht vertieft betrachtet werden soll, betrifft die Einführung eines delta-adjustierten Ansatzes bei der Berechnung der Stimmrechtsanteile aus Instrumenten, die ausschließlich einen Barausgleich vorsehen (§ 38 Abs. 3 S. 2 WpHG). Dieser Deltafaktor ist für die Berechnung von

---

186 *Buchheim/Schmidt/Ulbrich*, WPg 2016, S. 102 (106).
187 *Burgard/Heimann*, WM 2015, S. 1445 (1448).
188 Zuvor § 25 WpHG in der Fassung des TÄUG.
189 Vgl. hinsichtlich der Abgrenzung im früheren Recht der Meldepflichten allein *U. H. Schneider*, in: Assmann/ders., WpHG, 6. Aufl. (2012), § 25a, Rn. 14. Zur Abgrenzung der heutigen Meldepflichten siehe S. 242, dort Gliederungspunkt b).
190 Siehe S. 242, dort Gliederungspunkt b).

Stimmrechtsanteilen bei Instrumenten entscheidend, die per se stimmrechtslos sind, da sie keine Aktien sind.[191] Es ist jedoch erforderlich, Finanzinstrumenten, die Aktien abbilden, eine bestimmte Anzahl an potenziellen Stimmrechten zuzurechnen, da man nur anhand dieser Zahl das Über- oder Unterschreiten der Meldeschwellen der Mitteilungspflichten des § 38 Abs. 1 WpHG durch ebendiese „stimmrechtsvermittelnden" Instrumente feststellen kann. Der Deltafaktor kommt insbesondere bei der Absicherung von Derivaten, die Aktien abbilden, zum Einsatz (sog. Hedging).[192] Er bestimmt, in welchem Verhältnis sich der Preis des Instruments mit Blick auf eine Kursänderung des Basiswerts – also der Aktien – ändert. Der Deltafaktor ist folglich eine Variable, aus welcher sich die für eine Absicherung des Instruments benötigte Anzahl von Aktien ergibt. Das AnsFuG hatte es sich insoweit leichtgemacht und jedem stimmrechtsvermittelnden Instrument genau ein Stimmrecht zugerechnet, indem ein Deltafaktor mit einem Betrag von 1 angesetzt wurde (§ 25a Abs. 2 S. 2 WpHG a. F.). Diesen Instrumenten wurde also der gleiche Stimmrechtswert wie den dem Instrument zugrundeliegenden Aktien zugerechnet, auch wenn sie nur in bar abgewickelt wurden und gerade keine Lieferung von Aktien vorsahen. Damit wurde gesetzlich unterstellt, dass für jedes Instrument, welchem eine Aktie als Basiswert zugrunde liegt, eine Aktie als Absicherung dienen musste. Nunmehr ist der tatsächliche Deltafaktor heranzuziehen und kein Deltafaktor von 1 mehr zu unterstellen. Der Deltafaktor kann einen Wert von Null bis 1 aufweisen und wird vom Meldepflichtigen individuell bestimmt.[193] Daraus folgt auch eine Änderung der Anzahl der Aktien, die eine Gegenpartei zur Absicherung des Risikos aus einem Instrument benötigt, sobald es zu Preisänderungen des Basiswerts kommt. Gemäß § 38 Abs. 3 S. 3 WpHG bestimmen sich die Einzelheiten der Berechnung nach den in Artikel 13 Abs. 1a der Transparenzrichtlinie 2013 benannten technischen Regulierungsstandards.

d) § 39 WpHG

Der neu formulierte § 39 WpHG[194] normiert eine Meldepflicht mit Blick auf die Summe der nach § 33 und § 38 WpHG gehaltenen Stimmrechtsanteile, d. h. der Stimmrechte, die sich aus einer Zusammenrechnung von Stimmrechten aus Aktien und solchen aus Instrumenten des Finanzmarkts ergeben. Das bedeutet, eine kumulierte Meldepflicht kann auch bestehen, wenn eine eigenständige Meldepflicht aufgrund des Haltens von Aktien nach § 33 WpHG oder von Instrumenten nach § 38 WpHG für sich allein genommen nicht besteht. Hält ein Investor

---

191 Einen guten Überblick zur Funktion des Deltafaktors im Rahmen des dynamischen Hedging bieten *Renn/Weber/Gotschev*, AG 2012, S. 440 ff.

192 Vgl. *Renn/Weber/Gotschev*, AG 2012, S. 440 (441).

193 Vgl. *Renn/Weber/Gotschev*, AG 2012, S. 440 (442 f.).

194 Zuvor § 25a WpHG in der Fassung des TÄUG.

beispielsweise Instrumente i. S. d. § 38 WpHG, denen 4 % der Aktien eines Emittenten zugrunde liegen, und 2 % der Aktien desselben Emittenten, ist er aufgrund der nach § 39 Abs. 1 WpHG verpflichtenden Zusammenrechnung meldepflichtig. Denn für die Meldepflicht nach § 38 WpHG gilt die Meldeschwelle in Höhe von 5 %; für die Meldepflicht nach § 33 WpHG gilt die 3 %-Schwelle. Für sich allein betrachtet, wäre also weder der Bestand an Instrumenten, noch der Bestand an Aktien meldepflichtig. Daher normiert § 39 Abs. 1 WpHG für solche Fälle eine eigenständige Meldepflicht, die ab der Meldeschwelle von 5 % greift.

Sowohl § 38 Abs. 1 als auch § 39 Abs. 1 WpHG verweisen hinsichtlich ihrer Voraussetzungen auf § 33 WpHG. Auch dies stellt eine Besonderheit der neuen Meldepflichten hinsichtlich ihrer systematischen Ausgestaltung dar. Dadurch wird der enge Bezug der Meldepflichten zueinander bereits im Wortlaut der Normen klar erkennbar. Die Meldetatbestände schließen einander nicht aus, sondern bilden mittlerweile eine einheitliche, aber gegliederte Meldepflicht.[195] Dies bedeutet, wenn es zu einer Schwellenberührung in einer Säule kommt, dass dann auch die Stimmrechtsbestände aus den anderen Säulen offenzulegen sind.[196] Darüber hinaus kann, wenn bereits eine Mitteilung gemäß § 38 Abs. 1 WpHG erfolgt ist, – wie zuvor – eine erneute Mitteilungspflicht nach Maßgabe der §§ 33, 34 WpHG bestehen, wenn der Erwerb der Aktien zu einem späteren Zeitpunkt tatsächlich erfolgt, d.h. wenn die Option ausgeübt oder das Festgeschäft fällig wird.[197]

3. Sanktionen bei Verstößen gegen die Meldepflichten

Hinsichtlich der Rechtsfolgen bei Verstößen gegen die Meldepflichten ist vor allem die Sanktion des Rechtsverlustes nach § 44 WpHG zu nennen.[198] Sie gilt auch für die Nichterfüllung der Meldepflichten aus §§ 38, 39 WpHG sowie für die Nichtbeachtung der Zurechnungsvorschriften des § 34 WpHG.[199] Zudem geht § 44 Abs. 1 WpHG über die Vorgaben der Transparenzrichtlinie 2013 (Art. 28b Abs. 2 TRiL 2013) hinaus, da der Rechtsverlust sämtliche aktienbezogenen Rechte umfasst und nicht auf Stimmrechte beschränkt ist.[200] Auch erfolgte eine wesentliche Verschärfung der Bußgeldhöhe, die sich in ihrer Obergrenze an der Transparenzrichtlinie 2013 orientieren und über diese nicht hinausgehen. Nach § 120 Abs. 17 S. 1 und 2 i. V. m. Abs. 2 Nr. 2 lit. d) und e) WpHG kann gegen natürliche

---

195 *U. H. Schneider*, in: Assmann/ders./Mülbert, WpHG, 7. Aufl. (2019), Vor § 33, Rn. 37; *Brellochs*, AG 2016, S. 157 (159).

196 *U. H. Schneider*, in: Assmann/ders./Mülbert, WpHG, 7. Aufl. (2019), Vor § 33, Rn. 37.

197 Insoweit noch zum alten Recht *Zimmermann*, in: Fuchs, WpHG, 2. Aufl. (2016), § 25, Rn. 2.

198 Daneben enthält auch § 36 Abs. 6 WpHG einen Rechtsverlust für den Fall, dass eine Selbstbefreiung nach § 36 Abs. 1–5 WpHG vorliegt (Einzelheiten str.). § 36 Abs. 6 WpHG soll hier aber nicht näher erläutert werden.

199 *Brellochs*, AG 2016, S. 157 (166).

200 Vgl. *Brellochs*, AG 2016, S. 157 (167).

Personen eine Geldbuße in Höhe von bis zu 2 Millionen Euro und gegen juristische Personen von bis zu 10 Millionen Euro bzw. bis zu 5 % des Gesamtumsatzes der juristischen Person verhängt werden, je nachdem welcher Betrag höher ausfällt. Zudem ist es gemäß § 120 Abs. 17 S. 3 WpHG möglich, die Ordnungswidrigkeit mit einer Geldbuße bis zum Zweifachen des aus dem Verstoß gezogenen wirtschaftlichen Vorteils zu ahnden, wobei die in § 120 Abs. 17 S. 2 Nr. 1 und Nr. 2 WpHG genannten Beträge auch überschritten werden können.

Neu ist die Sanktion des sog. *Naming and Shaming* in § 124 WpHG, der die Bekanntmachung der für einen Verstoß verantwortlichen Person durch die BaFin vorsieht. Diese Sanktion war dem WpHG bis dahin unbekannt und ist Ausdruck der weitreichenden Bestrebungen der Europäischen Union, die Einhaltung finanzmarktrechtlicher Vorschriften stärker zu forcieren.[201] Erstaunlich ist in diesem Zusammenhang vor allem die Tatsache, dass es nicht auf die Rechts- und Bestandskraft der Maßnahmen und Sanktionen ankommt, sondern bei fehlender Rechts- oder Bestandskraft ein entsprechender Hinweis genügt (§ 124 Abs. 2 S. 2 WpHG).

III. Vorschriften zur Beteiligungstransparenz außerhalb des WpHG und ihr Verhältnis zu §§ 33 ff. WpHG

Potenzielle Erwerber bedeutender Beteiligungen an börsennotierten Aktiengesellschaften sollten sich bewusst sein, dass das Gesellschaftsrecht zunehmend vom Kapitalmarktrecht überlagert wird.[202] Melde- und Veröffentlichungspflichten gibt es sowohl im Handels- und Gesellschaftsrecht als auch im Kapitalmarktrecht. Handels- sowie gesellschaftsrechtliche Offenlegungspflichten sind im Handelsgesetzbuch, im GmbH-Gesetz, im Genossenschaftsgesetz sowie im Aktiengesetz zu finden.

1. Beteiligungstransparenz nach Aktiengesetz

Für den Fall des Erwerbs einer wesentlichen Beteiligung an einer Aktiengesellschaft sind die §§ 20 ff. AktG von entscheidender Bedeutung. Die

201 Diese Sanktionsform ist in den USA und Großbritannien bereits seit Jahren Praxis und findet sich nun auch vermehrt in europäischen Rechtsakten. So in Art. 24 Abs. 1 lit. e) der Ratingagentur-Verordnung (EG) Nr. 1060/2009 vom 16. September 2009, Art. 71 der Richtlinie über Märkte für Finanzinstrumente 2014/65/EU (MiFID II) vom 15. Mai 2014 sowie Art. 34 Abs. 1 der Marktmissbrauchsverordnung (EU) Nr. 596/2014 (MAR). Siehe zu diesem Thema auch *Schmieszek/Langner*, WM 2014, S. 1893 ff.; *Stephan*, Der Konzern 2016, S. 53 (63 f.); *Brellochs*, AG 2016, S. 157 (170); *Buchheim/Schmidt/Ulbrich*, WPg 2016, S. 102 (107); *Blöink/Kumm*, BB 2013, S. 1963 (1964).

202 *Buck-Heeb*, Kapitalmarktrecht, 10. Aufl. (2019), § 1 V 1 und 2, Rn. 51 ff.

Mitteilungspflichten der §§ 20 ff. AktG und diejenigen des WpHG weisen eine unterschiedliche Prägung mit Blick auf ihre historische Entwicklung auf und überlagern sich zum Teil. Sie wurden erst mit dem dritten Finanzmarktförderungsgesetz (3. FFG) aus dem Jahre 1998[203] inhaltlich aufeinander abgestimmt, um den bürokratischen Aufwand für die betroffenen Marktteilnehmer zu verringern.[204] Gemäß §§ 20 Abs. 8, 21 Abs. 5 AktG gelten die Meldepflichten des Aktiengesetzes nicht für Aktien eines Emittenten im Sinne des § 33 Abs. 4 WpHG. Die kapitalmarktrechtlichen Meldepflichten der §§ 33 ff. WpHG gehen damit den aktienrechtlichen Mitteilungspflichten gemäß §§ 20 ff. AktG vor. Das bedeutet, dass die §§ 20 ff. AktG nunmehr allein Mitteilungspflichten hinsichtlich Beteiligungen an nicht börsennotierten Gesellschaften regeln,[205] wobei sie im Unterschied zu §§ 33 ff. WpHG auch Kapitalbeteiligungen und nicht allein Stimmrechtsanteile erfassen.[206]

Die §§ 20 ff. AktG dienen der Unterrichtung der Aktionäre, der Gesellschaft, der Gläubiger und der Öffentlichkeit über bestehende oder entstehende Konzernbildungen[207] (sog. Konzerneingangskontrolle),[208] wobei dem Grunde nach zwei Sachverhalte einer Mitteilungspflicht unterliegen. Zum einen ist dies die Beteiligung eines Unternehmens an einer nichtbörsennotierten AG in Höhe von mehr als 25 % (§ 20 Abs. 1 S. 1 AktG). Zum anderen bestimmt § 20 Abs. 4 i. V. m. § 16 Abs. 1 AktG eine weitere Mitteilungspflicht für den Fall, dass ein Unternehmen eine Mehrheitsbeteiligung (mehr als 50 %) an einer nichtbörsennotierten AG hält, wobei nach § 16 Abs. 1, 2. Alt. AktG auch eine Stimmrechtsmehrheit – und nicht nur die Mehrheit der Kapitalanteile – ausreichend ist. Die betreffende AG ist gemäß § 20 Abs. 6 AktG verpflichtet, die ihr angezeigte Beteiligung unverzüglich

---

203 Gesetz zur weiteren Fortentwicklung des Finanzplatzes Deutschland (Drittes Finanzmarktförderungsgesetz) vom 24. März 1998, BGBl. I 1998, S. 529.

204 Vgl. Entwurf eines Gesetzes zur weiteren Fortentwicklung des Finanzplatzes Deutschland (Drittes Finanzmarktförderungsgesetz), BT-Drs. 13/8933, S. 2, 58.

205 Vgl. *Weber-Rey/Benzler*, in: Habersack/Mülbert/Schlitt, Handbuch der Kapitalmarktinformation, 2. Aufl. (2013), § 20, Rn. 7; *Theusinger/Möritz*, AL 2010, S. 3 (4).

206 Der Unterschied zwischen Kapitalbeteiligung und Stimmrechten ist sehr gut zu veranschaulichen, wenn man § 12 Abs. 2 S. 2 AktG a. F. betrachtet, der die Gewährung von Mehrstimmrechten regelte. Zum Zeitpunkt des Erlasses des WpHG (durch das zweite Finanzmarktförderungesetz) konnte eine Aktie auch mehr als nur ein Stimmrecht vermitteln. § 12 Abs. 2 AktG n. F. verbietet nun solche Mehrstimmrechte. Höchststimmrechte hingegen sind gemäß § 134 Abs. 1 S. 2 AktG für nicht börsennotierte Gesellschaften weiterhin zulässig.

207 Vgl. Begr. RegE AktG 1965, BT-Drs. 4/171, S. 104 (dort noch zu § 19 AktG a. F.); *Weber-Rey/Benzler*, in: Habersack/Mülbert/Schlitt, Handbuch der Kapitalmarktinformation, 2. Aufl. (2013), § 20 Rn. 7; BGH, Urteil vom 22. April 1991, AZ: II ZR 231/90, BGHZ 114, S. 203 (215); BGH, Urteil vom 24. April 2006, AZ: II ZR 30/05, AG 2006, S. 501 (502); *Witt*, Übernahmen von Aktiengesellschaften (1998), S. 4 ff., 76 ff.

208 Vgl. *Neye*, ZIP 1996, S. 1853 (1855).

in den Gesellschaftsblättern zu veröffentlichen. Ein Verstoß gegen die Mitteilungspflichten nach § 20 Abs. 1 oder Abs. 4 AktG zieht einen Ausschluss bzw. das Ruhen der Mitgliedschaftsrechte aus den betreffenden Aktien (Stimmrechte, Dividende, etc.) gemäß § 20 Abs. 7 AktG nach sich.[209]

Weiterhin unterliegt auch die Beteiligung einer Aktiengesellschaft an einer anderen Kapitalgesellschaft von mehr als 25 % gemäß § 21 Abs. 1 AktG oder von mehr als 50 % an einem anderen Unternehmen beliebiger Rechtsform gemäß § 21 Abs. 2 AktG der aktienrechtlichen Mitteilungspflicht.[210] Die genaue Beteiligungshöhe muss dabei nicht mitgeteilt werden. Für das Unternehmen, an dem die nichtbörsennotierte Aktiengesellschaft beteiligt ist, besteht – im Gegensatz zu § 20 Abs. 6 AktG – im Falle einer Mitteilung nach § 21 AktG nicht die Pflicht, die Beteiligung in den Gesellschaftsblättern zu veröffentlichen. § 21 AktG dient damit allein der Information des Unternehmens über den Gesellschafterwechsel.[211] Einen Paketaufbau anhand dieser Vorschriften im Vorhinein festzustellen, ist für die Öffentlichkeit insoweit nicht möglich. Selbst wenn eine solche Veröffentlichungspflicht entsprechend § 20 Abs. 6 AktG bestehen würde, wäre ein Paketaufbau schwer vorherzusehen, da die Schwellenwerte zu hoch angesetzt sind.[212] Eine Zuwiderhandlung gegen die Mitteilungspflichten des § 21 Abs. 1 sowie Abs. 2 AktG zieht gemäß § 21 Abs. 4 AktG das Ruhen der Mitgliedschaftsrechte – vergleichbar § 20 Abs. 7 AktG – nach sich.[213] Sind sowohl § 20 AktG als auch § 21 AktG verwirklicht, tritt § 21 AktG im Wege der Konkurrenz hinter § 20 AktG zurück.[214]

Mit Blick auf die weitere Abgrenzung der Mitteilungspflichten der §§ 20 ff. AktG und der §§ 33 ff. WpHG ist festzuhalten, dass die aktienrechtlichen Mitteilungspflichten nur Unternehmen treffen, während die Meldepflichten nach §§ 33 ff. WpHG für jede natürliche oder juristische Person gelten.

Den Meldepflichten des WpHG wird neben ihrer kapitalmarktrechtlichen Funktion auch eine aktienrechtliche Bedeutung zugesprochen. Dies folgt zum einen aus der Sanktion des Rechtsverlusts nach § 44 WpHG (vergleichbar mit § 20 Abs. 7 AktG) und zum anderen aus dem Verbot der Stimmrechtsausübung nach § 36 Abs. 6 WpHG.[215] Nach dieser Vorschrift können Stimmrechte nicht ausgeübt werden, sofern sie nach § 36 Abs. 1 bis 5 WpHG – mit Ausnahme von Abs. 3

---

209 Vgl. *Fatemi*, DB 2013, S. 2195.

210 Vgl. *Weber-Rey/Benzler*, in: Habersack/Mülbert/Schlitt, Handbuch der Kapitalmarktinformation, 2. Aufl. (2013), § 20, Rn. 16.

211 Vgl. *Weber-Rey/Benzler*, in: Habersack/Mülbert/Schlitt, Handbuch der Kapitalmarktinformation, 2. Aufl. (2013), § 20, Rn. 18.

212 So auch *Burgard*, AG 1992, S. 41 (44).

213 Vgl. *Fatemi*, DB 2013, S. 2195.

214 Siehe nur *Koch*, in: Hüffer/ders., AktG, 14. Aufl. (2020), § 20, Rn. 1; *Fatemi*, DB 2013, S. 2195.

215 Vgl. *Buck-Heeb*, Kapitalmarktrecht, 10. Aufl. (2019), § 1 V 2, Rn. 55.

Nr. 2 – bei der Berechnung des Stimmrechtsanteil unberücksichtigt bleiben. Hinzuweisen ist auch auf die besondere Behandlung stimmrechtsloser Vorzugsaktien im Rahmen der Meldepflichten des WpHG. Inhaber von Vorzugsaktien sind grundsätzlich nicht stimmberechtigt, da Vorzugsaktien gemäß § 140 Abs. 1 AktG kein Stimmrecht gewähren. Im Gegenzug erhalten die Vorzugsaktionäre eine höhere Dividende (= Vorzug) ausgezahlt. Grundsätzlich können stimmrechtslose Vorzugsaktien daher zwar eine Mitteilungspflicht nach §§ 20 ff. AktG, nicht aber nach §§ 33 ff. WpHG auslösen, da es bei den aktienrechtlichen Mitteilungspflichten auf die Kapitalbeteiligung und nicht auf den Stimmrechtsanteil ankommt. Wird keine Dividende ausgeschüttet, so gewähren stimmrechtslose Vorzugsaktien gemäß § 140 Abs. 2 AktG ausnahmsweise dennoch ein Stimmrecht. In diesem Fall sind Vorzugsaktien auch im Rahmen der Meldepflichten der §§ 33 ff. WpHG zu berücksichtigen. Vereinzelt wurde für den Eintritt eines solchen Falles eine Ausnahmeregelung gefordert, da die Meldepflicht nicht von der Zufälligkeit der Gewinnsituation einer Gesellschaft abhängen könne.[216] § 140 Abs. 2 AktG gibt den Inhabern stimmrechtsloser Vorzugsaktien aber gerade ein Mittel an die Hand, um ihre berechtigten Interessen im Rahmen der Hauptversammlung geltend zu machen. Warum die in einem solchen Fall potenziell hohe Stimmrechtsmacht nicht nach dem WpHG meldepflichtig sein sollte, ist nicht ersichtlich.[217]

Eine Frage, die sich wohl bei sämtlichen Mitteilungspflichten stellt, ist diejenige, ob Publizitätspflichten Individualschutzcharakter aufweisen. Dies ist sowohl für die §§ 33 ff. WpHG[218] als auch für § 20 AktG streitig.[219] Individualschutz bedeutet, dass eine Vorschrift auch den einzelnen Anleger schützten soll und eine Zuwiderhandlung gegen sie grundsätzlich Schadensersatzansprüche gemäß § 823 Abs. 2 BGB auslösen würde.[220] Diese Thematik soll hier jedoch nicht vertieft werden.

2. Beteiligungstransparenz nach WpÜG

Das WpÜG nimmt eine „Zwitterstellung“[221] zwischen Kapitalmarktrecht und Gesellschaftsrecht ein, denn es regelt sowohl den Ablauf des Verfahrens bei

---

216 Vgl. *Happ*, JZ 1994, S. 240 (244).
217 Vgl. allein *U. H. Schneider*, in: Assmann/ders./Mülbert, WpHG, 7. Aufl. (2019), § 33, Rn. 43.
218 Vgl. *U. H. Schneider*, in: Assmann/ders./Mülbert, WpHG, 7. Aufl. (2019), Vor § 33, Rn. 27; *Hildner*, Kapitalmarktrechtliche Beteiligungstransparenz (2002), S. 25 m. w. N.
219 Vgl. *Keßler*, in: Henssler/Strohn, GesR, 4. Aufl. (2019), AktG § 20, Rn. 18 m. w. N.; entgegen *U. H. Schneider*, in: Assmann/ders./Mülbert, WpHG, 7. Aufl. (2019), Vor § 33, Rn. 27.
220 Vgl. *U. H. Schneider*, in: Assmann/ders./Mülbert, WpHG, 7. Aufl. (2019), Vor § 33, Rn. 27.
221 *Buck-Heeb*, Kapitalmarktrecht, 10. Aufl. (2019), § 1 V 5, Rn. 61.

öffentlichen Angeboten zum Erwerb von Wertpapieren als auch statuiert es bestimmte Publizitätspflichten sowie die Verhaltenspflichten von Organen und Organmitgliedern (insbes. §§ 3 Abs. 3, 33 Abs. 1 WpÜG). Die allgemeinen aktienrechtlichen Pflichten von Vorstand und Aufsichtsrat und die Verhaltenspflichten nach WpÜG stehen dabei nebeneinander.[222] Das WpÜG soll Übernahmen weder erleichtern noch erschweren, sondern lediglich einen fairen Übernahmeprozess sowie eine Gleichbehandlung bei der Angebotsunterbreitung sicherstellen (§§ 3 ff., 40 ff. WpÜG). Dabei sollen vor allem die Transparenz für die betroffenen Aktionäre verbessert, die rechtliche Stellung von Minderheitsaktionären gestärkt sowie international übliche Standards eingehalten werden.[223]

Für diese Untersuchung sind diejenigen Regelungen des WpÜG relevant, die die Pflichten eines Erwerbers normieren, wenn dieser die Kontrolle gemäß § 29 Abs. 2 WpÜG (dies sind 30% der Stimmrechte) über eine börsennotierte Zielgesellschaft innehat oder erlangen will. Es wird diesbezüglich zwischen drei Arten von Angeboten unterschieden, die ein Erwerber (Bieter) je nach Sachlage nach Maßgabe der §§ 10, 29, 35 Abs. 2 WpÜG an die Aktionäre einer börsennotierten Aktiengesellschaft abgeben kann bzw. abzugeben hat, nämlich das freiwillige einfache öffentliche Erwerbsangebot gemäß § 10 WpÜG, das Übernahmeangebot gemäß § 29 WpÜG sowie das Pflichtangebot gemäß § 35 Abs. 2 WpÜG. Das Übernahmeangebot ist ein Angebot an die Aktionäre einer Zielgesellschaft zur Erlangung der Kontrolle über diese Gesellschaft (sog. Kontrollerwerb).[224] Häufig unterstützen die Organe der Zielgesellschaft ein Übernahmeangebot. Lehnen sie es hingegen ab, wird dieses Übernahmeangebot auch als „feindliche Übernahme" bezeichnet.[225] Ist die Entscheidung zur Abgabe eines Erwerbsangebotes nach § 10 Abs. 3 i. V. m. § 34 WpÜG bereits veröffentlicht, so sind die Mittel zur Abwehr einer solchen feindlichen Übernahme beschränkt, da ab diesem Zeitpunkt das übernahmerechtliche Verhinderungsgebot greift und Abwehrmaßnahmen nur noch im Rahmen der §§ 33, 33a WpÜG erlaubt sind.[226]

Nach der Abgabe eines Erwerbs-, Übernahme- oder Pflichtangebots ist der Bieter besonderen Veröffentlichungspflichten gemäß § 23 WpÜG unterworfen. Diese werden auch als Wasserstandsmeldungen bezeichnet.[227] Die §§ 33 ff. WpHG werden von § 23 WpÜG nicht verdrängt. Die Mitteilungspflichten in §§ 33 ff. WpHG bestehen neben den übernahmerechtlichen Meldepflichten des § 23 WpÜG und

---

222 *Buck-Heeb*, Kapitalmarktrecht, 10. Aufl. (2019), § 1 V 5, Rn. 61.

223 Vgl. Begr. RegE WpÜG, BT-Drs. 14/7034, S. 29 ff. *Buck-Heeb*, Kapitalmarktrecht, 10. Aufl. (2019), § 14 I, Rn. 1003.

224 Vgl. Begr. RegE WpÜG, BT-Drs. 14/7034, S. 30 und S. 53.

225 *Arnold/Wenninger*, CFLaw 2010, S. 79 m. w. N.

226 Zur Vertiefung der Frage zulässiger Abwehrmaßnahmen sei auf *Arnold/Wenninger*, CFLaw 2010, S. 79 ff. verwiesen.

227 *Witt*, NZG 2000, S. 809 (809); *Witt*, AG 2001, S. 233 (238); *U. H. Schneider*, in: Assmann/ders., WpHG, 6. Aufl. (2012), Vor § 21, Rn. 83.

werden durch diese ergänzt.[228] § 23 Abs. 1 S. 1 WpÜG verweist auf die §§ 38, 39 WpHG, sodass von der Pflicht zur Abgabe von Wasserstandsmeldungen auch Instrumente i. S. d. §§ 38, 39 WpHG erfasst sind. Die Mitteilungspflichten nach § 23 Abs. 1 S. 1 WpÜG sowie §§ 38, 39 WpHG bestehen nebeneinander. Grund dafür ist die Streichung der §§ 25 Abs. 2a, 25a Abs. 1 S. 5 WpHG a. F. im Rahmen der Umsetzung der Transparenzrichtlinie-Änderungsrichtlinie. Bis dahin sah das WpHG eine Ausnahme von den Meldepflichten der §§ 38, 39 WpHG für den Fall vor, dass eine Pflicht zur Abgabe von Wasserstandsmeldungen gemäß § 23 Abs. 1 S. 1 WpÜG bestand. Es kann daher vorkommen, dass ein Bieter seinen Stimmrechtsanteil an der Zielgesellschaft sowohl gemäß § 23 WpÜG als auch gemäß §§ 38, 39 WpHG offenlegen muss.

Hinsichtlich ihres Anwendungsbereichs sind das WpHG und das WpÜG weitgehend angenähert, da die Regelungen des WpÜG, ähnlich wie diejenigen des WpHG, nur dann gelten, wenn ein Erwerb von Wertpapieren einer börsennotierten Zielgesellschaft vorliegt (§§ 1 Abs. 1, 2 Abs. 3 und Abs. 7 WpÜG). Weitgehende Übereinstimmung besteht zudem bei den Zurechnungsnormen des § 34 WpHG und des § 30 WpÜG.

Bezüglich des Erwerbsbegriffs unterscheiden sich WpHG und WpÜG jedoch wesentlich, da das WpÜG von einem dinglichen und nicht einem schuldrechtlichen Erwerb ausgeht und damit erst bei Erlangung der Inhaberposition einen Erwerb bejaht.[229]

Auch hinsichtlich des Wertpapierbegriffs sind WpHG und WpÜG nicht deckungsgleich. § 2 Abs. 1 WpHG beschreibt einen weiteren Wertpapierbegriff als die Legaldefinition des § 2 Abs. 2 WpÜG. Das WpÜG beschränkt seinen Wertpapierbegriff auf „Aktien, mit diesen vergleichbare Wertpapiere und Zertifikate, die Aktien vertreten" sowie „andere Wertpapiere die den Erwerb [...] (dieser Wertpapiere)[230] zum Gegenstand haben". Dies lässt erkennen, dass für das WpÜG die mitgliedschaftliche Komponente im Vordergrund steht, da das Gesetz auf die Regulierung von Unternehmensübernahmen und den Kontrollerwerb an börsennotierten Gesellschaften fokussiert ist.[231] Das WpHG regelt hingegen die Ordnung der marktrechtlichen Rahmenbedingungen sowie Finanzmarktprozesse und zielt auf die Steuerung des Verhaltens der Marktteilnehmer ab.[232] Fragen

---

228 Vgl. *U. H. Schneider*, in: Assmann/ders./Mülbert, WpHG, 7. Aufl. (2019), Vor § 33, Rn. 68.

229 Vgl. *U. H. Schneider*, in: Assmann/ders., WpHG, 6. Aufl. (2012), § 21, Rn. 72.

230 Ergänzung durch den Autor.

231 Vgl. *Buck-Heeb*, Kapitalmarktrecht, 10. Aufl. (2019), § 1 V 5, Rn. 62 f.; *Kumpan*, in: Schwark/Zimmer, KMRK, 5. Aufl. (2020), § 2 WpHG, Rn. 5.

232 Vgl. *Assmann*, in: ders./Schneider/Mülbert, WpHG, 7. Aufl. (2019), § 2, Rn. 9; *Kumpan*, in: Schwark/Zimmer, KMRK, 5. Aufl. (2020), § 2 WpHG, Rn. 4.

zur Begründung, Übertragung und Geltendmachung von Rechten aus den Wertpapieren sind nicht Regelungsgegenstand des WpHG.[233]

3. Offenlegungspflichten nach der Marktmissbrauchsverordnung

Neben den §§ 33 ff. WpHG existieren weitere Meldetatbestände, die hier nur der Vollständigkeit halber erwähnt werden sollen.

Zum einen existiert die Ad-hoc-Publizitätspflicht aus Art. 17 Abs. 1 MAR (ehemals § 15 Abs. 1 WpHG).[234] Diese besteht neben den Mitteilungspflichten der §§ 33 ff. WpHG.[235] Aufgrund des Erlasses der Marktmissbrauchsverordnung (*Market Abuse Regulation* – MAR) und der Marktmissbrauchsrichtlinie (*Market Abuse Directive* – MAD II),[236] welche ab dem 3. Juli 2016 unmittelbare Geltung erlangten bzw. bis zu diesem Datum in deutsches Recht umzusetzen waren, wurde § 15 WpHG a. F. weitestgehend obsolet.[237] Die entsprechenden Voraussetzungen bezüglich der Ad-hoc-Publizitätspflicht finden sich nunmehr in Art. 17 Abs. 1 MAR. Eine Ad-hoc-Mitteilung hat danach sobald wie möglich zu erfolgen. Vor einer Veröffentlichung von Insiderinformationen nach Art. 17 Abs. 1 MAR hat der Emittent gemäß § 26 Abs. 1 WpHG diese Information vorher der BaFin mitzuteilen. Insoweit wurde § 26 WpHG eine eigenständige Funktion neben Art. 17 MAR verliehen.

Wie es bereits der mittlerweile aufgehobene § 13 Abs. 1 WpHG a. F. vorsah, ist es gemäß Art. 7 Abs. 1 lit. a) MAR weiterhin notwendig, dass die Insiderinformation erhebliches Kursbeeinflussungspotenzial aufweist. Dies ist dann der Fall, wenn ein verständiger Anleger die betreffende Information bei seiner Anlageentscheidung wahrscheinlich berücksichtigen würde (Art. 7 Abs. 4 Unterabs. 1 MAR).

Art. 17 MAR bestimmt in Abs. 4 sowie Abs. 5 Möglichkeiten des Aufschubs der Veröffentlichung von Insiderinformation, sofern eine unverzügliche Offenlegung

---

233 Vgl. *Assmann*, in: ders./Schneider/Mülbert, WpHG, 7. Aufl. (2019), § 2, Rn. 9; *Kumpan*, in: Schwark/Zimmer, KMRK, 5. Aufl. (2020), § 2 WpHG, Rn. 4.

234 Verordnung (EU) Nr. 596/2014 des Europäischen Parlaments und des Rates vom 16. April 2014 über Marktmissbrauch (*Market Abuse Regulation* – MAR; auch Marktmissbrauchsverordnung); ABl. EU L 173 v. 12. Juni 2014, S. 1.

235 *U. H. Schneider*, in: Assmann/ders./Mülbert, WpHG, 7. Aufl. (2019), Vor § 33, Rn. 62 f.; *Weber-Rey/Benzler*, in: Habersack/Mülbert/Schlitt, Handbuch der Kapitalmarktinformation, 2. Aufl. (2013), § 20, Rn. 199.

236 Richtlinie 2014/57/EU des Europäischen Parlaments und des Rates vom 16. April 2014 über strafrechtliche Sanktionen bei Marktmanipulation (*Market Abuse Directive* „MAD II"; auch Marktmissbrauchsrichtlinie); ABl. EU L 173 v. 12. Juni 2014, S. 179.

237 Hinsichtlich der wesentlichen Neuerungen bezüglich des Insiderrechts durch die MAR siehe den Überblick bei *Balda/Emmerling*, ACQ II/2015, S. 14 ff.

der Insiderinformation geeignet wäre, die berechtigten Interessen des Emittenten zu beeinträchtigen (Art. 17 Abs. 4 lit. a) MAR). Für die Bejahung eines berechtigten Interesses genügt es auch weiterhin, dass eine Beeinträchtigung der Interessen des Emittenten mit überwiegender Wahrscheinlichkeit zu erwarten ist.[238] Zudem darf die Aufschiebung der Offenlegung nicht geeignet sein, die Öffentlichkeit irrezuführen (Art. 17 Abs. 4 lit. b) MAR), und die Geheimhaltung der Insiderinformation muss gewährleistet sein (Art. 17 Abs. 4 lit. c) MAR).

4. Résumé

Im Rahmen des Erwerbs einer bedeutenden Beteiligung an börsennotierten Aktiengesellschaften haben die Beteiligten, wie aufgezeigt, eine Vielzahl an Meldepflichten zu beachten bzw. in ihre Überlegungen einzubeziehen. Die wichtigsten Publizitätspflichten außerhalb des WpHG wurden überblicksartig dargestellt, um einen Blick über den Tellerrand des dieser Untersuchung zugrundeliegenden Themas zu gewähren. Mit der kurzen Darstellung soll zugleich eine Sensibilisierung des Lesers für den Bereich transaktionsrelevanter Publizitätspflichten erreicht werden. In der zeitlich angespannten Transaktionsgestaltung sollten die Beteiligten sehr genau analysieren, wer zu welchem Zeitpunkt welche Informationspflichten zu erfüllen hat. Und es gibt weitere Informationspflichten, die im Rahmen eines Beteiligungserwerbs möglicherweise zu beachten sind. Hingewiesen sei nur auf das Bestehen besonderer kartellrechtlicher (§§ 35 ff. GWB, Regelungen der FKVO), börsenrechtlicher (§ 32 Abs. 3 Nr. 2 BörsG, § 5 WpPG), finanzrechtlicher (§§ 2c, 26 KWG, § 19 KAGB) sowie versicherungsrechtlicher (§ 104 VAG) Informationspflichten, deren Nichtbeachtung erhebliche Sanktionen nach sich ziehen kann.

238 Vgl. *Assmann*, in: ders./Schneider/Mülbert, WpHG, 7. Aufl.(2019), Art. 17 VO Nr. 596/2014, Rn. 101 ff., 106; *Jörgens/Wahl/Mann*, CFLaw 2013, S. 23 (31).

C. Die Meldepflichten des WpHG und die Bekämpfung des Anschleichens

Die Bekämpfung des Anschleichens war in jüngster Zeit Anlass für verschiedene Reformen des Transparenzregimes auf europäischer sowie nationaler Ebene. Nachfolgend soll daher erläutert werden, weshalb diese Reformen zu einer weitreichenden Ausweitung der Meldepflichten geführt haben.

I. Verhinderung des „Anschleichens“

Der Gesetzgeber hat als einen Erwägungsgrund zum Erlass des § 25a WpHG im Rahmen des AnsFuG die Verhinderung des sog. Anschleichens genannt.[239] Es stellt sich zunächst die Frage, was unter diesem Begriff zu verstehen ist.

Das Vorgehen eines Erwerbers wird dann als Anschleichen bezeichnet, wenn er unter Zuhilfenahme von Derivaten einen heimlichen Beteiligungsaufbau (sog. *Hidden Ownership*[240]) bezüglich der Zielgesellschaft betreibt. Heimlich ist der Beteiligungsaufbau, sofern die diesbezüglich genutzten Instrumente keine Meldepflichten auslösen und der Öffentlichkeit der Aufbau von (potenzieller) Stimmrechtsmacht somit verborgen bleibt. Kontrovers diskutiert wurde die Frage, ob ein solches Anschleichen eine gesetzwidrige Vorgehensweise[241] oder lediglich ein Hindurchfliegen „unter dem Radar der kapitalmarktrechtlichen Meldepflichten“[242] beschreibt.

Um die Diskussion hinsichtlich des Begriffs des Anschleichens besser nachvollziehen zu können, folgt zunächst eine knappe Darstellung der Funktionsweise von Derivaten, die beim heimlichen Beteiligungsaufbau Verwendung finden. Im Anschluss daran werden ausgewählte Fälle erläutert, in denen solche Derivate zum Einsatz kamen und die den Gesetzgeber zur Erweiterung der Meldepflichten im Zuge des AnsFuG veranlasst haben.

1. Derivate und ihre Funktionsweise

a) Der Begriff des Derivats

Um die Funktionsweise von Barausgleichsderivaten beim heimlichen Beteiligungsaufbau verständlich zu machen, wird zunächst ein Überblick zum Begriff des Derivats sowie dessen Grundformen gegeben.

---

239 Vgl. Begr. RegE AnsFuG, BT-Drs. 17/ 3628, S. 1.

240 Insoweit begriffsprägend *Hu/Black*, The New Vote Buying, 79 S. Cal. L. Rev. 811, 812, 836 ff.

241 *U. H. Schneider*, in: Assmann/ders., WpHG, 5. Aufl. (2009), § 25, Rn. 37 ff.; *U. H. Schneider/Brouwer*, AG 2008, S. 557 (562 ff.); *Weber/Meckbach*, BB 2008, S. 2022 (2028); *Habersack*, AG 2008, S. 817 (818 f.).

242 *Fleischer/Schmolke*, ZIP 2008, S. 1501 (1501).

Welche Geschäfte als Derivate im Sinne des WpHG zu verstehen sind, ist in § 2 Abs. 3 WpHG aufgelistet. Der Begriff des Derivats (lat. *derivare* = ableiten) bezeichnet ein Finanzinstrument, dessen Wert sich von einem dem Finanzinstrument zugrundeliegenden Basiswert (sog. *Underlying*) ableitet.[243] Derivategeschäfte zeichnen sich dadurch aus, dass Verpflichtungs- und Erfüllungsgeschäft auseinanderfallen, da die Abwicklung des Geschäfts zu einem vereinbarten Zeitpunkt in der Zukunft stattfinden soll.[244] § 2 Abs. 3 Nr. 1 lit. a) bis lit. f) WpHG nennen die für ein Derivat in Betracht kommenden Basiswerte. Dies sind Wertpapiere, Geldmarktinstrumente, Devisen oder Rechnungseinheiten, Zinssätze oder andere Erträge, Finanzindizes oder Finanzmessgrößen, andere derivative Geschäfte sowie Emissionszertifikate. Hier zeigt sich, dass Derivate in unterschiedlichen Ausprägungen mit verschiedenen Basiswerten denkbar sind. Der Wert eines Derivats kann daher von dem Wert oder der Fluktuation anderer Finanzinstrumente, von Finanzkennzahlen, von Handelsgegenständen (Rohstoffe, Devisen, Edelmetalle etc.) oder von Preisen abhängig sein. Der Abschluss des Geschäfts und dessen Abwicklung fallen auseinander.[245] Bei Vertragsabschluss müssen also weder Verkäufer noch Käufer die zur Erfüllung ihrer gegenseitigen Verpflichtung notwendigen Mittel besitzen.[246] Derivate werden insbesondere für die Absicherung oder Übernahme von Preis-, Zins-, Währungs- oder ähnlichen Risiken eingesetzt. Aber auch die Spekulation ist ein gewichtiger Faktor bei Derivaten. Als Beispiel für einige der ersten Optionsgeschäfte nennt *Schüwer* die wachsende Beliebtheit von Tulpen im Holland des 17. Jahrhunderts.[247] Im Jahr 1634 gewannen holländische Tulpenzwiebeln mehr und mehr an Beliebtheit und damit auch an Bedeutung für Spekulanten, da die Preise für Tulpenzwiebeln rasant anstiegen. Nicht nur die bereits geernteten Tulpen wurden gehandelt, sondern auch solche, deren Ernte erst noch bevorstand. Es wurden ein Preis und ein zukünftiger Liefertermin vereinbart, an welchem die Tulpen zu bezahlen waren. Im Jahre 1637 schließlich platzte die Spekulationsblase und hinterließ viele Spekulanten mit leeren Taschen. Wie die Finanzkrise 2007/2008 gezeigt hat, welche insbesondere durch Einsatz strukturierter Derivate hervorgerufen wurde, bergen Derivate nicht nur für Tulpenhändler hohe Risiken.

Derivate können in zwei Grundformen unterteilt werden, zum einen in bedingte Termingeschäfte (Optionsgeschäfte) und zum anderen in unbedingte Termingeschäfte (Festgeschäfte).[248] Zur erstgenannten Grundform zählen vor allem Optionen, etwa Verkaufsoptionen (*Put Options*) und Kaufoptionen (*Call Options*). Zur letztgenannten Grundform gehören Forwards, Futures und Swaps. Diese werden auch als Festgeschäfte bezeichnet, da beide Parteien rechtlich gebunden und verpflichtet sind, das Geschäft zu einem bestimmten Zeitpunkt

243 So *Renn*, Einsatz und Offenlegung von Derivaten (2010), S. 12; ähnlich *Schüwer*, in: Zerey, Finanzderivate, 4. Aufl. (2016), S. 51 f.

244 *Schüwer*, in: Zerey, Finanzderivate, 4. Aufl. (2016), S. 51 f.

245 *Renn*, Einsatz und Offenlegung von Derivaten (2010), S. 87.

246 *Schüwer*, in: Zerey, Finanzderivate, 4. Aufl. (2016), S. 51 f.

247 *Schüwer*, in: Zerey, Finanzderivate, 4. Aufl. (2016), S. 52.

248 *Renn*, Einsatz und Offenlegung von Derivaten (2010), S. 12 f.; *Schüwer*, in: Zerey, Finanzderivate, 4. Aufl. (2016), S. 53.

oder innerhalb eines bestimmten Zeitraums abzuwickeln.[249] Die folgende Abbildung soll diese Unterteilung noch einmal verdeutlichen:

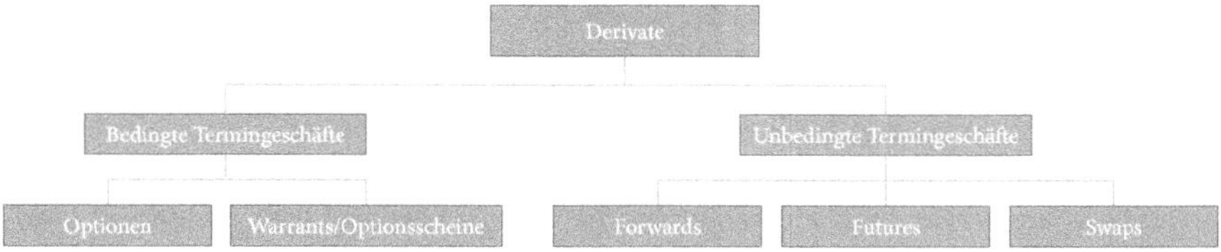

Abbildung 1: *Derivate. Quelle: Renn, Einsatz und Offenlegung von Derivaten (2010), S. 13.*

Die Meldepflichten des WpHG verwenden den Begriff des Derivats hingegen nicht, sondern sprechen von „Instrumenten“. Der Gesetzgeber vermeidet damit eine Festlegung der Mitteilungspflichten auf derivative Geschäfte oder Finanz-instrumente im Sinne des § 2 Abs. 3 oder Abs. 4 WpHG, indem der neutrale Oberbegriff „Instrument“ gewählt wurde.[250] Dennoch erscheint die Auflistung in § 2 Abs. 3 WpHG als geeignete Richtschnur, um ein „Instrument“ i. S. d. §§ 33 ff. WpHG als Derivat zu qualifizieren.

b) Beispiele zur Verdeutlichung der Funktionsweise von Derivaten

Im Folgenden soll die oben dargestellte Unterteilung von Derivaten in bedingte und unbedingte Termingeschäfte anhand von Beispielsfällen veranschaulicht werden.

aa) Bedingte Termingeschäfte

Unter bedingte Termingeschäfte lassen sich vor allem Optionen fassen.[251] Optionen verleihen dem Käufer (Optionsberechtigten) gegen Zahlung einer Optionsprämie das Recht, zu einem bestimmten Termin (europäische Option) oder bis zu einem bestimmten Verfallstag (amerikanische Option) von dem Optionsverkäufer (Stillhalter) den der Option zugrundeliegenden Basiswert zu erwerben (Call-Option = Kaufoption) oder den Basiswert an den Stillhalter zu veräußern (Put-Option = Verkaufsoption).[252] Als Basiswerte können Aktien, Indizes,[253]

249 Vgl. *Renn*, Einsatz und Offenlegung von Derivaten (2010), S. 12 f.; ähnlich *Schüwer*, in: Zerey, Finanzderivate, 4. Aufl. (2016), S. 53 f.

250 Vgl. Begr. RegE TÄUG, BT-Drs. 18/5010, S. 46.

251 Vgl. dazu Abbildung 1 unter Kapitel C.I.a).

252 Vgl. *Weidemann*, NZG 2016, S. 605 (608).

253 Indizes sind Kennziffern, die die Änderungen bestimmter Größen über einen bestimmten Zeitraum anzeigen; vgl *Assmann*, in: ders./Schneider/Mülbert, WpHG, 7. Aufl. (2019), § 2, Rn. 58, 69. Ein Index kann beispielsweise die wirtschaftliche Entwicklung ausgewählter Länder widerspiegeln, indem er die wichtigsten Aktien eines Landes enthält (sog. Länderindex). Bekannte Indizes sind der DAX, Dow Jones, STOXX Europe 600, S&P 500, MSCI World.

Währungen, Rohstoffe und andere Objekte dienen.[254] Eine Option berechtigt ihren Inhaber also zur Ausübung eines Rechts zu einem bestimmten Zeitpunkt bzw. innerhalb eines bestimmten Zeitraums, ohne eine Verpflichtung zum Abschluss des Geschäfts zu beinhalten. Für die Einräumung dieser Option zahlt der Optionsberechtigte dem Stillhalter eine Optionsprämie. Die Höhe dieser Optionsprämie ist abhängig von der Wahrscheinlichkeit der Optionsausübung, aber auch von der erwarteten Wertentwicklung des Basiswertes.

Optionen können sowohl dinglicher als auch schuldrechtlicher Natur sein. Zudem können sie in Optionen mit physischem Settlement und solche mit Cash Settlement unterschieden werden.[255]

Call-Optionen mit physischem Settlement sehen eine Verpflichtung zur Lieferung des Basiswerts zu einem vorher vereinbarten Preis bei Ausübung der Option vor.[256] Der Optionsberechtigte wird die Option nur dann ausüben, wenn der aktuelle Marktpreis des Basiswerts (Basiskurs) über dem in der Option vereinbarten Preis (Ausübungspreis) liegt, da der Optionsberechtigte (= Inhaber) dadurch die Möglichkeit erhält, den Basiswert zu einem günstigeren Preis als dem aktuellen Marktwert vom Optionsverkäufer (= Stillhalter) zu erwerben und den Basiswert im Anschluss zu dem höheren Marktwert weiter zu veräußern.[257] Die Option liegt in diesem Fall für den Optionsberechtigten „im Gewinn".

Eine Call-Option mit Cash Settlement beinhaltet das Recht des Optionsberechtigten, bei Ausübung der Option nicht den Basiswert geliefert zu bekommen, sondern den Differenzbetrag zwischen dem Basiskurs und dem Ausübungspreis ausgezahlt zu verlangen, soweit der Basiskurs über dem Ausübungspreis liegt.[258] Fällt der Basiskurs unter den Ausübungspreis, geht der Optionsberechtigte leer aus.[259]

Eine Put-Option mit physischem Settlement verleiht dem Optionsberechtigten das Recht, dem Stillhalter der Option bei deren Ausübung den Basiswert (beispielsweise Getreide oder Aktien) zu einem vereinbarten Ausübungspreis anzudienen.[260] Der Optionsberechtigte wird die Option zum Verkauf des Basiswerts an den Stillhalter zumeist nur dann ausüben, wenn der vorher vereinbarte Ausübungspreis der Option über dem aktuellen Basiskurs liegt.[261] Dann kann der Optionsberechtigte den Basiswert zu einem günstigen Preis am Markt erwerben

---

254 *Renn*, Einsatz und Offenlegung von Derivaten (2010), S. 60.
255 Vertiefend dazu *Renn*, Einsatz und Offenlegung von Derivaten (2010), S. 61 ff.
256 *Renn*, Einsatz und Offenlegung von Derivaten (2010), S. 61.
257 *Renn*, Einsatz und Offenlegung von Derivaten (2010), S. 61; *Cascante/Topf*, AG 2009, S. 53 (60).
258 *Renn*, Einsatz und Offenlegung von Derivaten (2010), S. 61; *Cascante/Topf*, AG 2009, S. 53 (60).
259 *Cascante/Topf*, AG 2009, S. 53 (60).
260 Siehe hierzu auch Seite 269, dort ab Gliederungspunkt III.
261 *Renn*, Einsatz und Offenlegung von Derivaten (2010), S. 61 f.

und zu einem höheren Preis an den Stillhalter veräußern, der sich im Rahmen der Put-Option dazu verpflichtet hat, den Basiswert anzunehmen und den höheren Kaufpreis bei Ausübung der Option zu zahlen.

Eine Put-Option mit Cash-Settlement enthält die Verpflichtung des Stillhalters, bei Ausübung der Option nicht den Basiswert anzunehmen, sondern den Differenzbetrag zwischen Ausübungspreis und Basiskurs zu zahlen. Für den Optionsberechtigten ist die Ausübung der Option wiederum nur dann wirtschaftlich vorteilhaft, wenn der zuvor vereinbarte Ausübungspreis über dem aktuellen Basiskurs liegt.[262]

Bleiben wir beim Beispiel der Tulpen, so ist im Folgenden A ein Tulpenzüchter und B ein Tulpenhändler. Die Funktionsweise der unterschiedlichen Optionen gestaltet sich wie folgt:

Bei einer Call-Option (Kaufoption) mit physischem Settlement erlangt Tulpenhändler B das Recht, von A zu einem bestimmten Zeitpunkt die Lieferung von Tulpen zu dem in der Option vereinbarten Preis zu verlangen. Tulpenzüchter A ist in diesem Fall der Optionsverkäufer (= Stillhalter) und Tulpenhändler B der Optionsberechtigte (und zugleich Inhaber der Option). Wird ein Cash-Settlement vereinbart, ist nicht der Basiswert – also die Tulpen – zu liefern, sondern der Differenzbetrag zwischen dem aktuellen Basiskurs, d. h. dem Marktpreis der Tulpen zum Zeitpunkt der Ausübung der Option, und dem zum Zeitpunkt des Abschlusses der Option vereinbarten Ausübungspreis zu zahlen. Liegt der aktuelle Marktpreis (Basiskurs) über dem Ausübungspreis, so wird der Optionsberechtigte die Option ausüben und sich den Differenzbetrag vom Stillhalter auszahlen lassen. Dies ist ein klassisches Preissicherungsmittel, da der Differenzbetrag zur Finanzierung des Aufpreises zum Erwerb von Tulpen zum geltenden Marktpreis genutzt werden kann. Liegt der Marktpreis unter dem Basiswert, wird der Optionsberechtigte die Option verfallen lassen.

Bei einer Put-Option (Verkaufsoption) mit physischem Settlement erhält A das Recht, seine Tulpen an B zu einem bestimmten Zeitpunkt zu einem vorher vereinbarten Preis zu veräußern. In diesem Fall ist Tulpenzüchter A der Optionsberechtigte (Inhaber der Option) und Tulpenhändler B der Optionsverkäufer (= Stillhalter), da B dem A die Möglichkeit einräumt, ihm Tulpen zu einem bestimmten Zeitpunkt zum vereinbarten Ausübungspreis anzudienen. Wird in diesem Fall ein Cash-Settlement vereinbart, ist B nicht der Basiswert – also die Tulpen – anzudienen, sondern B hat dem A lediglich den Differenzbetrag zwischen dem Ausübungspreis, d. h. dem Preis der Tulpen zum Zeitpunkt des Abschlusses der Option, und dem Basiskurs, d. h. dem zum Zeitpunkt der Ausübung der Option geltenden Marktpreis für Tulpen zu zahlen. Liegt der Ausübungspreis über dem aktuellen Marktpreis (Basiskurs), so wird der Optionsberechtigte die Option ausüben und sich den Differenzbetrag vom Stillhalter auszahlen lassen. Der Optionsberechtigte sichert sich damit gegen fallende Preise des Basiswerts ab.

---

262 *Renn*, Einsatz und Offenlegung von Derivaten (2010), S. 62 f.

Werden solche Optionen in standardisierter Form abgeschlossen, sind sie verkehrsfähig und können am Markt gehandelt und somit auch vom Optionsberechtigten weiterveräußert werden. Optionen werden daher heutzutage an sog. Terminbörsen wie der Eurex[263] gehandelt.

bb) Unbedingte Termingeschäfte

Unbedingte Termingeschäfte zeichnen sich dadurch aus, dass sich die Parteien des Derivategeschäfts bereits zum Abschluss der Vereinbarung fest binden und die Erfüllung des Geschäfts von keinen weiteren Bedingungen außer dem Zeitablauf abhängig ist.[264] Wie bereits angesprochen, fallen vor allem Forwards, Futures und Swaps unter den Begriff der unbedingten Termingeschäfte.

Mit einem Forward verpflichtet man sich, einen bestimmten Basiswert zu einem festgelegten Zeitpunkt in der Zukunft zu einem bestimmten Preis zu kaufen oder zu verkaufen.[265] Ein Forward zielt also auf die Abwicklung des Geschäfts in der Zukunft. Im Gegensatz zur Option ist der Forward mit Zeitablauf zu erfüllen. Der Verkäufer eines solchen Forwards profitiert von fallenden Preisen des Basiswertes, da er vom Forwardkäufer die Zahlung des zum Zeitpunkt des Abschlusses des Forwards vereinbarten höheren Preises für die Lieferung des Basiswertes erhält. Diese Position wird auch als *Short-Position* bezeichnet.[266] Der Käufer des Forwards profitiert hingegen von steigenden Preisen des Basiswertes, da er die Lieferung des Basiswertes zu dem günstigeren Forwardpreis erhält. Diese Position wird auch als *Long-Position* bezeichnet.[267] Forwards werden außerbörslich gehandelt und erlauben insoweit individuellere Vereinbarungen als börslich gehandelte Futures, die eine spezielle Art der Forwards darstellen und standardisierte Merkmale besitzen.[268]

Futures werden über zentrale Clearingstellen der Börsen abgewickelt. Diese Stellen übernehmen das Ausfallrisiko und treten als Abwicklungspartner in den Future ein. Die Clearingstelle verlangt eine Sicherheitsleistung für die Abwicklung des Futures (sog. *Margin*).[269]

Das Ausgangsbeispiel zu den Derivaten auf Tulpenzwiebeln im 17. Jahrhundert in Holland macht eine erste Einordnung möglich. Hierbei handelte es sich um Forwards, da außerbörslich feste Vereinbarungen geschlossen wurden. Beide Vertragspartner wurden bereits mit Abschluss der Vereinbarung zu den jeweils

---

263 Die European Exchange (Eurex) ist einer der weltweit größten Handelsplätze für Derivate und ein Tochterunternehmen der Deutschen Börse AG.
264 Vgl. *Schüwer*, in: Zerey, Finanzderivate, 4. Aufl. (2016), S. 53.
265 *Renn*, Einsatz und Offenlegung von Derivaten (2010), S. 87.
266 *Schüwer*, in: Zerey, Finanzderivate, 4. Aufl. (2016), S. 53.
267 *Schüwer*, in: Zerey, Finanzderivate, 4. Aufl. (2016), S. 53.
268 *Schüwer*, in: Zerey, Finanzderivate, 4. Aufl. (2016), S. 53 f.
269 *Schüwer*, in: Zerey, Finanzderivate, 4. Aufl. (2016), S. 54.

verabredeten zukünftigen Leistungen und damit zur Erfüllung verpflichtet, ohne dass die Erfüllung von weiteren Bedingungen abhing.

Ein Swap (englisch Tausch) wiederum stellt eine Vereinbarung dar, bestimmte Zahlungen an mehreren zukünftigen Terminen auszutauschen.[270] Er zielt also auf den Austausch von Zahlungsströmen zu bestimmten Zeitpunkten in der Zukunft ab.[271] Im Unterschied zu den anderen unbedingten Termingeschäften werden beim Swap also mehrere Austauschtermine vereinbart. Die wohl bekannteste Form eines Swaps ist der sog. Zinsswap. Bei dieser Form eines Swaps verpflichtet sich die eine Partei zur Zahlung eines variablen Zinssatzes zu bestimmten Zeitpunkten in der Zukunft und die andere Partei zur Zahlung eines festen Zinssatzes auf einen vorher vereinbarten Nominalbetrag.[272] Die Partei, die sich zu festen Zinszahlungen verpflichtet, sichert damit in der Regel ein anderes Geschäft ab, welches eine variable Zinsverpflichtung auf den gleichen Nominalbetrag beinhaltet.[273] Diese Partei will damit das Risiko steigender Zinsen ausschließen, verliert jedoch zugleich die Möglichkeit, von fallenden Zinssätzen zu profitieren. Swaps werden außerbörslich gehandelt. Ein Swap kann damit finanzwissenschaftlich als Serie von Forwards gesehen werden.[274] Inhalt der Swapvereinbarungen ist insbesondere die Art und Weise der Berechnung der Höhe der jeweiligen Zahlungsverpflichtung. Hierbei geht eine Vertragspartei zumeist eine feste Zahlungsverpflichtung ein, während die andere Partei variable Zahlungen leistet.[275] Einige Swaps sehen auch ein physisches Settlement vor. Die Variationsmöglichkeiten von Swaps sind sehr zahlreich. Daher soll sich die Wirkungsweise von Swapvereinbarungen auf die folgende Betrachtung von sog. *Cash Settled Equity Swaps* beschränken, die in der Vergangenheit vor allem zum Aufbau von Stimmrechtspositionen im Rahmen des unbemerkten Anschleichens genutzt wurden.

Vor der vertieften Darstellung von *Cash Settled Equity Swaps* sei mithilfe einer grundsätzlichen Einordnung der hier vorgestellten unterschiedlichen Arten von Derivaten deren wirtschaftliche Wirkungsweise nochmals verdeutlicht. Hierzu dient eine Darstellung *Renns*, die das Zusammenspiel von Derivaten sehr gut erläutert: Ein Forward kann als Produkt aus zwei Optionen betrachtet werden, Swaps wiederum als Serie von Forwards und Futures als börsengehandelte Forwards, sodass alle Derivate praktisch als Bündel von Optionen verstanden werden können.[276]

---

270 *Schüwer*, in: Zerey, Finanzderivate, 4. Aufl. (2016), S. 54.
271 *Renn*, Einsatz und Offenlegung von Derivaten (2010), S. 95; *Assmann*, in: ders./Schneider/Mülbert, WpHG, 7. Aufl. (2019), § 2, Rn. 49.
272 Vgl. *Assmann*, in: ders./Schneider/Mülbert, WpHG, 7. Aufl. (2019), § 2, Rn. 49.
273 Ähnlich *Schüwer*, in: Zerey, Finanzderivate, 4. Aufl. (2016), S. 62 f.
274 *Renn*, Einsatz und Offenlegung von Derivaten (2010), S. 88.
275 *Schüwer*, in: Zerey, Finanzderivate, 4. Aufl. (2016), S. 54.
276 *Renn*, Einsatz und Offenlegung von Derivaten (2010), S. 88 m. w. N.

2. Cash Settled Equity Swaps als wichtigstes Element zum Aufbau eines Hidden Ownership

Für den Fall des heimlichen Beteiligungsaufbaus haben sich in der Vergangenheit vor allem Barausgleichsderivate, sog. *Cash Settled Equity Swaps*[277], als probates Mittel erwiesen.

a) Aufbau und Funktionsweise

Als Basiswert dient bei *Cash Settled Equity Swaps* der Aktienkurs einer börsennotierten Zielgesellschaft. Ziel ist es, den Investor wirtschaftlich in die Position des Aktionärs zu bringen, ohne die Aktien tatsächlich auf ihn zu übertragen,[278] daher auch der Begriff *Equity*-Derivat.[279] Der Erwerber/Investor setzt dabei in aller Regel auf steigende Kurse des Basiswerts (*Long Position*), die andere Vertragspartei, zumeist eine Bank, auf fallende Kurse (*Short Position*). Die Bank erhält für den Abschluss des Swaps eine Gebühr sowie vereinbarte Zinszahlungen auf einen Nominalwert.[280] Am Ende der Laufzeit ist die Differenz zwischen dem Anfangs- und dem Endkurs der Aktien am Stichtag in bar auszugleichen (sog. *Cash Settlement*[281]).

Da der Swapvertrag den Erwerber wirtschaftlich wie den Inhaber der Aktien stellt, hat die Bank dem Investor während der Laufzeit Dividenden[282] und etwaige Kursgewinne[283] auszugleichen. Demgegenüber trägt der Erwerber das Risiko eines Kursverlustes (siehe Abbildung 2). Um ihr Kursrisiko abzusichern, wird die Bank während der Laufzeit des Swaps in der Regel Aktien der Zielgesellschaft aufkaufen und vorhalten (siehe Abbildung 2). Dieses Vorgehen wird auch

---

277 Diese werden auch als *Total Return Equity Swaps* bzw. *Cash Settled Total Return Equity Swaps* oder *Contracts for Difference* (CfD) bezeichnet. Vgl. dazu *Christ*, Barausgleichsderivate und das Anschleichen (2011), S. 45 ff.; *Baums/Sauter*, ZHR 173 (2009), S. 454 (457); § 2 Abs. 2 Nr. 3 WpHG spricht von finanziellen Differenzgeschäften.

278 Vgl. *Läger*, in: Zerey, Finanzderivate, 4. Aufl. (2016), S. 78; *Renn*, Einsatz und Offenlegung von Derivaten (2010), S. 98 f.

279 Vgl. *Baums/Sauter*, ZHR 173 (2009), S. 454 (457).

280 Vgl. *Christ*, Barausgleichsderivate und das Anschleichen (2011), S. 47, 48.

281 Soll der Swap am Ende der Laufzeit hingegen durch Übereignung von Aktien abgewickelt werden, spricht man auch von einem sog. *Physical Settlement*; vgl. nur *Baums/Sauter*, ZHR 173 (2009), S. 454 (457 f., dort Fn. 11).

282 Gemäß § 58 Abs. 4 AktG hat der Aktionär grds. Anspruch auf den Bilanzgewinn (auch bekannt als Dividendenzahlung).

283 Wäre der Investor tatsächlich Inhaber der Aktien, würde er an Kursgewinnen der Aktie partizipieren. Die Bedingungen und der Fälligkeitszeitpunkt der einzelnen Zahlungen hängen von den konkreten Inhalten des Rahmenvertrags sowie den Abreden zu den sogenannten Einzelabschlüssen ab.

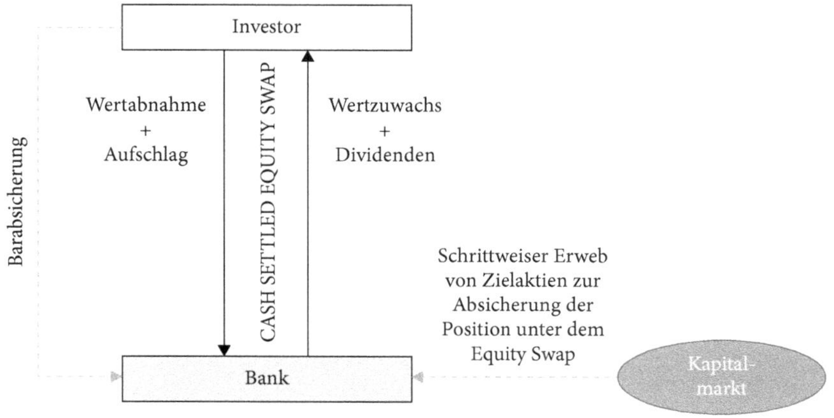

Abbildung 2: *Grundtypus – Aufbau eines Cash Settled Equity Swap. Quelle: Schiessl, Der Konzern 2009, S. 291 (293) (vereinfachte Darstellung).*

als *Hedging* bzw. *Natural Hedge* bezeichnet.[284] Will die Bank einen Teil ihrer gesicherten Aktien zu weiteren Sicherungsgeschäften einsetzen, kann sie die erworbenen Aktien auch an Drittbanken weiterreichen. Will die Bank nach dem Ende des Swaps das Kursrisiko der zu Sicherungszwecken erworbenen Aktien nicht weitertragen, wird sie diese Sicherungsposition wieder auflösen (siehe Abbildung 3). Einen Anspruch auf Lieferung dieser Aktien oder ein anderweitiges Erwerbsrecht hat der Erwerber bei der Variante des *Cash Settlements* nicht.[285]

Wie der Erwerber am Ende der Laufzeit des Swaps im Falle einer geplanten Übernahme dennoch mit sehr hoher Wahrscheinlichkeit Inhaber dieser Aktien werden kann, soll im Folgenden erläutert werden.

Die Funktion der Hauptbeteiligten eines heimlichen Beteiligungsaufbaus mithilfe dieses Swaps soll die folgende Abbildung noch einmal verdeutlichen:

Die Darstellung zeigt die Beteiligten eines heimlichen Beteiligungsaufbaus. Die Aktiengesellschaft (Zielgesellschaft), deren Aktien an einer inländischen Börse gehandelt werden, ist dabei das avisierte Ziel des Investors (= Erwerber). Da der direkte Erwerb einer großen Zahl von Aktien der Zielgesellschaft über den Kapitalmarkt Meldepflichten nach dem WpHG nach sich ziehen und zu einer Offenlegung des neuen Aktienpakets durch den Inhaber führen würde, schaltet der Erwerber zunächst eine Bank ein. Mit dieser schließt er einen Vertrag über

---

284 Vgl. *Renn*, Einsatz und Offenlegung von Derivaten (2010), S. 19; *Schüwer*, in: Zerey, Finanzderivate, 4. Aufl. (2016), S. 51; *Baums/Sauter*, ZHR 173 (2009), S. 454 (458).

285 Vgl. *Baums/Sauter*, ZHR 173 (2009), S. 454 (458).

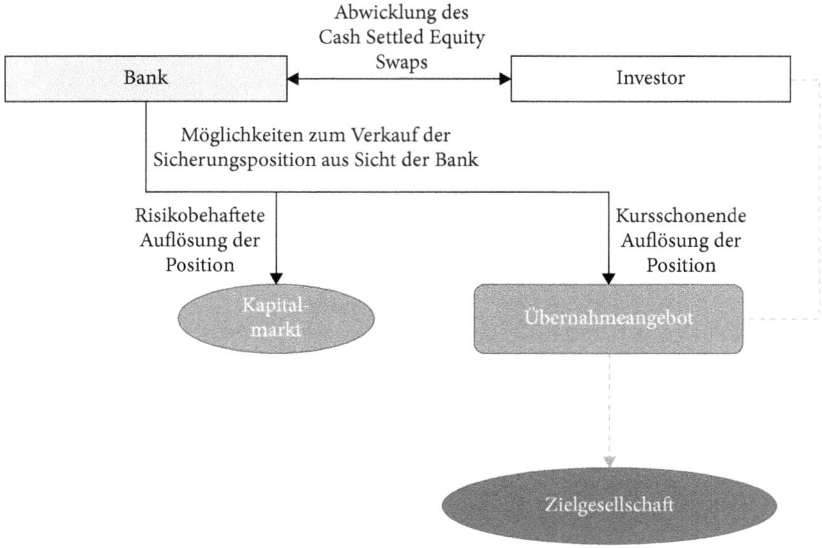

Abbildung 3: *Grundtypus – Abwicklung eines Cash Settled Equity Swap.*
Quelle: Eigene Darstellung in Anlehnung an Schiessl, Der Konzern 2009, S. 291 (294).

einen *Cash Settled Equity Swap*, dem der Aktienkurs der Zielgesellschaft als Basiswert zugrunde liegt. Inhaltlich setzen diese Verträge auf den von der *International Swaps and Derivatives Association (ISDA)* entwickelten Masterdokumenten auf.[286] Die Masterdokumente der ISDA werden dabei vor allem im internationalen Derivategeschäft eingesetzt.[287] Im europäischen Derivategeschäft steht zudem die Musterdokumentation des *European Master Agreement (EMA)* samt dem im Jahre 2004 erweiterten Derivateanhang zur Verfügung.[288] In Deutschland existieren ebenfalls ein Rahmenvertrag für Finanztermingeschäfte aus dem Jahre 1993 und ein dazugehöriger Anhang für Wertpapierderivate aus dem Jahre 2010.[289]

286 Zu den Einzelheiten vgl. *Christ*, Barausgleichsderivate und das Anschleichen (2011), S. 45 f.; *Renn*, Einsatz und Offenlegung von Derivaten (2010), S. 27 f.; *Baums/Sauter*, ZHR 173 (2009), S. 454 (457).

287 Vgl. *Behrends*, in: Zerey, Finanzderivate, 4. Aufl. (2016), S. 114.

288 Vgl. *Behrends*, in: Zerey, Finanzderivate, 4. Aufl. (2016), S. 115.

289 Vgl. die Internetpräsenz des Deutschen Bankenverbands: https://bankenverband.de/service/rahmenvertraege-fuer-finanzgeschaefte/deutscher-rahmenvertrag-fuer-finanztermingeschaefte/ (zuletzt abgerufen am 30. August 2020).

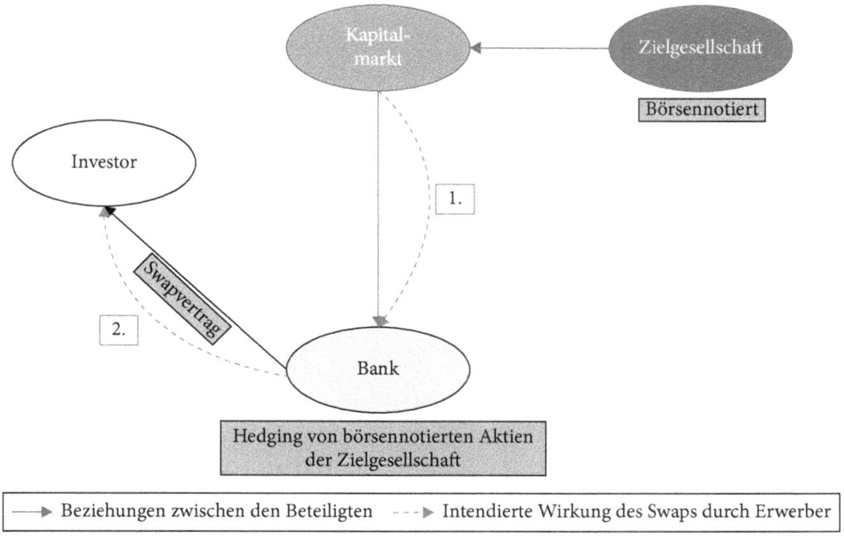

Abbildung 4: *Grundtypus – Beteiligte eines Cash Settled Equity Swap. Quelle: Eigene Darstellung.*

Die Rahmenverträge stehen dabei nebeneinander, sodass es von der Wahl der Parteien abhängt, welches Vertragswerk sie dem Swap zugrunde legen.

Der Erwerber möchte bei seinem Übernahmeversuch möglichst wenig Aufmerksamkeit erregen, da die Aktienkurse der Zielgesellschaft bei Bekanntwerden der Übernahmestrategie schnell im Wert steigen können. Denn vor allem Spekulanten könnten in großer Zahl versuchen, weitere Aktienpakete zu erwerben, um an der „Übernahmeprämie" zu partizipieren. Diese Erhöhung der Nachfrage bezüglich der Aktien der Zielgesellschaft zöge unweigerlich einen Preisanstieg der Aktien an der Börse nach sich und die geplante Transaktion wäre für den Erwerber weitaus kostenintensiver als gewünscht. Um dies zu verhindern, nutzt der Erwerber zunächst die Stellung von Banken am Markt aus, da diese meist über große Handelsbestände verfügen und eine hohe Zahl an Wertpapiertransaktionen durchführen, sodass der Kauf auch größerer Aktienpakete im Rahmen des *Hedging* den Übernahmemarkt noch nicht alarmiert. Ein gewisser Kursanstieg ist infolge der erhöhten Nachfrage jedoch zu erwarten. Sind die Sicherungspositionen der Banken zu hoch, müssen diese selbst Mitteilungspflichten nach dem WpHG erfüllen. Jedoch tritt dabei der (potenzielle) Erwerber nicht in Erscheinung, und Übernahmespekulationen finden keine bzw. nur geringe Berücksichtigung in der Preisfindung des Marktes. Sind mehrere

Banken beteiligt und kaufen diese über einen längeren Zeitraum jeweils nicht meldepflichtige Aktienpakete, ist dies von weiterem Vorteil für den Erwerber, da der Markt die Aktienkäufe keinem konkreten Käufer zuordnen und damit nicht einpreisen kann.

Beim *Hedging* fließen also Aktien der Zielgesellschaft als Sicherungsmaßnahme in den Bestand der Bank (siehe Ziffer 1. in Abb. 4). Diese stellt sich damit weitgehend risikolos auf; denn steigt der Kurs der Aktien, so dienen die gesicherten Aktien und deren Verkaufserlös als Ausgleich für die zu zahlende Differenz an den Erwerber. Auch die von der Zielgesellschaft zu zahlende Dividende erhält zunächst die Bank, da sie Inhaberin der Aktien ist. Fällt der Aktienkurs unter den vereinbarten Basiskurs des Swapgeschäfts, ist der Verlust vom Erwerber auszugleichen.

b) Vorteile

Im Vorfeld einer avisierten Übernahme kommen verschiedene Faktoren zusammen, die dem Erwerber bei Abschluss des Swapvertrags einen entscheidenden Vorteil bringen. Der Erwerber schließt Barausgleichsderivate meist in bedeutender Höhe und durchaus auch mit mehreren Banken ab, sodass die großen Aktienpakete bei Beendigung des Swaps im Wege der Kündigung durch den Investor oder durch Zeitablauf wieder aus den Beständen der Banken abfließen müssen. Zudem werden die Banken am Ende der Laufzeit die Aktienpakete wirtschaftlich sinnvoll verwerten, d. h. möglichst kursschonend veräußern müssen, um die bei gestiegenen Aktienkursen fälligen Differenzzahlungen an den Erwerber zu finanzieren. Der Erwerber wiederum wird sich für die Beendigung des Swaps einen günstigen Zeitpunkt hinsichtlich des Aktienkurses wählen. Er wird, wenn dieser Zeitpunkt gekommen ist, den Aktionären der Zielgesellschaft ein Übernahmeangebot unterbreiten und die Swapverträge kündigen.[290] Der angebotene Übernahmepreis wird sich dabei an dem durchschnittlichen gewichteten Aktienkurs der letzten drei Monate gemäß § 5 Abs. 1 WpÜG-AV[291] (zum Teil zuzüglich einer gewissen „Übernahmeprämie") orientieren. Auch wenn die Banken aufgrund der vertraglichen Vereinbarungen nicht verpflichtet sind, dem Erwerber ihre Aktien zu übertragen, da der Swap einen Barausgleich (*Cash Settlement*) vorsieht, so wird doch allein die Annahme des Übernahmeangebots des Erwerbers eine wirtschaftlich sinnvolle Möglichkeit für sie darstellen, sich von den Aktien in großem Umfang ohne Kursverluste zu trennen. Diesen Effekt nutzt der Erwerber, um die im Wege des *Hedging* aufgebauten Aktienpositionen der

---

290 So *Baums/Sauter*, ZHR 173 (2009), S. 454 (461).

291 Der bei Abgabe eines Übernahmeangebots gemäß § 5 Abs. 1 WpÜG-AV anhand des gewichteten durchschnittlichen inländischen Börsenkurses der betreffenden Aktien während der letzten drei Monate vor der Veröffentlichung zu ermittlende Preis, muss den Adressaten des Übernahmeangebots mindestens offeriert werden.

Banken im Rahmen des Übernahmeangebots zu erwerben (siehe Ziffer 2. in Abb. 4). Der Erwerber weiß damit bereits zum Zeitpunkt des Abschlusses des *Cash Settled Equity Swaps*, dass er infolge der markttypischen Umstände zum Zeitpunkt der Beendigung des Swaps bei der zukünftigen Verwertung der dem Swap zugrundeliegenden Aktien eine gewichtige Rolle einnehmen kann. Denn bereits mit Abschluss des Swapvertrags ist für den Erwerber und seine Vertragspartner erkennbar, dass mit der Auflösung der Swappositionen ein erheblicher Verkaufsdruck bezüglich der gesicherten Aktien am Markt erzeugt wird.[292] Mithilfe der dargestellten Konstruktion kann der Erwerber die übrigen Marktteilnehmer insoweit überraschen und seine Chancen auf einen kostengünstigen Kontrollerwerb immens erhöhen.

Es kommen weitere Vorteile für den Erwerber zum Tragen. Der Aktienkurs der Zielgesellschaft wird mit hoher Wahrscheinlichkeit über dem anfänglich mit der Bank vereinbarten Basiskurs des Swaps liegen. Also muss die Bank die Differenz in Geld an den Erwerber ausgleichen. Der Erwerber sichert sich durch den Swapvertrag also den anfänglichen Aktienkurs (Basiswert des Swaps) und finanziert in diesem Wege auch einen Teil der Transaktionskosten.[293]

c) *Résumé*

Die aus Sicht eines Investors vorteilhafte Verwendung von Barausgleichsderivaten beim Beteiligungsaufbau setzt voraus, dass diese keine Meldepflichten auslösen. Nur dann ist es den übrigen Marktteilnehmern nahezu unmöglich, eine Übernahme zu antizipieren und anhand dieser Information eine Anlageentscheidung mit Blick auf die Zielgesellschaft zu treffen. Damit sichert sich der Erwerber ein für ihn günstiges Preisniveau der Aktien der Zielgesellschaft. Darüber hinaus verhilft der Swap dem Investor zu einer (aus finanzieller Sicht) effizienteren Nutzung seines Geldvermögens. Er partizipiert an der vorausgesetzten positiven Entwicklung der dem Swap zugrundeliegenden Aktien der Zielgesellschaft, ohne das für eine Kapitalbeteiligung notwendige Kapital für den Erwerb der Aktien vollumfänglich aufbringen zu müssen. Die im Verhältnis zum unterlegten Aktienwert nur geringen Geldmittel, die der Investor für den Abschluss des Swapvertrags aufbringen muss, ermöglichen ihm die Nutzung eines bedeutenden Hebeleffekts. Der Differenzbetrag, der bei ansteigenden Kursen an den Investor seitens der Bank zu zahlen ist, lässt den Investor also an der Entwicklung der Zielgesellschaft partizipieren, als sei er bereits Inhaber des als Basiswert dienenden Aktienpakets. Zugleich sichert sich der Erwerber durch diesen Mechanismus den anfänglichen Aktienkurs (Basiswert) und damit die Finanzierung für die Übernahme der Zielgesellschaft.

---

292 *Möritz*, ZVglR 109 (2010), S. 94 (98).
293 Vgl. *Baums/Sauter*, ZHR 173 (2009), S. 454 (459 f.).

Die *Cash Settled Equity Swaps*, welche dem Investor die genannten Vorteile verschaffen, werden in aller Regel außerhalb der Börse erworben. Daher nennt man sie auch OTC-Derivate (*Over The Counter*). Der genaue Inhalt der Swapvereinbarung ist dabei von den Abreden zwischen dem Erwerber und der Bank abhängig. Weder die Verpflichtung der Bank, eine Risikoabsicherung in Form des *Natural Hedging* vorzunehmen, noch die wirtschaftlich sinnvolle Auflösung dieser Aktienpositionen sind notwendige Bestandteile eines Swapvertrags.[294] Die Parteien können jedoch vereinbaren, dass die Bank mögliche Zahlungen von Differenzbeträgen auch in Aktien erfüllen kann. Von den Einzelheiten dieser Swapvereinbarungen ist auch die Einordnung ihrer Rechtsnatur als Rechtskauf oder ähnlicher Vertragstypus abhängig.

Indes können Swaps auch nachteilige Auswirkungen entfalten. Der Investor, als Inhaber der *Long Position*, hat bei fallenden Kursen der Referenzaktie den ausstehenden Differenzbetrag an die Bank zu zahlen. Dies ist das dem Swapvertrag innewohnende Risikopotenzial. Jedoch kann dieses Risiko durch den Abschluss weiterer Swaps mit gegenteiliger Positionierung, d. h. mit einer *Short Position* des Investors, ausgeglichen werden. Ist dies der Fall, wird dadurch natürlich der Finanzierungsvorteil der Differenzzahlungen aus dem ersten Swap bei steigenden Kursen der Referenzaktien konterkariert. Bei einer solchen Gestaltung blieben indes die Vorteile der Sicherung des anfänglichen Aktienkurses sowie die Vermeidung von Mitteilungspflichten bestehen.

Wie Barausgleichsderivate in der Vergangenheit beim heimlichen Beteiligungsaufbau verwendet wurden, sollen die Fälle Porsche/VW und Schaeffler/Continental, die im Folgenden dargestellt werden, beispielhaft verdeutlichen.

3. Der Fall Porsche/VW

Der Fall Porsche/VW beschäftigte nicht nur den Kapitalmarkt, sondern im Nachgang auch die Gerichte, die Rechtswissenschaft sowie den Gesetzgeber.[295] Ausgangspunkt der Sonderstellung und zugleich auch der jahrelangen Unterbewertung des Volkswagenkonzerns war das sog. VW-Gesetz,[296] welches dem Land Niedersachsen seit den 1960er Jahren besondere Privilegien gewährte. So sah § 2 Abs. 1 VWGmbHÜG a. F. eine Stimmrechtsbeschränkung vor, wonach kein Aktionär einen höheren Stimmrechtsanteil als 20 % ausüben konnte, auch wenn sein Kapitalanteil darüber hinausging. Damit einher ging die Regelung

---

294 Vgl. *Baums/Sauter*, ZHR 173 (2009), S. 454 (461).

295 Einen ausführlichen Überblick über die juristischen Fragestellungen dieses Falls liefert *Möllers*, NZG 2014, S. 361 ff.

296 Gesetz über die Überführung der Anteilsrechte an der Volkswagenwerk Gesellschaft mit beschränkter Haftung in private Hand (VWGmbHÜG) vom 21. Juli 1960, BGBl. 1960 Teil I, S. 585 und BGBl. 1960 Teil III, Gliederungsnummer 641–1–1 – weithin bekannt als „VW-Gesetz“.

des § 4 Abs. 3 VWGmbHÜG, wonach für Hauptversammlungsbeschlüsse, für die das AktG eigentlich eine Mehrheit von mindestens 75 % genügen lässt, bei VW-Hauptversammlungen eine Mehrheit von über 80 % erforderlich ist. Da das Land Niedersachsen 20 % der VW-Anteile hält, ist es in der Lage, beispielsweise Satzungsänderungen oder Kapitalerhöhungen mit seiner Sperrminorität zu blockieren. Zudem bedarf die Verlegung von Produktionsstätten gemäß § 4 Abs. 2 VWGmbHÜG der Zustimmung des Aufsichtsrats. Diese Vorschrift wurde wiederum von § 4 Abs. 1 VWGmbHÜG a. F. flankiert, wonach die Bundesrepublik Deutschland und das Land Niedersachsen berechtigt waren, jeweils zwei Aufsichtsratsmitglieder zu entsenden, solange sie VW-Aktien hielten. Während der Bund seine Beteiligung an VW im Jahr 1988 veräußerte,[297] hält das Land Niedersachsen nach wie vor eine Beteiligung in Höhe von 20 % an den stimmberechtigten Stammaktien.[298] Diese Besonderheiten riefen auch die EU-Kommission auf den Plan, die in dem VW-Gesetz einen Verstoß gegen die Kapitalverkehrsfreiheit sah und Deutschland im Jahr 2005 vor dem EuGH verklagte.[299] Mit der Klage verfolgte die EU-Kommission das Ziel festzustellen, dass die §§ 2 Abs. 1, 4 Abs. 1 und Abs. 3 VWGmbHÜG gegen Art. 43 EG a. F. (Niederlassungsfreiheit)[300] sowie Art. 56 EG a. F. (Kapitalverkehrsfreiheit)[301] verstoßen. Der EuGH gab der Klage mit Urteil vom 23. Oktober 2007 statt.[302] Deutschland verabschiedete daraufhin am 13. November 2008 ein Änderungsgesetz zum VW-Gesetz.[303] Die §§ 2 und 4 Abs. 1 VWGmbHÜG wurden gestrichen. Das Änderungsgesetz beließ es hingegen beim Mehrheitserfordernis des § 4 Abs. 3 VWGmbHÜG, wodurch dem Land Niedersachsen auch weiterhin eine Sperrminorität zusteht, sofern es mindestens 20 % der Stimmrechtsanteile hält. Daraufhin leitete die EU-Kommission ein weiteres Vertragsverletzungsverfahren vor dem EuGH gegen Deutschland ein.[304] Der EuGH wies diese Klage jedoch mit Urteil vom 22. Oktober 2013 ab, da Deutschland das vorherige Urteil in genügender Weise umgesetzt habe.[305]

Unterbewertete börsennotierte Kapitalgesellschaften sind für Investoren von besonderem Interesse, da sie höhere Renditen sowie einen (möglichen) zukünftigen Veräußerungsgewinn versprechen. Die Porsche AG erwarb daher seit 2005

---

297 Vgl. Der Spiegel Nr. 33/1988, S. 111 f.

298 Vgl. die Informationen des Niedersächsischen Finanzministeriums zu Beteiligungen des Landes an VW (https://www.mf.niedersachsen.de/themen/beteiligungen/volkswagen-ag-wolfsburg-1590.html).

299 Rechtssache C-112/05, ABl. C 143/15 vom 11. Juni 2005 (2005/C 143/22).

300 Heute Art. 49 AEUV.

301 Heute Art. 63 AEUV.

302 EuGH Urteil vom 23. Oktober 2007 – C-112/05, Slg. 2007, I-8995 = NJW 2007, S. 3481.

303 Gesetz zur Änderung des Gesetzes über die Überführung der Anteilsrechte an der Volkswagenwerk Gesellschaft mit beschränkter Haftung in private Hand vom 8. Dezember 2008, BGBl. I 2008, S. 2369.

304 Rechtssache C-95/12, ABl. C 118/19 vom 21. April 2012 (2012/C 118/32).

305 EuGH Urteil vom 22. Oktober 2013 – C-95/12 = NJW 2014, S. 290.

beständig Anteile an Volkswagen und überschritt im Jahre 2007 die Grenze von 30 % der Stimmrechte. Folglich musste Porsche den Aktionären von Volkswagen ein Pflichtangebot gemäß § 35 WpÜG unterbreiten. Die Dr. Ing. h.c. F. Porsche Aktiengesellschaft unterbreitete darin den Aktionären der Volkswagen Aktiengesellschaft ein Angebot in Höhe von EUR 100,92 je VW-Stammaktie und EUR 65,54 je VW-Vorzugsaktie mit einer Annahmefrist die vom 30. April bis zum 29. Mai 2007 lief, obwohl der Aktienkurs für VW-Stammaktien zu diesem Zeitpunkt bereits bei etwa EUR 112,00 je Aktie lag.[306] Wie erwartet,[307] konnte dieses Angebot aufgrund eines fehlenden Übernahmeaufschlags nicht die Gunst der Aktionäre gewinnen. Die Annahmequote lag bei lediglich 0,06 % der Kapitalanteile.[308] Die Porsche Automobil Holding SE[309] gab im Jahre 2008 grünes Licht für die Erhöhung der Beteiligung an der Volkswagen AG auf über 50 %.[310] Trotz zuvor anderslautender Bekundungen der Porsche Automobil Holding SE,[311] sicherte sich diese in der weiteren Folge mithilfe von Aktien und Aktienoptionen (42,6 %) sowie von Finanzderivaten mit *Cash Settlement*[312] (31,5 %) Zugriff auf insgesamt 74,1 % der VW-Aktien und gab dies am 28. Oktober 2008 in einer Pressemitteilung bekannt.[313] Interessant an der Pressemitteilung war ein weiteres Detail:

„Porsche hat sich zu dieser Bekanntgabe entschlossen, nachdem offenkundig geworden ist, dass deutlich mehr Shortpositionen im Markt sind als erwartet. Die Offenlegung soll deshalb den sogenannten Shortsellern – also Finanzinstituten, die auf einen

---

306 Vgl. allein Tagesspiegel Online vom 30. April 2007, abrufbar unter: https://www.tagesspiegel.de/wirtschaft/vw-beteiligung-porsche-legt-pflichtangebot-vor/841252.html (zuletzt abgerufen am 30. August 2020).

307 Manager Magazin Online vom 4. Juni 2007, abrufbar unter: http://www.manager-magazin.de/finanzen/artikel/a-486426.html (zuletzt abgerufen am 30. August 2020).

308 Vgl. Fn. 307.

309 Seit dem Jahr 2007 hält die Porsche Automobil Holding SE die Anteile an VW. Am 26. Juni 2007 wurde der Hauptversammlungsbeschluss gefasst das operative Geschäft der Dr. Ing. h.c. F. Porsche AG in eine Tochtergesellschaft (Porsche Vermögensverwaltung AG) auszugliedern (mit Ausnahme der Beteiligungen an VW) und die Dr. Ing. h.c. F. Porsche AG in die Porsche Automobil Holding SE umzuwandeln; vgl. Infomrationen der Porsche SE auf ihrer Internetpräsenz unter: https://www.porsche-se.com/unternehmen/ueber-uns/ (zuletzt abgerufen am 30. August 2020).

310 Ad-hoc-Mitteilung der Porsche Automobil Holding SE vom 3. März 2008: „Aufsichtsrat gibt grünes Licht"; abrufbar unter: http://www.dgap.de/dgap/News/adhoc/porsche-automobil-holding-aufsichtsrat-gibt-gruenes-licht-fuer-mehrheitsbeteiligung-vw/?newsID=198784 (zuletzt abgerufen am 30. August 2020).

311 „Eine Fusion der beiden Unternehmen ist nicht geplant.", vgl. Fn. 310.

312 „In Geld zu erfüllende Optionen", so *Krause*, AG 2011, S. 469 (470).

313 Pressemitteilung der Porsche Automobil Holding SE vom 26. Oktober 2008, abrufbar unter: http://www.porsche-se.com/mitteilungen/pressemitteilungen/ (zuletzt abgerufen am 30. August 2020).

fallenden VW Kurs gewettet haben oder noch wetten – Gelegenheit geben, ihre Positionen in Ruhe und ohne größeres Risiko aufzulösen.“[314]

Diese Zeilen schockierten die Finanzakteure. Denn aufgrund der Aktienbeteiligung sowie der *Cash Settled Options* der Porsche Automobil Holding SE und der Anteile des Landes Niedersachsen an VW in Höhe von ca. 20,8 % waren nur noch ca. 5 % der Anteile an VW am Markt verfügbar. Die Leerverkäufe[315] beliefen sich jedoch auf ein Vielfaches, sodass nun die Nachfrage nach VW-Aktien das Angebot um ein Mehrfaches überstieg. Die Folge war ein sprunghafter Anstieg des Aktienkurses der VW-Stammaktie von ca. EUR 200,00 auf zeitweise mehr als EUR 1.000,00.[316] Aufgrund der Tatsache, dass mit Blick auf den geplanten Zukauf von VW-Aktien Optionen mit Cash Settlement abgeschlossen wurden, stieg das Ergebnis vor Steuern der Porsche Automobil Holding SE im Geschäftsjahr 2007/2008 aufgrund des sprunghaften Anstiegs des Aktienkurses von VW auf mehr als 8 Mrd. Euro.[317] Allein die Erträge aus den zur Absicherung eingegangenen Derivatepositionen sowie aus weiteren Put-Optionen auf VW-Aktien[318] beliefen sich auf 6,8 Mrd. Euro.[319] Der Vorsteuergewinn war damit sogar höher als der Umsatz.[320] Die Kapitalmarktakteure, vor allem diejenigen, die hohe

314 Vgl. Fn. 313.

315 Als Leerverkauf bezeichnet man den Abschluss eines Vertrages zur Lieferung von beispielsweise Wertpapieren, ohne dass der Verkäufer Eigentümer dieser Wertpapiere ist (ungedeckter Leerverkauf) bzw. sich lediglich im Besitz der Wertpapiere beispielsweise durch eine Wertpapierleihe befindet (gedeckter Leerverkauf); vgl. *Haouache/Mülbert*, in: Habersach/Mülbert/Schlitt, Handbuch der Kapitalmarktinformation, 2. Aufl. (2013), § 27, Rn. 64. Der Verkäufer hofft bei diesem Geschäft, dass er sich bis zum Erfüllungszeitpunkt mit Wertpapieren eindecken kann, die einen geringeren Kaufpreis aufweisen als derjeniege, der der Leerverkaufsvereinbarung zugrundeliegt. Die Differenz würde gleichzeitig dem Gewinn des Leerverkäufers entsprechen.

316 *Brandt*, CFLaw 2012, S. 110 (113); *Möllers*, NZG 2014, S. 361 (362) m. w. N.

317 Pressemitteilung der Porsche Automobil Holding SE vom 26. November 2008: „Das abgelaufene Geschäftsjahr 2007/08 war das erfolgreichste in der 60jährigen Geschichte von Porsche. Das Konzernergebnis vor Steuern stieg um 46 Prozent auf 8,569 Milliarden Euro. Erneut ist der hohe Ergebnissprung auf Sondereinflüsse im Zusammenhang mit der Beteiligung an der Volkswagen AG, Wolfsburg, zurückzuführen.“; abrufbar unter: http://www.porsche-se.com/mitteilungen/pressemitteilungen/ (zuletzt abgerufen am 30. August 2020).

318 Vgl. *Renn*, Einsatz und Offenlegung von Derivaten (2010), S. 52 f.

319 Vgl. Jahresabschluss der Porsche Automobilholding SE 2007/2008, S. 7 abrufbar unter: https://www.porsche-se.com/fileadmin/downloads/investorrelations/mandatorypublications/ annualreport-15/download/Jahresabschluss_20072008_der_Porsche_SE.pdf (zuletzt abgerufen am 30. August 2020).

320 Vgl. FAZ-Online vom 7. Oktober 2008, abrufbar unter: https://www.faz.net/aktuell/wirtschaft/unternehmen/8-6-milliarden-euro-porsche-meldet-rekordgewinn-1726869.html (zuletzt abgerufen am 30. August 2020).

Verluste eingefahren hatten, waren wenig amüsiert. Man warf Porsche vor, eine Lücke im bis dahin geltenden Recht der Beteiligungstransparenz ausgenutzt zu haben, um sich mithilfe nicht meldepflichtiger und auf steigende Kurse setzender Finanzinstrumente Zugriff auf VW-Aktien zu sichern, zu einem selbst gewählten Zeitpunkt den Markt zu informieren und durch die folgende Kursexplosion der VW-Stammaktie die eigenen Kassen zu füllen.[321] Die BaFin leitete daraufhin eine Untersuchung wegen des Vorwurfs der Marktmanipulation gemäß § 2 Abs. 2 i. V. m. § 20a WpHG a. F. infolge nicht rechtzeitiger Veröffentlichung marktrelevanter Informationen gegen die Porsche SE ein,[322] die jedoch keine Anhaltspunkte für eine Marktmanipulation erkennen ließ.[323] Auch die Staatsanwaltschaft ermittelte wegen des Verdachts der Verletzung aktienrechtlicher Publizitätspflichten sowie der Marktmanipulation gegen zwei ehemalige Vorstandsmitglieder[324] und erhob am 17. Dezember 2012 Anklage zur Großen Wirtschaftsstrafkammer beim Landgericht Stuttgart.[325] Mit Beschluss vom 24. April 2014 lehnte die 13. Große Wirtschaftsstrafkammer die Eröffnung des Hauptverfahrens wegen fehlender hinreichender Wahrscheinlichkeit einer späteren Verurteilung der Angeschuldigten ab.[326] Diese Ablehnung der Eröffnung des Hauptverfahrens durch das

---

321 Vgl. nur *Renn*, Einsatz und Offenlegung von Derivaten (2010), S. 55.

322 Wirtschaftswoche vom 12. Mai 2009: „Porsche: Finanzaufsicht leitet Untersuchung ein", abrufbar unter: http://www.wiwo.de/unternehmen/autobauer-porsche-finanzaufsicht-leitet-untersuchung-ein/5144882.html (zuletzt abgerufen am 30. August 2020).

323 Reuters vom 31. Mai 2009, abrufbar unter: https://de.reuters.com/article/deutschland-porsche-volkswagen-bafin-idDELV23235720090331 (zuletzt abgerufen am 30. August 2020).

324 Pressemitteilung der Porsche Automobil Holding SE vom 20. August 2009, abrufbar unter: http://www.porsche-se.com/mitteilungen/pressemitteilungen/ (zuletzt abgerufen am 30. August 2020).

325 Aktenzeichen des Staatsanwaltschaft Stuttgart: 159 Js 69207/09 sowie Pressemitteilung der Staatsanwaltschaft Stuttgart vom 19. Dezember 2012: „[...] Die Staatsanwaltschaft Stuttgart hat nach umfangreichen, mit dem Landeskriminalamt Baden-Württemberg durchgeführten Ermittlungen gegen die ehemaligen Vorstände der Porsche Automobil Holding SE (im Folgenden: Porsche) wegen des Vorwurfs der informationsgestützten Marktmanipulation gemäß §§ 38 Abs. 2, 39 Abs. 2 Nr. 11, 20a Abs. 1 Satz 1 Nr. 1 WpHG i.V.m. §§ 25 Abs. 1 Alt. 1 und 2, Abs. 2, 53 StGB Anklage zur Großen Wirtschaftsstrafkammer beim Landgericht Stuttgart erhoben. Den Angeschuldigten wird vorgeworfen, in von ihnen im Jahr 2008 veranlassten öffentlichen Erklärungen des Unternehmens in Bezug auf den Beteiligungserwerb an der Volkswagen AG unrichtige Angaben gemacht zu haben. [...]", abrufbar unter: http://www.staatsanwaltschaft-stuttgart.de/pb/,Lde/1235847 (zuletzt abgerufen am 30. August 2020).

326 Aktenzeichen des Landgerichts Stuttgart: 13 KLs 159 Js 69207/09 sowie Pressemitteilung des Landgerichts Stuttgart vom 25. April 2014, abrufbar unter: http://www.landgericht-stuttgart.de/pb/,Lde/Startseite/Aktuelles/Pressemitteilungen (zuletzt abgerufen am 30. August 2020).

Landgericht Stuttgart wurde nach erfolgter sofortiger Beschwerde der Staatsanwaltschaft Stuttgart durch Beschluss des Oberlandesgerichts Stuttgart vom 18. August 2014 aufgehoben.[327] Das Verfahren vor der Wirtschaftsstrafkammer des Landgerichts Stuttgart endete am 18. März 2016 mit einem Freispruch der beiden ehemaligen Vorstandsmitglieder.[328] Die Staatsanwaltschaft hatte gegen dieses Urteil zunächst Revision beim Bundesgerichtshof in Karlsruhe eingelegt, nahm diese aber wieder zurück, weil die Erfolgsaussichten als zu gering eingeschätzt wurden.[329]

Wie die Darstellung des Falles Porsche/VW zeigt, war für die Inhaber von Short-Positionen aus Leerverkäufen[330] eine genaue Marktanalyse und Prognose der Verfügbarkeit von VW-Aktien am Markt aufgrund fehlender Transparenz des Aufbaus bedeutender Beteiligungen durch Finanzinstrumente mit *Cash Settlement* nicht möglich. Porsche sicherte sich durch seinen verdeckten Beteiligungsaufbau mithilfe dieser Aktienderivate nicht nur den Zugriff auf 31,5 % der VW-Aktien, sondern finanzierte damit zu einem Großteil die Mehrheitsbeteiligung an VW.[331] Dies nutzte am Ende freilich wenig, da die Finanzkrise der Porsche Automobil Holding SE im Jahre 2009 einen Strich durch die Rechnung machte. Porsche hatte aufgrund des mit der geplanten Übernahme von VW verbundenen immensen Kreditbedarfs und der Weigerung der finanzierenden Banken, ihre Kreditlinien zu verlängern, große Schwierigkeiten sich zu finanzieren und musste schlussendlich selbst von VW gerettet werden.[332]

---

327 Aktenzeichen des Oberlandesgerichts Stuttgart: 1 Ws 68/14 sowie Pressemitteilung des Oberlandesgerichts Stuttgart vom 26. August 2014, abrufbar unter: http://www.olg-stuttgart.de/pb/,Lde/Startseite/Medien/Mitteilungen+2014 (zuletzt abgerufen am 30. August 2020).

328 Siehe dazu unter: http://www.handelsblatt.com/unternehmen/management/porsche-prozess-freispruch-fuer-wendelin-wiedeking/13338746.html (zuletzt abgerufen am 30. August 2020).

329 Pressemitteilung der Staatsanwaltschaft Stuttgart vom 28. Juli 2016, abrufbar unter: http://www.staatsanwaltschaft-stuttgart.de/pb/,Lde/Startseite/Presse/Archiv+2016 (zuletzt abgerufen am 30. August 2020).

330 Gemäß Art. 12 f. Verordnung (EU) Nr. 236/2012 vom 14. März 2012 über Leerverkäufe und bestimmte Aspekte von Credit Default Swaps, Amtsblatt EU L 86/1 vom 24. März 2012, (EU-LeerverkaufsVO) gilt mittlerweile ein Verbot ungedeckter Leerverkäufe in Aktien und öffentlichen Schuldtiteln.

331 Pressemitteilung der Porsche Automobil Holding SE vom 26. November 2008: „[...] die positiven Effekte aus Aktienoptionsgeschäften, die auf Barausgleich gerichtet sind und durch die Porsche an Veränderungen des Börsenkurses der VW-Aktie teilnimmt. Mit diesen Geschäften wird der weitere Erwerb von VW-Stammaktien abgesichert. Der Ergebnisbeitrag daraus erreichte 6,834 Milliarden Euro (Vorjahr: 3,593 Milliarden Euro)."; abrufbar unter: http://www.porsche-se.com/mitteilungen/pressemitteilungen/ (zuletzt abgerufen am 30. August 2020).

332 Vgl. *Möllers*, NZG 2014, S. 361 ff.

Ob Porsche in gezielter und womöglich sittenwidriger Weise die Eigenheiten des Finanzmarktes nutzte, um andere Marktteilnehmer zu schädigen, war und ist zudem Gegenstand verschiedener zivilrechtlicher Schadensersatzklagen.[333] Von großer Bedeutung ist dabei die Frage, ob Porsche gegen die Meldepflichten nach den damaligen §§ 21 ff. WpHG verstoßen hat. Zur diesbezüglichen kontroversen Debatte in der juristischen Literatur folgt sogleich eine vertiefte Betrachtung.[334] Die gerichtliche Aufarbeitung beschäftigte dabei mehrere Land- sowie Oberlandesgerichte[335] und ist weiterhin im Gange. Im Oktober 2017 begann vor dem zuständigen OLG Celle ein Musterverfahren nach dem Kapitalanleger-Musterverfahrensgesetz.[336] Der Ausgang dieses Verfahrens wird mit Spannung erwartet.

4. Der Fall Schaeffler/Continental

Der Fall Schaeffler/Continental hat ebenfalls große Aufmerksamkeit erregt und stellt zugleich das Paradebeispiel einer „feindlichen" Übernahme dar. Die Schaeffler-Gruppe ist ein Traditionskonzern[337] der deutschen Industrie und rückte mit

333 OLG Braunschweig, Urteil v. 12. Januar 2016, Az: 7 U 59/14: Schadensersatzklage abgewiesen (Vorinstanz LG Braunschweig Az: 5 O 401/13), vgl. Pressemitteilung des OLG Braunschweig vom 12. Januar 2016, abrufbar unter: https://oberlandesgericht-braunschweig.niedersachsen.de/startseite/aktuelles/presseinformationen/; LG Braunschweig Urteil v. 19. September 2012 Az.: 5 O 2894/11 und Az.: 5 O 1110/11: Erstinstanzliche Schadensersatzklagen gegen Porsche abgewiesen, vgl. Zeit Online vom 19. September 2012, abrufbar unter: https://www.zeit.de/wirtschaft/unternehmen/2012-09/porsche-volkswagen-fusion-klage (jeweils zuletzt abgerufen am 30. August 2020).

334 Siehe Seite 100, dort Gliederungspunkt 5.

335 Siehe nur LG Stuttgart, Urteil vom 17. März 2014, Az.: 28 O 183/13 (Klageabweisung), vgl. Pressemitteilung des LG Stuttgart vom 17. März 2014, abrufbar unter: http://www.landgericht-stuttgart.de/pb/,Lde/Startseite/Aktuelles/Pressemitteilungen; OLG Stuttgart, Urteil vom 26. März 2015, Az.: 2 U 102/14 (Zurückweisung der Berufung), vgl. Pressemitteilung des OLG Stuttgart vom 26. März 2015, abrufbar unter: http://www.olg-stuttgart.de/pb/,Lde/Startseite/Medien/Mitteilungen+2015 (jeweils zuletzt abgerufen am 30. August 2020).

336 Az: 13 Kap 1/16. Pressemitteilung des OLG Celle vom 5. Dezember 2016 (abrufbar unter: https://oberlandesgericht-celle.niedersachsen.de/aktuelles/pressemitteilungen/presseinforma tionen/) sowie des LG Hannover vom 1. September 2017 (abrufbar unter: https://www.landgericht-hannover.niedersachsen.de/aktuelles_und_presseinformationen/presseinformationen/) (jeweils zuletzt abgerufen am 30. August 2020). Die Termine für die anberaumten mündlichen Verhandlungen reichen zunächst bis Juli 2020 und können unter dem folgenden Link abgerufen werden: https://oberlandesgericht-celle.niedersachsen.de/startseite/aktuelles/presseinformationen/kapitalanleger-musterverfahren-gegen-porsche-und-vw-185445.html (zuletzt abgerufen am 30. August 2020).

337 Schaeffler wurde 1946 von den Brüdern Georg und Wilhelm Schaeffler gegründet.

seiner Übernahme der Continental AG wieder einmal in das Bewusstsein einer breiten Öffentlichkeit.[338] Die Continental AG war bereits in den Jahren 1990/1991 dem Versuch einer feindlichen Übernahme durch Pirelli ausgesetzt, konnte diese jedoch erfolgreich abwenden.[339]

Die Schaeffler-Gruppe erwarb im Jahr 2008 zunächst 2,97 % der Continental-Aktien sowie Finanzinstrumente, die sie zum Erwerb weiterer 4,95 % berechtigten.[340] Weiterhin schloss Schaeffler mit Merrill Lynch *Cash Settled Equity Swaps* über 28 % der Aktien an Continental ab, die zwar keine physische Lieferung der Referenzaktie (Continental-Aktie), jedoch einen Geldausgleich vorsahen.[341] Die Continental-Referenzaktien, die diesem Swap zugrunde lagen, wurden von insgesamt neun Banken erworben, wovon acht Banken unter der 3 % – Meldeschwelle des damaligen § 21 WpHG blieben.[342] Am 15. Juli 2008 gab die Schaeffler KG gemäß § 10 WpÜG bekannt, ein (freiwilliges) Übernahmeangebot gemäß §§ 34, 14 Abs. 2 und 3 WpÜG an die Aktionäre der Continental AG abgeben zu wollen, welches dann am 30. Juli 2008 veröffentlicht sowie am 5. August 2008 abgeändert wurde.[343] Nach den Ausführungen in der Pressemitteilung vom 15. Juli 2008 war es Schaeffler möglich, die Swap-Geschäfte zu kündigen und sich damit die dem Swap zugrundeliegenden Aktien im Rahmen des Übernahmeangebots andienen zu lassen.[344] Im August 2008 kündigte Schaeffler die besagten Swap-Geschäfte und erwarb insgesamt rund 90 % der Stammaktien der Continental AG.[345] Der Aktienkurs belief sich zu diesem Zeitpunkt auf ca. EUR 70,00, nachdem er binnen weniger Tage nach Bekanntwerden der Übernahmeabsicht von EUR 54,00 auf beinahe EUR 74,00 angestiegen war.[346]

---

338 Bereits in den Jahren 2001/2002 kam es zu einer aufsehenerregenden Übernahme des Wälzlagerherstellers FAG durch Schaeffler; näher hierzu: Die Welt vom 26. Juli 2008: „Wie Schaeffler den Rivalen FAG in die Knie zwang“, abrufbar unter: http://www.welt.de/wirtschaft/article2250973/Wie-Schaeffler-den-Rivalen-FAG-in-die-Knie-zwang.html (zuletzt abgerufen am 30. August 2020).

339 Eine fundierte Darstellung des damaligen Übernahmekampfes liefert *Burgard*, AG 1992, S. 41 (42 f.).

340 *Habersack*, AG 2008, S. 817; *Schanz*, DB 2008, S. 1899.

341 *Renn/Weber/Gotschev*, AG 2012, S. 440.

342 *Weber/Meckbach*, BB 2008, S. 2022.

343 Die Schaeffler KG unterbreitete darin den Aktionären der Continental Aktiengesellschaft ein Angebot in Höhe von EUR 70,12 (später geändert auf EUR 75,00) je Aktie der Continental Aktiengesellschaft mit einer Annahmefrist laufend vom 30. Juli bis 27. August 2008, 24:00 Uhr Ortszeit Frankfurt am Main; Angebotsunterlage der Schaeffler KG abrufbar unter: https://www.dgap.de/dgap/News/wpueg/uebernahmeangebot-ltde/?newsID=261393 (zuletzt abgerufen am 30. August 2020).

344 *Habersack*, a.a.O. (Fn. 340); *Weber/Meckbach*, a.a.O. (Fn. 342).

345 *Habersack*, a.a.O. (Fn. 340).

346 *Habersack*, a.a.O. (Fn. 340).

Die Continental AG sah in dem verstreuten Aufkauf der Continental-Referenzaktien durch neun Banken eine gesetzeswidrige Umgehung kapitalmarktrechtlicher Transparenzvorschriften.[347]

Die BaFin bestätigte im Fall Schaeffler/Continental, dass die Finanzinstrumente, die seitens Schaeffler eingesetzt wurden, keine Meldepflichten auslösten, da sie am Ende der Laufzeit nur einen Geldausgleich vorsahen (sog. *Cash Settlement*) und keinen Anspruch auf Lieferung von Continental-Aktien vermittelten (sog. *Physical Settlement*).[348] Die BaFin schloss sich damit der vorherrschenden Ansicht in der Literatur an, dass *Cash Settled Equity Swaps*[349] keine Meldepflichten nach den §§ 21 ff. WpHG a. F. auslösten, soweit sie zum Aufbau einer Zugriffsmöglichkeit auf bedeutende Beteiligungen an einer börsennotierten Aktiengesellschaft genutzt würden.[350]

5. Meldepflichtigkeit von Cash Settled Equity Swaps: Zum Meinungsstand vor dem AnsFuG

Die geschilderten Fälle riefen, wie gesagt, sowohl die BaFin als Aufsichtsbehörde[351] als auch die Straf- und Zivilgerichte[352] auf den Plan. Es folgte im wissenschaftlichen Schrifttum eine kontrovers geführte Debatte über die Frage, wo beim Anschleichen an eine börsennotierte Aktiengesellschaft die Grenze zwischen zulässiger Gestaltung und unzulässiger Umgehung der gesetzlichen Meldetatbestände verläuft.[353] Die Debatte entbrannte über die Meldepflichten des WpHG in

347 „Nach unserer Auffassung hat sich die Schaeffler Gruppe mit Hilfe von Banken und Derivate-Positionen auf rechtswidrige Weise Zugriff auf 36 Prozent des Continental-Kapitals verschafft“, Pressemitteilung der Continental AG vom 16.7.2008, siehe hierzu Manager Magazin Online vom 16. Juli 2008, abrufbar unter: http://www.manager-magazin.de/unternehmen/artikel/a-566138.html (zuletzt abgerufen am 30. August 2020).

348 Vgl. BaFin Pressemitteilung vom 21. August 2008 (Fn. 93). Nach Ansicht der BaFin musste sich Schaeffler auch keine Stimmrechte zurechnen lassen, die Merrill Lynch oder Dritte in Bezug auf Swap-Geschäfte gehalten haben, da nicht festgestellt werden könne, ob Merril Lynch als Koordinatorin von Swap-Geschäften für Schaeffler tätig geworden sei.

349 Die BaFin beschreibt diese als ein „Differenzgeschäft, bei dem zwei Vertragspartner auf steigende bzw. fallende Kurse wetten und das nicht auf die Lieferung von Aktien ausgerichtet ist, sondern durch einen Barausgleich abgewickelt wird.“, vgl. Pressemitteilung der BaFin vom 21. August 2008 (Fn. 93). Zur Funktionsweise dieser Swaps siehe bereits Seite 86, dort Gliederungspunkt 2.

350 Vgl. etwa *Fleischer/Schmolke*, ZIP 2008, S. 1501 (1504 f.); *Meyer/Kiesewetter*, WM 2009, S. 340 (345 f.); *Baums/Sauter*, ZHR 173 (2009), S. 454 (470, 501); *Cascante/Topf*, AG 2009, S. 53 (62 ff.); *Schiessl*, Der Konzern 2009, S. 291 (295); *Noack/Zetzsche*, FS Schwark, S. 569 (570 ff.); *Brandt*, BKR 2008, S. 441 (444 ff.).

351 Vgl. BaFin Pressemitteilung vom 21. August 2008 (Fn. 93).

352 Vgl. Fn. 325, 326 sowie Fn. 333.

353 So *Fleischer/Schmolke*, NZG 2009, S. 401.

der Fassung des Transparenzrichtlinie-Umsetzungsgesetzes vom 5. Januar 2007 bzw. des Risikobegrenzungsgesetzes vom 12. August 2009. In dieser Fassung waren noch keine Mitteilungspflichten bezüglich derivativer Finanzinstrumente vorgesehen, wie sie erst im Zuge des Anlegerschutz- und Funktionsverbesserungsgesetzes vom 5. April 2011 ins WpHG Einzug hielten.

Die Befürworter einer Meldepflicht bezüglich derivativer Finanzinstrumente mit Barausgleich führten § 25 Abs. 1 WpHG in seiner Fassung vor dem AnsFuG[354] sowie § 22 Abs. 1 S. 1 Nr. 2 WpHG[355] in der damaligen Fassung[356] ins Feld. Die Fürsprecher einer Meldepflicht gemäß § 25 Abs. 1 WpHG a. F. legten ihrer Argumentation eine weite Auslegung der Begriffe Recht sowie rechtlich bindende Vereinbarung zugrunde, indem sie dafür plädierten, dass unter diese Begriffe nicht nur gerichtlich durchsetzbare Ansprüche i.S.v. § 194 Abs. 1 BGB, sondern auch Erfüllungswahlrechte in der Form eines bewusst gemeinsamen Verständnisses in Gestalt eines *Gentlemen's Agreement* fallen sollten. Ein solches *Gentlemen's Agreement* beinhalte, dass am Fälligkeitstag Aktien geliefert werden sollten.[357]

Der Gegenauffassung ging dieses Verständnis des § 25 Abs. 1 WpHG a. F. zu weit, da eine solche Auslegung dem klaren Wortlaut der Vorschrift widerspreche, die nur dann eine Meldepflicht für Finanzinstrumente vorsehe, wenn der Erwerber die physische Lieferung von Aktien von seinem Vertragspartner tatsächlich verlangen könne.[358] Demgegenüber sei einem *Gentlemen's Agreement* kein Rechtsbindungswille immanent. Im Gegenteil seien sich die *Gentlemen* gerade bewusst, dass ein rechtlich durchsetzbarer Anspruch nicht bestehe, sondern nur die „Ehre“ des anderen für eine Erfüllung bürge.[359] Zudem stoße eine solch weite Sichtweise hinsichtlich des Analogieverbots aus Art. 103 Abs. 2 GG aufgrund des pönalen Charakters der bußgeldbewehrten Meldetatbestände auf nicht unerhebliche Bedenken.[360]

---

354 *U. H. Schneider*, in: Assmann/ders., WpHG, 5. Aufl. (2009), § 25, Rn. 37 ff.; *U. H. Schneider/Brouwer*, AG 2008, S. 557 (562 ff.).

355 *Weber/Meckbach*, a.a.O. (Fn. 342), S. 2028; *Habersack*, a.a.O. (Fn. 340), S. 818 f.; *Schanz*, DB 2008, S. 1899 (1903 f.).

356 Nunmehr § 34 Abs. 1 S. 1 Nr. 2 WpHG.

357 *U. H. Schneider/Brouwer*, AG 2008, S. 557 (562 f.).

358 Vgl. *Cascante/Topf*, AG 2009, S. 53 (68); *Brandt*, BKR 2008, S. 441 (445 f.) m. w. N.; *Renz/Rippel*, BKR 2008, S. 309 (312); *Meyer/Kiesewetter*, WM 2009, S. 340 (345, 348); *von Bülow/Stephanblome*, ZIP 2008, S. 1797 (1801); *Schlitt/Schäfer*, AG 2007, S. 227 (233 f.); *Hutter/Kaulamo*, NJW 2007, S. 471 (475); *Eichner*, ZRP 2010, S. 5 (6); *Schiessl*, Der Konzern 2009, S. 291 (296).

359 So i. E. auch *Brandt*, BKR 2008, S. 441 (445, Fn. 25); *Baums/Sauter*, ZHR 173 (2009), S. 454 (467); beiläufig auch *U. H. Schneider/Brouwer*, AG 2008, S. 557 (565).

360 *Fleischer/Schmolke*, ZIP 2008, S. 1501 (1506); dagegen *Weber/Meckbach*, BB 2008, S. 2022 (2028) die anführen, die Wortlautgrenze des Art. 103 Abs. 2 GG sei sogar bei einer rein wirtschaftlichen Betrachtung unter Verzicht auf jeglichen Stimmrechtseinfluss gewahrt.

Die Befürworter einer sog. Zurechnungslösung versuchten eine Mitteilungspflicht unter Zurechnungsgesichtspunkten nach dem damaligen § 22 Abs. 1 S. 1 Nr. 2 WpHG (heute § 34 Abs. 1 S. 1 Nr. 2 WpHG) zu begründen,[361] der eine Zurechnung von Stimmrechten für den Fall vorsah, dass Aktien für Rechnung eines Dritten gehalten werden. Der Hauptanwendungsfall dieser Vorschrift betrifft Fälle der Treuhand.[362] Versucht wurde nun, die Grundsätze der Zurechnung von Stimmrechten aufgrund treuhänderischer Bindung auf den Fall des Abschlusses derivativer Finanzinstrumente mit Barausgleich auszuweiten; man unterstellte einen faktischen Zwang des Emittenten eines derivativen Finanzinstruments mit Barausgleich zur physischen Lieferung von Aktien an den Investor sowie damit verbunden einen faktischen Einfluss auf die Stimmrechtsausübung.[363] Kritiker dieser Ansicht verwiesen darauf, dass als Voraussetzung für eine Zurechnung gemäß dem damaligen § 22 Abs. 1 S. 1 Nr. 2 WpHG von der herrschenden Auffassung zwei Kriterien verlangt würden, nämlich Risikotragung und Stimmrechtseinfluss des Treugebers (Investors).[364] Ein Stimmrechtseinfluss des Investors sei derivativen Finanzinstrumenten mit Barausgleich aber nicht typischerweise immanent.[365] Letztlich fehle für eine solch vermuteten Stimmrechtseinfluss die empirische Basis.[366] Vielmehr seien diesbezüglich weitere Abreden vonnöten, die den typischen Charakter eines Differenzkontrakts aufheben und infolgedessen erst zu einer Mitteilungspflicht gemäß § 22 Abs. 1 S. 1 Nr. 2 WpHG a. F. führen könnten.[367] Die bloße Möglichkeit einer den Interessen des Investors dienenden Stimmrechtsausübung seitens des Emittenten eines Finanzinstruments reiche hingegen nicht aus, um einen Stimmrechtseinfluss des Investors zu bejahen.[368]

6. Das Bedürfnis gesetzgeberischen Eingreifens

Der Gesetzgeber sah sich durch die geschilderten Fälle sowie den öffentlichen Druck, vor allem seitens der Wirtschaft,[369] zum Handeln veranlasst, obwohl selbst unter den DAX-Vorständen die Sinnhaftigkeit gesetzgeberischen

361 Vgl. Fn. 355.

362 Vgl. *U. H. Schneider*, in: Assmann/ders./Mülbert, WpHG, 7. Aufl. (2019), § 22, Rn. 47 f.; ebenso *Weber/Meckbach*, BB 2008, S. 2022 (2026).

363 *Weber/Meckbach*, BB 2008, S. 2022 (2026 f.).

364 Vgl. *Baums/Sauter*, ZHR 173 (2009), S. 454 (467).

365 Vgl. *Baums/Sauter*, ZHR 173 (2009), S. 454 (467).

366 *Fleischer/Schmolke*, ZIP 2088, S. 1501 (1506).

367 So ähnlich *Fleischer/Schmolke*, ZIP 2088, S. 1501 (1506).

368 So auch *Baums/Sauter*, ZHR 173 (2009), S. 454 (467).

369 Vgl. „Brief der Dax-Vorstände“ an das Bundesfinanzministerium vom August 2008 zu möglichen Verbesserungen von Kapitalmarktregelungen, abrufbar unter: http://www.handelsblatt.com/unternehmen/industrie/dokumentation-der-brief-der-dax-finanzvorstaende-im-wortlaut/3012574.html (zuletzt abgerufen am 30. August 2020).

Eingreifens umstritten war.[370] Die Befürworter einer Verschärfung der Mitteilungs- und Offenlegungspflichten dominierten die öffentliche Diskussion,[371] und der Gesetzgeber modifizierte daraufhin die geltenden Meldepflichten und fügte dem Transparenzregime des Wertpapierhandelsgesetzes im Zuge des AnsFuG den damaligen § 25a WpHG[372] als „3. Säule“[373] hinzu.

Im Folgenden soll der Frage nachgegangen werden, inwiefern die Bekämpfung des Anschleichens als Begründung für ein gesetzgeberisches Tätigwerden genügt. Denn um ein Bedürfnis gesetzgeberischen Eingreifens zu rechtfertigen, muss eine regelungsbedürftige Materie existieren.[374] Im Rahmen der Meldepflichten des WpHG ist daher zu untersuchen, ob drohende oder bestehende Marktstörungen, die der Markt voraussichtlich nicht selbst oder zu spät beheben kann, nachteilige Auswirkungen auf das Marktgeschehen haben (können).[375]

Der Regierungsentwurf zum AnsFuG rechtfertigte die Ausweitung der Meldepflichten jedenfalls mit der Verhinderung des intransparenten Aufbaus größerer Stimmrechtspositionen im Rahmen von Übernahmetransaktionen.[376]

Es soll im Folgenden der Versuch unternommen werden, diesem Motiv für das gesetzgeberische Tätigwerden schärfere Konturen zu verleihen. Insbesondere soll der Frage nachgegangen werden, ob und inwieweit es sich beim verdeckten Beteiligungsaufbau um eine Marktstörung handelt, die es zu bekämpfen gilt.

---

370 Vgl. Handelsblatt vom 29. August 2008: Nicht alle DAX-Manager geißeln das Anschleichen. So wird ein Finanzvorstand mit folgenden Worten zitiert: „Wenn der Gesetzgeber ein Finanzinstrument in das Regelwerk aufgenommen hat, erfinden die Investmentbanker zehn neue, die nicht erfasst werden. Man würde immer hinterherhecheln“; abrufbar unter: http://www.handelsblatt.com/unternehmen/industrie/warnung-vor-ueberregulierung-nicht-alle-dax-manager-geisseln-das-anschleichen/3013162.html (zuletzt abgerufen am 30. August 2020).

371 Vgl. nur BDI, Eckpunkte zu mehr Transparenz am Kapitalmarkt vom 15. Februar 2012 sowie die auf den Diskussionsentwurf des Bundesministeriums der Finanzen vom 3. Mai 2010 erfolgte Diskussion in der Rechtswissenschaft; hierzu *Merkner/Sustmann*, NZG 2010, S. 681 ff.; *Brandt*, BKR 2010, S. 270 ff., *Fleischer/Schmolke*, NZG 2010, S. 846 ff.; *Wackerbarth*, ZIP 2010, S. 1527 ff.; *Seibt*, ZGR 2010, S. 795 (828); *Seibt*, CFLaw 2010, S. 502 ff.; *Teichmann/Epe*, WM 2010, S. 1477 ff.; *Anzinger*, WM 2011, S. 391 ff.; eine sehr ausführliche Darstellung des Meinungsstands vor Erlass des AnsFuG liefert *Friedeborn*, Vormitgliedschaftliche Beteiligungstransparenz (2014), S. 81 ff.

372 Nunmehr § 38 Abs. 1 S. 1 Nr. 2 WpHG in der Fassung des TÄUG und des 2. FiMaNoG.

373 Vgl. nur *U. H. Schneider* in: Assmann/ders., WpHG, 6. Aufl. (2012), § 25a, Rn. 12; *Heusel* bedient sich der Metapher einer „Pyramide“ mit § 21 WpHG an der Spitze, § 25 WpHG als Mittelstück und § 25a WpHG als „grenzlosen Sockel“, da der Gesetzgeber sämtliche Umgehungsmöglichkeiten beseitigen wollte, vgl. *Heusel*, WM 2012, S. 291 (297).

374 So wohl *Baums/Sauter*, ZHR 173 (2009), S. 454 (472).

375 *Baums/Sauter*, ZHR 173 (2009), S. 454 (472).

376 Vgl. Begr. RegE AnsFuG, BT-Drs. 17/3628, S. 17.

a) Das Anschleichen als Marktstörung

aa) Der Begriff der Marktstörung

Eine allgemeingültige Definition des Begriffs der Marktstörung zu finden, fällt nicht leicht. Im Schrifttum werden als Beispiele das unbemerkte „Anschleichen“ an Unternehmen, eine Verringerung der Liquidität an den Börsen sowie Marktverwerfungen genannt.[377] Andere Stimmen nennen die Beeinträchtigung der Preisbildung am Kapitalmarkt, nachteiliges Ausnutzen von Insiderwissen sowie die Minderung oder den Wegfall von Übernahmeprämien.[378] Sie führen dabei an, dass bereits die Information über den Erwerb eines relevanten Paketes an stimmberechtigten Aktien Preisbewegungen auslösen könne.[379] Denn entscheidend sei nicht erst der Erwerb einer „kontrollierenden“ Beteiligung, sondern bereits die (erwartete) Änderung der Zusammensetzung des Aktionärskreises sowie die Veränderung maßgeblicher Aktienbeteiligungen; dies seien wichtige Kriterien für Anlageentscheidungen professioneller Anleger.[380] Dementsprechend könne es nicht erst auf den tatsächlichen Kontrollerwerb hinsichtlich stimmberechtigter Aktien ankommen; denn bereits das Bekanntwerden einer maßgeblichen Position in Differenzgeschäften genüge, um den Börsen- oder Marktpreis der dem Differenzgeschäft als Basiswert zugrundeliegenden Aktien zu beeinflussen.[381]

Friedeborn verwendet den weit zu verstehenden Begriff des Marktversagens, verweist diesbezüglich insbesondere auf Informationsasymmetrien und meint, diese könnten wiederum zu Marktstörungen im Zusammenhang mit Differenzkontrakten führen.[382] Er untergliedert die im Zusammenhang mit Differenzkontrakten auftretenden Marktstörungen in zwei Aspekte. Zum einen könne der Markt für Referenzaktien betroffen sein, zum anderen der Markt für Übernahmen. Weiterhin bezieht sich *Friedeborn* auf die *Financial Services Authority* (FSA), die eine ineffiziente Preisbildung, eine Störung des Marktes für Unternehmenskontrolle sowie den Vertrauensverlust der Marktteilnehmer als mögliche Marktstörungen identifiziert habe.[383]

Eine Definition des Begriffs der Marktstörung wird den dargestellten Überlegungen, soweit ersichtlich, nicht vorangestellt, sodass im Folgenden zunächst der Versuch unternommen werden soll, eine solche Definition zu finden. Die unter § 1 UWG gefasste Fallgruppe der Marktstörung ist dabei auf die spezifisch kapitalmarktrechtlichen Gegebenheiten nicht übertragbar, da es sich um marktbezogenes Lauterkeitsrecht im Sinne eines funktionsfähigen Wettbewerbs zwischen

---

377 *Krause*, AG 2011, S. 469 (469).
378 *Baums/Sauter*, ZHR 173 (2009), S. 454 (472 ff.).
379 *Baums/Sauter*, a.a.O. (Fn. 378), S. 473.
380 *Baums/Sauter*, a.a.O. (Fn. 378), S. 474.
381 *Baums/Sauter*, a.a.O. (Fn. 378), S. 474.
382 Vgl. *Friedeborn*, Vormitgliedschaftliche Beteiligungstransparenz (2014), S. 62 f.
383 Vgl. *Friedeborn*, Vormitgliedschaftliche Beteiligungstransparenz (2014), S. 63.

den Marktteilnehmern handelt. Auch in anderen Gesetzen oder Verordnungen findet sich – soweit ersichtlich – keine Legaldefinition des Begriffs der kapitalmarktrechtlichen Marktstörung. Allein in § 11 BörsG sowie in § 27 des Gesetzes zur Durchführung der gemeinsamen Marktorganisationen und der Direktzahlungen nutzt der Gesetzgeber einen kapitalmarktbasierten Marktstörungsbegriff, allerdings ohne ihn zuvor zu definieren. Es ist daher eine eigenständige Definition erforderlich.

Nähert man sich dem Begriff Marktstörung hinsichtlich seiner Wortbestandteile, so finden sich zwei wohlbekannte Begriffe, einerseits der Begriff des „Marktes“ und andererseits der Begriff der „Störung“. Der Begriff „Markt“ erfasst das Zusammentreffen von Angebot und Nachfrage mit der Möglichkeit des Güter- bzw. Leistungsaustauschs.[384] Der Markt kann dabei gegenständlich (Gütermarkt, Arbeitsmarkt, Geld- oder Kreditmarkt), organisatorisch und lokal (Wertpapierbörse in München, Börse Frankfurt, Sonntags- und Wochenmärkte) weiter untergliedert werden und ist nicht allein auf den Geschäftsabschluss beschränkt, sondern dient zudem der Information und Orientierung.[385] Angebot und Nachfrage stehen sich dabei nicht getrennt gegenüber, sondern beeinflussen einander.[386] Zur Sicherung des Marktfriedens und des störungsfreien Ablaufs werden Märkte Regeln unterworfen.[387] Mitteilungs- und Veröffentlichungspflichten sind Teil dieses Regelwerks.

Der Störungsbegriff wird nicht einheitlich definiert, da er einer nahezu unendlichen Vielfalt unterliegt. Er wird dementsprechend oft in der Rechtswissenschaft verwendet, so beispielsweise im Rahmen der Straftatbestände der §§ 167 ff. StGB (Störung der Religionsausübung, Störung einer Bestattungsfeier, Störung der Totenruhe), im Rahmen der Störerhaftung im Sachenrecht (§ 1004 Abs. 1 BGB) oder im Polizei- und Ordnungsrecht. Hinsichtlich der Tathandlung im Rahmen des § 167 StGB (Störung der Religionsausübung) gilt als Störung jede Behinderung oder Erschwerung des vorgesehenen Ablaufs.[388] Stören i. S. d. § 167a StGB (Störung einer Bestattungsfeier) ist jede Verhaltensweise, die den Fortgang der Bestattungsfeier beeinträchtigt.[389] Im Rahmen des § 1004 Abs. 1 BGB gilt derjenige als Störer, der eine tatbestandliche Beeinträchtigung herbeiführt bzw. die dingliche Sachherrschaft beeinträchtigt.[390]

Es ist auffällig, dass der Begriff der Störung bzw. des Störers jeweils eine spezifisch thematische Verwendung erfährt. Der Begriff der Störung erhält aufgrund seiner Stellung im Tatbestand bereits eine inhaltliche Vorprägung mit Blick auf

---

384 *Wagner*, Volkswirtschaft, 3. Aufl. (2009), S. 35.
385 Vgl. *Wagner*, a.a.O. (Fn. 384).
386 *Albers*, Volkswirtschaftslehre, 13. Aufl. (2018), S. 131.
387 Vgl. *Albers*, a.a.O. (Fn. 386).
388 Vgl. *Dippel*, in: Leipziger Kommentar StGB, Bd. 6, 12. Aufl. (2010), § 167, Rn. 12.
389 Vgl. *Dippel*, in: Leipziger Kommentar StGB, Bd. 6, 12. Aufl. (2010), § 167a, Rn. 27.
390 Vgl. *Raff*, MüKo, BGB, Bd. 8, 8. Aufl. 2020, § 1004, Rn. 157, 180.

die aus Sicht des Gesetzgebers schutzwürdigen Umstände und Geschehensabläufe. Daher ist es für die Formulierung einer allgemeingültigen Definition des Begriffs der Störung notwendig, den Begriff weiter zu abstrahieren, um sich seinem Kerngehalt zu nähern. Abstrahiert man aus den erwähnten Definitionen nun den Grundgedanken des Begriffs der Störung, so liegt eine Störung vor, wenn ein (nicht gewolltes) Ereignis derart in einen Geschehensablauf, eine Situation oder ein System eingreift bzw. sich diesbezüglich auswirkt, dass der Geschehensablauf, die Situation oder das System in seiner definierten Funktionsweise nicht nur unwesentlich beeinträchtigt wird. Von dieser allgemeingültig formulierten Definition des Begriffs der Störung soll im Folgenden ausgegangen werden.

Überträgt man die verschiedenen Begriffsdefinitionen der einzelnen Wortbestandteile des Begriffs Marktstörung nun in den Kontext des Kapitalmarktes, so handelt es sich um eine Marktstörung, wenn ein Ereignis derart in das Kapitalmarktsystem eingreift, dass dessen definierte Funktionsweise des Zusammentreffens sowie Zusammenführens von Angebot und Nachfrage zum Zwecke des Informations- und Leistungsaustauschs nicht nur unerheblich beeinträchtigt wird.

bb) Störung der marktgerechten Preisbildung im Falle des Anschleichens

Bei der Erweiterung der Meldepflichten des WpHG durch den damaligen § 25a WpHG war für den Gesetzgeber des AnsFuG die Verhinderung eines unbemerkten „Anschleichens" von besonderer Bedeutung.[391] Fraglich ist, inwieweit dieses Vorgehen unter den Begriff der Marktstörung subsumiert werden kann, um das gesetzgeberische Tätigwerden zu legitimieren.

Das Herzstück eines jeden Marktes ist dessen Preisbildungsfunktion. Sie wird durch die Anzahl der Anbieter und Nachfrager sowie anhand der den Marktteilnehmern zur Verfügung stehenden Informationen über die qualitative sowie quantitative Beschaffenheit des Marktes bestimmt.[392] Informationen über die Anzahl potenzieller Mitbewerber auf Angebots- und/oder Nachfrageseite sowie über die Verfügbarkeit der begehrten Leistung (Markttransparenz) sind dabei für eine marktgerechte Preisbildung unabdingbar.[393] Die Preisbildungsfunktion ist dem Marktprinzip immanent und kann daher dessen natürlicher Funktionsweise zugeordnet werden. Regulatorisch wird dabei durch wettbewerbsfördernde Normen mit dem Ziel eingegriffen, beispielsweise Monopolbildungen zu vermeiden und so den Wettbewerb aufrechtzuerhalten.[394] Betreffend die Informationsfunktion eines Marktes sind die hier in Frage stehenden Offenlegungsvorschriften

---

391 Vgl. RegE AnsFuG, BT-Drs. 17/3628.
392 Vgl. *Albers*, Volkswirtschaftslehre, 13. Aufl. (2018), S. 147.
393 Vgl. *Albers*, Volkswirtschaftslehre, 13. Aufl. (2018), S. 147 f.
394 Vgl. *Albers*, Volkswirtschaftslehre, 13. Aufl. (2018), S. 193 ff.

zu betrachten. Informationen sind ein unabdingbarer Faktor der Preisbildung.[395] Nicht räumlich begrenzte Märkte, wie beispielsweise virtuelle Börsenhandelsplätze, machen die Informationsbeschaffung sehr aufwendig und teilweise sogar unmöglich, da sie nicht vergleichbar mit einem städtischen Wochenmarkt sind, auf dem die relevanten Informationen erkennbar und greifbar sind (Anzahl der Anbieter des gewünschten Gutes, Qualität und Verfügbarkeit des Gutes, potenzielle Anzahl der Nachfrager). Sofern den Teilnehmern solch intransparenter Märkte nicht ausreichende Wege zur Informationsbeschaffung eröffnet werden, ist eine marktgerechte Preisfindung schwerlich zu erzielen und das Vertrauen der Marktteilnehmer nicht zu gewinnen.

Zum Markt gehören mithin nicht nur Angebot und Nachfrage als bestimmende Instrumente der Preisbildung, sondern auch Informationen.[396] Ohne Informationen ist eine angemessene Preisbildung nicht realisierbar. Neben Angebot und Nachfrage sind Informationen für eine funktionierende Preisbildung daher schlechthin konstituierend. Dabei bedingen Informationen und Preisbildung einander: Ohne Information keine funktionierende Preisbildung, ohne funktionierende Preisbildung kein Bedarf an Informationen.[397] Fraglich ist indes, ab welchem Zeitpunkt eine Information zur notwendigen Vitalfunktion eines funktionierenden Marktes wird.

Man hat gesehen, dass es in Fällen wie Schaeffler/Continental zu einem Informationsgefälle kommt, wenn Finanzinstrumente durch eine intelligente und trickreiche Kautelarpraxis gezielt eingesetzt werden können, um einen Beteiligungsaufbau zur Vorbereitung einer Übernahme längst möglich geheim zu halten.[398] Die Aktionäre sowie der Markt für Unternehmensbeteiligungen haben keine Möglichkeit, ein solches Vorgehen frühzeitig zu erkennen, da es beim Abschluss stimmrechtsvermittelnder Derivatekontrakte zu keinen Kursbewegungen hinsichtlich der dem Derivat zugrundeliegenden Aktien kommt. Erkennbares Ziel eines solchen Vorgehens ist es, dass der Markt auf den (zukünftigen) Beteiligungsaufbau nicht mehr rechtzeitig soll reagieren können, d. h. dass preistreibende „Übernahmefantasien“ möglichst verhindert werden sollen.[399] Spekulativen Erwartungen der einzelnen Marktteilnehmer soll insoweit kein Nährboden bereitet werden, denn je mehr Marktteilnehmer die mögliche Übernahme antizipieren, umso größer wird die Nachfrage und umso höher steigt der Kurs der Aktien der Zielgesellschaft. Der gut informierte Marktteilnehmer

395 Vgl. nur die ausführliche Abhandlung von *Hopf*, Informationen für Märkte (1983), S. 40 ff.

396 Zum Begriff der Information siehe *Stephan, U.*, Informationseffizienz von Aktienindexoptionen (1998), S. 43-45.

397 So ähnlich *Hopf*, Informationen für Märkte (1983), S. 58 f.; *Streit*, ZgS 139 (1983), S. 75 ff.

398 Vgl. Ausführungen unter Punkt 4 ab S. 98.

399 Vgl. *Renn*, Einsatz und Offenlegung von Derivaten (2010), S. 48.

realisiert insoweit Gewinne, da er die Preisänderungen aufgrund temporärer Informationsvorsprünge vorherzusehen vermag.[400] Durch den Abschluss stimmrechtsvermittelnder Derivate im Vorfeld einer Übernahme sollen gerade diese Informationsvorsprünge verhindert werden.

Kritiker eines solchen Vorgehens sehen darin eine Umgehung der „Übernahmeprämie",[401] und zwar aus folgendem Grund: In aller Regel werde der potenzielle Erwerber einer Zielgesellschaft ein Agio zum Aktienkurs (sog. Kontroll- bzw. Übernahmeprämie) aufgrund einer beabsichtigten Kontrollerlangung zahlen müssen.[402] Jedoch fließe die Absicht der Kontrollerlangung nicht von Anfang an in die Marktpreisbildung ein.[403] Der Aktienkurs bilde zunächst den Wert des Unternehmens aus Sicht der Marktteilnehmer ab. Dabei flössen die unterschiedlichsten Prognosen hinsichtlich der zukünftigen wirtschaftlichen Entwicklung in die Bewertung ein. Eine beabsichtigte Kontrollerlangung könne dabei zu einer wesentlichen Steigerung des Unternehmenswerts führen, da eine Übernahme zum überwiegenden Teil auf wirtschaftlichen Aspekten beruhe. Es könnten zum einen Synergieeffekte erzielt werden.[404] Zum anderen seien auch strategische Überlegungen des Erwerbers (Beseitigung oder Zerschlagung eines Konkurrenten, Eröffnung neuer Märkte, etc.) ausschlaggebend. All' diesen Überlegungen sei gemein, dass sie für den potenziellen Erwerber einen spezifischen wirtschaftlichen Vorteil darstellten, der dem Wert des Übernahmekandidaten zugerechnet werden könne. Das heißt, dass sich diese strategischen Vorteile nur für einen bestimmten Kreis potenzieller Erwerber eröffnen und für diese einen unternehmerischen Wert darstellen. Da dieser Wertzuwachs jedoch schwer quantifizierbar sei, begönnen zum Zeitpunkt des Bekanntwerdens des Aufbaus einer wesentlichen Aktienposition Spekulationen hinsichtlich der strategischen Zielsetzung des Investors. Damit einher gehe eine erhöhte Nachfrage, um den Aktionären des Emittenten aufgrund des steigenden Börsenkurses eine möglichst hohe Prämie aus einer möglichen Übernahme zu gewähren. Der Zukauf weiterer Aktien über die Börse würde für den Übernahmeaspiranten deshalb immer kostspieliger.[405] Zudem schwäche ein steigender Kurs die Verhandlungsposition des potenziellen Käufers bei Paketkäufen außerhalb der Börse, denn die Paketinhaber veräußerten ihre Anteile meist nur gegen Zahlung eines erheblichen Aufschlags auf den Börsenkurs.[406] Der Markt verlange vom Erwerber zu diesem Zeitpunkt einen „Spekulationsaufschlag", auch bekannt als Übernahmeprämie, den der Erwerber möglichst vermeiden möchte.

400 Vgl. *Streit*, ZgS 139 (1983), S. 76 f.
401 *Habersack*, AG 2008, S. 817 (820).
402 *Renn*, Einsatz und Offenlegung von Derivaten (2010), S. 48.
403 *Weber/Meckbach*, BB 2008, S. 2022 (2027).
404 *Renn*, Einsatz und Offenlegung von Derivaten (2010), S. 48.
405 So auch *Witt*, Übernahmen von Aktiengesellschaften (1998), S. 72.
406 Vgl. Fn. 405.

cc) *Stellungnahme*

Zum einen kann der Erwerber bei Abschluss von stimmrechtsvermittelnden Derivaten, die keine Meldepflichten auslösen, die Marktteilnehmer im Vorfeld einer Übernahme über seine Absichten während eines wesentlichen Zeitraums im Dunkeln lassen. Zum anderen ermöglichen Finanzderivate dem Erwerber, sich die wirtschaftlich günstigeren Kurse früherer Zeiten zu sichern.[407] Denn bei Derivaten mit Barausgleichsverpflichtung, denen Aktien der Zielgesellschaft als Basiswert zugrunde liegen, wird der Erwerber wirtschaftlich wie ein Aktionär gestellt, d. h. der Vertragspartner hat ihm einen etwaigen Anstieg des Börsenkurses während der Laufzeit des Vertrages in Geld auszugleichen. Sollte der Börsenkurs tatsächlich ansteigen, so sichert sich der Erwerber den Börsenkurs vom Zeitpunkt des Abschlusses des Derivatekontrakts. Die Differenzzahlungen des Vertragspartners finanzieren gleichzeitig die mit dem Kursanstieg verbundenen Mehrkosten des Erwerbs weiterer Aktien, mithin auch eine mögliche Übernahmeprämie.

Diese Überlegungen zeigen, dass bereits die Entscheidung für den Erwerb einer bedeutenden Aktienposition, sei es im Rahmen eines abgeleiteten Erwerbs in Form eines Derivats oder in Form des Erwerbs der stimmberechtigten Aktien selbst, ausschlaggebend für die Preisbildung sein kann und damit bereits den Zeitpunkt markiert, ab dem die Information über ein solches Vorgehen markt- bzw. preisrelevante Auswirkungen haben kann. Dies zeigt auch ein Vergleich mit § 10 Abs. 1 S. 1 WpÜG, der eine unverzügliche Veröffentlichungspflicht bereits zu dem Zeitpunkt normiert, zu dem der Bieter die Entscheidung zur Abgabe eines (freiwilligen) öffentlichen Erwerbsangebots getroffen hat. Der Bieter hat gemäß § 10 Abs. 1 WpÜG also bereits vor Abgabe des öffentlichen Übernahmeangebots nach § 29 WpÜG seine diesbezügliche Entscheidung unverzüglich zu veröffentlichen. Dies geschieht durch Information gegenüber der BaFin sowie gegenüber denjenigen Börsen, an denen Wertpapiere des Bieters oder der Zielgesellschaft zum Handel zugelassen sind. Vor der Veröffentlichung der Entscheidung zur Abgabe eines Angebots nach § 10 Abs. 1 WpÜG hat der Bieter diese Entscheidung gemäß § 10 Abs. 2 WpÜG den Geschäftsführungen der relevanten Börsen sowie der BaFin mitzuteilen. Die Mitteilungspflicht des § 10 Abs. 2 WpÜG greift damit zeitlich noch früher als die Veröffentlichungspflicht nach Abs. 1.

Der Vergleich mit § 10 WpÜG macht deutlich, dass bereits zum Zeitpunkt einer Entscheidungsfindung eine marktrelevante Information gegeben sein kann. Die Meldetatbestände der §§ 21 ff. WpHG in der Fassung vor dem AnsFuG berücksichtigten diese Überlegungen nur unzureichend, sodass es zu verdecktem Beteiligungsaufbau und damit zu einer Fehlfunktion des Marktes kam, welche das Eingreifen des Gesetzgebers rechtfertigte.

---

407 *Weber/Meckbach*, BB 2008, S. 2022 (2023).

dd) Exkurs: Verringerung von Informationsasymmetrien

Nicht nur die Bekämpfung des Anschleichens, sondern auch die Verringerung des Informationsgefälles, d. h. der ungleichen Informationsverteilung zwischen Emittenten und Anlegern stand stets im Fokus der gesetzgeberischen Bemühungen.[408] Um dies nachvollziehen zu können, muss man sich die gegensätzlichen Interessen der Marktakteure vergegenwärtigen.

Übernahmeinteressenten wollen grundsätzlich solange wie möglich unerkannt bleiben, um Aufpreise auf den Aktienkurs der avisierten Zielgesellschaft zu vermeiden und die eigenen Transaktionskosten gering bzw. berechenbar zu halten.[409] Je eher der Kapitalmarkt von einer (geplanten) Übernahme erfährt, umso schwieriger wird es für den Investor, Mehrkosten aufgrund des Anstiegs des Börsenkurses zu vermeiden. Bei Aktienkäufen über die Börse bedeutet ein Anstieg des Börsenkurses zugleich eine Steigerung der Transaktionskosten,[410] da aufgrund erhöhter Nachfrage ein höherer Kaufpreis pro Aktie zu zahlen ist. Auch bei Paketkäufen außerhalb der Börse wird mit Aufkommen der Übernahmegerüchte ein nicht unerheblicher Übernahmeaufschlag zu zahlen sein.[411] Dies ist auch nachvollziehbar, da die Aktionäre an Wertsteigerungen ihrer Beteiligung partizipieren wollen. Je eher die Information über eine geplante Übernahme daher für den Markt verfügbar ist, umso eher kann sie in die Investitions- und Desinvestitionsentscheidungen der Marktteilnehmer einbezogen werden. Auch für die Gesellschaft selbst ist die frühestmögliche Information über eine geplante Übernahme von entscheidender Bedeutung für die Frage, ob Abwehrmaßnahmen eingeleitet werden sollen und ob sie Erfolg versprechen. Das Interesse eines potenziellen Erwerbers an höchstmöglicher Geheimhaltung seiner Absichten und das Interesse der übrigen Marktteilnehmer an größtmöglicher Transparenz verlaufen folglich gegensätzlich.[412] Diese Interessen sind es, die der Gesetzgeber in Einklang bringen muss. Dieses Konglomerat gegenläufiger Interessen, d. h. einerseits das Bedürfnis, solange wie möglich unerkannt agieren zu können, sowie andererseits das Bedürfnis nach schnellstmöglicher Information wird auch als Schutzzweckdivergenz bezeichnet.[413]

Freilich dient nicht jeder Aufbau einer Aktienbeteiligung zugleich der Vorbereitung einer Übernahme. Die Informationen, die aufgrund der Publizitätspflichten zur Verfügung stehen, müssen von den Marktteilnehmern daher besonders gründlich analysiert werden, um Fehlinterpretationen zu vermeiden. Das Risiko von Fehlinterpretationen ist hingegen hinzunehmen, wenn man vermeiden

---

408 Vgl. *Leitner*, Meldepflichten bei feindlicher Übernahme (2011), S. 31.

409 Vgl. *Witt*, Übernahmen von Aktiengesellschaften (1998), S. 72 f.

410 Vgl. *Witt*, a.a.O. (Fn. 409).

411 Vgl. *Witt*, a.a.O (Fn. 409).

412 *Leitner*, Meldepflichten bei feindlicher Übernahme (2011), S. 31.

413 *Weber-Rey/Benzler*, in: Habersack/Mülbert/Schlitt, Handbuch der Kapitalmarktinformation, 2. Aufl. (2013) § 20, Rn. 195.

möchte, dass einzelne Marktakteure das Publizitätsregime mithilfe besonderer Gestaltungen vollkommen ad absurdum führen.

Offenlegungspflichten bilden einen nicht zu unterschätzenden Faktor bei der Bewertung des Wirtschaftsstandortes Deutschland; denn sie dienen nicht zuletzt der operationalen Funktionsfähigkeit des Kapitalmarkts.[414] Publizitätspflichten ermöglichen es den Marktteilnehmern, an wesentliche Informationen für ihre Investitions- und Desinvestitionsentscheidung zu gelangen. Zugleich führt eine erleichterte Informationsbeschaffung zu einer Senkung von Transaktionskosten für die Marktteilnehmer, da diese sich die notwendigen Informationen nicht in aufwändiger Weise selbst beschaffen müssen.[415] Dies hat den positiven Effekt, dass die Akzeptanz des Kapitalmarkts wächst; denn ein transparenter Markt schafft die Grundlage für Vertrauen in seine Fairness, Stabilität und Integrität.[416] Ein lebhafter Markt führt mithin zu höheren Renditeerwartungen.

Für Übernahmeinteressenten ist ein transparenter Kapitalmarkt daher Fluch und Segen zugleich. Der nachvollziehbare Wille eines Übernahmeinteressenten, seine Entscheidung und seine Strategie solange wie möglich vor der Öffentlichkeit geheim zu halten, ist verständlich. Jedoch vermögen die Vorteile transparenter Kapitalmärkte mehr zu überzeugen. Der (potenzielle) Erwerber ist selbst auf einem Markt aktiv und bestrebt, auf diesem Markt fair und gerecht handeln zu können. Er bedient sich selbst der Marktmechanismen und ist diesen zugleich unterworfen.

Dabei darf zwar nicht vergessen werden, dass vor allem im Bereich von Unternehmenstransaktionen ein vorzeitiges Bekanntwerden eines geplanten wesentlichen Paketerwerbs den Erfolg der Transaktion enorm gefährden kann.[417] Jedoch sollte auch stets beachtet werden, dass dem Geheimhaltungsinteresse dienende Vorschriften in hinlänglicher Zahl vorhanden sind. Sofern die Planung einer Transaktion die Qualität von Insiderinformationen erreicht haben, existiert eine kapitalmarktrechtliche Verschwiegenheitspflicht[418] gemäß Artikel 14 MAR (Verbot von Insidergeschäften),[419] die es untersagt, eine Insiderinformation unrechtmäßig offenzulegen. Ferner kommt eine Befreiung von der Ad-hoc-Mitteilungspflicht aus Art. 17 Abs. 1 MAR gemäß Art. 17 Abs. 4 und 5 MAR in Betracht, sofern keine Irreführung der Öffentlichkeit zu befürchten ist und der Emittent die Vertraulichkeit der Insiderinformation sicherstellen kann.

414 Vgl. dazu *Buck-Heeb*, Kapitalmarktrecht, 10. Aufl. (2019), § 1 II 1, Rn. 10.
415 siehe *Buck-Heeb*, a.a.O. (Fn. 414).
416 Vgl. *Buck-Heeb*, a.a.O. (Fn. 414), § 1 II 1, Rn. 13.
417 *Cahn*, AG 2014, S. 525 (525).
418 So *Cahn*, a.a.O. (Fn. 417).
419 Beachte insoweit die seit dem 3. Juli 2016 in Deutschland unmittelbar anwendbaren Vorschriften der neuen Marktmissbrauchsverordnung (EU) Nr. 596/2014 (*Market Abuse Regulation* – MAR), welche die früheren §§ 14, 15 WpHG weitgehend obsolet gemacht haben.

Wird der Erwerb der Aktienposition mithilfe von Finanzinstrumenten oder sonstigen Instrumenten vorbereitet, ist es nachvollziehbar, dass dieses Geheimhaltungsbedürfnis gegenüber der Funktionsfähigkeit des Kapitalmarkts nicht als vorrangig angesehen werden kann; denn die aufgezeigten Marktverwerfungen sind deutlich erkennbar und einer fairen Marktpreisbildung abträglich. Dient das unbemerkte Anschleichen nämlich der Vorbereitung eines Übernahmeangebots nach §§ 29 ff. WpÜG, vermeidet der Investor einen Kursanstieg der börsennotierten Aktien der Zielgesellschaft sowie die Zahlung eines Übernahmeaufschlags und nutzt die fehlende Koordinations- und Kooperationsmöglichkeit der Anleger für seine Zwecke.[420]

Zusammenfassend dient die Bekämpfung des unbemerkten Anschleichens auch der Beseitigung einer marktschädigenden Informationsasymmetrie und damit zugleich einer marktgerechten Preisbildung.

b) Umgehung der Mindestpreisregeln des WpÜG

Im WpÜG sind, wie bereits erwähnt,[421] die Pflichten eines Erwerbers von Anteilen an Zielgesellschaften geregelt, wenn dieser die Kontrolle über die Zielgesellschaft ausübt oder erlangen will und der Handel der von der Zielgesellschaft ausgegebenen Wertpapiere an einem organisierten Markt im Inland oder – unter bestimmten Voraussetzungen – in anderen Ländern der Europäischen Union zugelassen ist. Das WpÜG enthält insoweit Vorgaben zu öffentlichen Angeboten zum Erwerb von Wertpapieren (§ 10 Abs. 1 WpÜG), zu Übernahmeangeboten (§ 29 Abs. 1 WpÜG) und zu Pflichtangeboten (§ 35 Abs. 2 WpÜG). Ein Pflichtangebot ist immer dann abzugeben, wenn der Bieter die Kontrolle über die Zielgesellschaft (mind. 30 % der Stimmrechte) erlangt (§ 29 Abs. 2 WpÜG). Hat der Erwerber die Kontrolle aufgrund eines Übernahmeangebots nach § 29 Abs. 1 WpÜG erlangt, ist er gemäß § 35 Abs. 3 WpÜG von der Verpflichtung zur Abgabe eines Pflichtangebots nach Abs. 1 der Vorschrift befreit.

aa) Zur Frage der Angemessenheit der Gegenleistung

Wenn Erwerber von Aktien einer Zielgesellschaft absehen können, dass sie aufgrund eines bevorstehenden Kontrollerwerbes ein Pflichtangebot abgeben müssen, wählen sie häufig den Weg über ein freiwilliges Übernahmeangebot, da ihnen dieses mehr Gestaltungsspielraum einräumt als die zeitlich strengeren Vorgaben eines Pflichtangebots.[422] Auf Kritik stoßen dabei insbesondere die Fälle, in denen der Erwerber für sein freiwilliges Übernahmeangebot einen Zeitpunkt wählt, zu dem der durchschnittliche Börsenkurs der Zielgesellschaft

---

420 Vgl. *Witt*, Übernahmen von Aktiengesellschaften (1998), S. 83.

421 Siehe bereits Seite 73, dort Gliederungspunkt 2.

422 *Meyer, A.*, in: Angerer/Geibel/Süßmann, WpÜG, 3. Aufl. (2017), § 35, Rn. 81; *Hauser*, Creeping-In (2014), S. 65 m. w. N.

besonders niedrig ist.[423] Regelmäßig verbindet der Erwerber damit das Ziel, die Kontrollschwelle gegen Zahlung eines möglichst niedrigen Mindestpreises zu überschreiten.[424] Denn gemäß § 31 Abs. 1 WpÜG muss, wer ein Übernahmeangebot abgeben will, eine angemessene Gegenleistung anbieten, die mindestens dem durchschnittlichen gewichteten Börsenkurs der Aktie während der letzten drei Monate vor der Veröffentlichung nach § 10 Abs. 1 S. 1 oder § 35 Abs. 1 S. 1 WpÜG entspricht (§ 5 Abs. 1 WpÜG-AV). Der Börsenkurs soll also die Angemessenheit des Angebotspreises gewährleisten.[425]

Das Übernahmerecht berücksichtigt bezüglich der Bewertung der Angemessenheit des Angebotspreises neben dem durchschnittlichen gewichteten Börsenkurs der letzten drei Monate zudem Vor- und Nacherwerbe von Aktien der Zielgesellschaft. Hat der Erwerber in einem Zeitraum von sechs Monaten vor der Veröffentlichung seines Übernahmeangebots oder seines Pflichtangebots Aktien der Zielgesellschaft erworben (Vorerwerb), muss der Angebotspreis mindestens dem höchsten von ihm in diesem Zeitraum gezahlten Kaufpreis für Aktien der Zielgesellschaft entsprechen (§ 4 WpÜG-AV). Erwirbt der Bieter nach der Veröffentlichung seines Übernahme- oder Pflichtangebots innerhalb eines Zeitraums von einem Jahr außerhalb der Börse weitere Aktien der Zielgesellschaft (Nacherwerb) und wird hierfür wertmäßig eine höhere als die im Angebot genannte Gegenleistung gewährt oder vereinbart, ist der Bieter gegenüber den Inhabern der Aktien, die das Angebot angenommen haben, zur Zahlung einer Geldleistung in Euro in Höhe des Unterschiedsbetrages verpflichtet (§ 31 Abs. 5 S. 1 WpÜG). Zudem haben Aktionäre, die ein Übernahmeangebot mit einer nicht angemessenen Gegenleistung angenommen haben, nach der Postbank-Entscheidung des BGH aus dem Jahre 2014 einen Anspruch gegen den Bieter auf Zahlung der angemessenen Gegenleistung.[426] Ein Teil des Schrifttums sieht mit Blick auf die bewusste Vermeidung von die Gegenleistung erhöhenden Maßnahmen seitens des Bieters eine ungerechtfertigte Umgehung der genannten Vorschriften.[427] Strukturiere der Erwerber die Zeiträume von Vor- und Nacherwerben sehr geschickt und suche er zudem einen günstigen Zeitpunkt für die Abgabe eines freiwilligen Übernahmeangebotes aus, so könne er einen Angebotspreis wählen, der unterhalb des aktuellen Börsenkurses oder Unternehmenswerts liege.[428] Dies führe zu unfairen und unangemessenen Übernahmeangeboten aufgrund zu

---

423 Vgl. *Merkt*, NZG 2011, S. 561 f.; *Baums*, ZIP 2010, S. 2374 (2377, 2382); *Hauser*, Creeping-In (2014), S. 4 m. w. N.

424 Vgl. nur *Hauser*, Creeping-In (2014), S. 4 f.

425 So *von Falkenhausen*, ZHR 174 (2010), S. 293 (306).

426 BGH, Urteil vom 29. Juli 2014, Az. II ZR 353/12, DStR 2014, S. 2137.

427 *Merkt*, NZG 2011, S. 56; *Cascante/Tyrolt*, AG 2012, S. 97 (104).

428 Vgl. *Merkt*, NZG 2011, S. 561 sowie Nachweise bei *Hauser*, Creeping-In (2014), S. 2 f., *Cascante/Tyrolt*, AG 2012, S. 97 (104) und *von Falkenhausen*, ZHR 174 (2010), S. 293 (299 f.).

geringer Gegenleistungen i. S. d. § 31 Abs. 1 WpÜG und zu einem strukturellen Ungleichgewicht zugunsten des Bieters.[429]

Zur Verdeutlichung der Problematik sei als Beispiel nochmals der Fall Porsche/VW erwähnt. Wie dargestellt, unterbreitete die Porsche AG den Aktionären der Volkswagen AG nach Überschreiten der 30 %-Kontrollschwelle im Jahre 2007 ein Pflichtangebot nach § 35 WpÜG. Aufgrund des sehr geschickt gewählten Zeitpunktes lag der damalige Angebotspreis, der sich aus dem gewichteten durchschnittlichen Börsenkurs der vergangenen drei Monate vor Überschreitung der Kontrollschwelle errechnete, unter dem damals aktuellen Börsenkurs.[430] Nur ein kleiner Teil der Aktionäre der Volkswagen AG nahm das Angebot an, da es als unattraktiv galt. Die Wirksamkeit eines Pflichtangebots hängt aber gesetzlich weder von dessen Attraktivität noch von der Annahmequote ab. Porsche genügte damit den gesetzlichen Anforderungen und konnte unter Einsatz minimaler finanzieller Mittel die Kontrollschwelle bei der Volkswagen AG überschreiten.

bb) Mögliche Schutzlücken beim Kontrollerwerb

Dies war jedoch nicht der einzige Aspekt, der der Porsche AG zum Vorteil gereichte. Mit der Abgabe des Pflichtangebots und nach Ablauf der Annahmefrist war es Porsche möglich, weitere Aktien der Volkswagen AG zu erwerben, ohne den übrigen Aktionären eine weitere Möglichkeit zum Ausstieg aus der Gesellschaft bieten zu müssen.[431] Teile des Schrifttums kritisieren die gesetzliche Regelung des § 35 WpÜG. Sie sehen insoweit zwei Schutzlücken. Zum einen erblicken sie eine solche darin, dass nach Erreichen der Kontrollschwelle und der Abgabe eines Pflichtangebots kein weiteres Pflichtangebot abgegeben werden muss.[432] Zum anderen sei eine Schutzlücke im Rahmen des § 35 Abs. 3 WpÜG zu erkennen; denn der Erwerber nutze die Tatsache bewusst aus, dass die Pflicht zur Abgabe eines Pflichtangebotes gemäß § 35 Abs. 3 WpÜG entfalle, sofern der Kontrollerwerb aufgrund eines Übernahmeangebots gemäß § 29 WpÜG erfolgt sei.[433] Dem Erwerber komme faktisch ein Wahlrecht zu, ob er ein Pflichtangebot abgeben oder versuchen wolle, die Konditionen des Kontrollerwerbs über ein freiwilliges Übernahmeangebot (mit) zu steuern.[434]

---

429 So wohl *Merkt*, NZG 2011, S. 561 (562); Argumentation lediglich wiedergebend *von Falkenhausen*, ZHR 174 (2010), S. 293 (299); vgl. zudem Nachweise bei *Hauser*, Creeping-In (2014), S. 2 f.

430 Vgl. *Hauser*, Creeping-In (2014), S. 72.

431 Vgl. *von Falkenhausen*, ZHR 174 (2010), S. 293 (298, dort Fn. 28); *Hauser*, Creeping-In (2014), S. 72.

432 Vgl. Hauptverband der Deutschen Bauindustrie, Handelsblatt vom 12. Januar 2011, S. 27 sowie Nachweise bei *von Falkenhausen*, ZHR 174 (2010), S. 293 (300).

433 Vgl. nur *Hauser*, Creeping-In (2014), S. 4 f.

434 *Hauser*, Creeping-In (2014), S. 65.

Insofern wird angeführt, in anderen EU-Mitgliedstaaten sei der Aufbau der Beteiligung zwischen 30 % und 50 % ohne Abgabe eines (erneuten) Pflichtangebots nur dann zulässig, wenn bestimmte Erwerbsgrenzen nicht überschritten würden. So zum Beispiel in Frankreich, wo der Erwerber jährlich nicht mehr als 2 % der stimmberechtigten Aktien hinzuerwerben dürfe, ohne erneut der Pflicht zur Abgabe eines Angebots zu unterliegen.[435] Seit 1998 löse im Vereinigten Königreich gemäß Rule 9.1 (b) des City Code on Takeovers and Mergers sogar jeder einzelne Erwerb einer stimmberechtigten Aktie oberhalb der 30 %-Schwelle ein Pflichtangebot aus.[436] Es müsse daher international „Waffengleichheit“, ein „Level Playing Field“ geschaffen werden.[437] Ebenso wird argumentiert, es handele sich bei dem vorgenannten Verhalten um einen Missbrauch der Pflichtangebotsregeln unter Verletzung des übernahmerechtlichen Gleichbehandlungsgebots.[438]

Mithin ist festzustellen, dass Teile des Schrifttums auch bezüglich der Angebotsregeln des WpÜG eine Marktstörung in Bezug auf Sachverhalte des Anschleichens erblicken, da ein Erwerber die Mehrheit an einer börsennotierten Gesellschaft zu unfairen Konditionen und ohne je ein Pflichtangebot abgegeben zu haben, erwerben könne.

cc) Ausreichender Schutz im Rahmen der Angebotsregeln des WpÜG

Ein anderer Teil des Schrifttums sieht keine Notwendigkeit eines gesetzgeberischen Tätigwerdens im Rahmen der Angebotsregeln des WpÜG und verneint eine Marktstörung sowie eine Regelungslücke.[439] So lege der Fall der Abgabe eines zeitlich geschickt platzierten Übernahmeangebots kurz vor Erreichen der Kontrollschwelle und der daraufhin mögliche Erwerb einer kontrollierenden Beteiligung keine Schutzlücke offen. Der übernahmerechtliche Gleichbehandlungsgrundsatz sei hinreichend gewahrt; denn wenn der Erwerber vor der Abgabe oder während der Laufzeit des freiwilligen Übernahmeangebots Verpflichtungen zum späteren Erwerb von Aktienpaketen von Großaktionären zu einem höheren Preis eingegangen sei, schulde er im Rahmen des Übernahmeangebots gemäß § 31 Abs. 1 S. 2 WpÜG i. V. m. § 4 WpÜG-AV oder gemäß § 31 Abs. 3 und 6 WpÜG ohnehin die höhere Vergütung.[440] Auch falls der Paketerwerb nach

---

435 *Merkt*, NZG 2011, S. 561 (564) mit Verweis auf Art. 50 der Loi n° 2010–1249 de régulation bancaire et financière vom 22.10.2010.

436 *Merkt*, NZG 2011, S. 561 (563, 566); vgl. auch die Nachweise bei *von Falkenhausen*, ZHR 174 (2010), S. 293 (299 f.).

437 Argumentation lediglich wiedergebend *Baums*, ZIP 2010, S. 2374 (2389).

438 So wohl *Merkt*, NZG 2011, S. 561 (567) m. w. N.

439 Vgl. *von Falkenhausen*, ZHR 174 (2010), S. 293 (300 f.); *Baums*, ZIP 2010, S. 2374 (2387); *Cascante/Tyrolt*, AG 2012, S. 97 (105); so wohl auch *Brellochs*, NZG 2012, S. 1010 (1018).

440 Vgl. *von Falkenhausen*, ZHR 174 (2010), S. 293 (300); *Baums*, ZIP 2010, S. 2374 (2385 f.) der bereits die Zulässigkeit der Heranziehung des Gleichbehandlungsgrundsatzes

Abschluss des Übernahmeangebotes vereinbart werde, schulde der Erwerber den Aktionären, die das Angebot angenommen hätten, Nachbesserung gemäß § 31 Abs. 5 S. 1 WpÜG.[441] Zwar greife die Nachbesserungspflicht des § 31 Abs. 5 WpÜG nur bei außerbörslichen Erwerben; dennoch sei eine Schutzlücke zu verneinen, da im Falle eines Erwerbs von Aktien an der Börse jeder Aktionär zu dem vom Erwerber gezahlten Börsenkurs verkaufen könne.[442] *Merkt* entgegnet dieser Argumentation, dass eine „Creeping-In"-Regelung auch die Aktionäre schütze, die ihre Aktien noch nicht angeboten hätten und die, anders als ein Großaktionär, auch nicht mit einem besseren Angebot des Erwerbers rechnen könnten.[443]

Zum Teil wird vertreten, dass zumindest die Einführung einer weiteren Schwelle zur Abgabe eines Pflichtangebots bei Erreichen der Mehrheitsbeteiligung nicht erforderlich sei; denn das Konzernrecht schütze die Aktionäre bzw. Minderheitsgesellschafter bereits ausreichend, da die neuen beherrschenden Gesellschafter im Anschluss an das Erreichen der 50 %-Schwelle regelmäßig noch Beherrschungs- und Gewinnabführungsverträge abschließen würden, die nach § 305 Abs. 1 AktG eine Verpflichtung enthalten müssten, auf Verlangen eines außenstehenden Aktionärs dessen Aktien zu erwerben. So sei eine Abfindung der außenstehenden Aktionäre gem. § 305 AktG gewährleistet.[444] Dem wird entgegengehalten, es sei unklar, wann die Unternehmensführung den Abschluss eines Beherrschungsvertrages erforderlich mache und dass durch die Absenkung der Voraussetzungen für die steuerliche Organschaft (rein finanzielle Eingliederung ausreichend, § 14 Abs. 1 S. 1 Nr. 1 KStG) der Abschluss eines Beherrschungsvertrags nicht mehr in demselben Umfang wie früher erforderlich sei und daher auch seltener Beherrschungsverträge geschlossen werden. Dies führe letztlich dazu, dass der Abfindungsanspruch aus § 305 AktG im Regelfall nicht mehr zur Anwendung gelange.[445] Der bislang das Übernahmerecht ergänzende Schutz durch das Konzernrecht (das außerhalb börsennotierter Gesellschaften das einzige Schutzinstrumentarium bereithalte) sei daher in großen Teilen entfallen.[446]

---

als Argument für ein gesetzgeberisches Tätigwerden in diesem Zusamenhang anzweifelt.

441 *von Falkenhausen*, ZHR 174 (2010), S. 293 (300).

442 Vgl. *von Falkenhausen*, ZHR 174 (2010), S. 293 (300).

443 *Merkt*, NZG 2011, S. 561 (567).

444 So wohl *Baums*, ZIP 2010, S. 2374 (2388); Argumentation lediglich wiedergebend *Merkt*, NZG 2011, S. 561 (568).

445 *Merkt*, NZG 2011, S. 561 (568) mit Verweis auf *Hirte/Schall*, Der Konzern 2006, S. 243 (246); *Hirte*, Der Konzern 2010, S. 599 (601).

446 Vgl. *Merkt*, NZG 2011, S. 561 (568) m. w. N.; *Hirte*, Handelsblatt Rechtsboard, Reformbedarf im Übernahmerecht vom 15. November 2011, abrufbar unter: https://blog.handelsblatt.com/rechtsboard/2011/11/15/reformbedarf-im-ubernahmerecht/ (zuletzt abgerufen am 30. August 2020).

Wieder andere Stimmen sehen bezüglich der Problematik des Creeping-In eine Lösung im Rahmen der Meldepflichten des WpHG als vorzugswürdig an.[447] Hier biete sich die Aufnahme weiterer Meldeschwellen zwischen 30 % und 50 % in Verbindung mit damit jeweils einhergehenden Verpflichtungen zur Mitteilung der weiteren, mit der Beteiligung verfolgten Ziele gemäß § 43 WpHG (zuvor § 27a WpHG) an. Eine solche Erweiterung der Meldepflichten des WpHG sei möglich und gegenüber einer Änderung der Konzeption des WpÜG vorzuziehen.[448]

dd) Stellungnahme

Das WpÜG dient nicht dazu, Übernahmeversuche zu verhindern oder zu erleichtern. Das WpÜG soll für den Aktionär auch nicht sicherstellen, dass er an durch Übernahmefantasien getriebenen Börsenkursen partizipieren kann. Das Pflichtangebot soll den Aktionären vielmehr die Möglichkeit eines Ausstiegs zu einem angemessenen Preis im Falle des Kontrollwechsels bieten. Der Minderheitsaktionär hat daher mit Veröffentlichung eines Übernahmeangebotes die Möglichkeit, seine Anlage in der Zielgesellschaft zu überdenken. Bei Nichtannahme des Übernahmeangebots muss er damit rechnen, dass der Bieter mithilfe des Übernahmeangebot die Kontrolle über die Zielgesellschaft erlangen kann.

Besteht zwischen dem Börsenkurs und dem aktuellen Unternehmenswert hingegen eine deutliche Diskrepanz und nutzt dies ein Aktionär durch bewusste Gestaltungen aus, um von einem deutlich zu geringen durchschnittlichen Börsenkurs bei der Abgabe eines Übernahmeangebots zu profitieren, kann durchaus von einer Störung des Marktes aufgrund einer Fehlfunktion der Preisbildung gesprochen werden. Hingegen darf hierbei nicht unbeachtet bleiben, dass der Gesetzgeber im Rahmen des § 31 WpÜG sowie der weiterführenden Bestimmungen in der WpÜG-Angebotsverordnung bereits eine Vielzahl von Regelungen erlassen hat, die die Angemessenheit der Gegenleistung im Rahmen eines Übernahmeangebots sicherstellen sollen.

Auch führt der Verweis auf *Creeping-In*-Regelungen in anderen europäischen Staaten nicht weiter. Für eine Bewertung der jeweiligen Schutzstandards reicht es nicht aus, punktuell einzelne Regelungen herauszugreifen und mit Regelungen des WpÜG zu vergleichen. So existiert zwar im britischen Takeover Code eine *Creeping-In*-Regelung. Allerdings fehlen im britischen Recht andere aktionärsschützende Normen zum Pflichtangebot, wie beispielsweise eine Nachbesserungspflicht nach dem Vorbild des § 31 Abs. 5 WpÜG.[449]

Darüber hinaus muss ein Übernahmeangebot an alle Aktionäre der Zielgesellschaft gerichtet sein. Es hat insbesondere hinsichtlich der Gegenleistung den gleichen Anforderungen zu genügen wie ein Pflichtangebot. Insoweit besteht

---

447 Vgl. *Cascante/Tyrolt*, AG 2012, S. 97 (105).
448 Vgl. *Cascante/Tyrolt*, AG 2012, S. 97 (105).
449 *Merkt*, NZG 2011, S. 561 (563).

kein Schutzbedürfnis für Minderheitsaktionäre, die im Falle eines Kontrollerwerbs das vorangegangene freiwillige Übernahmeangebot nicht angenommen haben. Sie mussten mit dem Kontrollerwerb des Bieters rechnen, auch wenn sie sich dessen nicht sicher sein können. Um diesen Unsicherheitsfaktor aber so gering wie möglich zu halten, sieht das Gesetz die verpflichtende Abgabe sog. Wasserstandsmeldungen vor. Auch wenn eine weitere Pflicht zur Abgabe eines Pflichtangebots bei einer Beteiligung zwischen 30 und 50 % eingeführt würde, liefe dieses weitere Pflichtangebot womöglich ins Leere.

c) Résumé

Mit dem Erlass des AnsFuG im Jahre 2012 sowie der Umsetzung der Transparenzrichtlinie-Änderungsrichtlinie im Jahre 2015 hat der Gesetzgeber das unbemerkte Anschleichen an börsennotierte Aktiengesellschaften gezielt bekämpfen wollen.[450] Mit der Vorverlagerung des Zeitpunktes der Meldeverpflichtung bereits bei Bestehen eines unbedingten und ohne zeitliche Verzögerung zu erfüllenden Anspruchs auf Lieferung von Aktien im Rahmen des heutigen § 33 WpHG wurde auch das bislang stets beachtete Trennungsprinzip aufgegeben, welches vorsah, dass die Meldepflicht von der Erfüllung des dinglichen Verfügungsgeschäfts abhing. Denn mit Bestehen eines unbedingten und ohne zeitliche Verzögerung zu erfüllenden Anspruchs auf Lieferung von Aktien ist der tatsächliche Erwerb der Aktien zwar in greifbarer Nähe, jedoch noch nicht vollzogen. Dass nunmehr die schuldrechtliche und nicht mehr die dingliche Rechtsposition des Erwerbers grundsätzlich ausschlaggebend für das Bestehen einer Mitteilungspflicht nach § 33 WpHG ist, kann als einschneidend bezeichnet werden. Damit wird einerseits das Ziel verfolgt, den Meldepflichten einen größeren Anwendungsbereich zu verschaffen, sowie andererseits das Ziel eine Angleichung an die Regelungen in anderen europäischen Mitgliedstaaten zu erzielen und eine Verringerung des Zeitraums eines möglichen Insiderhandels zu erreichen.[451] Freilich geschah diese Loslösung vom Trennungsprinzip nicht ohne kritische Gegenäußerungen.[452]

Diese Anpassungen haben zu verschärften Meldepflichten bezüglich stimmrechtsvermittelnder Instrumente im WpHG geführt. Hingegen hat sich der Gesetzgeber bewusst gegen die Einführung von *Creeping-In*-Regelungen ins WpÜG entschieden. Diese Entscheidung ist zu respektieren. Durch die Vorverlagerung des Zeitpunktes der Meldeverpflichtung sowie die Einführung von Mitteilungspflichten bezüglich stimmrechtsvermittelnder Instrumente ist der Gesetzgeber den bis dahin bekannten Gestaltungen des Anschleichens entgegengetreten. Der Markt für die Übernahme von börsennotierten Aktiengesellschaft verfügt damit über rechtzeitige Informationen zur Einpreisung von möglichen

---

450 Siehe bereits Seite 60 dort ab Gliederungspunkt 2.
451 BT-Drs. 18/5010, S. 44 f.; *Roth*, GWR 2015, S. 485 (487).
452 Vgl. nur Stellungnahme des DAV, NZG 2015, S. 1069 ff.

Übernahmeszenarien. Damit geht eine Erhöhung des Börsenkurses einher, welche wiederum zu einer angemessenen Gegenleistung im Sinne des § 31 Abs. 1 WpÜG bei der Abgabe eines Übernahme- oder Pflichtangebots führt. Der Gesetzgeber ist damit der Ansicht gefolgt, dass die Verhinderung des Anschleichens primär eine Aufgabe des WpHG und nicht des WpÜG sei, da es vor allem um das Bedürfnis einer rechtzeitigen Information des Marktes im Vorfeld der Überschreitung der Kontrollschwelle geht. Zudem handelt es sich insoweit um das mildere Mittel im Vergleich zur Einführung eines weiteren Pflichtangebots oberhalb der 30 %-Schwelle.[453] Mit Blick auf die Regelungen des WpÜG ist ein Bedürfnis gesetzgeberischen Eingreifens mithin zu verneinen. Das WpÜG soll den Aktionären bei einem bevorstehenden bzw. erfolgten Kontrollerwerb lediglich einen Ausstieg aus der Gesellschaft zu einem angemessenen Preis ermöglichen.[454]

7. Exkurs: Irrevocable Undertakings

Neben *Cash Settled Equity Swaps* sind weitere Gestaltungen denkbar, die zu einem unbemerkten Beteiligungsaufbau genutzt werden können. Im Rahmen eines *Irrevocable Undertakings* beispielsweise erhält der Investor und potenzielle Bieter von einem oder mehreren Paketaktionären die unwiderrufliche Zusage, im Falle eines Übernahmeangebots dem Investor das jeweilige Aktienpaket zu den Bedingungen des Übernahmeangebots anzudienen.[455]

Es ist ersichtlich, dass diese Gestaltungsmöglichkeit der Vorbereitung einer erfolgreichen Übernahme dienen soll, will sich der potenzielle Bieter im Vorfeld der Abgabe eines (freiwilligen) Übernahmeangebots doch darüber gewiss sein, wie viele Aktienpakete im Rahmen seines Übernahmeangebots auf ihn übergehen werden.

Rechtlich sind die entsprechenden Vereinbarungen als Vorverträge anzusehen, mit denen sich der Paketinhaber für den Fall eines Übernahmeangebots verpflichtet, einen Aktienkaufvertrag auf Grundlage des Übernahmeangebots mit dem Bieter abzuschließen.[456] Da solche Vereinbarungen grundsätzlich noch kein Recht auf die Lieferung von Aktien enthalten, sondern lediglich ein Recht auf den Abschluss eines Aktienkaufvertrags, sind sie auch nicht als Aktienkaufvertrag anzusehen und daher grundsätzlich nicht meldepflichtig. Vor dem Erlass des AnsFuG waren daher auch diese Gestaltungen nicht von einer Meldepflicht erfasst. Nach dem Erlass des AnsFuG wurde zwar vereinzelt vertreten, dass das Ermöglichen eines Aktienerwerbs nicht gegeben sei, da eine Entscheidung über die Abgabe eines Übernahmeangebots noch nicht vorliege und zudem weitere

453 Vgl. *Brellochs*, NZG 2012, S. 1010 (1018 f.).
454 Vgl. *Hauser*, Creeping-In (2014), S. 242 f.
455 *Meyer/Kiesewetter*, WM 2009, S. 340 (340).
456 *Meyer/Kiesewetter*, WM 2009, S. 340 (345); *Merkner/Sustmann*, NZG 2010, 681 (686).

wesentliche Zwischenschritte bis zur Transaktionssicherheit erforderlich seien.[457] Zudem wurde auf die vorvertragliche Natur dieser Vereinbarungen und darauf hingewiesen, dass *Irrevocable Undertakings* keinerlei Rechtswirkungen entfalteten, sofern das nachfolgende Übernahmeangebot an Vollzugsbedingungen scheitere.[458] Diese Art der Gestaltung könne daher schwerlich unter den Begriff des sonstigen Instruments zu subsumieren sein.[459] Daneben gebe es in vielen Fällen die Möglichkeit, sich aufgrund von Öffnungsklauseln von der Verpflichtung zu lösen.[460]

Demgegenüber gingen die BaFin und die herrschende Auffassung im Schrifttum von der Meldepflichtigkeit solcher Vereinbarungen nach § 25a WpHG in der Fassung des AnsFuG aus, da sie den Aktienerwerb zumindest ermöglichten.[461]

Ob diese Art von Gestaltungen weiterhin Grund zur Sorge bezüglich des Anschleichens an börsennotierte Aktiengesellschaft bieten, wird noch Gegenstand der Untersuchung sein. Zunächst sollen jedoch die Funktionsweise der derzeit geltenden Meldepflichten verdeutlicht und der Gegenstand der vorliegenden Untersuchung weiter umrissen werden.

II. Die neuen Meldetatbestände zur Verhinderung des Anschleichens – Problemaufriss

Die geschilderten Fälle des unbemerkten Anschleichens waren Anlass für ein Handeln des Gesetzgebers und damit für Reformen der Mitteilungspflichten sowohl auf europäischer als auch auf nationaler Ebene. Vorerst letztes Glied dieser „Reformkette" ist die Umsetzung der Transparenzrichtlinie-Änderungsrichtlinie 2013 in nationales Recht durch das TÄUG aus dem Jahre 2015. Der folgende Zeitstrahl soll die wichtigsten Reformschritte mit Blick auf die Meldepflichten des WpHG noch einmal verdeutlichen:

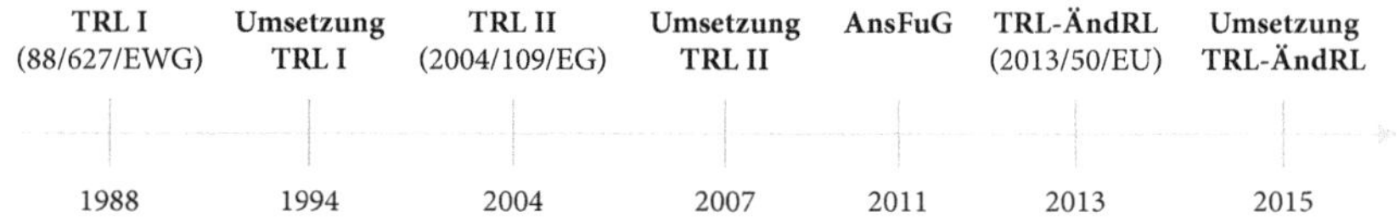

Abbildung 5: *Zeitstrahl. Quelle: Eigene Darstellung.*

457 So wohl *Perlitt/Stohlmeier*, Stellungnahme zum Entwurf des Emittentenleitfadens der BaFin vom 31. Mai 2013, S. 3 f.; abrufbar unter: https://www.bafin.de/SharedDocs/Downloads/DE/Konsultation/2013/dl_kon_0413_ELF_cliffordchance.pdf?__blob=publicationFile&v=2 (zuletzt abgerufen am 30. August 2020).

458 *Merkner/Sustmann*, NZG 2012, 241 (243).

459 So wohl *Merkner/Sustmann*, NZG 2010, 681 (686).

460 *Merkner/Sustmann*, NZG 2012, 241 (243).

461 *Seibt*, CFLaw 2013, S. 145 (152) m. w. N.; BaFin, Emittentenleitfaden 2013, Ziffer VIII.2.9.1.1, S. 141.

Die Transparenzrichtlinie-Änderungsrichtlinie 2013 und deren Umsetzung in deutsches Recht dienten, wie bereits angesprochen, vor allem der effektiven Verhinderung des unbemerkten Aufbaus von Beteiligungen an börsennotierten Aktiengesellschaften unter Zuhilfenahme von Finanzinstrumenten mit Barausgleich. Dazu wurden sowohl die Meldetatbestände an europäische Vorgaben angepasst als auch Zurechnungsvorschriften und Sanktionen erweitert. Die Neufassung der Meldetatbestände der damaligen §§ 25, 25a WpHG (jetzt §§ 38, 39 WpHG) diente dabei der Umsetzung der Artikel 13 und 13a der Transparenzrichtlinie 2013, welche nahezu unverändert in das WpHG übernommen wurden.[462] § 38 Abs. 1 S. 1 Nr. 1 WpHG soll die bereits nach der alten Rechtslage unter § 25 Abs. 1 WpHG – in der Fassung des AnsFuG – fallenden Gestaltungen von Finanzmarktinstrumenten erfassen.[463] Auch für die neuen Meldepflichten bezüglich bestimmter Instrumente gelten die Schwellen des § 33 Abs. 1 WpHG mit Ausnahme der 3 % Schwelle, d. h. stimmrechtsvermittelnde Instrumente sind erst ab einem Schwellenwert von 5 % meldepflichtig.

Die hier insbesondere angesprochenen *Cash Settled Equity Swaps* wurden bereits durch den im Zuge des AnsFuG im Jahre 2011 eingeführten damaligen § 25a WpHG meldepflichtig.[464] Sie sollen nach dem Willen des Gesetzgebers nunmehr von § 38 Abs. 1 S. 1 Nr. 2 WpHG erfasst sein.[465] Dieser Auffassung ist auch die BaFin.[466]

Das genaue Zusammenspiel der neuen Meldepflichten soll anhand eines „dynamischen" Beispielsfalles (Beteiligungsveränderungen an mehreren aufeinanderfolgenden Tagen) mithilfe der folgenden Abbildung verdeutlicht werden:

Es handelt sich um einen Pool von Aktien bzw. Finanzinstrumenten eines hypothetischen Investors. An Tag 1 erwirbt dieser 7 % der Aktien an der A-AG. Eine Meldepflicht besteht sowohl gemäß § 33 Abs. 1 WpHG als auch gemäß § 39 WpHG; denn eine Zusammenrechnung nach § 39 WpHG erfolgt auch dann, wenn der Aktien- bzw. Instrumentenbestand bei § 33 oder § 38 WpHG „0 %" beträgt.[467] Die Eingangsmeldeschwellen sowohl von § 33 Abs. 1 WpHG als auch von § 39 WpHG sind also an Tag 1 erreicht bzw. überschritten, sodass Meldepflichten nach diesen Tatbeständen ausgelöst werden.

462 *Bosse*, BB 2015, S. 746 (748).
463 So RegE BT-Drs. 18/5010, S. 46 (dort zu § 25 WpHG); *Bosse*, BB 2015, S. 746 (748).
464 Vgl. dazu nur *Krause*, AG 2011, S. 469; *U. H. Schneider*, AG 2011, S. 645 (646); *U. H. Schneider*, in: Assmann/ders., WpHG, 6. Aufl. (2012), § 25a, Rn. 44 m. w. N.
465 So Begr. RegE TÄUG, BT-Drs. 18/5010, S. 46 (zum damaligen § 25 WpHG) unter Verwendung des europäisch geprägten Begriffs *Contracts for Difference*.
466 BaFin, Emittentenleitfaden 2018, Modul B (Stand: 30. Oktober 2018), Ziffer I.2.8.1.2, S. 42.
467 So die Anwendungspraxis der BaFin.

Tag	Stimmrechtes (§§ 33, 34 WpHG)	Instrumente (§ 38 WpHG)	Summe (§39 WpHG)	Meldepflicht?	Meldetatbestand
1	7%	/	7%	Ja	§§ 33/34, 39
2	7%	2%	9%	Nein	/
3	8%	4%	12%	Ja	§ 39
4	11% (Ausübung 3% FI)	1%	12%	Ja	§§ 33/34
5	8%	6%	14%	Ja	§§ 33/34, 38
6	8%	4%	12%	Ja	§ 38
7	9% (Ausübung 1% FI)	3%	12%	Nein	/
8	9%	7%	16%	Ja	§§ 38, 39
9	12%	7%	19%	Ja	§§ 33/34

Abbildung 6: *Aktienkorb. Quelle: Eigene Darstellung in Anlehnung an Präsentation der BaFin: „Informationsveranstaltung zur Umsetzung der TRL-ÄndRL" vom 3./5. November 2015.*

An Tag 2 erwirbt der Investor Instrumente mit Stimmrechtsbezug gemäß § 38 Abs. 1 WpHG in Höhe von 2 % hinzu. Da die Eingangsmeldeschwelle des § 38 WpHG 5 % beträgt, werden keine Meldepflichten nach § 38 WpHG ausgelöst. Auch eine Aggregation der Stimmrechte aus § 33 WpHG in Höhe von 7 % und der Instrumente mit Stimmrechtsbezug aus § 38 WpHG in Höhe von 2 % gemäß § 39 WpHG ergibt lediglich eine Gesamtsumme von 9 % und bleibt damit unterhalb des nächsten Schwellenwertes von 10 %.

An Tag 3 erwirbt der Investor weitere Aktien der A-AG in Höhe von 1 % i. S. d. § 33 WpHG sowie Instrumente mit Stimmrechtsbezug bezüglich der A-AG i. S. d. § 38 WpHG in Höhe von weiteren 2 % hinzu. Eine Meldepflicht wird weder bezüglich § 33 WpHG noch bezüglich § 38 WpHG ausgelöst, da die nächste Meldeschwelle des § 33 WpHG erst bei 10 % liegt und der Investor nun lediglich Aktien in Höhe von 8 % der Stimmrechte an der A-AG hält. Auch die Eingangsmeldeschwelle des § 38 WpHG in Höhe von 5 % ist nicht erreicht. Hingegen entsteht eine Meldepflicht gemäß § 39 WpHG aufgrund der Summe der Stimmrechte aus §§ 33, 38 WpHG in Höhe von 12 % und der daraus folgenden Überschreitung der Meldeschwelle von 10 %.

An Tag 4 übt der Investor 3 % seiner Instrumente aus, erwirbt dadurch 3 % der Stimmrechte an der A-AG und überschreitet infolgedessen die Meldeschwelle von 10 % der Meldepflicht aus § 33 WpHG.

An Tag 5 veräußert der Investor 3 % der Aktien der A-AG und fällt damit auf 8 % der Stimmrechte, was wiederum eine Meldepflicht gemäß § 33 WpHG auslöst, da die Meldeschwelle von 10 % aufgrund der Veräußerung unterschritten wurde. Da der Investor zugleich 5 % an Instrumenten mit Stimmrechtsbezug hinzuerwirbt, wird die Eingangsmeldeschwelle des § 38 WpHG von 5 % überschritten und damit eine Meldepflicht ausgelöst. Eine Meldepflicht nach § 39 WpHG besteht hingegen nicht, da die Summe der Bestände nach §§ 33, 38 WpHG 14 % ergibt und damit unter der nächsten Meldeschwelle in Höhe von 15 % liegt.

Von einer Erläuterung der noch folgenden Tage 6 bis 9 wird hier abgesehen, da der Verlauf nun selbsterklärend und das Zusammenspiel der neuen Meldepflichten, insbesondere deren enge Verzahnung, hinreichend verdeutlicht sein sollte.

Die Meldepflichten bilden, wie gezeigt, ein sehr eng gewobenes Netz, welches augenscheinlich nur noch wenig Raum für Umgehungen zulassen soll. Betrachtet man den gegenwärtigen juristischen Diskurs zum Thema Anschleichen, könnte dieses Ziel auch tatsächlich erreicht worden sein. Seit den schlagzeilenträchtigen Fällen Porsche/VW sowie Schaeffler/Continental und der nachfolgenden Initiative des Gesetzgebers zur Einführung weitreichender Meldepflichten bezüglich stimmrechtsvermittelnder Finanzderivate ist die Diskussion um Finanzinstrumente, welche die Meldepflichten des WpHG möglicherweise umgehen, mehr und mehr verebbt. Dies könnte dafür sprechen, dass die Neuregelungen ihre Wirkung nicht verfehlt haben.

Wie weit die derzeitigen Meldepflichten tatsächlich reichen, wird dabei noch zu klären sein. Vor allem die Frage, welche (Finanz-)Instrumente mit Stimmrechtsbezug von den neuen Meldepflichten erfasst sind, soll dabei betrachtet werden. Mit Blick auf das Ziel der Verhinderung des Anschleichens werden die neuen Meldepflichten insbesondere am rechtsstaatlichen Bestimmtheitsgebot zu messen sein, denn sie verwenden weitgehend unbestimmte Rechtsbegriffe zur Erreichung der gesetzgeberischen Zielvorstellung.

Darüber hinaus wird die Frage aufgeworfen, ob in Anbetracht der nicht unerheblichen Rechtsfolgen, namentlich des Rechtsverlusts und der mittlerweile beachtlichen Bußgeldbewehrung, die Meldepflichten rechtsstaatlichen Anforderungen noch gerecht werden.

All‘ dies spricht dafür, die neuen Meldepflichten einer genauen Untersuchung hinsichtlich ihrer Wirkungsweise und Funktion zu unterziehen sowie zu überprüfen, inwieweit sie der Rechtssicherheit dienlich sind und rechtstaatlichen Bestimmtheitsanforderungen genügen.

D. Die Auslegung der Meldepflichten vor dem Hintergrund der Rechtssicherheit

Mit seiner Formulierung: „Der Rechtssicherheit kommt [...] für das Wirtschaftsleben ganz besondere Bedeutung zu!“[468] weist *Tiedemann* auf einen wesentlichen Aspekt der Funktionsfähigkeit des Wirtschaftslebens und unserer demokratischen Gesellschaftsordnung hin, nämlich das Bedürfnis nach Berechenbarkeit des Rechts. Anders ausgedrückt: Wo der Mensch sich des Rechts sicher sein kann, da kann er wirtschaften. Vor diesem Hintergrund sollen die Mitteilungspflichten des WpHG im Folgenden bewertet und der Aspekt der Rechtssicherheit als Leitbild gesetzgeberischen Handelns genauer betrachtet werden. Denn für den Normadressaten und sein Vertrauen in den Bestand rechtlicher Bestimmungen ist es durchaus abträglich, wenn die Meldepflichten des WpHG, auch aufgrund nationaler Alleingänge, alle 3 bis 5 Jahre einer Reform unterzogen werden und sich damit in nicht unerheblichem Umfang sowohl die zu meldenden Finanzinstrumente als auch die mitzuteilenden Stimmrechtsanteile ändern.

Es soll versucht werden, die Ursprünge des Gedankens der Rechtssicherheit aufzuzeigen und dessen Einwirkung auf die heutige Methodik der Rechtsetzung darzustellen. Dabei wird auch die Frage der Auslegung und Analogiefähigkeit der §§ 33 ff. WpHG zu beantworten sein. Im Anschluss werden die Anforderungen des allgemeinen Bestimmtheitsgebots – welches aus dem allgemeinen Rechtsstaatsprinzip hergeleitet wird (Art. 20 Abs. 3 GG) – sowie des besonderen Bestimmtheitsgebots (Art. 103 Abs. 2 GG) behandelt. Sodann werden die Meldepflichten des WpHG betreffend stimmrechtsvermittelnder Instrumente mit Blick auf den Aspekt der Rechtssicherheit untersucht. Dabei wird vor allem genauer betrachtet, wie konkret die betreffenden Regelungen sind, und zudem analysiert, inwieweit hier eine Verbesserung möglich ist, ohne dass der Anwendungsbereich der Meldepflichten eingeschränkt würde.

I. Grundlegendes zum Gedanken der Rechtssicherheit

1. Ursprung

Der Begriff der Rechtssicherheit ist aus der heutigen Rechtstheorie und -praxis nicht mehr wegzudenken. Denn Rechtssicherheit gilt als wesentlicher Bestandteil des Rechtsstaatsprinzips.[469] Dabei geht es um die Frage der Verlässlichkeit des

---

468 *Tiedemann*, JuS 1989, S. 689 (698).

469 BVerfGE 2, S. 380 (403); 3, S. 225 (237); 7, S. 89 (92); 7, S. 194 (196); 13, S. 261 (271); 15, S. 313 (319); 45, S. 142 (167); 49, S. 148 (164); 88, S. 118 (124), 93, S. 99 (107 ff.);

Rechts,[470] um das Vertrauen des Bürgers in die Vorgaben des Rechts.[471] Gemeint ist die Sicherheit des Rechts selbst, nicht Sicherheit durch das Recht.[472] Nach *Köbler*[473] bezeichnet der Begriff Rechtssicherheit die Beständigkeit der aufgrund eines bestimmten Verhaltens eintretenden Rechtsfolgen.[474] Nach *Zippelius* meint Rechtssicherheit den Bedarf der Rechtsgemeinschaft an verlässlichen und normativ bestimmten Verhaltensstrukturen.[475] *Scholz* begreift die Rechtssicherheit als das gewährleistete Vertrauen in das Bestehen des Rechts und in seine unparteiische und gerechte Handhabung.[476] Rechtssicherheit beschreibt also die Qualität des Rechts selbst und nicht die Erreichung eines außerrechtlichen Zwecks.[477] Sie ist der Garant und gleichzeitig unabdingbare Voraussetzung für eine befriedete Gesellschaft.[478]

Wie dieser kurze Überblick zeigt, gibt es unterschiedliche Möglichkeiten, sich dem Begriff der Rechtssicherheit zu nähern. Wohl erst zu Beginn des 19. Jahrhunderts befasste sich mit *Behr*[479] der erste Autor im deutschen Raum mit dem Thema bzw. dem Begriff der Rechtssicherheit.[480] *Behr* nähert sich dem Thema in seinem Werk zunächst durch die Frage nach dem Hauptzweck von Staatsgebilden. Einer dieser Hauptzwecke sei die Sicherung des Rechts.[481] Freilich waren bereits zuvor Gedanken zur Verlässlichkeit bzw. Beständigkeit des Rechts im weiteren Sinne formuliert worden, aber wohl erst zu Zeiten *Behrs* wurden die Begriffe Recht und Sicherheit in diesen direkten Bezug zueinander gesetzt und zum Begriff Rechtssicherheit[482]

107, S. 395 (416); *Huster/Rux* in: Epping/Hillgruber, Grundgesetz, 3. Aufl. (2020), Art. 20, Rn. 181; *Sachs*, in: ders., Grundgesetz, 8. Aufl. (2018), Art. 20, Rn. 122; *Hoffmann*, in: Schmidt-Bleibtreu/Hofmann/Henneke, GG-Kommentar, 14. Aufl. (2018), Art. 20, Rn. 88; *Schnapp*, in: von Münch/Kunig, GG-Kommentar, Bd. 1, 6. Aufl. (2012), Art. 20, Rn. 32.

470 *Sachs* in: ders., Grundgesetz, 8. Aufl. (2018), Art. 20, Rn. 122 m. w. N.

471 *Huster/Rux* in: Epping/Hillgruber, Grundgesetz, 3. Aufl. (2020), Art. 20, Rn. 181.

472 Vgl. *Radbruch*, Der Geist des englischen Rechts (1947), S. 51.

473 *Köbler*, Juristisches Wörterbuch, 17. Aufl. (2018), S. 362.

474 Vgl. *Radbruch*, Der Geist des englischen Rechts (1947), S. 51: „Die Rechtssicherheit ist ein wesentlicher Grundwert einer Rechtsordnung. Sie ermöglicht dem Einzelnen eine geordnete Planung seiner Lebensgestaltung."

475 Vgl. *Zippelius*, Rechtsphilosophie, 6. Aufl. (2011), Kap. V, § 23 II, S. 132.

476 *Scholz*, Die Rechtssicherheit (1955), S. 4.

477 So *von Arnauld*, Rechtssicherheit (2006), S. 79.

478 *Knieper*, WiRO 2015, S. 1 (1).

479 *Behr*, System der angewandten allgemeinen Staatslehre (1810), Teil I.

480 Vgl. *Behr*, System der angewandten allgemeinen Staatslehre (1810), Teil I, § 88, S. 53; außerdem die sehr gelungene Darstellung *von Arnaulds*, Rechtssicherheit (2006), S. 11 f.

481 Vgl. *Behr*, System der angewandten allgemeinen Staatslehre (1810), Teil I, § 92, S. 55.

482 *Behr*, System der angewandten allgemeinen Staatslehre (1810), Teil II, § 482, S. 280.

verknüpft.[483] Es folgten mit *von Holleufer*[484] im Jahre 1864, *Bendix*[485] im Jahre 1914, *Rümelin*[486] im Jahre 1924, *Brassloff*[487] im Jahre 1928, *Müller-Erzbach*[488] im Jahre 1932 sowie *Scholz*[489] im Jahre 1955 weitere Autoren, die sich des Themas annahmen, bis hin zu der wohl aktuellsten Monografie von *von Arnauld*[490] aus dem Jahre 2006. Allein der Umfang der letztgenannten Monografie macht deutlich, dass der Begriff Rechtssicherheit mannigfaltig interpretiert werden kann und in alle Bereiche des Rechts ausstrahlt; so auch in den Bereich der Meldepflichten nach dem WpHG.

2. Kernelemente

Der Begriff der Rechtssicherheit tritt in verschiedenen Rechtsgebieten in den unterschiedlichsten Facetten auf und wird eher perspektivisch verwendet.[491] Rechtssicherheit ist nicht greifbar, da es sich insoweit mehr um einen idealtypischen Zustand als um ein inhaltlich bestimmtes Erfordernis handelt.[492] Eine allgemeingültige und abschließende Definition des Begriffs der Rechtssicherheit hat sich daher bislang nicht finden können.[493] Vielmehr nähert man sich der diesbezüglichen Begriffsbestimmung in der juristischen Literatur durch die Benennung von Kernelementen bzw. -aspekten.[494] Auch wenn es teilweise begriffliche Unterschiede gibt, sollen als diese Kernaspekte hier zusammengefasst die Rechtsklarheit, die Bestimmtheit und die Beständigkeit staatlicher Entscheidungen bezeichnet werden.[495] Dass diese Unterteilung der Kernelemente der Rechtssicherheit nur eine von mehreren Varianten ist, verdeutlicht die Darstellung *von Arnaulds*. Danach sind die charakterisierenden Strukturelemente der Rechtssicherheit die Erkennbarkeit, die Verlässlichkeit und die Berechenbarkeit des Rechts.[496] Die Wahl der „richtigen" Begrifflichkeiten soll hier jedoch nicht

---

483 Vgl. die Nachweise bei *von Arnauld*, Rechtssicherheit (2006), S. 11 f., der auch eine frühere Erwähnung des Begriffs für durchaus möglich hält.
484 *von Holleuffer*, Rechtssicherheit (1864).
485 *Bendix*, Das Problem der Rechtssicherheit (1914).
486 *Rümelin*, Die Rechtssicherheit (1924).
487 *Brassloff*, Die Rechtssicherheit (1928).
488 *Müller-Erzbach*, Interessenjurisprudenz (1932).
489 *Scholz*, Die Rechtssicherheit (1955).
490 Eine vertiefende sowie lohnende Darstellung der historischen Stationen des Begriffs der Rechtssicherheit bietet *von Arnauld*, Rechtssicherheit (2006), S. 9 ff.
491 Vgl. *von Arnauld*, Rechtssicherheit (2006), S. 2 f.
492 Vgl. *von Arnauld*, Rechtssicherheit (2006), S. 103.
493 Vgl. allein die monographischen Aufarbeitungen des Themas durch *Scholz*, Die Rechtssicherheit (1955) sowie *von Arnauld*, Rechtssicherheit (2006).
494 Vgl. die Nachweise bei *von Arnauld*, Rechtssicherheit (2006), S. 102 (dort Fn. 11).
495 *Sachs* in: Sachs, Grundgesetz, 8. Aufl. (2018), Art. 20, Rn. 122 m. w. N.
496 Vgl. *von Arnauld*, Rechtssicherheit (2006), S. 4.

vertieft werden, da sie sich in ihrer Bedeutung nicht wesentlich unterscheiden. Die Bedeutung der Rechtssicherheit wird im Folgenden anhand der Kernelemente der Beständigkeit, der Klarheit sowie der Bestimmtheit des Rechts erläutert.

a) Rechtsbeständigkeit

Rechtsbeständigkeit, wie sie auch *Köbler*[497] in seiner Definition des Begriffs der Rechtssicherheit verwendet, soll Vertrauen in rechtskräftige Entscheidungen von Gerichten und bestandskräftige Entscheidungen anderer staatlicher Stellen schaffen, selbst wenn diese Entscheidungen mit Blick auf eine etwaige neue Rechtslage als unpassend oder gar ungerecht anzusehen sein sollten.[498] Rechtsbeständigkeit soll das Bedürfnis nach der Kontinuität des Rechts beschreiben, da erst dadurch Orientierungssicherheit[499] für zukünftige Planungen und Dispositionen geschaffen werde.[500] Aus Sicht des Bundesverfassungsgerichts bedeutet Rechtssicherheit für den Bürger in erster Linie Vertrauensschutz.[501]

Diese Erwägungen lassen erkennen, dass Rechtssicherheit nicht zugleich Gerechtigkeit im Einzelfall bedeuten muss. Diese beiden aus dem Gebot der Rechtsstaatlichkeit abzuleitenden Prinzipien mit Verfassungsrang stehen zum Teil in Widerspruch zueinander und können allein vom Gesetzgeber in Einklang gebracht,[502] jedoch nicht immer gleichermaßen berücksichtigt werden.[503] So hat sich der Gesetzgeber beispielsweise in § 79 Abs. 2 S. 1 BVerfGG für den Vorrang der Rechtssicherheit vor der Einzelfallgerechtigkeit entschieden. Denn die Norm besagt, dass nicht mehr angreifbare Gerichtsurteile (ausgenommen Strafurteile), auch wenn sie auf einer für nichtig erklärten Norm beruhen, weiterhin Bestand haben.[504] Rechtssicherheit steht also für eine Formalisierung des Rechts, während sich der Aspekt der materiellen Gerechtigkeit mehr am Rechtsgefühl orientiert.[505]

Die Gegenüberstellung von Rechtssicherheit und Gerechtigkeit kann aber nur dann als annähernd vollständig bezeichnet werden, wenn sie sich der sog. Radbruch'schen Formel annimmt. Nach dieser ist geschriebenem – also

---

497 Vgl. *Köbler*, Juristisches Wörterbuch, 17. Aufl. (2018), S. 362.

498 Vgl. *Hoffmann* in: Schmidt-Bleibtreu/Hofmann/Henneke, GG-Kommentar, 14. Aufl. (2018), Art. 20, Rn. 88.

499 Begriffsbildend *Geiger*, Soziologie des Rechts (1947), S. 101 f., der Rechtssicherheit als „Orientierungssicherheit" oder „Orientierungsgewissheit" begreift: „*Orientierungssicherheit oder Orientierungsgewißheit* nenne ich den Umstand, daß ich weiß, was >>in der Ordnung ist<<, das Wissen um den Inhalt der Normen."

500 Vgl. *Zippelius*, Rechtsphilosophie, 6. Aufl. (2011), Kap. V, § 23 II, S. 132.

501 BVerfGE 13, S. 261 (271); 14, S. 288 (297); 15, S. 313 (324); 25, S. 269 (290).

502 Vgl. *Schnapp* in: von Münch/Kunig, GG-Kommentar, Bd. 1, 6. Aufl. (2012), Art. 20, Rn. 32, 40; BVerfGE 7, S. 194 (196).

503 BVerfGE 3, S. 225 (237); 7, S. 89 (92 f.); 25, S. 269 (290).

504 Vgl. insoweit BVerfGE 7, S. 194 (196).

505 So *Krahl*, Die Rechtsprechung zum Bestimmtheitsgrundsatz (1986), S. 285.

positivem – Recht prinzipiell aus Gründen der Rechtssicherheit der Vorzug gegenüber ungeschriebenen – nicht-positiven bzw. überpositiven – Gerechtigkeitsgrundsätzen zu geben, selbst wenn dies zu Ungerechtigkeit im Einzelfall führen würde, es sei denn, „[...] daß der Widerspruch des positiven Gesetzes zur Gerechtigkeit ein so unerträgliches Maß erreicht, daß das Gesetz als ‚unrichtiges Recht' der Gerechtigkeit zu weichen hat."[506] *Radbruch* hat es mit diesen Überlegungen zum Verhältnis von Rechtssicherheit und Gerechtigkeit vermocht, den Rechtspositivismus überzeugend einzuschränken, ohne seinen Nutzen für ein funktionierendes kollektives Zusammenleben von Menschen in Staatsgebilden zu beschränken. Dem grundsätzlichen Vorrang geschriebenen Rechts vor der Gerechtigkeit im Einzelfall ist zuzustimmen, nicht zuletzt aufgrund der Unwägbarkeiten ungeschriebener Gerechtigkeitsempfindungen, welche wandelbar sind und dazu auffordern, die „richtige Wahl" zu treffen.[507] Es geht um moralische Entscheidungen, denen zum Teil streng subjektive Gerechtigkeitserwägungen zugrunde liegen. Was für den einen gerecht ist, muss dem anderen nicht ebenso gerecht erscheinen.[508] Kontinuität geschriebenen Rechts kann insoweit mehr Vertrauen schaffen, als in jedem Einzelfall die *gerechte* Entscheidung herbeiführen zu wollen. Erst wenn Gesetze *unerträglich* ungerecht wirken, müssen sie – so *Radbruch* – der Gerechtigkeit weichen.[509] Die Grenze des Vorrangs positiven Rechts und des Abweichens von positivem Recht aufgrund unerträglicher Ungerechtigkeit ist schließlich dort erreicht, wo das Gesetz selbst nicht mehr dazu bestimmt ist, der Gerechtigkeit, dem überpositiven Recht, zu dienen,[510] wenn der Gesetzgeber also selbst Unrecht setzt.[511]

Den Widerstreit zwischen Rechtssicherheit und Gerechtigkeit spiegelt auch die Verfassung wider.[512] Art. 20 Abs. 3 GG spricht von „Gesetz und Recht" und trennt damit bewusst zwischen kodifiziertem Recht und Recht im Sinne allgemeiner Gerechtigkeitsvorstellungen. Recht kann dabei als Korrektiv gegenüber

---

506 Vgl. *Radbruch*, SJZ 1946, S. 105 (107).

507 *Zippelius*, Rechtsphilosophie, 6. Aufl. (2011), Kap. IV, § 11 I, S. 61.

508 Diesen Gedanken greifbar macht die Wiedergabe einer Antwort eines unbekannten englischen Sergeants auf die Equity-Justiz in England („Doctor and Student" 1523): „*Gewissen ist ein Ding großer Unsicherheit, denn einige Leute glauben, daß sie, wenn sie auf zwei gekreuzt liegende Strohhalme treten, ihr Gewissen verletzen, und mancher Mann denkt, wenn er kein Geld hat und ein anderer Mann zuviel Geld hat, daß er mit gutem Gewissen seinen Teil davon nehmen darf. Verschiedene Menschen, verschiedene Gewissen,* [...]", vgl. Nachweis bei *Radbruch*, Der Geist des englischen Rechts (1947), S. 53 f.

509 Vgl. Fn. 506.

510 Vgl. *Radbruch*, SJZ 1946, S. 105 (107) sowie *ders.*, Der Geist des englischen Rechts (1947), S. 51 ff. zur grundsätzlichen Bedeutung der Rechtssicherheit im englischen Recht.

511 Vgl. BVerfGE 3, S. 225 (232).

512 Vgl. *Zippelius*, Rechtsphilosophie, 6. Aufl. (2011), Kap. IV, § 11 I, S. 60 f.

geschriebenen Gesetzen dienen.[513] Das BVerfG sieht die Entscheidung des Gesetzgebers für den Vorrang von Rechtssicherheit oder Gerechtigkeit im Einzelfall dann als verfassungsrechtlich nicht zu beanstanden an, wenn diese Entscheidung frei von Willkür getroffen wird.[514]

b) Rechtsklarheit und Bestimmtheit

Wie bereits erwähnt, bezieht der Begriff der Rechtssicherheit erst aus der Benennung seiner verschiedenen Aspekte seine wesentliche Bedeutung. Im Folgenden soll auf die Begriffe Rechtsklarheit und Bestimmtheit in gebotener Kürze eingegangen werden, um ein Grundverständnis für die spätere ausführliche Betrachtung des Bestimmtheitsgebots zu schaffen.[515] Eine strikte Trennung dieser beiden Elemente fällt jedoch schwer, da sie ineinandergreifen und einander ergänzen.

Rechtsklarheit kann sowohl formale als auch inhaltliche Kriterien beschreiben.[516] Formal versteht man unter Rechtsklarheit vor allem die Ausfertigung und Verkündung von Rechtsnormen, damit von deren Inhalt ohne besondere Hindernisse Kenntnis genommen werden kann.[517] Unter Rechtsklarheit im inhaltlichen Sinne kann der Orientierungscharakter von Rechtsnormen, die sog. normative Orientierungsgewissheit,[518] verstanden werden.[519]

Rechtssicherheit oder Orientierungssicherheit können Rechtsnormen nur dann bieten, wenn sie unmissverständlich und damit idealerweise hinsichtlich ihres Tatbestands und ihrer Rechtsfolgen eindeutig bestimmt sind.[520] Der Normadressat muss die gesetzlichen Folgen seines Handelns voraussehen können, sodass er sein Verhalten danach ausrichten kann.[521] Diese Voraussehbarkeit steht in ihrer Konsequenz auch rückwirkenden Gesetzen entgegen (Verbot echter Rückwirkung). Eingriffe bzw. Rechtsfolgen, mit denen der Normadressat im Zeitpunkt seines Verhaltens nicht zu rechnen brauchte, können ihm nicht

---

513 Vgl. BVerfGE 34, S. 269 (286 f.) – Soraya.

514 BVerfGE 3, S. 225 (237 f.); 15, S. 313 (319 f.); 25, S. 269 (290).

515 Siehe dazu ab Seite 178, dort Gliederungspunkt I.

516 Vgl. *Grzeszick*, in: Maunz/Dürig, GG-Kommentar, Bd. III, 90. EL (2020), Art. 20, Abschnitt VII, Rn. 50.

517 Vgl. insoweit *Sachs*, in: ders., Grundgesetz, 8. Aufl. (2018), Art. 20, Rn. 123 m. w. N.

518 Vgl. *Zippelius*, Rechtsphilosophie, 6. Aufl. (2011), Kap. V, § 23 I, S. 131 und § 23 III, S. 133.

519 Lesenswert hierzu *von Arnauld* der darauf hinweist, dass die Verknüpfung der Rechtssicherheit mit der inhaltlichen Gewissheit von Gesetzen (*certum*) bereits in Werken *von Savignys* (*von Savigny*, System des heutigen Römischen Rechts (1840), Erstes Buch, Kapitel IV, § 50, S. 322) erkennbar ist; vgl. *von Arnauld*, Rechtssicherheit (2006), S. 14.

520 Vgl. *Zippelius*, Rechtsphilosophie, 6. Aufl. (2011), Kap. V, § 23 III, S. 133.

521 BVerfGE 8, S. 276 (325); 9, S. 137 (147, 149); 17, S. 306 (314); 21, S. 73 (79); 37, S. 132 (142); 47, S. 239 (247); 59, 104 (114); 62, 169 (183); 103, S. 21 (33).

rückwirkend aufgezwungen werden.[522] Rechtsnormen müssen zudem in sich widerspruchsfrei, d. h. verständlich und praktikabel sein.[523] Das BVerfG spricht in diesem Zusammenhang auch vom rechtsstaatlichen Erfordernis der Normklarheit und Justiziabilität.[524] Dieses Erfordernis sei erfüllt, wenn eine Rechtsnorm mit herkömmlichen juristischen Mitteln ausgelegt werden könne.[525]

Im Folgenden soll anhand der vorstehenden Ausführungen zur Rechtssicherheit überprüft werden, inwieweit die Meldepflichten des WpHG in sich widerspruchsfrei, d. h. verständlich und praktikabel sind. Voraussetzung hierfür ist ihre Justiziabilität, d. h. ihre Auslegungsfähigkeit anhand der herkömmlichen juristischen Auslegungsmethodik.

II. Auslegung der Meldetatbestände nach WpHG

Die vorstehenden Ausführungen haben gezeigt, dass die Einhaltung des Gebots der Rechtssicherheit durch den Gesetzgeber zugleich davon abhängig sein kann, inwieweit die betreffende Regelung einer Auslegung zugänglich ist. Diesbezüglich ist vorwegzunehmen, dass die Auslegung der Meldepflichten des WpHG in der juristischen Literatur und Rechtspraxis zum Teil unterschiedlichen Methoden folgt.

Zum Zweck der besseren Übersichtlichkeit der Untersuchung sollen daher zunächst grundsätzliche Fragen betreffend die Auslegung der Meldetatbestände des WpHG näher beleuchtet werden.

1. Rechtsnatur der §§ 33 ff. WpHG

Um die mit den §§ 33 ff. WpHG verbundenen Auslegungs- sowie Abgrenzungsfragen zu verdeutlichen, ist es zunächst notwendig, deren Rechtsnatur einzuordnen. Denn erst anhand ihrer Einordnung als dem öffentlichen Recht, dem Privatrecht bzw. dem Strafrecht zugehörig ist es dem Rechtsanwender möglich, die ihm zur Verfügung stehenden Auslegungsmittel zu erkennen. Die Normen des WpHG sind nämlich unterschiedlichen Rechtsmaterien zuzuordnen und lassen sich daher nicht im Ganzen einem der genannten drei Rechtsbereiche zuordnen.[526] Insoweit wird auch von einem Normenmix gesprochen.[527] Die Meldepflichten

---

522 Vgl. nur *Sachs*, in: ders., Grundgesetz, 8. Aufl. (2018), Art. 20, Rn. 123 m. w. N.

523 BVerfGE 1, S. 14 (45); 17, S. 306 (314); 25, S. 216 (227); 128, S. 282 (318).

524 BVerfGE 47, S. 239 (247); 103, S. 21 (33).

525 BVerfGE 65, S. 1 (54); 78, S. 205 (212 f.); 103, S. 21 (33).

526 Vgl. *Buck-Heeb*, Kapitalmarktrecht, 10. Aufl. (2019), § 1 IV, Rn. 46; *Segna*, ZGR 2015, S. 84 (91).

527 Vgl. *Buck-Heeb*, Kapitalmarktrecht, 10. Aufl. (2019), § 1 IV, Rn. 46; *Segna*, ZGR 2015, S. 84 (94).

des WpHG sind daher hinsichtlich ihrer Rechtsnatur einer Prüfung im Detail zu unterziehen.

a) Meinungsstand

Bezüglich der Einordnung der Rechtsnatur der §§ 33 ff. WpHG ist ein uneinheitliches Bild zu verzeichnen. Die Meldepflichten werden von einem Teil des Schrifttums als zum einen öffentlich-rechtlich, zum anderen aber (auch) privatrechtlich qualifiziert.[528] Den Meldepflichten wird damit eine Doppelnatur zugesprochen. Zur Begründung wird angeführt, die Beteiligungstransparenz sei in einem rechtsgebietsübergreifenden funktionalen Gesamtzusammenhang zu sehen und damit auch die aktienrechtliche Beteiligungstransparenz aus §§ 20 ff. AktG, die ausschließlich dem Privatrecht zuzuordnen sei, zu beachten, ohne dass dabei freilich die Zugehörigkeit der Meldepflichten des WpHG zum öffentlichen Wirtschafts- und Kapitalmarktrecht beseitigt würde.[529] Sei die Meldepflicht gegenüber der BaFin zu erfüllen, so komme ihr öffentlich-rechtlicher Charakter zum Ausdruck. Soweit sie gegenüber dem Emittenten zu erfüllen sei, lasse sich daraus, entsprechend dem Verständnis der aktienrechtlichen Mitteilungspflichten, ihre privatrechtliche Natur herleiten.[530] Die privatrechtliche Natur folge insoweit aus den Verweisungs- und Substitutionsnormen der §§ 20 Abs. 8 sowie 21 Abs. 5 AktG. Als Argument hierfür wird angeführt, dass die Mitteilungspflichten im Falle börsennotierter Aktiengesellschaften zwar in den §§ 33 ff. WpHG geregelt seien, diese aber letztlich den aktienrechtlichen Regelungen aus §§ 20 ff. AktG entstammten bzw. diese lediglich ergänzten.[531] Auch der Umstand, dass der Emittent vom Meldepflichtigen gemäß § 42 WpHG[532] einen Nachweis der mitgeteilten Beteiligung verlangen kann, spricht nach dieser Ansicht für eine zivilrechtliche Einordnung.[533]

---

528 v. *Hein*, in: Schwark/Zimmer, KMRK, 5. Aufl. (2020), Vor § 33 WpHG, Rn. 5; *U. H. Schneider*, in: Assmann/ders./Mülbert, WpHG, 7. Aufl. (2019), Vor § 33, Rn. 16, 18. Zum alten Recht: *Zimmermann*, in: Fuchs, WpHG, 2. Aufl. (2016), Vor §§ 21–30, Rn. 3; *Hirte* in: Kölner Kommentar WpHG, 2. Aufl. (2014), § 21, Rn. 5; *Weichert/Wenninger*, WM 2007, S. 627 (635); *Veil*, WM 2007, S. 1821 (1825).

529 Vgl. nur *U. H. Schneider*, in: Assmann/ders./Mülbert, WpHG, 7. Aufl. (2019), Vor § 33, Rn. 15 ff. Zum alten Recht: *Dehlinger/Zimmermann*, a.a.O. (Fn. 528), Vor §§ 21–30, Rn. 1, 3.

530 Vgl. v. *Hein*, in: Schwark/Zimmer, KMRK, 5. Aufl. (2020), Vor § 33 WpHG, Rn. 5; *U. H. Schneider*, in: Assmann/ders./Mülbert, WpHG, 7. Aufl. (2019), Vor § 33, Rn. 15 ff. Zum alten Recht: *Dehlinger/Zimmermann*, a.a.O. (Fn. 528), Vor §§ 21–30, Rn. 1, 3.

531 So wohl *U. H. Schneider*, a.a.O. (Fn. 528), Vor § 33, Rn. 18.

532 Zuvor § 27 WpHG a. F.

533 Vgl. *Dehlinger/Zimmermann*, a.a.O. (Fn. 528), Vor §§ 21–30, Rn. 3.

Ein anderer Teil der Literatur[534] sowie wohl auch der BGH[535] tendieren zu der Auffassung, dass die Meldepflichten des WpHG ausschließlich öffentlich-rechtlicher Natur seien. Als Beleg hierfür wird vor allem die Kompetenz der BaFin angeführt, ihre Aufsicht auch bezüglich der Mitteilungspflichten gegenüber den Emittenten mittels hoheitlichen Zwangs auszuüben.[536]

Einen neuen Vorschlag zur Einordnung unterbreitet *Wilke*. Er geht von der grundlegenden Annahme aus, dass die Ver- und Gebotsvorschriften des WpHG als solche allgemeiner Natur und nicht auf ein Rechtsgebiet festgelegt seien.[537] Erst mit der Anknüpfung an die jeweils zu betrachtende Sanktion resorbiere die Verhaltensvorschrift des WpHG die Rechtsnatur der Sanktionsnorm.[538] Die Ver- und Gebote des WpHG können danach sowohl zivilrechtlicher, als auch öffentlich-rechtlicher als auch strafrechtlicher Natur sein. Hinsichtlich der Meldepflichten der §§ 33 ff. WpHG wäre somit nach *Wilke* von einem Doppelcharakter auszugehen, da für alle Meldepflichten neben der Sanktionsvorschrift des § 120 WpHG[539] auch § 44 WpHG[540] (Rechtsverlust) gelte, der einhellig[541] als zivilrechtliche Sanktionsnorm qualifiziert wird.[542]

b) Stellungnahme

Die Frage der Qualifizierung einer Norm als dem Zivilrecht oder dem öffentlichen Recht zugehörig ist seit jeher hoch umstritten. Es treffen dabei drei konkurrierende Abgrenzungstheorien aufeinander, namentlich die Subordinations-, die (modifizierte) Subjekts bzw. Sonderrechts- sowie die Interessentheorie.[543] Soweit ersichtlich, gehen die einzelnen Literaturstimmen nicht näher auf diese Theorien

---

534 *Buck-Heeb*, Kapitalmarktrecht, 10. Aufl. (2019), § 1 IV, Rn. 47; *Segna*, ZGR 2015, S. 84 (92); *von Bülow/Petersen*, NZG 2009, S. 1373 (1376); *Nartowska*, NZG 2013, S. 124 (125).

535 BGH, NZG 2013, S. 1226 Rn. 16 bis 19, wobei sich diese Aussagen allein auf §§ 31 ff. WpHG a. F. (nunmehr §§ 63 ff. WpHG) beziehen; in Anlehnung an den BGH auch *Brellochs*, ZIP 2011, S. 2225 (2227); *Merkner*, AG 2012, S. 199 (200).

536 Vgl. allein *Segna*, ZGR 2015, S. 84 (92).

537 *Wilke*, Grenzen einheitlicher Rechtsanwendung (2010), S. 93.

538 Vgl. *Wilke*, a.a.O (Fn. 537), S. 93.

539 Zuvor § 39 WpHG a. F.

540 Zuvor § 28 WpHG a. F.

541 Vgl. *U. H. Schneider*, in: Assmann/ders./Mülbert, WpHG, 7. Aufl. (2019), Vor § 33, Rn. 19 und § 44, Rn. 3. Zum alten Recht: *Zimmermann*, in: Fuchs, WpHG, 2. Aufl. (2016), Vor §§ 21–30, Rn. 3 und § 28, Rn. 1; *Götze*, in: Habersack/Mülbert/Schlitt, Handbuch der Kapitalmarktinformation, 2. Aufl. (2013), § 28 WpHG, Rn. 25; *Mülbert*, FS K. Schmidt, S. 1219 (1225, 1231); *Segna*, ZGR 2015, S. 84 (92); *Veil*, in: K. Schmidt/Lutter, AktG, Bd. I, 3. Aufl. (2015), Anh. § 22: Vor §§ 21 ff. WpHG, Rn. 7.

542 So auch *Segna*, ZGR 2015, S. 84 (93).

543 Vgl. *Peine/Siegel*, Allgemeines Verwaltungsrecht, 13. Aufl. (2020), § 3 II 2, Rn. 31 ff.; *Maurer/Waldhoff*, Allgemeines Verwaltungsrecht, 19. Aufl. (2017), § 3, Rn. 10 ff.

ein. Dennoch soll im Folgenden eine genaue Einordnung mithilfe der genannten Theorien erfolgen.

aa) Subordinationstheorie

Die Subordinationstheorie stellt auf das Rangverhältnis der von einer Regelung Betroffenen ab, die in einer Rechtsbeziehung zueinander stehen, und fragt, ob diese Beziehung von einem Über-/Unterordnungsverhältnis geprägt ist.[544]

Die in den §§ 33 ff. WpHG normierten Mitteilungspflichten eines Inhabers von Aktien bzw. stimmrechtsvermittelnden Instrumenten bestehen gegenüber der BaFin als auch gegenüber dem Emittenten. Hinsichtlich der Mitteilungspflicht gegenüber der BaFin ist von einem Über-/Unterordnungsverhältnis zu sprechen. Der Meldepflichtige ist allein aufgrund der §§ 33 ff. WpHG gehalten, eine Mitteilung gegenüber der BaFin abzugeben, welche diese aufgrund ihrer Funktion als Finanzdienstleistungsaufsicht entgegennimmt.[545] Sie hat diese Mitteilungen zu überprüfen und im Falle der Nichtbeachtung der Meldepflichten auch Sanktionen auszusprechen (vgl. §§ 6 Abs. 2 S. 1 und Abs. 14, 33 Abs. S. 1, 40 Abs. 2, 42, 45 sowie 120 WpHG).

Nicht ganz so eindeutig liegt der Fall der Mitteilungspflicht gegenüber dem Emittenten, also der Gesellschaft. Ein Über-/Unterordnungsverhältnis mag hier auf den ersten Blick nicht ersichtlich sein. Gesellschaft und Meldepflichtiger sind nach dem Wortlaut des § 33 WpHG keinem Rangverhältnis unterworfen. Jedoch ist der aufsichtsrechtlich geprägte Charakter der Mitteilungspflichten in diesem Verhältnis nicht außer Acht zu lassen. Auch die Einhaltung der Mitteilungspflicht gegenüber dem Emittenten unterliegt der Aufsicht der BaFin (§ 6 Abs. 2 S. 1 und Abs. 14 WpHG). Die Tatsache, dass der Meldepflichtige die Mitteilung auch gegenüber dem Emittenten abzugeben hat, führt nicht zu einer Verdrängung des aufsichtsrechtlichen Bezugs der Mitteilungspflichten hin zu einem privatrechtlichen Gleichordnungsverhältnis. Mithin sind die Meldepflichten nach dem WpHG der Subordinationstheorie folgend als öffentlich-rechtlich einzustufen.

bb) Interessentheorie

Nach der Interessentheorie sind Rechtssätze dem öffentlichen Recht zuzuordnen, wenn sie dem öffentlichen Interesse dienen, während dem Individualinteresse dienende Normen als Privatrecht gelten.[546]

Die Mitteilungspflichten dienen, wie bereits angesprochen wurde, primär der Funktionsfähigkeit des Kapitalmarkts und der Bildung von Vertrauen bei

---

544 Vgl. *Peine/Siegel*, Allgemeines Verwaltungsrecht, 13. Aufl. (2020), § 3 II 2, Rn. 33.

545 Die BaFin handelt als Kapitalmarktaufsichtsbehörde in der Rechtsform einer bundesunmittelbaren, rechtsfähigen Anstalt des öffentlichen Rechts gemäß § 1 Abs. 1 FinDAG.

546 Vgl. *Peine/Siegel*, Allgemeines Verwaltungsrecht, 13. Aufl. (2020), § 3 II 2, Rn. 32.

den Marktteilnehmern. Dies soll durch staatlich regulierte Publizitätspflichten gewährleistet werden, die einer effizienten Aufsicht unterliegen. Die Mitteilungspflicht gegenüber dem Emittenten dient nicht zuerst dem Informationsinteresse der Gesellschaft betreffend ihre Aktionärsstruktur, sondern der Funktionsfähigkeit des Kapitalmarkts. Dies ist auch der Grund für die Wandlung der Schutzrichtung der Meldepflichten seit ihrer Einführung im Aktiengesetz des Jahres 1965. Waren die Meldepflichten ursprünglich gesellschaftsrechtlich geprägt gewesen, weisen sie nunmehr primär eine kapitalmarktschützende Funktion auf. Dieser Wandel der Schutzrichtung wurde bereits im Rahmen der historischen Herleitung der Meldepflichten des WpHG eingehend dargestellt. Auch nach der Interessentheorie sind die Meldepflichten des WpHG daher als öffentlich-rechtlicher Natur einzustufen. Die den Meldepflichten (noch) zugesprochene gesellschaftsrechtliche Dimension vermag an dieser Einordnung aufgrund ihres stetigen Bedeutungsverlustes nichts zu ändern.

cc) (Modifizierte) Subjektstheorie

Die (modifizierte) Subjektstheorie geht von dem Grundgedanken aus, dass Rechtssätze, die allein einen Träger hoheitlicher Gewalt berechtigen oder verpflichten, dem Öffentlichen Recht zuzuordnen sind, wobei es darauf ankommt, ob der Hoheitsträger gerade in seiner Eigenschaft als Träger hoheitlicher Gewalt berechtigt oder verpflichtet ist.[547] Das Öffentliche Recht berechtigt und verpflichtet dabei den Hoheitsträger, seine Befugnisse gegenüber dem Einzelnen einseitig durchzusetzen.[548]

Der Gesetzgeber hat die Meldepflichten, wie bereits dargestellt, zunächst ins Aktiengesetz des Jahres 1965 aufgenommen und dann 1995 in Umsetzung der europarechtlichen Vorgaben der Transparenzrichtlinie I im Wege des Zweiten Finanzmarktförderungsgesetzes ins WpHG übertragen und weiterentwickelt. Er ist dabei zunächst von der Prämisse ausgegangen, dass es den Aktionären und Gläubigern einer Gesellschaft zustehe, über die Aktionärsstruktur der Gesellschaft informiert zu sein.[549] Damit einher ging auch der Wunsch nach der Schaffung eines effektiven Konzerneingangsschutzes.[550] Dieser Gedanke trat bei der Aufnahme der kapitalmarktrechtlichen Meldepflichten ins WpHG und den nachfolgenden Novellierungen mehr und mehr in den Hintergrund, ohne gänzlich an Bedeutung zu verlieren. Dieser Informationsbeziehung des Aktionärs zu seiner Gesellschaft kann durchaus privatrechtlicher Charakter zugesprochen werden. Es ist hingegen nicht von der Hand zu weisen, dass die Meldepflichten – in

547 Vgl. *Peine/Siegel*, Allgemeines Verwaltungsrecht, 13. Aufl. (2020), § 3 II 2, Rn. 34.

548 Vgl. *Peine/Siegel*, Allgemeines Verwaltungsrecht, 13. Aufl. (2020), § 3 II 2, Rn. 35.

549 Vgl. *Veil*, in: Schmidt/Lutter, AktG, Bd. I, 3. Aufl. (2015), § 20, Rn. 3; *Witt*, Übernahmen von Aktiengesellschaften (1998), S. 5 ff.

550 Vgl. *Veil*, in: Schmidt/Lutter, AktG, Bd. I, 3. Aufl. (2015), § 20, Rn. 3; *Witt*, Übernahmen von Aktiengesellschaften (1998), S. 5 ff.

nunmehr weit überwiegendem Maße – der Sicherung der Funktionsfähigkeit des Kapitalmarkts und des Vertrauens der Anleger dienen. Dafür spricht auch die Beseitigung des weitgehenden Gleichlaufs von aktienrechtlichen und kapitalmarktrechtlichen Mitteilungspflichten durch das TUG im Jahre 2007. Die Kenntnis des Aktionärs und der Gesellschaft von der Aktionärsstruktur der Gesellschaft ist dabei jedoch nur ein Teilaspekt der ineinandergreifenden Regelungsmechanismen der Beteiligungspublizität. Die Funktionsfähigkeit des Kapitalmarkts hängt von der Beseitigung von Informationsasymmetrien bzw. -lücken und der damit ermöglichten transparenten und fairen Preisbildung ab. Dies sind die bereits dargestellten wesentlichen Kernaspekte der kapitalmarktrechtlichen Vorschriften zur Beteiligungstransparenz des WpHG. Die Bereitstellung der für den Kapitalmarkt wesentlichen Information wird dem Inhaber der Stimmrechte im Wege eines staatlichen Gebots aufgetragen, indem dieser die Aktiengesellschaft und die BaFin bei Erreichen bestimmter Beteiligungsschwellen über dessen Stimmrechtspositionen informieren muss. Zudem werden diese Informationen im Nachgang veröffentlicht. Es ist ein aufsichtsrechtliches Verfahren, dessen Nichtbeachtung staatliche Sanktionen nach sich zieht. Die BaFin überwacht nicht nur die Einhaltung der ihr gegenüber, sondern auch der gegenüber dem Emittenten zu erfüllenden Mitteilungspflichten. Dies ist ein deutliches Zeichen für den öffentlich-rechtlichen Charakter der §§ 33 ff. WpHG.[551] Die BaFin ist mithin als Hoheitsträger einseitig berechtigt sowie verpflichtet, über die Einhaltung der Mitteilungspflichten zu wachen. All' dies spricht auch aus Sicht der (modifizierten) Subjektstheorie für den öffentlich-rechtlichen Charakter der Meldepflichten des WpHG.

dd) Ergebnis

Unter Zugrundelegung aller drei wesentlichen Abgrenzungstheorien sind die Meldepflichten des WpHG als öffentlich-rechtliche Rechtssätze zu qualifizieren.

Der These einer etwaigen Doppelnatur der Meldepflichten kann insoweit nicht gefolgt werden. Der Verweis auf die Rechtshistorie der §§ 20 ff. AktG in Bezug zu den Meldepflichten des WpHG sowie auf den Auskunftsanspruch des Emittenten aus § 42 WpHG sind keine überzeugenden Argumente für eine Doppelnatur der Meldepflichten. Die §§ 20 ff. AktG bestehen weiterhin als eigenständige Meldepflichten neben denjenigen des WpHG. §§ 20 Abs. 8 und 21 Abs. 5 AktG normieren, dass die aktienrechtlichen Meldepflichten für Emittenten im Sinne des § 33 Abs. 4 WpHG keine Geltung beanspruchen. Zudem ist der Adressatenkreis nach den §§ 33 ff. WpHG weit größer als derjenige der §§ 20 ff. AktG; denn natürliche oder juristische Personen, die nicht als Unternehmen zu qualifizieren sind, unterliegen nach §§ 20 ff. AktG keiner Meldepflicht. Ebenso sind die Meldeschwellen der §§ 33 ff. WpHG zahlreicher, da § 20 AktG lediglich zwei Meldeschwellen (25 %

551 So auch BGH, NZG 2013, S. 1226 (1228, dort Rn. 19); *Segna*, ZGR 2015, S. 84 (92).

sowie 50 %) kennt. Auch knüpfen die §§ 33 ff. WpHG an die Stimmrechtsanteile an, während die §§ 20 ff. AktG die Kapitalanteile als Anknüpfungspunkt für eine Mitteilungspflicht statuieren. Dies zeigt deutlich die unterschiedliche Stoßrichtung dieser Meldepflichten.

Allein aus dem Umstand einer Verpflichtung auch gegenüber der Gesellschaft eine Doppelnatur der Meldepflichten nach WpHG abzuleiten und daraus eine auch zivilrechtliche Rechtsnatur zu folgern, erscheint unter einem weiteren Gesichtspunkt fragwürdig. Die Bejahung einer Doppelnatur der Meldepflichten des WpHG liefe auf eine nicht haltbare Differenzierung zwischen den gegenüber der BaFin und den gegenüber dem Emittenten bestehenden Meldepflichten hinaus. Aus Sicht der Einheit der Rechtsordnung muss der damit einhergehenden Möglichkeit unterschiedlicher Anwendungsbereiche der Meldepflichten nach WpHG aber widersprochen werden. Der Hinweis, dass die Gefahr differierender Anwendungsbereiche durch ein Gebot einheitlicher Auslegung eingefangen werden könne,[552] vermag dabei nicht zu überzeugen. Den Meldepflichten des WpHG kann schon hinsichtlich ihrer Rechtsnatur keine unterschiedliche Bedeutung respektive Reichweite zukommen, soweit es um die Mitteilung gegenüber der BaFin oder der Gesellschaft geht. Auch der Verweis auf § 42 WpHG vermag keine andere Sichtweise zu begründen. § 42 WpHG dient als Missbrauchskontrolle zur Vermeidung der Aufrechterhaltung falscher Mitteilungen und damit zur Verhinderung einer anhaltenden Fehlinformation des Kapitalmarkts sowie der Gesellschaft.[553] Allein aus dem Umstand einer möglichen Pflicht zum Nachweis von Beteiligungen gegenüber der Gesellschaft kann jedenfalls nicht auf eine zivilrechtliche Natur der Meldepflichten der §§ 33 ff. WpHG geschlossen werden. Diese Sichtweise missachtet den übergeordneten kapitalmarktrechtlichen Schutzgedanken des § 42 WpHG und der Meldepflichten nach WpHG im Ganzen. Die Meldepflichten dienen der Funktionsfähigkeit und Integrität des Kapitalmarkts. Die Durchsetzung der damit verbundenen Pflichten obliegt einer staatlichen Aufsichtsbehörde und nicht dem Emittenten oder den Aktionären.

2. Auslegungsmethodik

Auch hinsichtlich der Auslegung der §§ 33 ff. WpHG zeigt sich kein einheitliches Bild. „Auslegen" meint anhand des Normtextes die Bedeutung eines Textes herauszuarbeiten.[554] Beschrieben wird ein vermittelndes Tun, durch das sich der Auslegende den Sinn eines Textes, der ihm problematisch erscheint, erschließt.[555]

---

552 *U. H. Schneider*, in: Assmann/ders./Mülbert, WpHG, 7. Aufl. (2019), Vor § 33, Rn. 47. Zum alten Recht: *Zimmermann*, in: Fuchs, WpHG, 2. Aufl. (2016), Vor §§ 21–30, Rn. 3; *Schwark*, in: ders./Zimmer, KMRK, 4. Aufl. (2010), Vor § 21 WpHG, Rn. 13.

553 *U. H. Schneider*, in: Assmann/ders./Mülbert, WpHG, 7. Aufl. (2019), § 42, Rn. 1.

554 *Rüthers/Fischer/Birk*, Rechtstheorie, 11. Aufl. (2020), S. 444.

555 *Larenz/Canaris*, Methodenlehre der Rechtswissenschaft, 3. Aufl. (1995), S. 133.

Das Ziel der Auslegung ist damit die Ermittlung des Sinns einer Rechtsnorm zum Zweck ihrer Anwendung auf konkrete Sachverhalte.[556] Soweit ersichtlich ist allen Darstellungen gemein, dass die Auslegung der §§ 33 ff. WpHG in ihrem Ausgangspunkt der bewährten juristischen Auslegungsmethodik nach dem Wortsinn, der Systematik, der Entstehungsgeschichte sowie dem Zweck (der Teleologie) der Norm zu folgen hat.[557] Dieser Kanon der Rechtsanwendung im Wege der Auslegung von Normen ist seit den Zeiten *Friedrich Carl von Savignys*[558] gültig und anerkannt.[559] Dieser Auslegungskanon soll als Vorüberlegung zur Auslegung der §§ 33 ff. WpHG zunächst in seinen Grundzügen dargestellt werden.

a) Wortsinn

Die Auslegung einer Norm beginnt im Allgemeinen mit der Ermittlung ihres Wortsinns[560] anhand des Sprachgebrauchs der Sprachgemeinschaft sowie der Sprachregelung des Gesetzgebers.[561] Es erfolgt also eine Erforschung des

---

556 *Kertai*, JuS 2011, S. 976 (978).

557 *U. H. Schneider*, in: Assmann/ders./Mülbert, WpHG, 7. Aufl. (2019), Vor § 33, Rn. 39 ff.; *Fuchs*, in: ders., WpHG, 2. Aufl. (2016), Einl., Rn. 105; *Zimmermann*, in: Fuchs, WpHG, 2. Aufl. (2016), Vor §§ 21–30, Rn. 23; *Veil*, in: Schmidt/Lutter, AktG, Bd. 1, 3. Aufl. (2015), Anh. § 22: Vor §§ 21 ff. WpHG, Rn. 7 ff.; *Hirte*, in: Kölner Kommentar WpHG, 2. Aufl. (2014), § 21, Rn. 7 ff.; *Koppensteiner*, in: Kölner Kommentar AktG, Band 6, 3. Aufl. (2004), Anh. § 22 AktG §§ 21 ff. WpHG, Rn. 7 ff.; *Cahn*, AG 1997, S. 502 ff. (503); *Wilke*, Grenzen einheitlicher Rechtsanwendung (2010), S. 112 ff.; *Holfter*, Öffentliche Übernahme durch Anschleichen (2012), S. 176 ff.; *Lieske*, Rechtsverlust (2011), S. 48 ff.; *Hammer-Strnad*, Das Bestimmtheitsgebot (1999), S. 19; *Hildner*, Kapitalmarktrechtliche Beteiligungstransparenz (2002), S. 48 f.; *Rüthers*, JuS 2011, S. 865 (867 f.).

558 *von Savigny*, System des heutigen Römischen Rechts (1840), Erstes Buch, Kapitel IV, § 33, S. 212 ff., wobei *von Savigny* eine Trennung zwischen der Auslegung „gesunder" und „mangelhafter Gesetze" unternahm (S. 222 ff.), aus der sich Abweichungen zum hier dargestellten Kanon ergeben können.

559 *Larenz/Canaris*, Methodenlehre der Rechtswissenschaft, 3. Aufl. (1995), S. 141 ff.; *Zippelius*, Juristische Methodenlehre, 11. Aufl. (2012), S. 35 ff.; *Bydlinski*, Juristische Methodenlehre und Rechtsbegriff, 2. Aufl. (1991), S. 428 ff.; *Bydlinski*, Grundzüge der juristischen Methodenlehre, 3. Aufl. (2018), S. 27 ff.; *Rüthers/Fischer/Birk*, Rechtstheorie, 11. Aufl. (2020), S. 430 ff. Seit den Beiträgen *von Savignys* ist die Methodendiskussion alles andere als zur Ruhe gekommen (vgl. nur *Rüthers/Fischer/Birk*, Rechtstheorie, 11. Aufl. (2020), S. 435 m. w. N.).

560 Da dem einzelnen Buchstaben oder Wort eine materiell-rechtliche Aussage fehlt, ist der Terminus „Wortlaut" insoweit missverständlich und vielmehr nach dem Wortsinn zu fragen; vgl. *Wilke*, Grenzen einheitlicher Rechtsanwendung (2010), S. 113.

561 *Larenz/Canaris*, Methodenlehre der Rechtswissenschaft, 3. Aufl. (1995), S. 141; *Rüthers/Fischer/Birk*, Rechtstheorie, 11. Aufl. (2020), S. 453; *Zippelius*, Juristische Methodenlehre, 11. Aufl. (2012), S. 35.

Bedeutungsumfangs der Gesetzesworte. Bereits aus den Gesetzesworten lassen sich Rückschlüsse auf die Regelungsabsicht des Gesetzgebers und den Regelungszweck der Einzelnorm ziehen.[562] Dennoch ist ein strikter „Buchstabengehorsam“[563] nicht gefordert.[564] Die Ermittlung des Wortsinns einer Norm ist nur eines von mehreren Hilfsmitteln zur Erforschung des wirklichen gesetzgeberischen Regelungswillens.[565] Die vorläufige Wortlautinterpretation ist daher anhand einer systematischen und historischen Interpretation auf ihre Übereinstimmung mit dem wirklichen Willen des Gesetzgebers zu überprüfen.[566] Die Auslegung ist hingegen auf den möglichen Wortsinn beschränkt, sofern es sich bei der auszulegenden Norm um ein Strafgesetz (Art. 103 Abs. 2 GG i. V. m. § 1 StGB) oder eine mit Bußgeld belegte Ordnungswidrigkeit (Art. 103 Abs. 2 GG i. V. m. §§ 3, 1 OWiG) handelt. Der in Art. 103 Abs. 2 GG niedergelegte Grundsatz *nulla poena sine lege*[567] – keine Strafe ohne Gesetz – begrenzt also den Rechtsanwender hinsichtlich der Möglichkeiten der Rechtsfindung auf solche, die im Wortlaut der Norm Widerhall finden.

Der Gesetzgeber macht bei der Formulierung von Gesetzen sowohl von sprachlichen Konventionen als auch von Begriffsdefinitionen Gebrauch. Er bedient sich dabei in den meisten Fällen des einfachen, eingespielten Sprachgebrauchs der Sprachgemeinschaft; denn die Bedeutung eines Wortes bestimmt sich danach, wie es in der Sprachgemeinschaft verstanden wird.[568] Richtet sich die Norm vor allem an bestimmte Bevölkerungsgruppen, wird auch deren speziellerer Sprachgebrauch verwendet und hat bei der Auslegung Vorrang (beispielsweise Sprachgebrauch der Kaufleute oder Jäger).[569] Darüber hinaus bedient sich der Gesetzgeber eines juristischen Sprachgebrauchs, um umständlichen Erläuterungen aus dem Weg zu gehen, jedoch nicht ohne ein Mindestmaß an Allgemeinverständlichkeit zu wahren.[570] In seltenen Fällen verwendet der Gesetzgeber eigene Begriffsdefinitionen (sog. Legaldefinitionen) um dem Rechtsanwender sein Verständnis eines Begriffs für die Auslegung an die Hand zu geben.[571]

---

562 Vgl. *Rüthers/Fischer/Birk*, Rechtstheorie, 11. Aufl. (2020), S. 459.
563 *Rüthers/Fischer/Birk*, Rechtstheorie, 11. Aufl. (2020), S. 455.
564 BVerfGE 34, S. 269 (S. 287): „Der Richter ist nach dem Grundgesetz nicht darauf verwiesen, gesetzgeberische Weisungen in den Grenzen des möglichen Wortsinns auf den Einzelfall anzuwenden.“
565 *Rüthers/Fischer/Birk*, Rechtstheorie, 11. Aufl. (2020), S. 459.
566 *Rüthers/Fischer/Birk*, Rechtstheorie, 11. Aufl. (2020), S. 459.
567 Vgl. *Remmert*, in: Maunz/Dürig, GG-Kommentar, Bd. VI, 90. EL (2020), Art. 103 Abs. 2, Rn. 2.
568 Vgl. *Rüthers/Fischer/Birk*, Rechtstheorie, 11. Aufl. (2020), S. 456; *Zippelius*, Juristische Methodenlehre, 11. Aufl. (2012), S. 35; *Larenz/Canaris*, Methodenlehre der Rechtswissenschaft, 3. Aufl. (1995), S. 142 f.
569 Vgl. *Bydlinski*, Grundzüge der juristischen Methodenlehre, 3. Aufl. (2018), S. 28.
570 *Larenz/Canaris*, Methodenlehre der Rechtswissenschaft, 3. Aufl. (1995), S. 141.
571 Vgl. *Rüthers/Fischer/Birk*, Rechtstheorie, 11. Aufl. (2020), S. 456; *Bydlinski*, Grundzüge der juristischen Methodenlehre, 3. Aufl. (2018), S. 28.

Grundsätzlich ist einer Norm das Sprachverständnis zum Zeitpunkt ihrer Entstehung zugrunde zu legen. Weicht das heutige Sprachverständnis hingegen wesentlich von dem des Entstehungszeitpunkts der Norm ab, so ist der Rechtsanwender gehalten, einen sinnvollen und vernünftigen Regelungsinhalt unter Zugrundelegung der Zielsetzung des historischen Gesetzgebers zu finden.[572]

Die Beantwortung der Frage, ob eine Norm restriktiv oder extensiv auszulegen ist, folgt nicht allein aus ihrem Wortsinn, sondern es sind weitere Schritte der Auslegung notwendig.[573]

b) Systematik

Im Rahmen der systematischen Auslegung betrachtet man den zu untersuchenden Rechtssatz anhand seiner Stellung im System der geltenden Rechtsordnung. Von besonderer Bedeutung für die Ermittlung des mit einer Norm verfolgten Gesetzesziels sind dabei die Verortung der Norm im Rahmen des Gesetzes sowie der im Rahmen dieses Gesetzes verwendete Sprachgebrauch. Einem Begriff können unter Beachtung sowohl eines besonderen als auch des allgemeinen Sprachgebrauchs mehrere Bedeutungen zukommen. Welche dieser Bedeutungsvarianten dem Willen des Gesetzgebers entspricht, lässt sich vielfach nur anhand des Bedeutungszusammenhangs des Gesetzes im systematischen Kontext ermitteln.[574] D. h. man muss sich vergegenwärtigen, in welchem Verhältnis dieses Gesetz zu dem ganzen Rechtssystem steht und wie es in dieses System wirksam eingreifen soll.[575] Denn die Bedeutung eines Ausdrucks ergibt sich zumeist, wenn auch nicht zwingend, aus dem Zusammenhang, in dem er gebraucht wird.[576] Betrachtet man einen unvollständigen oder auf einen anderen Rechtssatz verweisenden einzelnen Rechtssatz, so lässt sich regelmäßig erst in der Zusammenschau mit anderen Rechtssätzen eine vollständige und sinnvolle Regelung erkennen, da diese Einzelnormen in einem gedanklichen Zusammenhang zueinander stehen und als Teile einer (Gesamt)Regelung zu verstehen sind.[577]

Zum Teil wird hinsichtlich des Begriffs des Systems, aufbauend auf den grundlegenden Aussagen *Hecks*,[578] von einem „äußeren" und einem „inneren"

---

572 So im Ergebnis wohl: *Kramer*, Juristische Methodenlehre, 6. Aufl. (2019), S. 98 f., S. 154 ff.; abweichend wohl *Rüthers/Fischer/Birk*, Rechtstheorie, 11. Aufl. (2020), S. 458; sowie auch *Larenz/Canaris*, Methodenlehre der Rechtswissenschaft, 3. Aufl. (1995), S. 144 f.

573 *Kramer*, Juristische Methodenlehre, 6. Aufl. (2019), S. 94.

574 Vgl. *Larenz/Canaris*, Methodenlehre der Rechtswissenschaft, 3. Aufl. (1995), S. 145.

575 *von Savigny*, System des heutigen Römischen Rechts (1840), Erstes Buch, Kapitel IV, § 33, S. 214.

576 Vgl. *Larenz/Canaris*, Methodenlehre der Rechtswissenschaft, 3. Aufl. (1995), S. 145.

577 Vgl. *Zippelius*, Juristische Methodenlehre, 11. Aufl. (2012), S. 36; *Larenz/Canaris*, Methodenlehre der Rechtswissenschaft, 3. Aufl. (1995), S. 146.

578 *Heck*, Begriffsbildung und Interessenjurisprudenz (1932), S. 139 f., 149 ff.

Rechtssystem gesprochen.[579] Das äußere System beschreibt dabei die Einteilung der Rechtsordnung nach formalen Gesichtspunkten oder auch Disziplinen (beispielsweise die Einteilung in Strafrecht, Öffentliches Recht und Zivilrecht oder die Unterteilung des Zivilrechts in Sachenrecht, Erbrecht, etc.).[580] Das innere System (auch als innere Ordnung der Rechtsnormen bezeichnet) beschreibt das Ziel eines widerspruchsfreien Wertgefüges.[581] Dies bedeutet, dass innere – logische – Widersprüche vermieden werden und Wertungskonflikte einen möglichst schonenden Ausgleich erfahren sollen.[582] Hierzu wird ein Wertesystem, eine Rangordnung der Normen, gedanklich vorausgesetzt, welches auch als inneres System abgestufter Wertentscheidungen verstanden wird.[583]

Aus diesem Wertesystem wird von vielen auf den Grundsatz der Einheit der Rechtsordnung geschlossen.[584] Die Rechtsordnung wird demnach als eine Einheit angesehen, welche offensichtliche Wertungswidersprüche verbietet.[585] Für die systematische Auslegung bedeutet dies, dass unter mehreren Möglichkeiten der Auslegung des Wortsinns einer Regelung diejenige zu wählen ist, welche die materielle Übereinstimmung mit einer anderen Regelung wahrt.[586] Dabei ist jedoch zu beachten, dass es sich hinsichtlich der Rechtsordnung in ihrer Gesamtheit um ein System des Ausgleichs verschiedener Interessen handelt, die nicht immer in Einklang zu bringen sind. Die Einheit dieser Rechtsordnung kann daher nur als „ideal gedachtes“ Leitprinzip der Gesetzesinterpretation verstanden werden.[587]

Bei der systematischen Auslegung ist daher zunächst gedanklich davon auszugehen, dass die in einer Vorschrift verwendeten Begriffe in einem einheitlichen systematischen Zusammenhang mit dem gesamten Normenkomplex stehen, dem die Vorschrift zugeordnet ist, und dass bei der Schaffung des Normenkomplexes ein einheitliches Wertungskonzept zugrunde gelegt wurde.[588] Die zu betrachtende Vorschrift ist unter Beachtung dieses systematischen Zusammenhangs einzuordnen und auszulegen. Dabei sind Wertungswidersprüche zu vermeiden,

---

579 Vgl. *Rüthers/Fischer/Birk*, Rechtstheorie, 11. Aufl. (2020), S. 92 ff., S. 462 f. m. w. N.; *Larenz/Canaris*, Methodenlehre der Rechtswissenschaft, 3. Aufl. (1995), S. 263 ff., 302 ff.

580 Vgl. *Rüthers/Fischer/Birk*, Rechtstheorie, 11. Aufl. (2020), S. 93, S. 462.

581 Vgl. *Rüthers/Fischer/Birk*, Rechtstheorie, 11. Aufl. (2020), S. 462.

582 *Zippelius*, Juristische Methodenlehre, 11. Aufl. (2012), S. 36.

583 Vgl. BVerfG, Urteil vom 15. Januar 1958 – 1 BvR 400/51 – „Lüth-Urteil“ = BVerfGE 7, S. 198 (207).

584 Vgl. für viele BVerfGE 7, S. 198; ähnlich *von Bülow/ Petersen*, NZG 2009, S. 1373 (1376); *Zippelius*, Juristische Methodenlehre, 11. Aufl. (2012), S. 36; *Rüthers/Fischer/ Birk*, Rechtstheorie, 11. Aufl. (2020), S. 97.

585 Vgl. *Rüthers/Fischer/Birk*, Rechtstheorie, 11. Aufl. (2020), S. 97, S. 179.

586 *Larenz/Canaris*, Methodenlehre der Rechtswissenschaft, 3. Aufl. (1995), S. 148.

587 *Rüthers/Fischer/Birk*, Rechtstheorie, 11. Aufl. (2020), S. 179.

588 So auch *Rüthers/Fischer/Birk*, Rechtstheorie, 11. Aufl. (2020), S. 485.

weil eine Regelung nicht ohne Beachtung ihres normativen Kontextes interpretiert werden kann. Daraus folgt, dass eine Norm untergeordneten Ranges so zu interpretieren ist, dass sie im Einklang mit Normen höheren Ranges steht (Hierarchieargument).[589] Sollte eine Norm systemfremd erscheinen, ist sie restriktiv auszulegen und eine analoge Anwendung nicht in Betracht zu ziehen.[590]

Das Gesagte kann zusammengefasst treffend als systemkonforme Auslegung bezeichnet werden. Es gibt Sonderformen dieser systemkonformen Auslegung, beispielsweise die verfassungs- und die richtlinienkonforme Auslegung, denen zum Teil differierende Prämissen zugrundezulegen sind.[591] Zum Teil werden hierin auch eigenständige, übergeordnete Auslegungsformen gesehen, die losgelöst vom hergebrachten Auslegungskanon Geltung beanspruchen.[592]

aa) Verfassungskonforme Auslegung

Eine besondere Form der dargestellten systematischen Hierarchieordnung stellt die sog. verfassungskonforme Auslegung dar. Sie drückt aus, dass den in der Verfassung und insbesondere in den Grundrechten niedergelegten Prinzipien gesteigerte Bedeutung bei der Auslegung zukommt.[593] Die verfassungskonforme Auslegung folgt dem Grundgedanken, dass die Rechtsordnung und das Normensystem hierarchisch gegliedert sind.[594] Dieser hierarchischen Ordnung wohnt ein einfaches Prinzip inne: Verstößt eine einfachgesetzliche Norm gegen das allen anderen Normen im Range vorgehende Verfassungsrecht,[595] so ist sie ungültig.[596] Da diesem Prinzip in seiner Einfachheit kaum ausgleichende Wirkung beizumessen ist, kann es letztlich nur als ultima ratio angewendet werden. Eine mildere Ausprägung dieses hierarchischen Grundgedankens stellt die verfassungskonforme Auslegung dar. Sie kommt dann zum Tragen, wenn eine Norm zwar in der Weise interpretiert werden kann, dass sie gegen die Verfassung verstieße, gleichzeitig aber auch eine Auslegung möglich ist, welche die Verfassung (noch) wahrt. In diesem Fall soll die Norm im Umfang ihrer Verfassungstreue erhalten bleiben.[597] Das BVerfG sieht die Nichtigkeit einfachen Rechts nur dann als

---

589 Vgl. *Bydlinski*, Grundzüge der juristischen Methodenlehre, 3. Aufl. (2018), S. 55 f.
590 *Kramer*, Juristische Methodenlehre, 6. Aufl. (2019), S. 116.
591 Vgl. *Rüthers/Fischer/Birk*, Rechtstheorie, 11. Aufl. (2020), S. 485.
592 Vgl. Nachweise bei *Wilke*, Grenzen einheitlicher Rechtsanwendung (2010), S. 103.
593 Vgl. *Larenz/Canaris*, Methodenlehre der Rechtswissenschaft, 3. Aufl. (1995), S. 159.
594 Vgl. *Larenz/Canaris*, Methodenlehre der Rechtswissenschaft, 3. Aufl. (1995), S. 160; *Rüthers/Fischer/Birk*, Rechtstheorie, 11. Aufl. (2020), S. 475.
595 Hinsichtlich der Frage des Rangverhältnisses von Unionsrecht und Verfassungsrecht siehe weiter unten Seite 146, dort Gliederungspunkt cc).
596 Vgl. *Larenz/Canaris*, Methodenlehre der Rechtswissenschaft, 3. Aufl. (1995), S. 160.
597 So auch *Lüdemann*, JuS 2004, S. 27 (28 f.).

unausweichlich an, wenn die einfachgesetzliche Norm keiner verfassungskonformen Auslegung zugänglich ist.[598]

Voraussetzung für den Erhalt der Norm im Wege verfassungskonformer Auslegung ist, dass die Vorschrift unterschiedlichen Interpretationen zugänglich ist, von denen zumindest eine als mit der Verfassung vereinbar angesehen werden kann, wobei das BVerfG sowohl den Wortsinn als auch den Zweck des Gesetzes in die Betrachtung einbezieht. Das BVerfG macht insoweit eine – nicht unumstrittene[599] – Ausnahme von seinem Dogma, dass es nicht die Anwendung einfachen Rechts überprüft und sich damit nicht als „Superrevisionsinstanz" sieht.[600] Denn es entscheidet in einem solchen Fall nicht nur über das Vorliegen oder Nichtvorliegen eines Verstoßes gegen spezifisches Verfassungsrecht, sondern seine Auffassung hinsichtlich der Auslegung einfachen Rechts ist insoweit maßgeblich. Daraus folgt auch, dass der verfassungskonformen Auslegung Vorrang vor allen anderen Auslegungsmethoden zukommt.[601] Führt eine verfassungskonforme Auslegung hingegen zu einer Interpretation *contra legem*, so hat dies wiederum die Nichtigkeit der einfachgesetzlichen Regelung zur Folge; denn anderenfalls würde die einfachgesetzliche Norm in ihrem Kern verändert.[602]

Als Begründung für den mit der verfassungskonformen Auslegung verfolgten Normerhaltungsgrundsatz wird die Gewaltenteilung in unserer freiheitlich demokratischen Grundordnung angeführt: Der Respekt vor dem Gesetzgeber gebiete es, dessen legislative Grundentscheidung weitestgehend aufrechtzuerhalten.[603] Es gelte zwischen den Gewalten ein „Übermaßverbot",[604] und dieses verbiete es, eine einfachgesetzliche Norm für nichtig zu erklären, wenn die Vorschrift einer verfassungskonformen Deutung zugänglich sei.[605]

Abschließend sei klargestellt, dass die verfassungskonforme Auslegung nicht allein Sache des BVerfG ist. Vielmehr ist jeder Rechtsanwender verpflichtet, diesen Grundgedanken in seiner Arbeit mit dem Gesetz zu berücksichtigen.[606]

---

598 Vgl. nur BVerfGE 2, S. 266 (282); 8, S. 28 (34); 9, S. 194 (197 ff.); 12, S. 45 (49 ff.); 14, S. 56 (73); 16, S. 306 (329); 88, S. 203 (331 ff.).

599 *Bettermann*, Die verfassungskonforme Auslegung (1986), S. 12 f. der vor allem kritisiert, dass das BVerfG auch Fragen der Auslegung einfachen Rechts aufgreift, was aber Aufgabe der Fachgerichte sei.

600 Vgl. nur BVerfGE 18, S. 85 (92 f.); BVerfGE 122, S. 248 (284 f.) m. w. N.

601 Vgl. *Kramer*, Juristische Methodenlehre, 6. Aufl. (2019), S. 117 f.

602 *Kramer*, Juristische Methodenlehre, 6. Aufl. (2019), S. 118 f.; BVerfGE 54, 299: „Nach der Rechtsprechung des Bundesverfassungsgerichts darf im Wege der Auslegung einem nach Wortlaut und Sinn eindeutigen Gesetz nicht ein entgegengesetzter Sinn verliehen, der normative Gehalt nicht grundlegend neu bestimmt, das gesetzgeberische Ziel nicht in einem wesentlichen Punkt verfehlt werden".

603 Vgl. *Lüdemann*, JuS 2004, S. 27 (29).

604 *Zippelius*, Recht und Gerechtigkeit, 2. Aufl. (1996), S. 397.

605 Vgl. *Lüdemann*, JuS 2004, S. 27 (29).

606 So auch *Lüdemann*, JuS 2004, S. 27 (30).

bb) Richtlinienkonforme Auslegung

Die richtlinienkonforme Auslegung[607] ist ein Unterfall der unionsrechtskonformen Auslegung und zudem von der primärrechtskonformen Auslegung, welche ebenfalls einen Unterfall der unionsrechtskonformen Auslegung darstellt, zu unterscheiden.[608]

Die unionsrechtskonforme Auslegung deklariert in erster Linie einen sog. Vorrang des Unionsrechts, der aus Art. 4 Abs. 3 EUV folgt.[609] Danach ist bei einem Konflikt zwischen Unionsrecht und den Rechtsvorschriften eines Mitgliedstaats dem Unionsrecht der Vorrang einzuräumen.[610] Dies gilt selbstverständlich nur, soweit europäisches Primärrecht einen Sachverhalt unmittelbar selbst regelt.[611] Ist dies nicht der Fall, so greift auch der Vorrang des Unionsrechts nicht. Konsequenz des Vorrangs des Unionsrechts ist, dass nationales Recht, welches europäischem Primärrecht widerspricht, nicht anzuwenden ist.[612] Aus dem Anwendungsvorrang des Unionsrechts folgt also nicht die Nichtigkeit der entgegenstehenden nationalen Rechtsnorm, sondern nur deren Nichtanwendung. Diese Rechtsfolge kann jedoch nur als ultima ratio herangezogen werden, soweit die nationale Vorschrift hinsichtlich ihres Wortlauts oder des verfolgten Zwecks eindeutig gegen europäisches Primärrecht verstößt.[613] Anderenfalls ist aufgrund der stets zu beachtenden Souveränität der Mitgliedstaaten die nationale Norm unionsrechtskonform auszulegen.[614]

Die unionsrechtskonforme Auslegung[615] entspricht in wesentlichen Zügen der verfassungskonformen Auslegung im nationalen Recht, jedoch auf Ebene des Unionsrechts.[616] Sie ist auf zwei Stufen zu beachten. Zum einen sind europäische

---

607 Vereinzelt wird der richtlinienkonformen Auslegung ein Sonderstatus in Bezug auf ihre methodische Stellung im Rahmen der Auslegung zugesprochen. Sie wird als eigenständige Auslegungsmethode betrachtet, welche den nationalen Auslegungsmethoden vorgehe (vgl. Nachweise bei *Wilke*, Grenzen einheitlicher Rechtsanwendung (2010), S. 103 ff., der eine solche Sonderstellung zu Recht verneint). Im Folgenden wird dieser Ansicht nicht gefolgt. Eine Richtlinie wirkt nicht unmittelbar in das nationale Recht ein, sodass auch deren Interpretation kein absoluter Geltungsvorrang vor den nationalen Auslegungsmethoden einzuräumen ist. Vielmehr wird sie im Folgenden als Teil der systematischen Interpretation begriffen und dargestellt.

608 *Rüthers/Fischer/Birk*, Rechtstheorie, 11. Aufl. (2020), S. 477 f.

609 Vgl. *Schwintowski*, Juristische Methodenlehre (2005), S. 73.

610 EuGH, Urteil vom 15. Juli 1964, Rs. 6/64, Slg. 1964, 1251 (1269 ff.) – „Costa/E.N.E.L.“; EuGH, Urteil vom 13. Februar 1969, Rs. 14/68, Slg. 1969, 1 (14) – „Walt-Wilhelm“.

611 *Schwintowski*, Juristische Methodenlehre (2005), S. 73.

612 Vgl. *Rüthers/Fischer/Birk*, Rechtstheorie, 11. Aufl. (2020), S. 477 f.

613 Vgl. *Rüthers/Fischer/Birk*, Rechtstheorie, 11. Aufl. (2020), S. 477 f.

614 *Rüthers/Fischer/Birk*, Rechtstheorie, 11. Aufl. (2020), S. 477 in Bezug auf EuGH vom 4. Februar 1988 („Murphy-Urteil“), Slg. 1988, S. 673 Rn. 11.

615 Vgl. *Rüthers/Fischer/Birk*, Rechtstheorie, 11. Aufl. (2020), S. 477.

616 Vgl. *Rüthers/Fischer/Birk*, Rechtstheorie, 11. Aufl. (2020), S. 477.

Sekundärrechtsakte (Verordnungen, Richtlinien und Beschlüsse) so auszulegen, dass sie im Einklang mit den Vorgaben und Wertungen des europäischen Primärrechts stehen. Zum anderen sind nationale Rechtssätze der Mitgliedstaaten im Zweifel im Lichte primären Unionsrechts und unmittelbar geltender EU-Verordnungen auszulegen.[617]

Die richtlinienkonforme Auslegung ist davon, wie bereits angedeutet, zu unterscheiden. Sie ist bei Sachverhalten anzuwenden, in denen eine nicht eindeutig auszulegende mitgliedstaatliche Vorschrift nicht allein auf Entscheidungen des nationalen Gesetzgebers zurückzuführen ist, sondern der Umsetzung einer europäischen Richtlinie dient. Ist eine nationale Norm sowohl Richtlinien verletzend als auch richtlinienkonform interpretierbar, so ist eine Auflösung dieses Konflikts seitens des Rechtsanwenders erforderlich. In solch einem Fall folgt aus der Umsetzungspflicht gemäß § 288 Abs. 3 AEUV, in Verbindung mit der allgemeinen Loyalitätspflicht aus Art. 4 Abs. 3 EUV,[618] die Pflicht zu richtlinienkonformer Auslegung.[619] Wie dargestellt, fußen die Meldepflichten des WpHG weitgehend auf europäischen Vorgaben der Transparenzrichtlinie. Europäische Richtlinien gelten in den Mitgliedstaaten nicht unmittelbar, sondern sie bedürfen einer Transformation in nationales Recht. Die Mitgliedstaaten sind gemäß Art. 288 Abs. 3 AEUV bei der Wahl der Mittel zur Umsetzung der mit der Richtlinie verfolgten europäischen Harmonisierungsziele weitestgehend frei.

In erster Linie geschieht die Umsetzung durch den Erlass nationaler Rechtsvorschriften. Bei der Anwendung dieser Vorschriften ist stets zu beachten, dass auf Richtlinien basierende Umsetzungsakte, wie etwa die Meldepflichten nach WpHG, richtlinienkonform auszulegen sind.[620] Dies bedeutet, dass bei der Auslegung der betreffenden Normen die Zielsetzungen und der Inhalt der zugrundeliegenden Richtlinie zu berücksichtigen sind.[621] Diese Grundsätze sollen zu einer einheitlichen Rechtsanwendung innerhalb der Mitgliedstaaten führen und

---

617 Vgl. *Rüthers/Fischer/Birk*, Rechtstheorie, 11. Aufl. (2020), S. 477.

618 So *Wilke*, Grenzen einheitlicher Rechtsanwendung (2010), S. 100; *Herresthal*, JuS 2014, S. 289 (290).

619 Vgl. *Rüthers/Fischer/Birk*, Rechtstheorie, 11. Aufl. (2020), S. 479.

620 Vgl. EuGH v. 6. Oktober 1982, Rs. 283/81, NJW 1983, S. 1257; *Assmann*, in: ders./Schneider/Mülbert, WpHG, 7. Aufl. (2019), Einl. Rn. 27 m. w. N.; *U. H. Schneider*, in: Assmann/ders./Mülbert, WpHG, 7. Aufl. (2019), Vor § 33, Rn. 45; *Buck-Heeb*, Kapitalmarktrecht, 10. Aufl. (2019), § 1 IV, Rn. 47; *Zimmermann*, in: Fuchs, WpHG, 2. Aufl. (2016), Vor §§ 21–30, Rn. 24; *Everling*, ZGR 1992, S. 376 ff.; *Lutter*, JZ 1992, S. 593 (604); *Kindler*, FS Hopt, S. 2081 (2083); *Koppensteiner*, in: Kölner Kommentar AktG, Band 6, 3. Aufl. (2004), Anh. § 22 AktG §§ 21 ff. WpHG, Rn. 9; *Segna*, ZGR 2015, S. 84 (92); *Wilke*, Grenzen einheitlicher Rechtsanwendung (2010), S. 5; *Brechmann*, Die richtlinienkonforme Auslegung (1994) S. 3 ff.; *Hofmann*, ZIP 2006, S. 2113 (2113); *Kühling*, JuS 2014, S. 481 (481); *Herresthal*, JuS 2014, S. 289 (289); *Hecker*, JuS 2014, S. 385 (385).

621 Vgl. *Buck-Heeb*, Kapitalmarktrecht, 10. Aufl. (2019), § 8 I, Rn. 708.

so dem Durchsetzungsanspruch des europäischen Rechts auch auf Rechtsanwendungsebene Geltung verschaffen. Klarstellend sei darauf hingewiesen, dass Auslegungsgegenstand in diesem Kontext nicht lediglich das Umsetzungsgesetz ist, sondern das gesamte den Regelungsbereich der Richtlinie umfassende nationale Recht.[622] Die richtlinienkonforme Auslegung verpflichtet den Rechtsanwender dabei, den gesamten nationalen Methodenkanon weitest möglich zu nutzen, um ein richtlinienkonformes Ergebnis zu erzielen.[623] Es gilt jedoch zu beachten, dass die Grundsätze der richtlinienkonformen Auslegung erst nach Ablauf der Frist für die Umsetzung einer Richtlinie in mitgliedstaatliches Recht anzuwenden sind, selbst wenn bereits vor diesem Zeitpunkt ein Umsetzungsgesetz besteht.[624] Sie gelten jedenfalls sowohl für Rechtsvorschriften, die vor, als auch für solche, die nach Inkrafttreten der Richtlinie erlassen wurden.[625]

Mithin bleibt festzuhalten, dass die richtlinienkonforme Auslegung immer mehr an Bedeutung gewinnt, da zunehmend europäische Rechtssetzungsakte die nationale Gesetzgebung beeinflussen und damit zu einer Veränderung der nationalen Rechtsanwendungsprozesse durch sich wandelnde Prämissen führen.[626]

Die richtlinienkonforme Auslegung findet indes dort ihre Grenze, wo der Gesetzgeber bewusst den Vorgaben der Richtlinie zuwidergehandelt hat, d. h. dieser Wille dem Gesetz immanent ist. Für eine Auslegung ist dann kein Raum mehr.[627] Dies setzt natürlich voraus, dass dieser Wille noch aktuell ist.

cc) Verhältnis von Unions- und Verfassungsrecht

Das Rangverhältnis zwischen nationalem und europäischem Recht ist bislang nicht vollumfänglich geklärt. Bereits hinsichtlich der Frage, wem die Kompetenz zur Letztentscheidung bei der Auflösung von Konflikten zwischen Unions- und Verfassungsrecht zukommt, existieren unterschiedliche Auffassungen. Da die Meldepflichten nach WpHG vor allem aus der Umsetzung der Transparenzrichtlinie resultieren, kommt dieser Frage entscheidende Bedeutung zu.

---

622 So auch *Rüthers/Fischer/Birk*, Rechtstheorie, 11. Aufl. (2020), S. 480; *Herresthal*, JuS 2014, S. 289 (290); EuGH, Urteil vom 14. Juli 1994, Rs. C-91/92, Slg. 1994, S. I-3325 (Rn. 26) – „Faccini Dori/Recreb“ = BeckRS 2004, S. 77895, Urteil vom 13. November 1990, Rs. C-106/89, Slg. 1990, S. I-4135 (Rn. 8) – „Marleasing“ und Urteil vom 16. Dezember 1993, Rs. C-334/92, Slg. 1993, S. I-6911 (Rn. 20) – „Wagner/Miret“.

623 *Herresthal*, JuS 2014, S. 289 (290).

624 EuGH, Urteil vom 4. Juli 2006, Rs. C-212/04, Slg. 2006, S. I-6057 (Rn. 124) – „Konstantinos/Adeneler“, NJW 2006, S. 2465 (2465); *Herresthal*, JuS 2014, S. 289 (290).

625 EuGH, Urteil vom 14. Juli 1994, Rs. C-91/92, Slg. 1994, S. I-3325 (Rn. 26) – „Faccini Dori/Recreb“, BeckRS 2004, S. 77895.

626 So auch *Wilke*, Grenzen einheitlicher Rechtsanwendung (2010), S. 5; *Kramer*, Juristische Methodenlehre, 6. Aufl. (2019), S. 101; *Rüthers/Fischer/Birk*, Rechtstheorie, 11. Aufl. (2020), S. 485.

627 *Herresthal*, JuS 2014, S. 289 (291).

Zunächst sei Folgendes festgehalten: Bei Verstößen des nationalen Rechts gegen unmittelbar anzuwendendes europäisches Recht (Verträge und Verordnungen) ist die Feststellung der Unanwendbarkeit des nationalen Rechts den Fachgerichten zugeordnet, weil es sowohl an der Möglichkeit der Vorlage an das BVerfG gemäß Art. 100 GG als auch an einer solchen an den EuGH mangelt, denn Letzterer entscheidet nicht über die Vereinbarkeit nationaler Rechtsvorschriften mit Unionsrecht.[628] Dies ist insoweit eindeutig. Auch das Vorabentscheidungsverfahren gemäß Art. 267 AEUV ändert hieran nichts, da der EuGH in diesem Verfahren lediglich über die Auslegung der Verträge der EU oder über die Gültigkeit und die Auslegung der Handlungen der Organe, der Einrichtungen oder sonstigen Stellen der EU entscheidet.

Geht es hingegen um die Frage, wem eine Verwerfungskompetenz hinsichtlich des Unionsrechts zusteht, vertreten der EuGH und das BVerfG teilweise divergierende Ansichten. Da es diesbezüglich an einer ausdrücklichen Regelung in den Verträgen der EU sowie im deutschen Grundgesetz fehlt, sind der EuGH sowie das BVerfG dazu berufen, eine Lösung zu finden.

Während der EuGH die Kompetenz zur Entscheidung dieser Frage allein für sich beansprucht, da das Unionsrecht eine besondere Rechtsnatur genieße, die zu einem absoluten Anwendungsvorrang führe,[629] sieht das BVerfG diese Auffassung nicht als unumstößliches Dogma an. Anders als der EuGH sieht man in Karlsruhe die Grundlage des Anwendungsvorrangs nämlich nicht in der besonderen Rechtsnatur des Unionsrechts, sondern im nationalen Zustimmungsgesetz zu diesem und damit in der verfassungsrechtlichen Ermächtigung.[630] Darin kommt die Sichtweise zum Ausdruck, dass der Anwendungsvorrang nur im Rahmen und damit nicht losgelöst von der verfassungsrechtlichen Ermächtigung Geltung erlangen kann und somit eine Rückkopplung erfährt.

Diese Sichtweise des BVerfG folgt dem Verständnis des Rangverhältnisses von Europarecht und nationalem Recht.[631] Denn trotz der Delegationen hoheitlicher Aufgaben an die supranationale Organisation Europäische Union seitens ihrer Mitgliedstaaten geben diese ihre hoheitliche Souveränität nicht vollständig auf,

---

628 Vgl. *Rüthers/Fischer/Birk*, Rechtstheorie, 11. Aufl. (2020), S. 478.

629 EuGH, Urteil vom 5. Februar 1963, Rs. 26/62, Slg. 1963, S. 1 (25) – „Van Gend & Loos"; EuGH, Urteil vom 15. Juli 1964, Rs. 6/64, Slg. 1964, 1251 (1269 ff.) – „Costa/E.N.E.L." in welchem der EuGH insoweit ausführt, „daß dem vom Vertrag geschaffenen, [...] aus einer autonomen Rechtsquelle fließenden Recht wegen dieser seiner Eigenständigkeit keine wie immer gearteten innerstaatlichen Rechtsvorschriften vorgehen können, wenn ihm nicht sein Charakter als Gemeinschaftsrecht aberkannt und wenn nicht die Rechtsgrundlage der Gemeinschaft selbst in Frage gestellt werden soll" (EuGH, Slg. 1964, S. 1251 (1270) – „Costa/E.N.E.L.").

630 Vgl. BVerfGE 73, S. 339 (374 f.); 123, S. 267 (402); *Polzin*, JuS 2012, S. 1 (2).

631 Vgl. dazu *Herdegen*, Europarecht, 21. Aufl. (2019), § 10, Rn. 19 ff. (S. 257 ff.).

sondern beschränken sie lediglich. Dies räumt auch der EuGH ein.[632] Die Mitgliedstaaten sind die „Herren der Verträge“[633] und zugleich die Herren ihrer eigenen Staatssouveränität. Kompetenzübertragungen sind nicht schrankenlos zulässig und dürfen nicht zu einer Aushöhlung der Verfassungsordnung führen.[634] Aus diesem Grund behält sich das BVerfG eine Letztentscheidungskompetenz vor.[635] So prüft es die Rechtssetzungsakte der Europäischen Union auf ihre Vereinbarkeit mit den Kerngarantien des Grundgesetzes, wobei es eine Entscheidungshoheit des EuGH in großem Maße bereits im Rahmen seiner berühmten „Solange“-Rechtsprechung anerkannt hat.[636] Danach wird das BVerfG den EU-Rechtsetzungsakten die Grundrechte des Grundgesetzes solange nicht entgegenhalten, wie das Grundrechtsschutzniveau innerhalb der EU mit dem deutschen vergleichbar ist. Diese Rechtsprechung wurde vom BVerfG in seinem Maastricht-Urteil,[637] der

---

632 EuGH, Urteil vom 15. Juli 1964, Rs. 6/64, Slg. 1964, 1251 (1269) – „Costa/E.N.E.L.“: „Zum Unterschied von gewöhnlichen internationalen Verträgen hat der EWG-Vertrag eine eigene Rechtsordnung geschaffen, die bei seinem Inkrafttreten in die Rechtsordnungen der Mitgliedstaaten aufgenommen worden und von ihren Gerichten anzuwenden ist. Denn durch die Gründung einer Gemeinschaft für unbegrenzte Zeit, die mit eigenen Organen, mit der Rechts- und Geschäftsfähigkeit, mit internationaler Handlungsfähigkeit und insbesondere mit echten, aus der Beschränkung der Zuständigkeit der Mitgliedstaaten oder der Übertragung von Hoheitsrechten der Mitgliedstaaten auf die Gemeinschaft herrührenden Hoheitsrechten ausgestattet ist, haben die Mitgliedstaaten, *wenn auch auf einem begrenzten Gebiet* [Hervorhebung seitens des Verfassers], ihre Souveränitätsrechte beschränkt und so einen Rechtskörper geschaffen, der für ihre Angehörigen und sie selbst verbindlich ist“.

633 BVerfGE 123, S. 267, NJW 2009, S. 2267 (Rn. 231).

634 *Herdegen*, Europarecht, 21. Aufl. (2019), § 10, Rn. 20, S. 258.

635 Vgl. BVerfGE 37, S. 271; 73, S. 339; 75, S. 223; 89, S. 155; 102, S. 147; 113, S. 273; 123, S. 267.

636 BVerfG, Urteil vom 29. Mai 1974 – BvL 52/71, BVerfGE 37, S. 271 (Solange I); BVerfG, Urteil vom 22. Oktober 1986 – 2 BvR 197/83, BVerfGE 73, S. 339 (Solange II): "Solange die Europäischen Gemeinschaften, insbesondere die Rechtsprechung des Gerichtshofs der Gemeinschaften einen wirksamen Schutz der Grundrechte gegenüber der Hoheitsgewalt der Gemeinschaften generell gewährleisten, der dem vom Grundgesetz als unabdingbar gebotenen Grundrechtsschutz im wesentlichen gleichzuachten ist, zumal den Wesensgehalt der Grundrechte generell verbürgt, wird das Bundesverfassungsgericht seine Gerichtsbarkeit über die Anwendbarkeit von abgeleitetem Gemeinschaftsrecht, das als Rechtsgrundlage für ein Verhalten deutscher Gerichte oder Behörden im Hoheitsbereich der Bundesrepublik Deutschland in Anspruch genommen wird, nicht mehr ausüben und dieses Recht mithin nicht mehr am Maßstab der Grundrechte des Grundgesetzes überprüfen; entsprechende Vorlagen nach Art. 100 Abs. 1 GG sind somit unzulässig."

637 BVerfG, Urteil vom 12. Oktober 1993 – 2 BvR 2134, 2159/92, BVerfGE 89, S. 155.

Bananenmarkt-Entscheidung,[638] dem Lissabon-Urteil[639] sowie dem Honeywell/Mangold-Beschluss[640] weiterentwickelt und zum Teil eingeschränkt.

Dennoch setzt sich das BVerfG mit dieser Haltung zum Teil in Widerspruch zur Rechtsprechung des EuGH, der bereits im Jahre 1970 einen Vorrang des Gemeinschaftsrechts auch vor nationalem Verfassungsrecht postuliert hat.[641] Der EuGH ist der Ansicht, dass der Europäischen Gemeinschaft eine allgemeine gemeinschaftsrechtliche Garantie zur Wahrung der Grundrechte der Mitgliedstaaten innewohne, soweit sich diese Grundrechte in das Gemeinschaftsrecht einfügten.[642] Der EuGH hat damit klargestellt, dass auch die Institutionen der EG (nun EU) Grundrechte zu achten haben.

Die Mitgliedstaaten der Europäischen Union haben mittlerweile eine Charta der Grundrechte der Europäischen Union niedergelegt, welche zum 1. Dezember 2009 in Kraft getreten ist.[643] Somit werden für den Einzelnen, neben der Verweisung des Art. 6 Abs. 3 EUV auf die Europäische Konvention zum Schutz der Menschenrechte, nun auch die innerhalb der Europäischen Union garantierten Grund- und Menschenrechte sichtbar.

Das BVerfG hat die Geltung eines ausreichenden Grundrechtsschutzes innerhalb der EU in seiner Lissabon-Entscheidung aus dem Jahre 2009 weitgehend anerkannt und damit zugleich eine gewisse Divergenz zwischen europäischem und deutschem Grundrechtsschutz hingenommen, sofern die deutsche Verfassungsidentität erhalten bleibt.[644] Dies hat zur Folge, dass Rechtsakte der Europäischen Union nicht mehr mit der Behauptung eines Verstoßes gegen deutsche Grundrechte angegriffen werden können, soweit innerhalb der Europäischen Union ein ausreichender Grundrechtsschutz gewährleistet ist. In solchen Fällen obliegt dem EuGH die Letztentscheidung darüber, ob ein europäischer Rechtsakt im Widerspruch zu den unionsrechtlich gewährleisteten Grundrechten steht. In demselben Urteil hat das BVerfG aber nochmals ausdrücklich auf die seit dem Maastricht-Urteil gegebene Möglichkeit einer *ultra-vires*-Kontrolle hingewiesen.[645]

---

638 BVerfG, Urteil vom 7. Juni 2000 – 2 BvL 1/97, BVerfGE 102, S. 147.

639 BVerfG, Urteil vom 30. Juni 2009 – 2 BvE 2, 5/08 u.a., BVerfGE 123, S. 267.

640 BVerfG, Beschluss vom 6. Juli 2010 – 2 BvR 2661/06, BVerfGE 126, S. 286.

641 EuGH, Urteil vom 17. Dezember 1970, Rs. 11/70, Slg. 1970, S. 1125 (1135 Rn. 3) – „Internationale Handelsgesellschaft".

642 EuGH, Slg. 1970, S. 1125 (1135 Rn. 4) – „Internationale Handelsgesellschaft".

643 Charta der Grundrechte der Europäischen Union vom 18. Dezember 2000, ABl. EG C 364, S. 1 sowie in geänderter Fassung vom 30. März 2010, ABl. EU C 83, S. 389.

644 BVerfGE 123, S. 267, Urteil vom 30. Juni 2009 – 2 BvE 2/08, NJW 2009, S. 2267 (2272 ff.) – „Vertrag von Lissabon".

645 BVerfGE 123, S. 267, NJW 2009, S. 2267 (2272): „Wenn Rechtsschutz auf Unionsebene nicht zu erlangen ist, prüft das BVerfG, ob Rechtsakte der europäischen Organe und Einrichtungen sich unter Wahrung des gemeinschafts- und unionsrechtlichen Subsidiaritätsprinzips (Art. 5 Absatz II EG; Art. 5 Absatz I 2 und Absatz III

Im Falle einer eigenmächtigen Kompetenzüberschreitung europäischer Institutionen und Behörden behält sich das BVerfG das Recht vor, im Rahmen der europäischen Integrationsverantwortung[646] und mit Blick auf das europarechtliche Subsidiaritätsprinzip eine solche Kompetenzüberschreitung zu prüfen. Das BVerfG sieht sich jedoch nicht zur Geltendmachung seiner Verwerfungskompetenz berufen, solange der unantastbare Kerngehalt der Verfassungsidentität des Grundgesetzes nach Art. 23 Abs. 1 S. 3 i. V. m. Art. 79 Abs. 3 GG gewahrt ist.[647] Nach dem Honeywell/Mangold-Beschluss des BVerfG ist zur Bejahung eines *ultra-vires*-Aktes ein hinreichend qualifizierter Verstoß erforderlich.[648] Dieser setze voraus, dass das kompetenzwidrige Handeln der Unionsgewalt offensichtlich sei und der angegriffene Akt im Kompetenzgefüge zu einer strukturell bedeutsamen Verschiebung zulasten der Mitgliedstaaten führe.[649]

Als historisch ist mit Blick auf die Überprüfung von *ultra-vires*-Akten der OMT-Vorlagebeschluss des BVerfG aus dem Jahre 2014 zu bezeichnen.[650] Dieser Beschluss stand im Zusammenhang mit dem von der EZB gefassten Beschluss zu notfalls unbegrenzten Ankäufen von Staatsanleihen und hatte erstmals solch eine *ultra-vires*-Rüge zum Gegenstand.[651] Der EuGH wurde in Gestalt eines Vorabentscheidungsersuchens gemäß Art. 267 AEUV zu einer Stellungnahme gezwungen. Gegenstand der Vorlagefragen war insbesondere, ob der OMT-Beschluss des Rates der EZB mit dem Primärrecht der Europäischen Union vereinbar sei.[652] Das BVerfG tendierte insoweit zur Annahme eines *ultra-vires*-Aktes, da es in dem OMT-Beschluss eine wirtschaftspolitische und keine währungspolitische Maßnahme erblickte.[653] Es signalisierte dem EuGH jedoch Entgegenkommen, indem es ihm selbst die Möglichkeit aufzeigte, den OMT-Beschluss der EZB europarechtskonform eng auszulegen.[654] Der EuGH sah in dem OMT-Beschluss der EZB hingegen eine von deren Hoheitsbefugnissen im Rahmen der Währungspolitik gedeckte Maßnahme, die zudem verhältnismäßig sei.[655] Dennoch nannte der

---

EUV-Lissabon) in den Grenzen der ihnen im Wege der begrenzten Einzelermächtigung eingeräumten Hoheitsrechte halten [...].“

646 Welche das BVerfG zunächst aus Art. 24 Abs. GG herleitete, jedoch nunmehr aus Art. 23 Abs. 1 GG zieht.

647 Vgl. BVerfGE 123, S. 267, NJW 2009, S. 2267 (Rn. 235, 240, 241, 245); *Rüthers/Fischer/Birk*, Rechtstheorie, 11. Aufl. (2020), S. 148.

648 Beschluss vom 6. Juli 2010 – 2 BvR 2661/06, BVerfGE 126, S. 286.

649 Siehe Fn. 648 (Leitsatz 1a).

650 BVerfG, Beschluss vom 14. Januar 2014 – 2 BvR 2728/13, 2 BvR 2729/13, 2 BvR 2730/13, 2 BvR 2731/13, 2 BvE 13/13, BVerfGE 134, S. 366; OMT bedeutet dabei *Outright Monetary Transactions*; dazu *Gött*, EuR 2014, S. 514.

651 *Gött*, EuR 2014, S. 514 (514 f.).

652 BVerfGE 134, S. 366 (369 ff.).

653 BVerfGE 134, S. 366 (398 ff.).

654 BVerfGE 134, S. 366 (416 f.).

655 Vgl. EuGH, Urteil vom 16. Juni 2015 – Rs. C-62/14 = NJW 2015, S. 2013; siehe auch Pressemitteilung Nr. 70/15 des EuGHs vom 16. Juni 2015.

EuGH Verhältnismäßigkeitskriterien, die bei einer möglichen Aktivierung des OMT-Programms zu beachten seien. Dem BVerfG war damit der Boden bereitet, sich dieser Ansicht anzuschließen, was es schlussendlich auch tat.[656]

Zusammenfassend kann der Rechtsprechung des BVerfG hinsichtlich des Verhältnisses von Unions- und Verfassungsrecht eine dreistufige Prüfungsreihenfolge entnommen werden. Einfaches Verfassungsrecht steht dabei auf unterster Stufe und wird von im Rahmen von Art. 23 Abs. 1 S. 1 GG erlassenen Unionsrechtsakten verdrängt, während die Strukturprinzipien des Art. 23 Abs. 1 GG und der unantastbare Kernbestand des Art. 79 Abs. 3 GG („Verfassungsidentität") auf der höchsten Stufe stehen, mithin integrationsfest[657] sind. Dem Unionsrecht kommt damit kein absoluter Vorrang zu, sondern es ist lediglich grundsätzlich als vorrangig zu betrachten. Fälle, in denen durch europarechtliche Hoheitsakte die Strukturprinzipien des Art. 23 Abs. 1 GG sowie der Kernbestand des Art. 79 Abs. 3 GG als gefährdet anzusehen sein könnten, dürften im Lichte der dargestellten Kasuistik als Ausnahmen gelten.

Kritik muss sich das BVerfG dennoch gefallen lassen: Denn das Prinzip der Verfassungsidentität macht es ihm aufgrund dieser recht unbestimmten Begrifflichkeit möglich, in nahezu beliebiger Weise in den Integrationsprozess einzugreifen.[658] Mithin ist zu erkennen, dass die Rechtsprechung des BVerfG sich anfangs vor allem um den Grundrechtsschutz innerhalb der EU sorgte, während in jüngerer Zeit vor allem Kompetenz- und Strukturfragen im Vordergrund stehen.

c) Entstehungsgeschichte

Bei der Ermittlung des Wortsinns einer Norm ist auch der Wille des historischen Gesetzgebers zu ergründen.[659] Dazu ist anhand der Gesetzesmaterialien zu untersuchen, ob der vom Gesetzgeber verwendete Ausdruck unter Zugrundelegung des historischen Sprachgebrauchs weiterhin Geltung beanspruchen kann oder ob eine Bedeutungsänderung stattgefunden hat. Anhand der Gesetzesmaterialien ist aber auch die Zielsetzung des historischen Gesetzgebers ermittelbar, wobei hier aufgrund unterschiedlicher Entwürfe und Stellungnahmen von Bundesregierung, Bundestag und Bundesrat nicht unwesentliche Schwierigkeiten hinsichtlich der Erforschung des gesetzgeberischen Willens auftreten können.[660] In diesem Zusammenhang wird mit Blick auf die am Gesetzgebungsverfahren

---

656 Zu den Einzelheiten siehe BVerfG, Urteil des Zweiten Senats vom 21. Juni 2016 – 2 BvR 2728/13, BVerfGE 142, S. 123; siehe auch Pressemitteilung des BVerfG Nr. 34/2016 vom 21. Juni 2016.

657 Vgl. *Herdegen*, Europarecht, 21. Aufl. (2019), § 10, Rn. 21, S. 259.

658 So *Oppermann/Classen/Nettesheim*, Europarecht, 8. Aufl. (2018), S. 156.

659 *Schwintowski*, Juristische Methodenlehre (2005), S. 70.

660 *Schwintowski*, Juristische Methodenlehre (2005), S. 70 f.

beteiligten Verfassungsorgane auch von „Unschärfen“ der Gesetzesmaterialien gesprochen.[661] Es ist darüber hinaus zu bedenken, dass sich – trotz gleichbleibenden Normtextes – die Zielvorstellungen des Gesetzgebers durch eine Veränderung der tatsächlichen Gegebenheiten wandeln oder gänzlich überholt erscheinen können. Bei der Erforschung des Willens des historischen Gesetzgebers ist daher zu äußerster Sorgsamkeit zu raten.

Die Methodik der historischen Auslegung ist zum Teil streitbefangen. Kernpunkt des Streits ist die Frage, ob ein Gesetz primär entstehungsgeschichtlich oder gegenwartsbezogen zu interpretieren ist. So gibt es Stimmen für die Geltung einer subjektiven wie Befürworter einer objektiven Auslegung. Als subjektiv wird dabei die Erforschung der Zielsetzung des historischen Gesetzgebers bezeichnet; diese will den wahren Sachgehalt des Gesetzes ergründen.[662] Die „Objektivisten“ sehen den sachlichen Gehalt im Gesetz selbst oder besser in seinen Worten, die – losgelöst vom Willen eines historischen Gesetzgebers – den wahren Sachgehalt des Gesetzes beinhalteten.[663] *Bydlinski* ist der Ansicht, dass es sich dabei um einen aus heutiger Sicht recht müßigen Streit handele.[664] Dem muss zugestimmt werden. Um eine vernünftige und interessengerechte Rechtsanwendung zu gewährleisten, kann nicht ein Ansatz Exklusivität beanspruchen, sondern es sind, je nach Einzelfall, sowohl objektive als auch subjektive Auslegungsmittel heranzuziehen, um den Sinngehalt eines Gesetzes bestmöglich zu ergründen.[665] Die Zielvorstellungen und der Wille des historischen Gesetzgebers bleiben dabei stets Erkenntnisquelle für den Rechtsanwender, ohne dass sie als unumstößlich anzusehen wären.

Nach anderer Ansicht ist daher in einem ersten Schritt der ursprüngliche, also der vom Gesetzgeber beim Erlass der jeweiligen Vorschrift verfolgte Normzweck zu ermitteln, soweit dies möglich erscheint.[666] In einem zweiten Schritt habe der Rechtsanwender zu ermitteln, ob sich seit Erlass der Norm die Regelungsmaterie oder die Wertvorstellungen der Rechtsgemeinschaft derart geändert hätten, dass eine Modifikation der Rechtsfolgen oder eine generelle Unanwendbarkeit der Norm zu fordern sei.[667] Diesem Zweistufenmodell wird hier gefolgt.

---

661 Vgl. *Schwintowski*, Juristische Methodenlehre (2005), S. 71.

662 Vgl. *Kramer*, Juristische Methodenlehre, 6. Aufl. (2019), S. 135 f; *Bydlinski*, Grundzüge der juristischen Methodenlehre, 3. Aufl. (2018), S. 35.

663 So ähnlich *Rüthers/Fischer/Birk*, Rechtstheorie, 11. Aufl. (2020), S. 493 f.

664 *Bydlinski*, Grundzüge der juristischen Methodenlehre, 3. Aufl. (2018), S. 35.

665 So *Bydlinski*, Grundzüge der juristischen Methodenlehre, 3. Aufl. (2018), S. 35; *Wilke*, Grenzen einheitlicher Rechtsanwendung (2010), S. 96.

666 Vgl. *Rüthers/Fischer/Birk*, Rechtstheorie, 11. Aufl. (2020), S. 493.

667 Vgl. *Rüthers/Fischer/Birk*, Rechtstheorie, 11. Aufl. (2020), S. 493; auch das BVerfG scheint dieser Auslegungsmethodik (in Grundzügen) nunmehr zugewandt: „Der Richter darf sich nicht dem vom Gesetzgeber festgelegten Sinn und Zweck des Gesetzes entziehen. Er muss die gesetzgeberische Grundentscheidung respektieren und den Willen des Gesetzgebers unter gewandelten Bedingungen möglichst

d) *Teleologische Auslegung*

Aufgrund der Gewaltenteilung ist es dem Gesetzgeber innerhalb seiner Kompetenzen aufgetragen, soziale Prozesse zu steuern und die dafür notwendigen Entscheidungen zu treffen, insbesondere sein Ermessen hinsichtlich der gesetzlich zu regelnden Materien und der für die gesetzgeberische Zielerreichung eingesetzten Mittel zweckdienlich auszuüben.[668]

Diese Zielsetzungen sind bei der Anwendung der Gesetze zu berücksichtigen. Gesetze sind daher so auszulegen, dass sie dem vom Gesetzgeber mit dem Erlass der Norm verfolgten Zweck[669] dienen.[670] Die hinter der Norm stehende Regelungsabsicht hat der Rechtsanwender im Wege der teleologischen Auslegung zu erforschen. Oft sind beispielsweise die Erkenntnisse aus der historischen Auslegung nicht zweifelsfrei oder gar überholt (beispielsweise Gesetze aus der Zeit des Nationalsozialismus), oder sie widersprechen den Ergebnissen anderer Auslegungsmethoden.[671] In diesen Fällen ist der rechtspolitische Gestaltungswille zu erforschen. Es gilt herauszufinden, was der Gesetzgeber mit einer Norm bewirken und welchen Lebenssachverhalt er regeln wollte und was die Norm in der heutigen Zeit bedeutet.[672] Die Norm ist dabei auf ihren regelungsspezifischen Kerngehalt zu beschränken.

Der Rechtsanwender begibt sich damit auf die Suche nach einer der Norm mit einer gewissen Wahrscheinlichkeit anhaftenden vernünftigen Zweckhypothese.[673] Dabei ist natürlich zu beachten, dass in letzter Konsequenz alle dargestellten Auslegungsmethoden das Ziel haben, den Sinn und Zweck des Gesetzes zu ermitteln. Nur nähern sie sich diesem Ziel auf verschiedenen Wegen.[674] Die *ratio legis* wird dabei durch allgemeine Zweckmäßigkeits- und Gerechtigkeitserwägungen mitbestimmt und als Teil einer gerechten und zweckmäßigen Ordnung angesehen. Ziel dieser Kriterien ist es letztlich, eine gewisse Objektivierbarkeit des Gesetzeszweckes zu erreichen.[675] Dabei werden auch die Folgen

---

zuverlässig zur Geltung bringen" (BVerfG, Beschluss vom 25. Januar 2011 – 1 BvR 918/10 = NJW 2011, S. 836 (S. 838 Rn. 53)).

668 Vgl. *Zippelius*, Juristische Methodenlehre, 11. Aufl. (2012), S. 41.

669 Lat. *Telos*.

670 *Zippelius*, Juristische Methodenlehre, 11. Aufl. (2012), S. 41.

671 *Bydlinski*, Grundzüge der juristischen Methodenlehre, 3. Aufl. (2018), S. 43.

672 Vgl. *Rüthers/Fischer/Birk*, Rechtstheorie, 11. Aufl. (2020), S. 444 f.

673 Vgl. *Bydlinski*, Grundzüge der juristischen Methodenlehre, 3. Aufl. (2018), S. 44.

674 Vgl. *Schwintowski*, Juristische Methodenlehre, S. 76; so ähnlich auch *Rüthers/Fischer/Birk*, Rechtstheorie, 11. Aufl. (2020), S. 447 die jedoch den Sinn und Zweck des Gesetzes nicht als eigenständiges Auslegungsmittel, sondern als diesem übergeordnetes Auslegungsziel verstehen.

675 Grundlegend *Larenz/Canaris*, Methodenlehre der Rechtswissenschaft, 3. Aufl. (1995), S. 153 ff.; *Larenz*, Methodenlehre (1991), S. 333 ff.

der Rechtsanwendung betrachtet sowie unter Zugrundelegung der dargelegten Kriterien bewertet.[676]

e) *Résumé*

Eine strikte Trennung der dargestellten Auslegungskriterien ist nicht immer möglich. Denn sie weisen keine strikte Hierarchie auf, sondern stehen nebeneinander und bedingen sich zum Teil gegenseitig.[677] Zumeist wird bereits bei der Suche nach dem Wortsinn der Sinn und Zweck der Norm zu betrachten sein, um ein Verständnis für den verwendeten Sprachgebrauch zu gewinnen. Die Auslegungsprinzipien stehen in keinem Vorrangverhältnis zueinander, sondern sind gleichrangig.[678] Ihnen kommt, je nach Einzelfall, ein unterschiedliches Gewicht zu, jedoch ohne dass sie einander ausschließen würden.

Die Auslegungskriterien können, je nach Gewichtung, zu unterschiedlichen Ergebnissen führen. Welches Ergebnis vorzugswürdig ist, ist eine Frage der Abwägung.[679] Diese Gleichrangigkeit der Auslegungskriterien wird im Rahmen der verfassungskonformen sowie der richtlinienkonformen Auslegung dahingehend modifiziert, dass dem Auslegungskriterium entscheidendes Gewicht zukommt, welches die Zielvorgaben der Verfassung bzw. der Richtlinie erfüllt.[680] Eine Abwägung mit den übrigen, die Zielvorgaben nicht erfüllenden Auslegungskriterien erfolgt nicht.[681]

Bei der Auslegung einer Norm ist stets die Grenze zur Rechtsfortbildung zu wahren, wobei diese Grenze nicht immer leicht zu ziehen ist.[682] Rechtsfortbildung beginnt dort, wo die Wortlautgrenze überschritten ist.[683] Sie dient der Schließung von Regelungslücken im Gesetz, da der Gesetzgeber nicht jeden erdenklichen Fall erkennen und regeln kann. Dies geschieht anhand einer Analogie oder der Erschaffung eigenständiger Rechtsinstitute. Die Grenzen, welche der Gewaltenteilungsgrundsatz nach Art. 20 Abs. 3 GG zieht, bilden den Rahmen zulässiger Rechtsfortbildung seitens der Judikative. Der Rechtsanwender ist daher zur gewissenhaften Auslotung dieses Grenzbereichs verpflichtet. In einer

---

676 Ähnlich *Möllers*, Juristische Arbeitstechnik, 9. Aufl. (2018), S. 58 Rn. 14; Grundlegend *Deckert*, Folgenorientierung in der Rechtsanwendung (1995), die den Begriff des *hermeneutischen Zirkels* mitprägte (dort S. 61 f.); ähnlich *Schwintowski*, Juristische Methodenlehre, S. 78, der ausführt: „Die Konsequenzen führen auf die Funktion der Norm zurück".

677 *Larenz/Canaris*, Methodenlehre der Rechtswissenschaft, 3. Aufl. (1995), S. 149.

678 *Herresthal*, JuS 2014, S. 289 (291); *Larenz/Canaris*, Methodenlehre der Rechtswissenschaft, 3. Aufl. (1995), S. 163 ff.; BVerfGE 11, S. 126 (130).

679 So auch *Herresthal*, JuS 2014, S. 289 (291).

680 Vgl. *Herresthal*, JuS 2014, S. 289 (291).

681 Vgl. *Herresthal*, JuS 2014, S. 289 (291).

682 Vgl. *Rüthers/Fischer/Birk*, Rechtstheorie, 11. Aufl. (2020), S. 460 f.

683 So ähnlich *Herresthal*, JuS 2014, S. 289 (292).

jüngeren Entscheidungen führt das BVerfG[684] dazu aus: „Der Richter darf sich nicht dem vom Gesetzgeber festgelegten Sinn und Zweck des Gesetzes entziehen. Er muss die gesetzgeberische Grundentscheidung respektieren und den Willen des Gesetzgebers unter gewandelten Bedingungen möglichst zuverlässig zur Geltung bringen. Er hat hierbei den anerkannten Methoden der Gesetzesauslegung zu folgen [...]. Eine Interpretation, die als richterliche Rechtsfortbildung den klaren Wortlaut des Gesetzes hintanstellt, keinen Widerhall im Gesetz findet und vom Gesetzgeber nicht ausdrücklich oder – bei Vorliegen einer erkennbar planwidrigen Gesetzeslücke – stillschweigend gebilligt wird, greift unzulässig in die Kompetenzen des demokratisch legitimierten Gesetzgebers ein [...]."

Diese angesprochene Gewissenhaftigkeit ist auch bei der Auslegung der Meldepflichten nach WpHG oberste Pflicht. Der Rechtsanwender hat dabei zum einen die mit diesen Meldepflichten verfolgten Ziele sowohl des europäischen als auch des nationalen Gesetzgebers zu erforschen und im Zweifel in Einklang zu bringen. Zum anderen hat er die Rechtsnatur der Meldepflichten, deren Rechtscharakter (Grundtatbestand, Regelbeispiel, Ausnahmeregelung etc.) sowie ihre Rechtsfolgen bei der Auslegung kritisch zu würdigen. Anhand dieser Würdigung folgt die Beantwortung der Fragen der Zulässigkeit extensiver Auslegungsmethoden, der Anwendung modifizierter Abwägungsmethoden – beispielsweise der richtlinienkonformen Auslegung – oder der Zulässigkeit einer die Wortlautgrenze überschreitenden Rechtsfortbildung – beispielsweise der Analogiebildung.

3. Zur Frage der Geltung spezifischer Auslegungsgebote für die §§ 33 ff. WpHG

Als Ausgangspunkt für die Beantwortung der Frage, welche Gebote bei der Auslegung der Meldepflichten nach §§ 33 ff. WpHG zu berücksichtigen sind, soll zunächst auf die Rechtsnatur der Meldepflichten und deren Folgen für die Auslegung zurückgegriffen werden. Die Frage, wie eine Norm auszulegen ist, hängt im ersten Schritt von ihrer rechtlichen Einordnung ab.[685] Ob eine Norm dem Privatrecht, dem öffentlichen Recht oder dem Strafrecht zuzuordnen ist, hat folglich auch Auswirkungen auf die anzuwendenden Auslegungsgrundsätze. Von der Rechtsnatur der Meldepflichten hängt es ab, ob diese einheitlichen oder unterschiedlichen Auslegungsprinzipien unterworfen sind. Zudem sind Zuwiderhandlungen gegen die Meldepflichten bußgeldbewehrt, woraus sich weitere Besonderheiten bei der Auslegung ergeben können. Insbesondere ist die Frage zu klären, inwieweit die Meldepflichten einer Analogiebildung zugänglich sind.

---

684 BVerfG, Beschluss vom 25. 1. 2011 – 1 BvR 918/10, NJW 2011, S. 836 (Rn. 53).

685 Siehe zur Rechtsnatur der Meldepflichten des WpHG bereits Seite 131, dort Gliederungspunkt 1.

a) *Gebot einheitlicher Normanwendung*

Die rein öffentlich-rechtliche Natur der Meldepflichten nach §§ 33 ff. WpHG wurde bereits bejaht und damit der Lehre von der Doppelnatur der Meldepflichten eine Absage erteilt.[686] Dennoch soll im Folgenden auch die Lehre von der Doppelnatur der Meldepflichten noch einmal thematisiert werden, um ihre Auswirkungen auf die Auslegung der Meldepflichten zu verdeutlichen. Zusammengefasst vertritt die Lehre von der Doppelnatur der Meldepflichten die Kernthese, dass die Meldetatbestände des WpHG als gleichzeitig privat- und öffentlich-rechtlich zu qualifizieren, mithin in ihrer Auslegung zu unterscheiden seien und nur bei der Auslegung der Straf- und Ordnungswidrigkeitstatbestände des WpHG das Analogieverbot zu berücksichtigen sei.[687] Aus der mit dieser These verbundenen Möglichkeit der Geltung unterschiedlicher Auslegungsprinzipien folgt eine Inkongruenz bei der Anwendung der Meldepflichten. Denn die gegenüber dem Emittenten zu erfüllenden Meldepflichten könnten weiter reichen als diejenigen gegenüber der BaFin, da bei aufsichtsrechtlichen Gesetzen der Grundsatz des Vorbehalts des Gesetzes gilt und zudem eine einschränkende Auslegung der Meldepflichten geboten sein kann, während die zivilrechtliche Meldepflicht gegenüber dem Emittenten keiner Einschränkung begegnen würde.

Die Lehre von der Doppelnatur birgt damit die Gefahr einer Inkongruenz der Normanwendung, welche aus der Aufspaltung des Rechtscharakters der Meldepflichten als sowohl öffentlich-rechtlicher als auch privatrechtlicher Natur folgt. Denn die Bejahung einer Doppelnatur der Meldepflichten birgt die Gefahr des Auseinanderfallens des Anwendungsbereichs der gegenüber der BaFin und derjenigen der gegenüber dem Emittenten zu erfüllenden Meldepflichten. Eine solche Inkongruenz der Normanwendung innerhalb der Meldepflichten kann schwerlich vom gesetzgeberischen Willen gedeckt sein. Um widersprüchliche Folgen der Rechtsanwendung auszuschließen, bemühen einige Vertreter der Theorie von der Doppelnatur ein Gebot einheitlicher Auslegung der Meldepflichten.[688] Die Meldepflichten seien trotz ihrer zum Teil unterschiedlichen Rechtsnatur hinsichtlich ihrer Tatbestandsvoraussetzung einheitlich auszulegen.[689] Die Inkongruenz, welche aus der Bejahung der Doppelnatur der Meldepflichten folgt, soll dadurch begrenzt oder beseitigt werden, dass die Meldepflichten einem Gebot einheitlicher Auslegung unterliegen. Zwar mag dieser Vorschlag überzeugend klingen, da er dem Pfad des Gebots rechtssicherer Normanwendung folgt; doch zeigt sich bereits in diesem Punkt, dass diese Ansicht ihre eigenen Schwächen eingesteht.

---

686 Vgl. Seite 136 dort Gliederungspunkt dd).

687 Vgl. *Hirte*, in: Kölner Kommentar WpHG, 2. Aufl. (2014), § 21, Rn. 10.

688 Vgl. *U. H. Schneider*, in: Assmann/ders./Mülbert, WpHG, 7. Aufl. (2019), Vor § 33, Rn. 47 f.

689 Vgl. *U. H. Schneider*, in: Assmann/ders./Mülbert, WpHG, 7. Aufl. (2019), Vor § 33, Rn. 47 f.

Es wird ein differierender Anwendungsbereich begründet und ein zum Teil weitgehender Auslegungsspielraum deklariert, der in einem weiteren Schritt aber zugleich einer Einschränkung bedarf, um rechtlich haltbar zu sein.

Dass schon die Bejahung einer unterschiedlichen Rechtsnatur der Meldepflichten zwar nachvollziehbar, aber im Ergebnis wenig überzeugend erscheint, wurde bereits dargelegt.[690] Sie führt zu Widersprüchen und Unsicherheiten bei der Anwendung und Auslegung der Meldetatbestände, welche vom Gesetzgeber nicht gewollt sind. Dieser drohenden Inkongruenz bei der Anwendung der Meldepflichten kann nur durch die Verneinung von deren Doppelnatur entgegengetreten werden. Eines Gebots einheitlicher Normanwendung bedarf es dann ebenfalls nicht.

b) Kein Gebot größtmöglicher Transparenz

Zum Teil wird aus dem Zweck der Meldepflichten des WpHG ein Gebot zur extensiven Auslegung dieser Vorschriften abgeleitet.[691] In Zweifelsfällen, in denen ein Wettlauf zwischen den Meldetatbeständen und möglichen Umgehungsstrategien drohe, solle der Grundsatz größtmöglicher Transparenz gelten und folglich eine weite Auslegung sowie damit einhergehend eine großzügige Offenlegung geboten sein.[692] Auch wenn es sich dabei um eine These handelt, die aus der Zeit vor dem Erlass der Meldepflichten in der Fassung des TÄUG stammt, ist sie allgemeingültig formuliert worden, sodass sie auch in Zukunft Geltung beansprucht. Zudem werden mit der Neuformulierung der Meldepflichten keine anderen Ziele verfolgt als zuvor, sondern lediglich die Vorgaben des Unionsrechts umgesetzt, denen letztlich vergleichbare Zielvorstellungen wie dem nationalen Recht zugrunde liegen. Eine solche Maxime größtmöglicher Transparenz lädt jedoch, wie *Fleischer/Bedkowski* richtig anmerken, zu vorschnellen Schlussfolgerungen und ungenauer Gesetzesarbeit ein.[693] Auch lässt sich ein solches Gebot weder den §§ 33 ff. WpHG entnehmen noch aus den Zielvorstellungen des europäischen Gesetzgebers ableiten.[694]

---

690 Siehe dazu bereits Seite 136, dort Gliederungspunkt dd).

691 Vgl. *U. H. Schneider*, in: Assmann/ders./Mülbert, WpHG, 7. Aufl. (2019), Vor § 33, Rn. 42, 54; wohl auch *Hirte*, in: Kölner Kommentar WpHG, 2. Aufl. (2014), § 21, Rn. 7; OLG München, Urteil vom 9. September 2009, AZ: 7 U 1997/09 (Rn. 120 ff.), NZG 2009, S. 1386 (Rn. 120 ff.); OLG Köln, NZG 2012, S. 946; abweichend *Zimmermann*, in: Fuchs, WpHG, 2. Aufl. (2016), Vor §§ 21–30, Rn. 23; *Fleischer/Bedkowski*, DStR 2010, S. 933 (935 f.); *Fleischer/Schmolke*, NZG 2010, S. 846 (853); *Veil*, ZHR 175 (2011), S. 83 (97); BGH, Urteil vom 19. Juli 2011, BGHZ 190, S. 291 = ZIP 2011, S. 1862 (1864 f.); OLG Düsseldorf, AG 2010, S. 711 (712).

692 *U. H. Schneider*, in: Assmann/ders./Mülbert, WpHG, 7. Aufl. (2019), Vor § 33, Rn. 42.

693 *Fleischer/Bedkowski*, DStR 2010, S. 933 (935).

694 *Veil*, ZHR 175 (2011), S. 83 (97, Fn. 71); *Segna*, ZGR 2015, S. 84 (95).

Folge einer solch‘ extensiven Auslegung wäre zudem, dass zwar von Auslegung gesprochen, aber der mögliche Wortsinn der betrachteten Normen verlassen würde. Vielmehr würde in den Bereich der „Lückenschließung“ vorgedrungen. Jedoch werden in solchen Fällen Richter zu „Ersatzgesetzgebern“ und schaffen Richterrecht.[695] Letztlich handelt es sich um nichts anderes als um eine versteckte Analogiebildung. Die Zulässigkeit einer Analogie ist aber keine Frage der Auslegung, sondern der Reichweite des aus Art. 103 Abs. 2 GG folgenden Analogieverbots. Der Frage der Reichweite des Analogieverbots aus Art. 103 Abs. 2 GG wird sogleich nachgegangen.

Das Gebot extensiver Auslegung der Meldepflichten ist aufgrund seiner dogmatischen Unschärfe abzulehnen, da es einer rechtssicheren Gesetzesanwendung entgegensteht.

4. Analogiefähigkeit der Meldepflichttatbestände

Wie gerade angesprochen, stellt sich die Frage, inwieweit im Rahmen der Anwendung der Meldepflichten des WpHG das Analogieverbot zu beachten ist. Dass Art. 103 Abs. 2 GG ein besonderer Bestimmtheitsgrundsatz (*nulla poena sine lege*) zu entnehmen ist, aus dem hinsichtlich straf- und ordnungswidrigkeitsrechtlicher Normen ein Analogieverbot (*nullum crimen sine lege stricta*) zulasten des Betroffenen abgeleitet wird, ist weitgehend anerkannt.[696] Vereinzelte abweichende Stimmen stellen nicht den Bestand des strafrechtlichen Analogieverbots in Frage, sondern dessen dogmatische Herleitung.[697] Für die vorliegende Bearbeitung hat die Frage der dogmatischen Herleitung jedoch keine Relevanz. Sie soll daher nicht weiterverfolgt werden. Seine einfachgesetzliche Absicherung erfährt das besondere Bestimmtheitsgebot und damit das strafrechtliche Analogieverbot in § 1 StGB sowie in § 3 OWiG.

In einem gedanklichen Zwischenschritt ist zunächst festzuhalten, dass die Frage der Analogiefähigkeit der §§ 33 ff. WpHG denklogisch vor der Frage der Reichweite des Analogieverbots zu prüfen wäre. Denn nur dort, wo Raum für eine Analogie besteht, also eine planwidrige Regelungslücke vorliegt, kann die

---

695 *Rüthers/Fischer/Birk*, Rechtstheorie, 11. Aufl. (2020), S. 514 f.

696 BVerfGE 14; S. 174 (185); 47, S. 109 (121 f.); 64, S. 389 (393); 71, S. 108 (115); 73, S. 206 (234); 75, S. 329 (340); 92, S. 1 (13); *Nolte/Aust*, in: von Mangoldt/Klein/Starck, GG-Kommentar, Bd. 3, 7. Aufl. (2018), Art. 103, Rn. 96, 156 ff.; *Degenhart*, in: Sachs, Grundgesetz, 8. Aufl. (2018), Art. 103, Rn. 53, 69 ff.; *Kunig*, in: von Münch/Kunig, GG-Kommentar, Bd. 3, 5. Aufl. (2003), Art. 103, Rn. 26. *Remmert*, in: Maunz/Dürig, GG-Kommentar, Bd. VI, 90. EL (2020), Art. 103 Abs. 2, Rn. 2, 77 ff.; *Schmahl*, in: Schmidt-Bleibtreu/Hofmann/Henneke, GG-Kommentar, 14. Aufl. (2018), Art. 103, Rn. 70; *Dannecker/Schuhr*, in: Leipziger Kommentar StGB, Bd. 1, 13. Aufl. (2020), § 1, Rn. 238.

697 Vgl. die Nachweise bei *Wilke*, Grenzen einheitlicher Rechtsanwendung (2010), S. 238 (dort Fn. 1196).

Frage nach der Geltung des Analogieverbots gestellt werden. Eine Analogie liegt dann vor, wenn eine bestehende planwidrige Regelungslücke des Gesetzes durch die Anwendung eines Rechtssatzes, der auf einen ähnlichen Sachverhalt anwendbar ist, geschlossen wird.[698] Es wäre allerdings müßig, zunächst die Analogiefähigkeit der Meldepflichten des WpHG zu untersuchen, um dann in einem nächsten Schritt eine vielleicht mögliche analoge Rechtsanwendung aufgrund der Geltung des Analogieverbots aus Art. 103 Abs. 2 GG verneinen zu müssen. Daher soll zunächst der Frage nach der Geltung des Analogieverbots im Rahmen der Meldepflichten nach WpHG nachgegangen werden.

Inwieweit das Analogieverbot bei der Auslegung der Meldepflichten zu beachten ist, ist in Einzelheiten umstritten. Ausgangspunkt der kontroversen Diskussion ist die Tatsache, dass die Vorschriften des WpHG bei Zuwiderhandlungen gegen die Meldepflichten sowohl zivilrechtliche als auch straf- und ordnungsrechtliche Sanktionen vorsehen.

a) Gespaltene Normanwendung

Die Vertreter der sog. Theorie einer gespaltenen Normanwendung plädieren im Rahmen der Auslegung der Meldepflichten des WpHG für einen Ansatz,[699] welcher grundlegend auf einen Beitrag *Cahns*[700] zurückzuführen ist. Es sollen, je nachdem welche Rechtsfolge in Betracht kommt, unterschiedliche Auslegungsgrundsätze gelten. Das aus Art. 103 Abs. 2 GG und für das Recht der Ordnungswidrigkeiten aus § 3 OWiG folgende Analogieverbot sowie das darauf fußende Gebot der Beachtung der Wortlautgrenze bei der Auslegung sollten nur dann Beachtung finden, wenn es allein um die Frage der straf- oder ordnungsrechtlichen Sanktionierung eines den Meldepflichttatbeständen widersprechenden Verhaltens gehe.[701] Die Vertreter dieser Theorie treten damit für eine eingeschränkte Reichweite des Analogieverbots in Bezug auf die Meldepflichten des WpHG ein.

Diese Lehre ist nicht zu verwechseln mit der Lehre von der Doppelnatur der Meldepflichten, da auch Vertreter der gespaltenen Normanwendung zum Teil

---

698 Vgl. nur *Dannecker/Schuhr*, Leipziger Kommentar StGB, Bd. 1, 13. Aufl. (2020), § 1, Rn. 244 m. w. N.

699 *U. H. Schneider*, in: Assmann/ders./Mülbert, WpHG, 7. Aufl. (2019), Vor § 33, Rn. 54; *Tiedemann*, Wirtschaftsstrafrecht AT, 5. Aufl. (2018), Rn. 253, 255, der die Normspaltung als „Normambivalenz" bezeichnet; *Waßmer*, in: Fuchs, WpHG, 2. Aufl. (2016), Vor §§ 38–40b, Rn. 37; *Hirte*, in: Kölner Kommentar WpHG, 2. Aufl. (2014), § 21, Rn. 7; *Koppensteiner*, in: Kölner Kommentar AktG, Band 6, 3. Aufl. (2004), Anh. § 22 AktG, §§ 21 ff. WpHG, Rn. 9; *Cahn*, AG 1997, S. 502 (503); *Cahn*, ZHR 162 (1998), S. 1 (9); zumindest in Teilen *Segna*, ZGR 2015, S. 84 (123).

700 *Cahn*, AG 1997, S. 502 (503) sowie *ders.*, ZHR 162 (1998), S. 1 (8 ff.).

701 So *U. H. Schneider*, in: Assmann/ders./Mülbert, WpHG, 7. Aufl. (2019), Vor § 33 Rn. 54; *Hirte*, in: Kölner Kommentar WpHG, 2. Aufl. (2014), § 21, Rn. 10; ebenso *Segna*, ZGR 2015, S. 84 (85); *Schürnbrand*, NZG 2011, S. 1213 (1213).

von einer rein öffentlich-rechtlichen Rechtsnatur der Meldepflichten ausgehen.[702] Die Lehre der gespaltenen Normanwendung knüpft nicht an die Rechtsnatur der Meldepflichten, sondern an deren Rechtsfolgen an. Hinsichtlich zivil- oder aufsichtsrechtlicher Rechtsfolgen müsse das besondere Bestimmtheitsgebot und damit das Analogieverbot nicht beachtet werden, da dieses allein für straf- und ordnungsrechtliche Sanktionen gelte.[703] Die Einheit der Rechtsordnung stehe einer solchen Vorgehensweise nicht entgegen, da der Anwendungsbereich eines bestimmten Ge- oder Verbots mittels eines Analogieschlusses zwar erweitert und auch zivil- und aufsichtsrechtlich durchgesetzt werden könne, hingegen die Verhängung strafrechtlicher Sanktionen oder eines Bußgelds ausgeschlossen sei.[704] Auch begründe es keinen Widerspruch, wenn ein Verhalten zivil- oder öffentlich-rechtlichen Sanktionen unterworfen sei, eine strafrechtliche Sanktionierung hingegen ausbleibe.[705] Die gespaltene Normanwendung führe mithin zu einer methodengerechten Rechtsanwendung mit dem Ziel der Vollendung eines unvollkommen umgesetzten Methodenplans,[706] da nicht angenommen werden könne, dass durch die Verknüpfung von bestimmten Ge- oder Verboten mit einer straf- oder ordnungsrechtlichen Sanktion durch den Gesetzgeber auch die damit verbundenen Restriktionen auf den aufsichts- oder zivilrechtlichen Bereich erstreckt werden sollten.[707] Sollte dies beabsichtigt sein, müsse der Gesetzgeber zur Klarstellung auf diese Absicht hinweisen.[708] Es sei widersprüchlich, wenn er einerseits durch eine Straf- oder Bußgeldbewehrung zivilrechtlicher Normen zum Ausdruck bringe, dass er den betreffenden Regelungen einen hohen Stellenwert beimesse und sie daher strikt zu beachten seien, andererseits gerade aufgrund der Straf- und Bußgeldbewehrung eine zweckgerichtete oder gebotene Analogiebildung ausbleibe müsse. Dies verhindere letzten Endes die erfolgreiche Durchsetzung von Verhaltensgeboten.[709]

Einen dogmatisch interessanten Ansatz bietet *Wilke*,[710] der der gespaltenen Normanwendung grundsätzlich positiv gegenübersteht.[711] Die Ver- und Gebote des WpHG stellen nach seiner Ansicht sog. Primärrecht dar, während die Sanktionsnormen sog. Sekundärrecht darstellen, welches die Durchsetzung des Primärrechts absichert.[712] Nach *Wilkes* Verständnis resorbieren die Primärnormen die Rechtsnatur der Sekundärnormen, da sie für sich gesehen lediglich ein

702 Vgl. *Cahn*, AG 2013, S, 459 (461); *Segna*, ZGR 2015, S. 84 (92).
703 So *Schürnbrand*, NZG 2011, S. 1213.
704 *Schürnbrand*, NZG 2011, S. 1213 (1215).
705 So wohl *Schürnbrand*, NZG 2011, S. 1213 (1215).
706 Vgl. *Segna*, ZGR 2015, S. 83 (100); *Schürnbrand*, NZG 2011, S. 1213 (1216).
707 *Segna*, ZGR 2015, S. 83 (98).
708 So wohl *Segna*, ZGR 2015, S. 83 (98).
709 Vgl. *Cahn*, ZHR 162 (1998), S. 1 (10 f.).
710 *Wilke*, Grenzen einheitlicher Rechtsanwendung (2010).
711 *Wilke*, Grenzen einheitlicher Rechtsanwendung (2010), S. 317, 325, 364.
712 Vgl. *Wilke*, Grenzen einheitlicher Rechtsanwendung (2010), S. 361 f.

Ver- oder Gebotensein statuierten, mithin lediglich allgemeiner Natur seien[713] und erst im Zusammenspiel mit den an anderer Stelle geregelten Sanktionen eine rechtlich qualifizierbare Natur erhielten.[714] Obgleich diese Sichtweise einen Doppelcharakter der Meldepflichten des WpHG zulasse, seien im Rahmen der Auslegung des Primärrechts dieselben Auslegungsgrundsätze anzuwenden.[715] Werde der Bereich der Auslegung hingegen verlassen, indem ein Sachverhalt nicht mehr vom noch möglichen Wortsinn der Primärnorm gedeckt sei, hänge die Zulässigkeit der Schließung einer planwidrigen Regelungslücke vom jeweils betroffenen Rechtsgebiet der Sekundärnorm ab.[716] Sinngemäß führt *Wilke* aus, dass die zu bejahende Geltung des Analogieverbots im Rahmen der Anwendung sekundärer straf- oder ordnungsrechtlicher Sanktionsnormen nicht auf die Rechtsanwendung der Primärnorm im Allgemeinen übertragen werden könne.[717] Daran ändere auch die Blanketttechnik, wie sie bei den Sanktionsnormen im WpHG vorzufinden sei, nichts; denn die Normspaltung sei als zwingende Folge der rechtsvariablen Inbezugnahme der wertpapierhandelsrechtlichen Ver- und Gebote anzusehen.[718] *Wilke* versucht, mithilfe dieser systematischen Kategorisierung der gespaltenen Rechtsanwendung eine dogmatische Stütze zu geben, indem er ein „dualistisches Normkonzept" zugrunde legt, welches grundlegend auf Aussagen *Bindings* zurückzuführen ist.[719] *Wilke* sieht durch die gespaltene Rechtsanwendung auch den Grundsatz der Rechtssicherheit gewahrt. Nach seiner Ansicht spricht gerade der Aspekt der Rechtssicherheit für eine gespaltene Normanwendung, da die einem Rechtsgebiet eigenen Anforderungen an die Interpretationsspielräume seiner Normen nur auf diesem Wege bestehen blieben und nicht von einem anderen Rechtsgebiet überlagert würden.[720]

Zusammengefasst bestimmt die Lehre der gespaltenen Normanwendung die tatbestandliche Reichweite der jeweiligen Meldepflicht ausgehend von der jeweils in Betracht kommenden Rechtsfolge.

b) Kritik an der Lehre der gespaltenen Normanwendung

Die Gegner der Lehre der gespaltenen Normanwendung, deren kritische Sichtweise gegenüber dieser Lehre zum Teil als „Einheitsmodell" bezeichnet wird,[721]

---

713 Vgl. *Wilke*, Grenzen einheitlicher Rechtsanwendung (2010), S. 92 f.
714 Vgl. *Wilke*, Grenzen einheitlicher Rechtsanwendung (2010), S. 90.
715 Vgl. *Wilke*, Grenzen einheitlicher Rechtsanwendung (2010), S. 91 f.
716 Vgl. *Wilke*, Grenzen einheitlicher Rechtsanwendung (2010), S. 361 f.
717 Vgl. *Wilke*, Grenzen einheitlicher Rechtsanwendung (2010), S. 363 f.
718 Vgl. *Wilke*, Grenzen einheitlicher Rechtsanwendung (2010), S. 358, 361.
719 Vgl. *Wilke*, Grenzen einheitlicher Rechtsanwendung (2010), S. 83 ff mit Verweis auf *Binding*, Die Normen und ihre Übertretung (1922), Bd. 1, 4. Aufl. (Neudruck 1965), S. 4; *ders.*, Handbuch des Strafrechts (1885), Neudruck 1991, S. 155.
720 Vgl. *Wilke*, Grenzen einheitlicher Rechtsanwendung (2010), S. 339.
721 So *Wilke*, Grenzen einheitlicher Rechtsanwendung (2010), S. 304.

führen eine Vielzahl von Gegenargumenten ins Feld. So hält der BGH der gespaltenen Rechtsanwendung das bereits erwähnte Analogieverbot aus Art. 103 Abs. 2 GG und § 3 OWiG entgegen.[722] Eine über den Wortlaut hinausgehende Auslegung der §§ 33, 34 WpHG sei aufgrund des Analogieverbots unzulässig und komme daher auch im Wege einer andersartigen gespaltenen Auslegung für den Bereich des Zivilrechts grundsätzlich nicht in Betracht.[723]

Ein Teil des Schrifttums verweist zudem auf eine Entscheidung des EuGH aus dem Jahre 2005,[724] in der der Gerichtshof der gespaltenen Rechtsanwendung eine Absage erteilt haben soll.[725] Hierauf wird später noch vertieft einzugehen sein.

Des Weiteren werden von den Vertretern des „Einheitsmodells" die Einheit der Rechtsordnung und der Rechtsanwendung[726] sowie der Gedanke der Rechtssicherheit und -klarheit[727] als Argumente gegen die gespaltene Rechtsanwendung angeführt. Die gespaltene Normanwendung führe zu Zweifeln bei der Rechtsanwendung und zu Rechtsunsicherheit, da sie unterschiedliche bzw. widersprüchliche Verhaltenspflichten begründe.[728] Auch die Gefahr eines Teufelskreises wird angeführt, da es dem Meldepflichtigen nicht möglich sei, sich rechtskonform zu verhalten bzw. durch erneute Meldungen in die Legalität zurückzufinden.[729] Wahlweise würden die BaFin oder die Zivilgerichte dem Meldepflichtigen eine nicht ordnungsgemäße Offenlegung vorwerfen und entsprechende Sanktionen aussprechen.[730] Der Adressat unterliege daher einer nicht zu erfüllenden gespaltenen Verhaltenspflicht, da es nur eine „richtige" Meldung im Rahmen der §§ 33 ff. WpHG geben könne und jede zusätzliche oder alternative Meldung als falsch anzusehen sei.[731] Zudem stelle § 44

722 BGH Urteil vom 19. Juli 2011, AZ: II ZR 246/09 = BGHZ 190, S. 291 (Rn. 33) = NZG 2011, S. 1147 (1149); BGH, Urteil vom 18. September 2006, AZ: II ZR 137/05 = BGHZ 169, S. 98 – WMF (Rn. 17) = NJW-RR 2007, S. 1179.

723 BGH NZG 2011, S. 1147 (1149); insoweit übereinstimmend mit *Veil/Dolff*, AG 2010, S. 385 (389 f.); *Fleischer/Bedkowski*, DStR 2010, S. 933 (936 f.); *von Bülow/Petersen*, NZG 2009, S. 1373 (1375 f.); *Widder/Kocher*, ZIP 2010, S. 457 (459).

724 EuGH, Urteil vom 22. November 2005, Rs. C-384/02, Slg.2005 I-9939 – Grøngaard/Bang (Rn. 28–30).

725 *Assmann*, in: ders./Schneider/Mülbert, WpHG, 7. Aufl. (2019), Einl., Rn. 35; *Fleischer/Bedkowski*, DStR 2010, S. 933 (937); *Widder/Kocher*, ZIP 2010, S. 457 (459).

726 *Zimmermann*, in: Fuchs, WpHG, 2. Aufl. (2016), Vor §§ 21–30, Rn. 25; *Fuchs*, in: ders., WpHG, 2. Aufl. (2016), Einl., Rn. 106; *von Bülow/Petersen*, NZG 2009, S. 1373 (1376).

727 *von Bülow/Petersen*, NZG 2009, S. 1373 (1376).

728 Vgl. die Aussagen von *Zimmermann*, in: Fuchs, WpHG, 2. Aufl. (2016), Vor §§ 21–30, Rn. 25 m. w. N.; *Fuchs*, in: ders., WpHG, 2. Aufl. (2016), Einl., Rn. 106; *von Bülow/Petersen*, NZG 2009, S. 1373 (1376); *Fleischer/Bedkowski*, DStR 2010, S. 933 (937); *Widder/Kocher*, ZIP 2010, S. 457 (459).

729 *Fleischer/Bedkowski*, DStR 2010, S. 933 (937).

730 *Fleischer/Bedkowski*, DStR 2010, S. 933 (937).

731 *Fleischer/Bedkowski*, DStR 2010, S. 933 (937).

WpHG[732] eine strafähnliche Norm im Sinne der Rechtsprechung des BVerfG[733] dar,[734] da sie Vergeltungs- und keinen Kompensationscharakter aufweise; mithin gelte auch für den Rechtsverlust aus § 44 WpHG das Analogieverbot.[735]

c) Stellungnahme

Wenn der Gesetzgeber ein Ge- oder Verbot aufstellt und dieses mit einer straf- oder ordnungsrechtlichen Sanktion verknüpft, geht er, auch ohne dies nochmals eigenständig darlegen zu müssen, von einer restriktiven Handhabung der betreffenden Norm aufgrund der Geltung des Analogieverbots aus. Dies legt bereits die Regelungstechnik nahe. Anderenfalls würde er als Rechtsfolge der Zuwiderhandlung kaum eine Straf- oder Bußgeldbewehrung vorsehen, welche die Geltung des strafrechtlichen Bestimmtheitsgrundsatzes aus Art. 103 Abs. 2 GG nach sich zieht. Will man dies anders sehen, so unterstellt man dem Gesetzgeber eine grundsätzlich differenzierende Gesetzgebungs- und Regelungstechnik, solange er nicht ausdrücklich auf eine einheitliche Rechtsanwendung hinweist. Dies wäre bereits aus rechtsstaatlicher Sicht bedenklich.

Es ist vielmehr davon auszugehen, dass der Gesetzgeber im Normtext oder in der Gesetzesbegründung auf eine – gewollte – gespaltene Normanwendung Bezug nehmen würde. Dies gilt vor allem mit Blick auf die Unsicherheiten, die sich aufgrund einer Bußgeldbewehrung hinsichtlich des Analogieverbots ergeben würde. Auch besteht für den Gesetzgeber keine Pflicht, auf die Geltung des Art. 103 Abs. 2 GG beim Erlass eines Gesetzes gesondert hinzuweisen, wie dies beispielsweise nach Art. 19 Abs. 1 S. 2 GG (Zitiergebot) für grundrechtseinschränkende Gesetze gilt.

Einzelne Befürworter der gespaltenen Normanwendung verweisen als ein wesentliches Argument auf eine Entscheidung des BVerfG aus dem Jahre 2006.[736] Diese beinhalte, so wird angeführt, keine grundsätzlichen Bedenken gegen eine gespaltene Normanwendung.[737] In dem vom BVerfG entschiedenen Fall ging es um die Reichweite der Genehmigungspflicht für die Vermögensverwaltung gemäß § 1 Abs. 1a S. 2 Nr. 2 KWG und die damit verbundene Reichweite des Analogieverbots bei Blankettstrafgesetzen[738], da die Finanzportfolioverwaltung unter den Erlaubnisvorbehalt des § 32 Abs. 1 S. 1 KWG fällt und gemäß § 54 Abs. 1 Nr. 2 KWG strafbewehrt ist. Dem Verfahren ging eine Entscheidung des BVerwG

---

732 Zuvor § 28 WpHG a. F.
733 BVerfGE 20, 323; 50, 205 (214); 80, S. 109 (120).
734 *von Bülow/Petersen*, NZG 2009, S. 1373 (1376); *Widder/Kocher*, ZIP 2010, S. 457 (459).
735 *Widder/Kocher*, ZIP 2010, S. 457 (459).
736 BVerfG, Beschluss vom 5. April 2006, 1 BvR 2780/04 = NZG 2006, S. 499 ff.
737 So *Segna*, ZGR 2015, S. 84 (100), auch Bezug nehmend auf *Hammen*, Der Konzern 2009, S. 18 (20 f.).
738 Zm Begriff der Blankettstrafgesetze sogleich auf Seite 200, dort Gliederungspunkt 3.

aus dem Jahre 2004 voraus.[739] Der 6. Senat des BVerwG führte dabei aus, dass sich das Normverständnis des damaligen Bundesaufsichtsamts für Kreditwesen (BAKred)[740] auch innerhalb der im Strafrecht zulässigen Auslegungsmethoden bewege.[741] Der Senat fügte dieser Aussage noch eine weitere hinzu: „Selbst wenn aber die hier vorgenommene Auslegung bereits die Grenze zur Analogie erreichen würde, wäre dies ohne entscheidungserhebliche Bedeutung. Ein vorrangiges Ziel des hier angewandten Regelwerkes ist der Schutz der Anleger durch wirkungsvolle Präventivmaßnahmen. Ob diese durch repressive Maßnahmen, namentlich durch Strafverfolgung, ergänzt und verstärkt werden können, ist von sekundärer Bedeutung."[742] Ein klares Bekenntnis zu einer gespaltenen Rechtsanwendung ist dies freilich nicht. Das BVerwG sieht hier vielmehr den Schutz der Anleger und die erforderliche Effizienz damit verbundener Präventivmaßnahmen als vorrangig an. Der Gesetzgeber verstärke bzw. ergänze mithilfe der Strafverfolgung lediglich diese vorrangigen Präventivmaßnahmen.[743] Eine weitergehende Begründung, weshalb das Analogieverbot aus Art. 103 Abs. 2 GG in einem solchen Fall nicht gelten solle, bleibt das BVerwG schuldig.

In dem darauf folgenden Verfahren der Verfassungsbeschwerde des unterlegenen Klägers vor dem BVerfG verneinte dieses in dem angesprochenen Beschluss einen Verstoß gegen das Analogieverbot mit der Begründung, ein verwaltungsrechtlicher Erlaubnistatbestand, der von einer Strafvorschrift in Bezug genommen werde, unterliege nicht generell den Beschränkungen des Analogieverbots, „[...] sondern nur, soweit er zur Ausfüllung der strafrechtlichen Blankettnorm herangezogen und damit selbst zum Teil der Strafrechtsnorm [...]" werde.[744] Für sich betrachtet, kann in dieser Äußerung des BVerfG durchaus eine gewisse Tendenz zu einer differenzierteren Anwendung des besonderen Analogieverbots aus Art. 103 Abs. 2 GG gesehen werden. Jedoch muss diese Entscheidung auch in den Kontext weiterer Entscheidungen des BVerfG und den mit ihnen verbundenen Rechtsprechungsgrundsätzen gesetzt werden.

Im Schrifttum werden Entscheidungen des BVerfG angeführt, die sowohl für[745] als auch gegen[746] eine gespaltene Rechtsanwendung sprechen könnten.[747] Jedoch enthalten diese Entscheidungen des BVerfG allesamt keine konkreten Aussagen

739 BVerwG, Urteil vom 22. September 2004 – 6 C 29/03, BVerwGE 122, S. 29 ff. = NZG 2005, S. 265.
740 Nunmehr BaFin.
741 Vgl. BVerwG, NZG 2005, S. 265 (270).
742 Vgl. BVerwG, NZG 2005, S. 265 (270).
743 Vgl. BVerwG, NZG 2005, S. 265 (270).
744 BVerfG, NZG 2006, S. 499.
745 BVerfGE 48, S. 60 ff.
746 BVerfGE 78, S. 205 (213) sowie; BVerfGE 73, S. 206 (238 f.); 81, S. 70 (94); 85, S. 69 (74 ff.).
747 *Wilke*, Grenzen einheitlicher Rechtsanwendung (2010), S. 307; *Enderle*, Blankettstrafgesetze (2000), S. 208, 209 f.

zur Beantwortung der Frage, ob eine gespaltene Rechtsanwendung zulässig sein soll oder nicht. Es lassen sich jeweils nur gewisse Tendenzen erkennen. *Enderle* wertet die angeführten Entscheidungen als Bekenntnis zur Ablehnung einer Normspaltung,[748] während *Wilke* mit Verweis auf die bereits angesprochene Entscheidung des BVerfG aus dem Jahr 2006[749] den Standpunkt *Enderles* als nicht mehr zutreffend bezeichnet.[750]

Man mag *Wilke* in dem Punkt zustimmen, dass die Aussagen der obersten Bundesgerichte und des BVerfG bezüglich der Reichweite des Analogieverbots bei Blankettstrafgesetzen zum Teil widersprüchlich erscheinen. Ihnen ist weder eine klare Abkehr vom Grundsatz der einheitlich engen Rechtsanwendung noch eine klare Befürwortung einer gespaltenen Normanwendung zu entnehmen. Mitnichten ist aber davon auszugehen, dass die gespaltene Rechtsanwendung von der Mehrheit der Gerichte akzeptiert und praktiziert würde.[751] So sprach *Tiedemann* bereits im Jahre 1989 von einer deutlichen Tendenz in der Praxis der Gerichte, eine Normspaltung im Interesse der Rechtssicherheit vermeiden zu wollen.[752] Eine grundsätzliche Abkehr von dieser Haltung ist nicht zu erkennen.

Wilke verweist außerdem auf ein Urteil des BVerwG aus dem Jahre 2009.[753] Im zugrundeliegenden Fall ging es um die Auslegung des § 11b TierSchG, der gemäß § 18 Abs. 1 Nr. 22 TierSchG bußgeldbewehrt ist. In seiner Entscheidung führt der 7. Senat des BVerwG aus, dass „[...] sowohl die Bußgeldvorschrift (§ 18 I Nr. 22 TierSchG) als auch die materielle verwaltungsrechtliche Norm (§ 11b I und II TierSchG) in ihrer Gesamtheit hinsichtlich Auslegung und Anwendung im Einzelfall den verschärften verfassungsrechtlichen Bestimmtheitsanforderungen des Art. 103 II GG genügen [...]“ müssten.[754] Das BVerwG dehnt in dieser Entscheidung die Reichweite des Analogieverbots auf die verwaltungsrechtliche Bezugsnorm des Ordnungswidrigkeitstatbestandes aus und setzt sich damit zum Teil in Widerspruch zu seiner erwähnten Entscheidung aus dem Jahre 2004. Ein wesentlicher Unterschied der Entscheidungen könnte darin zu sehen sein, dass die Ausführungen des BVerwG in der jüngeren Entscheidung entscheidungserheblich waren. Im Jahre 2004 wähnte es sich innerhalb der Grenzen des Art. 103 Abs. 2 GG und traf seine weitergehenden Aussagen lediglich in einem *obiter dictum*.

Auch das Urteil des BVerfG aus dem Jahr 2009[755] könnte in Widerspruch zu einer Entscheidung aus dem Jahr 2006[756] stehen. In der Entscheidung aus dem

748 So *Enderle*, Blankettstrafgesetze (2000), S. 210.
749 Vgl. BVerfG, Beschluss vom 5. April 2006 – 1 BvR 2780/04 = NZG 2006, S. 499 ff.
750 *Wilke*, Grenzen einheitlicher Rechtsanwendung (2010), S. 310 (dort Fn. 1523).
751 So aber *Wilke*, Grenzen einheitlicher Rechtsanwendung (2010), S. 312.
752 Vgl. *Tiedemann*, JuS 1989, S. 689 (695).
753 BVerwG, Urteil vom 17. Dezember 2009, AZ: 7 C 4/09 = NVwZ-RR 2010, S. 309 ff.
754 BVerwG NVwZ-RR 2010, S. 309 (Rn. 19).
755 BVerfG, Beschluss vom 17. November 2009 – 1 BvR 2717/08 = BeckRS 2009, 42132 = NJW 2010, S. 754 = NZM 2010, S. 154.
756 Vgl. Fn. 736.

Jahr 2009 ging es um den Erlass eines Bußgeldbescheides gegen einen ruhestörenden Klavierspieler gemäß § 15 Abs. 1 Nr. 4 des Berliner Immissionsschutzgesetzes (Berliner ImSchG), in dem § 4 Berliner ImSchG und die dort enthaltenen Begriffe des „Lärms" sowie der „erheblichen Ruhestörung" in Bezug genommen werden. Das BVerfG führte in diesem Zusammenhang aus: „Legt eine Sanktionsnorm [...] das bewehrte Verhalten nicht selbst fest, sondern verweist sie auf eine verwaltungsrechtliche Vorschrift, müssen beide Vorschriften in ihrer Gesamtheit sowie ihre Auslegung und Anwendung im Einzelfall den verfassungsrechtlichen Vorgaben des Art. 103 II GG genügen. [...] Für die Rechtsprechung folgt aus dem Erfordernis gesetzlicher Bestimmtheit ein Verbot analoger oder gewohnheitsrechtlicher Strafbegründung oder Bußgeldbewehrung."[757] Das BVerfG stellt damit klar, dass bei Blankettstrafgesetzen, die eine verwaltungsrechtliche Norm in Bezug nehmen, die Vorgaben des Art. 103 Abs. 2 GG für beide Vorschriften gelten und somit eine einheitlich enge Auslegung geboten ist.

Diese Linie setzt sich in einem Beschluss des BVerfG aus dem Jahre 2011[758] fort. In dem diesem Beschluss zugrundeliegenden Fall wandte sich der Beschwerdeführer im Wege der Verfassungsbeschwerde gegen einen Bußgeldbescheid wegen eines ihm gemäß § 62 Abs. 1 Nr. 3 BImSchG zur Last gelegten Verstoßes gegen eine immissionsschutzrechtliche Auflage. Das BVerfG hat diesbezüglich ausgeführt, dass die Anforderungen aus Art. 103 Abs. 2 GG auch dann gelten, „wenn die Sanktionsnorm sich [...] aus einem gesetzlichen Blanketttatbestand und einer diesen ausfüllenden Behördenentscheidung zusammensetzt. Der Schutzzweck des Art. 103 Abs. 2 GG darf nicht dadurch unterlaufen oder ausgehöhlt werden, dass das eigentliche Verbot sich für den Adressaten nicht schon aus der Gesetzesnorm, sondern erst aus der behördlichen Festlegung erschließt. Auch dann muss der Bereich sanktionierten Verhaltens im Vorhinein in Gesetzesnorm und Verwaltungsentscheidung für den Adresstaten [sic] hinreichend klar erkennbar festgelegt sein, was der Auslegung auch der verwaltungsbehördlichen Konkretisierung durch die Strafgerichte entsprechende Grenzen setzt."[759] Auch in diesem Beschluss erstreckt das BVerfG die Anforderungen des Art. 103 Abs. 2 GG auf die Ebene des Verwaltungsrechts.

Zuletzt sei ein Beschluss des BVerfG aus dem Jahre 2014 erwähnt, in dem sich der Beschwerdeführer gegen eine gemäß § 60 Abs. 3 HeilBerG NRW nicht anonymisierte Veröffentlichung seiner Zuwiderhandlungen in einem Ärzteblatt wendete. Das BVerfG stellt darin ausdrücklich klar, dass die Anforderungen des Art. 103 Abs. 2 GG nicht nur für Strafnormen gelten, sondern sich auch auf andere Normtypen erstrecken können.[760] Das BVerfG führt damit seine einheitlich enge Interpretation von Blankettstrafgesetzen fort.

757 BVerfG, NJW 2010, S. 754 (Rn. 15).

758 BVerfG, Beschluss vom 15. September 2011 – 1BvR 519/10 = BeckRS 2011, 55535.

759 BVerfG, BeckRS 2011, 55535 (Rn. 39).

760 Vgl. BVerfG, Beschluss vom 3. März 2014 – 1 BvR 1128/13 = ZD 2014, 408 (Rn. 13). Hier für den Bereich des Berufsrechts, wobei das BVerfG darauf hinweist, dass

Den dargestellten Entscheidungen des BVerfG lässt sich entnehmen, dass in Fällen, in denen straf- oder ordnungswidrigkeitsrechtliche Sanktionsnormen sowie solche des Zivil- oder Verwaltungsrechts mit Blankettcharakter zur Anwendung kommen, eine einheitlich enge Auslegung aufgrund der Ausstrahlungswirkung des Art. 103 Abs. 2 GG geboten ist. Eine klare Positionierung des BVerfG zur Frage der gespaltenen Normanwendung ist insoweit zwar nicht erkennbar. Eine Etablierung der gespaltenen Normanwendung in der Jurisprudenz lässt sich mit den dargelegten Entscheidungen aber jedenfalls nicht begründen.

Auch dass der EuGH in einer Entscheidung aus dem Jahre 2005[761] der gespaltenen Rechtsanwendung eine Absage erteilt habe, wie dies zum Teil behauptet wird,[762] ist nicht ohne Weiteres ersichtlich. Im zugrundeliegenden Fall ging es um die Auslegung von Art. 3 lit. a) der (ehemaligen) Insiderrichtlinie[763]. Der EuGH hat ausgeführt, dass die Auslegung des Anwendungsbereichs einer Richtlinie nicht davon abhängen könne, ob diese Richtlinie in einem zivil-, verwaltungs- oder strafrechtlichen Verfahren geltend gemacht werde.[764] Damit tritt der EuGH zunächst für eine einheitliche Auslegung des zur Durchführung einer Richtlinie erlassenen nationalen Rechts und damit für einen einheitlichen Anwendungsbereich einer Richtlinie innerhalb eines Mitgliedstaates ein. Zudem erteilt er der Begründung einer Strafbarkeit allein auf Grundlage einer Richtlinie, d. h. ohne dass eine solche Strafbarkeit im nationalen Umsetzungsakt vorgesehen ist, eine Absage.[765] Da die Mitteilungspflichten nach WpHG auf der europäischen Transparenzrichtlinien beruhen, können die Aussagen des EuGH zur Umsetzung der Insiderrichtlinie unterschiedlich interpretiert werden. *Segna* sieht in dem Urteil lediglich eine Bekräftigung des Grundsatzes nulla poena sine lege, hingegen kein Plädoyer gegen eine gespaltene Rechtsanwendung.[766] Der EuGH habe mit seiner Entscheidung einzig dem Umstand Rechnung getragen, dass die Insiderrichtlinie den Mitgliedstaaten Mindestanforderungen bezüglich der Sanktionierung der Richtlinie widersprechenden Verhaltens vorschreibe, ohne ein eigenes Sanktionsregime festzuschreiben, und es damit den Mitgliedstaaten überlassen bleibe, welches Verfahren der Sanktionierung sie wählen.[767]

---

sich aus der Natur des Rechtsgebiets gewisse Einschränkungen hinsichtlich der Geltung des Art. 103 Abs. 2 GG ergeben können.

761 Vgl. bereits Fn. 724.

762 Vgl. bereits Fn. 725.

763 Richtlinie 89/592/EWG des Rates zur Koordinierung der Vorschriften betreffend Insider-Geschäfte vom 13. November 1989, ABl. EG Nr. L 334, S. 30.

764 EuGH, Urteil vom 22. November 2005, Rs. C-384/02, Slg.2005 I-9939 – Grøngaard/Bang (Rn. 28).

765 Vgl. EuGH, a.a.O. (Fn. 761), (Rn. 30).

766 *Segna*, ZGR 2015, S. 84 (105); so auch *Wilke*, Grenzen einheitlicher Rechtsanwendung (2010), S. 353 ff.; *Schürnbrand*, NZG 2011, S. 1213 (1216).

767 *Segna*, ZGR 2015, S. 84 (105 f.).

Es spricht hingegen einiges dafür, die Aussagen des EuGH in einem weiteren Kontext als dem soeben dargestellten zu verstehen und in ihnen auch die Verneinung einer möglichen gespaltenen Rechtsanwendung zu erblicken. Denn der EuGH bekräftigt mit seiner Entscheidung, dass der Anwendungsbereich einer Richtlinie nicht unterschiedlich zu bewerten ist. Es kommt ihm nicht auf die Rechtsnatur der Sanktionierung, sondern auf die Einheitlichkeit der Rechtsanwendung an. Überträgt man diese Erkenntnis auf die Beantwortung der Frage nach der Zulässigkeit einer gespaltenen Rechtsanwendung bezüglich europarechtlich geprägter Normen wie den Meldepflichten nach WpHG, so ist es überzeugend, die gespaltene Rechtsanwendung als unzulässig anzusehen. Denn sie macht vom Charakter der Sanktionsnorm die Reichweite des Anwendungsbereichs der europarechtlich geprägten Meldepflichttatbestände abhängig. Dies ist letztlich vergleichbar mit dem Ausspruch des EuGH, der es als unzulässig ansieht, den Anwendungsbereich einer Richtlinie von der Natur des gewählten Verfahrens der Sanktionierung abhängig zu machen. Würde man dies anders sehen, käme man zu dem Schluss, der EuGH verbiete zwar einen unterschiedlichen Anwendungsbereich einer Richtlinie aufgrund der Wahl unterschiedlicher Verfahrensarten bei der Umsetzung der Sanktionsziele; hingegen solle ein differierender Anwendungsbereich aufgrund der unterschiedlichen Rechtsnatur der (gewählten) Sanktionen des nationalen Gesetzgebers von den Aussagen des EuGH nicht erfasst sein. Dies wäre widersprüchlich. Der Ausspruch des EuGH ist mithin dahingehend zu verstehen, dass auch die unterschiedliche Rechtsnatur von Sanktionsnormen nicht zur Zulässigkeit einer gespaltenen Normanwendung im Bereich der Meldepflichten des WpHG führt.

Was die Meldepflichten nach WpHG angeht, würde die Anerkennung der gespaltenen Normanwendung zu Unsicherheiten hinsichtlich der Reichweite der mit einem Verstoß gegen diese Pflichten verbundenen unterschiedlichen Sanktionen führen. Den Inhaber einer wesentlichen Beteiligung könnte – mit Blick auf die zivilrechtliche Sanktion des § 44 WpHG – bei Zugrundelegung einer weiten Auslegung der Meldepflichten eine Pflicht zur Mitteilung einer Veränderung seiner Beteiligung treffen. Gleichzeitig wären der BaFin hinsichtlich der straf- und ordnungsrechtlichen Sanktionierung die Hände gebunden, da durch die Geltung des strafrechtlichen Analogieverbots der tatbestandliche Anwendungsbereich der Meldepflichten eingeschränkt wäre. Es ist unbestritten, dass die Auslegung einer Norm auch von deren Auswirkungen auf die Rechtsunterworfenen abhängig ist. Eine Auslegung, die zu einer Rechtsfolge führt, welche als unbillig anzusehen wäre, wird schwerlich zu rechtfertigen sein, soweit andere Auslegungsmöglichkeiten existieren, die eine angemessene Rechtsfolge vorsehen. Die gespaltene Rechtsanwendung hingegen ist von einem solchen Fall zu unterscheiden. Es wird nicht die Rechtsfolge einer möglichen Auslegung betrachtet und bewertet, sondern von der möglichen Rechtsfolge auf die anzuwendenden Prinzipien der Auslegung des Meldetatbestands geschlossen. Ein und derselbe Tatbestand einer Mitteilungspflicht hätte damit unterschiedliche Anwendungsbereiche.

Unabhängig von der dogmatischen Haltbarkeit der gespaltenen Rechtsanwendung widerspricht diese dem Ziel der Beteiligungspublizität, das Vertrauen der Marktteilnehmer zu stärken. Diesem Ziel wäre es abträglich, sollte ein Verhalten zwar grundsätzlich zu einer Meldepflicht führen, bei einem Verstoß gegen diese Meldepflicht eine Sanktionierung mittels Bußgeldes hingegen scheitern. Eine solche Sichtweise ist wenig überzeugend und kann zu einer Schwächung des Vertrauens der Anleger führen. Auch wenn die Meldetatbestände aufgrund einer gespaltenen Gesetzesanwendung einen erweiterten Anwendungsbereich gewinnen würden, wäre damit wenig erreicht. Denn ohne wirkungsvolle Sanktionierungsmöglichkeit verhilft auch der weiteste Anwendungsbereich zu keinem Gewinn an Rechtssicherheit, sondern führt zu deren Schwächung. Auch die Befürworter einer gespaltenen Rechtsanwendung erkennen an, dass die strafrechtliche Sanktion das stärkste Mittel des Gesetzgebers darstellt, um seinen Ge- und Verboten besondere Durchsetzungskraft zu verleihen.[768] Es ist hingegen widersprüchlich, einerseits auf die Schlagkraft der gesetzgeberischen Regelungstechnik hinzuweisen, andererseits von einem unvollkommenen und unvollendeten Regelungsplan auszugehen. Auch wenn die zivilrechtliche Sanktion des Rechtsverlusts nach § 44 WpHG zum Teil als „strafähnlich" bezeichnet wird[769] und sich für professionelle Anfechtungskläger[770] als „schärfstes Schwert" herausgebildet hat,[771] kann dies nicht darüber hinwegtäuschen, dass die gespaltene Normanwendung ein dogmatisch nicht überzeugendes Konstrukt darstellt und der Rechtssicherheit abträglich wäre. Das gegensätzliche Postulat *Wilkes* vermag daran nichts zu ändern.[772] Die Konstruktion einer gespaltenen Rechtsanwendung im Verhältnis der Meldepflichten des WpHG und deren Sanktionsnormen, welche eine Beschränkung der Reichweite der Geltung des Analogieverbots begründen soll, verkehrt den Aspekt der Rechtssicherheit und -klarheit vielmehr in sein Gegenteil. Denn geht man von der Prämisse aus, dass sich für den Adressaten bei straf- oder bußgeldbewehrten Ver- und Geboten die erlaubten und die nicht erlaubten Handlungen klar und eindeutig aus der jeweiligen (Blankett)Norm in ihrem Gesamtzusammenhang ergeben müssen, so führt die gespaltene Rechtsanwendung lediglich zu einer weiteren Verästelung des Dickichts und nicht zu dessen Auflösung.

---

768 So ähnlich *Schürnbrand*, NZG 2011, S. 1213 (1214).

769 Noch zu § 28 WpHG a. F. *Mülbert*, FS K. Schmidt, S. 1219 (1231); *Fleischer/Bedkowski*, DStR 2010, S. 933 (937); *Widder/Kocher*, ZIP 2010, S. 457 (459).

770 Als professionelle Anfechtungskläger bezeichnet man Aktionäre, die regelmäßig gegen Hauptversammlungsbeschlüsse von börsennotierten Aktiengesellschaften Anfechtungsklagen mit dem Ziel erheben, damit einen Vergleich durchsetzen zu können, mit dem sie Geld verdienen.

771 *Segna*, ZGR 2015, S. 84 (88) m. w. N.

772 Vgl. zu den Aussagen *Wilkes* bereits Fn. 720.

Der Gedanke der Rechtssicherheit und -klarheit dient in erster Linie Adressaten einer Rechtsnorm ohne spezifische juristische Kenntnisse und ist an diesem Leitbild zu messen.[773] Die Logik der gespaltenen Rechtsanwendung ist für einen solchen Adressaten mitnichten klar und eindeutig zu erkennen, sondern widerspricht der grundlegenden Erwartung, dass ein Verbots- bzw. Gebotstatbestand entweder erfüllt ist oder nicht und sich die mit einer Zuwiderhandlung verbundenen Sanktionen erkennen lassen. Hiergegen kann auch nicht ins Feld geführt werden, dass eine Handlung gleichwohl zu einer zivilrechtlichen Haftung führen kann, während sie strafrechtlich nicht zu ahnden ist.[774] Eine solche Sichtweise verkennt die grundlegenden Unterschiede zwischen zivilrechtlicher Haftung einerseits und der strafrechtlichen Ahndung eines bestimmten Verhaltens andererseits. Zivilrechtliche Haftung bedeutet das Einstehen für einen nicht gerechtfertigten Vermögensvorteil.[775] Sie verfolgt ihrer Natur nach keinen Pönalisierungszweck, sondern es geht grundsätzlich um ein bloßes Verpflichtetsein, ohne eine weitere Bewertung der haftenden Person oder ihres Verhaltens.[776] Aus diesem Begriffsverständnis folgt auch die begriffliche Unterscheidung zwischen Haftung und Ahndung. Verbindet der Gesetzgeber in einem abgeschlossenen Regelungsbereich wie den Meldepflichten nach WpHG die Zuwiderhandlung gegen ein Ge- oder Verbot mit zivilrechtlichen, aufsichtsrechtlichen sowie straf- bzw. bußgeldbewehrten Sanktionen, so geht er von einem einheitlichen Sanktionsregime und damit von einer einheitlichen Geltung der Ge- und Verbotsnormen im Zusammenhang mit ihrer Sanktionierung aus. Der Gesetzgeber weitet damit den Ahndungszweck auf andere Rechtsgebiete aus, um einer Zuwiderhandlung gegen das Ge- oder Verbot bestmöglich vorzubeugen und eine effektive Abschreckung zu erzielen. Eine andere Sichtweise führt zu einer künstlichen und vom gesetzgeberischen Willen nicht umfassten Aufspaltung dieses einheitlich konstruierten Sanktionsregimes. Der Normspaltung bzw. gespaltenen Auslegung im Rahmen der Anwendung der Meldepflichten des WpHG ist daher nicht zu folgen.[777]

---

773 In Anlehnung an BVerfG 71, S. 108 (115) wonach der Wortsinn aus der Sicht des Bürgers zu bestimmen sei.

774 Vgl. insoweit *Schürnbrand*, NZG 2011, S. 1213 (1215).

775 So ähnlich auch *Achenbach*, ZIS 2012, S. 178 (178 f.).

776 Vgl. *Achenbach*, ZIS 2012, S. 178.

777 So auch *Assmann*, in: ders./Schneider/Mülbert, WpHG, 7. Aufl. (2019), Einl., Rn. 35; *Zimmermann*, in: Fuchs, WpHG, 2. Aufl. (2016), Vor §§ 21–30, Rn. 25; *Fuchs*, in: ders., WpHG, 2. Aufl. (2016), Einl., Rn. 106; *Veil*, in: Schmidt/Lutter, AktG, Bd. I, 3. Aufl. (2015), Anh. § 22: Vor §§ 21 ff. WpHG, Rn. 7; *Fleischer/Bedkowski*, DStR 2010, S. 933 (936); *Veil/Dolff*, AG 2010, S. 385 (389).

d) *Zur Frage der Reichweite des Analogieverbots aus Art. 103 Abs. 2 GG im Rahmen der Meldepflichten nach WpHG*

Wie bereits angesprochen, wird die Frage der Reichweite des Analogieverbots aus Art. 103 Abs. 2 GG im Rahmen der Anwendung der Meldepflichten nach WpHG nicht einheitlich beantwortet. Es geht zum einen um die Frage der Reichweite des Analogieverbots, zum anderen um dessen Auswirkungen im Rahmen der Gesetzesauslegung. Soweit es um die Anwendung der Sanktionsmittel der §§ 119, 120 ff. WpHG[778] geht, wird die Geltung des Analogieverbots aus Art. 103 Abs. 2 GG einhellig bejaht. Sofern die Verwirklichung dieser Sanktionstatbestände in Frage steht, sind Analogien zulasten des Meldepflichtigen unzulässig und ist bei der Auslegung die Grenze des möglichen Wortsinns zu beachten.

Uneinheitlich wird dagegen die Frage beantwortet, ob auch die Meldetatbestände der §§ 33, 38, 39 WpHG, welche durch § 120 Abs. 2 Nr. 2 lit. d) und e) WpHG in Bezug genommen werden, für sich betrachtet dem Analogieverbot unterfallen.

Zuwiderhandlungen gegen die Meldepflichten des WpHG sind im Rahmen des geltenden Sanktionsmechanismus über § 120 WpHG bußgeldbewehrt. Bei § 120 WpHG handelt es sich um eine ordnungsrechtliche Blankettnorm bzw. einen Blankettordnungswidrigkeitstatbestand.[779] So sanktionieren §§ 120 Abs. 2 Nr. 2 lit. d) und e) WpHG über den Verweis auf die §§ 33, 38, 39 WpHG Verstöße gegen die dort normierten Meldepflichten. §§ 120 Abs. 2 Nr. 2 lit. d) und e) WpHG stellen somit unvollständige Ordnungswidrigkeitstatbestände dar, da sie „[...] die Beschreibung des [Straf]Tatbestandes durch die Verweisung auf eine Ergänzung im gleichen Gesetz [...] [vornehmen]“.[780] Die Meldetatbestände des WpHG sind aufgrund dieser Inbezugnahme zur Ausfüllung eines ordnungsrechtlichen Blanketts (§ 120 WpHG) bestimmt, welches eine Bußgeldsanktion bei Zuwiderhandlungen gegen die Meldepflichten vorsieht.

Damit stellt sich die grundlegende Frage, ob bei der Anwendung der Bezugsnormen, hier der §§ 33, 38, 39 WpHG, das besondere Analogieverbot aus Art. 103 Abs. 2 GG zu beachten ist. Wie bereits bei der Diskussion zur gespaltenen Rechtsanwendung ausführlich dargestellt,[781] gilt im Rahmen der Anwendung der Meldepflichten des WpHG das Einheitsmodell. Danach ist aufgrund der Bußgeldbewehrung der Meldepflichten bei deren Auslegung das Analogieverbot aus Art. 103 Abs. 2 GG zu beachten.[782] Dies gilt insbesondere mit Blick auf die

---

778 Zuvor §§ 38, 39 WpHG a. F.

779 Soweit ersichtlich einhellige Meinung, vgl. *Spoerr*, in: Assmann/Schneider/Mülbert, WpHG, 7. Aufl. (2019), § 120, Rn. 54; *Waßmer*, in: Fuchs, WpHG, 2. Aufl. (2016), Vor §§ 38–40b, Rn. 37; *Altenhain*, in: Kölner Kommentar WpHG, 2. Aufl. (2014), § 39, Rn. 2.

780 BVerfGE 14, S. 245 (252). Änderung und Einfügung durch den Verfasser.

781 Siehe Seite 159, dort ab Gliederungspunkt a).

782 Vgl. Fn. 723.

rechtssichere Anwendung der Meldepflichten. Denn allein die Beachtung der Wortlautgrenze als Ausfluss des strafrechtlichen Analogieverbots aus Art. 103 Abs. 2 GG führt zu einer sachgerechten, der Rechtssicherheit dienenden und die Akzeptanz fördernden Lösung.

Das Analogieverbot erstreckt sich dabei nicht nur auf Analogien im engeren rechtstechnischen Sinne, sondern auf jede Rechtsanwendung, welche die inhaltlichen Grenzen der Sanktionsnorm in Bezug auf ihren Wortsinn überschreitet.[783] Für eine extensive Auslegung[784] bleibt damit kein Raum, da sie eine versteckte Analogie darstellt, die die Grenzen des möglichen Wortsinns regelmäßig überschreitet. Die damit möglicherweise einhergehenden Rechtsschutzlücken sind hinzunehmen, da nur so ein in sich konsistentes und der Rechtssicherheit dienendes Transparenzregime etabliert werden kann. Die Meldepflichten nach WpHG sind damit keiner analogen Rechtsanwendung zugänglich.

Zum Teil wird im Schrifttum als Argument für eine Analogiefähigkeit der Meldepflichten nach WpHG darauf aufmerksam gemacht, dass auch im Verwaltungsrecht Analogien mehr und mehr eine Ausdehnung erfahren würden.[785] Dies ist jedoch wenig überzeugend. Denn die Meldepflichten nach WpHG sind durch ihre Inbezugnahme in § 120 WpHG bußgeldbewehrt und unterliegen hinsichtlich ihrer Rechtsanwendung dem strafrechtlichen Analogieverbot aus Art. 103 Abs. 2 GG. Die mögliche Ausdehnung von Analogien im Verwaltungsrecht vermag an dieser Tatsache nichts zu ändern. Sobald materiell-rechtliche Normen des Verwaltungsrechts in Blankettstraftatbeständen in Bezug genommen werden, sperrt das Analogieverbot ebenfalls eine Rechtsanwendung über den möglichen Wortsinn hinaus.

5. Analogieverbot und richtlinienkonforme Auslegung

Da die Meldepflichten nach WpHG vor allem von unionsrechtlichen Vorgaben geprägt sind, stellt sich zugleich die Frage, in welchem Verhältnis das Gebot richtlinienkonformer Auslegung zum besonderen Analogieverbot aus Art. 103 Abs. 2 GG steht. Es treffen dabei zwei unterschiedliche Prinzipien aufeinander: Auf der einen Seite das Gebot richtlinienkonformer Auslegung,[786] welches europäischem Sekundärrecht im Rahmen der nationalen Rechtsanwendung zu weitest möglicher Geltung verhelfen soll, auf der anderen Seite das aus dem besonderen Bestimmtheitsgrundsatz des Art. 103 Abs. 2 GG abgeleitete

---

783 Vgl. für viele *Dannecker/Schuhr*, Leipziger Kommentar StGB, Bd. 1, 13. Aufl. (2020), § 1, Rn. 245; *Degenhart*, in: Sachs, Grundgesetz, 8. Aufl. (2018), Art. 103, Rn. 69; *Schmahl*, in: Schmidt-Bleibtreu/Hofmann/Henneke, GG-Kommentar, 14. Aufl. (2018), Art. 103, Rn. 70.

784 Dazu bereits Seite 157, dort ab Gliederungspunkt b).

785 Vgl. dazu *Segna*, ZGR 2015, S. 83 (100); *Wilke*, Grenzen einheitlicher Rechtsanwendung (2010), S. 295 f.

786 Siehe dazu bereits Seite 144, dort Gliederungspunkt bb).

strafrechtliche Analogieverbot, welches ein Verbot von Analogien zulasten der Normunterworfenen zur Folge hat und den Rechtsanwender auf die Grenzen des möglichen Wortsinns der Norm beschränkt. Es liegt auf der Hand, dass diese Prinzipien zum Teil in Widerspruch zueinanderstehen können. Dieser Widerspruch soll im Folgenden aufgelöst werden.

a) Ansichten in Rechtsprechung und Schrifttum

Das BVerfG hat zu der Frage des Verhältnisses zwischen richtlinienkonformer Auslegung und dem besonderen Analogieverbot in einem Beschluss aus dem Jahr 2011 Stellung bezogen.[787] Es hat dabei unter anderem die folgenden maßgeblichen Leitsätze formuliert:

„(...) Die unionsrechtliche Pflicht zur richtlinienkonformen Auslegung nationalen Rechts (vgl. Art. 4 III EUV) findet ihre Grenzen an dem nach innerstaatlicher Rechtstradition methodisch Erlaubten. (...) Ob und inwieweit das innerstaatliche Recht eine richtlinienkonforme Auslegung zulässt, können nur innerstaatliche Gerichte in den Grenzen des Verfassungsrechts beurteilen. (...) Der allgemeine, aus dem Rechtsstaatsprinzip folgende Vertrauensschutz steht – anders als der spezielle Vertrauensschutz des Art. 103 II GG – der teleologischen Reduktion einer gesetzlichen Vorschrift nicht generell entgegen. (...)“[788]

Den Aussagen des BVerfG lassen sich bereits die wichtigsten Kernaspekte zur Lösung der aufgeworfenen Frage entnehmen. Zum einen sind die tradierten nationalen Rechtsmethoden entscheidender Anknüpfungspunkt für die Bemessung der Reichweite des Gebots richtlinienkonformer Auslegung. Nur was nach den nationalen Methoden der Rechtsanwendung erlaubt ist, kann auch der richtlinienkonformen Auslegung als Instrument zur Verfügung stehen. Zudem kann sich die richtlinienkonforme Auslegung nur in den Grenzen des Verfassungsrechts bewegen. Die Aussagen des BVerfG entsprechen insofern dem grundsätzlichen Leitgedanken „Methodenfragen sind Verfassungsfragen“.[789]

Widersprechen nationale Vorschriften den Vorgaben und/oder Zielen einer Richtlinie, so legt der EuGH im Rahmen der richtlinienkonformen Auslegung ein weites Verständnis zugrunde, indem er die nationalen Gerichte verpflichtet sieht, – unter voller Ausschöpfung des Beurteilungsspielraums, den ihnen das nationale Recht einräumt – das zur Durchführung der Richtlinie erlassene Gesetz anzuwenden und auszulegen.[790] Dies umfasst nach überwiegender

787 BVerfG, Beschluss vom 26. September 2011 – 2 BvR 2216/06 u. a., NJW 2012, S. 669 ff.
788 BVerfG, NJW 2012, S. 669.
789 *Michael/Payandeh*, NJW 2015, S. 2392 (2396).
790 EuGH NJW 1984, S. 2021 (2022). Für das weitere Verständnis ist eine Darstellung des der Entscheidung zugrundeliegenden Sachverhalts sowie der Entscheidungsgründe entbehrlich. Jedenfalls sieht der EuGH die nationalen Gerichte zur richtlinienkonformen Auslegung im Rahmen ihres nationalen Rechtsanwendungsspielraums berufen.

Ansicht in Rechtsprechung und Schrifttum die Pflicht zur weitest möglichen Herstellung eines richtlinienkonformen Zustands auch im Wege richtlinienkonformer Rechtsfortbildung.[791]

Ob die Aussagen des EuGH dahingehend zu verstehen sind, dass die richtlinienkonforme Auslegung Vorrang vor dem Analogieverbot aus Art. 103 Abs. 2 GG genießt, ist nachfolgend zu klären. Sollte dies der Fall sein, wäre eine Analogie bzw. Rechtsfortbildung zulasten des Normunterworfenen über den Wortlaut der Norm hinaus möglich.[792]

Es ist zunächst festzuhalten, dass das BVerfG und der EuGH darin übereinstimmen, dass die richtlinienkonforme Auslegung ihre Grenzen in der mitgliedstaatlichen Rechtsmethodik findet. Denn auch der EuGH sieht den Rechtsanwender nur dazu verpflichtet, den Beurteilungsspielraum auszunutzen, den ihm das nationale Recht einräumt.[793]

Der strafrechtliche Gesetzlichkeitsgrundsatz[794] und dessen Ausformungen – wie der Bestimmtheitsgrundsatz, das Analogieverbot und das Rückwirkungsverbot – sind nicht nur in Deutschland, sondern in allen Rechtsordnungen der EU-Mitgliedstaaten allgemein anerkannt.[795] Da das strafrechtliche Analogieverbot damit ein wichtiges Grundprinzip nicht nur des deutschen Rechts darstellt, und zudem mit Verfassungsrang ausgestattet ist, kann es nicht dem Prinzip richtlinienkonformer Auslegung weichen. Dies ist weitgehend anerkannt.[796]

Anders sehen dies *Dannecker/Schuhr*, die unter Hinweis auf den Anwendungsvorrang des Unionsrechts, der auch für das Strafrecht gelten solle, eine über die

791 Vgl. BGHZ 179, S. 27 (34 f. Rn. 21) – Quelle-Urteil = JuS 2009, S. 274 ff., mit Hinweis auf das weite Begriffsverständnis des EuGH (vgl. nur EuGH, Urteil vom 10. April 1984 – 14/83, Slg. 1984, 1891 = NJW 1984, S. 2021 (Rn. 26, 28) – von Colson; Urteil vom 5. Oktober 2004 – C-397/01 bis 403/01, Slg. 2004, I-8835 = EuZW 2004, S. 691 = NJW 2004, S. 3547 (Rn. 113) – Pfeiffer); *Canaris*, FS Bydlinski, S. 47 ff. (S. 81f.); *Gebauer*, in: ders./Wiedmann, Zivilrecht unter europäischem Einfluss, 2. Aufl. (2010), Kap. 4 Rn. 38, der darauf hinweist, dass der EuGH entsprechend französischer Rechtstradition nicht zwischen Auslegung und Rechtsfortbildung trenne; *Franzen*, Privatrechtsangleichung durch die Europäische Gemeinschaft (1999), S. 358; *Herresthal*, Rechtsfortbildung (2006), S. 317 f.; *Baldus/Becker*, ZEuP 1997, S. 874 (883); *Michael/Payandeh*, NJW 2015, S. 2392 (2395) m. w. N.; a. A. *Habersack/Mayer*, WM 2002, S. 253 (256) die den Wortlaut als Grenze richtlinienkonformer Rechtsfortbildung betrachten; *Ehricke*, ZIP 2004, S. 1025 (1029 f.).

792 Dafür beispielsweise *Segna*, ZGR 2015, S. 84 (123).

793 Vgl. Fn. 790.

794 *Nullum crimen, nulla poena sine lege.*

795 Vgl. *Dannecker/Schuhr*, Leipziger Kommentar StGB, Bd. 1, 13. Aufl. (2020), § 1, Rn. 43; *Wilke*, Grenzen einheitlicher Rechtsanwendung (2010), S. 250 m. w. N.

796 Vgl. EuGH, Urteil vom 8. Oktober 1987, Az. 80/86, Slg. 1987, S. 3969 – Kolpinghuis/Nijmegen, dort zum Gesetzlichkeitsprinzip „nullum crimen sine lege"; *Wilke*, Grenzen einheitlicher Rechtsanwendung (2010), S. 244 f., 257 m. w. N.; *Gaede/Mühlbauer*, wistra 2005, S. 9 (16) m. w. N.

Grenzen des Art. 103 Abs. 2 GG hinausgehende (analoge) Anwendung von (Straf-) Normen für möglich halten, die Unionsrecht in nationales Recht transferieren.[797] Zur Begründung führen sie an, dass der Anwendungsvorrang des Unionsrechts die nationalen Verfassungsvorschriften verdränge und damit die unionsrechtlichen Verfassungsprinzipien Geltung erlangten. Die unions- bzw. richtlinienkonforme Auslegung könne dabei zu einer Ausweitung der Anwendung von Strafrechtsnormen führen, da der EuGH den strafrechtlichen Bestimmtheitsgrundsatz bei blankettausfüllenden Normen nicht anwende.[798] Auch könnten nur allgemeine Rechtsgrundsätze die unionsrechtskonforme Auslegung begrenzen, zu denen das strafrechtliche Bestimmtheitsgebot jedoch nicht zähle.[799]

b) Stellungnahme

Der Ansicht von *Dannecker/Schuhr* kann nicht gefolgt werden, da sie die Figur der unionsrechtskonformen Auslegung in Bezug auf Strafrechtsnormen, die Richtlinien umsetzen, faktisch zum ranghöchsten Auslegungsinstrument erklärt. Die Rechtsprechung des EuGH hat aber gerade nicht zum Ziel, eine Vorrangstellung des Gemeinschaftsrechts zulasten mitgliedstaatlicher strafrechtlicher Bestimmtheitsprinzipien mit der „Brechstange" zu begründen.[800] Nicht zuletzt aufgrund der Tatsache, dass der EU bislang keine kompetenzrechtlichen Zuständigkeiten für den Bereich des Strafrechts übertragen wurden,[801] wäre ein anderes Ergebnis auch schwer nachvollziehbar. Schließlich beruht das Prinzip richtlinienkonformer Auslegung selbst auf einer richterlichen Fortbildung europäischen Primärrechts und kann daher keineswegs ein in der Verfassung eines EU-Mitgliedstaates verankertes strafrechtliches Analogieverbot verdrängen.

Das Analogieverbot aus Art. 103 Abs. 2 GG wird nicht durch die richtlinienkonforme Auslegung verdrängt[802] und findet daher im Rahmen der Anwendung der Meldetatbestände nach WpHG uneingeschränkte Anwendung. Es handelt sich um einen fundamentalen Bestandteil des Rechtsstaatsprinzips, der auch im Rahmen der richtlinienkonformen Auslegung nicht zur Disposition steht.[803]

---

797 *Dannecker/Schuhr*, Leipziger Kommentar StGB, Bd. 1, 13. Aufl. (2020), § 1, Rn. 349, 356.

798 Vgl. *Dannecker/Schuhr*, Leipziger Kommentar StGB, Bd. 1, 13. Aufl. (2020), § 1, Rn. 356 und 36 mit Verweis auf EuGH Slg. 1986, S. 795 (Roeser).

799 *Dannecker/Schuhr*, Leipziger Kommentar StGB, Bd. 1, 13. Aufl. (2020), § 1, Rn. 346.

800 Vgl. *Wilke*, Grenzen einheitlicher Rechtsanwendung (2010), S. 252.

801 Vgl. *Hecker*, Europäisches Strafrecht, 5. Aufl. (2015), S. 155 m. w. N.; eine Ausnahme erblickt *Hecker* in Art. 325 Abs. 4 AEUV, vgl. *ders.*, Europäisches Strafrecht, 5. Aufl. (2015), S. 160 (dort Rn. 83).

802 So auch *Satzger*, Europäisierung des Strafrechts (2001), S. 551 f. m. w. N.; *Schröder, Chr.*, Europäische Richtlinien (2002), S. 364 ff.; *Wilke*, Grenzen einheitlicher Rechtsanwendung (2010), S. 257.

803 Unabhängig von dieser dogmatischen Frage ist das strafrechtliche Bestimmtheitsgebot vom EuGH als allgemeiner Rechtsgrundsatz des Unionsrechts anerkannt und zudem in Art. 49 der EU-Grundrechte-Charta aufgenommen worden. Das

III. Résumé

Die Auslegung der Meldetatbestände hat sich am bewährten Auslegungskanon zu orientieren, wobei aufgrund der Umsetzung europarechtlicher Vorgaben auch die Anforderungen der richtlinienkonformen Auslegung zu beachten sind.

Die Meldepflichten des WpHG unterliegen nach hier vertretener Auffassung einheitlichen Prinzipien der Auslegung.[804] Eine gespaltene Normanwendung ist abzulehnen. Die Anerkennung der gespaltenen Normanwendung liefe mit Blick auf die Rechtssicherheit und Rechtsklarheit auf eine nicht haltbare Aufspaltung der Anwendungsbereiche der Meldepflichten des WpHG hinaus. Auch für den verständigen Adressaten der Meldepflichten wäre es nahezu unmöglich zu erkennen, dass seine Handlungen aufgrund einer ihn belastenden Analogie einerseits zivil- oder verwaltungsrechtliche Rechtsfolgen begründen können, ihm jedoch aufgrund des Analogieverbotes im Straf- und Ordnungswidrigkeitsrecht Sanktionen erspart blieben.

Demgemäß gelten auch für die Auslegung der Tatbestände der Meldepflichten des WpHG die Grenzen des strafrechtlichen Analogieverbots aus Art. 103 Abs. 2 GG. Dies gilt für den gesamten Anwendungsbereich der Meldepflichten des WpHG und nicht nur rechtsfolgenbezogen. Die Einheit der Rechtsordnung ist hier nicht nur lästiges „Totschlagsargument",[805] sondern rechtsstaatliches Gebot[806] und damit Direktive für die Rechtsanwendung. Zudem würde die normspaltende Auslegung eine unnötige richterrechtliche Ausweitung des vom Gesetzgeber *de lege lata* bestimmten Schutzbereichs der Norm bedeuten und weitere Rechtsunsicherheit in diesem komplexen Rechtsgebiet hervorrufen.[807]

---

strafrechtliche Analogieverbot ist daher grundsätzlich auch auf gemeinschaftsrechtlicher Ebene zu beachten.

804 Vgl. Fn. 723.

805 So aber *Wilke*, Grenzen einheitlicher Rechtsanwendung (2010), S. 4.

806 BVerfG, Urteil vom 15. Januar 1958 – 1 BvR 400/51 – „Lüth-Urteil" = BVerfGE 7, 198; ähnlich *von Bülow/ Petersen*, NZG 2009, S. 1373 (1376).

807 *Assmann*, in: ders./Schneider/Mülbert, WpHG, 7. Aufl. (2019), Einl., Rn. 35.

E. Die Bestimmtheit der Meldepflichten bezüglich stimmrechtsvermittelnder Instrumente

Die inhaltliche Klarheit von Rechtsnormen verlangt zugleich deren Bestimmtheit.[808] Die diesbezüglichen Anforderungen ergeben sich zu einem Großteil aus dem bereits angesprochenen Aspekt der Rechtsklarheit.[809] Dies bedeutet, dass Bestimmtheitsanforderungen zugleich einen Ausschnitt aus dem Spektrum rechtsstaatlich gebotener Rechtssicherheit betreffen.[810]

Geiger hat das Bedürfnis nach Rechtsklarheit und Bestimmtheit aus Sicht des Normadressaten treffend zusammengefasst:

„Sind die Gesetze unklar, verwickelt, in schneller Folge wechselnd, die Befugnisse der Verwaltungsorgane nicht klar umschrieben, die Praxis der Gerichte wechselnd, befinde ich mich in Orientierungs-Unsicherheit: ich weiß nicht, mit welchem Gebaren ich in die soziale Risikozone gerate.“[811]

Roxin beschreibt die Problematik eines unbestimmten und damit gegen Art. 103 Abs. 2 GG verstoßenden (Straf-)Gesetzes mit folgenden Worten:

„Ein unbestimmtes und dadurch undeutliches Gesetz kann den Bürger nicht vor Willkür schützen, weil es keine greifbare Selbstbindung der staatlichen Strafgewalt bringt; es widerspricht dem Grundsatz der Gewaltenteilung, weil es dem Richter beliebige Auslegung und damit ein Übergreifen in den Bereich der Legislative gestattet; es kann keine generalpräventive Wirkung entfalten, weil der Einzelne nicht erkennen kann, was ihm verboten werden soll; und eben deshalb kann seine Existenz auch nicht die Grundlage eines Schuldvorwurfs bieten.“[812]

Es soll nun untersucht werden, ob die Meldepflichten nach WpHG betreffend stimmrechtsvermittelnde Finanzderivate eine genügende Orientierungssicherheit für den Rechtsanwender bieten. Es wurde anhand der historischen Übersicht zu der Entwicklung der Meldepflichten dargelegt, dass diese seit ihrer Einführung einem ständigen Wandel unterliegen. Änderungen und Reformen in einem drei- bis fünfjährigen Turnus, die Einführung in der Rechtspraxis bislang nicht verwendeter, unbestimmter Tatbestandsmerkmale, wie des Begriffs des „Instruments“, sowie die Umsetzung europarechtlicher Vorgaben durch neue Sanktionsmittel (beispielsweise das sog. *Naming and Shaming*), gepaart mit einer drastischen Erhöhung der Geldbußen mit dem Ziel, das Anschleichen an

---

808 Vgl. *Sachs*, in: Sachs, Grundgesetz, 8. Aufl. (2018), Art. 20, Rn. 126 m. w. N.
809 Siehe Seite 130, dort Gliederungspunkt b).
810 *Kunig*, Jura 1990, S. 495.
811 *Geiger*, Soziologie des Rechts (1964), S. 103.
812 *Roxin/Greco*, Strafrecht AT, Bd. 1, 5. Aufl. (2020), § 5, Rn. 67.

Zielgesellschaften zu unterbinden, lassen Zweifel an der Orientierungssicherheit dieser Normen aufkommen.

Im Folgenden werden die Anforderungen dargelegt, welche sowohl der allgemeine wie auch der besondere Bestimmtheitsgrundsatz an die Normsetzung und Normanwendung stellen (I.). Daran anschließend werden Kriterien gesucht, die diese Anforderungen weiter konkretisieren können (II.). Im Anschluss werden verfassungsrechtliche Fragen mit Blick auf die Regelung des § 120 WpHG aufgeworfen und in Bezug zu den Meldepflichten nach WpHG gesetzt (III. bis V.). Das Kapitel endet mit einer kurzen Zusammenfassung der Ergebnisse (VI.)

I. Das Bestimmtheitsgebot

1. Das allgemeine Bestimmtheitsgebot

Die Beachtung des Bestimmtheitsgebots ist wesentlicher Garant für die Wirksamkeit und Akzeptanz gesetzgeberischen Handelns. Zu unterscheiden sind dabei der allgemeine Bestimmtheitsgrundsatz und das besondere strafrechtliche Bestimmtheitsgebot des Art. 103 Abs. 2 GG. Das besondere Bestimmtheitsgebot, welches für den Bereich des Strafrechts fordert, dass die Strafbarkeit zum Zeitpunkt der Tat gesetzlich bestimmt sein muss,[813] unterscheidet sich vom allgemeinen Bestimmtheitsgebot vor allem dadurch, dass es in Art. 103 Abs. 2 GG wörtlich beschrieben ist. Für das allgemeine Bestimmtheitsgebot lassen sich dagegen lediglich in Art. 80 Abs. 1 S. 2 GG Anforderungen finden, soweit ein Gesetz die Exekutive zum Verordnungserlass ermächtigt. Nach Art. 80 Abs. 1 S. 2 GG müssen solche Gesetze – also Ermächtigungsnormen zum Erlass von Rechtsverordnungen – nach Inhalt, Zweck und Ausmaß bestimmt sein. Das heißt, dass ein die Exekutive zum Erlass einer Verordnung ermächtigendes Gesetz angeben muss, welche Sachfragen (Inhalt) in welchem Umfang (Ausmaß) und mit welcher Zielrichtung (Zweck) von der Exekutive durch Verordnung geregelt werden können oder müssen.[814] Da die Verfassung ansonsten zu den Anforderungen an das allgemeine Bestimmtheitsgebot schweigt, wird in der Rechtswissenschaft auf allgemeine Verfassungsgrundsätze zurückgegriffen und das allgemeine Rechtsstaatsprinzip, welches wiederum aus Art. 20 Abs. 2 S. 2 und Abs. 3 GG abgeleitet wird, als Grundlage des allgemeinen Bestimmtheitsgebots angesehen.[815] Das allgemeine Bestimmtheitsgebot wird, wie erörtert, vor allem als Ausprägung des aus der Rechtsstaatlichkeit abzuleitenden Unterprinzips der Rechtssicherheit verstanden.[816] Ergänzend sei darauf hingewiesen, dass

813 *Nullum crimen sine lege certa.*

814 So *Remmert* in: Maunz/Dürig, GG-Kommentar, Bd. V, 90. EL (2020), Art. 80, Rn. 63.

815 Vgl. *Papier/Möller*, AöR 122 (1997), S. 177 (178 f.) m. w. N.

816 Vgl. *Sachs* in: Sachs, Grundgesetz, 8. Aufl. (2018), Art. 20, Rn. 122 m. w. N.; dazu bereits grundlegend weiter oben ab Seite 125, Gliederungspunkt I.

das allgemeine Bestimmtheitsgebot auch aus den weiteren Unterprinzipien des Rechtsstaatsprinzips[817] abgeleitet bzw. auf diese gestützt werden kann.[818] Daneben wird das Bestimmtheitsgebot als Ausfluss sowohl des objektiv-rechtlichen Rechtsstaatsprinzips als auch des subjektiv-rechtlichen (individuellen) Grundrechtsschutzes angesehen.[819] Eine nähere Betrachtung der dogmatischen Grundlagen des Bestimmtheitsgebots soll hier nicht erfolgen, da diesbezüglich bereits einschlägige Untersuchungen existieren.[820]

Nach der Rechtsprechung des BVerfG können unklare und unbestimmte Gesetze wegen eines Verstoßes gegen rechtsstaatliche Grundsätze nichtig sein.[821] Ein Gesetz wird vom BVerfG aber nur in Ausnahmefällen für nichtig erklärt.[822] Daraus lässt sich schlussfolgern, dass das BVerfG an die Begriffe der Unbestimmtheit und Unklarheit hohe Anforderungen stellt. Ein Gesetz ist nach Ansicht des BVerfG bestimmt, wenn es in sich widerspruchsfrei, d. h. verständlich sowie praktikabel ist,[823] der Normadressat die gesetzlichen Folgen seines Handelns voraussehen und sein Verhalten danach ausrichten kann.[824] Dieses rechtsstaatliche Erfordernis der Normklarheit und Justiziabilität[825] sei erfüllt, wenn eine Rechtsnorm mit herkömmlichen juristischen Mitteln ausgelegt werden könne.[826]

Damit ist klargestellt, dass es zur Begründung der Nichtigkeit eines Gesetzes aus Sicht des BVerfG jedenfalls nicht ausreicht, dass der Gesetzgeber auslegungsfähige und -bedürftige Begriffe verwendet.[827] Der Gesetzgeber müsse

---

817 Gewaltenteilungsgrundsatz (Art. 20 Abs. 2 S. 1 GG), Gesetzesbindung (Art. 20 Abs. 3 GG), Rechtsschutzgewährung (Art. 19 Abs. 4 GG), Grundrechtsgewährung (Art. 1 ff. GG).

818 Vgl. dazu nur *Papier/Möller*, AöR 122 (1997), S. 177 (179–182) m. w. N.

819 Vgl. dazu *Papier/Möller*, AöR 122 (1997), S. 177 (182 f.) m. w. N.; *Middelschulte*, Unbestimmte Rechtsbegriffe (2007), S. 163 ff.

820 Überblick bei *Raabe*, Der Bestimmtheitsgrundsatz (2007), S. 13 ff.; vertiefend *Duttge*, Bestimmtheit von Fahrlässigkeitsdelikten (2001), S. 146 ff.

821 BVerfGE 1, S. 14 (45); 17, S. 67 (82); 25, S. 216 (227); *Schnapp* in: von Münch/Kunig, GG-Kommentar, Bd. 1, 6. Aufl. (2012), Art. 20, Rn. 39. Aber auch BVerfGE 4, S. 352 (357), wo die Nichtigkeitsfolge offenblieb.

822 Vgl. BVerfGE 14, S. 174 (185 ff.) zu § 71 StVZO a. F.; 14, S. 254 (257 f.) zu § 49 StVZO a. F.; 78, S. 374 (381 ff.) zu § 15 Abs. 2 lit a) FAG (Fernmeldeanlagengesetz) a. F.; 110, S. 33 ff. (34, 47, 52 ff., 76) jedoch unter Weitergeltung der unbestimmten Regelungen bis zum Ablauf der gesetzlich vorgesehenen Befristung; BVerfGE 105, S. 135 (157 ff.) zur Frage der Strafandrohungsbestimmtheit des § 43a StGB.

823 Vgl. BVerfGE 1, S. 14 (45); 17, S. 306 (314); 25, S. 216 (227); 128, S. 282 (318).

824 Vgl. BVerfGE 8, S. 276 (325); 9, S. 137 (147, 149); 17, S. 306 (314); 21, S. 73 (79); 37, S. 132 (142); 47, S. 239 (247); 59, 104 (114); 62, 169 (183); 103, S. 21 (33).

825 Vgl. BVerfGE 47, S. 239 (247); 103, S. 21 (33).

826 Vgl. BVerfGE 65, S. 1 (54); 78, S. 205 (212 f.); 103, S. 21 (33).

827 Vgl. BVerfGE 3, S. 225 (243); 4, S. 352 (357 f.); 11, S. 234 (237); 13, S. 153 (161); 21, S. 73 (79); *Schnapp*, in: von Münch/Kunig, GG-Kommentar, Bd. 1, 6. Aufl. (2012), Art. 20, Rn. 39.

grundsätzlich die Möglichkeit haben, unbestimmte Rechtsbegriffe zu verwenden, um den Anwendungsbereich eines Gesetzes auf eine Vielzahl vergleichbarer Fälle auszudehnen.[828] Die abstrakt-generelle Regelungstechnik sei darauf geradezu angewiesen, da sie nicht für jeden Einzelfall einen klar umschriebenen Normtatbestand bereithalten könne.[829] Der Gesetzgeber hat sich, so das BVerfG, vielmehr am Wesentlichkeitsgebot zu orientieren.[830] Die Wesentlichkeitstheorie des BVerfG als besondere Ausprägung des Vorbehalts des Gesetzes verlangt vom Gesetzgeber, dass er die wesentlichen Entscheidungen treffen muss, und betont, dass diese Entscheidungen nicht durch die Verwendung ausfüllungsbedürftiger unbestimmter Rechtsbegriffe auf die Rechtsprechung und die Verwaltung verlagert werden dürfen.[831]

Die Verwendung eines unbestimmten Rechtsbegriffs in einer Norm hat also nicht zur Folge, dass den Bestimmtheitsanforderungen nicht genügt würde. Der Begriff „unbestimmter Rechtsbegriff" ist durchaus widersprüchlich und wenig geglückt. Er ist eher im Sinne eines ausfüllungsbedürftigen und offenen Begriffs zu verstehen, dessen Verwendung nicht zu einem sofortigen Verstoß gegen das Bestimmtheitsgebot führt. Die Norm muss vielmehr aus sich heraus, auch unter Verwendung unbestimmter Begriffe, verständlich sein. Erst wenn sie dies nicht ist, kommt ein Verstoß gegen das Bestimmtheitsgebot in Betracht.

Was die tatsächlichen Anforderungen betrifft, welche das Bestimmtheitsgebot an den Gesetzgeber stellt, geht das Bundesverfassungsgericht, je nach der Intensität des Eingriffs in die Freiheitsrechte des Bürgers, von einer Relativierung der Anforderungen an die Bestimmtheit aus. Je intensiver der Eingriff, umso strenger sind die Anforderungen an die Bestimmtheit des Normsatzes.[832] Das allgemeine Bestimmtheitsgebot wird daher nicht als „Optimierungsgebot" verstanden.[833] Es soll, so das BVerfG, nicht der höchste Grad der Bestimmtheit angestrebt werden,

---

828 Vgl. BVerfGE 8, S. 274 (326); 13, S. 153 (161); 56, 1 (13); *Hofmann*, in: Schmidt-Bleibtreu/Hofmann/Henneke, GG-Kommentar, 14. Aufl. (2018), Art. 20, Rn. 85; *Grzeszick*, in: Maunz/Dürig, GG-Kommentar, Bd. III, 90. EL (2020), Art. 20, Abschnitt VII, Rn. 62.

829 So auch *Grzeszick*, in: Maunz/Dürig, GG-Kommentar, Bd. III, 90. EL (2020), Art. 20, Abschnitt VII, Rn. 59.

830 Vgl. BVerfGE 33, S. 125 (158) in st. Rspr.; *Hofmann*, in: Schmidt-Bleibtreu/Hofmann/Henneke, GG-Kommentar, 14. Aufl. (2018), Art. 20, Rn. 85.

831 Vgl. BVerfGE 33, S. 125 (158); 34, S. 52 (60); 34, S. 165 (192 f.); 45, S. 400 (417); 47, S. 46 (78 f.); 49, S. 89 (127); 83, S. 130 (142); 93, S. 213 (238); *Papier/Möller*, AöR 122 (1997), S. 177 (180).

832 Vgl. BVerfGE 59, S. 104 (114); 75, S. 329 (342); 86, S. 288 (311); 110, S. 33 (55); 117, S. 71 (111); 128, S. 282 (318); *Grzeszick*, in: Maunz/Dürig, GG-Kommentar, Bd. III, 90. EL (2020), Art. 20, Abschnitt VII, Rn. 60 m. w. N.

833 BVerfGE 107, S. 104 (120); *Grzeszick*, in: Maunz/Dürig, GG-Kommentar, Bd. III, 90. EL (2020), Art. 20, Abschnitt VII, Rn. 61.

sondern ein Mindestmaß.[834] Anderenfalls sei der Gesetzgeber, der der Mannigfaltigkeit des Lebens Rechnung zu tragen habe, in seinen Mitteln und seiner Legislativkompetenz zu sehr eingeschränkt. Es solle daher die hinreichende Auslegungsfähigkeit der Norm genügen.[835]

Dies bedeutet für den Gesetzgeber, dass er auslegungsfähige Rechtsbegriffe verwenden muss, um den Anforderungen des BVerfG an die Bestimmtheit einer Norm Rechnung zu tragen. Die Grenze wäre dort erreicht, wo eine Norm oder ein Rechtsbegriff nicht mehr auslegungsfähig sind und damit zur Unbestimmtheit führen. Jeder Rechtsbegriff verfügt aber über einen bestimmbaren „Begriffskern" und einen unbestimmten „Begriffshof".[836] Bei unbestimmten Rechtsbegriffen ist der bestimmbare Begriffskern außerordentlich gering, während der unbestimmte Begriffshof außergewöhnlich weit und diffus ist.[837] Die Frage lautet daher, ob nach den Vorgaben des BVerfG eine Norm überhaupt noch unbestimmt sein kann.

Die Grenzziehung zwischen der Unbestimmtheit einer Norm und deren Interpretationsbedürftigkeit fällt auch dem BVerfG nicht leicht. Jedenfalls darf, so das BVerfG, die Interpretationsbedürftigkeit einer Norm grundsätzlich nicht mit deren Unbestimmtheit verwechselt werden.[838] Erst wenn für den Normadressaten die Rechtslage nicht mehr erkennbar sei und er aufgrund dessen sein Verhalten nicht mehr an der Norm ausrichten könne, diese also unklar und widersprüchlich sei, sei die Norm unbestimmt.[839] In dieser zurückhaltenden Rechtsprechung des BVerfG bezüglich der Bejahung unbestimmter und damit nichtiger Gesetze ist mithin eine Ausformung des Gewaltenteilungsprinzips zu erblicken. Die Rechtsetzung ist ureigene Kompetenz des Gesetzgebers (Art. 20 Abs. 2 und 3, 70 ff. GG). Die Gerichte sind keine Ersatzgesetzgeber und können daher den Ermessens- und Entscheidungsspielraum des Gesetzgebers nicht ohne besondere Begründung begrenzen. Aus diesem Grunde können Gesetze auch nur in besonders begründeten Ausnahmefällen als unbestimmt und damit nichtig angesehen werden.

---

834 Vgl. BVerfGE 1, S. 14 (45); 26, S. 216 (227); *Grzeszick*, in: Maunz/Dürig, GG-Kommentar, Bd. III, 90. EL (2020), Art. 20, Abschnitt VII, Rn. 61.

835 Vgl. BVerfGE 21, S. 209 (125); 79, S. 106 (120); 102, S. 254 (337); 103, S. 332 (384); 117, S. 71 (11); *Grzeszick*, in: Maunz/Dürig, GG-Kommentar, Bd. III, 90. EL (2020), Art. 20, Abschnitt VII, Rn. 62.

836 Vgl. dazu *Seel*, Unbestimmte und normative Tatbestandsmerkmale (1965), S. 5 f. m. w. N.

837 *Seel*, Unbestimmte und normative Tatbestandsmerkmale (1965), S. 6.

838 BVerfGE 83, S. 130 (145); 103, S. 332 (384); *Sommermann*, in: von Mangoldt/Klein/Starck, GG-Kommentar, Bd. 2, 7. Aufl. (2018), Art. 20, Rn. 289.

839 BVerfGE 17, S. 306 (314); 21, S. 73 (79); 31, S. 255 (264); 37, S. 132 (142); 47, S. 239 (252); 78, S. 205 (212); 108, S. 52 (75); *Sommermann*, in: von Mangoldt/Klein/Starck, GG-Kommentar, Bd. 2, 7. Aufl. (2018), Art. 20, Rn. 289 m. w. N.

2. Das besondere Bestimmtheitsgebot aus Art. 103 Abs. 2 GG

Neben dem allgemeinen Bestimmtheitsgrundsatz existiert der besondere Bestimmtheitsgrundsatz des Art. 103 Abs. 2 GG. Danach kann eine Tat nur bestraft werden, wenn die Strafbarkeit gesetzlich bestimmt war, bevor die Tat begangen wurde. Art. 103 Abs. 2 GG garantiert damit das Gesetzlichkeitsprinzip der staatlichen Strafgewalt[840] und enthält als Gewährleistungselemente und Rechtsgrundsätze das Verbot von Gewohnheitsrecht (*lex scripta*), das Rückwirkungsverbot (*lex praevia*), das strafrechtliche Bestimmtheitsgebot (*lex certa*) sowie das Analogieverbot (*lex stricta*).[841]

Der besondere Bestimmtheitsgrundsatz des Art. 103 Abs. 2 GG umfasst unbestritten nicht nur Strafgesetze, sondern auch Bußgeldtatbestände[842] wie § 120 WpHG. Denn Ordnungswidrigkeiten stellen eine mit einer Sanktion verbundene spürbare Pflichtenmahnung dar; dies rechtfertige die Anwendung des besonderen Bestimmtheitsgrundsatzes bei Bußgeldtatbeständen.[843] Als weiteres Argument für eine Einbeziehung von Ordnungswidrigkeiten wird die Tatsache angeführt, dass diese erst nach Erlass des Grundgesetzes aus dem Strafrecht ausgegliedert wurden.[844]

Da § 120 WpHG die Meldepflichten der §§ 33 ff. WpHG in Bezug nimmt und eine Zuwiderhandlung gegen sie mit Geldbuße belegt, ist eine vertiefte Auseinandersetzung mit dem besonderen Bestimmtheitsgrundsatz erforderlich. Soweit in den folgenden Ausführungen lediglich von Strafnormen die Rede ist, gelten sie auch für Ordnungswidrigkeiten.

a) Rechtsprechung des BVerfG

Die Rechtsprechung zu Art 103 Abs. 2 GG stellt für Strafnormen einen strengeren Maßstab der Bestimmtheit auf als lediglich die Erfüllung von Mindestanforderungen. Auch wenn die Anforderungen an die Bestimmtheit von Strafgesetzen

---

840 *Nullum crimen, nulla poena sine lege scripta, praevia, certa et stricta.* Begriffsbildend *Feuerbach*, Lehrbuch des Peinlichen Rechts (1801), S. 20, § 24.

841 Vgl. allein *Remmert*, in: Maunz/Dürig, GG-Kommentar, Bd. VI, 90. EL (2020), Art. 103 Abs. 2, Rn. 2; *Kertai*, JuS 2011, S. 976 (977 f.). Zur geschichtlichen Entwicklung des Bestimmtheitsgrundsatzes aus Art. 103 Abs. 2 GG sei verwiesen auf *Birkenstock*, Die Bestimmtheit von Straftatbeständen (2004), S. 75 ff.

842 Vgl. BVerfGE 38, S. 348 (371); 41, S. 314 (319); 42, S. 261 (262 f.); 71, S. 108 (114); 87, S. 363 (391); *Remmert*, in: Maunz/Dürig, GG-Kommentar, Bd. VI, 90. EL (2020), Art. 103 Abs. 2, Rn. 56; *Petersohn*, Geldbußtatbestände (2006), S. 63 m. w. N.; *Moosmayer*, wistra 2002, S. 161 (167); *Kunig*, Jura 1990, S. 495 (496).

843 Vgl. *Remmert*, in: Maunz/Dürig, GG-Kommentar, Bd. VI, 90. EL (2020), Art. 103 Abs. 2, Rn. 56 m. w. N.

844 Vgl. *Remmert*, in: Maunz/Dürig, GG-Kommentar, Bd. VI, 90. EL (2020), Art. 103 Abs. 2, Rn. 56 m. w. N.; *Enderle*, Blankettstrafgesetze (2000), S. 115.

zunächst gleichlautend mit denen des allgemeinen Bestimmtheitsgrundsatzes erscheinen, d. h. eine Verpflichtung des Gesetzgebers enthalten, die Voraussetzungen der Strafbarkeit so konkret zu umschreiben, dass Tragweite und Anwendungsbereich der Straftatbestände zu erkennen sind und sich durch Auslegung ermitteln lassen,[845] so wird ihnen doch vom BVerfG im Rahmen des Art. 103 Abs. 2 GG ein höheres Gewicht zugesprochen.[846] Zur Begründung heißt es, dass Strafe stets eine missbilligende hoheitliche Maßnahme des Gesetzgebers als Reaktion auf ein schuldhaftes Verhalten sei.[847] Art. 103 Abs. 2 GG solle daher gewährleisten, dass jedermann vorhersehen könne, welches Verhalten verboten und mit Strafe bedroht sei.[848] In erster Linie sei hierfür der Wortlaut der gesetzlichen Regelung maßgeblich.[849] Die Allgemeinheit und Abstraktheit von Strafnormen könne jedoch dazu führen, dass es zweifelhaft sein könne, ob ein Verhalten noch vom gesetzlichen Straftatbestand umfasst sei oder nicht.[850] In diesen Fällen sei es ausreichend, dass der Normadressat zumindest das Risiko einer Bestrafung erkennen könne.[851] Im Schrifttum werden noch weitere Argumente für die Rechtsprechung des BVerfG angeführt. So beeinträchtige die Bestrafung eines schuldhaften Verhaltens durch den Staat den betroffenen Bürger in seinen Freiheitsrechten und stelle zugleich einen missbilligenden Zugriff auf dessen Persönlichkeit dar.[852] Das Grundgesetz hebe diese Form staatlichen Handelns deshalb besonders hervor und unterwerfe das staatliche Strafen besonderen formalen und inhaltlichen Anforderungen.[853] Die Strafgewalt solle damit einer besonderen rechtsstaatlichen Ordnung zugeführt werden.[854] Das besondere Bestimmtheitsgebot sei sowohl Handlungsanweisung an den Gesetzgeber, als auch Handlungsschranke für die anderen Gewalten.[855]

Die in Art. 103 Abs. 2 GG enthaltene Handlungsanweisung an den Gesetzgeber bedeutet, dass dieser bei der Formulierung von Strafnormen stets im Blick haben muss, dass sich die strafbare Handlung und deren Sanktionierung konkret aus dem Wortlaut bzw. Wortsinn der Strafnorm ergeben müssen. Gewährleistet

---

845 Vgl. BVerfGE 41, S. 314 (319); 47, S. 109 (120); 55, S. 144 (152); 75, S. 329 (341); sowie *Enderle*, Blankettstrafgesetze (2000), S. 114 m. w. N. zur Rechtsprechung des BVerfG.

846 Vgl. BVerfG NJW 1988, S. 2593 (2594); kritisch *Kunig*, Jura 1990, S. 495 (495).

847 Vgl. BVerfGE 26, S. 186 (204); 45, S. 346 (351).

848 Vgl. BVerfGE 25, S. 269 (285); 26, S. 41 (42); 28, S. 175 (183); 33, S. 206 (219); 37, S. 201 (207).

849 Vgl. BVerfGE 73, S. 206 (235).

850 Vgl. BVerfGE 73, S. 206 (235).

851 Vgl. BVerfGE 73, S. 206 (235).

852 Vgl. *Remmert*, in: Maunz/Dürig, GG-Kommentar, Bd. VI, 90. EL (2020), Art. 103 Abs. 2, Rn. 35, 36.

853 So ähnlich *Remmert*, in: Maunz/Dürig, GG-Kommentar, Bd. VI, 90. EL (2020), Art. 103 Abs. 2, Rn. 40.

854 Vgl. Fn. 853.

855 Vgl. *Enderle*, Blankettstrafgesetze (2000), S. 114.

sind damit die Tatbestands- und die Strafandrohungsbestimmtheit.[856] Das heißt, dass sich sowohl die strafbare Handlung als auch deren Rechtsfolgen aus dem Gesetz ergeben müssen. Nach dem Verständnis des Bundesverfassungsgerichts soll es aber auch in diesem Zusammenhang, wie beim allgemeinen Bestimmtheitsgrundsatz, ausreichend sein, wenn sich der Wortsinn der Strafnorm mit den herkömmlichen Auslegungsmethoden oder unter Zugrundelegung ständiger Rechtsprechung ermitteln lässt.[857] Dies lässt zumindest erkennen, dass auch bei Strafnormen die Verwendung unbestimmter Rechtsbegriffe nicht ausgeschlossen ist.[858]

Das BVerfG lässt zudem auch im Rahmen des Art. 103 Abs. 2 GG das Kriterium der „hinreichenden Bestimmtheit der Norm" sowie weitere Relativierungen der Bestimmtheitsanforderungen zu. So hat man im Laufe der Jahre Relativierungen wie die Abhängigkeit von der Schwere der Strafandrohung,[859] das individuelle Kennenmüssen bzw. Sonderwissen des Adressatenkreises,[860] aber auch eine Konkretisierung unbestimmter Rechtsbegriffe durch die Rechtsprechung[861] anerkannt. Das BVerfG begründet diese Relativierungen stets damit, dass an die Bestimmtheit keine übersteigerten Anforderungen zu stellen seien, da die Gesetze sonst zu starr und kasuistisch wären und dem Wandel der Verhältnisse oder den Besonderheiten des Einzelfalls nicht genügend Rechnung tragen könne.[862]

Die Handlungsschranke des Art. 103 Abs. 2 GG enthält eine Begrenzung der Befugnisse der anderen Gewalten, insbesondere der Judikative, hinsichtlich der Rechtsanwendung. Nach dem BVerfG ist die absolute Grenze richterlicher Auslegungsmöglichkeiten der Wortsinn der jeweiligen Strafnorm.[863] Der Richter solle nicht selbst Strafrecht im Wege der Rechtsfortbildung schaffen, sondern es solle allein dem Gesetzgeber überlassen sein, ob er gewisse Handlungen einer Strafbarkeit unterwerfe.[864]

---

856 Vgl. *Enderle*, Blankettstrafgesetze (2000), S. 115 m. w. N.

857 Vgl. *Enderle*, Blankettstrafgesetze (2000), S. 115 mit Verweis auf BVerfGE 87, S. 363 (391 f.).

858 Vgl. BVerfGE 49, S. 168 (181 f.); 75, S. 329 (341); 83, S. 130 (145); 86, S. 288 (311); 90, S. 1 (16 f.); 93, S. 213 (238); 109, S. 133 (188); 110, S. 33 (56 f.).

859 Vgl. BVerfGE 14, S. 245 (251); 45, S. 434 (437). Kritisch hierzu *Kunig*, Jura 1990, S. 495 (495 f.) der darauf hinweist, dass Art. 103 Abs. 2 GG keine Differenzierung nach der Schwere der Strafe zulasse.

860 BVerfGE 26, S. 186 (204); 48, S. 48 (57); 75, S. 329 (343).

861 BVerfGE 4, S. 352 (358); 11, S. 234 (237); 26, S. 41 (42 f.); 75, S. 329 (344).

862 Vgl. BVerfGE 14, S, 245 (251); 41, S. 314 (320); 75, S. 329 (342 f.).

863 Vgl. nur *Enderle*, Blankettstrafgesetze (2000), S. 114 m. w. N. zur Rechtsprechung des BVerfG; dazu auch Fn. 976.

864 Vgl. BVerfGE 47, S. 109 (120); 73, S. 206 (234); 75, S. 329 (341); 78, S. 374 (382).

b) *Kritische Stimmen im Schrifttum*

Einige der eben dargestellten Vorgaben des BVerfG zu den Anforderungen des Art. 103 Abs. 2 GG sind im Schrifttum kritisch aufgenommen worden. Im Folgenden sollen einige der Kritikpunkte näher beleuchtet werden, wobei eine Konzentration auf die wesentlichsten Aspekte der geäußerten Kritikpunkte erfolgt.

Im Allgemeinen – ohne der nachfolgenden Betrachtung allzu sehr vorweggreifen zu wollen – wird die fehlende Konkretisierung der Aussagen des BVerfG bemängelt. Sie seien wenig greifbar, nicht präzise und aufgrund dessen wenig hilfreich bei der inhaltlichen Bestimmung der Anforderungen des Art. 103 Abs. 2 GG.[865] Stellvertretend sei hier insbesondere auf *Krahl* und dessen monografische Betrachtung der Rechtsprechung des BVerfG sowie des BGH zum besonderen Bestimmtheitsgrundsatz aus dem Jahre 1986 verwiesen.[866] An Aktualität hat dieses Werk bis heute nichts eingebüßt. Seine Grundsatzkritik lautet vor allem, das BVerfG scheue sich davor, konkrete Maßgaben für die Bestimmtheit von Strafnormen und damit dezidierte Anweisungen an den Gesetzgeber zu benennen, um sich einen eigenen Entscheidungsspielraum zu bewahren.[867]

aa) *Das Merkmal der hinreichenden Bestimmtheit*

Calliess, der den besonderen Bestimmtheitsgrundsatz aus verfassungsrechtlicher Sicht in erster Linie als Bürgerschutzrecht und Abwehrrecht des Bürgers vor staatlicher Intervention begreift,[868] steht der Anforderung der hinreichenden Bestimmtheit, wie sie das BVerfG aufgestellt hat, kritisch gegenüber.[869] Das besondere Gebot der Bestimmtheit von Strafnormen aus Art. 103 Abs. 2 GG dürfe nicht zu einem bloßen Gebot der Bestimmbarkeit umgedeutet werden und damit letztlich zu einer leeren Gesetzeshülse verkommen.[870] *Calliess* sieht die Grundfunktion des Art. 103 Abs. 2 GG als Abwehrrecht nicht mehr gewährleistet, wenn an die Erfüllung des Bestimmtheitsgebots allzu geringe Anforderungen gestellt würden.[871]

Naucke sieht die Schutzwirkung des Art. 103 Abs. 2 GG durch die (objektiv) teleologische Auslegung seitens der Rechtsprechung als nahezu entwertet an.[872] Der Wortlaut als Grenze der Auslegung müsse eine praktisch unmögliche Aufgabe erfüllen, da er einerseits die Grenze zwischen noch zulässiger Auslegung

865 Ähnlich *Thöle*, Bestimmtheit der Marktmanipulation (2009), S. 78 f.
866 *Krahl*, Die Rechtsprechung zum Bestimmtheitsgrundsatz (1986).
867 *Krahl*, Die Rechtsprechung zum Bestimmtheitsgrundsatz (1986), S. 258 f.
868 *Calliess*, NJW 1989, S. 1338 (1342 f.).
869 Vgl. *Calliess*, NJW 1989, S. 1338.
870 Vgl. *Calliess*, NJW 1989, S. 1338 (dort Fn. 8) mit Verweis auf *Krahl*, Die Rechtsprechung zum Bestimmtheitsgrundsatz (1986), S. 388, 391 ff.
871 Vgl. *Calliess*, NJW 1989, S. 1338 (1340).
872 *Naucke*, Lehre vom Betrug (1964), S. 194.

und verbotener Analogie ziehen, andererseits aber der Vielgestaltigkeit des Lebens Rechnung tragen solle.[873] Zudem gibt *Naucke* zu bedenken, mit der (objektiv) teleologischen Auslegung werde eine weiter reichende Auslegung zugrunde gelegt, als der Verfassungsgeber des Art. 103 Abs. 2 GG sie damals verstanden habe, habe er doch bereits die (objektiv) teleologische Auslegung als „Analogie" ausgeschlossen wissen wollen.[874]

Zusammenfassend ist festzustellen, dass ein Teil des Schrifttums das Merkmal der hinreichenden Bestimmtheit als Eintrittstor für eine weniger strikte Anwendung des besonderen Bestimmtheitsgrundsatzes ansieht.

Das vom BVerfG in seiner jahrelangen Rechtsprechung zu Art. 103 Abs. 2 GG aufgestellte Erfordernis der hinreichenden Bestimmtheit eines Gesetzes wird vor allem deshalb angegriffen, da Art. 103 Abs. 2 GG nicht von hinreichend bestimmten Gesetzen spricht, sondern von bestimmten Gesetzen. Die Kritiker halten sich also streng an den Wortlaut der Verfassungsnorm, denn Art. 103 Abs. 2 GG hat selbst zum Ziel, dass Strafgesetze streng nach ihrem Wortlaut anzuwenden sind. Aus diesem Blickwinkel betrachtet spricht sogar vieles dafür, das Grundgesetz hier beim Wort zu nehmen und den Kritikern in diesem Punkt Recht zu geben. Denn die Forderung nach einer hinreichenden Bestimmtheit scheint auf den ersten Blick eine Abmilderung des Bestimmtheitsgebots darzustellen und damit eine Aufweichung der verfassungsrechtlichen Anforderungen an Strafgesetze mit sich zu bringen.

Das Grundgesetz ist jedoch zugleich Ausdruck einer verbindlichen, objektiven Werteordnung.[875] Es kodifiziert die Grundwerte, die Grundrechte und die Grundordnung unserer heutigen freiheitlich-demokratischen Gesellschaft. Es fordert und kann nur fordern, was möglich ist. Bei seiner Auslegung ist es in seiner Gesamtheit zu würdigen und nicht bruchstückhaft zu betrachten.[876] Es sollte nicht absolutistisch verstanden werden, denn es ist zugleich Ausdruck des Ausgleichs verschiedener Interessen. So kann auch der Bestimmtheitsgrundsatz des Art. 103 Abs. 2 GG nicht in dem Sinne verstanden werden, dass er eine absolute Bestimmtheit fordert. Eine solche Extremposition ist zwar vertretbar, wird dem tatsächlichen Wesen des Grundgesetzes aber nicht gerecht.[877] Es muss vielmehr ein richtiges Maß der an ein Strafgesetz zu stellenden Bestimmtheit gefunden werden.[878] Dieses kann nur in Form einer Relation ermittelt werden.[879]

---

873 Vgl. Fn. 872.

874 Vgl. Fn. 872.

875 BVerfGE 7, 198 (205) – „Lüth" in st. Rspr.

876 BVerfGE 1, S. 14 (32 f.); *Seel*, Unbestimmte und normative Tatbestandmerkmale (1965), S. 108.

877 Ähnlich auch *Seel*, Unbestimmte und normative Tatbestandmerkmale (1965), S. 108.

878 *Krahl*, Die Rechtsprechung zum Bestimmtheitsgrundsatz (1986), S. 81.

879 So auch *Krahl*, Die Rechtsprechung zum Bestimmtheitsgrundsatz (1986), S. 83.

Nichts anderes beinhaltet die Anforderung des BVerfG bezüglich der hinreichenden Bestimmtheit einer Norm. Das Merkmal der hinreichenden Bestimmtheit ist Ausdruck dafür, dass Art. 103 Abs. 2 GG nicht von einer absoluten und damit unerreichbaren Bestimmtheit ausgeht, sondern relativ zu verstehen ist. Es handelt sich um eine Absage an Extrempositionen. Eine Preisgabe des Bestimmtheitsgrundsatzes ist darin nicht zu erblicken. Wie weit die Relativierung reicht, ist eine andere Frage.

bb) Relativierung anhand der Intensität der Strafandrohung

Auch die vom BVerfG vorgesehene Möglichkeit der Abstufung der Anforderungen des Art. 103 Abs. 2 GG je nach der Schwere der angedrohten Strafe wird in nicht unwesentlichen Teilen der Literatur als bedenklich angesehen. So kann es nach *Kunig* keine Abwägung zwischen dem zu fordernden Grad an Bestimmtheit und der Schwere der Strafandrohung geben; eine solche Differenzierung sei Art. 103 Abs. 2 GG nicht zu entnehmen.[880] In dieselbe Richtung argumentiert *Wassermann*. Nach seiner Ansicht bemüht das BVerfG damit einen Verhältnismäßigkeitsgrundsatz im Kontext der Anforderungen des Art. 103 Abs. 2 GG, der das Recht auf Vorhersehbarkeit der Strafe im Rahmen der Kleinkriminalität praktisch aufgebe.[881] *Krahl* weist in diesem Zusammenhang darauf hin, dass eine Anlehnung an den allgemeinen Verfassungsgrundsatz der Verhältnismäßigkeit im Rahmen des Art. 103 Abs. 2 GG nicht möglich sei.[882] Die Argumentation des BVerfG verkehre den Schutzgedanken des Verhältnismäßigkeitsgrundsatzes in sein Gegenteil, wenn er zur Begründung der Zulässigkeit der Verletzung eines Grundrechts bei leichten Straftatbeständen herangezogen werde.[883] *Krahl* sieht die Heranziehung des Verhältnismäßigkeitsgrundsatzes in diesem Kontext als unzulässiges Verfahren an.[884] Folge sei eine Tendenz zu immer geringeren Anforderungen bezüglich der notwendigen Bestimmtheit von Tatbeständen des Ordnungswidrigkeitsrechts als bei Verbrechen oder Vergehen.[885] Zudem frage sich das BVerfG in keiner seiner Entscheidungen, ob eine solche Relativierung überhaupt zulässig sei.[886] Dies müsse verneint werden, da der Bestimmtheitssatz als Garantie der individuellen Freiheit der Bürger Eingriffe in diese Freiheit gerade abwehren wolle.[887]

Schroeder sieht in der Relativierung der Bestimmtheitsanforderung abhängig von der Schwere der angedrohten Strafe gar eine „Perversion“ des

---

880 Vgl. *Kunig*, Jura 1990, S. 495 (495 f.).
881 *Wassermann*, in: Wassermann, AK-GG, Band 2, 3. Aufl. (2001), Art. 103, Rn. 52.
882 *Krahl*, Die Rechtsprechung zum Bestimmtheitsgrundsatz (1986), S. 317 ff. (318).
883 Vgl. Fn. 882.
884 *Krahl*, Die Rechtsprechung zum Bestimmtheitsgrundsatz (1986), S. 116.
885 *Krahl*, Die Rechtsprechung zum Bestimmtheitsgrundsatz (1986), S. 127.
886 Vgl. Fn. 885.
887 *Krahl*, Die Rechtsprechung zum Bestimmtheitsgrundsatz (1986), S. 319.

Verhältnismäßigkeitsgrundsatzes, da hiermit zwei Eingriffe in unterschiedliche Grundrechte gegeneinander abgewogen würden.[888] Diese Abwägung führe dazu, dass der Eingriff in das Recht auf Vorhersehbarkeit umso stärker sein dürfe, je schwächer der Eingriff in die allgemeine Handlungsfreiheit des Art. 2 Abs. 2 GG ausfalle und umgekehrt.[889] *Schroeder* sieht insoweit die Rechtsdogmatik als nicht beachtet an.

Duttge verweist auf die staats- und strafrechtlichen Wurzeln des Gesetzlichkeitsprinzips und merkt an, dass dieses Prinzip allgemeine Gültigkeit besitze und keine Nachlässe für leichtere Delikte gestatte.[890]

Die Kritik an der Relativierung der Anforderungen des besonderen Bestimmtheitsgebots anhand der Intensität der Strafandrohung ist durchaus nachvollziehbar. Erster Kritikpunkt ist bereits die Frage nach der Wahl der Perspektive, aus welcher der Grad der Schwere der Strafe beurteilt werden soll. Dafür käme sowohl ein subjektiver als auch ein objektiver Standpunkt in Betracht. Zu fragen wäre diesbezüglich, welche Kriterien für die Beurteilung herangezogen werden sollen. Logische Konsequenz der Anerkennung der Relativierung anhand der Intensität der Strafandrohung ist das Bedürfnis, die Eingriffe in Freiheitsrechte der Bürger zu gewichten. Dies setzt natürlich voraus, dass Art. 103 Abs. 2 GG eine solche Abwägung zwischen der Schwere der Strafe und den Bestimmtheitsanforderungen überhaupt zulässt.

Auch die im Zuge der europäischen Harmonisierung von Rechtsvorschriften voranschreitende Etablierung bisher in Deutschland unbekannter Sanktionsmittel trägt zur Erschwerung der Kategorisierung der Intensität der angedrohten Sanktion bei. Nur beispielhaft angesprochen sei hier die mit dem TÄUG eingeführte Möglichkeit des sog. *Naming and Shaming*.[891] Hat jemand gegen die Meldepflichten des WpHG verstoßen, so sollen sein Name und der begangene Verstoß veröffentlicht werden (§ 124 Abs. 1 und 2 WpHG). In der Bekanntmachung benennt die BaFin die Vorschrift, gegen die verstoßen wurde, und die für den Verstoß verantwortliche natürliche oder juristische Person oder Personenvereinigung. Dieses Sanktionsmittel ist vollkommen neu und beruht auf Vorgaben der europäischen Transparenzrichtlinie-Änderungsrichtlinie. In diesem Zusammenhang lässt sich die Frage stellen, ob die Veröffentlichung von Verstößen und den für einen Verstoß verantwortlichen Personen überhaupt eine Strafe darstellt. Wie aber bereits der Begriff „Shaming" zeigt, soll gerade die mit der Veröffentlichung des Namens verbundene Prangerwirkung der Verbotsnorm zu einer höheren Wirksamkeit verhelfen. Der pönale Charakter dieses Sanktionsmittels ist mithin zu bejahen. Es ist ersichtlich, dass eine Veröffentlichung für die jeweils Betroffenen unterschiedlich schwer wiegen kann. Bei Privatleuten

888 *Schroeder, F.*, JZ 1969, S. 775 (778).
889 *Schroeder, F.*, JZ 1969, S. 775 (778).
890 *Duttge*, Bestimmtheit von Fahrlässigkeitsdelikten (2001), S. 180 m. w. N.
891 Vertiefend dazu *Nartowska/Knierbein*, NZG 2016, S. 256 ff.

sind die Auswirkungen wohl von ihrem Bekanntheitsgrad abhängig, während bekannte Investoren oder Manager einen schwerwiegenden Reputationsverlust erleiden könnten, der im schlimmsten Fall existenzbedrohende Ausmaße annehmen kann. Zudem kann die Kumulation von Sanktionen, wie sie das WpHG bei Verstößen gegen die Meldepflichten vorsieht, zu einer besonderen finanziellen und beruflichen Belastung der Betroffenen führen, sodass eine Gewichtung anhand der Schwere der Strafandrohung nicht immer möglich ist.

Dies zeigt, dass die Schwere der Strafe, je nach den betroffenen Kreisen, sehr unterschiedlich qualifiziert werden kann. Eine solche Abwägung kann auch zu ungewollten Automatismen führen. Wie *Krahl* festgestellt hat, ist in der Rechtsprechung des BVerfG die Tendenz zu erkennen, bei Ordnungswidrigkeiten geringere Anforderungen an die gesetzliche Bestimmtheit zu stellen.[892] Dies führt mitunter dazu, dass sich der Gesetzgeber zur Durchsetzung seiner Ziele mehr und mehr des Nebenstrafrechts[893] bedient, da er sich hier vermeintlich geringeren Bestimmtheitsanforderungen gegenübersieht. Dies ist jedoch mit Art. 103 Abs. 2 GG nicht vereinbar, zumal das Nebenstrafrecht erst nach dem Erlass des Grundgesetzes aus dem Strafrecht ausgegliedert wurde – also vorher Teil des Hauptstrafrechts war – und eine entsprechend strenge Bindung an Art. 103 Abs. 2 GG vorlag.[894] Eine Relativierung anhand der Schwere der angedrohten Strafe, insbesondere im Bereich des Rechts der Ordnungswidrigkeiten, ist daher abzulehnen, da sie der Voraussehbarkeit und Berechenbarkeit strafbaren bzw. bußgeldbewehrten Verhaltens entgegensteht, mithin einen nicht zu rechtfertigenden Verlust an Rechtssicherheit bedeutet.

cc) Der Verständnishorizont und das Sonderwissen

Auch der bei der Auslegung einer Norm heranzuziehende Maßstab wird hinterfragt. Nach Ansicht des BVerfG hat sich die Auslegung grundsätzlich an den individuellen Kenntnismöglichkeiten bzw. dem Verständnishorizont der Normadressaten zu orientieren.[895] Wenn Art. 103 Abs. 2 GG Erkennbarkeit und Vorhersehbarkeit der Straf- oder Bußgeldandrohung für den Normadressaten verlangt, so kann das nach Ansicht des BVerfG nur bedeuten, dass dieser Wortsinn aus der Sicht des Bürgers zu bestimmen ist.[896]

Wie diese Aussage des BVerfG genau zu verstehen ist, bleibt fraglich. Entweder ist damit die subjektive Kenntnismöglichkeit des Einzelnen gemeint oder es ist davon auszugehen, dass sich Straf- und Ordnungswidrigkeitstatbestände

---

892 *Krahl*, Die Rechtsprechung zum Bestimmtheitsgrundsatz (1986), S. 127.
893 Mit dem unscharfen Begriff Nebenstrafrecht werden alle Normen mit Strafcharakter außerhalb des Strafgesetzbuchs bezeichnet.
894 Vgl. *Remmert*, in: Maunz/Dürig, GG-Kommentar, Bd. VI, 90. EL (2020), Art. 103 Abs. 2, Rn. 56 m. w. N.; *Enderle*, Blankettstrafgesetze (2000), S. 115.
895 BVerfGE 26, S. 186 (204); 48, S. 48 (57); 51, S. 60 (73); 75, S. 329 (343).
896 BVerfGE 71, S. 108 (115).

grundsätzlich an die Allgemeinheit richten. Dann wäre also ein allgemeiner – objektiv zu bestimmender – Verständnishorizont für die Inhaltsbestimmung dieser Normen heranzuziehen.

Fraglich ist also der Blickwinkel, aus dem die Verständlichkeit einer Norm zu bestimmen ist. Dies ist eng verwoben mit der Frage nach dem richtigen Verständnis des Aspekts der Rechtssicherheit und damit auch auf die aus Art. 103 Abs. 2 GG folgende Vorhersehbarkeit der Strafbarkeit. Offen ist hierbei, ob die Vorhersehbarkeit subjektiv, d. h. ob sie aus Sicht des Bürgers und Normadressaten, oder fachlich objektiv aus Sicht eines Rechtsverständigen zu verstehen ist.

Die Auffassung des BVerfG hinsichtlich dieser Frage ist aus seinen Entscheidungen nicht ohne Weiteres erkennbar. Für eine subjektive Sichtweise spricht, dass das BVerfG grundsätzlich die individuellen Kenntnismöglichkeiten des Normadressaten als ausschlaggebenden Bezugspunkt erachtet[897] und zudem in Sonderfällen auf rein subjektives täterspezifisches Sonderwissen abstellt. Für ein eher objektives Verständnis wird im Schrifttum angeführt, das BVerfG verknüpfe die Frage der Vorhersehbarkeit mit der Auslegung; denn nur eine juristisch geschulte Person verfüge über die für eine fachgerechte Auslegung notwendigen Kenntnisse.[898] Ohne bereits an diesem Punkt eine Entscheidung für die eine oder andere Sichtweise zu treffen, zeigt diese Diskussion, dass die fehlende Präzisierung innerhalb der Rechtsprechung des BVerfG zu weiteren Unklarheiten führt und der Rechtssicherheit, welcher Art. 103 Abs. 2 GG im Besonderen dient, abträglich ist.

Krahl sieht die Relativierung durch das BVerfG anhand des Verständnishorizonts folglich als unvereinbar mit dem *nullum-crimen*-Grundsatz an, da sie die Zulässigkeit ungenauen Strafrechts weiter ausweite und geradezu konträr zu dem von Art. 103 Abs. 2 GG verfolgten Ziel der Schaffung präzise beschriebener Strafbarkeitsgrenzen sei.[899]

Ein Teil des Schrifttums steht einem täterspezifischen Verständnishorizont aufgeschlossener gegenüber, sieht aber in der beständigen Ausweitung des Sonderwissens den äußersten Rahmen dieser Relativierung erreicht.[900] Das Strafrecht richte sich in seinem Kern an die Allgemeinheit und müsse grundsätzlich allgemein verständlich formuliert sein.[901]

Dem BVerfG ist insoweit zuzustimmen, als die Orientierung am Verständnishorizont des Normadressaten durchaus sinnvoll erscheint, da der zu regelnde Lebensbereich auch nur einen bestimmten Adressatenkreis berührt. Im Bereich

---

897 Vgl. Fn. 895.

898 So wohl *Krahl*, Die Rechtsprechung zum Bestimmtheitsgrundsatz (1986), S. 281 f.

899 Vgl. *Krahl*, Die Rechtsprechung zum Bestimmtheitsgrundsatz (1986), S. 155 f.

900 Vgl. Formulierung bei *Schmidt-Aßmann* (Vorkommentierung), in: Maunz/Dürig, GG-Kommentar, Bd. VI, 78. EL (2016), Art. 103 Abs. 2, Rn. 189.

901 *Schmidt-Aßmann* (Vorkommentierung), in: Maunz/Dürig, GG-Kommentar, Bd. VI, 78. EL (2016), Art. 103 Abs. 2, Rn. 189.

des Strafrechts ist aufgrund von dessen Allgemeingültigkeit und der Breite des betroffenen Adressatenkreises von einem weiten Verständnishorizont auszugehen, d. h. die verwendeten Begriffe sollten auch grundsätzlich dem allgemeinen Sprachgebrauch entstammen.

Geht das BVerfG bei der Auslegung im Bereich des Strafrechts also grundsätzlich von einem weit zu interpretierenden Verständnishorizont aus, da sich Strafgesetze grundsätzlich an die Allgemeinheit richten, so schränkt es seine Vorgaben im Rahmen des Disziplinarrechts von Beamten,[902] des Standesrechts von Anwälten[903] oder der Pflichten von Kaufleuten im Sinne des HGB[904] auf einen täterspezifischen Verständnishorizont ein. Danach komme es hinsichtlich der Anforderungen an unbestimmte Rechtsbegriffe auch auf das Fachwissen des Normadressaten an. Sei dieser imstande, einem unbestimmten Rechtsbegriff aufgrund seines Sonderwissens eine konkrete Handlungsanweisung zu entnehmen, begegne dieser Begriff keinen verfassungsrechtlichen Bedenken.[905]

Auch wenn der Relativierung des Bestimmtheitsgebots anhand eines allgemein zu verstehenden Verständnishorizonts noch eine gewisse Plausibilität zugesprochen werden kann, so stößt das Rekurrieren auf ein nicht formal normiertes täterspezifisches Sonderwissen bzw. einen täterspezifischen Verständnishorizont auf grundsätzliche Bedenken. Letztlich basieren die Anforderungen an ein täterspezifisches Sonderwissen zum Großteil auf Überlieferungen. Damit handelt es sich um ungeschriebenes Verhaltens- oder Standesrecht. Diese Verhaltensregeln werden durch eine Generalklausel – also grundsätzlich ein formelles Gesetz – in Bezug genommen. Der problematische Aspekt ist hierbei, dass diese anerkannten Verhaltensregeln letztlich mit Gewohnheitsrecht vergleichbare Rechtssätze darstellen, also gerade nicht kodifiziert sind. Eine Bestrafung aufgrund ungeschriebenen Gewohnheitsrechts will das besondere Bestimmtheitsgebot aber gerade ausschließen. Als „Quelle" der vorwerfbaren Handlung können solche ungeschriebene Anforderungen an ein Verhalten nicht dienen, da dies gegen den Formalisierungsgedanken des Art. 103 Abs. 2 GG verstieße.

Dem wird entgegengehalten, dass Art. 103 Abs. 2 GG zwar die Bestrafung aufgrund Gewohnheitsrechts verbiete, nicht hingegen die gewohnheitsrechtliche Verfestigung der Auslegung strafrechtlicher Begriffe.[906] Diese Sichtweise lässt jedoch den Schutzgedanken des Art. 103 Abs. 2 GG außer Acht. Eine Norm, in der der Gesetzgeber beispielsweise vereinfacht formulieren würde: *Wer gegen*

902 BVerfGE 26, S. 186 (204).
903 BVerfGE 26, S. 186 (204).
904 BVerfGE 48, S. 48 (57).
905 Vgl. BVerfGE 48, S. 48 (57); zustimmend *Remmert*, in: Maunz/Dürig, GG-Kommentar, Bd. VI, 90. EL (2020), Art. 103 Abs. 2, Rn. 94.
906 So *Raabe*, Der Bestimmtheitsgrundsatz (2007), S. 9; *Hettinger*, JuS 1986, L 17 (19); *Remmert*, in: Maunz/Dürig, GG-Kommentar, Bd. VI, 90. EL (2020), Art. 103 Abs. 2, Rn. 81 m. w. N.

anerkanntes Gewohnheitsrecht verstößt, wird bestraft, wäre unwirksam bzw. nichtig, da sie offensichtlich gegen Art. 103 Abs. 2 GG verstoßen würde. Mit dieser Qualität vergleichbar sind Normen, die generalklauselartig ein gewisses Verhalten verbieten, welches auf gewohnheits- bzw. standesrechtlich übermittelten Rechtssätzen beruht, diese aber nicht kodifizieren. Wird ein solches gewohnheits- bzw. standesrechtlich erwartbares Verhalten durch Strafvorschriften im Wege der Auslegung in Bezug genommen und auf dieser Grundlage eine Strafbarkeit ausgesprochen, ist dies mit Art. 103 Abs. 2 GG nicht vereinbar.

Es ist nicht zu erkennen, weshalb die Normierung von Gewohnheits- oder Standesrecht eine für den Gesetzgeber unmögliche Aufgabe darstellen soll. Dies belegt auch das normierte Gewohnheits- oder Standesrecht der Anwaltschaft in der Bundesrechtsanwaltsordnung (BRAO). Warum eine solche Normierung für weitere standesrechtliche Kodifikationen nicht möglich sein soll, ist nicht ersichtlich. Sie ist im Gegenteil als realistisch und durchführbar anzusehen. Im Ergebnis bleibt festzuhalten, dass die Berücksichtigung nicht kodifizierten täterspezifischen Sonderwissens dem besonderen Bestimmtheitsgebot des Art. 103 Abs. 2 GG zuwiderläuft.

dd) Konkretisierung durch Rechtsprechung

Das BVerfG hat vielfach, insbesondere in seiner älteren Rechtsprechung, darauf hingewiesen, dass unbestimmte Gesetze von der Rechtsprechung konkretisiert werden können.[907] Besonders streitbefangen war dabei seine Entscheidung zu § 360 Abs. 1 Nr. 11 StGB a. F. und dem damit verbunden Begriff des „groben Unfugs".[908] Der Sachverhalt trug sich im Jahre 1967 zu. Der Beschwerdeführer schleppte gemeinsam mit einem Bekannten eine Parkbank auf einen Bürgersteig, wo sie Passanten behinderte. Der Beschwerdeführer wurde daraufhin zu einer Geldstrafe in Höhe von 100 DM verurteilt, wogegen er zunächst Berufung und Revision sowie schließlich Verfassungsbeschwerde einlegte. Das BVerfG bestätigte in seinem Beschluss die Bestimmtheit der Strafnorm entgegen der damals einhelligen Auffassung im Schrifttum.[909]

Zwei Ansatzpunkte für Kritik stellt *Duttge* klar heraus: Sei die Rechtsprechung zur näheren Konkretisierung einer unbestimmten Norm berufen bzw. berechtigt, so sei die Strafbarkeit zwar für die Gerichte, schwerlich aber für den einzelnen Bürger voraussehbar, der zumeist lediglich den einschlägigen Gesetzestext erfassen könne.[910] Zudem dürfte es, so *Duttge,* die Fachvertreter der juristischen

---

907 Vgl. für eine entsprechende Möglichkeit BVerfGE 4, S. 352 (358); 26, S. 41 (43); 37, S. 201 (208); 45, S. 363 (371 f.); 49, S. 168 (181); 57, S. 250 (262); 59, S. 104 (114); 87, S. 234 (263); 89, S. 69 (84); 93, S. 213 (238); 93, S. 266 (292); 102, S. 254 (337); 102, S. 347 (361).

908 BVerfGE 26, S. 41 ff.

909 Vgl. nur die Nachweise bei *Duttge*, Bestimmtheit von Fahrlässigkeitsdelikten (2001), S. 171 (dort Fn. 283).

910 Vgl. *Duttge*, Bestimmtheit von Fahrlässigkeitsdelikten (2001), S. 172.

Methodenlehre sicherlich überraschen, dass neben Wortsinn, Entstehungsgeschichte, Systematik, und Normzweck auch die „gefestigte Rechtsprechung“ nach der Diktion des BVerfG scheinbar zu den „üblichen Auslegungsmethoden“ zählen soll.[911] Er sieht aufgrund der weitreichenden Anerkennung der Möglichkeit der Konkretisierung einer unbestimmten Norm durch die Rechtsprechung zudem die nicht zu unterschätzende Gefahr, dass die in Art. 103 Abs. 2 GG enthaltene Forderung nach gesetzlicher Bestimmtheit der Strafbarkeit eines Verhaltens vor der Tat in ihr Gegenteil verkehrt werden könnte. Denn dem Richter sei es möglich, die Strafbarkeit eines Verhaltens auch nach der Tat zu bestimmen.[912]

Nach Ansicht von *Krahl* kann von gefestigter Rechtsprechung abgewichen werden, ohne dass der demokratisch legitimierte Gesetzgeber dies im Sinne des Art. 103 Abs. 2 GG bestimmt.[913] Art. 103 Abs. 2 GG verlange aber gerade eine gesetzliche Bestimmtheit und keine durch Rechtsprechung gewonnene.[914] Zudem nehme die Bildung gefestigter Rechtsprechung Zeit in Anspruch, und mithin sei nicht klar, wann Rechtsprechung als gefestigt anzusehen sei.[915]

Auch *Kunig* weist darauf hin, dass es nicht unbedenklich sei, wenn die Rechtsprechung letztlich funktionell an die Stelle des Gesetzgebers trete.[916]

Zwar ist die soeben dargestellte kritische Haltung gegenüber der Möglichkeit der Konkretisierung unbestimmter Normen durch die Rechtsprechung in ihrem Kern nachvollziehbar; sie lässt indes wesentliche Gesichtspunkte außer Acht.

Mit der Möglichkeit, unbestimmte Gesetze auch mithilfe der Rechtsprechung zu konkretisieren, baut das BVerfG – bildlich gesprochen – dem Gesetzgeber eine Brücke.

Die Befürworter dieser Sichtweise stellen vor allem auf die praktischen Schwierigkeiten ab, denen sich der Gesetzgeber bei der Formulierung von Strafgesetzen ausgesetzt sieht, und artikulieren ein Bedürfnis nach der Möglichkeit der Konkretisierung unbestimmter Normen oder Begriffe durch die Rechtspraxis. So müssten Mittel und Wege existieren, die anfängliche Unbestimmtheit einer Norm durch die Rechtspraxis zu beseitigen oder zumindest zu verringern.[917] Will man die Verwendung unbestimmter Rechtsbegriffe bei der Abfassung von Strafnormen nicht gänzlich ausschließen, ist eine solche Forderung durchaus nachvollziehbar. *Papier/Möller* bezeichnen diese Forderung als Konsequenz daraus, dass mit der Verwendung unbestimmter Rechtsbegriffe zugleich eine Absenkung

---

911 So *Duttge*, Bestimmtheit von Fahrlässigkeitsdelikten (2001), S. 172.

912 Vgl. *Duttge*, Bestimmtheit von Fahrlässigkeitsdelikten (2001), S. 173.

913 Vgl. *Krahl*, Die Rechtsprechung zum Bestimmtheitsgrundsatz (1986), S. 133; *Duttge*, Bestimmtheit von Fahrlässigkeitsdelikten (2001), S. 173 m. w. N.

914 *Krahl*, Die Rechtsprechung zum Bestimmtheitsgrundsatz (1986), S. 133 mit Verweis auf *Schroeder, F.*, JZ 1969, S. 775 (778).

915 Vgl. *Krahl*, Die Rechtsprechung zum Bestimmtheitsgrundsatz (1986), S. 133.

916 *Kunig*, Jura 1990, S. 495 (495), dort Fn. 17.

917 Vgl. *Papier/Möller*, AöR 122 (1997), S. 177 (189) mit Verweis auf BVerfGE 49, S. 89 (137).

der Rechtssicherheit einhergehe, welche stets einer Rechtfertigung bedürfe.[918] Dies bedeutet, dass die mögliche anfängliche Unbestimmtheit einer Norm durch die Inbezugnahme von „Autoritäten" gerechtfertigt werden soll.[919] Mit anderen Worten: Ein Gesetz, welches nicht von Anfang an bestimmt ist, weil es unbestimmte Rechtsbegriffe verwendet, müsse durch die Rechtspraxis im Laufe der Zeit eine Konturierung oder besser Konkretisierung im Wege der Auslegung oder durch eine lebendige Kasuistik erfahren können, um Orientierungssicherheit herzustellen.

Zum Teil wird in der Möglichkeit der Konkretisierung einer Norm durch die Rechtsprechung oder auch die Verwaltung ein Gewinn für die Gesetzesbestimmtheit gesehen; diese Konkretisierung könne sogar gerechter und vorsichtiger sein.[920] So könne anhand konkreter Einzelfälle eine Feinabstimmung erfolgen, ohne dass die Notwendigkeit eines erneuten Tätigwerdens des Gesetzgebers bestünde. Ob man diese Möglichkeit nun bejahen möchte oder nicht, sind doch Grenzfälle, bei denen unklar ist, ob sie unter einen gesetzlichen Tatbestand zu subsumieren sind oder nicht, stets unvermeidbar.[921]

Damit im Wege der Möglichkeit der Konkretisierung einer unbestimmten Norm nicht die Bestimmung von Strafbarkeitsvoraussetzungen auf die Judikative verlagert wird, hat das BVerfG auf das Wesentlichkeitsgebot[922] verwiesen, wonach der Gesetzgeber alle wesentlichen Voraussetzungen der Strafbarkeit selbst regeln müsse; lediglich deren weitere Spezifizierung könne der Judikative überlassen werden.[923] Das BVerfG nimmt insoweit Bezug auf das aus dem Demokratieprinzip hergeleitete rechtsstaatliche Prinzip des Vorbehalts des Gesetzes.[924]

Art. 103 Abs. 2 GG fordert aber nicht nur einen einfachen, sondern einen strengen Gesetzesvorbehalt im Sinne eines Parlamentsvorbehalts.[925] Gesetzlich bestimmt im Sinne des Art. 103 Abs. 2 GG meint also das Vorhandensein eines formellen Gesetzes, da nur das Parlament unmittelbar demokratisch legitimiert ist.[926] Es soll sowohl der Rechtsprechung als auch der Exekutive damit

918 So *Papier/Möller*, AöR 122 (1997), S. 177 (189).

919 *Krahl*, Die Rechtsprechung zum Bestimmtheitsgrundsatz (1986), S. 132 f.

920 *Ransiek*, Gesetz und Lebenswirklichkeit (1989), S. 33.

921 Vgl. BVerfGE 47, S. 109 (120 f.); 48, S. 48 (56); 55, S. 144 (152); 75, S. 329 (341 f.).

922 Vgl. Fn. 831.

923 BVerfGE 78, S. 374 (382).

924 Vgl. *Raabe*, Der Bestimmtheitsgrundsatz (2007), S. 14 m. w. N.; *Papier/Möller*, AöR 122 (1997), S. 177 (178); *Remmert*, in: Maunz/Dürig, GG-Kommentar, Bd. VI, 90. EL (2020), Art. 103 Abs. 2, Rn. 77 m. w. N.

925 BVerfGE 73, S. 206 (235); 78, S. 374 (382); *Remmert*, in: Maunz/Dürig, GG-Kommentar, Bd. VI, 90. EL (2020), Art. 103 Abs. 2, Rn. 77 m. w. N.; *Müller-Dietz*, FS Lenckner, S. 179 (188).

926 Vgl. nur *Remmert*, in: Maunz/Dürig, GG-Kommentar, Bd. VI, 90. EL (2020), Art. 103 Abs. 2, Rn. 77 m. w. N.; *Ransiek*, Gesetz und Lebenswirklichkeit (1989), S. 40 m.w.N. (dort Fn. 141).

die Möglichkeit versagt sein, eigene Strafbarkeitsvoraussetzungen aufzustellen. Wenn sie dies tun, verstoßen sie gegen Art. 103 Abs. 2 GG. Sie sind nach der Rechtsprechung des BVerfG lediglich befugt, die durch den Gesetzgeber festgesetzten Strafbarkeitsvoraussetzungen näher zu konkretisieren. Dies ist Folge des Gewaltenteilungsprinzips, welches Art. 103 Abs. 2 GG ebenfalls innewohnt.

Es ist daher augenfällig, dass ein Gesetz durch die Erkenntnisse der Rechtsprechung nicht bestimmter im Sinne des Art. 103 Abs. 2 GG, sondern sein Inhalt aufgrund der Rechtsprechung lediglich bestimmbarer bzw. greifbarer wird.[927] Ein tatsächlicher Gewinn an Bestimmtheit einer Norm ist mithilfe der Rechtsprechung nicht erzielbar. Die Norm wird lediglich inhaltlich fassbarer. Aber auch dies ist ein Gewinn an Rechtssicherheit. Denn ein Strafgesetz wird erlassen, damit es vom Normadressaten beachtet und von den Gerichten angewendet wird. Der Richter hat die (Straf-)Gesetze anzuwenden und zu beachten. Er ist nicht nur, wie *Montesquieu*[928] einst schrieb, *„la bouche qui prononce les paroles de la loi"*,[929] sondern transformiert die Gesetze in ein Urteil, welches er zu fällen hat.[930] Er ist dabei an das Gesetz gebunden. Nur dadurch ist gewährleistet, dass der Richterspruch eine Rückkopplung zum Gesetzgeber und damit eine demokratische Legitimation der Judikative aufweist.[931] *Kuhlen* sieht in der Möglichkeit der Präzisierung eines Gesetzes durch die Rechtsprechung gar ein neues Verständnis des Bestimmtheitsgrundsatzes begründet, hin zu einer Inhaltsbestimmung im Zusammenwirken von Gesetzgeber und Rechtsprechung.[932]

Aber auch bei Gesetzen mit höchster gesetzgeberischer Präzision verbleibt aufgrund sprachlicher Besonderheiten eine gewisse Ungenauigkeit, welche einen Subsumtionsautomatismus ausschließt.[933] Der Richter hat daher jeden Einzelfall im Lichte des Gesetzes zu würdigen. Erst dies haucht dem Gesetz Leben ein. Das BVerfG verkennt diese Tatsache nicht und versucht, mithilfe seiner Rechtsprechung zu einer lebensnahen Inhaltsbestimmung des besonderen Bestimmtheitsgebots zu gelangen. Denn es ist nicht von der Hand zu weisen, dass Art. 103 Abs. 2 GG hinsichtlich der konkreten Anforderungen an das besondere Bestimmtheitsgebot selbst wenig Erhellendes beiträgt. Der Wortlaut des Art. 103 Abs. 2 GG ist selbst unbestimmt.[934]

---

927 So ähnlich auch *Duttge*, Bestimmtheit von Fahrlässigkeitsdelikten (2001), S. 173.
928 *Montesquieu*, De L'esprit des Loix (1748), Liv. XI. Chap. VI., S. 327.
929 Der Mund, der den Wortlaut des Gesetzes ausspricht.
930 Ebenso *Maiwald*, FS Gallas, S. 137 m. w. N.
931 Vgl. *Krahl*, Die Rechtsprechung zum Bestimmtheitsgebot (1986), S. 19.
932 Vgl. *Kuhlen*, in: Kudlich/Montiel/Schuhr, Gesetzlichkeit und Strafrecht (2012), S. 429 ff. (436 f.).
933 Vgl. *Duttge*, Bestimmtheit von Fahrlässigkeitsdelikten (2001), S. 150 m. w. N.; *Raabe*, Der Bestimmtheitsgrundsatz (2007), S. 20.
934 So *Ransiek*, Gesetz und Wirklichkeit (1989), S. 9.

Im Idealfall wäre jede erdenkliche Handlung, die gegen einen Rechtssatz verstößt, bereits in den gesetzlichen Tatbestand mit eindeutigen sowie rein deskriptiven Merkmalen integriert und in all‘ ihren Facetten sowie Wendungen umschrieben.[935] Dass dies nicht nur im Lichte einer verfassungsrechtlich vorgesehenen Allgemeinheit der Normsetzung i. S. d. Art. 19 Abs. 1 S. 1 GG an Unmöglichkeit grenzt, kann nicht ernsthaft bezweifelt werden.[936] Wer in diesem Zuge auf die Normierung des Allgemeinen Preußischen Landrechts (ALR von 1794) mit seinen sehr weitreichenden und detaillierten Strafvorschriften verweist,[937] verkennt, dass ein allumfassender Ansatz bei der Normsetzung, wie er dem Allgemeinen Preußischen Landrecht zugrunde lag, die Anforderungen des Art. 103 Abs. 2 GG überspannt. Das Grundgesetz geht in Art. 19 Abs. 1 S. 1 GG selbst von der abstrakt-generellen Regelungstechnik als Grundprinzip der Normsetzung aus und nimmt das Strafrecht hiervon nicht aus. Diese allgemeine Normsetzung verhindert eine einseitig interessengeleitete Einzelfallgesetzgebung und wahrt den notwendigen Abstand zwischen Bürger und Staat.[938] Denn der Staat soll dem Gemeinwohlgedanken bestmöglich entsprechen. Art. 103 Abs. 2 GG widerspricht diesem Grundprinzip gerade nicht, sondern steht zu ihm in einem Spannungsverhältnis. Dieses gilt es unter Beachtung sowohl der generell-abstrakten Normsetzung als auch der besonderen Bestimmtheitsanforderungen an Strafgesetze aufzulösen.

Die Lösung kann nicht darin bestehen, dem Formalisierungsgedanken des Art. 103 Abs. 2 GG ein absolutes Übergewicht zu verleihen. Den schieren Umfang des ALR mit seinen 1577 Paragrafen sieht auch *Krahl* als dessen größte Schwäche an, und zwar aus dem einfachen Grund, da es sehr starr und durch den Gesetzgeber nahezu nicht mehr handhabbar zu reformieren ist.[939] Zudem kann der gewaltige Umfang dieses Gesetzeswerks mit Blick auf die Rechtssicherheit und die damit verbundene Vorhersehbarkeit der strafbaren Handlung als hinderlich angesehen werden, da sich das Zurechtfinden für den einzelnen Normadressaten als äußerst mühsam erweist. Hier spielt die generell-abstrakte Regelungstechnik ihre Vorteile aus, da sie zu einem weitaus übersichtlicheren Normgefüge beiträgt, wenn auch zulasten einer hochdifferenzierten deskriptiven Verhaltensumschreibung.

Eine solche in allen Einzelheiten hochdifferenzierte Verhaltensumschreibung wird – den von einigen Stimmen mit Blick auf Art. 103 Abs. 2 GG geforderten – absoluten Bestimmtheitsgrad nicht erreichen können. Denn es bleibt weiterhin der Aspekt der Ungenauigkeit der Sprache zu beachten, derer sich

935 *Wassermann*, in: ders., AK-GG, Band 2, 3. Aufl. (2001), Art. 103, Rn. 52.
936 So auch *Duttge*, Bestimmtheit von Fahrlässigkeitsdelikten (2001), S. 176.
937 *Krahl*, Die Rechtsprechung zum Bestimmtheitsgrundsatz (1986), S. 86 ff., 297.
938 So auch *Duttge*, Bestimmtheit von Fahrlässigkeitsdelikten (2001), S. 176.
939 Vgl. *Krahl*, Die Rechtsprechung zum Bestimmtheitsgrundsatz (1986), S. 86.

das Gesetz bedient und bedienen muss.[940] Jede Norm, jede Definition muss sich Begriffen bedienen, die ihrerseits wiederum zu weiteren Unklarheiten führen können. Durch die Verwendung von Sprache wohnt den Gesetzen eine relative Unbestimmtheit von vornherein inne.[941] Denn Sprache ist interpretationsbedürftig, da sie oft mehrdeutig ist.[942] Dem Strafsystem ist damit ein gewisser Grad an Ungenauigkeit zuzugestehen.[943] Nicht zuletzt vor diesem Hintergrund verweist das BVerfG in ständiger Rechtsprechung auf die Vielgestaltigkeit des Lebens, die Allgemeinheit und Abstraktheit von Normen und die damit verbundenen Relativierungen des Bestimmtheitsgrundsatzes, die hinzunehmen sind, will man die Möglichkeit abstrakt-genereller, strafbegründender Gesetzgebung erreichen.[944] Dies kann, wie *Duttge* richtig anmerkt, jedoch nicht dazu führen, dass die durch Art. 103 Abs. 2 GG aufgestellten und einzuhaltenden rechtsstaatlichen Grundsätze der Praktikabilität der Gesetzgebung geopfert werden. Vielmehr können Relativierungen nur dort Platz greifen, wo die Einhaltung der Anforderungen des besonderen Bestimmtheitsgrundsatzes tatsächlich unmöglich ist.[945]

Dies festzustellen obliegt dem Richter. Nur er kann erkennen, ob die Verwendung eines Begriffs bzw. die Formulierung eines Tatbestandes noch innerhalb der Grenzen des Bestimmtheitsgebots liegt. Er muss dazu die vom Gesetzgeber verwendeten Begriffe auslegen, d. h. eine Inhaltsbestimmung vornehmen. Dabei steht ihm der gesamte Auslegungskanon zur Verfügung.

c) *Résumé*

Zusammenfassend sei gesagt, dass nennenswerte Stimmen in der Literatur die Rechtsprechung des BVerfG als Preisgabe des besonderen Bestimmtheitsgebots zugunsten einer allgemeinen Bestimmbarkeit ansehen. In diesem Zusammenhang ist stellvertretend noch einmal auf *Krahl* zu verweisen, der sowohl die besondere Stellung der Auslegung bei der Ermittlung der Bestimmtheit einer Strafnorm als auch die Heranziehung von außerhalb des Strafgesetzes liegenden Gesichtspunkten als eine solche Preisgabe des besonderen Bestimmtheitsgrundsatzes bezeichnet.[946]

---

940 Vgl. *Ransiek*, Gesetz und Lebenswirklichkeit (1989), S. 4, 81 f.; Vertiefend *Middelschulte*, Unbestimmte Rechtsbegriffe (2007), S. 22 ff.

941 Vgl. *Ransiek*, Gesetz und Lebenswirklichkeit (1989), S. 4 f.; *Raabe*, Der Bestimmtheitsgrundsatz (2007), S. 18; *Krahl*, Die Rechtsprechung zum Bestimmtheitsgrundsatz (1986), S. 5.

942 *Schäfers*, JuS 2015, S. 875 (875).

943 In diesem Sinne *Duttge*, Bestimmtheit von Fahrlässigkeitsdelikten (2001), S. 174 ff.; Vertiefend auch *Hassemer*, Grundlagen des Strafrechts, 2. Aufl. (1990), S. 180 ff.

944 Vgl. nur BVerfGE 47, S. 109 (120 f.); 71, S. 108 (114 f.); 73, S. 206 (235); 87, S. 209 (224).

945 Vgl. *Duttge*, Bestimmtheit von Fahrlässigkeitsdelikten (2001), S. 180.

946 Gemeint sind beispielsweise die Berücksichtigung einer „gefestigten Rechtsprechung", das „Sonderwissen beim Täter", der „Normzusammenhang" oder die

Das Rechtsstaatsprinzip, der Gewaltenteilungsgrundsatz, das Demokratie- sowie das Schuldprinzip bilden die Säulen für die an den besonderen Bestimmtheitsgrundsatz aus Art 103 Abs. 2 GG zu stellenden Anforderungen.[947] All' diese Prinzipien stellen, wie das Bestimmtheitsgebot selbst, ausfüllungsbedürftige Begriffe dar. Sie sind damit für unterschiedliche Interpretationen offen. Folge ist die Häufung unterschiedlicher Auffassungen zu den inhaltlichen Anforderungen der genannten Begriffe und vor allem des besonderen strafrechtlichen Bestimmtheitsgebots. Werden die Anforderungen an einen Begriff streitentscheidend, so ist die Judikative gefragt. Sie muss eine die unterschiedlichen Auffassungen erkennende und möglichst ausgleichende Inhaltsbestimmung treffen, welche sich zumeist als Kompromiss erweist. Auch wenn die Rechtsprechung des BVerfG zu den Anforderungen des besonderen Bestimmtheitsgebots aus Art. 103 Abs. 2 GG als – mit Ausnahmen[948] – ausgewogen beschrieben werden kann, so ist sie in Einzelheiten berechtigter Kritik ausgesetzt, da sie, wie jede Kompromisslösung, Schwächen aufweist.

Es mag insoweit noch einmal an den Hauptzweck des besonderen Bestimmtheitsgebots erinnert werden. Die Handhabung der Strafgesetze soll nach der Intention des Verfassungsgebers in allererster Linie und soweit wie möglich von den Entscheidungen des unmittelbar demokratisch legitimierten Gesetzgebers vorausbestimmt werden.[949] Dazu ist es notwendig, dass der Gesetzgeber die grundlegenden Strafbarkeitsvoraussetzungen, wie von der Verfassung vorgesehen, selbst formuliert. Dem Gesetzgeber ist damit von Verfassungs wegen ein Monopol zur Strafbegründung zugedacht.[950] Die Verfassung verlangt vom Gesetzgeber dabei keine an Unmöglichkeit grenzenden Handlungen, denn der Verfassungsauftrag des Art. 103 Abs. 2 GG kann vernünftigerweise nicht weiter gehen, als er überhaupt realisierbar ist.[951]

Die Gesetze müssen aber den Anforderungen des Art. 103 Abs. 2 GG genügen, und natürlich müssen Strafgesetze auch angewandt werden. Dies ist hingegen nicht mehr Aufgabe des Gesetzgebers, sondern der Gerichte. Sie entscheiden über die Auslegung von Normen und schlussendlich auch darüber, ob der Gesetzgeber eine den Vorgaben des Art. 103 Abs. 2 GG entsprechende Norm geschaffen

---

„Natur der Sache"; vgl. *Krahl*, Die Rechtsprechung zum Bestimmtheitsgrundsatz (1986), S. 268 f., 276.

947 Vgl. *Ransiek*, Gesetz und Lebenswirklichkeit (1989), S. 9 mit Verweis auf BVerfG NJW 1987, S. 43 ff.

948 So beispielsweise BVerfGE 26, S. 41 mit Bejahung der notwendigen Bestimmtheit des § 360 Abs. 1 Nr. 1 StGB a. F. hinsichtlich des Merkmals „grober Unfug".

949 So *Duttge*, Bestimmtheit von Fahrlässigkeitsdelikten (2001), S. 168.

950 Auch als „kompetenzwahrende Funktion" des Art. 103 Abs. 2 GG bezeichnet, vgl. *Schmidt-Aßmann* (Vorkommentierung), in: Maunz/Dürig, GG-Kommentar, Bd. VI, 78. EL (2016), Art. 103 Abs. 2, Rn. 179.

951 *Lenckner*, JuS 1968, S. 249 (304).

hat.[952] Diese aus dem Prinzip der Gewaltenteilung gemäß Art. 20 Abs. 2 S. 2 GG entspringende Aufgabenteilung zwischen Legislative und Judikative erzeugt ein nicht unwesentliches Spannungsfeld. Eine klare Trennung der Zuständigkeitsbereiche der Gewalten ist mitunter eine sehr schwierige Aufgabe, welche vor allem in den Randbereichen zu Komplikationen führen kann.

Der Aufgabe, genau in diesen Randbereichen die Grenzen der jeweiligen Gewalten zu bestimmen, stellen sich sowohl der Gesetzgeber als auch die Gerichte und die Exekutive. Die genaue Grenzziehung muss dabei, aufgrund der nicht besonders präzisen Vorgaben der Verfassung,[953] immer wieder ausgelotet werden. Denn Art. 103 Abs. 2 GG verwendet selbst einen unbestimmten Maßstab, anhand dessen die Frage einer verfassungsrechtlich noch akzeptablen oder nicht mehr hinnehmbaren Unbestimmtheit anderer Gesetzesbegriffe beantwortet werden muss.[954]

Die kritischen Stimmen zur Rechtsprechung des BVerfG setzen genau an dieser Frage an. Art. 103 Abs. 2 GG besagt, dass eine Tat nur dann bestraft werden kann, wenn die Strafbarkeit gesetzlich bestimmt war, bevor die Tat begangen wurde. Das Bestimmtheitsgebot verbietet mithin eine Strafbegründung durch den Richter und auch strafbegründendes Gewohnheitsrecht. Wann eine Norm nun aber bestimmt genug ist, beantwortet Art. 103 Abs. 2 GG nicht. Da der Verfassungsgeber keine konkreten Anforderungen an die Bestimmtheit von Strafgesetzen formuliert hat, hat sich das BVerfG als Hüter der Verfassung mit dieser Frage auseinanderzusetzen und dies auch in großem Umfang getan. Das Schrifttum wiederum äußert zum Teil berechtigte Kritik an den bisherigen Entscheidungen des BVerfG.

Es bleibt festzuhalten, dass der Gesetzgeber zur Verwendung unbestimmter Gesetzesbegriffe im Rahmen des Anwendungsbereichs des Art. 103 Abs. 2 GG berechtigt ist, sofern ihm die Einhaltung eines strengeren Präzisierungsgrades nicht möglich ist. Um die Frage zu beantworten, ob eine strengere Präzisierung möglich erscheint, ist die Norm auszulegen und auf ihren Präzisierungsgrad hin zu untersuchen.[955] In diesem Kontext hat der Rechtsanwender die Grenzen des Art. 103 Abs. 2 GG zu wahren und zu beachten, dass eine Analogie zu Lasten des Täters ausscheidet. Zulässige Auslegung und verbotene Analogie sind daher voneinander abzugrenzen, ohne dass immer eine trennscharfe Grenzlinie gezogen werden kann.[956] In Zweifelsfällen ist mit Blick auf die Garantiefunktion des

952 Die Frage, ob eine Norm gegen spezifisches Verfassungsrecht verstößt, ist durch das Bundesverfassungsgericht zu beantworten, Art. 93, 100 GG.

953 Die Vorgaben des Art. 103 Abs. 2 GG werden zum Teil als Paradoxon angesehen. Vgl. die Nachweise bei *Duttge*, Bestimmtheit von Fahrlässigkeitsdelikten (2001), S. 174 (dort Fn. 306, 307).

954 *Duttge*, Bestimmtheit von Fahrlässigkeitsdelikten (2001), S. 174.

955 Die Kriterien zur Konkretisierung der Anforderungen des Art. 103 Abs. 2 GG werden ab Seite 204 unter Gliederungspunkt II. entwickelt.

956 *Wessels/Beulke/Satzger*, Strafrecht AT, 48. Aufl. (2018), Rn. 83 m. w. N.

Art. 103 Abs. 2 GG aber eher von einer den Wortsinn überschreitenden Analogie als von einer noch zulässigen Auslegung auszugehen.

Die Relativierungen des Bestimmtheitsgrundsatzes des Art. 103 Abs. 2 GG nach der Schwere der angedrohten Strafe sowie dem beim Täter- oder Adressatenkreis vorhandenen Sonderwissen sind abzulehnen, da sie in Art. 103 Abs. 2 GG nicht angelegt sind. Generell unterliegen die vom BVerfG anerkannten Relativierungen des Bestimmtheitsgrundsatzes einer restriktiven Anwendung. Zudem ist dem Bestimmtheitsgrundsatz eine größere Bedeutung beizumessen, als dies bisher der Fall war.

3. Besonderheiten von straf- bzw. ordnungswidrigkeitsrechtlichen Blankettnormen

Im Folgenden soll der Frage nachgegangen werden, wie es rechtlich zu bewerten ist, wenn ein Gesetz nicht nur unbestimmte oder unklare Begriffe verwendet, sondern – wie § 120 WpHG – als Sanktionsnorm in Gestalt eines Blankettordnungswidrigkeitstatbestands dient, der zu seiner Ausfüllung auf Normen verweist, die unbestimmte Rechtsbegriffe beinhalten.

Straf- bzw. ordnungsrechtliche Blankettnormen zeichnen sich dadurch aus, dass ein weiterer Rechtsakt der Legislative oder der Exekutive notwendig ist, um sie zu konkretisieren bzw. auszufüllen. Anders ausgedrückt: Eine Blankettsanktionsnorm benötigt zu ihrer Konkretisierung eine Blankettausfüllungsnorm.[957] Beispielsweise stellen § 120 Abs. 2 Nr. 2 lit. d) und lit. e) WpHG, welche die Nichtbefolgung der Meldepflichten der §§ 33, 38, 39 WpHG als Ordnungswidrigkeit einstufen, ausfüllungsbedürftige Blankettsanktionsnormen dar. Insoweit werden nur die Ahndung als Ordnungswidrigkeit sowie in § 120 Abs. 17 WpHG Art und Maß der Sanktion (Geldbuße) bestimmt. Die Ausformung der Ver- und Gebote findet sich hingegen in den §§ 33, 38, 39 WpHG, die demnach Blankettausfüllungsnormen darstellen. Die damit verbundenen Fragestellungen betreffen zum einen die grundsätzliche Zulässigkeit dieser Regelungstechnik mit Blick auf den besonderen Bestimmtheitsgrundsatz des Art. 103 Abs. 2 GG und zum anderen die Ermittlung des für die Auslegung maßgeblichen normativen Inhalts einer Blankettnorm. Vor allem die Frage, wie im Falle einer Blankettnorm der für die Interpretation der gesamten Bußgeldnorm maßgebliche Gesetzestext zu ermitteln ist, ist von besonderer Relevanz für den Rechtsanwender.[958]

---

957 Vgl. *Schmidt-Aßmann* (Vorkommentierung), in: Maunz/Dürig, GG-Kommentar, Bd. VI, 78. EL (2016), Art. 103 Abs. 2, Rn. 199.

958 Vgl. dazu auch *Wilke*, Grenzen einheitlicher Rechtsanwendung (2010), S. 148 ff.

a) Unterscheidung in „echte" und „unechte" Blankette

Blankettnormen werden allgemein in „echte" sowie „unechte" Blankette unterschieden. Eine Norm, die zur Tatbestandsausfüllung auf eine Norm desselben Gesetzes verweist (Binnenverweisung), wird als „unechte Blankettnorm" bezeichnet, während Normen, die zu ihrer Ausfüllung auf Rechtsnormen anderer Gesetze oder Rechtsverordnungen oder auf andere Rechtsakte verweisen (Außenverweisung), „echte Blankettnormen" genannt werden.[959] Vorliegend handelt es sich bei der Ausfüllung des § 120 Abs. 2 Nr. 2 lit. d) und e) WpHG durch die §§ 33, 38, 39 WpHG also um ein unechtes Blankett, da die Ausfüllungsnormen im selben Gesetz vorzufinden sind wie die Blankettsanktionsnorm.

b) Zulässigkeit von Blanketten

Die Zulässigkeit echter Blankette wird – zumindest für den Bereich des Strafrechts – zum Teil durchaus kritisch gesehen.[960] Unechte Blankette, um die es vorliegend geht, begegnen dagegen nur selten Bedenken hinsichtlich ihrer grundsätzlichen Zulässigkeit, da es sich sowohl bei der Sanktions- als auch der Ausfüllungsnorm um förmliche Gesetze handelt, die zudem in derselben Kodifikation geregelt sind.[961] Auch die unterschiedliche Rechtsnatur von Sanktionsnormen und Ausfüllungsnormen hat auf die Zulässigkeit von Blanketttatbeständen keine Auswirkung, da die Bußgeldbewehrung öffentlich-rechtlicher Gebote keinen grundsätzlichen Bedenken begegnet. Daher ist es unschädlich, dass § 120 WpHG dem Nebenstrafrecht zuzuordnen ist, während die Meldepflichten des WpHG als Ausfüllungsnormen öffentlich-rechtlichen Charakter aufweisen. Jedoch hat die Inbezugnahme eines außerstrafrechtlichen Gebots in den Tatbestand einer Ordnungswidrigkeit Auswirkungen auf Auslegung und Anwendung der außerstrafrechtlichen Normen, denn Art. 103 Abs. 2 GG gilt auch für das Nebenstrafrecht und fordert sowohl eine hinreichende Bestimmtheit von Straf- und strafähnlichen Gesetzen als auch die Wahrung der Wortsinngrenze. Für die Blankettregelungstechnik gelten daher keine anderen Anforderungen als bei einem einheitlich formulierten Straftatbestand.[962] Dies bedeutet, dass die Ausfüllungsnorm, auch wenn sie systematisch nicht dem Strafrecht zuzuordnen ist, den

959 Vgl. nur *Tiedemann*, Wirtschaftsstrafrecht AT, 5. Aufl. (2018), Rn. 217; *Raabe*, Der Bestimmtheitsgrundsatz (2007), S. 29 f. m. w. N.

960 Vgl. nur *Krahl*, Die Rechtsprechung zum Bestimmtheitsgrundsatz (1986), S. 269 f. m. w. N., der darin sowohl eine Verletzung des Gewaltenteilungsgrundsatzes als auch eine Beschneidung des demokratischen Gesetzgebungsverfahrens erblickt.

961 Vgl. *Schmidt-Aßmann* (Vorkommentierung), in: Maunz/Dürig, GG-Kommentar, Band VI, 78. EL (2016), Art. 103 Abs. 2, Rn. 207; *Spoerr*, in: Assmann/Schneider/Mülbert, WpHG, 7. Aufl. (2019), Vor § 119, Rn. 29.

962 Vgl. BVerfGE 37, S. 201 (209).

grundsätzlichen Anforderungen des Art. 103 Abs. 2 GG genügen,[963] also selbst dem besonderen Bestimmtheitsgebot entsprechen muss.[964] Blankettsanktions- und Blankettausfüllungsnorm bilden insoweit einen einheitlichen Tatbestand.[965] Die konkrete Ausgestaltung von Sanktions- und Ausfüllungsnorm, namentlich die jeweilige Bestimmtheit, ist dabei weitgehend dem Gesetzgeber überlassen,[966] zumindest wenn es sich jeweils um förmliche Gesetze handelt.[967] Jedoch unterliegt auch die Verweisung in der Sanktionsnorm selbst, als Koppelung der beiden Normen, dem Gebot technischer Gesetzesklarheit.[968] Für den Adressaten muss erkennbar sein, welche Ausfüllungsnorm als in Bezug genommen gelten soll.

Soweit unechte Blanketttatbestände demnach rechtstechnisch zulässig sind, bleibt dennoch die Frage, wie sie zu verstehen und anzuwenden sind.

c) Inkorporationswirkung

Nach dem Verständnis des BVerfG bilden Blankettsanktions- und Blankettausfüllungsnorm einen einheitlichen Tatbestand.[969] Auch der BGH folgt dieser Auffassung.[970] Die einzelnen Blankettnormen eines Normtatbestandes dürfen deshalb nach nahezu einhelliger Auffassung nicht getrennt voneinander betrachtet werden.[971] Sanktionsnorm und Ausfüllungstatbestand sind demgemäß in einem gedanklichen Zwischenschritt zu einem einheitlichen Tatbestand zusammenzuführen. Der Tatbestand der Ausfüllungsnorm wird in den Text der Sanktionsnorm aufgenommen und dadurch „inkorporiert".[972] Die Handlungsgebote und -verbote sind so in den Tatbestand der Blankettsanktionsnorm hineinzudenken,

963 *Schmidt-Aßmann* (Vorkommentierung), in: Maunz/Dürig, GG-Kommentar, Band VI, 78. EL (2016), Art. 103 Abs. 2, Rn. 208.

964 Vgl. BVerfGE 14, S. 245 (252); 41, S. 314 (319).

965 Vgl. BVerfGE 14, S. 174 (185 f.); 14, S. 245 (252); 22, S. 1 (18); 23, S. 265 (269); 37, S. 201 (208).

966 Vgl. *Schmidt-Aßmann* (Vorkommentierung), in: Maunz/Dürig, GG-Kommentar, Band VI, 78. EL (2016), Art. 103 Abs. 2, Rn. 208 [mit fehlerhaftem Bezug auf BVerfGE 73, S. 329 (342) gemeint ist wohl BVerfGE 75, S. 329 (342)].

967 Vgl. BVerfGE 75, S. 329 (342).

968 Vgl. *Schmidt-Aßmann* (Vorkommentierung), in: Maunz/Dürig, GG-Kommentar, Band VI, 78. EL (2016), Art. 103 Abs. 2, Rn. 207.

969 Vgl. Fn. 965.

970 Vgl. BGHSt 20, S. 177 (181).

971 Vgl. nur *Spoerr*, in: Assmann/Schneider/Mülbert, WpHG, 7. Aufl. (2019), Vor § 119, Rn. 31; *Wilke*, Grenzen einheitlicher Rechtsanwendung (2010), S. 147 m. w. N.; *Bülte*, JuS 2015, S. 769 (770); gelegentlich wird als angebliche Gegenauffassung auf *Lange*, JZ 1956, S. 73 (75 ff.) verwiesen, der diesbezüglich jedoch keine genaue Aussage trifft.

972 Vgl. *Wessels/Beulke/Satzger*, Strafrecht AT, 48. Aufl. (2018), Rn. 165 m. w. N.; BVerfGE 26, S. 338 (368); 47, S. 285 (309 f.).

als stünden die Ausfüllungsnormen in der Sanktionsnorm selbst.[973] Die Ausfüllungsnorm wird dabei nicht selbst zur Strafrechtsnorm, sondern nur wie eine solche behandelt.[974] Bei der Auslegung dieses einheitlichen Blankettatbestandes ist dennoch Art. 103 Abs. 2 GG und damit insbesondere die Einhaltung der Wortlautgrenze zu beachten. Denn für den Adressaten der Norm ist die Strafbarkeit nur voraussehbar, wenn in erster Linie der für ihn verstehbare Wortlaut des gesetzlichen Gesamtstraftatbestands maßgebend ist.[975] Eine über diesen erkennbaren Wortsinn der Norm hinausgehende Interpretation, welche zu einer Strafbarkeit führen würde, darf nicht zu Lasten des Bürgers gehen und ist deshalb ausgeschlossen.[976]

Wie *Wilke* mit Bezug auf das WpHG richtig darlegt, ist eine vollständige Eingliederung der §§ 33, 38, 39 WpHG als Ausfüllungsnormen für § 120 Abs. 2 Nr. 2 lit. d) und e) WpHG nicht sachgerecht bzw. logisch nicht durchführbar.[977] Da § 120 WpHG eigenständige Tatbestandsmerkmale enthält, können nur die Tatbestandsmerkmale der §§ 33, 38, 39 WpHG in § 120 WpHG integriert werden, die nicht zu einem Widerspruch führen. Insoweit erfordert die Inkorporation eine interpretatorische Tatbestandsbildung.[978] Folge ist die notwendige Umstellung des Wortlauts der Sanktionsnorm hin zu einem logisch nachvollziehbaren Satzgefüge.

Diese – gedankliche – Umstellung des Satzgefüges trifft im Schrifttum zum Teil auf Kritik. So erhebt *Enderle* gegen das Zusammenlesen als rein technischen Vorgang semantische, verfassungsrechtliche und strafrechtliche Bedenken.[979] Zum einen würden Wortlaut und Sinn der (Straf-)Norm verändert. So müsse die Ausfüllungsnorm, die ein Ge- oder Verbot ausspreche, im Wege des Zusammenlesens in einen Konditionalsatz umformuliert werden. Auch verfassungsrechtlich sei durch das Zusammenlesen die Kompetenz des Gesetzgebers zur Formulierung von Strafsätzen berührt.[980]

Diesen Bedenken sind folgende Überlegungen entgegenzuhalten: Wenn der Gesetzgeber selbst von Blankettnormen zur Sanktionierung der Zuwiderhandlung gegen ein Ver- oder Gebot Gebrauch macht, delegiert er die Kompetenz zur Präzisierung eines vollständigen Sanktionssatzes an den Rechtsanwender. Diese Vorgehensweise begegnet keinen grundsätzlichen verfassungsrechtlichen Bedenken, da der Gesetzgeber zum einen seine Kompetenz zur Bestimmung

---

973 Vgl. *Wilke*, Grenzen einheitlicher Rechtsanwendung (2010), S. 147.
974 *Bülte*, JuS 2015, S. 769 (770).
975 Vgl. BVerfGE 75, S. 329 (341).
976 Vgl. BVerfGE 47, S. 109 (121, 124); 64, S. 389 (393); 75, S. 329 (341).
977 *Wilke*, Grenzen einheitlicher Rechtsanwendung (2010), S. 148.
978 *Wilke*, Grenzen einheitlicher Rechtsanwendung (2010), S. 148 in Bezug auf *Tiedemann*, in: Festschrift für Schaffstein (1975), S. 195 (196).
979 *Enderle*, Blankettstrafgesetze (2000), S. 337 f.
980 Vgl. Fn. 979.

des Straftatbestands ausgeübt hat und zum anderen durch den besonderen Bestimmtheitsgrundsatz des Art. 103 Abs. 2 GG bei der Formulierung des Blankettatbestandes die Vorgaben der hinreichenden Bestimmtheit des strafbaren bzw. bußgeldbewehrten Verhaltens einhalten muss. Des Weiteren ist zumindest in dem hier interessierenden Fall der Verweis auf eine Ausfüllungsnorm im selben Gesetz verfassungsrechtlich unbedenklich. Der Gesetzgeber bleibt in diesem Fall „wesensidentisch".[981] Die durchaus anspruchsvolle Aufgabe der interpretatorischen Bildung eines Gesamttatbestandes aus Blankettsanktionsnorm und Blankettausfüllungsnorm ist hingegen als der Blankettregelungstechnik immanenter Rechtsanwendungsschritt hinzunehmen.

4. Résumé

Das Bestimmtheitsgebot, insbesondere in Form des Art. 103 Abs. 2 GG, verpflichtet den Gesetzgeber zu einer präzisen und konkreten Formulierung von Straftatbeständen. Auch das Nebenstrafrecht unterliegt diesen Anforderungen. Das Ordnungswidrigkeitsrecht ist daher an den Vorgaben des Art. 103 Abs. 2 GG zu messen. Zugleich ist die Bestimmtheit einer Norm auch davon abhängig, inwieweit die betreffende Regelung einer Auslegung zugänglich ist. Welche Auslegungsgrundsätze für die Meldepflichten des WpHG gelten, wurde bereits dargelegt.[982]

Die vorstehenden Überlegungen haben gezeigt, dass die Meldepflichten nach WpHG aufgrund ihrer Bußgeldbewehrung den besonderen Bestimmtheitsanforderungen des Art. 103 Abs. 2 GG unterliegen und mithin bei ihrer Anwendung durch die Gerichte das strafrechtliche Analogieverbot zu beachten ist. Die Gerichte haben daher nur einen begrenzten Spielraum, etwaigen unbestimmten Rechtsbegriffen unter Beachtung der Wortsinngrenze ihre notwendige Bestimmtheit im Wege der Konkretisierung zu vermitteln. Den Gesetzgeber trifft daher ein erhöhter Sorgfaltsmaßstab bei der Formulierung der bußgeldbewehrten Meldetatbestände.

II. Kriterien zur schärferen Konturierung des strafrechtlichen Bestimmtheitsgebots

Der soeben aufgezeigten Konturierung der Reichweite des strafrechtlichen Bestimmtheitsgebots aus Art. 103 Abs. 2 GG soll nun die Entwicklung weitergehender Anforderungen folgen. Denn die Vorgaben des BVerfG bezüglich des strafrechtlichen Bestimmtheitsgrundsatzes benennen keine konkret greifbaren Kriterien zur Ermittlung der Bestimmtheit oder Unbestimmtheit einer Straf- bzw. Ordnungswidrigkeitsnorm. Wenn *Duttge* formuliert: „Wie bestimmt ist eigentlich

---

981 *Wilke*, Grenzen einheitlicher Rechtsanwendung (2010), S. 149.
982 Siehe dazu oben ab Seite 131, dort Gliederungspunkt II.

bestimmt genug?“,[983] trifft er den Kerngehalt der im Folgenden zu beantwortenden Frage.

Das BVerfG arbeitet, wenn es um den Inhalt des strafrechtlichen Bestimmtheitsgebots geht, in vielfacher Weise mit Relativierungen. Genannt seien hier beispielsweise die Möglichkeit der Konkretisierung durch Rechtsprechung,[984] die nähere Spezifizierung einer Norm durch weitere Rechtsakte,[985] die Besonderheit des Einzelfalls,[986] die notwendige Allgemeinheit und Abstraktheit von Strafnormen[987] sowie die Vielgestaltigkeit des Lebens.[988] Von Konkretisierung spricht das BVerfG vor allem in Bezug auf die nähere Präzisierung einer unbestimmten Norm oder eines unbestimmten Rechtsbegriffs mithilfe der Rechtsprechung, von einer näheren Spezifizierung vor allem im Kontext mithilfe von Rechtsverordnungen näher zu bestimmender Blankettsanktionsnormen. Den Begriff der „Vielgestaltigkeit des Lebens“ verwendet es vor allem im Zusammenhang mit der Rechtfertigung einer Relativierung des strafrechtlichen Bestimmtheitsgrundsatzes. All‘ diese Begrifflichkeiten, welche das BVerfG zur näheren Bestimmung des Inhalts des Bestimmtheitsgebots nach Art. 103 Abs. 2 GG heranzieht, sind selbst unbestimmt. Denn wann eine Strafnorm lediglich konkretisiert oder näher spezifiziert wird, ist wiederum eine Frage der Auslegung dieser Begriffe.[989] Dasselbe gilt für den Begriff der Vielgestaltigkeit des Lebens.

Mit Blick auf die konkrete Inhaltsbestimmung der einzelnen Meldepflichten nach WpHG ist daneben ein weiterer Aspekt problematisch. Im Rahmen der Änderung der Meldepflichten nach WpHG im Zuge des TÄUG verfolgt der Gesetzgeber das Ziel, dass von der Neuregelung auch alle zukünftigen, nicht vorhersehbaren, aber möglicherweise meldepflichtigen Ereignisse erfasst sein sollen.[990] Diese Zielvorgabe wird zum Teil wiederum zur Begründung einer (noch) hinreichenden Bestimmtheit einer unbestimmten Sanktionsnorm herangezogen. Art. 103 Abs. 2 GG fordert aber den Gesetzgeber dazu auf, ihm strafwürdig erscheinende Verhaltensweisen im Wege des formalen Gesetzgebungsverfahrens einer Strafbarkeit zu unterwerfen. *Schroeder* fragt in diesem Kontext: „Ist es nicht vielmehr so, daß der Gesetzgeber bei fehlender Umschreibbarkeit auch einmal auf die Realisierung eines gesetzgeberischen Ziels verzichten muss?“[991] Zum Teil wird insoweit auch vom notwendig fragmentarischen Charakter des Strafrechts

---

983 *Duttge*, Bestimmtheit von Fahrlässigkeitsdelikten (2001), S. 174.
984 Vgl. Fn. 907.
985 Vgl. Fn. 923.
986 BVerfGE 14, S. 245 (251); 41, S. 314 (320); 48, S. 48 (56); 75, S. 329 (342); 96, S. 68 (97).
987 BVerfGE 47, S. 109 (121); 71, S. 108 (115); 75, S. 329 (341); 83, S. 119 (128); 87, S. 209 (224); 92, S. 1 (12).
988 Vgl. Fn. 944.
989 Zur Vieldeutigkeit dieser Begriffe siehe *Duttge*, Bestimmtheit von Fahrlässigkeitsdelikten (2001), S. 175 f. m. w. N.
990 Vgl. RegE TÄUG, BT-Drs. 18/5010, S. 46 f.
991 *Schroeder, F.*, JZ 1969, S. 775 (777).

gesprochen.[992] Dies wirft die Frage auf, wie sich die Ausdehnung von straf- bzw. bußgeldbewehrten Handlungsgeboten oder -verboten begrenzen lässt. Die vom BVerfG verwendeten Begrifflichkeiten helfen hier nicht weiter.

Im Schrifttum werden verschiedene Wege vorgeschlagen, um dem strafrechtlichen Bestimmtheitserfordernis zu einer weiterreichenden Konkretisierung zu verhelfen, als es die Rechtsprechung des BVerfG vermag. Bevor diese Lösungsmöglichkeiten betrachtet werden, sei noch einmal klargestellt, dass ein äußerst restriktives Verständnis des Bestimmtheitsgrundsatzes, wie es manche fordern,[993] hier nicht zugrunde gelegt wird. Vielmehr wird dem Verständnis *Seels* gefolgt, dass der *nullum-crimen*-Grundsatz nicht mehr im klassisch strengen Sinne verstanden werden kann.[994] *Seel* führt dies auf das Menschenbild des Grundgesetzes zurück. Der *nullum-crimen*-Grundsatz sei in der Zeit der Aufklärung und damit zu einer Zeit entstanden, als die persönliche Freiheit des Einzelnen als höchstes Gut empfunden wurde. Eine Einschränkung dieser Freiheit sollte nur im Wege eines klar formulierten, präzisen und deskriptiven Gesetzes erfolgen, um eine Rechtsschöpfung durch den Richter zu verhindern.[995] Der *nullum-crimen*-Grundsatz entspringe daher einer Zeit des übersteigerten Individualismus.[996] Oberste Prämisse dieser Zeit sei gewesen, dass die persönliche Freiheitssphäre des Einzelnen nur eingeschränkt werden soll, wenn dies unumgänglich sei.[997] Das Grundgesetz bringe in Art. 1 sowie Art. 20 hingegen zum Ausdruck, dass es den Menschen in Beziehung zur Gemeinschaft setze und letztlich dem Bild des Personalismus und nicht des Individualismus folge.[998] Dies bestätigt auch das BVerfG: Das Grundgesetz habe das Spannungsverhältnis zwischen Individuum und Gemeinschaft im Sinne der Gemeinschaftsbezogenheit und -gebundenheit der Person entschieden, ohne deren Eigenwert anzutasten.[999] *Seel* erkennt in dieser Veränderung des dem *nullum-crimen*-Grundsatz zugrundeliegenden Menschenbildes zugleich eine Abkehr vom absolutistischen Verständnis dieses Prinzips.[1000]

---

992 Vgl. nur *Hamann*, Grundgesetz und Strafgesetzgebung (1963), S. 51.

993 Vgl. nur *Drost*, Das Ermessen des Strafrichters (1930), S. 203 ff. (204): „Darum fort mit allen solchen Tatbestandsteilen, welche die objektiv festen Tatbestandsgrenzen subjektivieren, verflüssigen, entwerten!"; *Hamann*, Grundgesetz und Strafgesetzgebung (1963), S. 45 ff. (49) soweit dieser mit Blick auf die Notwendigkeit der Verwendung ausfüllungsbedürftiger Wertbegriffe und Generalklauseln sowie den Verzicht auf eine rein deskriptive Tatbestandsformulierung von einer „Kapitulation" spricht.

994 *Seel*, Unbestimmte und normative Tatbestandsmerkmale (1965), S. 109 ff.

995 Vgl. *Seel*, Unbestimmte und normative Tatbestandsmerkmale (1965), S. 109 ff.

996 Vgl. *Seel*, Unbestimmte und normative Tatbestandsmerkmale (1965), S. 109.

997 Vgl. *Seel*, Unbestimmte und normative Tatbestandsmerkmale (1965), S. 109.

998 *Seel*, Unbestimmte und normative Tatbestandsmerkmale (1965), S. 110 m. w. N.

999 BVerfGE 4, S. 7 (15 f.).

1000 Vgl. *Seel*, Unbestimmte und normative Tatbestandsmerkmale (1965), S. 110.

Dass der besondere strafrechtliche Bestimmtheitsgrundsatz einer Relativierung bedarf, wird vor dem Hintergrund des soeben Gesagten nicht ernsthaft angezweifelt. Jedoch wird für eine strengere Beachtung dieses Grundsatzes plädiert. So konstatiert *Raabe* aufgrund des aktuellen Umgangs mit den Anforderungen des Bestimmtheitsgrundsatzes, die Vielzahl anerkannter Relativierungen seitens des BVerfG habe zu einer Verwässerung der Konturen des Bestimmtheitsgebots des Art. 103 Abs. 2 GG beigetragen und mittlerweile lasse sich nahezu jede erdenkliche Unbestimmtheit eines Tatbestandes mithilfe der genannten Relativierungen rechtfertigen.[1001]

1. Abwägungslehre (*Lenckner, Seel*)

Eine mögliche Lösung wird in einem Beitrag von *Lenckner*[1002] – hier bezeichnet als Abwägungslehre – aus dem Jahre 1968 gesehen.[1003] Danach soll ein Kompromiss zwischen der formellen und der materiellen Komponente der Rechtsstaatlichkeit gesucht werden.[1004] Die formelle Komponente der Rechtsstaatlichkeit beschreibe das Prinzip der Rechtssicherheit, die materielle Komponente das Prinzip der Einzelfallgerechtigkeit; die Zulässigkeit der Verwendung unbestimmter bzw. wertausfüllungsbedürftiger Begriffe solle anhand einer Abwägung zwischen diesen Prinzipien nach dem Grundsatz des überwiegenden Interesses erfolgen.[1005] Im Falle einer Generalklausel müsse sich der Gesetzgeber beispielsweise fragen, ob die mit der Generalklausel verbundenen Gefahren für die Rechtssicherheit schwerer wögen als der Verlust an Gerechtigkeit, soweit auf eine solche Klausel verzichtet werde.[1006]

Einen vergleichbaren Ansatz verfolgt auch *Seel*.[1007] In einem ersten Schritt sei zu prüfen, ob eine Norm ausfüllungsbedürftige Begriffe verwende, welche die Norm als unbestimmt erscheinen ließen. In einem zweiten Schritt sei zu fragen, ob diese Durchbrechung des besonderen Bestimmtheitsgrundsatzes aus überwiegenden Gründen des Gemeinwohls und der Gerechtigkeit zwingend erforderlich sei.[1008]

Roxin bemängelt, dass Art. 103 Abs. 2 GG durch die Abwägung zwischen Gerechtigkeit und Rechtssicherheit eine unzulässige Relativierung erfahre.[1009] Das ist zutreffend. Dem Abwägungsmodell ist die Schwäche der Konturlosigkeit,

---

1001 Vgl. *Raabe*, Der Bestimmtheitsgrundsatz (2007), S. 26 f.

1002 *Lenckner*, JuS 1968, S. 249 ff., S. 304 ff.

1003 Dazu bereits *Duttge*, Bestimmtheit von Fahrlässigkeitsdelikten (2001), S. 181 ff. m. w. N.; *Raabe*, Der Bestimmtheitsgrundsatz (2007), S. 69 ff.

1004 Vgl. *Lenckner*, JuS 1968, S. 249 ff., 304 ff. (305).

1005 Vgl. *Lenckner*, JuS 1968, S. 249 ff., 304 ff. (305).

1006 So *Lenckner*, JuS 1968, S. 249 ff., 304 ff. (305).

1007 *Seel*, Unbestimmte und normative Tatbestandsmerkmale (1965), S. 124 ff.

1008 *Seel*, Unbestimmte und normative Tatbestandsmerkmale (1965), S. 127.

1009 *Roxin/Greco*, Strafrecht AT, Bd. 1, 5. Aufl. (2020), § 5, Rn. 72.

welche es ausgleichen soll, selbst immanent. Art. 103 Abs. 2 GG ist bereits der verfassungsrechtlich verankerte Ausdruck einer Abwägung zwischen Rechtssicherheit und Gerechtigkeit. Diese Kriterien abwägend heranzuziehen, um einem Gesetz, welches den Anforderungen des Art. 103 Abs. 2 GG nicht gerecht wird, doch noch seine Verfassungsmäßigkeit zu vermitteln, erscheint zirkulär. Der Verfassungsgeber fordert durch Art. 103 Abs. 2 GG gerade den Gesetzgeber auf, strafwürdiges Verhalten einer gesetzlichen Regelung zuzuführen, um so einen Ausgleich zwischen Rechtssicherheit und Gerechtigkeit herzustellen.[1010] Diese grundsätzliche Abwägung kann der Gesetzgeber nicht auf den Rechtsanwender verlagern. Zudem soll die Frage der Bestimmtheit einer Norm von der Abwägung zweier Prinzipien abhängig sein, deren konkrete inhaltliche Ausformung selbst unklar ist. Eine solche Vorgehensweise ist nicht überzeugend und daher abzulehnen.

2. Quantitativ-mathematischer Ansatz (*Schünemann*)

Schünemann schlägt einen objektiv quantifizierbaren Rahmen für die Frage nach der Bestimmtheit eines formellen Gesetzes vor: Danach sollen die noch hinreichend bestimmbaren Tatbestandsmerkmale zur Bestimmung des strafbaren Verhaltens mehr als 50 % betragen.[1011] Dies bedeutet, eine Norm müsse durch ihre gesetzlich bestimmten Tatbestandsmerkmale mehr als 50 % der strafbaren Handlungen umfassen, während dem Richter durch die Verwendung unbestimmter Tatbestandsmerkmale weniger als 50 % der insgesamt vorkommenden strafbaren Fälle zur freien Entscheidung überantwortet werden dürfen.[1012]

So innovativ der Vorschlag *Schünemanns* auch scheint, der Jurisprudenz ein mathematisches Hilfsmittel zur Ermittlung der Bestimmtheit einer Norm an die Hand zu geben, so wird man bei der Anwendung dieser Methode dennoch hilflos seine Formelbücher zu Rate ziehen und erkennen, dass sie nicht weiterhelfen. Denn sprachliche Begriffe, die keine Zahlen, sondern die Lebenswirklichkeit einfangen sollen, lassen sich keinem konkreten Zahlenwert zuordnen. Auch gesteht *Schünemann* selbst ein, dass die Beantwortung der Frage nach der Zahl der tatsächlich vorkommenden strafbaren Handlungen nur einer Schätzung zugänglich sein wird.[1013] Inwieweit eine solche Schätzung als Basis für einen Gewinn an Rechtssicherheit dienen soll, ist nicht ersichtlich. *Duttge* und *Raabe* kritisieren zudem, dass bereits die Festlegung einer Grenze von 50 % höchst willkürlich erscheine.[1014] Warum ein Tatbestand, der nur knapp unter dieser Schwelle liege,

---

1010 So wohl auch *Duttge*, Bestimmtheit von Fahrlässigkeitsdelikten (2001), S. 182.
1011 *Schünemann*, Nulla poena sine lege? (1978), S. 35.
1012 *Schünemann*, Nulla poena sine lege? (1978), S. 35 f.
1013 *Schünemann*, Nulla poena sine lege? (1978), S. 36 f.
1014 *Duttge*, Bestimmtheit von Fahrlässigkeitsdelikten (2001), S. 185; *Raabe*, Der Bestimmtheitsgrundsatz (2007), S. 71.

mit dem Grundgesetz vereinbar sein solle, wenn dieses doch eine hundertprozentige Befolgung des Bestimmtheitsgrundsatzes des Art. 103 Abs. 2 GG verlange, sei nicht ersichtlich.[1015] *Ransiek* verweist auf die Zweifelhaftigkeit der Praktikabilität des quantitativen Ansatzes und bezeichnet die Abgrenzungskriterien als diffus.[1016]

Der quantitativ-mathematische Ansatz ist daher abzulehnen.

3. Drei-Stufen-Modell / Größtmögliche Bestimmtheit (*Lenckner, Kohlmann*)

Die Lehre der größtmöglichen Bestimmtheit einer Norm geht von der Prämisse aus, dass die Verwendung ausfüllungsbedürftiger, unbestimmter Rechtsbegriffe dann gegen das Bestimmtheitsgebot des Art. 103 Abs. 2 GG verstößt, wenn der Gesetzgeber durch die Verwendung deskriptiver Rechtsbegriffe einen höheren Präzisierungsgrad erreichen könnte.[1017] Vom Gesetzgeber wird hier also, anders als beim allgemeinen Bestimmtheitsgrundsatz, die Einhaltung eines Optimierungsgebots gefordert.[1018] Grund dafür ist die besondere Bedeutung des Art. 103 Abs. 2 GG und der damit an den Gesetzgeber delegierten Aufgabe, strafwürdiges Verhalten durch formelle Gesetze einer Strafbarkeit zuzuführen.[1019] Bei dieser Normsetzung hat der Gesetzgeber aufgrund der besonderen Eingriffsintensität des Strafrechts in die Freiheitsrechte der Bürger seinen Verfassungsauftrag bestmöglich zu erfüllen.[1020]

Kohlmann hat bezüglich der Bestimmtheitsanforderungen des Art. 103 Abs. 2 GG ein Drei-Stufen-Modell entwickelt, an welchem sich der Gesetzgeber bei der Formulierung von Strafnormen orientieren solle, um einen Verstoß gegen Art. 103 Abs. 2 GG zu vermeiden.[1021] Auf der ersten Stufe müsse der Gesetzgeber deskriptive Tatbestandsmerkmale verwenden.[1022] Erst wenn das gesetzgeberische Ziel mit deskriptiven Merkmalen nicht erreicht werden könne, dürfe auf der zweiten Stufe auf normative Merkmale, welche innerhalb anderer Rechtsgebiete verankert seien, zurückgegriffen werden.[1023] Führe auch dies nicht zur Zielerreichung, so dürfe auf der dritten Stufe nur in absoluten Ausnahmefällen

---

1015 *Duttge*, Bestimmtheit von Fahrlässigkeitsdelikten (2001), S. 185; *Raabe*, Der Bestimmtheitsgrundsatz (2007), S. 71; so auch *Ransiek*, Gesetz und Lebenswirklichkeit (1989), S. 61.

1016 *Ransiek*, Gesetz und Lebenswirklichkeit (1989), S. 61 m. w. N.

1017 Vgl. *Lenckner*, JuS 1968, S. 249 ff., 304 ff. (305); *Kohlmann*, Begriff des Staatsgeheimnisses (1969), S. 266.

1018 Vgl. *Wessels/Beulke/Satzger*, Strafrecht AT, 48. Aufl. (2018), Rn. 72 m. w. N.

1019 *Kohlmann*, Der Begriff des Staatsgeheimnisses (1969), S. 255.

1020 So ähnlich *Kohlmann*, Der Begriff des Staatsgeheimnisses (1969), S. 253 f.

1021 *Kohlmann*, Der Begriff des Staatsgeheimnisses (1969), S. 267 f.

1022 *Kohlmann*, Der Begriff des Staatsgeheimnisses (1969), S. 267.

1023 *Kohlmann*, Der Begriff des Staatsgeheimnisses (1969), S. 267 f.

auf normative Begriffe zurückgegriffen werden, welche im außerrechtlichen Raum verankert seien.[1024] Grundsätzlich stelle die Verwendung solcher außerrechtlichen Begriffe jedoch einen Verstoß gegen den Bestimmtheitsgrundsatz des Art. 103 Abs. 2 GG dar.[1025]

Trotz der dem Drei-Stufen-Modell durchaus attestierten Plausibilität[1026] wird bemängelt, dass auch dieses Modell zu keinen klaren Abgrenzungskriterien führe.[1027] Zudem sei, so *Roxin*, nicht jede weniger geglückte Gesetzesfassung sogleich verfassungswidrig.[1028] *Kuhlen* weist darauf hin, dass sich im Nachhinein wohl immer eine noch präzisere Fassung einer Strafnorm finden lasse.[1029] Die Forderung an den Gesetzgeber, seine Strafnormen möglichst präzise zu formulieren habe absurde Konsequenzen, da sie letztlich zu einem rein theoretischen, aber nicht praktikablen Verständnis des Art. 103 Abs. 2 GG führe.[1030]

Raabe gibt zu bedenken, dass es sich bei der Annahme, deskriptive Merkmale wiesen einen höheren Bestimmtheitsgrad als normative Merkmale auf, um eine nicht in jedem Fall zutreffende Vermutung handele.[1031] Deskriptive Merkmale seien nur deshalb vorzugswürdig, da sie sinnlich und äußerlich wahrnehmbar seien und damit letztlich eine Objektivierung aufgrund der für jedermann gleichermaßen wahrnehmbaren Erscheinungsformen des Begriffs ermöglichen.[1032] Zudem sei bei strenger Beachtung der Vorgaben des Drei-Stufen-Modells ein Blankettstrafgesetz, das eine Verordnung als Ausfüllungsrechtsakt in Bezug nehme, nach dieser Ansicht grundsätzlich verfassungswidrig, da außerstrafrechtliche normative Merkmale der dritten Stufe nicht im Gesetz durch Regelbeispiele oder Legaldefinitionen konkretisiert würden, sondern dies gerade im Wege der Verordnung erfolge.[1033] Vor allem für den Bereich des Wirtschaftsstrafrechts, in dem solche – wie bereits erläutert, grundsätzlich zulässige – Blankettstrafgesetze weit verbreitet seien, sei diese Lösung nicht praktikabel.[1034] Mithin sei dieses Ergebnis der Drei-Stufen-Theorie wenig überzeugend, da Art. 80 GG

1024 *Kohlmann*, Der Begriff des Staatsgeheimnisses (1969), S. 268.
1025 *Kohlmann*, Der Begriff des Staatsgeheimnisses (1969), S. 268.
1026 Vgl. *Duttge*, Bestimmtheit von Fahrlässigkeitsdelikten (2001), S. 186.
1027 Vgl. *Ransiek*, Gesetz und Lebenswirklichkeit (1989), S. 55 f.; *Duttge*, Bestimmtheit von Fahrlässigkeitsdelikten (2001), S. 186 f.
1028 *Roxin/Greco*, Strafrecht AT, Bd. 1, 5. Aufl. (2020), § 5, Rn. 71.
1029 *Kuhlen*, in: Kudlich/Montiel/Schuhr, Gesetzlichkeit und Strafrecht (2012), S. 429 ff. (433).
1030 Vgl. *Kuhlen*, in: Kudlich/Montiel/Schuhr, Gesetzlichkeit und Strafrecht (2012), S. 429 ff. (433).
1031 *Raabe*, Der Bestimmtheitsgrundsatz (2007), S. 72.
1032 So wohl *Raabe*, Der Bestimmtheitsgrundsatz (2007), S. 72.
1033 *Raabe*, Der Bestimmtheitsgrundsatz (2007), S. 76.
1034 *Raabe*, Der Bestimmtheitsgrundsatz (2007), S. 76.

gerade die Möglichkeit der Konkretisierung einer Norm unter Bezugnahme auf eine Verordnung unter bestimmten Voraussetzungen gestatte.[1035]

Duttge merkt an, dass es sich bei dem Modell der größtmöglichen Bestimmtheit um ein rein formales sowie rechtstheoretisches Verständnis des strafrechtlichen Bestimmtheitsgebots handele, ohne dass bestimmte inhaltliche Anforderungen aufgestellt würden; der materielle Gehalt des Bestimmtheitsgebots bleibe auch weiterhin äußerst flexibel.[1036]

Die geäußerte Kritik ist nachvollziehbar. Die Lehre der größtmöglichen Bestimmtheit und das Drei-Stufen-Modell vermögen zwar eine theoretische Richtschnur für die Formulierung und die dabei zu beachtenden Aspekte der Normgebung im Kontext des Art. 103 Abs. 2 GG aufzuzeigen. Konkrete inhaltliche Vorgaben zur strafrechtlichen Bestimmtheit sind diesen Konzepten jedoch ebenso wenig zu entnehmen wie der Rechtsprechung des BVerfG.

4. Das Mindestgemeinsame (*Küchenhoff, Schlüchter*)

Die Lehre vom Mindestgemeinsamen plädiert für einen Rückgriff auf den inhaltlichen Kern eines normativen Begriffs, der von allen Auffassungen innerhalb einer Gemeinschaft getragen wird. Vertreter dieser Auffassung sind vor allem *Schlüchter*[1037] sowie *Küchenhoff*,[1038] wobei *Schlüchter* auf dem Beitrag *Küchenhoffs* aufbaut. Den Vorschlägen ist die Erwartung gemein, dass ein Minimalkonsens aller Ansichten zur Bestimmung des Inhalts eines normativen bzw. unbestimmten Rechtsbegriffs häufig zur Einhaltung der Anforderungen des Art. 103 Abs. 2 GG führen werde.[1039] Der Inhalt eines unbestimmten Rechtsbegriffs müsse auf sein Mindestgemeinsames reduziert werden, d. h. eine Verständigung auf ein Minimum der in einer Gemeinschaft jeweils übereinstimmenden Vorstellungen von Begriffsinhalten und von den mit ihnen verbundenen Werten erfolgen.[1040] Von dieser Untergrenze des Begriffsinhalts ausgehend, könnten auch weitergehende Übereinstimmungen gewonnen werden, welche sodann ein das *Minimum* überschreitende *Mindestgemeinsames* darstellen würden. Diese Vorgehensweise sei leichter möglich als die Kompromissfindung ausgehend von den Maximalvorstellungen der widerstreitenden Ansichten.[1041] Das „denkmöglich letzte Begriffsmerkmal" müsse dabei aber ebenso gewahrt bleiben wie der mit dem Begriff verknüpfte Sozialwert.[1042]

1035 *Raabe*, Der Bestimmtheitsgrundsatz (2007), S. 76.
1036 *Duttge*, Bestimmtheit von Fahrlässigkeitsdelikten (2001), S. 187.
1037 *Schlüchter*, NStZ 1984, S. 300 (301).
1038 *Küchenhoff*, NJW 1959, S. 1254 ff.; *ders.*, ARSP 51 (1965), S. 449 (458 f.).
1039 Vgl. *Schlüchter*, NStZ 1984, S. 300 (301, 303); *Küchenhoff*, NJW 1959, S. 1254 (1255 f.).
1040 *Küchenhoff*, NJW 1959, S. 1254.
1041 *Küchenhoff*, NJW 1959, S. 1254.
1042 *Schlüchter*, NStZ 1984, S. 300 (301); *Küchenhoff*, NJW 1959, S. 1254 (1255).

Für diese Auffassung spricht, dass innerhalb einer pluralistischen Gesellschaft eine Entscheidung zwischen verschiedenen, zum Teil divergierenden Ansichten sich eher dem Vorwurf der Unbestimmtheit ausgesetzt sieht als die Reduzierung aller Ansichten auf ein „Mindestgemeinsames". Die Berücksichtigung und zugleich Reduzierung aller Auffassungen auf ein gemeinsames Minimum[1043] bildet einen Begriffskern, der inhaltlich weitestgehend geteilt und anerkannt wird.

Von den Schwierigkeiten der praktischen Umsetzung der Reduzierung aller Auffassungen auf ein gemeinsames Minimum einmal abgesehen, überzeugt der Vorschlag in einigen entscheidenden Aspekten aber letztlich nicht. So gibt *Roxin* zu bedenken, dass auch eine Begriffsvorstellung, die der allgemeinen moralischen Auffassung entspricht, dennoch gegen verfassungsrechtliche Werte verstoßen kann.[1044] *Duttge* merkt an, dass die Auffassung vom Mindestgemeinsamen das Setzen des zweiten vor dem ersten Schritt bedeute, denn sie beschreibe lediglich, wie eine Präzisierung eines in einem Gesetz verwendeten unbestimmten Rechtsbegriffs erfolgen könne. Welche konkreten Voraussetzungen Art. 103 Abs. 2 GG für die Verwendung solcher Begriffe aufstelle, sage diese Auffassung hingegen nicht.[1045]

Auch die Lehre vom Mindestgemeinsamen hilft daher nicht weiter.

5. Die Lehre vom Schutzzweck der Norm (*Roxin, Lemmel, Raabe*)

Eine weitere Lehre, die insbesondere von *Roxin* vertreten wird, stellt auf den im Strafgesetz selbst zum Ausdruck kommenden Sinngehalt oder Schutzzweck des Gesetzes ab.[1046] Ein Strafgesetz soll demnach noch hinreichend bestimmt sein, soweit sich ihm ein klarer gesetzgeberischer Schutzzweck entnehmen lasse und der Wortlaut des Gesetzes einer beliebigen Ausdehnung der Interpretation noch Grenzen setze.[1047] *Roxin* orientiert sich damit an den Grundsätzen der Auslegung im Strafrecht und dem im Strafgesetz selbst zum Ausdruck kommenden Aussagegehalt.[1048] Ein solcher Regelungsrahmen ermögliche eine Auslegung, die als solche noch als Auslegung eines bestimmten Gesetzes gelten könne.[1049] Der

1043 *Schlüchter*, NStZ 1984, S. 300; *Küchenhoff*, NJW1959, S. 1254.

1044 *Roxin/Greco*, Strafrecht AT, Bd. 1, 5. Aufl. (2020), § 5, Rn. 73.

1045 So *Duttge*, Bestimmtheit von Fahrlässigkeitsdelikten (2001), S. 192.

1046 Vgl. *Roxin/Greco*, Strafrecht AT, Bd. 1, 5. Aufl. (2020), § 5, Rn. 75 ff.; sich dem anschließend *Nolte/Aust*, in: von Mangoldt/Klein/Starck, GG-Kommentar, Bd. 3, 7. Aufl. (2018), Art. 103, Rn. 143 mit Bezug zur 4. Auflage von *Roxin*, Strafrecht AT, Bd. 1 (2006).

1047 *Roxin/Greco*, Strafrecht AT, Bd. 1, 5. Aufl. (2020), § 5, Rn. 75.

1048 *Roxin/Greco*, Strafrecht AT, Bd. 1, 5. Aufl. (2020), § 5, Rn. 75; *Duttge*, Bestimmtheit von Fahrlässigkeitsdelikten (2001), S. 197.

1049 *Roxin/Greco*, Strafrecht AT, Bd. 1, 5. Aufl. (2020), § 5, Rn. 75.

Gesetzgeber ist demnach lediglich dazu angehalten, einen klaren gesetzgeberischen Zweck zu formulieren, um die Anforderungen an die Bestimmtheit einer Norm zu erfüllen.

Im Wesentlichen folgt auch *Lemmel* diesem Ansatz.[1050] Nach seiner Ansicht muss ein Straftatbestand einen eindeutigen gesetzgeberischen Willen aufweisen, und anhand dessen muss die Bestimmung des Inhalts einer Norm erfolgen. Dann sei die Frage nach deren Vereinbarkeit mit Art. 103 Abs. 2 GG zu stellen.[1051] Dabei könne keine schematische Prüfung erfolgen, sondern jede Norm müsse einzeln betrachtet werden.[1052] Kriterien für die Unbestimmtheit von Tatbeständen sind nach *Lemmel* insbesondere eine fehlende Eigenwertung des Gesetzgebers[1053] sowie eine mangelhafte Typenbildung.[1054]

Diese Kriterien erfahren sodann eine weitere Untergliederung: Eine fehlende Eigenwertung des Gesetzgebers liege vor, wenn der Gesetzgeber offen auf eine abschließende Festlegung der Strafbarkeit eines Verhaltens verzichte, indem er beispielsweise dem Richter ein Ermessen bezüglich der Strafbarkeit einräume („Wer das und das tut, *kann* bestraft werden.")[1055] oder nicht zu erkennen gebe, welches Verhalten rechtens sein solle. Dies sei der Fall, wenn ein *verstecktes* Fehlen der gesetzlichen Wertung vorliegt.[1056] Darunter sei (a) die Verwendung von Blankettbegriffen oder „Regulativen" zu fassen, die dem Richter keinerlei Anhaltspunkte für seine Tätigkeit liefern,[1057] sowie (b) die Verweisung auf nicht existierende außerstrafrechtliche Wertungen,[1058] die aufgrund mangelnden gesellschaftlichen Diskurses oder mangelnder fortgeschrittener Rechtspraxis noch nicht allgemein anerkannt seien,[1059] aber auch (c) das versteckte Fehlen einer Wertung innerhalb einer umfassenderen Strafvorschrift[1060] zu verstehen. Eine fehlende Eigenwertung des Gesetzgebers liege ebenso vor, wenn der Gesetzgeber mit der Norm unbehebbare Unklarheiten und Widersprüche erzeuge.[1061]

1050 *Lemmel*, Unbestimmte Strafbarkeitsvoraussetzungen (1970), S. 180 ff.
1051 *Lemmel*, Unbestimmte Strafbarkeitsvoraussetzungen (1970), S. 201 f.
1052 *Lemmel*, Unbestimmte Strafbarkeitsvoraussetzungen (1970), S. 201 f.
1053 *Lemmel*, Unbestimmte Strafbarkeitsvoraussetzungen (1970), S. 181 ff.
1054 *Lemmel*, Unbestimmte Strafbarkeitsvoraussetzungen (1970), S. 193 ff.
1055 *Lemmel*, Unbestimmte Strafbarkeitsvoraussetzungen (1970), S. 181.
1056 *Lemmel*, Unbestimmte Strafbarkeitsvoraussetzungen (1970), S. 181.
1057 *Lemmel*, Unbestimmte Strafbarkeitsvoraussetzungen (1970), S. 181 f.
1058 *Lemmel*, Unbestimmte Strafbarkeitsvoraussetzungen (1970), S. 183.
1059 *Lemmel* verweist dabei ausdrücklich auf die grundsätzliche Zulässigkeit der Inbezugnahme von außerstrafrechtlichen Wertungen durch den Gesetzgeber, da dieser nicht sämtliche Fragen im Strafgesetz regeln könne; vgl. *Lemmel*, Unbestimmte Strafbarkeitsvoraussetzungen (1970), S. 183.
1060 *Lemmel*, Unbestimmte Strafbarkeitsvoraussetzungen (1970), S. 189.
1061 *Lemmel*, Unbestimmte Strafbarkeitsvoraussetzungen (1970), S. 191.

Eine mangelhafte Typenbildung bejaht *Lemmel*, wenn eine zu weite Tatbestandsfassung vorliege[1062] oder eine Erfolgs- statt einer Verhaltensbeschreibung gegeben sei.[1063]

Duttge bezweifelt, dass der Schutzzweck-Ansatz *Roxins*, für sich genommen, einen ausreichenden Maßstab für die Prüfung der Bestimmtheit eines Strafgesetzes darstellen könne.[1064] Zudem müssten die Kriterien, die zur Überprüfung eines Gesetzes herangezogen würden, bereits im Gesetz angelegt sein; denn es genüge nicht, wenn die wesentlichen Bewertungskriterien erst vom Normadressaten entwickelt werden müssten.[1065] Kriterien, die im Schrifttum entwickelt würden, könnten keinen verbindlichen Maßstab für die Bestimmtheit eines Gesetzes darstellen, wenn sie so nicht in der gesetzlichen Normierung zu finden seien. Dies begründet *Duttge* mit der Funktion des strafrechtlichen Bestimmtheitsgebots. Mit der in Art. 103 Abs. 2 GG angelegten Wertentscheidung sei die Festlegung der für die Bestimmtheit eines Gesetzes zu entwickelnden Bewertungskriterien gerade Aufgabe des Gesetzgebers.[1066] Die Präzision des Strafgesetzes hänge daher entscheidend von der in ihm selbst zum Ausdruck kommenden Aussage ab.[1067] Der Gesetzgeber müsse die für die normpräzisierende Auslegung eines Begriffs maßgeblichen Gesichtspunkte also so weit festlegen, dass jeder Rechtsanwender schon hieraus ersehen könne, unter welchem Blickwinkel und in welcher Richtung er die weitere Konkretisierung vorzunehmen habe.[1068]

Müller-Dietz[1069] bemängelt, dass der gewählte Ansatz keine konkreten Vorgaben enthalte und daher lediglich einen mittleren Grad an Allgemeinheit aufweise.[1070] Zudem zweifelt *Müller-Dietz* daran, dass die Konkretisierungsleistungen noch wesentlich weiter vorangetrieben werden könnten.[1071]

Raabe hat den Ansatz *Roxins* und *Lemmels* weiterentwickelt und folgt den beiden in der Einschätzung, dass zur näheren Ausgestaltung des Prüfungsrahmens weitere in der Literatur entwickelte Kriterien heranzuziehen seien.[1072] Gerade der Ansatz *Lemmels*, auf den bereits *Roxin* verweist,[1073] biete – auch unter

---

1062 *Lemmel*, Unbestimmte Strafbarkeitsvoraussetzungen (1970), S. 194.
1063 *Lemmel*, Unbestimmte Strafbarkeitsvoraussetzungen (1970), S. 197.
1064 *Duttge*, Bestimmtheit von Fahrlässigkeitsdelikten (2001), S. 197.
1065 *Duttge*, Bestimmtheit von Fahrlässigkeitsdelikten (2001), S. 198.
1066 *Duttge*, Bestimmtheit von Fahrlässigkeitsdelikten (2001), S. 198.
1067 *Duttge*, Bestimmtheit von Fahrlässigkeitsdelikten (2001), S. 197.
1068 *Duttge*, Bestimmtheit von Fahrlässigkeitsdelikten (2001), S. 198.
1069 *Müller-Dietz*, FS Lenckner, S. 179 ff.
1070 *Müller-Dietz*, FS Lenckner, S. 179 (191).
1071 *Müller-Dietz*, FS Lenckner, S. 179 (191).
1072 *Raabe*, Der Bestimmtheitsgrundsatz (2007), S. 78 mit Bezug auf *Roxin*, Strafrecht AT, Bd. 1, 4. Aufl. (2006), § 5, Rn. 75 (gleichlautend auch die Neuauflage *Roxin/Greco*, Strafrecht AT, Bd. 1, 5. Aufl., § 5, Rn. 75).
1073 *Roxin/Greco*, Strafrecht AT, Bd. 1, 5. Aufl. (2020), § 5, Rn. 75 (dort Fn. 276).

Einbeziehung des Drei-Stufen-Schemas von *Kohlmann*[1074] – ausreichende Kriterien zur Prüfung der Bestimmtheit eines Straftatbestands.[1075] So weise dieser Ansatz nicht die Nachteile eines starren und damit unflexiblen Prüfungsschemas auf, wie es das Drei-Stufen-Modell vorsehe, sondern belasse es bei einem allgemeinen Prüfungsrahmen.[1076] Dies sei auch sinnvoll, da nur durch die Festlegung einer äußeren Grenze der Bestimmtheit auch die Zulässigkeit der Blankettgesetzgebung erfassbar sei, denn (echte) Blankettstrafgesetze enthielten ja auch lediglich einen ausfüllungsbedürftigen Tatbestandsrahmen.[1077]

Dem ist insoweit zuzustimmen, als Art. 103 Abs. 2 GG dem Gesetzgeber selbst keine konkreten Vorgaben hinsichtlich der Formulierung von Gesetzen macht, außer dass diese *bestimmt* sein sollen. Dies kann als Argument für einen Ermessensspielraum des Gesetzgebers bei der Formulierung von Strafnormen herangezogen werden. Den Gesetzgeber dann aber in ein enges Korsett in Form der strengen Drei-Stufen-Lehre zu pressen, geht mit Blick auf das hier vertretene grundsätzlich relative Verständnis des Art. 103 Abs. 2 GG zu weit. Das Drei-Stufen-Modell kann aber sehr wohl in einem weiteren Sinne als Orientierung dienen. Gerade dies macht die Schutzzwecklehre möglich, indem sie neben der Bestimmung des Schutzzwecks noch weitere Kriterien zur Prüfung der Bestimmtheit eines Gesetzes heranzieht. Es handelt sich also um einen weitreichenden sowie flexiblen Ansatz, der hier weiterverfolgt werden soll.

6. Eigener Lösungsvorschlag

Die Schutzzwecklehre *Roxins* ist ein guter Ausgangspunkt für die Entwicklung von Kriterien, die den Bestimmtheitsgrundsatz des Art. 103 Abs. 2 GG weiter konkretisieren, ohne dass der Gesetzgeber in seinem grundsätzlich anzuerkennenden Entscheidungsspielraum unnötig beschränkt würde. *Raabe* hat den Ansatz *Roxins* gewählt, um auch den Besonderheiten des Wirtschaftsstrafrechts Rechnung tragen zu können, und ihn mit den Kriterien aus der Drei-Stufen-Lehre *Kohlmanns* sowie den Vorgaben *Lemmels* kombiniert. Nach den bereits dargestellten Kriterien *Lemmels*[1078] und der Ansicht *Raabes* ist ein Gesetz, also auch ein Blankettgesetz des Wirtschaftsstrafrechts, daran zu messen, ob der Gesetzgeber den Rechtsanwendern Ermessen einräumt, ob er auf Verkehrsanschauungen verweist, denen es an einer Eigenwertung des Gesetzgebers fehlt, oder ob es dem Tatbestand an einer klaren Typenbildung mangelt, weil er zu weit gefasst ist.[1079] *Raabe* will diese Kriterien zudem durch Merkmale des Drei-Stufen-Schemas

1074 Dazu bereits Fn. 1017.
1075 *Raabe*, Der Bestimmtheitsgrundsatz (2007), S. 78.
1076 *Raabe*, Der Bestimmtheitsgrundsatz (2007), S. 80.
1077 So wohl *Raabe*, Der Bestimmtheitsgrundsatz (2007), S. 80.
1078 Siehe dazu oben Seite 212, dort ab Gliederungspunkt 5.
1079 So *Raabe*, Der Bestimmtheitsgrundsatz (2007), S. 79.

ergänzt wissen. Soweit es sich um deskriptive Tatbestandsmerkmale oder um solche mit normbezogenem Charakter handele, spreche nichts gegen ein Rekurrieren auf die Erkenntnisse der Drei-Stufen-Lehre.[1080] Hingegen versage die Drei-Stufen-Lehre bei den Blankettvorschriften des Wirtschaftsstrafrechts, da die in den betreffenden Gesetzen vorkommenden wertausfüllungsbedürftigen Tatbestandsmerkmale zumeist durch Verordnungen konkretisiert würden.[1081] Dieses Vorgehen wäre nach Maßgabe der Drei-Stufen-Lehre verfassungswidrig, da unbestimmte Rechtsbegriffe der dritten Stufe durch Regelbeispiele oder Legaldefinitionen präzisiert werden müssten.[1082]

Raabe wählt für die Prüfung der Bestimmtheit einen dreistufigen Ansatz. Auf der ersten Stufe sei die Bestimmtheit des Tatbestandes zu untersuchen, sodann folge die Prüfung der Einhaltung der Gesetzgebungskompetenz unter dem Prüfungspunkt Gesetzesvorbehalt und als letzter Schritt die Untersuchung der Nachvollziehbarkeit der Verweisung bei Blankettgesetzen.[1083] Den Ausführungen *Raabes* lässt sich folgendes Prüfungsschema zur Bestimmtheit eines Gesetzes entnehmen:

(1.) Tatbestandsbestimmtheit
   (a) Klarer gesetzgeberischer Schutzzweck
   (b) Begrenzung der Reichweite der Interpretation einer Norm bei erkennbarer Eigenwertung des Gesetzgebers durch Verwendung
      i. deutlich abgrenzbarer, deskriptiver Merkmale oder
      ii. normbezogener Merkmale, die durch die Inbezugnahme einer detaillierten Vorschrift eine deutliche Beschreibung erfahren, oder
      iii. wertausfüllungsbedürftiger Merkmale, soweit diese anhand einer in ihrem Kern anerkannten Verkehrsanschauung auszulegen sind oder durch eine gefestigte Rechtsentwicklung eine ausreichend feststehende Typisierung erfahren haben.
   (c) Möglichkeit der Reduzierung auf einen Tatbestandskern, wenn der Tatbestand einer Typisierung zugänglich ist. An dieser Typisierung mangelt es, wenn der Tatbestand zu weit gefasst ist und keine Auswahl der unerträglichsten sozialwidrigen Handlungen darstellt.[1084]

(2.) Gesetzesvorbehalt[1085]

1080 *Raabe*, Der Bestimmtheitsgrundsatz (2007), S. 79.
1081 *Raabe*, Der Bestimmtheitsgrundsatz (2007), S. 76.
1082 So *Raabe*, Der Bestimmtheitsgrundsatz (2007), S. 76.
1083 *Raabe*, Der Bestimmtheitsgrundsatz (2007), S. 91 ff.
1084 Vgl. *Raabe*, Der Bestimmtheitsgrundsatz (2007), S. 91 f., 218.
1085 Bei diesem Prüfungspunkt erfolgt eine Untersuchung der Einhaltung des durch Art. 103 Abs. 2 GG geforderten strengen Gesetzesvorbehalts. Dieser Punkt ist vor allem bei Blankettgesetzen in Verbindung mit Rechtsakten der Exekutive zu prüfen; vgl. *Raabe*, Der Bestimmtheitsgrundsatz (2007), S. 92 f., 219 f.

(3.) Nachvollziehbarkeit der Verweisung bei Blankettnormen[1086]

Raabe unternimmt in seinem Beitrag den Versuch, für das wirtschaftsrechtliche Nebenstrafrecht wesentliche Kriterien der Bestimmtheitsprüfung zu entwickeln und die Schutzzwecklehre *Roxins* entsprechend zu konkretisieren. Der Ansatz *Raabes* erzeugt eine flexible Typisierung von Tatbestandsmerkmalen, ohne dabei in einen starren Automatismus von zulässigen und unzulässigen Regelungen zu verfallen. Die durchaus starr anmutende Einteilung in deskriptive, normbezogene und wertausfüllungsbedürftige Merkmale bei der Prüfung der Begrenzung beliebig weiter Interpretationen der Norm[1087] dient lediglich als Anhaltspunkt. Wiesen Tatbestandsmerkmale deskriptiven oder normbezogenen Charakter auf, solle daher zunächst eine Einordnung dieser Begriffe anhand der Erkenntnisse der Drei-Stufen-Theorie ermöglicht werden, ohne deren starre Wertungen zu übernehmen.[1088] *Raabe* plädiert insoweit für eine flexiblere Handhabung deskriptiver, normbezogener oder wertausfüllungsbedürftiger Begriffe, da nicht jeder deskriptive Begriff per se inhaltlich bestimmter sei als normbezogene[1089] oder wertausfüllungsbedürftige[1090] Begriffe.[1091] Im Grundsatz sei den Erkenntnissen der Drei-Stufen-Lehre aber zuzustimmen und zu konstatieren, dass von einem grundsätzlichen Bestimmtheitsgefälle von deskriptiven Merkmalen hinab zu wertausfüllungsbedürftigen normativen Merkmalen auszugehen sei.[1092] Daher könne das Drei-Stufen-Schema in gewissen Grenzen bei der Prüfung der Tatbestandsbestimmtheit Beachtung finden.[1093]

Dieses Begriffsverständnis *Raabes* überzeugt, da es keinem starren „richtig-oder-falsch"-Automatismus folgt. Es kommt hinsichtlich der Frage der Bestimmtheit eines Tatbestandsmerkmals nämlich entscheidend darauf an, ob der einzelne Begriff gesellschaftlich anerkannt ist und einen eindeutigen Begriffskern

---

1086 Unter diesem Prüfungspunkt erfolgt eine Untersuchung der Klarheit und Nachvollziehbarkeit der Verweisung im Rahmen von Blankettgesetzen; vgl. *Raabe*, Der Bestimmtheitsgrundsatz (2007), S. 93 f., 222 f.

1087 Gliederungspunkt 1. b) von *Raabes* Prüfungsschema.

1088 Vgl. *Raabe*, Der Bestimmtheitsgrundsatz (2007), S. 79.

1089 „Normbezogene Merkmale" sind nach dem Verständnis *Raabes* normative Merkmale, deren normativer Gehalt sich aus der Auslegung anderer Normen ergibt. So ergebe sich der normative Gehalt des Merkmals „fremd" im Sinne des § 242 StGB erst aus den zivilrechtlichen Eigentumsregelungen; vgl. *Raabe*, Der Bestimmtheitsgrundsatz (2007), S. 73.

1090 „Wertausfüllungsbedürftige Merkmale" sind nach dem Verständnis *Raabes* solche normativen Merkmale, deren normativer Gehalt sich nicht aus einer Parallelwertung anderer Normen sondern aus außerrechtlichen Wertungen ergibt. Hierunter fallen Begriffe wie die „guten Sitten", „ehrlos", etc.; vgl. *Raabe*, Der Bestimmtheitsgrundsatz (2007), S. 73.

1091 *Raabe*, Der Bestimmtheitsgrundsatz (2007), S. 71 ff.

1092 So *Raabe*, Der Bestimmtheitsgrundsatz (2007), S. 75.

1093 Vgl. *Raabe*, Der Bestimmtheitsgrundsatz (2007), S. 75.

aufweist bzw. ob sich ein solcher herausgebildet hat. Die Typisierung von Tatbestandsmerkmalen ist insoweit lediglich ein erster Schritt zur Orientierung. Ob ein Begriff tatsächlich unbestimmt ist, ist in einem zweiten Schritt anhand einer Einzelfallprüfung zu untersuchen. Nur weil ein Begriff ausfüllungsbedürftig ist, heißt dies nicht, dass er auch unbestimmt ist.

Der Vorschlag *Raabes* erscheint zudem deshalb plausibel, da er bereits in seinem theoretischen Ansatz versucht, eine Typisierung von Merkmalen, die per se zur Unbestimmtheit eines Gesetzes führen, zu vermeiden und die dem Gesetzgeber zur Verfügung stehenden Regelungstechniken, die Art. 103 Abs. 2 sowie Art. 80 GG bieten, bereits in theoretischer Hinsicht zu erfassen. Das Drei-Stufen-Modell kann Art. 80 GG nicht erklären, da es dem Gesetzgeber immer möglich sein wird, eine Regelung vollständig in einem Gesetz zu erfassen, ohne eine Präzisierung durch die Exekutive zu wählen. Dies würde hingegen eine allzu starke Beschränkung der Einschätzungsprärogative des Gesetzgebers darstellen, da gerade die Verfassung die Möglichkeit der Verordnungsermächtigung selbst zulässt. Das Drei-Stufen-Modell löst das Spannungsverhältnis zwischen Bestimmtheit auf der einen Seite (Art. 103 Abs. 2 GG) und dem Bedarf nach einer gewissen Delegierung von Konkretisierungskompetenzen auf der anderen Seite (Art. 80 GG) nicht zufriedenstellend auf. Zudem verweist *Raabe* zu Recht auf das Wirtschaftsstrafrecht, welches mittlerweile eine immense Ausdehnung erfahren hat und vor allem aufgrund unionsrechtlicher Regelungsvorgaben mehr und mehr von der Blankettregelungstechnik geprägt ist.

Nun wäre es natürlich verfehlt, nur von der Lebenswirklichkeit auf die Plausibilität einer Auffassung zu schließen. Jedoch bietet der Ansatz von *Raabe* die Möglichkeit, der Untersuchung der Bestimmtheit einer Norm einen nachvollziehbaren Prüfungsrahmen zugrundezulegen, als dies bisher der Fall war. Die Ausrichtung der Prüfung an dem Schutzzweckgedanken *Roxins*, in Verbindung mit den bereits dargestellten Kriterien *Lemmels*[1094] und der Berücksichtigung gewisser Merkmale des Drei-Stufen-Schemas von *Kohlmann*, erscheint als plausibles Mittel der Bestimmtheitsprüfung. Dabei ist jedoch die Prämisse zu beachten, dass die Kriterien zur Konkretisierung der Anforderungen an die Bestimmtheit einer Norm selbst im auszulegenden Gesetz angelegt sein müssen, um die Funktion des Art. 103 Abs. 2 GG zu wahren. Soweit die in den Ansätzen *Roxins*, *Lemmels* und *Raabes* erkennbaren Kriterien zur Bewertung der Bestimmtheit auch in den Strafnormen selbst zum Ausdruck kommen, können sie der Bestimmtheitsprüfung zugrunde gelegt werden. Verweist das Gesetz auf außerrechtliche Maßstäbe, so sind diese nur dann mit dem Bestimmtheitsgebot vereinbar, wenn sie wenigstens in ihrem Kern eindeutig bzw. anerkannt sind.[1095]

1094 Einräumung von Ermessen, Verweisung auf Verkehrsanschauungen denen es aufgrund fehlender Anerkennung an einer Typisierung mangelt, fehlende Typenbildung aufgrund zu weit gefasster Tatbestände.

1095 So schon *Lenckner*, JuS 1968, S. 249 ff., 304 ff. (308); ähnlich *Lemmel*, Unbestimmte Strafbarkeitsvoraussetzungen (1970), S. 187.

Dem Ansatz *Raabes* ist daher letztlich nur mit Einschränkungen zu folgen. Wie *Duttge* richtig anmerkt, dienen die in Normen verwendeten Rechtsbegriffe der Information sowohl der Rechtsunterworfenen als auch der Rechtsanwender über die Reichweite der Strafbarkeit.[1096] Insoweit kann die Entwicklung von Bestimmtheitskriterien nicht den Rechtsanwendern bzw. den Gerichten allein obliegen. Der Ansatz *Roxins*, dass im Schrifttum entwickelte Bewertungskriterien zur Bestimmtheitsprüfung heranzuziehen sind, ist daher insoweit einzuschränken, als diese Kriterien bereits in der Strafnorm selbst angelegt sein müssen. Damit mag verhindert werden, dass sich die Herrschaft der Gesetze zur Herrschaft der Interpreten entwickelt.[1097]

Wie bereits *Schmidt-Aßmann* bemerkt: „Art. 103 Abs. 2 GG will auf der ganzen Linie mehr an Bestimmtheit des Gesetzes durchgesetzt wissen, als es das allgemeine Bestimmtheitsgebot verlangt."[1098] Nimmt man diesen Grundsatz ernst, ist der Gesetzgeber aufgefordert, das ihm mögliche – relativ zu verstehende – Höchstmaß an Präzision bei der Formulierung eines Straftatbestands zu erreichen. Auch wenn der Bestimmtheitsgrundsatz des Art. 103 Abs. 2 GG keine absolute Bestimmtheit fordert, so ist diese dennoch als Idealvorstellung anzuerkennen und zu berücksichtigen.

Ein weiteres Argument vermag dieses Ergebnis zu stützen: Entscheidet sich der Gesetzgeber, die Zuwiderhandlung gegen ein Ge- oder Verbot mit einer Strafsanktion i.e.S., mit einer Geldbuße oder einer strafähnlichen Sanktion zu belegen, so ist dies eine bewusste Entscheidung für das schärfste zur Verfügung stehende Mittel zur Durchsetzung der mit einem Ver- oder Gebot verbundenen Zielvorstellungen. Es gibt andere, mildere Sanktionsmittel, welche dem Gesetzgeber zur Verfügung stehen. Entscheidet er sich hingegen für eine Sanktion mit Strafcharakter, muss er den besonderen Anforderungen, welche die Verfassung ihm auferlegt, bestmöglich gerecht werden. Einer allzu weitgehenden Relativierung der Bestimmtheitsanforderungen des Art. 103 Abs. 2 GG ist daher Einhalt zu gebieten.

Dabei darf nicht vergessen werden, dass der Gesetzgeber auch die Verwirklichung materieller Gerechtigkeit zur Aufgabe hat.[1099] Das Gebot der bestmöglichen Verwirklichung gesetzlicher Bestimmtheit, welches Art. 103 Abs. 2 GG beinhaltet, ist daher nicht im Sinne eines absolut zu erreichenden Höchstmaßes zu verstehen, sondern rechtfertigenden Relativierungen zugänglich. Dem Gesetzgeber ist hinsichtlich der Frage, wie er einen Straf- oder Ordnungswidrigkeitstatbestand

---

1096 *Duttge*, Bestimmtheit von Fahrlässigkeitsdelikten (2001), S. 197 f.

1097 Vgl. zu der Fragestellung: „Von der Herrschaft der Gesetze zur Herrschaft der Interpreten?", *Isensee*, in: Ipsen/Rengeling/Mössner/Weber, Verfassungsrecht im Wandel (1995), Staat im Wort, S. 571 ff. (585).

1098 *Schmidt-Aßmann* (Vorkommentierung), in: Maunz/Dürig, GG-Kommentar, Bd. VI, 78. EL (2016), Art. 103 Abs. 2, Rn. 185.

1099 Vgl. *Lenckner*, Jus 1968, S. 249 ff., 304 ff. (305).

formuliert, ein gewisser Entscheidungsspielraum zuzugestehen, da sich Art. 103 Abs. 2 GG für die Strafbegründung gerade an den Normgeber wendet und es darüber hinaus nicht die eine richtige Lösung gibt. Hat der Gesetzgeber eine unter den Gesichtspunkten der Gerechtigkeit und Rechtssicherheit abwägende Entscheidung bezüglich der Einhaltung des besonderen Bestimmtheitsgebots bei Abfassung eines Tatbestandes getroffen, so ist diese hinzunehmen, soweit sie in Anlehnung an *Lenckner* vertretbar[1100] erscheint.

Inwieweit dem Gesetzgeber bei der Umsetzung der Meldepflichten betreffend stimmrechtsvermittelnder Instrumente nach §§ 38, 39 WpHG eine das strafrechtliche Bestimmtheitsgebot wahrende Formulierung geglückt ist, wird im Rahmen der Gliederungspunkte IV. sowie V. dieses Kapitels untersucht.

Zunächst werden im Folgenden einige grundsätzliche verfassungsrechtliche Fragen hinsichtlich der Sanktionsvorschrift des § 120 WpHG in den Blick genommen.

III. Verfassungsmäßigkeit des § 120 WpHG

Auch wenn vor allem unechte Blankettnormen wenig Bedenken hinsichtlich ihrer Zulässigkeit begegnen, so hat der Gesetzgeber doch auch im Rahmen des § 120 Abs. 2 Nr. 2 lit. d) und lit. e) WpHG[1101] bei der Verweisung auf die Ausfüllungsnormen der Meldepflichten des WpHG das Gebot der gesetzlichen Bestimmtheit und der Rechtsklarheit zu beachten. Inwieweit ihm dies bei § 120 WpHG geglückt ist, ist in der juristischen Literatur umstritten. Die wesentlichen Aspekte dieses Streits sollen im Folgenden näher beleuchtet werden, da verfassungsrechtliche Bedenken gegenüber § 120 WpHG auch Auswirkungen auf die Meldepflichten nach WpHG als Ausfüllungsnormen haben können und umgekehrt, denn eine etwaige Unbestimmtheit der Blankettsanktionsnorm würde sich zwangsläufig auf die Wirksamkeit des gesamten Blanketttatbestandes auswirken. Die Inkorporation einer unbestimmten Ausfüllungsnorm würde wiederum zur (Teil-) Unbestimmtheit der Blankettsanktionsnorm führen. Wäre einer dieser Fälle zu bejahen, müsste über eine Neuregelung nachgedacht werden.

1. Der Blankettcharakter

Im Schrifttum wird zum Teil bereits der Blankettcharakter einer Norm kritisiert, sofern diese Norm eine Straf- oder Bußgeldbewehrung von Verhaltensgeboten und -verboten vorsieht. Die häufige Verwendung unbestimmter Rechtsbegriffe und die Zunahme von Generalklauseln und Blankettnormen im Bereich des Wirtschaftsstrafrechts führe zu einer bedenklichen Inbezugnahme dieser unbestimmten Tatbestandsmerkmale in den Tatbestand von Sanktionsnormen.[1102]

1100 Vgl. Fn. 1099.
1101 Zuvor § 39 Abs. 2 Nr. 2 lit. f) und g) WpHG a. F.
1102 *Tiedemann*, JuS 1989, S. 689 (694 ff.).

Tiedemann weist im Allgemeinen – also ohne konkreten Bezug zum WpHG – darauf hin, dass die Verfassungswidrigkeit und damit Nichtigkeit von Blankettstrafgesetzen nur dann ernsthaft in Erwägung zu ziehen sei, wenn sich der Gesetzgeber durch die Verweisung auf Rechtsakte der Verwaltung seiner Regelungsaufgabe entziehe.[1103] Die Verwendung der Blankettregelungstechnik als isolierter Kritikpunkt ist daher nicht überzeugend. Da § 120 Abs. 2 Nr. 2 lit. d) und lit. e) WpHG auf Regelungen des WpHG verweist und nicht auf Rechtsakte der Verwaltung, hat sich der Gesetzgeber hier jedenfalls nicht seiner Regelungsaufgabe entledigt.

Allein die Tatsache, dass es sich bei § 120 Abs. 2 Nr. 2 lit. d) und lit. e) WpHG um eine Blankettnorm handelt, führt damit nicht zu deren Verfassungswidrigkeit.

2. „Tatbestandskaskaden"

Einen weiteren Diskussionsansatz liefern die unterschiedlichen Verweisungsebenen des § 120 WpHG. Diese als „Tatbestandskaskaden"[1104] bezeichneten Inbezugnahmen sind durchaus ein für diese Untersuchung interessierender Kritikpunkt. Denn § 120 Abs. 2 Nr. 2 lit. d) und lit. e) WpHG als Blankettsanktionsnorm verweist zwar zunächst auf formelle Gesetze, nämlich die Meldepflichten der §§ 33, 38 und 39 WpHG. Diese enthalten aber weitergehende Verordnungsermächtigungen in §§ 38 Abs. 5 und 39 Abs. 2 WpHG, welche vom Sanktionstatbestand des § 120 Abs. 2 Nr. 2 lit. e) WpHG ausdrücklich mitumfasst sind. Dies bedeutet, dass zur Bildung eines vollständigen Sanktionstatbestands neben § 120 WpHG sowohl die Meldepflichttatbestände der §§ 38, 39 WpHG als auch etwaige Verordnungen nach den §§ 38 Abs. 5 und 39 Abs. 2 WpHG einzubeziehen sind.

Nach diesen Verordnungsermächtigungen kann das Bundesministerium der Finanzen weitere Bestimmungen zu Inhalt, Art, Sprache, Umfang und Form der jeweiligen Mitteilung erlassen. Auf den ersten Blick reicht diese Verordnungsermächtigung nicht so weit, die tatbestandlichen Anforderungen an die Meldepflichten zu konkretisieren; jedoch hat das BMF die Möglichkeit, formelle und inhaltliche Vorgaben hinsichtlich der abzugebenden Mitteilungen festzulegen und von dieser Ermächtigung hat es im Rahmen der §§ 12 ff. WpAV auch Gebrauch gemacht.[1105] Das Handlungsgebot der §§ 38, 39 WpHG wird von dieser Verordnungsermächtigung insofern tangiert, als Mitteilungen genau in der Form und mit dem Inhalt abzugeben sind, wie es die WpAV vorschreibt. Eine Nichtbeachtung dieser formellen Vorgaben führt potenziell ebenso zu einer Sanktionierung wie die inhaltliche Nichtbeachtung der Meldetatbestände des WpHG selbst.

1103 *Tiedemann*, JuS 1989, S. 689 (694).
1104 Zu diesem Begriff sogleich.
1105 Vgl. bereits Seite 63, dort Gliederungspunkt bb).

Der Rechtsanwender hat also nicht nur die Meldetatbestände, sondern auch die WpAV zu beachten.

a) Ansichten

Die Kaskaden-Kritik bezieht sich auf das bei Blankettvorschriften notwendige stufenweise Zusammenlesen von Sanktions- und Ausfüllungsnormen und die damit verbundene geistig-schöpferische Bildung eines Gesamttatbestandes.[1106] Die zum Teil weit verzweigten Verweisungen des § 120 WpHG auf andere Normen des WpHG, die ihrerseits wiederum Verordnungsermächtigungen enthielten, seien für den Normadressaten nicht mehr zu durchschauen. *Moosmayer* verwendet hierfür den Begriff der „Tatbestandskaskaden".[1107] Diese seien insbesondere problematisch, sofern auch Rechtsverordnungen zur Konkretisierung von Ausfüllungsnormen herangezogen werden müssten bzw. sollten, d. h. die Blankettausfüllungsnorm selbst durch eine Rechtsverordnung konkretisiert werde.[1108] In den Augen *Moosmayers* läuft diese Gesetzestechnik auf nicht mehr handhabbare Straftatbestände hinaus; denn für den nicht mit der Materie befassten Anwender seien diese häufigen Verweisungen verwirrend.[1109]

Die Gegenposition bemerkt dazu, dass die Verwendung der Blankettregelungstechnik durch den Gesetzgeber nicht ungewöhnlich sei; zudem sei sie verfassungsrechtlich grundsätzlich nicht zu beanstanden.[1110] So sieht *Waßmer* die Existenz der vielen und – wie er einräumt – zum Teil sehr mühsam nachzuverfolgenden Verweisungen nicht als verfassungswidrig an.[1111] Sie seien vielmehr zweckmäßig, da die Definition von Tatbestandsmerkmalen in Ausfüllungsnormen die Verständlichkeit insgesamt erhöhe. Auch seien sowohl die unechten als auch die echten Blankette der §§ 119, 120 WpHG verfassungsrechtlich nicht zu beanstanden.[1112]

Dem pflichtet im Grundsatz zwar auch *Moosmayer* bei. So seien Blankettstraftatbestände, die auf andere Gesetze oder auch Rechtsverordnungen verweisen, per se mit dem Gesetzlichkeitsgrundsatz des Art. 103 Abs. 2 GG vereinbar.[1113] Es sei jedoch entscheidend, wie weit sich die durch eine Rechtsverordnung erfolgte Konkretisierung eines Straftatbestands von diesem Tatbestand entferne und

---

1106 Vgl. *Moosmayer*, wistra 2002, S. 161 (168).
1107 Vgl. *Moosmayer*, wistra 2002, S. 161 (168).
1108 Vgl. *Moosmayer*, wistra 2002, S. 161 (168).
1109 Vgl. *Moosmayer*, wistra 2002, S. 161 (168).
1110 Vgl. *Spoerr*, in: Assmann/Schneider/Mülbert, WpHG, 7. Aufl. (2019), Vor § 119, Rn. 33 f.; *Waßmer*, in: Fuchs, WpHG, 2. Aufl. (2016), Vor §§ 38–40b, Rn. 38 m. w. N.
1111 Vgl. *Waßmer*, in: Fuchs, WpHG, 2. Aufl. (2016), Vor §§ 38–40b, Rn. 37.
1112 Vgl. *Waßmer*, in: Fuchs, WpHG, 2. Aufl. (2016), Vor §§ 38–40b, Rn. 38 mit Verweis auf BVerfGE 14, 245 (252).
1113 Vgl. *Moosmayer*, wistra 2002, S. 161 (168, 169).

damit die Straf- oder Bußgeldandrohung für den Normadressaten unvorhersehbar werde.[1114]

b) Stellungnahme

§ 120 Abs. 2 Nr. 2 lit. e) WpHG verweist auf die §§ 38 Abs. 1 S. 1, Abs. 5, 39 Abs. 1 S. 1, Abs. 2 WpHG und damit auf die Mitteilungspflichten bezüglich stimmrechtsvermittelnder Instrumente und die diese konkretisierenden §§ 12, 13, 14 WpAV. Der Normadressat hat also dieses Zusammenspiel an Vorschriften bei der Abgabe seiner Mitteilung an die BaFin und den Emittenten zu beachten, und nur durch eine vollständige und richtige Mitteilung entgeht er der Sanktion des § 120 Abs. 2 Nr. 2 lit. e) WpHG.

Hinsichtlich der Blankettvorschriften des § 120 WpHG sind keine konkreten Aussagen zu deren Verfassungsmäßigkeit auszumachen. Das Fehlen entsprechender Zweifel legt daher den Umkehrschluss nahe, dass überwiegend von der Verfassungsmäßigkeit dieser Vorschriften ausgegangen oder diese unterstellt wird.

Wie bereits dargestellt, ist der Gesetzgeber nach der Rechtsprechung des BVerfG nicht daran gehindert, zur Konkretisierung von Blankettsanktionsnormen auch auf Rechtsverordnungen zu verweisen, soweit er die wesentlichen Strafbarkeitsvoraussetzungen in der Blankettsanktionsnorm selbst regelt.[1115] Diese Rechtsprechung des BVerfG erging zu den echten Blankettnormen. Vorliegend handelt es sich jedoch um eine unechte Blankettnorm, da § 120 Abs. 2 Nr. 2 lit. e) WpHG zunächst auf §§ 38 Abs. 1 S. 1, 39 Abs. 1 S. 1 WpHG verweist und damit selbst formelle Gesetze in Bezug nimmt, die erst in einer dritten Stufe durch eine Rechtsverordnung – nämlich die WpAV – konkretisiert werden (§§ 38 Abs. 5, 39 Abs. 2 WpHG). Die Verordnungsermächtigungen der §§ 38 Abs. 5, 39 Abs. 2 WpHG gestatten es dem BMF, formelle Anforderungen an die abzugebenden Mitteilungen zu stellen.[1116]

§ 12 Abs. 1 WpAV besagt, dass für eine Mitteilung nach § 33 Abs. 1, Abs. 2, § 38 Abs. 1 und § 39 Abs. 1 WpHG das Formular der Anlage zur WpAV zu verwenden ist. Sieht man sich dieses Formular genauer an,[1117] so sind unter Punkt 7.a. bis 7.b.2. die zuvor unter Punkt 6. eingetragenen Gesamtstimmrechtsanteile nun in die einzelnen zu meldenden Stimmrechtsbestände aufzuschlüsseln. Weder

---

1114 *Moosmayer*, wistra 2002, S. 161 (169).

1115 Vgl. Fn. 831.

1116 §§ 38 Abs. 5, 39 Abs. 2 WpHG jeweils gleichlautend: „*Das Bundesministerium der Finanzen kann durch Rechtsverordnung, die nicht der Zustimmung des Bundesrates bedarf, nähere Bestimmungen erlassen über den Inhalt, die Art, die Sprache, den Umfang und die Form der Mitteilung nach Absatz 1. Das Bundesministerium der Finanzen kann die Ermächtigung durch Rechtsverordnung auf die Bundesanstalt übertragen, soweit die Art und die Form der Mitteilung nach Absatz 1, insbesondere die Nutzung eines elektronischen Verfahrens, betroffen sind.*“

1117 Abgedruckt in der Anlage zu dieser Untersuchung.

§ 12 Abs. 1 WpAV noch das Formular der Anlage zur WpAV machen Vorgaben dazu, welche Instrumente meldepflichtig sind. § 13 WpAV enthält insoweit aber eine Bereichsausnahme, als eigene Aktien des Emittenten in die Berechnung der Stimmrechtsanteile nach § 38 Abs. 3 WpHG nicht einzubeziehen sind. Diese Vorschrift begrenzt damit die Reichweite der Meldetatbestände und enthält insoweit eine inhaltliche Konkretisierung der Meldetatbestände des § 38 Abs. 1 S. 1 Nr. 1 und Nr. 2 WpHG. Weitergehende materiell-rechtliche Regelungen zu den Meldetatbeständen enthalten §§ 12, 13 WpAV nicht.

Inhaltliche, d. h. sanktionsbegründende Voraussetzungen enthalten daher lediglich die Meldetatbestände der §§ 38, 39 WpHG i. V. m. § 120 Abs. 2 Nr. 2 lit. e) WpHG. Es kann daher konstatiert werden, dass das Wesentlichkeitsgebot, welches das BVerfG in Art. 103 Abs. 2 GG i. V. m. Art. 80 Abs. 1 S. 2 GG erblickt, hier in jedem Fall gewahrt ist.

Der Umstand, dass der Normadressat nicht nur die Vorgaben der §§ 38 Abs. 1, 39 Abs. 1 WpHG, sondern zusätzlich die Anforderungen der §§ 12 ff. WpAV sowie der Anlage zu § 12 WpAV zu beachten hat, ist – mit den Worten *Waßmers* – durchaus als mühsam zu bezeichnen. Hingegen ist eine systematische Zuordnung der jeweiligen Vorschriften aufgrund der klaren Formulierung der Verweisungen auch für den Nicht-Fachmann möglich. Zudem verhilft die Anlage zu § 12 WpAV dem Normadressaten zu einer erleichterten Mitteilung, da er das vorgefertigte Formular nutzen kann und auch muss. Die Erleichterung der Abfassung von Stimmrechtsmitteilungen mithilfe dieses Formulars kann als ein Gewinn an Handhabbarkeit und Verständlichkeit gewertet werden.[1118]

Zwar enthalten die §§ 38, 39 WpHG keinen ausdrücklichen Verweis auf §§ 12 ff. WpAV, da sie lediglich von einer allgemeinen Verordnungsermächtigung sprechen. Dieser Umstand führt aber nicht zu einem Verstoß gegen das Bestimmtheitsgebot hinsichtlich der Nachvollziehbarkeit einer Verweisung. Dem Normadressaten ist es durchaus zuzumuten, auch unter Zuhilfenahme fachlichen Rates in Erfahrung zu bringen, ob eine entsprechende Verordnung existiert. Es ist nicht erforderlich, dass der Normadressat eine Norm ohne juristische Fachkunde verstehen kann,[1119] und zwar aus dem einfachen Grund, da nicht jeder Normadressat über juristische Kenntnisse verfügt und daher bei der Formulierung eines Gesetzes jedenfalls ein durchschnittlich verständiger Adressat als Wertungsmaßstab heranzuziehen ist. Die Maßgeblichkeit des Verständnishorizonts des Normadressaten als Maßstab der Bestimmtheit einer Norm wurde bereits angesprochen.[1120] Da auch die Nachvollziehbarkeit der Verweisung Teil dieser Bestimmtheitsprüfung ist, gilt die Maßgeblichkeit des Verständnishorizonts des Normadressaten

---

1118 Im Ergebnis so auch die Stellungnahme des DAV, Nr. 31/2015, S. 15, Rn. 28 = NZG 2015, S. 1069 ff. der die Verbesserung der Transparenz aufgrund der eingetretenen Standardisierung der Mitteilungen begrüßt.

1119 Vgl. BVerfGE 110, S. 33 (64); 131, S. 88 (123).

1120 Siehe oben Seite 189, dort Gliederungspunkt cc).

auch in diesem Kontext. Mit Blick auf den Regelungsinhalt der Meldepflichten ist daher von einem durchschnittlich verständigen Anleger bzw. Investor auszugehen.

Auch wenn die Anforderungen an die Ermittlung der Meldepflichtigkeit eines avisierten Beteiligungserwerbs als anspruchsvoll zu bezeichnen sind, ist eine Vorhersehbarkeit nicht als unmöglich anzusehen. Als praktische – aber nicht entscheidende – Erwägung sei zudem angeführt, dass, auch wenn der Meldetatbestand grundsätzlich alle Personen umfasst, der Anwendungsbereich doch eingeschränkt ist, da regelmäßig hohe Investitionssummen notwendig sind, um eine die Meldepflicht auslösende Beteiligung an einer börsennotierten Aktiengesellschaft zu erwerben. Dem durchschnittlich versierten Investor ist eine Auseinandersetzung mit den Regelungen der Meldepflichten nach WpHG und den Vorgaben der WpAV zuzutrauen und auch zuzumuten.

Die §§ 120 Abs. 2 Nr. 2 lit. e), 38 Abs. 1 und Abs. 5, 39 Abs. 1 und Abs. 2 WpHG stellen daher keine undurchsichtige und damit verfassungsrechtlich bedenkliche Tatbestandskaskade dar. Das Gebot der Vorhersehbarkeit und Berechenbarkeit des strafrechtlich Verbotenen besagt nicht, dass der Normadressat sich ohne Mühe zurechtfinden muss. Erst wenn es für den Adressaten tatsächlich aufgrund falscher Verweise oder einer Vielzahl von Verweisungen in unterschiedliche Gesetze sowie Rechtsverordnungen nahezu unmöglich erscheint, einen einheitlichen Straf- oder Geldbußtatbestand zu erkennen, kann von einer verfassungsrechtlich unzulässigen, da der Rechtsklarheit widersprechenden Tatbestandskaskade ausgegangen werden. Ein solcher Fall liegt hier nicht vor. Dennoch mag die Kritik *Münchs* verständlich sein, dass sich aufgrund der zunehmenden Regelungsdichte und der Normenflut Redaktionsversehen und unbedachte Folgewirkungen häufen, sodass sich Teile des Rechts in einem „desolaten Zustand“ befinden.[1121]

Für den Fortgang der Untersuchung bleibt mit Blick auf § 120 WpHG und dessen verfassungsrechtliche Würdigung zu untersuchen, ob die Vorschrift mit § 38 Abs. 1 S. 1 Nr. 1 und Nr. 2 WpHG unbestimmte Normen als Ausfüllungsnormen in Bezug nimmt, die möglicherweise gegen Art. 103 Abs. 2 GG verstoßen. Dieser Frage wird jetzt unter IV. und V. nachgegangen.

IV. Bestimmtheit des § 120 Abs. 2 Nr. 2 lit. e) i. V. m. § 38 Abs. 1 S. 1 Nr. 1 WpHG

Die Untersuchung der Meldepflichten nach WpHG hinsichtlich ihrer verfassungsmäßigen Bestimmtheit soll allein mit Blick auf die stimmrechtsvermittelnden Instrumente nach § 38 Abs. 1 Nr. 1 und Nr. 2 WpHG erfolgen, da nur insoweit die Diskussion über ein unbemerktes Anschleichen an Zielgesellschaften geführt

1121 *Münch*, NJW 1996, S. 3320 (3321).

wird. Dabei wird insbesondere zu fragen sein, inwieweit die Tatbestände des § 38 WpHG bestimmt genug sind, um Rechtssicherheit für die Adressaten der Meldepflichten zu gewinnen.

1. Verhältnis des § 38 zu § 33 WpHG

a) Verweisung auf § 33 Abs. 1 WpHG

§ 38 Abs. 1 WpHG sieht zunächst die entsprechende Anwendbarkeit der Absätze 1 und 2 des § 33 WpHG, mit Ausnahme der Schwelle von 3 %, für Inhaber von Instrumenten nach § 38 Abs. 1 S. 1 Nr. 1 und Nr. 2 vor. Dieser Verweis auf § 33 WpHG ist hinsichtlich seiner Regelungstechnik nicht ohne weiteres als Rechtsfolgen- oder Rechtsgrundverweisung einzustufen. Nach dem Willen des Gesetzgebers soll § 33 Abs. 1 WpHG nach dem Wortlaut von § 38 Abs. 1 WpHG nur entsprechende Anwendung finden. Zum einen wird auf die Tatbestandsebene des § 33 Abs. 1 WpHG verwiesen, indem die Mitteilungspflicht und die Meldeschwellen aus § 33 Abs. 1 WpHG, mit Ausnahme der Schwelle von 3 %, Geltung erlangen sollen. Zum anderen sollen den Meldepflichtigen dieselben Rechtsfolgen treffen. Eine einheitliche Begriffsbestimmung dieses Verweisungstyps hat sich, soweit ersichtlich, noch nicht herausgebildet. Insoweit kann die Diskussion um § 951 BGB herangezogen und entsprechend der Formulierung *Schalls*[1122] von einem „eingeschränkten (Teil-)Rechtsgrundverweis“ gesprochen werden, da zum einen nur auf einen Teil der Voraussetzungen des § 33 Abs. 1 WpHG verwiesen wird – nämlich auf die Mitteilungspflicht und die Meldeschwellen –, zum anderen aber dieselben Rechtsfolgen gelten sollen.

b) Abgrenzung

Erstes Abgrenzungskriterium zwischen § 33 Abs. 1 und § 38 Abs. 1 S. 1 Nr. 1 WpHG ist zunächst der Begriff der Aktie. Nach § 33 Abs. 1 i. V. m. Abs. 3 WpHG wird eine Meldepflicht ausgelöst, wenn Aktien dem Meldepflichtigen gehören. § 38 Abs. 1 S. 1 Nr. 1 WpHG spricht hingegen von Instrumenten. § 33 WpHG betrifft also die Inhaberschaft von Aktien, während § 38 WpHG die Inhaberschaft von Instrumenten, die auf stimmrechtsvermittelnde Aktien bezogen sind, zum Gegenstand hat.

Ein zweites Kriterium ist das Merkmal des Gehörens i. S. d. § 33 Abs. 3 WpHG. War nach früherer Rechtslage für das Gehören im Sinne des § 33 Abs. 1 WpHG allein die tatsächliche Inhaberschaft maßgebend, so hat sich dies durch die Einführung des § 33 Abs. 3 WpHG im Rahmen des TÄUG[1123] dahingehend geändert,

---

1122 *Schall*, NJW 2011, S. 343 (345).
1123 Vgl. Begr. RegE TÄUG, BT-Drs. 18/5010, S. 44 (zum damaligen § 21 Abs. 1b WpHG). Siehe hierzu auch bereits Seite 61, dort Gliederungspunkt b).

dass nunmehr von einem Gehören im Sinne der Meldetatbestände des WpHG auszugehen ist, wenn der Meldepflichtige einen unbedingten und ohne zeitliche Verzögerung zu erfüllenden Anspruch auf Übertragung von Aktien eines börsennotierten Emittenten innehat oder eine entsprechende Verpflichtung besteht. Für die Mitteilungspflicht des § 33 Abs. 1 WpHG ist damit bereits das schuldrechtliche Verpflichtungsgeschäft maßgebend. Nach der Begründung des Regierungsentwurfs zum TÄUG soll dies auch zu einer besseren Abgrenzung zwischen § 33 Abs. 1 und § 38 Abs. 1 WpHG führen, da aufgrund der Anknüpfung an das Kausalgeschäft Doppelmeldungen vermieden würden, denn je nachdem wie die Lieferbedingungen ausgestaltet seien, falle ein Geschäft entweder unter § 33 Abs. 1 oder § 38 Abs. 1 WpHG.[1124] Für die Abgrenzung kommt es also entscheidend auf die vereinbarten Erfüllungskonditionen an.

Das Merkmal „ohne zeitliche Verzögerung zu erfüllen“ bezeichnet den Fall des sofortigen Vollzugs der Vereinbarung innerhalb der börsenüblichen Fristen. Von einem sofortigen Vollzug ist nach aktueller Lage auszugehen, wenn die Abwicklung innerhalb von zwei Geschäftstagen nach dem jeweiligen Abschluss des Geschäfts – also t+2 – erfolgt.[1125] Dies bedeutet, dass bei Abschluss eines Börsengeschäfts bezüglich stimmrechtsvermittelnder Aktien eine Meldepflicht nach § 33 Abs. 1 WpHG besteht, wenn das Geschäft innerhalb der börsenüblichen Fristen sofort zu erfüllen ist, da die Aktien dann bereits bei Abschluss des Kausalgeschäfts als dem Erwerber gehörend angesehen werden und nicht erst zum Zeitpunkt der Depotbuchung.[1126]

Ist eine Bedingung oder Befristung vereinbart, nach der der Erwerber erst nach Ablauf eines größeren Zeitraums als t+2 die Aktien erhalten soll, so ist der Zeitpunkt des Eintritts der Bedingung oder des Ablaufs der Frist maßgeblich.[1127] Erst zu dem Zeitpunkt, zu dem der Erwerber in einem solchen Fall die Aktien tatsächlich erwirbt, ist eine Meldung nach § 33 Abs. 1 WpHG abzugeben. Dies ist aus Gründen der Rechtssicherheit und Praktikabilität der Sonderregelung des § 33 Abs. 3 WpHG auch sinnvoll. Zuvor hat der Erwerber lediglich das Erwerbsrecht gemäß § 38 Abs. 1 WpHG mitzuteilen, sofern die Vereinbarung ein Instrument zum Stimmrechtserwerb i. S. d. § 38 Abs. 1 WpHG darstellt.[1128] § 33 Abs. 3 WpHG soll aber auch für alle außerbörslichen Geschäfte gelten. Inwieweit

1124 Vgl. Begr. RegE TÄUG, BT-Drs. 18/5010, S. 44

1125 Vgl. *Stephan*, Der Konzern 2016, S. 53 (55); Begr. RegE TÄUG, BT-Drs. 18/5010, S. 44 mit Verweis auf Art. 5 Abs. 2 der Verordnung (EU) 909/2014, ABl. EU L 257 vom 28. August 2014; Die BaFin akzeptierte vor dem TÄUG auch t+3, wobei fraglich ist, ob sie diese Sichtweise beibehalten wird.

1126 Vgl. *Stephan*, Der Konzern 2016, S. 53 (55); Begr. RegE TÄUG, BT-Drs. 18/5010, S. 44. Nach § 24 Abs. 2 S. 1 DepotG vollzieht sich bei Sammelurkunden, die in Sammeldepots verwahrt werden, der Eigentumsübergang kraft Gesetzes durch Depotgutschrift.

1127 So auch *Brellochs*, AG 2016, S. 157 (162).

1128 Vertiefend dazu *Brellochs*, AG 2016, S. 157 (160 f.).

bei außerbörslichen Geschäften von einem marktüblichen Erfüllungszeitraum auszugehen ist, nach dem der Vollzug als ohne zeitliche Verzögerung erfolgt angesehen werden kann, ist vom Einzelfall abhängig.

Unterliegt ein Aktienerwerb sowohl einer Bedingung als auch einer Befristung, beispielsweise bei Vereinbarung eines Erfüllungszeitpunktes, der zehn Tage nach der Kartellfreigabe liegt, handelt es sich um keinen unbedingten und sofort zu erfüllenden Anspruch. Daher ist in einem solchen Fall bei Abschluss der Vereinbarung keine Meldung nach § 33 Abs. 1 WpHG, sondern eine solche nach § 38 Abs. 1 S. 1 Nr. 1 WpHG abzugeben.[1129] Erst mit Ablauf der zehn Tage nach der Kartellfreigabe besteht eine Pflicht zur Mitteilung gemäß § 33 Abs. 1 WpHG, da auch nach Bedingungseintritt noch kein sofort zu erfüllender Anspruch vorliegt.[1130] § 38 Abs. 1 WpHG ist mit dem Zeitpunkt des Fristablaufs in diesem Falle „herunterzumelden",[1131] da ab diesem Zeitpunkt die Inhaberschaft an den Aktien auf den Erwerber übergeht.

Weitere interessante Abgrenzungsfragen stellen sich bei der folgenden Konstellation: Soll der Vollzug des Aktienerwerbs innerhalb von zwei – und nicht wie im vorherigen Beispiel von zehn – Tagen nach Bedingungseintritt stattfinden, so ist nicht eindeutig, zu welchem Zeitpunkt welche Meldung abzugeben ist. *Brellochs* argumentiert für einen solchen Fall mit dem Grundgedanken, der § 33 Abs. 3 WpHG innewohnt.[1132] Die Vorverlagerung des Zeitpunktes des „Gehörens" auf den Tag des Abschlusses des Geschäfts sei grundsätzlich nur gerechtfertigt, wenn es im jeweiligen Einzelfall eine typische Markterwartung gebe, dass das Geschäft kurzfristig – bei Börsengeschäften maximal t+2 – und mit Sicherheit zu erfüllen sei.[1133] Nur dieser Umstand rechtfertige die Vorverlagerung, da der Vollzug letztlich nur noch als Formsache anzusehen sei.[1134] Bei individuell ausgehandelten Verträgen gebe es eine solche Markterwartung nicht, weshalb auch keine typischen Lieferzeiten bezogen auf den Erfüllungszeitpunkt existierten.[1135] *Brellochs* plädiert daher bei Individualvereinbarungen hinsichtlich des Zeitpunkts des Aktienerwerbs für eine Nichtanwendung des § 33 Abs. 3 WpHG: So sei im Falle des vereinbarten Vollzugs eines Aktienerwerbs innerhalb von zwei Tagen

1129 Vgl. dazu BaFin, Emittentenleitfaden 2018, Modul B (Stand: 30. Oktober 2018), Ziffer I.2.3.3.2, S. 13.

1130 Vgl. *Brellochs*, AG 2016, S. 157 (161 f.).

1131 Da die Meldepflichten des WpHG sowohl beim Überschreiten, Erreichen als auch beim Unterschreiten einer Meldeschwelle ausgelöst werden, wird die Mitteilung einer Unterschreitung hier als „heruntermelden" bezeichnet.

1132 Vgl. *Brellochs*, AG 2016, S. 157 (161).

1133 Vgl. *Brellochs*, AG 2016, S. 157 (161); ähnlich auch die Auffassung der BaFin, Emittentenleitfaden 2018, Modul B (Stand: 30. Oktober 2018), Ziffer I.2.3.3.2, S. 12 f.

1134 *Brellochs*, AG 2016, S. 157 (161).

1135 *Brellochs*, AG 2016, S. 157 (161).

nach Bedingungseintritt eine Meldung nach § 33 Abs. 1 WpHG erst am Vollzugstag abzugeben und nicht bereits am Tag des Bedingungseintritts.[1136]

Eine Positionierung für oder gegen die Ansicht *Brellochs* soll hier nicht erfolgen. Es soll vielmehr eine Sensibilisierung hinsichtlich der Abgrenzung zwischen §§ 33 und 38 WpHG erreicht werden. Indes kann gesagt werden, dass es von einer Einzelfallprüfung abhängt, ob typische Lieferfristen im jeweiligen Markt existieren. Die Anerkennung einer Ausnahme von § 33 Abs. 3 WpHG für individuell ausgehandelte Verträge, die Bedingungen und Befristungen enthalten und damit keinem typischen Ablauf folgen, ist mit Blick auf die Handhabbarkeit der Vorschrift und auch mit Blick auf die Rechtssicherheit zumindest ein gangbarer Weg.[1137]

Es sollte daher folgende Richtschnur gelten: Enthält eine Vereinbarung Bedingungen und/oder Befristungen, die in ihren Auswirkungen den üblicherweise im jeweiligen Markt als sofortige Lieferung akzeptierten Zeitraum – d. h. bei Aktienkäufen über die Börse beispielsweise t+2 – überschreiten, ist bei Abschluss des Vertrages keine Meldung nach § 33 WpHG abzugeben, sondern insoweit § 38 WpHG maßgeblich. In diesen Fällen ist erst bei tatsächlich erfolgtem Vollzug des Geschäfts eine Meldung nach § 33 WpHG abzugeben, da die Aktien nun im Eigentum des Erwerbers stehen. Zugleich ist noch § 38 WpHG herunterzumelden, da die Stimmrechte, welche durch das Instrument zunächst vermittelt wurden, nun tatsächlich übergegangen sind.

Sollte sich der Vollzug aufgrund unvorhergesehener Ereignisse über den vertraglich vereinbarten Termin hinaus verzögern, sind bereits abgegebene Meldungen gegebenenfalls zu berichtigen.[1138]

2. Bestimmtheit des Tatbestands des § 38 Abs. 1 S. 1 Nr. 1 WpHG

Nach § 38 Abs. 1 S. 1 Nr. 1 WpHG sind Instrumente meldepflichtig, die ihrem unmittelbaren oder mittelbaren Inhaber entweder bei Fälligkeit das unbedingte und einseitige Recht auf Erwerb mit Stimmrechten verbundener und bereits ausgegebener Aktien eines Emittenten, für den die Bundesrepublik Deutschland der Herkunftsstaat ist, verleihen (§ 38 Abs. 1 S. 1 Nr. 1 lit. a) WpHG) oder die dem Inhaber ein Ermessen in Bezug auf den Erwerb der Aktien vermitteln (§ 38 Abs. 1 S. 1 Nr. 1 lit. b) WpHG). Die Bestimmtheit des Tatbestandes soll nun an den konkretisierenden Kriterien, wie sie mit Blick auf Art. 103 Abs. 2 GG herausgearbeitet wurden, gemessen werden.[1139]

1136 *Brellochs*, AG 2016, S. 157 (161).

1137 So wohl auch *Weidemann*, NZG 2016, S. 605 (608).

1138 So auch die BaFin, Emittentenleitfaden 2018, Modul B (Stand: 30. Oktober 2018), Ziffer I.2.3.3.2, S. 14.

1139 Siehe zu diesen Kriterien bereits Seite 215, dort Gliederungspunkt 6.

a) *Schutzzweck des § 120 Abs. 2 i. V. m. § 38 Abs. 1 S. 1 Nr. 1 WpHG*

Die geschützten Rechtsgüter des § 120 WpHG sind überwiegend allgemeiner Natur.[1140] § 120 WpHG schützt ganz generell die Funktionsfähigkeit organisierter Wertpapier- bzw. Kapitalmärkte.[1141] Welche konkreten Rechtsgüter § 120 WpHG zudem schützt und ob auch individuelle Rechtsgüter vom Schutz des § 120 WpHG erfasst sind, hängt von der jeweiligen Verweisung des § 120 WpHG auf die Ver- und Gebote des WpHG ab.[1142]

Da § 120 Abs. 2 Nr. 2 lit. e) WpHG auf § 38 Abs. 1 S. 1 Nr. 1 WpHG verweist, ist dessen Schutzziel maßgeblich. § 38 Abs. 1 S. 1 Nr. 1 WpHG bezweckt den Schutz des Kapitalmarkts sowie der Kapitalmarktteilnehmer. Geschütztes Rechtsgut ist das Vertrauen der Kapitalmarktteilnehmer in die Funktionsfähigkeit und Integrität des Kapitalmarkts.[1143] Ob darüber hinaus auch der individuelle Anleger vom Schutzzweck umfasst sein soll, ist umstritten. Die wohl überwiegende Ansicht sieht mit der Regelung des § 38 Abs. 1 WpHG einen Individualschutz nicht bezweckt, da die Transparenzregelung nur in genereller Hinsicht das Vertrauen der Kapitalmarktteilnehmer schütze und nicht den einzelnen Akteur.[1144]

Unabhängig von der Frage nach dem möglichen individualschützenden Charakter des § 38 Abs. 1 S. 1 Nr. 1 WpHG weist dieser einen klar erkennbaren und abgrenzbaren gesetzlichen Schutzzweck auf. Dieser Schutzzweck umfasst den Schutz des Vertrauens der Marktteilnehmer in die Funktionsfähigkeit und Integrität des Kapitalmarkts und die Erhaltung dieser Funktionsfähigkeit.

1140 Noch zum alten Recht: *Vogel* in: Assmann/Schneider, WpHG, 6. Aufl. (2012), § 39, Rn. 4a.

1141 So ähnlich *Vogel* in: Assmann/Schneider, WpHG, 6. Aufl. (2012), § 39, Rn. 4a.

1142 *Vogel* in: Assmann/Schneider, WpHG, 6. Aufl. (2012), § 39, Rn. 4a.

1143 Vgl. Begr. RegE TUG, BT-Drs. 16/2498, S. 26 (zum damaligen § 25 WpHG); ebenso Erwägungsgrund 18 der Transparenzrichtlinie 2004/109/EG: „*Die Öffentlichkeit sollte über Änderungen bedeutender Beteiligungen an Emittenten unterrichtet werden, deren Aktien an einem in der Gemeinschaft gelegenen oder dort betriebenen geregelten Markt gehandelt werden. Diese Informationen sollten die Anleger in die Lage versetzen, Aktienkäufe oder -verkäufe in voller Kenntnis der geänderten Stimmrechte zu tätigen; dies dürfte auch eine wirksamere Kontrolle der Emittenten von Aktien ermöglichen und insgesamt die Markttransparenz großer Kapitalbewegungen erhöhen.*“

1144 Vgl. zur Diskussion *Dönges*, §§ 21 ff. WpHG als Schutzgesetz (2012), S. 51 ff., 137 f.; *Hildner*, Kapitalmarktrechtliche Beteiligungstransparenz (2002), S. 25 m. w. N. Ähnlich auch eine Entscheidung des BGH zu § 20a Abs. 1 Nr. 1 WpHG a. F. vom 13. Dezember 2011 – XI ZR 51/10, dort Rn. 25 ff. = NJW 2012, S. 1800 (1803); a. A. *U. H. Schneider* in: Assmann/ders./Mülbert, WpHG, 7. Aufl. (2019), Vor § 33, Rn. 27 m. w. N.

b) Der Begriff des Instruments

Der Gesetzgeber hat sich bei der Formulierung der Meldepflicht aus § 38 Abs. 1 WpHG für den Begriff des „Instruments" entschieden. Dieser weicht ersichtlich von der Formulierung in § 25 Abs. 1 WpHG a. F. ab, der von „Finanz- und sonstigen Instrumenten" sprach. Als Begründung für die neue Formulierung wird angeführt, dass nicht die Begrifflichkeit, sondern das Vorliegen der Voraussetzungen der Nummern 1 und 2 des § 38 Abs. 1 S. 1 WpHG maßgeblich für die Meldepflicht nach § 38 Abs. 1 WpHG sei.[1145] Der Gesetzgeber hat sich damit von der etwas umständlichen Differenzierung zwischen Finanzinstrumenten einerseits und sonstigen Instrumenten andererseits gelöst[1146] und für eine neutrale Formulierung im Sinne eines Oberbegriffs entschieden.[1147]

Ob dieses Vorgehen mit dem Bestimmtheitsgrundsatz des Art. 103 Abs. 2 GG vereinbar ist, soll anhand der bereits angesprochenen und wie folgt zusammenzufassenden Prüfungskriterien untersucht werden:[1148]

Der Wortlaut stellt dann eine geeignete Begrenzung beliebiger Interpretationen der Norm dar, wenn er eine erkennbare Eigenwertung des sanktionsbewehrten Verhaltens seitens des Gesetzgebers enthält. Dies ist zu bejahen, wenn der Gesetzgeber bei der Formulierung des Wortlauts deutlich abgrenzbare, deskriptive Merkmale oder normbezogene Merkmale, die durch die Inbezugnahme einer detaillierten Vorschrift eine deutliche Beschreibung erfahren, oder wertausfüllungsbedürftige Merkmale verwendet, soweit diese anhand einer anerkannten Verkehrsanschauung auszulegen sind oder durch eine gefestigte Rechtsentwicklung eine ausreichend feststehende Typisierung erfahren haben.

Unter Zugrundelegung dieser Kriterien soll nunmehr überprüft werden, ob der Begriff des Instruments dem besonderen Bestimmtheitsgebot genügt.

Der Begriff des Instruments ist weder im WpHG noch in einem anderen Gesetz definiert. Er bedarf aufgrund der dadurch fehlenden Konturierung der Auslegung. Eine vom Wortlaut losgelöste Betrachtung des Begriffs scheint dabei zunächst wenig ergiebig, da nach dem allgemeinen Sprachgebrauch keine greifbare inhaltliche Konturierung erfolgen kann. Ein Instrument kann dem allgemeinen Sprachverständnis folgend auch ein Gegenstand zum Musizieren sein. Dies ist ersichtlich nicht gemeint, sondern man will vertragliche Konstrukte des Kapitalmarkts erfassen. Der Begriff des Instruments ist daher im Zusammenhang mit dem Wortlaut der Norm und nicht losgelöst von diesem auszulegen. Es ist zu fragen, ob sich aus der Formulierung des Tatbestandes, der Systematik,

---

1145 Vgl. RegE TÄUG, BT-Drs. 18/5010, S. 46 (dort zum damaligen § 25 WpHG).

1146 Auf eine genaue Differenzierung kam es im Ergebnis nicht an, da identische Rechtsfolgen eingriffen. Auch hinsichtlich der inhaltlichen Ausgestaltung der Mitteilung gemäß § 17 WpAV a. F. war eine Unterscheidung zwischen Finanzinstrumenten und sonstigen Instrumenten nicht vorgesehen.

1147 Vgl. RegE TÄUG, BT-Drs. 18/5010, S. 46.

1148 Siehe zu diesen Kriterien bereits Seite 215, dort Gliederungspunkt 6.

dem Zweck oder der Historie der Vorschriften weitere Anhaltspunkte für eine konkrete Begriffsbestimmung ermitteln lassen. Der mögliche Wortsinn ist dabei aufgrund der Wirkung des Art. 103 Abs. 2 GG die äußerste Auslegungsgrenze.[1149]

Zunächst ist daran zu erinnern, dass § 38 WpHG Vorgaben der Transparenzrichtlinie-Änderungsrichtlinie[1150] umsetzt. Auch diese verwendet den Begriff des Instruments in ihrem Artikel 13 Abs. 1b), sodass eine interpretatorische Nähe zu ihr hergestellt werden kann und vom Gesetzgeber auch beabsichtigt ist. Eine Definition des Begriffs Instrument enthält indes auch die Transparenzrichtlinie 2013 nicht. Vielmehr definiert Art. 13 Abs. 1b) der Richtlinie Instrumente, die die weiteren Voraussetzungen des Art. 13 Abs. 1 Unterabs. 1 lit. a) und b) erfüllen, als Finanzinstrumente im Sinne der Richtlinie.[1151] Hinsichtlich der Meldetatbestände verwendet die Transparenzrichtlinie 2013 also weiterhin den Begriff des Finanzinstruments.

Nun könnte man zu dem Schluss gelangen, dass sich der deutsche Gesetzgeber mit der Verwendung des Begriffs Instrument von den Vorgaben der Transparenzrichtlinie 2013 lösen wollte. Dies ist freilich nicht der Fall. Der Gesetzgeber hat sich damit vielmehr vom Begriff des Finanzinstruments des § 2 Abs. 4 WpHG gelöst. Denn anders als im Rahmen des WpHG, welches als Ort der Umsetzung zahlreicher Richtlinien dient und dennoch für den gesamten Regelungsbereich des WpHG sowie darüber hinaus möglichst homogene Merkmale und Begriffe verwenden muss, hat die Definition eines Begriffs im Rahmen einer Richtlinie grundsätzlich auch nur Auswirkungen auf die Anwendung und Auslegung genau dieser Richtlinie.[1152]

Der deutsche Gesetzgeber geht mit der Einführung des Begriffs des Instruments im Rahmen der Beteiligungstransparenz dem Begriff des Finanzinstruments des WpHG zum Teil aus dem Weg.[1153] Damit ist der Gesetzgeber weitgehend frei zu bestimmen, was er unter dem Begriff Instrument verstanden wissen möchte. Der Begriff des Instruments widerspricht insoweit auch nicht der Transparenzrichtlinie 2013, da diese zwar den Begriff des Finanzinstruments verwendet, ihn aber weit verstanden wissen möchte, sodass auch Instrumente erfasst sein sollen, „die eine dem Halten von Aktien oder Aktienbezugsrechten vergleichbare wirtschaftliche Wirkung haben."[1154]

1149 Vgl. BVerfGE 71, S. 108 (116, 118).

1150 Hier auch Transparenzrichtlinie 2013 genannt.

1151 Art. 13 Abs. 1b) TRiL 2013 lautet wie folgt: *„Für die Zwecke von Absatz 1 werden folgende Instrumente als Finanzinstrumente betrachtet, sofern sie eine der in Absatz 1 Unterabsatz 1 Buchstabe a oder b genannten Bedingungen erfüllen:[...]"*.

1152 Diese Aussage trifft nun auch bezüglich der Transparenzrichtlinie-Änderungsrichtlinie 2013 zu, da durch Art. 3 Nr. 2 dieser Richtlinie die Durchführungsrichtlinie 2007/14/EG aufgehoben worden ist, die zuvor in ihrem Art. 11 Abs. 1 auf die enumerative Definition von Finanzinstrumenten der Finanzmarktrichtlinie 2004/39/EG (dort Abschnitt C Anhang I der Richtlinie) verwiesen hatte.

1153 Vgl. *Parmentier*, AG 2014, S. 15 (19 f.) sowie Fn. 1160.

1154 Erwägungsgrund 8 der Transparenzrichtlinie-Änderungsrichtlinie 2013.

Bei dem Merkmal des Instruments handelt es sich weder um ein deskriptives – also sinnlich erfassbares – noch um ein normbezogenes Merkmal, da eine Definition in einem anderen Gesetz nicht existiert. Damit zählt der Begriff des Instruments zu den wertausfüllungsbedürftigen Rechtsbegriffen, deren Verwendung dann als zulässig zu betrachten ist, soweit ihnen ein anerkannter Begriffskern aufgrund allgemeiner Verkehrsanschauung zukommt oder sie eine Konkretisierung seitens der Rechtsprechung erfahren haben.

Eine Konkretisierung seitens der Rechtsprechung ist nicht vorhanden, da es sich insoweit um ein neu eingeführtes Merkmal handelt. Es ist daher zu fragen, ob dem Begriff des Instruments ein anerkannter Begriffskern aufgrund allgemeiner Verkehrsanschauung zukommt. Das Merkmal des Instruments ist mehrdeutig und daher im Gesamtzusammenhang mit der gesetzlichen Regelung zu sehen.

§ 38 Abs. 2 WpHG zählt in seinen Nummern 1 bis 6 (nicht abschließend) ebenso wie die Transparenzrichtlinie 2013 in ihrem Art. 13 Abs. 1b lit. a) bis f) der Meldepflicht unterfallende Instrumente auf, sofern diese die Voraussetzungen des § 38 Abs. 1 Nr. 1 oder Nr. 2 WpHG erfüllen. Die Liste der Instrumente umfasst übertragbare Wertpapiere, Optionen, Terminkontrakte, Swaps, Zinsausgleichsvereinbarungen sowie Differenzgeschäfte. Es handelt sich insoweit um eine Kombination verschiedener Regelungstechniken, nämlich der Generalklausel (§ 38 Abs. 1 S. 1 Nr. 1 WpHG) und der beispielhaften Aufzählung (§ 38 Abs. 2 WpHG).[1155] Nach *Parmentier* erweckt diese Normierungsform den Eindruck, dass das europäische Normverständnis eher von einem möglichst weitreichenden Handlungsprogramm der Exekutive geprägt sei als von einer Begrenzungsfunktion hinsichtlich staatlicher Befugnisse.[1156] *Parmentier* spricht damit ein Spannungsfeld zwischen den Vorgaben des Art. 103 Abs. 2 GG einerseits und der wirkungsvollen Durchsetzung europäischer Regelungsziele, auch und vermehrt mithilfe des Strafrechts, andererseits an. Diesem Spannungsfeld entspringt auch die Regelungstechnik des § 38 WpHG.

Die Kombination von Generalklausel und beispielhafter Aufzählung erfolgt, um die Vorteile verschiedener Regelungstechniken zu vereinen. Eine Generalklausel garantiert eine gewisse Flexibilität der Regelung, um einen möglichst weiten Anwendungsbereich zu eröffnen, während eine beispielhafte Aufzählung eine bereits im Gesetz verankerte Konkretisierung unbestimmter Rechtsbegriffe darstellt. Denn vor allem die beispielhafte Aufzählung von Instrumenten in § 38 Abs. 2 WpHG erfolgt aus dem Grund, dass sowohl den Adressaten der Meldepflicht aus § 38 Abs. 1 S. 1 Nr. 1 WpHG als auch der Exekutive sowie der Judikative eine begriffliche Stütze für die Reichweite des Begriffs Instrument gegeben werden soll.[1157] Dies wiederum soll der Regelung auch zu der nach Art. 103 Abs. 2 GG erforderlichen Bestimmtheit verhelfen.

1155 *Parmentier*, AG 2014, S. 15 (21).
1156 So wohl *Parmentier*, AG 2014, S. 15 (21) m. w. N.
1157 Vgl. nur Begr. RegE TÄUG, BT-Drs. 18/5010, S. 46 f.

Auch wenn insoweit ein gewisser Grad an Konkretisierung des Begriffs erreicht wird, indem eine beispielhafte Aufzählung von Instrumenten erfolgt, bleibt die Frage nach der konkreten Begriffsbestimmung dennoch offen. Der Gesetzgeber setzt hier bewusst nicht auf eine Legaldefinition, um es gerade der Rechtspraxis zu überlassen, eine nähere Konkretisierung dieses Begriffs zu erreichen. Dies steht ihm im Rahmen seines gesetzgeberischen Entscheidungsspielraums grundsätzlich zu. Die Grenzen der Verwendung unbestimmter Rechtsbegriffe sind erst da erreicht, wo dem Rechtsanwender anhand des Gesetzes und der ihm objektiv zur Verfügung stehenden Mittel keine Inhaltsbestimmung möglich ist. Dabei ist zu beachten, dass auch die Möglichkeit des Ersuchens um juristischen Rat ein solches Mittel darstellt.[1158]

Der Jurist, der sich bei der Auslegung des Begriffs Instrument der anerkannten Methoden bedient, wird dabei feststellen, dass dieser Begriff nicht isoliert betrachtet werden kann, sondern im Zusammenhang mit § 38 Abs. 2 WpHG zu sehen und mithilfe der dort genannten Instrumente einer näheren Begriffsbestimmung zuzuführen ist. Auch der Zweck der Regelung kann bei der Begriffsbestimmung nicht außer Acht gelassen werden, solange er sich in den Grenzen des noch möglichen Wortsinns bewegt. Aus den Gesetzesmaterialien ist ersichtlich, dass die Wahl des Begriffs Instrument nicht zufällig erfolgte, sondern – losgelöst vom Begriff des Finanzinstruments – die Meldepflichtigkeit von stimmrechtsvermittelnden Gestaltungen allein aufgrund der in § 38 Abs. 1 S. 1 Nr. 1 und Nr. 2 WpHG genannten Voraussetzungen ermöglichen soll; auf die Begrifflichkeit des Finanzinstruments soll es gerade nicht ankommen.[1159] Nach dem Willen des Gesetzgebers umfasst der Begriff des Instruments auch den Begriff der Finanzinstrumente, dessen Legaldefinition in § 2 Abs. 4 WpHG zu finden ist, allerdings ohne sich auf diesen Begriff zu beschränken.[1160] Dabei ist zu beachten, dass die Begriffsdefinition des § 2 Abs. 4 WpHG den spezifischen Anforderungen und Zielsetzungen des WpHG Rechnung trägt und keine Allgemeingültigkeit über das WpHG hinaus beansprucht. Finanzinstrumente sind Wertpapiere im Sinne des § 2 Abs. 1 WpHG,[1161] Anteile an Investmentvermögen i. S. d. § 1 Abs. 1 Kapitalanlagegesetzbuches (KAGB), Geldmarktinstrumente im Sinne des § 2 Abs. 2 WpHG,[1162] derivative Geschäfte im Sinne des § 2 Abs. 3 WpHG, Emissionszertifikate, Rechte auf Zeichnung von Wertpapieren[1163] sowie Vermögensanlagen im Sinne des § 1

1158 Vgl. BVerfGE 110, S. 33 (64); 131, S. 88 (123).

1159 Vgl. RegE TÄUG, BT-Drs. 18/5010, S. 46.

1160 RegE TÄUG, BT-Drs. 18/5010, S. 46.

1161 Beispielsweise Aktien, Zertifikate die Aktien vertreten, Schuldverschreibungen, Genuss- und Optionsscheine.

1162 Beispielsweise kurzfristige Schuldscheindarlehen, Schatzwechsel. Vgl. *Assmann*, in: ders./Schneider/Mülbert, WpHG, 7. Aufl. (2019), § 2, Rn. 43.

1163 Beispielsweise Bezugsrechte und Optionen auf Zeichnung junger Aktien, Bezugserklärung bei bedingter Kapitalerhöhung.

Abs. 2 des Vermögensanlagegesetzes (VermAnlG) mit Ausnahme von Anteilen aus einer Genossenschaft im Sinne des § 1 GenG sowie von Einlagenkreditinstituten ausgegebene einfache Schuldverschreibungen.

Der Begriff des Instruments in § 38 Abs. 1 WpHG löst sich von den eingrenzenden Vorgaben des Begriffs der Finanzinstrumente nach § 2 Abs. 4 WpHG und geht über diesen Begriff hinaus. § 38 Abs. 1 WpHG unterscheidet allein zwischen Instrumenten, die eine physische Abwicklung vorsehen (§ 38 Abs. 1 S. 1 Nr. 1 WpHG) und solchen, die eine vergleichbare wirtschaftliche Wirkung erzielen, unabhängig davon, ob eine physische Abwicklung vorgesehen ist (§ 38 Abs. 1 S. 1 Nr. 2 WpHG). Der Begriff des Instruments soll damit eine vom Begriffsverständnis des Finanzinstruments losgelöste und offenere Inhaltsbestimmung zulassen.[1164]

Unter den Begriff des Instruments im Sinne des § 38 WpHG sollen daher alle Vereinbarungen fallen, die unter den weiteren Voraussetzungen des § 38 Abs. 1 WpHG stimmrechtsvermittelnde Wirkung entfalten und keine Aktien sind. Der Rechtsanwender muss sich daher fragen, ob seine Vereinbarung eine physische Abwicklung nach § 38 Abs. 1 S. 1 Nr. 1 WpHG vorsieht und möglicherweise bereits unter § 38 Abs. 2 Nr. 1 bis Nr. 6 WpHG fällt oder ob die Vereinbarung eine der physischen Abwicklung vergleichbare wirtschaftliche Wirkung gemäß § 38 Abs. 1 S. 1 Nr. 2 WpHG entfaltet. Auch im Schrifttum wird der Begriff des Instruments weit und vor allem in Bezug zum jeweiligen Meldetatbestand verstanden. So definiert *Schneider* den Begriff des Instruments i. S. d. § 38 Abs. 1 S. 1 Nr. 1 WpHG als jedes Recht, insbesondere jeder bei Fälligkeit unbedingte schuldrechtliche, familienrechtliche, erbrechtliche usw. Anspruch, der dem Berechtigten, vor allem also einem Gläubiger das Recht verleiht, mit Stimmrechten verbundene Aktien zu erwerben.[1165]

Mit Blick auf die Bestimmtheit der Norm ist festzuhalten, dass der Gesetzgeber durch die Aufzählung der Instrumente in § 38 Abs. 2 Nr. 1 bis Nr. 6 WpHG die Schwächen des neu eingeführten Begriffs des Instruments zu beseitigen versucht, indem er Instrumente auflistet, die, wenn sie die weiteren Voraussetzungen des § 38 Abs. 1 WpHG erfüllen, eine Meldepflicht nach dieser Vorschrift auslösen. Aus der Wahl der Begriffe „können“ und „insbesondere“ ist zu erkennen, dass der Gesetzgeber in § 38 Abs. 2 WpHG keine abschließende Auflistung der unter § 38 Abs. 1 WpHG fallenden Instrumente hat vornehmen wollen.[1166] Vielmehr ist er sich bewusst, dass die konkrete Funktionsweise eines Instruments von den einzelvertraglichen Regelungen der Parteien abhängt. Daher handelt es sich bei der Auflistung in § 38 Abs. 2 WpHG lediglich um eine Aufzählung typischer möglicher Instrumente, die eine Meldepflicht auslösen können. Ob dies tatsächlich der

---

1164 Vgl. *Parmentier*, AG 2014, S. 15 (20, 21).

1165 *U. H. Schneider*, in: Assmann/ders./Mülbert, WpHG, 7. Aufl. (2019), § 38, Rn. 16.

1166 So auch Begr. RegE TÄUG, BT-Drs. 18/5010, S. 47 mit Verweis auf die inhaltsgleiche Regelung der Transparenzrichtlinie 2013 in Art. 13 Abs. 1b.

Fall ist, ist anhand von § 38 Abs. 1 WpHG und dessen weiteren Voraussetzungen festzustellen. Die unverbindliche Auflistung von grundsätzlich meldepflichtigen Instrumenten der ESMA[1167] kann dem Rechtsanwender dabei als Orientierung dienen.[1168]

Da die Frage, ob eine Vereinbarung unter den Begriff des Instruments im Sinne des § 38 Abs. 1 WpHG fällt, von dessen Voraussetzungen abhängig ist, ist zu prüfen, ob die Verwendung weiterer unbestimmter Rechtsbegriffe in den Tatbeständen des § 38 Abs. 1 WpHG gewichtige Zweifel an der Bestimmtheit der Meldepflichttatbestände begründet.

Der Begriff des Instruments ist für den Rechtsanwender jedenfalls insoweit eindeutig, als grundsätzlich jede Vereinbarung darunter gefasst werden kann, die stimmrechtsvermittelnde Wirkung entfaltet. Ob diese Vereinbarung eine Meldepflicht auslöst, ist von den weiteren Tatbestandsvoraussetzungen des § 38 Abs. 1 WpHG abhängig.

c) Der Emittentenbegriff

§ 38 Abs. 1 WpHG gilt nur für Emittenten von Aktien, für die die Bundesrepublik Deutschland der Herkunftsstaat ist und deren Aktien gemäß § 33 Abs. 4 WpHG an einem organisierten Markt zugelassen sind. Als Ausgangspunkt für die Begriffsbestimmung ist festzuhalten, dass der Begriff Emittent grundsätzlich all‘ jene Akteure umfasst, die Wertpapiere ausgeben. Dies ergibt sich aus der Legaldefinition des § 2 Abs. 13 WpHG. Diese Wertpapiere können Aktien oder andere Schuldtitel sein. Für die Meldepflichten der §§ 33 ff. WpHG ist hingegen allein die Ausgabe von Aktien entscheidend. Vom Anwendungsbereich der Meldepflichten sind daher nur solche Emittenten erfasst, deren Aktien zum Handel an einem organisierten Markt im Inland oder in einem anderen Mitgliedstaat der Europäischen Union oder einem anderen Vertragsstaat des Abkommens über den Europäischen Wirtschaftsraum zugelassen sind (§ 33 Abs. 4 WpHG i. V. m. § 2 Abs. 13 Nr. 1 WpHG). Weil § 33 Abs. 4 WpHG nur solche Emittenten erfasst, deren Aktien an einem organisierten Markt börsennotiert sind, ist in der Konsequenz allein § 2 Abs. 13 Nr. 1 WpHG[1169] für die Bestimmung der unter die Mitteilungspflicht

---

1167 Zur rechtlichen Wirkung dieser Auflistung näher Seite 295, dort Gliederungspunkt b).

1168 Vgl. nur die Begr. RegE TÄUG, BT-Drs. 18/5010, S. 47, wonach aufgrund der nicht abschließenden Liste der ESMA letztlich die BaFin bestimmen muss, welche weiteren Instrumente eine Meldepflicht auslösen.

1169 § 2 Abs. 6 Nr. 1 WpHG lautet:
„(6) Emittenten, für die die Bundesrepublik Deutschland der Herkunftsstaat ist, sind
1. Emittenten von Schuldtiteln mit einer Stückelung von weniger als 1 000 Euro oder dem am Ausgabetag entsprechenden Gegenwert in einer anderen Währung oder von Aktien,
a) die ihren Sitz im Inland haben und deren Wertpapiere zum Handel an einem organisierten Markt im Inland oder in einem anderen Mitgliedstaat der Europäischen

fallenden Emittenten von Relevanz.[1170] Freiverkehrsemittenten sind von den Meldepflichten nicht erfasst.

Der Gesetzgeber hat für den Begriff des Emittenten in § 33 Abs. 1 und Abs. 4 i. V. m. § 2 Abs. 13 WpHG Legaldefinitionen erlassen, anhand derer der Normadressat erkennen kann, ob die Aktien eines Emittenten in den Anwendungsbereich der Meldepflichten der §§ 33 ff. WpHG fallen. Gegen die inhaltliche Bestimmtheit dieses Begriffs sind daher keine durchgreifenden Bedenken ersichtlich.

d) Organisierter Markt

Die Meldepflichten gelten nur bezüglich solcher Emittenten, deren Aktien zum Handel an einem organisierten Markt zugelassen sind (§§ 38 Abs. 1, 33 Abs. 1 und Abs. 4 WpHG). Der Begriff des organisierten Markts wird in § 2 Abs. 11 WpHG legal definiert. Darunter ist ein multilaterales Handelssystem zu verstehen, welches unter staatlicher Aufsicht und Reglementierung eine Vielzahl an Personen zum Kauf sowie Verkauf von zugelassenen Finanzinstrumenten zusammenbringt oder das Zusammenbringen fördert. Darunter fallen beispielsweise der regulierte Markt im Sinne des § 32 BörsG, aber auch die Terminbörse Eurex.[1171] Eine Abgrenzung zwischen den Begriffen organisierter Markt, Börse oder multilaterales Handelssystem (MTF) ist dabei kaum möglich und erfolgt zumeist rein formal anhand der Bezeichnung bei der Zulassung.[1172] Der Begriff des organisierten Marktes ist jedoch etwas weiter gefasst als der des multilateralen Handelssystems, da er auch Systeme erfasst, die das Zusammenbringen einer Vielzahl von Personen nur fördern.[1173] Die ESMA veröffentlicht regelmäßig eine Liste der unter § 2 Abs. 11 WpHG fallenden regulierten Märkte.[1174] Nicht unter den Begriff des organisierten Markts fällt der Freiverkehr.[1175]

Union oder einem anderen Vertragsstaat des Abkommens über den Europäischen Wirtschaftsraum zugelassen sind oder
b) die ihren Sitz in einem Drittstaat haben, deren Wertpapiere zum Handel an einem organisierten Markt im Inland zugelassen sind und die die Bundesrepublik Deutschland als Herkunftsstaat nach § 2b Absatz 1 gewählt haben, [...]".

1170 *Zimmermann*, in: Fuchs, WpHG, 2. Aufl. (2016), § 21, Rn. 20; so auch BaFin, Emittentenleitfaden 2018, Modul B (Stand: 30. Oktober 2018), Ziffer I.2.2.1, S. 8.

1171 Vgl. *Assmann*, in ders./Schneider/Mülbert, WpHG, 7. Aufl. (2019), § 2, Rn. 215 m. w. N.

1172 *Kumpan*, in: Baumbach/Hopt, HGB, 36. Aufl. (2014), § 2 WpHG, Rn. 29.

1173 *Kumpan*, in: Baumbach/Hopt, HGB, 36. Aufl. (2014), § 2 WpHG, Rn. 29.

1174 Siehe: https://www.esma.europa.eu/databases-library/registers-and-data. Dort unter der Rubrik *„Financial Instruments (MiFID, MiFID implementing Regulation, OMNIBUS Directive)"* dem Link *„MiFID II/MiFIR TV/SI/DRSP"* folgen (zuletzt abgerufen am 30. August 2020).

1175 Vgl. *Assmann*, in ders./Schneider/Mülbert, WpHG, 7. Aufl. (2019), § 2, Rn. 215 m. w. N.

Somit lässt sich der Begriff des organisierten Marktes mit Leben füllen und ist zudem im Gesetz definiert. Diese Legaldefinition ist weitgehend verständlich und mithin ausreichend konkretisiert. Das Tatbestandsmerkmal „organisierter Markt" ist folglich keinen Bedenken hinsichtlich seiner verfassungsrechtlichen Bestimmtheit ausgesetzt.

e) Adressatenkreis

Der von der Meldepflicht des § 38 WpHG erfasste Adressatenkreis umfasst die unmittelbaren und mittelbaren Inhaber stimmrechtsvermittelnder Instrumente. Als Inhaber kann jeder Anleger oder Investor in Erscheinung treten, eine spezifische Einschränkung des persönlichen Anwendungsbereichs ist nicht gegeben.

f) Fälligkeit

§ 38 Abs. 1 S. 1 Nr. 1 lit a) WpHG besagt, dass eine Meldepflicht für die Inhaber von Instrumente besteht, die dem Inhaber „bei Fälligkeit" ein unbedingtes Recht auf den Erwerb von Aktien verleihen. Fraglich ist, wie das Merkmal „bei Fälligkeit" zu verstehen ist, denn aufgrund seiner prominenten Stellung am Satzanfang der Norm und seiner grundsätzlichen Bedeutung könnte es zu Irritationen führen. Darauf haben der Handelsrechtsausschuss des Deutschen Anwaltvereins (DAV) sowie *Burgard/Heimann* in ihren Beiträgen zur Transparenzrichtlinie 2013 hingewiesen.[1176] Der DAV sieht die Möglichkeit einer Interpretation, wonach die Mitteilungspflicht von einer Aktienlieferungspflicht bei Endfälligkeit des Instruments abhänge.[1177] Dies könne zu Missverständnissen führen, da beispielsweise Instrumente mit einem Umtausch- oder Aktienbezugsrecht während der gesamten Laufzeit nicht meldepflichtig wären.[1178] *Epe* hat zudem darauf hingewiesen, dass auch Instrumente mit unbegrenzter Laufzeit nicht erfasst wären.[1179] Dieser Einschätzung schließen sich *Burgard/Heimann* an: Das Merkmal „bei Fälligkeit" beziehe sich nicht auf das Instrument, sondern auf das Erwerbsrecht. Die Mitteilungspflicht entstehe dabei unabhängig von dem Zeitpunkt, ab dem der Inhaber des Instruments sein Erwerbsrecht ausüben bzw. von seiner Erwerbsmöglichkeit Gebrauch machen könne.[1180]

1176 Stellungnahme des DAV, NZG 2012, S. 770 ff.; *Burgard/Heimann*, FS Dauses, S. 47 ff. Da der Text der deutschen Fassung der Transparenzrichtlinie 2013 nahezu wortidentisch übernommen wurde, gilt diese Kritik auch für die Neufassung des § 25 Abs. 1 WpHG in der Form des TÄUG.

1177 Vgl. Stellungnahme des DAV, NZG 2012, S. 770 ff. (Rn.12). Die Gesetzesmaterialien schweigen hinsichtlich dieser Fragestellung, vgl. RegE TÄUG, BT-Drs. 18/5010, S. 46 f.

1178 Vgl. Stellungnahme des DAV, NZG 2012, S. 770 ff. (Rn.12).

1179 *Epe*, Die neue Beteiligungstransparenz (2018), S. 205.

1180 *Burgard/Heimann*, FS Dauses, S. 47 (61).

Dieser Auslegung ist zuzustimmen, da eine andere Sichtweise dem Sinn und Zweck der Regelung zuwiderlaufen würde. Wären Instrumente nicht mitteilungspflichtig, bei denen ein Erwerbsrecht erst mit Endfälligkeit begründet wird, würde dies weit hinter die vom Gesetzgeber intendierte Zielsetzung zurückfallen. Dies kann nicht gemeint sein. Das Merkmal der Fälligkeit bezieht sich damit auf die zukünftige rechtliche Wirkung des Instruments – nämlich die Begründung eines Erwerbsrechts – und nicht auf den Zeitpunkt der Entstehung des Erwerbsrechts. Die Formulierung ist daher als sprachlich missglückt zu bezeichnen. Die Worte „bei Fälligkeit" könnten daher gestrichen und am Ende des § 38 Abs. 1 S. 1 Nr. 1 WpHG die Worte „[...] auch wenn das Erwerbsrecht noch nicht ausgeübt werden kann, [...]" eingefügt werden.[1181] Für den Rechtsanwender ist die Formulierung wenig hilfreich und mit Blick auf die notwendige hinreichende Bestimmtheit von bußgeldbewehrten Meldepflichten durchaus zu kritisieren. Es handelt sich zwar um eine sprachlich ungenaue Regelung. Dennoch verletzt diese nicht die von Art. 103 Abs. 2 GG geforderten Bestimmtheitsanforderungen, da sie hinreichend konkretisierbar ist.

g) Unterteilung: „unbedingtes Recht zum Erwerb" und „Ermessen"

§ 38 Abs. 1 S. 1 Nr. 1 lit. a) und lit. b) WpHG unterscheiden zwischen Instrumenten, die ihrem Inhaber ein „unbedingtes Recht zum Erwerb" von Aktien, und solchen, die ihm „ein Ermessen in Bezug auf sein Recht auf Erwerb" dieser Aktien verleihen. Sowohl *Burgard/Heimann* als auch der DAV vermögen den Unterschied zwischen diesen beiden Merkmale nicht zu erkennen.[1182] Komme es lediglich auf ein Ermessen des Inhabers des Instruments an und nicht auf ein Ermessen eines Dritten oder der Gegenseite, so handele es sich auch bei der Ermessensvariante um ein unbedingtes Erwerbsrecht;[1183] denn im ersten Fall bestehe das Erwerbsrecht bereits aufgrund der Ausgestaltung des Finanzinstruments, während es im zweiten Fall durch eine Ermessensentscheidung entstehe.[1184]

Ein inhaltlicher Unterschied ist den beiden Varianten tatsächlich nicht zu entnehmen. Auch die Gesetzesmaterialien helfen bei der Abgrenzung nicht weiter, da sie insoweit keine Ausführungen enthalten.[1185] *Brellochs/Heimann* ist daher zuzustimmen, dass der Unterscheidung lediglich klarstellender Charakter zukommt.[1186] Im Übrigen begegnen die Begriffe des unbedingten Erwerbsrechts sowie eines diesbezüglichen Ermessens keinen verfassungsrechtlichen

1181 So auch Stellungnahme des DAV, NZG 2012, S. 770 ff. (Rn.12).
1182 *Burgard/Heimann*, FS Dauses, S. 47 ff.; Stellungnahme des DAV, NZG 2012, S. 770 ff. (Rn. 11).
1183 Stellungnahme des DAV, NZG 2012, S. 770 ff. (Rn. 11).
1184 *Burgard/Heimann*, FS Dauses, S. 47 (61).
1185 Vgl. RegE TÄUG, BT-Drs. 18/5010, S. 46 f.
1186 *Burgard/Heimann*, FS Dauses, S. 47 (61).

Bedenken, da sie eine hinreichende Konkretisierung erfahren haben. Eine beliebig weite Interpretation ist damit ausgeschlossen.

h) Résumé

Die Analyse des § 38 Abs. 1 S. 1 Nr. 1 WpHG hat gezeigt, dass der Vorschrift ein klarer gesetzgeberischer Schutzzweck zu entnehmen ist und die Formulierung des Tatbestands keinen (grundsätzlichen) verfassungsrechtlichen Bedenken begegnet. Insbesondere der unbestimmte Rechtsbegriff des Instruments erhält durch die gesetzliche Regelung eine zwar offene, aber ausreichend bestimmte Konturierung, sodass der Normadressat genügend Anhaltspunkte zur Hand hat, um eine etwaige Meldepflichtig, auch mithilfe qualifizierter Beratung, feststellen zu können. Hinsichtlich des besonderen Bestimmtheitsgebots aus Art. 103 Abs. 2 GG sind die Wahl des Begriffs Instrument wie auch die weiteren Tatbestandsmerkmale des § 38 Abs. 1 S. 1 Nr. 1 WpHG als bestimmt i. S. d. Art. 103 Abs. 2 GG anzusehen.

V. Bestimmtheit des § 120 Abs. 2 Nr. 2 lit. e) i. V. m. § 38 Abs. 1 S. 1 Nr. 2 WpHG

1. Abgrenzung zu § 38 Abs. 1 S. 1 Nr. 1 WpHG

§ 38 Abs. 1 S. 1 Nr. 1 WpHG nimmt Instrumente in Bezug, die ihrem Inhaber ein Erwerbsrecht verleihen. § 38 Abs. 1 S. 1 Nr. 2 WpHG hingegen erfasst lediglich Instrumente, die sich auf Aktien eines vom Anwendungsbereich erfassten Emittenten beziehen, ohne dass diese Aktien zum Gegenstand eines unmittelbaren Erwerbs- oder Veräußerungsvorgangs zwischen den Parteien gemacht würden. Das heißt, § 38 Abs. 1 S. 1 Nr. 1 WpHG erfasst Instrumente, die ihrem Inhaber ein Erwerbsrecht oder ein diesbezügliches Ermessen verleihen, während § 38 Abs. 1 S. 1 Nr. 2 WpHG Instrumente erfasst, die zwar kein Erwerbsrecht bezüglich dieser Aktien verleihen, aber eine „vergleichbare wirtschaftliche Wirkung" aufweisen. Ein Instrument, welches eine Meldepflicht nach § 38 Abs. 1 S. 1 Nr. 1 WpHG auslöst, kann daher keine Meldepflicht nach § 38 Abs. 1 S. 1 Nr. 2 WpHG auslösen und umgekehrt.

2. Bestimmtheit des Tatbestands des § 38 Abs. 1 S. 1 Nr. 2 WpHG

§ 38 Abs. 1 S. 1 Nr. 2 WpHG erklärt Instrumente für meldepflichtig, die nicht bereits von Nr. 1 erfasst sind, sich aber auf Aktien beziehen und eine vergleichbare wirtschaftliche Wirkung wie die unter Nr. 1 fallenden Instrumente aufweisen, unabhängig davon, ob sie einen Anspruch auf physische Abwicklung einräumen oder nicht.

Inhaltsgleich mit § 38 Abs. 1 S. 1 Nr. 1 WpHG sind die Tatbestandsmerkmale „Emittent" sowie „Instrument", wobei die Instrumente i. S. d. § 38 Abs. 1 S. 1 Nr. 2 WpHG lediglich eine „vergleichbare wirtschaftliche Wirkung" wie die von § 38 Abs. 1 S. 1 Nr. 1 WpHG erfassten Instrumente aufweisen müssen. Dies sind, wie bereits angesprochen, gemäß Buchstabe a) Instrumente die ein unbedingtes Recht auf Erwerb, bzw. nach Buchstabe b) Instrumente, die ein Ermessen in Bezug auf ein Recht auf Erwerb verleihen. Einen Anhaltspunkt, welche Vereinbarungen unter den Begriff des Instruments i. S. d. § 38 Abs. 1 S. 1 Nr. 2 WpHG fallen, bietet wiederum § 38 Abs. 2 WpHG, der übertragbare Wertpapiere, Optionen, Terminkontrakte, Swaps, Zinsausgleichsvereinbarungen und Differenzgeschäfte als grundsätzlich in Betracht kommende Instrumente nennt. Die Aufzählung ist dabei nicht abschließend.

Es soll sich nach dem Willen des Gesetzgebers bei § 38 Abs. 1 S. 1 Nr. 2 WpHG um eine offene und dynamische Regelung zur Umsetzung der Vorgaben der Transparenzrichtlinie handeln, und mit ihr soll sichergestellt werden, dass die nach Art. 13 Abs. 1b S. 2 der Transparenzrichtlinie 2013 zu erstellende und regelmäßig zu aktualisierende Liste der ESMA über meldepflichtige Instrumente Eingang in das nationale Melderegime finden kann.[1187] Da es sich bei der Liste der ESMA um einen nicht bindenden Vorschlag handelt,[1188] entscheidet letztlich die BaFin darüber, welche Instrumente sie als meldepflichtig einstuft. Aufgrund der gerichtlichen Überprüfbarkeit der Entscheidungen der BaFin können die Vorgaben der BaFin aber nur als Indiz angesehen werden.[1189] Welche Instrumente tatsächlich der Meldepflicht des § 38 Abs. 1 S. 1 Nr. 2 WpHG unterfallen, obliegt daher der Entscheidungsgewalt der Gerichte.

a) Schutzzweck des § 120 Abs. 2 i. V. m. § 38 Abs. 1 S. 1 Nr. 2 WpHG

Da § 120 Abs. 2 Nr. 2 lit. e) auf § 38 Abs. 1 S. 1 Nr. 2 WpHG verweist, ist dessen Schutzziel maßgeblich. § 38 Abs. 1 S. 1 Nr. 2 WpHG bezweckt den Schutz des Kapitalmarkts sowie der Kapitalmarktteilnehmer vor einem intransparenten Beteiligungsaufbau mithilfe stimmrechtsvermittelnder Instrumente, d. h., insbesondere der Verhinderung des Anschleichens.[1190] Geschütztes Rechtsgut ist daher

1187 Vgl. Begr. RegE TÄUG, BT-Drs. 18/5010, S. 46 f.

1188 Siehe dazu näher Seite 295, dort Gliederungspunkt b).

1189 Siehe zur rechtlichen Wirkung von Entscheidungen und Maßnahmen der BaFin sowie der ESMA ab Seite 292, dort Gliederungspunkt 1.

1190 Vgl. Erwägungsgrund 9 der Transparenzrichtlinie 2013 (Fn. 114); Begr. RegE TÄUG, BT-Drs. 18/5010, S. 46 f. auch i. V. m. Begr. RegE AnsFuG, BT-Drs. 17/3628, S. 2, 17, 19 f.

das Vertrauen der Kapitalmarktteilnehmer in die Funktionsfähigkeit und Integrität des Kapitalmarkts.[1191]

b) Das Kriterium der „vergleichbaren wirtschaftlichen Wirkung"

§ 38 Abs. 1 S. 1 Nr. 2 WpHG normiert eine Meldepflicht für Instrumente, die sich auf Aktien im Sinne der Nummer 1 beziehen und eine vergleichbare wirtschaftliche Wirkung haben wie die in § 38 Abs. 1 S. 1 Nr. 1 WpHG genannten Instrumente, unabhängig davon, ob sie einen Anspruch auf physische Lieferung einräumen oder nicht. Kernaspekt der Meldepflicht für Instrumente nach § 38 Abs. 1 S. 1 Nr. 2 WpHG ist die den Instrumenten nach Nr. 1 der Vorschrift „vergleichbare wirtschaftliche Wirkung". Daher wird sich die nachfolgende Untersuchung der Bestimmtheit des § 38 Abs. 1 S. 1 Nr. 2 WpHG auf dieses Kriterium konzentrieren.

Das Merkmal der vergleichbaren wirtschaftlichen Wirkung ersetzt aus Sicht des Gesetzgebers den früheren Begriff des Ermöglichens, denn nach der Vorgängerreglung des § 25a Abs. 2 S. 1 WpHG war die Ermöglichung eines Aktienerwerbs mithilfe von Finanzinstrumenten meldepflichtig.[1192] Diese Neuformulierung soll keine wesentlichen inhaltlichen Änderungen mit sich bringen.[1193] Auch wenn der Gesetzgeber in der Begründung des Entwurfs zum TÄUG diese Auffassung vertritt, ist sie nach der Rechtsprechung des BVerfG für die Gerichte nicht bindend.[1194] Es ist daher zu fragen, inwieweit das Tatbestandsmerkmal der vergleichbaren wirtschaftlichen Wirkung den Bestimmtheitsanforderungen des Art. 103 Abs. 2 GG genügt.

Der Begriff der vergleichbaren wirtschaftlichen Wirkung ist weder im WpHG noch in einem anderen Gesetz definiert. Er bedarf aufgrund der dadurch fehlenden Konturierung der Auslegung.[1195]

aa) Konkretisierungsbedarf

Stephan weist zunächst darauf hin, dass § 38 Abs. 1 S. 1 Nr. 2 WpHG die deskriptive Regelungstechnik des § 25a Abs. 1 WpHG a. F. abgelöst und durch die allgemeine Begrifflichkeit der vergleichbaren wirtschaftlichen Wirkung ersetzt habe.[1196] Die Beachtung des strafrechtlichen Bestimmtheitsgebots sei dabei, auch

---

1191 Vgl. Erwägungsgrund 9 der Transparenzrichtlinie 2013 (Fn. 114); Begr. RegE TÄUG, BT-Drs. 18/5010, S. 46 f. auch i. V. m. Begr. RegE AnsFuG, BT-Drs. 17/3628, S. 2, 17, 19 f.

1192 Vgl. RegE AnsFuG, BT-Drs. 17/3628, S. 20.

1193 Vgl. Begr. RegE TÄUG, BT-Drs. 18/5010, S. 46.

1194 Vgl. BVerfGE 126, S. 369 (392); 135, S. 1 (14 f.) sowie Beschluss des BVerfG vom 12. November 2015, 1 BvR 2961/14 und 1 BvR 3051/14, Rn. 48 = NVwZ 2016, S. 300.

1195 Vgl. nur *Schilha*, DB 2015, 1821 (1822); *Rück/Heusel*, NZG 2016, S. 897 (900); *Brellochs*, AG 2016, S. 157 (165).

1196 *Stephan*, Der Konzern 2016, S. 53 (58).

in Verbindung mit den in § 38 Abs. 2 WpHG aufgelisteten Instrumenten, zweifelhaft.[1197] Auch die indikative Liste der ESMA sei für die nähere Konkretisierung außer Betracht zu lassen.[1198] Eine nähere Begründung, unter welchen Aspekten die neue Regelung Art. 103 Abs. 2 GG zuwiderlaufen könnte, bleibt *Stephan* hingegen schuldig. Er verweist hierfür vielmehr auf *Schilha*,[1199] der den Begriff der vergleichbaren wirtschaftlichen Wirkung mit Blick auf Art. 103 Abs. 2 GG als ungenügend ansieht.[1200] *Schilha* kritisiert vor allem, dass Kriterien fehlten, die eine vergleichbare wirtschaftliche Wirkung nahelegten; dies sei insbesondere mit Blick auf die schärferen strafrechtlichen Sanktionen nicht hinzunehmen.[1201]

Auch *Bosse*, auf den *Schilha* Bezug nimmt,[1202] sieht die Begrifflichkeit der vergleichbaren wirtschaftlichen Wirkung mit Blick auf die Sanktionen bei Zuwiderhandlungen gegen die Meldepflichten kritisch[1203] und verweist, ebenso wie *Schilha*,[1204] auf die Stellungnahme des DAV zum Kommissionsentwurf der Transparenzrichtlinie-Änderungsrichtlinie 2013.[1205]

Der Handelsrechtsausschuss des DAV lobt zwar die präzisere Wortwahl des Auffangtatbestands des § 38 Abs. 1 S. 1 Nr. 2 WpHG im Vergleich zur Vorgängerregelung des § 25a Abs. 2 S. 1 WpHG a. F; jedoch könne ein so weit gefasster Tatbestand ohne weitergehende Konkretisierung kaum dem Bestimmtheitsgebot genügen.[1206] Eine Konkretisierung im Wege der beispielhaften Aufzählung von Instrumenten, die als meldepflichtige Finanzinstrumente anzusehen seien, reiche in der vorgesehenen Form für eine hinreichende Konkretisierung jedenfalls nicht aus; vielmehr müsse eine Konkretisierung mittels abstrakt-generell formulierter Regelbeispiele erfolgen.[1207] Andererseits sieht es der DAV als Gewinn an Rechtssicherheit an, wenn die Kommission einen diese Regelbeispiele konkretisierenden verbindlichen Rechtsakt erlassen würde, der eine Aufzählung derjenigen Finanzinstrumente enthalte, welche unter die Regelbeispiele fallen.[1208]

In diesem Zusammenhang sei darauf hingewiesen, dass die Möglichkeit des Erlasses eines verbindlichen Rechtsaktes seitens der Europäischen Kommission im ursprünglichen Richtlinienentwurf enthalten war.[1209] Jedoch wurde diese

1197 *Stephan*, Der Konzern 2016, S. 53 (58).
1198 *Stephan*, Der Konzern 2016, S. 53 (58).
1199 *Stephan*, Der Konzern 2016, S. 53 (58, dort Fn. 68).
1200 *Schilha*, DB 2015, S. 1821 (1822).
1201 *Schilha*, DB 2015, S. 1821 (1822).
1202 *Schilha*, DB 2015, S. 1821 (1822, dort Fn. 13).
1203 *Bosse*, BB 2015, S. 746 ff.
1204 *Schilha*, DB 2015, S. 1821 (1822, dort Fn. 13).
1205 Stellungnahme des DAV, NZG 2012, S. 770 (Rn. 15).
1206 Stellungnahme des DAV, NZG 2012, S. 770 (Rn. 15).
1207 Stellungnahme des DAV, NZG 2012, S. 770 (Rn. 16).
1208 Stellungnahme des DAV, NZG 2012, S. 770 (Rn. 15).
1209 Vgl. Vorschlag zur Änderung der Richtlinie 2004/109/EG zur Harmonisierung der Transparenzanforderungen in Bezug auf Informationen über Emittenten, deren

Möglichkeit im Laufe des weiteren Verfahrens wieder gestrichen. Seine diesbezügliche Kritik wiederholte der DAV in seiner Stellungnahme aus dem Jahre 2015 zum Regierungsentwurf des TÄUG zwar nicht,[1210] jedoch ist davon auszugehen, dass die zuvor geäußerte Ansicht weiterhin Geltung beanspruchen sollte, da die Stellungnahme aus dem Jahre 2015 lediglich solche Punkte des Regierungsentwurfs ansprach, die über die Vorgaben der Transparenzrichtlinie-Änderungsrichtlinie 2013 hinausgingen.[1211] Da der deutsche Gesetzgeber die Regelungen der Transparenzrichtlinie-Änderungsrichtlinie 2013 nahezu wortgleich umsetzen und über sie nicht hinausgehen wollte, wurde von einer neuerlichen Äußerung der vorherigen Kritikpunkte wohl abgesehen.

Weitere Bedenken äußert *Weidemann*: Er sieht den Begriff der vergleichbaren wirtschaftlichen Wirkung ebenfalls als problematisch an und bezweifelt dessen Bestimmtheit.[1212] Vor allem kritisiert er aber die Tendenz des Gesetzgebers, die Meldepflichten offener und dynamischer zu gestalten, aber gleichzeitig immer schärfere Sanktionen vorzusehen.[1213] Konsequent plädiert *Weidemann* für eine rasche rechtssichere Konkretisierung der Meldetatbestände seitens der Praxis und der Wissenschaft.[1214] Dem schließen sich im Kern *Rück/Heusel* an, die eine rechtssichere Konkretisierung des Anwendungsbereichs dieser Bestimmung als unabdingbar ansehen.[1215]

Parmentier sieht in dem Tatbestandsmerkmal der vergleichbaren wirtschaftlichen Wirkung das Einfallstor für eine an der Effizienz der Kapitalmärkte orientierte weite Auslegung.[1216] Auch wenn diese Aussage für die Transparenzrichtlinie-Änderungsrichtlinie 2013 galt, kann sie im Kontext des § 38 Abs. 1 S. 1 Nr. 2 WpHG – der Art. 13 Abs. 1 lit. b) der Richtlinie umsetzt – ebenso herangezogen werden.

Vogel stellt fest, dass weder der Gesetzeswortlaut noch die Gesetzesbegründung das neu eingefügte Merkmal der vergleichbaren wirtschaftlichen Wirkung konkretisierten; vielmehr werde in der Gesetzesbegründung bewusst auf das Ziel einer offenen und dynamischen Regelung hingewiesen und die nähere Konkretisierung bleibe der Rechtspraxis überlassen.[1217] Auch wenn das Gesetz bereits eine nicht abschließende Auflistung von Instrumenten enthalte, die eine

---

Wertpapiere zum Handel auf einem geregelten Markt zugelassen sind, sowie der Richtlinie 2007/14/EG der Kommission vom 25. Oktober 2011, KOM(2011) 683, dort zu Art. 13 Abs. 2 lit b) (S. 21).

1210 Vgl. Stellungnahme des DAV, NZG 2015, S. 1069 ff.

1211 Vgl. Stellungnahme des DAV, NZG 2015, S. 1069 (Rn. 1).

1212 *Weidemann*, NZG 2016, S. 605 ff.

1213 *Weidemann*, NZG 2016, S. 605 (607).

1214 *Weidemann*, NZG 2016, S. 605 (607).

1215 *Rück/Heusel*, NZG 2016, S. 897 (900).

1216 *Parmentier*, AG 2014, S. 15 (20).

1217 *Vogel, T.*, Beteiligungstransparenz (2018), S. 215.

vergleichbare wirtschaftliche Wirkung aufweisen könnten, bleibe das Bedürfnis bestehen, den Anwendungsbereich dogmatisch genauer zu erfassen.[1218]

Die dargestellten kritischen Stimmen machen den Diskussionsbedarf deutlich, den die Verwendung des Auffangmerkmals der vergleichbaren wirtschaftlichen Wirkung im Rahmen des § 38 Abs. 1 S. 1 Nr. 2 WpHG mit sich bringt.

Auf eine Konkretisierung des Begriffs vergleichbare wirtschaftliche Wirkung durch langjährige Rechtsprechung, die zur Bejahung der hinreichenden Auslegungsfähigkeit des § 38 Abs. 1 S. 1 Nr. 2 WpHG führen würde,[1219] kann zumindest nicht zurückgegriffen werden, da es sich mit Blick auf das Transparenzregime um ein neues Tatbestandsmerkmal handelt. Vielmehr setzte der Gesetzgeber bei der Umsetzung der Vorgaben der Transparenzrichtlinie-Änderungsrichtlinie 2013 auf eine zukünftige nähere Bestimmung der inhaltlichen Anforderungen der neu gestalteten Meldepflicht durch die Rechtspraxis, und dies gilt namentlich für das Tatbestandsmerkmal der vergleichbaren wirtschaftlichen Wirkung.[1220] Dies ist aus zweierlei Gründen bedenklich. Zum einen handelt es sich um einen europarechtlich geprägten Begriff, der im Rahmen der deutschen Rechtsanwendung bisher keine Verwendung fand. Zum anderen gelten aufgrund des Art. 103 Abs. 2 GG besondere Anforderungen hinsichtlich der inhaltlichen Bestimmtheit bußgeldbewehrter Ver- und Gebote.

Ob der Begriff der vergleichbaren wirtschaftlichen Wirkung mit dem Bestimmtheitsgrundsatz des Art. 103 Abs. 2 GG vereinbar ist, soll anhand der herausgearbeiteten Prüfungskriterien[1221] untersucht werden.

Sofern § 38 Abs. 1 S. 1 Nr. 2 WpHG auf einen Tatbestandskern zurückgeführt werden kann und wertausfüllungsbedürftige Merkmale verwendet, die eine beliebig weite Interpretation ausschließen, wäre er mit dem Bestimmtheitsgebot des Art. 103 Abs. 2 GG vereinbar.

Wie erwähnt, schweigt das Gesetz zu den konkreten Anforderungen, welche an das Merkmal der vergleichbaren wirtschaftlichen Wirkung zu stellen sind. § 38 Abs. 1 S. 1 Nr. 2 WpHG verweist lediglich auf die in Abs. 1 S. 1 Nr. 1 genannten Instrumente, anhand derer eine etwaige vergleichbare wirtschaftliche Wirkung zu messen ist. § 38 Abs. 2 WpHG benennt beispielhaft Instrumente, die unter § 38 Abs. 1 WpHG fallen können.

Auch wenn die Aufzählung in § 38 Abs. 2 WpHG nicht besonders umfangreich erscheint und zudem die Voraussetzungen des § 38 Abs. 1 WpHG erfüllt sein müssen, so bedeutet sie dennoch eine gewisse Erleichterung für die Adressaten der Meldepflicht des § 38 Abs. 1 WpHG, denn die genannten Regelbeispiele

---

1218 *Vogel, T.*, Beteiligungstransparenz (2018), S. 216.

1219 Siehe zu diesem Aspekt die Nachweise bei Fn. 907.

1220 Begr. RegE TÄUG, BT-Drs. 18/5010, S. 46: *„Die Reichweite der neuen Regelung im Detail zu bestimmen, wird dabei der Praxis obliegen und muss sich an den entsprechenden Festlegungen auf EU-Ebene orientieren."*

1221 Siehe zu diesen Kriterien bereits Seite 215, dort Gliederungspunkt 6.

geben zumindest einen Anhaltspunkt, welche Instrumente einer Meldepflicht unterliegen.

Hingegen kann diese Aufzählung nicht über die spärliche Präzisierung des Meldetatbestands hinwegtäuschen. Die Frage, welches Instrument eine vergleichbare wirtschaftliche Wirkung wie ein Instrument mit einem physischen Lieferanspruch auf Aktien bzw. ein diesbezügliches Ermessen aufweist, bleibt offen. Das Gesetz beantwortet diese Frage nicht unmittelbar. Denn eine Definition der vergleichbaren wirtschaftlichen Wirkung oder eine beispielhafte Nennung von Instrumenten, die diese Voraussetzung konkret erfüllen, sieht es nicht vor.

Es ist daher dem Teil des Schrifttums beizupflichten, der eine weitere Konkretisierung des Merkmals der vergleichbaren wirtschaftlichen Wirkung für unabdingbar hält.[1222]

Nicht zuzustimmen ist insoweit der Auffassung, wie sie *Buchheim/Schmidt/Ulbrich* vertreten: Diese begrüßen die fehlende Konkretisierungswirkung des § 38 Abs. 2 WpHG zur Bestimmung der unter § 38 Abs. 1 WpHG fallenden meldepflichtigen Instrumente, da nur so sichergestellt werden könne, dass der Anwendungsbereich möglichst weit gefasst bleibe, so wie es auch das Ziel der Transparenzrichtlinie sei.[1223] Die Vorgaben des Art. 103 Abs. 2 GG werden bei einer solchen Argumentation zumindest falsch gewichtet. Es kann nicht das Ziel sein, möglichst weit und offen gefasste Tatbestände zu formulieren, sondern diese sollten möglichst konkret und inhaltlich bestimmt sein.

bb) Konkretisierung durch bisherige Rechtspraxis

Da der Gesetzgeber des TÄUG in der Begründung des Regierungsentwurfs auf die alte Rechtslage abstellt und diese als nahezu inhaltsgleich fortwirkend ansieht,[1224] ist zu fragen, ob und inwieweit die frühere Rechtslage und deren Begrifflichkeiten für die Konkretisierung der heutigen Rechtslage nutzbar gemacht werden kann.

(1) Das Merkmal des Ermöglichens des § 25a WpHG in der Fassung des AnsFuG

Anknüpfungspunkt der Meldepflicht des § 25a WpHG in der Fassung des AnsFuG war das Ermöglichen eines Stimmrechtserwerbs durch ein Finanzinstrument oder sonstiges Instrument. Ein solches Instrument ermöglichte einen Stimmrechtserwerb nach den Regelbeispielen des § 25a Abs. 1 S. 2 WpHG a. F. insbesondere dann, wenn die Gegenseite ihre Risiken aus dem (Finanz-)Instrument durch das Halten der betreffenden Aktien ausschließen oder vermindern könnte (Nr. 1) oder das (Finanz-)Instrument ein Recht zum Erwerb der betreffenden

1222 Vergleiche hierzu die genannten Ansichten auf Seite 242, dort Gliederungspunkt aa).
1223 *Buchheim/Schmidt/Ulbrich*, WPg 2016, S. 102 (106).
1224 Vgl. Begr. RegE TÄUG, BT-Drs. 18/5010, S. 46.

Aktie eingeräumt oder eine Erwerbspflicht in Bezug auf die betreffende Aktie begründet hat (Nr. 2).

Unter Nummer 1 sollten hier ersichtlich die bereits dargestellten *Cash Settled Equity Swaps* fallen, da die Bank als Gegenseite regelmäßig die betreffenden Aktien des dem Swap zugrundeliegenden Basiswerts halten wird, um Kursrisiken zu minimieren.[1225]

Nummer 2 erfasste in der ersten Variante des Erwerbsrechts vor allem Optionen und in der zweiten Variante der Erwerbspflicht vor allem Swaps sowie Futures und Forwards.[1226]

Eine Definition des Begriffs „Ermöglichen" sah die Regelung aber nicht vor. Hinsichtlich der konkreten Voraussetzungen des Tatbestandsmerkmals kann der Gesetzesbegründung zum AnsFuG jedoch entnommen werden, dass das (Finanz-)Instrument einen Bezug zu der betreffenden Aktie aufweisen musste. Ein solcher Bezug folgte danach insbesondere aus der Abhängigkeit des (Finanz-)Instruments hinsichtlich seines Bestehens oder seiner Renditechancen von der Kursentwicklung der betreffenden Aktie.[1227] Insbesondere Derivatepositionen mit Barausgleich, denen die Möglichkeit des Stimmrechtserwerbs aufgrund ihrer „wirtschaftlichen Logik" innewohnt, sollten von dieser Regelung umfasst sein.[1228]

(a) *Ansichten im Schrifttum*

In der Literatur zu § 25a WpHG a. F. fanden sich mit Blick auf eine Konkretisierung des Merkmals des Ermöglichens weitestgehend Wiederholungen der Gesetzesbegründung, ohne dass der Versuch einer abstrakten Definition des Merkmals unternommen wurde.[1229] Entscheidend sollte sein, ob der Erwerb aus der wirtschaftlichen Logik des Instruments folgte.[1230] Eine nur beliebige Chance zum Stimmrechtserwerb sollte nach Ansicht von Teilen des Schrifttums jedoch nicht genügen.[1231] Ein entscheidendes Kriterium für das Vorliegen

---

1225 Vgl. nur *U. H. Schneider*, in: Assmann/ders., WpHG, 6. Aufl. (2012), § 25a, Rn. 44 sowie die Ausführungen zur Funktionsweise von *Cash Settled Equity Swaps* ab Seite 86, dort Gliederungspunkt 2.

1226 Vgl. *Storck*, in: Zerey, Finanzderivate, 4. Aufl. (2016), S. 353.

1227 RegE AnsFuG, BT-Drs. 17/3628, S. 20.

1228 RegE AnsFuG, BT-Drs. 17/3628, S. 20; *U. H. Schneider*, in: Assmann/ders., WpHG, 6. Aufl. (2012), § 25a, Rn. 27 spricht von „wirtschaftlicher Vernunft".

1229 So *Epe*, Die neue Beteiligungstransparenz (2018), S. 131.

1230 So *Epe*, Die neue Beteiligungstransparenz (2018), S. 131 mit Bezug auf *Heusel*, WM 2012, S. 291 (293); *Krause*, AG 2011, S. 469 (477); *Voß*, BB 2010, S. 3099 (3102).

1231 Vgl. *Epe*, Die neue Beteiligungstransparenz (2018), S. 131; *Hitzer/Hauser*, AG 2015, S. 891 (892) mit Verweis auf Urteil des VG Frankfurt a. M. vom 4. November 2015 – Az. 7 K 4703/15.F, 7 K 4704/15.F, 7 K 4705/15.F, WM 2016, S. 267 ff.; *U. H. Schneider*, in: Assmann/ders., WpHG, 6. Aufl. (2012), § 25a, Rn. 26. Dagegen vertrat die BaFin zum Teil eine sehr weite Auslegung des Merkmals des Ermöglichens, vgl. BaFin,

des Ermöglichens eines Aktienerwerbs war das Bestehen einer Zugriffs- und Einflussmöglichkeit auf Aktien und die damit verbundenen Stimmrechte.[1232] Zudem musste die Erwerbsmöglichkeit im Instrument selbst angelegt sein und sich unmittelbar aus ihm ergeben.[1233] Ob ein Aktienerwerb tatsächlich stattfindet oder überhaupt intendiert war, war für die Meldepflicht nicht relevant.[1234] Es wurde als ausreichend angesehen, wenn das Instrument derart ausgestaltet war, dass die Gegenpartei ein eigenes wirtschaftliches Interesse daran hatte, die dem Instrument zugrundeliegenden Aktien dem Inhaber des Instruments zum Kauf anzubieten.[1235] Dies war beispielsweise der Fall, wenn die Risiken des Geschäfts durch das Halten der Aktien ausgeschlossen oder vermindert werden konnten (§ 25 Abs. 1 S. 2 Nr. 2 WpHG a. F.).[1236] Durch das Begriffsmerkmal „Ermöglichen des Anteilserwerbs“ wurden also insbesondere *Cash Settled Equity Swaps* erfasst, denen ein Aktienkurs als Basiswert zugrunde lag. Dies folgt aus dem oben angesprochenen Mechanismus des *Natural Hedging*[1237] der Bezugsaktien durch den Ersteller des Swaps und die auch ohne bestehenden Lieferanspruch wirtschaftlich sinnvolle Andienung dieser gesicherten Aktien an den Swapvertragspartner am Ende der Laufzeit. Im Schrifttum wurde bezüglich des Merkmals des Ermöglichens des Aktienerwerbs also weitgehend einhellig eine eher restriktive Auslegung bevorzugt.

(b) *Rechtsprechung zu § 25a WpHG in der Fassung des AnsFuG*

Aber auch die Rechtsprechung legte eine restriktive Rechtsanwendung zugrunde. Das VG Frankfurt a. M. sah mit dem Merkmal des Ermöglichens eines Aktienerwerbs nicht jede Vereinbarung als nach § 25a Abs. 1 WpHG a. F. meldepflichtig an, mit deren Hilfe ein Erwerb von Aktien möglich war.[1238] Diese Einschränkung ergab sich nach Ansicht des VG Frankfurt a. M. sowohl aus dem Merkmal „auf Grund ihrer Ausgestaltung“ (§ 25 Abs. 1 S. 1 WpHG a. F.), als auch aus den in § 25 Abs. 1 S. 3 Nr. 1 und Nr. 2 WpHG a. F. aufgeführten Regelbeispielen zur Konkretisierung des Merkmals des Ermöglichens.[1239] Das VG Frankfurt a. M. verwies

Emittentenleitfaden 2013, Ziffer VIII.2.9.1.1, S. 142 dort zu Tag-along und Drag-along-Klauseln.

1232 Vgl. *Epe*, Die neue Beteiligungstransparenz (2018), S. 167 ff.

1233 *Epe*, Die neue Beteiligungstransparenz (2018), S. 179; *Hitzer/Hauser*, AG 2015, S. 891 (892).

1234 *U. H. Schneider*, in: Assmann/ders., WpHG, 6. Aufl. (2012), § 25a, Rn. 27 f., 30; *Seibt*, CFLaw 2010, S. 502 (504 f.).

1235 *Hitzer/Hauser*, AG 2015, S. 891 (893).

1236 *Hitzer/Hauser*, AG 2015, S. 891 (893).

1237 Siehe Fn. 284.

1238 VG Frankfurt a. M. vom 4. November 2015 – Az. 7 K 4703/15.F, 7 K 4704/15.F, 7 K 4705/15.F, WM 2016, S. 267 ff.

1239 VG Frankfurt a. M., WM 2016, S. 267 (270 ff.).

insoweit auf die Begründung des Gesetzgebers zu § 25a WpHG a. F., in der dieser einen Bezug des Instruments zu den betroffenen Aktien forderte.[1240] Dieser Bezug sei gegeben, wenn das Instrument selbst in seinem Bestehen oder im Hinblick auf seine Renditechancen von der Kursentwicklung der jeweiligen Aktie abhänge.[1241] Dies bedeutete aus Sicht des VG Frankfurt a. M., dass das Instrument im Schwerpunkt der Erzielung einer Rendite diene oder mit Blick auf Kursschwankungen der Aktie weitere Aktienerwerbsmöglichkeiten einräume.[1242]

Mit Blick auf die Höhe des Bußgeldes bei Zuwiderhandlungen gegen die Meldepflichten des WpHG gebiete es sich aus Gründen der Rechtssicherheit, den offenen Tatbestand mithilfe der anerkannten Auslegungsmethoden hinreichend zu präzisieren und auf diese Weise eine rechtsstaatlich unbedenkliche Anwendung der Vorschrift in der Praxis zu ermöglichen.[1243] Dementsprechend sei das Merkmal „aufgrund ihrer Ausgestaltung" dahingehend auszulegen, dass sich die Möglichkeit zum Erwerb unmittelbar aus dem Instrument ergeben müsse; das Instrument müsse daher von vornherein und seiner Zweckbestimmung nach auf den – gewissermaßen zwangsläufigen und den Gesichtspunkten der wirtschaftlichen Logik folgenden – Erwerb von Aktien gerichtet sein.[1244] Nur unter diesen Voraussetzungen wies ein sonstiges Instrument die gebotene Nähe zu Geschäften auf, um die § 25 Abs. 1 WpHG a. F. ausweislich der Gesetzesbegründung zum AnsFuG erweitert werden sollte. Zur Ermöglichung eines Aktienerwerbs musste demnach hinzutreten, dass dieser Erwerb zwangsläufige Folge des Abschlusses des Geschäfts und durch eine wirtschaftliche Logik bedingt war. Das Instrument sollte demnach gerade auf Erwerbsvorgänge aufgrund wirtschaftlicher Logik angelegt sein.[1245]

Das VG Frankfurt a. M. verfolgte damit eine einschränkende Auslegung der Reichweite des Auffangtatbestands des § 25 Abs. 1 WpHG a. F.

(c) *Schlussfolgerung für die Konkretisierung des Merkmals der vergleichbaren wirtschaftlichen Wirkung*

In der Neufassung des § 38 Abs. 1 S. 1 Nr. 2 WpHG ist der Begriff des Ermöglichens hingegen nicht mehr relevant, sondern es wird von einer vergleichbaren wirtschaftlichen Wirkung gesprochen. Was unter diesem Begriff genau zu verstehen ist, kann dem Gesetzestext nicht entnommen werden. Es wird jedoch deutlich, dass das Merkmal der vergleichbaren wirtschaftlichen Wirkung von

1240 VG Frankfurt a. M., WM 2016, S. 267 (270); RegE AnsFuG, BT-Drs. 17/3628, S. 20.
1241 VG Frankfurt a. M., WM 2016, S. 267 (270); RegE AnsFuG, BT-Drs. 17/3628, S. 20.
1242 VG Frankfurt a. M., WM 2016, S. 267 (270).
1243 VG Frankfurt, WM 2016, S. 267 ff. (270) unter Verweis auf *Teichmann/Epe*, WM 2012, S. 1213 (1215).
1244 VG Frankfurt a. M., WM 2016, S. 267 ff. (270).
1245 VG Frankfurt a. M., WM 2016, S. 267 ff. (270).

dem Merkmal des Ermöglichens bereits rein sprachlich abweicht. Damit stellt sich die Frage, ob sich die frühere und die heutige Form der betreffenden Vorschrift auch inhaltlich unterscheiden.

Ohne Weiteres kann eine Deckungsgleichheit der unterschiedlichen Merkmale nicht angenommen werden. Ebenso wenig kann ohne genauere Analyse von einer nur unwesentlichen inhaltlichen Änderung ausgegangen werden, wie es der Regierungsentwurf offenbar tut. Die Begründung zum AnsFuG bezüglich des Merkmals des Ermöglichens verlangte, dass das (Finanz-)Instrument einen Bezug zu der betreffenden Aktie aufweisen müsse. Ein solcher Bezug folgte nach der Gesetzesbegründung insbesondere aus der Abhängigkeit des (Finanz-) Instruments im Hinblick auf sein Bestehen und/oder seine Renditechancen von der Kursentwicklung der betreffenden Aktie.[1246] Das Schrifttum sowie die Rechtsprechung legten das Merkmal des Ermöglichens, wie gesehen, weitestgehend restriktiv aus und ließen nicht jede Chance des Aktienerwerbs genügen, sondern forderten eine aus der Gestaltung des Instruments und der wirtschaftlichen Logik folgende Zugriffs- und Einflussmöglichkeit auf Aktien und die mit diesen verbundenen Stimmrechte.

Fraglich ist, ob diese wirtschaftliche Zugriffs- und Einflussmöglichkeit auch für die Erfüllung des Merkmals der vergleichbaren wirtschaftlichen Wirkung ausreichend erscheint. Dann wäre trotz der sprachlich unterschiedlichen Begriffe dennoch von einem inhaltlichen Gleichlauf auszugehen. Dementsprechend könnten auch die Kriterien und Erkenntnisse der Rechtspraxis zum Merkmal des Ermöglichens zur Konkretisierung des Merkmals der vergleichbaren wirtschaftlichen Wirkung herangezogen werden. Ist hingegen von einer nicht nur sprachlichen, sondern auch inhaltlichen Neuausrichtung auszugehen, so sind die Erkenntnisse zur alten Rechtslage nicht als bereits gewonnene Konkretisierung seitens der Praxis für das Merkmal der vergleichbaren wirtschaftlichen Wirkung anzusehen. Dann käme es für die Bestimmtheit des neuen Begriffs auf die Frage an, inwieweit dem Begriff selbst bereits ein bestimmbarer Kern innewohnt.

(2) Rein sprachliche Unterscheidung – Beibehaltung der wirtschaftlichen Zugriffs- und Einflussmöglichkeit

Es ist daher zu fragen, ob zur Erfüllung des Merkmals der vergleichbaren wirtschaftlichen Wirkung eine rein wirtschaftliche Zugriffs- und Einflussmöglichkeit genügt; denn § 38 Abs. 1 S. 1 Nr. 2 WpHG verlangt eine vergleichbare wirtschaftliche Wirkung mit Instrumenten, die entweder ein unbedingtes Erwerbsrecht oder ein diesbezügliches Ermessen verleihen. Wie gerade erwähnt, ist das Merkmal der vergleichbaren wirtschaftlichen Wirkung nach § 38 Abs. 1 S. 1 Nr. 2 WpHG eng verknüpft mit den in Nr. 1 der Vorschrift genannten Merkmalen des Erwerbsrechts sowie des Ermessens bezüglich eines Erwerbs. Die Reichweite

1246 RegE AnsFuG, BT-Drs. 17/3628, S. 20.

dieses Begriffs hängt also davon ab, wie die damit erzeugte Nähe zum Erwerb von Aktien zu verstehen ist.[1247] Es ist die Frage zu klären, welche Qualität ein Instrument aufweisen muss, um eine Situation zu erzeugen, die wirtschaftlich eine mit einem Erwerb von Aktien vergleichbare Wirkung erzielt.

Teile des Schrifttums sehen mit der Einführung des Merkmals der vergleichbaren wirtschaftlichen Wirkung keine inhaltlichen Änderungen im Vergleich zum Begriff des Ermöglichens i. S. d. § 25a WpHG in der Fassung des AnsFuG.[1248]

Muhr versteht das Merkmal der vergleichbaren wirtschaftlichen Wirkung als sehr weitgehend. Es komme allein auf eine wirtschaftliche Zugriffsmöglichkeit an.[1249] Insoweit bestehe kein wesentlicher Unterschied zum Merkmal des Ermöglichens eines Aktienerwerbs nach § 25a Abs. 1 WpHG a. F., denn auf ein Recht zum Erwerb komme es bezüglich des Merkmals der vergleichbaren wirtschaftlichen Wirkung nicht an.[1250] Die Untersuchung *Muhrs* setzt an dem Normtext der Transparenzrichtlinie-Änderungsrichtlinie 2013 an und fragt, ob sich der Begriff der vergleichbaren wirtschaftlichen Wirkung mit dem Begriff des Ermöglichens eines Aktienerwerbs im Sinne des § 25a WpHG a. F. deckt. Wäre dies der Fall, so wäre damit eine Änderung des Normtextes des WpHG im Rahmen der Umsetzung der Transparenzrichtlinie-Änderungsrichtlinie 2013 in nationales Recht nicht erforderlich gewesen. *Muhr* ist darin zuzustimmen, dass das Merkmal „vergleichbare wirtschaftliche Wirkung" jedenfalls kein Recht zum Erwerb voraussetzt. Ansonsten wäre auch kein Unterschied zur Regelung des § 38 Abs. 1 S. 1 Nr. 1 WpHG zu erkennen. Ob aber schon jede wirtschaftliche Zugriffsmöglichkeit genügt, bedarf einer genaueren Analyse. Zunächst soll es aber an dieser Stelle genügen, die Position *Muhrs* wiederzugeben.

Mit Blick auf das besondere Bestimmtheitsgebot aus Art. 103 Abs. 2 GG sieht *Muhr* das Merkmal der vergleichbaren wirtschaftlichen Wirkung jedenfalls dann als bestimmt genug an, wenn die von der ESMA zu erstellende Liste meldepflichtiger Instrumente bindende Wirkung entfalten oder das Merkmal durch abstrakt-generell formulierte Regelbeispiele seitens des europäischen Gesetzgebers eingegrenzt würde.[1251] Da beides nach der Umsetzung der Transparenzrichtlinie-Änderungsrichtlinie 2013 nicht der Fall ist, bleibt unklar, ob *Muhr* für das geltende Recht von einem Verstoß gegen den strafrechtlichen Bestimmtheitsgrundsatz ausgehen würde.

Für die Auffassung eines inhaltlichen Gleichlaufs sprechen sowohl die Gesetzesbegründung[1252] als auch die Tatsache, dass die BaFin in dem Merkmal der

1247 So auch *Rück/Heusel*, NZG 2016, S. 897 (900).
1248 *Bayer*, in: MüKo AktG, Bd. 1, 5. Aufl. (2019), WpHG, § 38, Rn. 9; *Schürnbrand*, in: Emmerich/Habersack, Konzernrecht, 9. Aufl. (2019), WpHG, § 38, Rn. 12 a. E.
1249 So wohl *Muhr*, Vollharmonisierung im Kapitalmarktrecht (2014), S. 218.
1250 *Muhr*, Vollharmonisierung im Kapitalmarktrecht (2014), S. 218.
1251 *Muhr*, Vollharmonisierung im Kapitalmarktrecht (2014), S. 210.
1252 Vgl. RegE TÄUG, BT-Drs. 18/5010, S. 46.

vergleichbaren wirtschaftlichen Wirkung keine inhaltliche Änderung zu dem früher verwendeten Merkmal des Ermöglichens des Stimmrechtserwerbs zu erblicken vermag.[1253] Es ist also einerseits der Wille des Gesetzgebers zu berücksichtigen, der einen inhaltlichen Gleichlauf mit der alten Regelung erzielen möchte. Andererseits besagt Art. 103 Abs. 2 GG, dass der mögliche Wortsinn der Norm gleichzeitig die äußerste Grenze der Auslegung darstellt.

(3) Inhaltliche Neuausrichtung – Forderung nach einer erwerbsähnlichen Einflussposition

Ebenso vertretbar erscheint die Ansicht, dass das neue Merkmal der „vergleichbaren wirtschaftlichen Wirkung" eine inhaltliche Neuausrichtung der Meldetatbestände des WpHG bezüglich stimmrechtsvermittelnder Instrumente mit sich bringt.

So erblickt *Brellochs* in dem Merkmal der „vergleichbaren wirtschaftlichen Wirkung" eine Begrenzung des bisherigen Anwendungsbereichs der Meldepflichten. § 38 Abs. 1 S. 1 Nr. 2 WpHG sei im Gegensatz zur Auslegungspraxis der BaFin[1254] hinsichtlich des Ermöglichens eng auszulegen.[1255]

Brellochs geht davon aus, das Merkmal der vergleichbaren wirtschaftlichen Wirkung setze voraus, dass das Instrument im Sinne des § 38 Abs. 1 S. 1 Nr. 2 WpHG hinsichtlich seiner wirtschaftlichen Wirkung mit einer Aktienerwerbsposition vergleichbar sein müsse.[1256] Dies sei nach dem Wortsinn nur der Fall, wenn das Instrument wirtschaftlich geeignet und bestimmt sei, den Inhaber in eine Position zu versetzen, die vergleichbar sei mit der, die er bei einem Beteiligungsaufbau durch Aktienerwerb innehabe.[1257] Er plädiert für eine enge Sichtweise und damit für die einem Aktienerwerb vergleichbare Wirkung des Instruments. Die Position, welche das Instrument verschaffe, müsse Chancen und Risiken im Hinblick auf die Kursentwicklung der Aktie vermitteln, auch wenn sie nicht mit Stimmrechten verbunden sei.[1258] Eine auch nur indirekte Möglichkeit des Aktienerwerbs genüge allein nicht. Der Inhaber des Instruments müsse auch der Begünstigte sein.[1259]

1253 Vgl. BaFin, Emittentenleitfaden 2018, Modul B (Stand: 30. Oktober 2018), Ziffer I.2.8.1, S. 41: „Während die frühere Regelung des § 38 WpHG auf die Möglichkeit des Aktienerwerbs abstellte, kommt es nach der neuen Regelung in § 38 Abs. 1 Nr. 2 WpHG auf den vergleichbaren wirtschaftlichen Effekt eines Instruments mit einem Recht zum Erwerb von Aktien an. Im Ergebnis ist hiermit aber keine inhaltliche Abweichung zur bisherigen Regelung verbunden."

1254 Vgl. hierzu bereits Fn. 1253.

1255 *Brellochs*, AG 2016, S. 157 (165).

1256 *Brellochs*, AG 2016, S. 157 (166).

1257 *Brellochs*, AG 2016, S. 157 (166).

1258 *Brellochs*, AG 2016, S. 157 (166).

1259 *Brellochs*, AG 2016, S. 157 (166).

So erfasst der neue Tatbestand nach *Brellochs‘* Ansicht beispielsweise nicht den Erwerb zugunsten Dritter, da der Inhaber des Instruments hier nicht der Begünstigte sei; eine vergleichbare wirtschaftliche Wirkung mit den Instrumenten des § 38 Abs. 1 S. 1 Nr. 1 WpHG sei in diesem Fall zu verneinen.[1260] Daher dürften beispielsweise für die Zukunft sog. *Drag-along*-Vereinbarungen[1261] nicht mehr von der Meldepflicht umfasst sein.[1262]

Auch *Seibt/Wollenschläger* gehen in ihrem Beitrag aus dem Jahre 2012[1263] von einer einschränkenden Auslegung aus und begreifen das Merkmal des „Ermöglichens“ i. S. d. § 25a Abs. 1 WpHG a. F. als weiterreichend als die nun in § 38 Abs. 1 S. 1 Nr. 2 WpHG verwendete Formulierung der vergleichbaren wirtschaftlichen Wirkung.[1264] Argumentativ stellen sie auf die erwerbsrechtliche Ausrichtung der in § 38 Abs. 1 S. 1 Nr. 1 WpHG bzw. Art. 13 Abs. 1 des Entwurfs der Transparenzrichtlinie-Änderungsrichtlinie 2013 als meldepflichtig eingestuften Instrumente ab.[1265]

Rück/Heusel nehmen die bereits dargestellte Entscheidung des VG Frankfurt am Main aus dem Jahre 2015 bezüglich der Frage der Mitteilungspflicht bei Erwerbsmöglichkeiten aufgrund von Gesellschaftervereinbarungen[1266] zum Anlass, sich auch mit dem Merkmal der vergleichbaren wirtschaftlichen Wirkung auseinanderzusetzen.[1267] Da § 38 Abs. 1 S. 1 Nr. 2 WpHG auf die Vergleichbarkeit mit den Instrumenten des § 38 Abs. 1 S. 1 Nr. 1 WpHG abstelle, müssten die von Nr. 1 einerseits und Nr. 2 andererseits erfassten Instrumente – abstrakt gesehen – einen gemeinsamen Kern aufweisen.[1268] Während die Instrumente aus Nr. 1 unbedingte Erwerbsrechte gewährten, müssten Instrumente mit vergleichbarer wirtschaftlicher Wirkung in Abgrenzung dazu zumindest eine

---

1260 *Brellochs*, AG 2016, S. 157 (165). Vgl. auch BaFin, Emittentenleitfaden 2018, Modul B (Stand: 30. Oktober 2018), Ziffer I.2.8.1.3, S. 44; dies., FAQ Transparenzpflichten WpHG (Stand: 22. Februar 2019), S. 10.

1261 Unter *Drag-along*-Positionen werden vertragliche Mitveräußerungspflichten von Gesellschaftern beim Verkauf von Gesellschaftsanteilen oder der gesamten Gesellschaft verstanden; vgl. *Seibt*, CFLaw 2010, 502 (505); *Brellochs*, AG 2016, 157 (166).

1262 *Brellochs*, AG 2016, S. 157 (166); auch BaFin, Emittentenleitfaden 2018, Modul B (Stand: 30. Oktober 2018), Ziffer I.2.8.1.3, S. 44 wobei die BaFin sowohl Drag-along als auch Tag-along-Klauseln (Mitveräußerungsrecht von Gesellschaftern) als nicht vom Anwendungsbereich des § 38 WpHG umfasst ansieht.

1263 Noch zum ursprünglichen Vorschlag zur Änderung der Transparenzrichtlinie vom 25. Oktober 2011, KOM(2011) 683.

1264 *Seibt/Wollenschläger*, AG 2012, S. 305 (311 f.).

1265 *Seibt/Wollenschläger*, AG 2012, S. 305 (311 f.).

1266 VG Frankfurt a. M. vom 4. November 2015 – Az. 7 K 4703/15.F, 7 K 4704/15.F, 7 K 4705/15.F = WM 2016, S. 267 ff.

1267 *Rück/Heusel*, NZG 2016, S. 897 ff.

1268 *Rück/Heusel*, NZG 2016, S. 897 (900).

hinreichend gesicherte Erwerbsposition vermitteln.[1269] Aufgrund der Neufassung des § 38 WpHG komme es nicht mehr darauf an, ob sich die Aktienerwerbsmöglichkeit gerade aus der Ausgestaltung des Instruments ergebe.[1270] Davon abgesehen setze § 38 Abs. 1 S. 1 Nr. 2 WpHG voraus, dass das Instrument einen Bezug zur betreffenden Aktie aufweisen müsse; dies ergebe sich sowohl aus dem Wortlaut als auch den Gesetzesmaterialien.[1271] Ein solcher Bezug sei gegeben, wenn das Instrument von der Kursentwicklung der jeweiligen Aktie abhänge. Das Instrument müsse daher den Kursschwankungen der zugrundeliegenden Aktie ausgesetzt sein und dadurch eine Renditechance bezüglich dieser Aktien vermitteln.[1272] Eine solche Renditechance besteht nach Ansicht von *Rück/Heusel* nur, wenn der Erwerbspreis schon festgelegt sei, da nur in diesem Fall Kursveränderungen bei den zugrundeliegenden Aktien Auswirkungen auf den Wert des bedingten Erwerbsrechts hätten.[1273]

Nach Ansicht von *Epe* verlangt das Merkmal der vergleichbaren wirtschaftlichen Wirkung die Vermittlung einer Einflussposition, welche wirtschaftlich vergleichbar mit dem Halten von Aktien oder mit einer gesicherten Erwerbsposition sei.[1274] Dies sei zu bejahen, wenn aus Sicht des Emittenten und des Marktes der Inhaber des Instruments aufgrund seiner mit dem Instrument verbundenen Einflussposition bei der Beteiligungsstruktur berücksichtigt werden sollte oder als primärer Erwerbskandidat erscheine.[1275] Diese Typisierungsmerkmale des Kriteriums der vergleichbaren wirtschaftlichen Wirkung folgten aus einer Analyse der in Art. 13 Abs. 1b Transparenzrichtlinie-Änderungsrichtlinie 2013 sowie § 25 Abs. 2 WpHG in der Fassung des TÄUG aufgelisteten Instrumente und den damit typischerweise verbundenen wirtschaftlichen Wirkungen.[1276] Auch lasse sich Art. 11 Abs. 1 der Durchführungsrichtlinie zur Transparenzrichtlinie zur näheren Konkretisierung von Instrumenten, die ein unbedingtes Erwerbsrecht oder ein Ermessen in Bezug auf ein solches Erwerbsrecht verliehen, heranziehen, da nach dieser Vorschrift grundsätzlich sämtliche Finanzinstrumente unter Art. 13 der Transparenzrichtlinie-Änderungsrichtlinie fallen können, die in Anhang 1 Abschnitt C der Richtlinie 2004/39/EG (MiFiD I)[1277] aufgezählt würden, sofern sie dem Inhaber die Eigeninitiative zum Erwerb verliehen.[1278] Mit Blick

---

1269 *Rück/Heusel*, NZG 2016, S. 897 (900, 901).

1270 *Rück/Heusel*, NZG 2016, S. 897 (901).

1271 *Rück/Heusel*, NZG 2016, S. 897 (900) mit Verweis Begr. RegE TÄUG, BT-Drs. 18/5010, S. 46.

1272 *Rück/Heusel*, NZG 2016, S. 897 (900).

1273 *Rück/Heusel*, NZG 2016, S. 897 (900 f.) mit Verweis auf *Hitzer/Hauser*, AG 2015, S. 891 (895).

1274 *Epe*, Die neue Beteiligungstransparenz (2018), S. 232.

1275 *Epe*, Die neue Beteiligungstransparenz (2018), S. 214, 239 f.

1276 Vgl. *Epe*, Die neue Beteiligungstransparenz (2018), S. 217 ff., 239 f.

1277 Heute Anhang 1 Abschnitt C der Richtlinie 2014/65/EU (MiFID II).

1278 *Epe*, Die neue Beteiligungstransparenz (2018), S. 209.

auf das Merkmal der vergleichbaren wirtschaftlichen Wirkung werde jedenfalls offenkundig ein neuer Anknüpfungspunkt für Finanzinstrumente in die europäische Beteiligungstransparenz eingeführt.[1279] Der Begriff sei offen und biete nur begrenzt abgrenzbare Kriterien.[1280] Zudem biete § 25a WpHG a. F. keinen festen Bezugspunkt für eine Vergleichbarkeit, sodass der Begriff des Ermöglichens mehr Konstruktionen umfasse als das Merkmal der vergleichbaren wirtschaftlichen Wirkung.[1281]

Auch *Vogel* bedient sich zur näheren Konkretisierung des Merkmals der vergleichbaren wirtschaftlichen Wirkung einer analysierenden Betrachtung der in § 25 Abs. 2 WpHG in der Fassung des TÄUG (heute § 38 Abs. 2 WpHG) aufgelisteten Instrumente und entwickelt typisierende Eigenschaften dieser Instrumente.[1282] Er unterscheidet dabei zwischen verschiedenen Anknüpfungspunkten einer Konkretisierung, nämlich der wirtschaftlichen und rechtlichen Wirkung von Erwerbsrechten.[1283] Die wirtschaftliche Wirkung eines Erwerbsrechts bestehe gerade darin, dass der Inhaber bereits aufgrund des Erwerbsrechts an der wirtschaftlichen Entwicklung des Erwerbsgegenstands partizipiere. So sei beispielsweise das wesentliche wirtschaftliche Merkmal von Swaps und Differenzgeschäften gerade die Nachbildung der wirtschaftlichen Wertentwicklung ihres Basiswerts.[1284] In rechtlicher Hinsicht zeichne sich ein Erwerbsrecht dadurch aus, dass es eine rechtliche Zugriffsmöglichkeit auf Aktien in Form eines auf die Eigentumsübertragung gerichteten Anspruchs schaffe.[1285] Rechtlich betrachtet verlange das Merkmal der vergleichbaren wirtschaftlichen Wirkung daher eine auf wirtschaftlichem Wege mit einer rechtlichen Zugriffsmöglichkeit vergleichbare Erwerbsmöglichkeit, ohne tatsächlich ein Erwerbsrecht zu begründen.[1286] In der überwiegenden Zahl der Fälle kämen beide Auslegungsvarianten zu ähnlichen Ergebnissen, sodass eine Festlegung auf ein konkretes Normverständnis entbehrlich sei.[1287] Dennoch hätten sich bezüglich einzelner Sachverhalte wie gewerblichen Pfandrechten oder Erwerbsmöglichkeiten zugunsten Dritter entgegen der Erwartung des Gesetzgebers auch inhaltliche Neuerungen ergeben.[1288]

1279 *Epe*, Die neue Beteiligungstransparenz (2018), S. 230.
1280 *Epe*, Die neue Beteiligungstransparenz (2018), S. 232.
1281 *Epe*, Die neue Beteiligungstransparenz (2018), S. 240.
1282 *Vogel, T.*, Beteiligungstransparenz (2018) S. 213 ff.
1283 *Vogel, T.*, Beteiligungstransparenz (2018), S. 216 f.
1284 *Vogel, T.*, Beteiligungstransparenz (2018), S. 216.
1285 *Vogel, T.*, Beteiligungstransparenz (2018), S. 217.
1286 *Vogel, T.*, Beteiligungstransparenz (2018), S. 217.
1287 *Vogel, T.*, Beteiligungstransparenz (2018), S. 217.
1288 *Vogel, T.*, Beteiligungstransparenz (2018), S. 217 f.

(4) Stellungnahme

Für eine restriktive Auslegung sprechen sowohl die rein sprachliche Unterscheidung zwischen dem Merkmal des Ermöglichens und dem der „vergleichbaren wirtschaftlichen Wirkung“ sowie die im Schrifttum angeführten Argumente bezüglich des veränderten Anwendungsbereichs des § 38 Abs. 1 S. 1 Nr. 2 WpHG im Vergleich zur Vorgängerregelung des § 25a WpHG in der Fassung des AnsFuG. Dass der Gesetzgeber von einem inhaltlichen Gleichlauf der Merkmale ausgeht, ist insofern ohne Bedeutung, zumal noch weitere Gesichtspunkte für eine inhaltliche Unterscheidung der besagten Merkmale sprechen. Zum einen hätte der Gesetzgeber, wenn er von einem absoluten inhaltlichen Gleichlauf der Regelung des § 38 Abs. 1 S. 1 Nr. 2 WpHG mit der Vorgängerregelung des § 25a Abs. 1 WpHG in der Fassung des AnsFuG ausging, die Anpassung der Transparenzvorschriften des WpHG betreffend stimmrechtsvermittelnder Instrumente an Art. 13 der Transparenzrichtlinie-Änderungsrichtlinie nicht notwendigerweise in Form einer 1:1-Adaption vollziehen müssen. Zum anderen erfasst § 38 Abs. 1 S. 1 Nr. 2 WpHG auch keinen Dritterwerb mehr, wie dies in § 25a Abs. 1 WpHG a. F. noch möglich war. Dies kann freilich nur als Indiz für einen veränderten Anwendungsbereich der Meldepflichten betreffend stimmrechtsvermittelnde Instrumente gewertet werden, da der Wegfall der Drittbegünstigung keinen unmittelbaren Einfluss auf die inhaltliche Bestimmung des Merkmals der vergleichbaren wirtschaftlichen Wirkung hat.

Es lässt sich dennoch schwer von der Hand weisen, dass das Merkmal des Ermöglichens eines Stimmrechtserwerbs einen inhaltlich weiterreichenden Interpretationsrahmen aufweist, als eine mit einer Erwerbsposition vergleichbare wirtschaftliche Wirkung. Denn ob für eine Meldepflicht lediglich die (auch fernliegende) Zugriffsmöglichkeit auf Stimmrechte ausreicht oder eine mit einer Erwerbsposition vergleichbare wirtschaftliche Position gefordert wird, ist ein wesentlicher inhaltlicher Unterschied. Die Merkmale des Ermöglichens und der „vergleichbaren wirtschaftlichen Wirkung“ können daher nicht als inhaltsgleich angesehen werden. Auch wenn in der Vergangenheit das Merkmals des Ermöglichens von der Rechtsprechung restriktiv ausgelegt wurde,[1289] kann aufgrund der geringen Geltungszeit des § 25a WpHG a. F. von lediglich drei Jahren jedenfalls nicht von einer gefestigten Rechtsprechung, welche das Merkmal des Ermöglichens hinreichend konkretisiert hätte, gesprochen werden. Zudem kommt es bezüglich der Erfüllung des Merkmals der vergleichbaren wirtschaftlichen Wirkung im Vergleich mit der alten Rechtslage gerade nicht mehr darauf an, ob sich die Möglichkeit des Aktienerwerbs gerade aus der Ausgestaltung des Instruments ergibt.[1290] Dies stellt einen entscheidenden Unterschied zur Vorgängerregelung

1289 Es sollte gerade nicht jede beliebige Erwerbsmöglichkeit eine Meldepflicht auslösen; vgl. Fn. 1231.

1290 *Rück/Heusel*, NZG 2016, S. 897 (901).

dar, beruhte die einschränkende Auslegung des „Ermöglichens" durch das VG Frankfurt a.M. gerade auf diesem Tatbestandsmerkmal. Eine alleinige Konkretisierung des Merkmals der vergleichbaren wirtschaftlichen Wirkung beispielsweise mithilfe der Rechtsprechung zum § 25a WpHG a. F. kommt daher nicht in Betracht.

Mithin sprechen die gewichtigeren Argumente für eine inhaltliche Divergenz der beiden Merkmale, sodass die bisherige Rechtspraxis zum Merkmal des Ermöglichens nur begrenzt zur Konkretisierung des Merkmals der vergleichbaren wirtschaftlichen Wirkung beitragen kann.

cc) Konkretisierung durch Auslegung – Bestimmung eines Begriffskerns

In einem nächsten Schritt ist zu prüfen, inwiefern eine Konkretisierung des Merkmals der vergleichbaren wirtschaftlichen Wirkung mithilfe der Auslegung möglich ist. Da es sich insoweit um einen unbestimmten Rechtsbegriff handelt und eine Zuwiderhandlung gegen § 38 Abs. 1 WpHG zudem bußgeldbewehrt ist, sollen an dieser Stelle noch einmal die wesentlichen Grundzüge der Rechtsprechung des BVerfG zum besonderen Bestimmtheitsgrundsatz in Erinnerung gerufen werden. Nach Ansicht des Bundesverfassungsgerichts sind an die tatbestandliche Konkretisierung keine unerfüllbaren Anforderungen zu stellen.[1291] Konkrete Aussagen zu den Anforderungen an das erforderliche Maß der Bestimmtheit des Art. 103 Abs. 2 GG lassen sich nach Ansicht des BVerfG nicht treffen.[1292] Vielmehr hänge der Grad der zu fordernden Bestimmtheit von der Eigenart des geregelten Sachverhalts und der Frage ab, in welchem Umfang der zu regelnde Sachbereich einer genaueren begrifflichen Umschreibung überhaupt zugänglich ist.[1293] Auch gilt nach ständiger Rechtsprechung der Grundsatz: Je schwerer die angedrohte Strafe ist, desto höher sind die Bestimmtheitsanforderungen.[1294] Dabei sei der zu fordernde Grad der Bestimmtheit vor allem von der Besonderheit des jeweiligen Tatbestandes und von den Umständen, die zu der gesetzlichen Regelung geführt haben, abhängig.[1295]

Die (Anerkennung der) Relativierung der Bestimmtheitsanforderungen des Art. 103 Abb. 2 GG aufgrund der Schwere der angedrohten Strafe wurde bereits abgelehnt.[1296] Denn sie würde dazu führen, dass die Bestimmtheitsanforderungen bezüglich Ordnungswidrigkeitstatbeständen weniger stringent anzuwenden wären als bei Straftatbeständen.[1297] Sie würde zumindest die Gefahr einer

---

1291 BVerfGE 56, S. 1 (12 f.).
1292 BVerfGE 56, S. 1 (13).
1293 BVerfGE 56, S. 1 (13).
1294 BVerfGE 14, S. 245 (251); 105, S. 135 (155); kritisch vor allem *Schmidt-Aßmann* (Vorkommentierung), in: Maunz/Dürig, GG-Kommentar, Bd. VI, 78. EL (2016), Art. 103 Abs. 2, Rn. 177. Siehe dazu bereits Seite 187, Gliederungspunkt bb).
1295 BVerfGE 86, S. 288 (311).
1296 Siehe Seite 187, Gliederungspunkt bb).
1297 Vgl. *Enderle*, Blankettstrafgesetze (2000), S. 119.

schleichenden Preisgabe des besonderen Bestimmtheitsgrundsatzes im Ordnungswidrigkeitsrecht nach sich ziehen. Dies verhindert einfachgesetzlich aber schon § 3 OWiG, der die Geltung des besonderen Bestimmtheitsgrundsatzes auch im Recht der Ordnungswidrigkeiten festschreibt. Zudem werden Sanktionen bei Verstößen gegen Ge- oder Verbote vom Gesetzgeber bereits mehr und mehr in den Bereich des Ordnungswidrigkeitsrechts verlagert. Ein Beispiel dafür bildet die Sanktionsnorm des § 120 WpHG, die bereits mehrfach erweitert wurde.[1298] Die Geltung des besonderen Bestimmtheitsgrundsatzes des Art. 103 Abs. 2 GG hier per se einschränken zu wollen, würde die Schutzbedürftigkeit der Adressaten der dem Ordnungswidrigkeitsrecht zuzuordnenden Sanktionsnormen in Frage stellen. Es kann daher auch in Zukunft allein eine Einzelfallabwägung hinsichtlich der Schutzgüter und der vorgesehenen Bußgeldbewehrung erfolgen, um die konkreten Bestimmtheitsanforderungen zu beurteilen. Die angedrohte Geldbuße bei Zuwiderhandlungen gegen die Meldepflicht des § 38 Abs. 1 S. 1 Nr. 2 i. V. m. § 120 Abs. 2 Nr. 2 lit. e), Abs. 17 WpHG und die weiteren Sanktionsmittel des Rechtsverlusts (§ 44 WpHG) und des *Naming and Shaming* (§ 124 WpHG) sind als durchaus einschneidend zu bezeichnen. Hinzu kommt die Tatsache, dass es sich bei dem Merkmal der vergleichbaren wirtschaftlichen Wirkung um einen unbestimmten Rechtsbegriff handelt.

Papier/Möller sehen die Verwendung unbestimmter Rechtsbegriffe vor allem dann als gerechtfertigt an, wenn der geregelte Lebensbereich noch Neuland ist bzw. besonders schnellen oder unvorhersehbaren Änderungen unterliegt.[1299]

Bei dem Begriff der vergleichbaren wirtschaftlichen Wirkung handelt es sich zwar um einen neu eingeführten Begriff, jedoch ist die Bekämpfung des Anschleichens mittels der Ausweitung der Beteiligungstransparenz kein Neuland mehr. Bei dieser Einschätzung sollte man indes nicht aus den Augen verlieren, dass die Transparenzrichtlinie-Änderungsrichtlinie 2013 erstmals Meldepflichten bezüglich stimmrechtsvermittelnder Instrumente eingeführt hat und diese Meldepflichten lediglich in nationales Recht umgesetzt wurden. Auch wenn in einzelnen Mitgliedstaaten bereits vorher stimmrechtsvermittelnde Finanzinstrumente meldepflichtig waren, so ist die europaweite Einführung dieser Meldepflichten durchaus als Neuland zu qualifizieren. Zudem unterliegt der Kapitalmarkt aufgrund der Vielzahl denkbarer Gestaltungen zum Erwerb von Stimmrechtseinfluss auch schnellen und zum Teil schwer vorhersehbaren Änderungen.

Jedenfalls für solche Fälle halten es *Papier/Möller* für gerechtfertigt, der – weitaus flexibleren – Judikative die Konkretisierung eines unbestimmten Rechtsbegriffs anheimzustellen.[1300] In einem solchen Fall müsse der Gesetzgeber die

---

1298 Siehe dazu die Nachweise bei *Spoerr*, in: Assmann/Schneider/Mülbert, WpHG, 7. Aufl. (2019), § 120, Rn. 9.
1299 Vgl. *Papier/Möller*, AöR 122 (1997), S. 177 (189).
1300 Vgl. *Papier/Möller*, AöR 122 (1997), S. 177 (189).

weitere Entwicklung jedoch im Auge behalten und nötigenfalls die erforderliche Konkretisierung durch neuerliches Tätigwerden selbst herbeiführen.[1301]

Dass die Rechtsprechung grundsätzlich zur Konkretisierung eines unbestimmten Rechtsbegriffs beitragen kann, wurde bereits bejaht.[1302] Da § 38 Abs. 1 S. 1 Nr. 2 WpHG keine weitere Konkretisierung für den Begriff der vergleichbaren wirtschaftlichen Wirkung enthält, wird es wohl der Rechtsprechung obliegen, für eine Präzisierung zu sorgen.

Fraglich ist deshalb, ob der Begriff der vergleichbaren wirtschaftlichen Wirkung einer hinreichenden Konkretisierung zugänglich ist.

(1) Heranziehung früherer Rechtsprechung

Es wurde bereits dargestellt, dass die Kriterien zur Konkretisierung des früheren Merkmals des Ermöglichens nach § 25a Abs. 1 WpHG in der Fassung des AnsFuG aufgrund der sprachlichen und inhaltlichen Unterschiede nicht eins zu eins zur Konkretisierung des neuen Merkmals der vergleichbaren wirtschaftlichen Wirkung herangezogen werden können. Dennoch ist es möglich, die grundsätzlichen Erwägungen, die beispielsweise dem Urteil des VG Frankfurt am Main vom 4. November 2015[1303] zugrunde lagen, in die nachfolgenden Überlegungen einzubeziehen.

Durch die Neufassung der Meldepflichten bezüglich stimmrechtsvermittelnder Instrumente ist das Merkmal „aufgrund ihrer Ausgestaltung“ im Wortlaut des § 38 Abs. 1 S. 1 Nr. 2 WpHG nicht mehr enthalten. Die Argumente des VG Frankfurt, die sich gerade auf dieses Merkmal stützen, können zur Konkretisierung des Merkmals der vergleichbaren wirtschaftlichen Wirkung nicht mehr herangezogen werden.[1304] Hingegen sind die weiteren Erwägungen des VG Frankfurt a. M. nach Ansicht von *Rück/Heusel* weiterhin aktuell: Sie nehmen diesbezüglich Bezug auf ein *obiter dictum* in der genannten Entscheidung des VG Frankfurt a. M., in dem darauf hingewiesen werde, dass auch die im Zeitpunkt der Urteilsverkündung noch nicht in Kraft getretene Neufassung des § 38 Abs. 1 WpHG n. F. eine Abhängigkeit des Instruments von den zugrundeliegenden Aktien verlange.[1305]

1301 Vgl. *Papier/Möller*, AöR 122 (1997), S. 177 (189 f.) mit Verweis auf BVerfGE 90, S. 145 (191).

1302 Siehe Seite 192, dort Gliederungspunkt dd).

1303 Das VG Frankfurt a. M. hatte in seiner Entscheidung über die Mitteilungspflicht einer Aktionärsvereinbarung zu befinden, welche auf eine einheitliche Stimmrechtsausübung abzielte und zudem Regelungen in Bezug auf die Übertragung von Stammaktien innerhalb des Familienkreises traf. Zu den Einzelheiten vgl., Urt. VG Frankfurt a. M. vom 4. November 2015 – Az. 7 K 4703/15.F, 7 K 4704/15.F, 7 K 4705/15.F, WM 2016, S. 267 ff.

1304 Vgl. *Rück/Heusel*, NZG 2016, S. 897 (901).

1305 Vgl. *Rück/Heusel*, NZG 2016, S. 897 (899) unter Bezugnahme auf, Urt. VG Frankfurt a. M., WM 2016, S. 267 ff. (270).

(2) Das Bedürfnis nach auslegungsbegrenzenden Kriterien

An diese restriktive Auslegung des VG Frankfurt a. M. knüpft *Brellochs* bei seinem Versuch einer Konkretisierung des Merkmals der vergleichbaren wirtschaftlichen Wirkung an.[1306] Danach müsse ein Instrument nach § 38 Abs. 1 S. 1 Nr. 2 WpHG Chancen und Risiken im Hinblick auf die Kursentwicklung der Aktie vermitteln, auch wenn es nicht mit Stimmrechten verbunden sei.[1307] Die bloße Möglichkeit des Aktienerwerbs reiche nicht aus. Auch sei es nicht zulässig, bei der Frage nach der Meldepflichtigkeit eines Instruments auf das Bestehen eines weitergehenden Transparenzbedürfnisses hinzuweisen, wie es die BaFin vereinzelt praktiziere.[1308] Die Reichweite eines Tatbestandsmerkmals könne nicht von einem unbestimmten Transparenzbedürfnis abhängen.[1309]

Dem ist insoweit zuzustimmen, als ein etwa bestehendes Transparenzbedürfnis nicht die Reichweite eines Tatbestandsmerkmals markieren kann. Der Versuch der Bestimmung des Anwendungsbereichs wäre damit wiederum in den unbestimmten Raum verlagert.

Wie bereits dargestellt, sprechen sich auch *Rück/Heusel* in Anlehnung an die Rechtsprechung des VG Frankfurt a. M. für eine restriktive Auslegung des Merkmals der vergleichbaren wirtschaftlichen Wirkung aus.[1310] Die Instrumente mit vergleichbarer wirtschaftlicher Wirkung müssten eine hinreichend gesicherte Erwerbsposition vermitteln. Zudem müsse das Instrument einen Bezug zu den zugrundeliegenden Aktien aufweisen, der nur gegeben sei, wenn das Instrument von der Kursentwicklung der jeweiligen Aktie abhinge. Das Instrument müsse daher den Kursschwankungen der zugrundeliegenden Aktie ausgesetzt sein und dadurch eine Renditechance bezüglich dieser Aktien vermitteln.[1311]

Den Befürwortern einer restriktiven Auslegung der Voraussetzungen des Auffangtatbestands des § 38 Abs. 1 S. 1 Nr. 2 WpHG ist zu folgen. Nur so sind eine ausreichende Typisierung und eine Abgrenzung zu Instrumenten mit der alleinigen ungewissen Möglichkeit des Aktienerwerbs erreichbar.

Voraussetzung für eine Bejahung der vergleichbaren wirtschaftlichen Wirkung eines Instruments im Sinne des § 38 Abs. 1 S. 1 Nr. 2 WpHG ist demnach die Vermittlung einer dem Beteiligungsaufbau durch Aktienerwerb vergleichbaren (erwerbsähnlichen) Position, die es ihrem Inhaber ermöglicht, die wirtschaftlichen Chancen und Risiken einer Aktie im Hinblick auf deren Kursentwicklung

---

1306 Siehe bereits die Ausführungen zu *Brellochs* auf Seite 252, dort Gliederungspunkt (3).

1307 *Brellochs*, AG 2016, S. 157 (166).

1308 *Brellochs*, AG 2016, S. 157 (166).

1309 *Brellochs*, AG 2016, S. 157 (166) mit Bezug auf BaFin, FAQ zum Transparenzrichtlinie-Änderungsrichtlinie-Umsetzungsgesetz (Stand: 22. Januar 2016), Frage 42a zu Vorkaufsrechten bezüglich Aktien in Gesellschaftervereinbarungen

1310 Siehe hierzu bereits Seite 252, dort Gliederungspunkt (3).

1311 *Rück/Heusel*, NZG 2016, S. 897 (900).

zu nutzen, ohne dass mit dieser Position Stimmrechte einhergehen.[1312] Es muss eine hinreichend gesicherte Erwerbsposition bestehen. Dies ist der Fall, wenn der Inhaber des Instruments aus Sicht des Emittenten und des Marktes bei der Beteiligungsstruktur berücksichtigt werden sollte oder als primärer Erwerbskandidat erscheint.[1313] Zugleich muss der Wert dieser hinreichend gesicherten Erwerbsposition vom Kursverlauf der zugrundeliegenden Aktien abhängen, um einen ausreichenden Bezug zu diesen Aktien aufzuweisen.

Ein weites Verständnis des Merkmals vergleichbare wirtschaftliche Wirkung ist mithin abzulehnen. Die Erfassung jeder wirtschaftlichen Zugriffsmöglichkeit auf Aktien aufgrund eines Instruments widerspricht dem Wortlaut des Gesetzes. Würde allein auf eine rein wirtschaftliche Zugriffsmöglichkeit abgestellt, wäre der Tatbestand einer beliebigen Interpretation zugänglich, welche nach den hier zugrunde gelegten Prüfungskriterien zu einer Verletzung des strafrechtlichen Bestimmtheitsgebots aus Art. 103 Abs. 2 GG führen würde. Auch wenn § 38 Abs. 1 S. 1 Nr. 2 WpHG als Auffangtatbestand fungieren soll, ist er aufgrund seiner Bußgeldbewehrung einer extensiven Auslegung nicht zugänglich, da im Ordnungswidrigkeitsrecht die Grundsätze des Art. 103 Abs. 2 GG gleichermaßen zu achten sind wie im primären Strafrecht.

Nicht zuletzt die Begründung zur revidierten Transparenzrichtlinie spricht ebenfalls für eine einschränkende Auslegung des Merkmals, da lediglich solche Instrumente erfasst werden sollen, die eine dem Halten von Aktien oder Aktienbezugsrechten vergleichbare wirtschaftliche Wirkung haben.[1314] Nach den herausgearbeiteten Grundsätzen ist dies der Fall, wenn der Inhaber des Instruments an den wirtschaftlichen Chancen und Risiken der zugrundeliegenden Aktien partizipiert und er aus Sicht des Emittenten und des Marktes bei der Beteiligungsstruktur berücksichtigt werden sollte oder als primärer Erwerbskandidat gilt. Damit wird auch der Gefahr der wachsenden Rechtsunsicherheit begegnet, da das Merkmal der vergleichbaren wirtschaftlichen Wirkung bei Hinzuziehung der genannten Kriterien dem besonderen Bestimmtheitsgebot aus Art. 103 Abs. 2 GG Rechnung trägt.

(3) Widerhall der Konkretisierungskriterien im Gesetz

Damit eine dem besonderen Bestimmtheitsgrundsatz des Art. 103 Abs. 2 GG entsprechende Konkretisierung des Merkmals der vergleichbaren wirtschaftlichen Wirkung durch die Rechtspraxis erfolgen kann, müssten die soeben entwickelten Kriterien zu dessen Inhaltsbestimmung auch im Gesetz angelegt sein.

§ 38 Abs. 1 S. 1 Nr. 2 WpHG verweist auf Instrumente i. S. d. § 38 Abs. 1 S. 1 Nr. 1 WpHG, die ihrem Inhaber eine Erwerbsposition oder ein Ermessen

---

1312 Vgl. *Brellochs*, AG 2016, S. 157 (166).
1313 So *Epe*, Die neue Beteiligungstransparenz (2018), S. 239 f.
1314 Erwägungsgrund 9 der Transparenzrichtlinie-Änderungsrichtlinie 2013.

bezüglich eines Erwerbs einräumen. Instrumente mit vergleichbarer wirtschaftlicher Wirkung müssten eine damit vergleichbare Position vermitteln.

Damit knüpft das Merkmal der vergleichbaren wirtschaftlichen Wirkung ersichtlich an die zuvor genannten Instrumente in § 38 Abs. 1 S. 1 Nr. 1 WpHG an. Der Rechtsanwender wird damit vor die Aufgabe gestellt, die rechtlichen und wirtschaftlichen Wirkungen der zuvor genannten Instrumente zu ergründen und mit bekannten sowie neuen Erscheinungen des Finanzmarkts zu vergleichen. Eine inhaltliche Konkretisierung des unbestimmten Begriffs der vergleichbaren wirtschaftlichen Wirkung ist damit bereits dem Wortlaut nach möglich, da auf bereits im Gesetz angelegte Wertungen Bezug genommen wird.

Eine ausreichende Begrenzung des Tatbestands und eine damit verbundene ausreichende Typisierung sind also gegeben, da durch die Inbezugnahme der Instrumente nach Nr. 1 in § 38 Abs. 1 S. 1 Nr. 2 WpHG nicht sämtliche Instrumente meldepflichtig sein können, sondern nur solche, die eine der Erwerbsposition vergleichbare wirtschaftliche Wirkung entfalten. Die Konkretisierung dieser gesetzlichen Vorgaben mithilfe weiterführender Kriterien ist damit bereits im Gesetz angelegt.

c) Résumé

Bezüglich der Auslegung des Merkmals der vergleichbaren wirtschaftlichen Wirkung werden verschiedene Ansichten vertreten. Einerseits wurde die Möglichkeit einer weiten Interpretation aufgezeigt, die eine rein wirtschaftliche Zugriffsmöglichkeit auf Aktien genügen lässt.[1315] Andererseits ist einer restriktiven Interpretation, welche eine erwerbsähnliche Position fordert, der Vorzug zu geben.[1316]

Es wurde gezeigt, dass der Tatbestand des § 38 Abs. 1 S. 1 Nr. 2 WpHG mithilfe einer restriktiven Auslegung dem strafrechtlichen Bestimmtheitsgrundsatz aus Art. 103 Abs. 2 GG genügt. Es ist eine erwerbsähnliche Position zu fordern, die die wirtschaftlichen Chancen und Risiken aus der Aktie auf den Inhaber des Instruments verlagert.[1317] Eine weite Auslegung des Merkmals der vergleichbaren wirtschaftlichen Wirkung dahingehend, dass jede beliebige Möglichkeit des Erwerbs einer Aktie mithilfe eines Instruments eine Meldepflicht auslösen würde, wäre aufgrund eines fehlenden Abgrenzungsrahmens und der damit einhergehenden fehlenden Typisierungsmöglichkeit als Verstoß gegen Art. 103 Abs. 2 GG zu werten und ist somit abzulehnen.

Die dargelegten Kriterien, welche Ausdruck einer restriktiven Auslegung sind, begrenzen die Möglichkeit einer beliebig weiten Interpretation des

---

1315 Siehe dazu bereits Seite 250, Gliederungspunkt (2).
1316 Siehe dazu bereits Seite 252, Gliederungspunkt (3).
1317 Vgl. *Brellochs*, AG 2016, S. 157 (165).

unbestimmten Tatbestandsmerkmals und erfüllen damit die Anforderungen des besonderen Bestimmtheitsgebots des Art. 103 Abs. 2 GG.

Zusammenfassend ergibt sich folgende Erkenntnis: Eine vergleichbare wirtschaftliche Wirkung ist gegeben, wenn das Instrument der Vermittlung einer erwerbsähnlichen Position dient, die es ihrem Inhaber ermöglicht, die wirtschaftlichen Chancen und Risiken einer Aktie im Hinblick auf deren Kursentwicklung zu nutzen, ohne dass mit dieser Position Stimmrechte einhergehen. Eine erwerbsähnliche Position ist dabei zu bejahen, wenn das Instrument den Erwerb der zugrundeliegenden Aktien hinreichend sicher erscheinen lässt. Dies ist grundsätzlich der Fall, wenn der Inhaber des Instruments aus Sicht des Emittenten und des Marktes bei der Beteiligungsstruktur berücksichtigt werden sollte oder als primärer Erwerbskandidat erscheint.[1318] Von einer Nutzung der wirtschaftlichen Chancen und Risiken der dem Instrument zugrundeliegenden Aktien ist auszugehen, wenn der Wert der hinreichend gesicherten Erwerbsposition von Kursschwankungen dieser Aktien abhängig ist.

VI. Résumé zur Bestimmtheit der Meldepflichten bezüglich stimmrechtsvermittelnder Instrumente

Auch wenn der deutsche Gesetzgeber darauf hinweist, dass sich an der inhaltlichen Ausrichtung der Meldepflichten nicht viel geändert habe, so hat doch ein Revirement der Meldepflichten des WpHG hinsichtlich ihres Wortlauts und ihrer Systematik stattgefunden,[1319] das eine erneute vertiefte Untersuchung der damit verbundenen Fragen erfordert.

Das strafrechtliche Bestimmtheitsgebot des Art. 103 Abs. 2 GG als Ausfluss des Prinzips der Rechtssicherheit stellt sowohl bezüglich Strafnormen als auch bezüglich Ordnungswidrigkeiten gewichtige Hürden für den Gesetzgeber bei der Formulierung der Tatbestände auf. Der Wortsinn beschreibt nur eine dieser Hürden, da er die äußerste Grenze der Auslegung darstellt. Eine Analogie zulasten des Täters ist nicht zulässig. Der mögliche Wortsinn der gewählten Formulierung eines Straftat- oder Ordnungswidrigkeitstatbestandes begrenzt bereits in objektiver Weise die Möglichkeit, den vielleicht weiterreichenden gesetzgeberischen Willen bei der Anwendung der jeweiligen Vorschrift vollends zur Geltung zu verhelfen.

Des Weiteren ist der Gesetzgeber aufgerufen, bei der Verwendung unbestimmter Rechtsbegriffe für deren Konkretisierung der Praxis Anhaltspunkte zu geben. Dies folgt aus der Tatsache, dass der Gesetzgeber die wesentlichen Merkmale der Strafnorm selbst beschreiben muss.

1318 *Epe*, Die neue Beteiligungstransparenz (2018), S. 239 f.

1319 Änderungen des Wortlauts insbesondere mit Blick auf den Begriff des „Instruments" sowie Fusion der ehemaligen §§ 25, 25a WpHG in der Fassung des AnsFuG in den dann geltenden § 25 WpHG in der Fassung des TÄUG.

Mit Blick auf Art. 103 Abs. 2 GG wurde für einen relativ zu verstehenden Bestimmtheitsbegriff plädiert, der jedoch an objektiven Kriterien zu messen ist, um eine Aushöhlung des Grundgedankens des Art. 103 Abs. 2 GG zu verhindern. Der Grad der Bestimmtheit einer Norm ist gerade nicht von der Schwere der angedrohten Strafe abhängig, sondern davon, ob wertausfüllungsbedürftigen Begriffen mit bereits aus dem Gesetz ersichtlichen Kriterien zu einer hinreichenden Bestimmtheit verholfen werden kann, die einer beliebig weiten Interpretation Einhalt gebieten.

Eine Konkretisierung dieser unbestimmten Rechtsbegriffe ist insoweit auch durch die Gerichte möglich. Im Idealfall konkretisiert das Gesetz den unbestimmten Rechtsbegriff bereits selbst ausreichend. Dies ist im Bereich des Wirtschaftsstrafrechts aber immer seltener gegeben. Auffallend ist im Wirtschaftsstrafrecht die zunehmende Verwendung fachsprachlicher Begriffe.[1320] Hierin kann man den Versuch des Gesetzgebers sehen, den zu regelnden Lebenssachverhalt möglichst präzise zu umschreiben.[1321] Dennoch ist der Gesetzgeber von seiner Pflicht zum Erlass hinreichend bestimmter und auch verständlicher Strafgesetze im Hinblick auf den gesamten Adressatenkreis nicht befreit.

Mit Blick auf die Meldepflichten nach §§ 38 Abs. 1 S. 1 Nr. 1 und Nr. 2 WpHG ist zu konstatieren, dass die Neuformulierung zwar grundsätzliche Bedenken hinsichtlich der hinreichenden Bestimmtheit, insbesondere des § 38 Abs. 1 S. 1 Nr. 2 WpHG, aufwirft, diesen Bedenken jedoch mithilfe einer restriktiven Auslegung des Merkmals der „vergleichbaren wirtschaftlichen Wirkung“ begegnet werden kann.

Die Verwendung wertausfüllungsbedürftiger Begriffe sollte nicht die Regel, sondern die Ausnahme darstellen, namentlich in Bereichen, die einer absolut präzisen Tatbestandsformulierung nur schwer zugänglich sind, da sie eine gewisse Flexibilität aufweisen müssen. Ein solches Bedürfnis nach Flexibilität ist mit Blick auf die Verhinderung des Anschleichens an börsennotierte Aktiengesellschaften durchaus zu bejahen, da hier vor allem zukünftige und zum Teil unbekannte Gestaltungen des Anschleichens verhindert werden sollen. Jedoch kann dies nicht durch eine beliebig weite interpretatorische Ausdehnung des Anwendungsbereichs erfolgen. Dem steht Art. 103 Abs. 2 GG gerade entgegen.

Rechtssicherheit bedeutet insbesondere Erkennbarkeit und Bestimmbarkeit der strafbaren oder sonst zu ahndenden Handlung. Im hier interessierenden Feld sind Erkennbarkeit und Bestimmbarkeit nur gegeben, wenn der Auffangtatbestand des § 38 Abs. 1 S. 1 Nr. 2 WpHG restriktiv ausgelegt wird, wodurch dem Rechtsanwender ermöglicht wird festzustellen, ob ein Instrument eine mit einer Erwerbsposition vergleichbare wirtschaftliche Wirkung entfaltet. Eine solche Wirkung entfaltet es nur, wenn den Inhaber des Instruments die wirtschaftlichen Chancen und Risiken treffen und er nicht lediglich eine wirtschaftliche Zugriffsmöglichkeit auf die dem Instrument zugrundeliegenden Aktien hat.

1320 Diese Feststellung nicht allein für das Nebenstrafrecht treffend *Müller-Dietz*, FS Lenckner, S. 179 (182).

1321 *Müller-Dietz*, FS Lenckner, S. 179 (182).

F. Aktuelle Erfolgsaussichten des Anschleichens

Im Weiteren ist zu untersuchen, welche Instrumente, die zum Beteiligungsaufbau genutzt werden können, Meldepflichten nach den §§ 33 Abs. 1, 38 Abs. 1 S. 1 Nr. 1 und Nr. 2 WpHG auslösen. Es wird ein Schwerpunkt auf die Meldepflicht des § 38 Abs. 1 S. 1 Nr. 2 WpHG gelegt und vor allem der Frage nachgegangen, welche Instrumente eine vergleichbare wirtschaftliche Wirkung im Sinne des § 38 Abs. 1 S. 1 Nr. 2 WpHG aufweisen und inwieweit ein unbemerktes Anschleichen mit diesem Tatbestandsmerkmal verhindert wird.

I. Cash Settled Equity Swaps

Dass *Cash Settled Equity Swaps* in der Vergangenheit zum unbemerkten Beteiligungsaufbau an börsennotierten Aktiengesellschaften genutzt wurden, ist bereits ausführlich dargestellt worden.[1322] Auch die rechtliche Einordnung als nach dem WpHG in der Fassung des TUG nicht meldepflichtige Gestaltung, beispielsweise beim Fall Schaeffler/Continental, wurde erläutert.[1323] Durch die Einführung des damaligen § 25a Abs. 1 S. 1 i. V. m. S. 3 Nr. 1 WpHG im Rahmen des AnsFuG wurden diese Gestaltungen erstmalig einer Meldepflicht unterworfen.[1324]

Es ist zu untersuchen, ob unter Zugrundelegung der dargestellten Kriterien zur Auslegung der jetzt gültigen Meldepflichten des WpHG in der Fassung des TÄUG sowie des 2. FiMaNoG *Cash Settled Equity Swaps* weiterhin meldepflichtig sind. In jedem Fall ist eine Einzelfallprüfung der Voraussetzungen einer Meldepflicht anhand des dem *Cash Settled Equity Swap* zugrundeliegenden konkreten Vereinbarungsinhalts notwendig. Im Folgenden wird daher von einer für das unbemerkte Anschleichen typischerweise verwendeten Gestaltung dieses Instruments ausgegangen.[1325]

1. § 33 WpHG

§ 33 Abs. 1 WpHG, der nun auch eine Meldepflicht für schuldrechtliche, unbedingte und sofort zu erfüllende Erwerbsansprüche von Aktien vorsieht, ist ersichtlich nicht einschlägig, da *Cash Settled Equity Swaps* nicht den Aktienkauf

---

1322 Siehe Seite 86, dort Gliederungspunkt 2 sowie Seite 92, Gliederungspunkt 3.

1323 Siehe Seite 98, dort Gliederungspunkt 4 sowie Seite 100, Gliederungspunkt 5.

1324 Vgl. nur *U. H. Schneider*, in: Assmann/ders., WpHG, 6. Aufl. (2012), § 25a, Rn. 44; *ders.*, AG 2011, S. 645 (646); *Krause*, AG 2011, S. 469.

1325 Siehe zu Aufbau und Wirkungsweise bereits Seite 86, Gliederungspunkt a).

zum Gegenstand haben, sondern lediglich eine Beteiligung an den Chancen und Risiken des Kursverlaufs der dem Swap zugrundeliegenden Aktien begründen.[1326]

2. § 38 Abs. 1 S. 1 Nr. 1 WpHG

Gemäß § 38 Abs. 1 S. 1 Nr. 1 WpHG sind Instrumente meldepflichtig, die ihrem Inhaber ein Aktienerwerbsrecht oder ein Ermessen hinsichtlich des Erwerbs von Aktien einräumen. Soweit lediglich ein Barausgleich am Ende der Laufzeit eines Instruments (beispielsweise eines *Cash Settled Equity Swaps*) vorgesehen ist, entsteht gerade kein Erwerbsrecht oder ein diesbezügliches Ermessen.[1327] Eine Meldepflicht nach § 38 Abs. 1 S. 1 Nr. 1 WpHG kann daher nicht entstehen, da es an einem Anspruch auf physische Lieferung der Aktien fehlt.

3. § 38 Abs. 1 S. 1 Nr. 2 WpHG

§ 38 Abs. 1 S. 1 Nr. 2 WpHG unterwirft Instrumente einer Meldepflicht, die sich auf Aktien beziehen und eine vergleichbare wirtschaftliche Wirkung wie die unter § 38 Abs. 1 S. 1 Nr. 1 WpHG fallenden Instrumente aufweisen.

Unter dem Begriff Instrumente sind nach den gewonnenen Erkenntnissen alle Vereinbarungen zu verstehen, die unter den weiteren Voraussetzungen des § 38 Abs. 1 WpHG stimmrechtsvermittelnde Wirkung entfalten und keine Aktien sind.[1328] In § 38 Abs. 2 Nr. 4 und Nr. 6 WpHG sind Swaps bzw. Differenzgeschäfte als unter den Begriff des Instruments fallende Gestaltungen aufgelistet. Dies allein genügt hingegen nicht, um eine Meldepflicht für *Cash Settled Equity Swaps* anzunehmen. Vielmehr müssen auch die weiteren Voraussetzungen des § 38 Abs. 1 S. 1 Nr. 2 WpHG erfüllt sein.

Das Merkmal der vergleichbaren wirtschaftlichen Wirkung ist erfüllt, wenn das Instrument geeignet ist, dem Inhaber eine Position zu vermitteln, die vergleichbar ist mit einem Beteiligungsaufbau durch Aktien und die es ihm ermöglicht, die wirtschaftlichen Chancen und Risiken einer Aktie im Hinblick auf deren Kursentwicklung zu nutzen, ohne dass mit dieser Position Stimmrechte einhergehen.[1329] Eine erwerbsähnliche Position ist dabei zu bejahen, wenn das Instrument den Erwerb der zugrundeliegenden Aktien hinreichend sicher erscheinen lässt. Dies ist grundsätzlich dann der Fall, wenn der Inhaber des Instruments aus Sicht des Emittenten und des Marktes bei der Beteiligungsstruktur berücksichtigt werden sollte oder als primärer Erwerbskandidat gilt. Von einer Nutzung der wirtschaftlichen Chancen und Risiken der dem Instrument zugrundeliegenden

1326 Vgl. Fn. 1325.
1327 Vgl. Fn. 1325.
1328 Vgl. zum Begriff des Instruments bereits Seite 231, Gliederungspunkt b).
1329 Vgl insoweit bereits S. 262, Gliederungspunkt c).

Aktien ist auszugehen, wenn der Wert der hinreichend gesicherten Erwerbsposition von Kursschwankungen dieser Aktien abhängig ist.[1330]

Ein Bezug zu Aktien ist bei *Cash Settled Equity Swaps* gegeben, da Aktien als *Underlying* (Basiswert) dienen. Zudem dienen *Cash Settled Equity Swaps* der Vermittlung einer erwerbsähnlichen Stellung. Denn der Inhaber profitiert zum einen von Kurssteigerungen durch die Barausgleichsverpflichtungen zwischen den Parteien des Swaps. Zum anderen erhält er durch die vertragliche Gestaltung auch entsprechende Dividendenzahlungen aus der dem Swap zugrundeliegenden Aktie. Die Stimmrechte gehen mit dieser vertraglich konstruierten Stellung des Inhabers des Swaps nicht einher. Sie stehen weiterhin der Bank als Inhaberin der Aktien zu, die ihre wirtschaftlichen Risiken durch das *Hedging* der dem Swap zugrundeliegenden Aktien weitgehend neutralisiert.

Cash Settled Equity Swaps werden gerade dahingehend genutzt, dass der Inhaber sich den aktuellen Aktienkurs sichern kann, um damit den Erwerb weiterer Aktien, beispielsweise im Rahmen eines freiwilligen Übernahmeangebots, kostengünstig gestalten zu können. Denn etwaige Kurssteigerungen der Aktien, insbesondere durch Bekanntwerden der Übernahmepläne, fließen aufgrund der Barausgleichsverpflichtung dem Inhaber des Swaps zu, der damit die Aufschläge auf den Aktienkurs und damit den erhöhten Kaufpreis finanziert.

Cash Settled Equity Swaps lassen insbesondere aufgrund der Möglichkeit, die von den Banken aus Sicherungsgründen gehaltenen Aktien kursschonend in ein Übernahmeangebot des Inhabers des Instruments einzubringen, den Erwerb einer Aktionärsposition als hinreichend sicher erscheinen, auch wenn eine Pflicht zur Lieferung von Aktien im Falle eines *Cash Settlements* gerade nicht besteht.

Im Ergebnis werden *Cash Settled Equity Swaps* auch unter Zugrundelegung einer restriktiven Auslegung der (neuen) Meldepflichten des § 38 Abs. 1 S. 1 Nr. 2 WpHG von dessen Anwendungsbereich umfasst.

II. Irrevocable Undertakings

Dass *Irrevocable Undertakings* ebenfalls als Instrumente für einen unbemerkten Beteiligungsaufbau genutzt werden können, wurde bereits dargestellt.[1331] Im Folgenden soll untersucht werden, inwieweit diese Verpflichtungserklärungen vom Anwendungsbereich der Meldepflichten des WpHG umfasst sind.

1330 Siehe zur Herleitung dieser Kriterien bereits Seite 242, ab Gliederungspunkt b).

1331 Siehe hierzu bereits Seite 119, Gliederungspunkt 7.

1. § 33 WpHG

§ 33 Abs. 1 WpHG ist im Falle von *Irrevocable Undertakings* nicht einschlägig, da diese Vereinbarung noch kein Recht auf die Lieferung von Aktien enthält, sondern lediglich ein Recht auf den Abschluss eines Aktienkaufvertrags.

Sofern weitere Regelungen vereinbart werden, die beispielsweise eine abgestimmte Stimmrechtsausübung – sog. *Acting in Concert* – bis zur Annahme des Übernahmeangebots betreffen, so können unter Zurechnungsgesichtspunkten gemäß § 34 Abs. 2 WpHG Meldepflichten ausgelöst werden.[1332]

2. § 38 Abs. 1 S. 1 Nr. 1 WpHG

Auch eine Meldepflicht nach § 38 Abs. 1 S. 1 Nr. 1 WpHG kommt für *Irrevocable Undertakings* nicht in Betracht, da sie grundsätzlich kein unmittelbares Recht auf den Erwerb von Aktien vermitteln. Dies ist im jeweiligen Einzelfall jedoch genau zu prüfen.

3. § 38 Abs. 1 S. 1 Nr. 2 WpHG

Ob *Irrevocable Undertakings* in den Anwendungsbereich des jetzigen § 38 Abs. 1 S. 1 Nr. 2 WpHG fallen, ist fraglich. Dafür müsste es sich um ein Instrument mit vergleichbarer wirtschaftlicher Wirkung handeln.[1333] Es ist zuzugeben, dass für den Erwerb der Aktien im Rahmen eines *Irrevocable Undertakings* noch wesentliche Zwischenschritte erforderlich sind, wie beispielsweise die Veröffentlichung eines Übernahmeangebots und dessen Nichtbeanstandung durch die BaFin oder der Abschluss des Aktienkaufvertrags. Indes sind diese Zwischenschritte gerade darauf angelegt, den Erwerb von Aktien im Zuge eines Übernahmeangebots zu realisieren. Die Vereinbarung soll gerade dem Erfolg dieses Übernahmeangebots dienen. Der Vorvertrag dient daher der Vermittlung einer erwerbsähnlichen Position; denn zum Zeitpunkt des Abschlusses kommt es nur noch darauf an, ob ein Übernahmeangebot veröffentlicht wird oder nicht. Der Paketinhaber hat sich bereits unwiderruflich dazu verpflichtet, bei Veröffentlichung eines Übernahmeangebots einen weiteren Vertrag zu schließen, in welchem er dem Bieter sein Paket zu den Konditionen des Übernahmeangebots andient.

Ob es tatsächlich zum Erwerb der Aktien kommt, ist irrelevant. Das Instrument lässt den Erwerb von Aktien zumindest hinreichend sicher erscheinen, denn ein Aktienerwerb im Rahmen des Übernahmeangebots wäre die logische Folge. Auf den Aspekt der Transaktionssicherheit kommt es insoweit nicht an, da diese letztlich erst gegeben ist, wenn schuldrechtliche Verpflichtungen zum Erwerb von Aktien existieren. Wäre eine Meldepflicht nach § 38 Abs. 1 S. 1 Nr. 2 WpHG von dem Kriterium der Transaktionssicherheit abhängig, hätte diese

---

1332 *Meyer/Kiesewetter*, WM 2009, S. 340 (345).

1333 Zu den näheren Voraussetzungen siehe bereits Seite 266, Gliederungspunkt 3.

Regelung keinen eigenständigen Anwendungsbereich, da sämtliche Instrumente und Vereinbarungen nur unter § 33 Abs. 1 oder § 38 Abs. 1 S. 1 Nr. 1 WpHG fallen würden. Denn das Bestehen eines Anspruchs auf Lieferung verlangt § 38 Abs. 1 S. 1 Nr. 2 WpHG gerade nicht. Würde man das Kriterium der Transaktionssicherheit als Voraussetzung für eine Meldepflicht nach § 38 Abs. 1 S. 1 Nr. 2 WpHG ansehen, käme dies de facto einer Forderung nach dem Bestehen eines zumindest schuldrechtlichen Anspruchs gleich, da nicht ersichtlich ist, wie das Merkmal der Transaktionssicherheit sonst zu erfüllen wäre. Eine solch einschränkende Auslegung ließe den Sinn und Zweck des § 38 Abs. 1 S. 1 Nr. 2 WpHG, nämlich die Verhinderung eines unbemerkten Beteiligungsaufbaus, ins Leere laufen und würde § 38 Abs. 1 S. 1 Nr. 2 WpHG letztlich obsolet machen.

Es bleibt festzuhalten, dass *Irrevocable Undertakings* in den Anwendungsbereich des § 38 Abs. 1 S. 1 Nr. 2 WpHG fallen, soweit sie nicht bereits einen schuldrechtlichen Anspruch auf den Erwerb von Aktien beinhalten. Dann wäre – je nach Ausgestaltung der in der Abrede enthaltenen Bedingungen und Fristen – bereits eine Meldepflicht nach § 33 Abs. 1 bzw. § 38 Abs. 1 S. 1 Nr. 1 WpHG gegeben.

III. Optionsgeschäfte

Die grundlegende Funktionsweise von Optionen wurde bereits erläutert,[1334] sodass im Folgenden auf diesen Ausführungen aufgebaut werden kann. Vorliegend sollen lediglich Optionen mit Aktien als Basiswert betrachtet werden, da nur sie dem Beteiligungsaufbau dienen können. Optionen können sowohl dinglicher als auch schuldrechtlicher Natur sein. Im Folgenden seien lediglich schuldrechtliche Optionen angesprochen, da dingliche Optionen zu einer Zurechnung nach § 34 Abs. 1 S. 1 Nr. 5 WpHG[1335] und zu einer Meldepflicht nach § 33 oder § 38 WpHG führen[1336] und damit für den verdeckten Beteiligungsaufbau nicht geeignet sind. Indes ist eine Unterscheidung in schuldrechtliche Optionen mit physischem Settlement und solche mit Cash Settlement notwendig.[1337]

1. Call-Optionen mit physischem Settlement

Call-Optionen mit physischem Settlement sehen eine Verpflichtung zur Lieferung des Basiswerts bei Ausübung der Option vor.[1338]

1334 Siehe bereits S. 81, dort Gliederungspunkt aa).
1335 *Meyer/Kiesewetter*, WM 2009, S. 340 (343). In Einzelheiten streitig.
1336 *U. H. Schneider*, in: Assmann/ders./Mülbert, WpHG, 7. Aufl. (2019), § 38, Rn. 77.
1337 Vertiefend dazu *Renn*, Einsatz und Offenlegung von Derivaten (2010), S. 61 ff.
1338 *Renn*, Einsatz und Offenlegung von Derivaten (2010), S. 61.

a) § 33 WpHG

Dem Optionsberechtigten stehen bis zur Ausübung der Option keine Stimmrechte aus den Aktien des Emittenten zu. Daher ist eine Meldepflicht nach § 33 WpHG grundsätzlich nicht gegeben. Fraglich ist, ob § 33 Abs. 3 WpHG hieran etwas zu ändern vermag, da er die Meldepflicht auf den Abschluss des schuldrechtlichen Vertrages vorverlagert, wenn ein unbedingter und sofort zu erfüllender Anspruch besteht.

Weidemann sieht auch unter Beachtung von § 33 Abs. 3 WpHG keine Meldepflicht des Berechtigten einer Call-Option.[1339] Eine Call-Option verkörpere die Möglichkeit des Berechtigten, durch eine einseitige Willenserklärung einen Vertrag zustande zu bringen.[1340] Mit Abschluss der Optionsvereinbarung werde daher lediglich ein Optionsrecht eingeräumt. Der Aktienerwerb sei erst durch einen zweiten Akt, nämlich die Ausübung des Optionsrechts möglich. Daher könne nicht von einem unbedingten und sofort zu erfüllenden Anspruch bereits zum Zeitpunkt des Abschlusses des Optionsvertrages ausgegangen werden.[1341] Hierfür spreche der Sinn und Zweck des § 33 Abs. 3 WpHG, der eine Vorverlagerung der Mitteilungspflicht nur für solche Fälle vorsehe, in denen von einer typischen Markterwartung ausgegangen werden könne, dass Geschäfte grundsätzlich kurzfristig und mit Sicherheit vollzogen würden. Diese typisierte Markterwartung sei bei Optionsgeschäften aber nicht gegeben, da die Ausübung der Option gerade in das Belieben des Optionsberechtigten gestellt werde.[1342]

Dem ist zuzustimmen, weil Call-Optionen tatsächlich keine unbedingten und üblicherweise ohne zeitliche Verzögerung zu erfüllenden Vereinbarungen bezüglich des Aktienerwerbs darstellen. Denn die Frage, ob und wann sie ausgeübt werden, ist keiner einheitlichen Beurteilung zugänglich. Von einem gesicherten Anspruch auf den Erwerb von Aktien kann daher nicht ausgegangen werden, und eine Meldepflicht nach § 33 Abs. 1, 3 WpHG ist zu verneinen.

b) § 38 Abs. 1 S. 1 Nr. 1 WpHG

Optionsgeschäfte kommen gemäß der Aufzählung in § 38 Abs. 2 Nr. 2 WpHG grundsätzlich als meldepflichtige Instrumente in Betracht. Fraglich ist, ob sie die weiteren Voraussetzungen des § 38 Abs. 1 S. 1 Nr. 1 WpHG erfüllen. Hierfür ist eine Unterscheidung in unbedingte und bedingte Call-Optionen mit physischem Settlement notwendig.

1339 *Weidemann*, NZG 2016, S. 605 (608).
1340 *Weidemann*, NZG 2016, S. 605 (608).
1341 *Weidemann*, NZG 2016, S. 605 (608).
1342 *Weidemann*, NZG 2016, S. 605 (608).

aa) Unbedingte Call-Optionen mit physischem Settlement

Nach § 38 Abs. 1 S. 1 Nr. 1 lit. a) WpHG sind Instrumente meldepflichtig, die ihrem Inhaber ein unbedingtes Recht auf den Erwerb mit Stimmrechten verbundener Aktien verleihen. Darunter fallen Vereinbarungen, die nicht gemäß § 33 Abs. 3 WpHG sofort zu erfüllen sind und die Lieferung von Aktien zum Gegenstand haben.[1343] Handelt es sich um eine unbedingte Call-Option, so ist das Zustandekommen eines Aktienerwerbs allein von dem Willen des Optionsberechtigten, also des Inhabers des Instruments abhängig. Die Ausübung der Option liegt in dessen alleinigem Ermessen. Erst zum Zeitpunkt der Ausübung der Option entsteht auch die Verpflichtung des Stillhalters der Option zur Lieferung der Basiswerte, hier also der Aktien. Vom Zeitpunkt des Abschlusses der Option bis zu deren Ausübung ist ein unbedingtes Erwerbsrecht daher nicht gegeben. Die unbedingte Call-Option verleiht insoweit kein unmittelbares Recht auf Erwerb im Sinne des § 38 Abs. 1 S. 1 Nr. 1 lit. a) WpHG.

Nach § 38 Abs. 1 S. 1 Nr. 1 lit. b) WpHG sind Instrumente aber auch dann meldepflichtig, wenn sie lediglich ein Ermessen in Bezug auf ein Erwerbsrecht gewähren. Genau hierunter ist eine unbedingte Call-Option mit physischem Settlement zu subsumieren, da sie zwar kein unbedingtes Erwerbsrecht beinhaltet, aber einen Aktienerwerb nur noch von der Ermessensentscheidung des Optionsberechtigten abhängig macht. Genau diesen Fall soll § 38 Abs. 1 S. 1 Nr. 1 lit. b) WpHG erfassen, sodass eine Meldepflicht nach dieser Vorschrift besteht.[1344]

bb) Bedingte Call-Optionen mit physischem Settlement

Ist die Ausübung der Call-Option von einer Bedingung – beispielsweise der Erteilung einer kartellrechtlichen Genehmigung oder dem Erreichen bestimmter Kursziele – abhängig, besteht weder ein unbedingtes Recht auf den Aktienerwerb noch liegt der Aktienerwerb im alleinigen Ermessen des Inhabers der Option, da die Ausübung der Option von weiteren Faktoren abhängig gemacht wird. Eine Meldepflicht scheidet daher sowohl nach § 38 Abs. 1 S. 1 Nr. 1 lit. a) als auch nach lit. b) WpHG aus.[1345]

c) § 38 Abs. 1 S. 1 Nr. 2 WpHG

Bedingte Call-Optionen mit physischem Settlement könnten jedoch unter § 38 Abs. 1 S. 1 Nr. 2 WpHG zu fassen sein, wenn sie eine vergleichbare wirtschaftliche Wirkung aufweisen.

1343 Zur Abgrenzung von § 38 Abs. 1 S. 1 Nr. 1 WpHG und § 33 Abs. 1 WpHG siehe bereits Seite 226, Gliederungspunkt b).

1344 Vgl. nur BaFin, Emittentenleitfaden 2018, Modul B (Stand: 30. Oktober 2018), Ziffer I.2.8.1.1, S. 41.

1345 So auch *Weidemann*, NZG 2016, S. 605 (608 f.).

Wie bereits angesprochen, ist es für eine Mitteilungspflicht nach § 38 Abs. 1 S. 1 Nr. 2 WpHG irrelevant, ob ein Erwerb tatsächlich stattfindet.[1346] Daher fallen auch Instrumente, deren Ausübung von einer Bedingung abhängt, grundsätzlich in den Anwendungsbereich des § 38 Abs. 1 S. 1 Nr. 2 WpHG. Es genügt nämlich die Verschaffung einer dem Beteiligungsaufbau durch Aktien ähnlichen Position. Zudem muss das Instrument die Vermittlung einer Erwerbsposition hinreichend sicher erscheinen lassen. Beide Voraussetzungen sind hier zu bejahen.

Der Inhaber der Option soll, sofern die Bedingung eintritt, das Recht auf den Erwerb von Aktien erhalten. Er hat damit bereits bei Erwerb des Instruments eine erwerbsähnliche Position bezüglich der Aktien inne, da es allein vom Bedingungseintritt abhängt, ob der Optionsinhaber das Recht erhält, nach seinem Ermessen zu entscheiden, ob ein Kaufvertrag über Aktien tatsächlich zustande kommt. Ob es tatsächlich zum Erwerb von Aktien kommt, ist wiederum unerheblich. Bedingte Call-Optionen mit physischem Settlement fallen daher unter die Meldepflicht des § 38 Abs. 1 S. 1 Nr. 2 WpHG, da sie eine mit Instrumenten nach § 38 Abs. 1 S. 1 Nr. 1 lit. b) WpHG, wie den unbedingten Call-Optionen mit physischem Settlement, vergleichbare wirtschaftliche Wirkung aufweisen. Einziger Unterschied ist die zusätzliche Vereinbarung einer weiteren Bedingung, die erfüllt sein muss, damit der Inhaber der Option sein Recht auf Ermessensausübung bezüglich des Aktienerwerbs erhält. Da der Optionspreis bei Abschluss feststeht, ist der Wert der Option und damit letztlich auch die Wahrscheinlichkeit ihrer Ausübung bei Bedingungseintritt abhängig von der Kursentwicklung der zugrundeliegenden Aktien.

Auch *Weidemann* geht von einer Meldepflicht aus, solange nur eine abstrakte Chance des Bedingungseintritts besteht.[1347] Dieses Ergebnis stellt keine extensive Auslegung des Merkmals der vergleichbaren wirtschaftlichen Wirkung dar, sondern greift das Regelungsziel des § 38 Abs. 1 S. 1 Nr. 2 WpHG auf.

2. Call-Optionen mit Cash Settlement

Eine Call-Option mit Cash Settlement beinhaltet das Recht des Optionsinhabers, bei Ausübung der Option den Differenzbetrag zwischen dem Aktienkurs und dem Ausübungspreis ausgezahlt zu bekommen, soweit der Aktienkurs über dem Ausübungspreis liegt.[1348] Fällt der Aktienkurs unter den Ausübungspreis, geht der Inhaber leer aus.[1349]

Eine Meldepflicht nach § 33 Abs. 1 oder § 38 Abs. 1 S. 1 Nr. 1 WpHG kommt ersichtlich nicht in Betracht, da es an einer Pflicht zur Lieferung der als Basiswert

---

1346 Siehe dazu bereits Seite 240, Gliederungspunkt V.

1347 *Weidemann*, NZG 2016, S. 605 (609).

1348 *Renn*, Einsatz und Offenlegung von Derivaten (2010), S. 61; *Cascante/Topf*, AG 2009, S. 53 (60).

1349 *Cascante/Topf*, AG 2009, S. 53 (60).

dienenden Aktien mangelt und auch kein Ermessen diesbezüglich zu erkennen ist.

Eine Meldepflicht könnte aber nach § 38 Abs. 1 S. 1 Nr. 2 WpHG bestehen, da auch im Falle des Cash Settlements einer Call-Option der Optionsverkäufer sein Risiko aus dem Optionsvertrag durch den Kauf von Aktien (*Hedging*) minimieren kann.[1350] Nach früherer Rechtslage wäre dies bereits ausreichend gewesen für die Bejahung einer Meldepflicht aufgrund § 25a Abs. 1 S. 1, S. 3 Nr. 1 WpHG a. F. Grund dafür ist, dass auch bei Ausübung einer Call-Option mit Cash Settlement die Gegenseite anstatt der Auszahlung des Differenzbetrages die Veräußerung der gesicherten Aktien anbieten wird, um die Sicherungsposition möglichst kursschonend auflösen zu können.[1351]

Fraglich ist, ob Call-Optionen mit Cash Settlement eine vergleichbare wirtschaftliche Wirkung mit Instrumenten des § 38 Abs. 1 S. 1 Nr. 1 WpHG aufweisen. Insoweit kann ein Vergleich mit *Cash Settled Equity Swaps* herangezogen werden. Optionen mit Cash Settlement lassen es aufgrund der Möglichkeit, die zu Sicherungszwecken gehaltenen Aktien der Banken kursschonend an den Optionsberechtigten zu veräußern, hinreichend sicher erscheinen, dass der Erwerb von Aktien herbeigeführt wird, auch wenn eine Pflicht zur Lieferung von Aktien gerade nicht besteht. Call-Optionen mit Cash Settlement werden aufgrund ihrer Preissicherungsfunktion bezüglich Aktienkursen am Markt auch ähnlich wie Call-Optionen mit physischem Settlement bewertet.[1352]

Eine vergleichbare wirtschaftliche Wirkung i. S. d. § 38 Abs. 1 S. 1 Nr. 2 WpHG ist mithin im Verhältnis zu Call-Optionen mit Cash Settlement zu bejahen und damit auch eine entsprechende Meldepflicht. Dieses Ergebnis ist mit Blick auf den Gesetzestext sowie die Gesetzesbegründung zum TÄUG als zweifelsfrei anzusehen.[1353]

Es sei darauf hingewiesen, dass die nach § 38 Abs. 1 WpHG geltenden Meldepflichten bezüglich Call-Optionen grundsätzlich nur den Inhaber der Option und nicht den Stillhalter treffen, da nach dem Wortlaut des § 38 Abs. 1 WpHG nur der Inhaber des jeweiligen Instruments als Adressat der Meldepflicht in Betracht kommt. Ob diese Erkenntnis mit Blick auf Put-Optionen gleichfalls Geltung beansprucht, wird sogleich betrachtet.

3. Put-Optionen mit physischem Settlement

Eine Put-Option mit physischem Settlement berechtigt ihren Inhaber, dem Stillhalter der Option Aktien zu einem vereinbarten Ausübungspreis anzudienen.[1354]

1350 *Cascante/Topf*, AG 2009, S. 53 (60).
1351 *Cascante/Topf*, AG 2009, S. 53 (60).
1352 *Cascante/Topf*, AG 2009, S. 53 (60).
1353 Siehe Begr. RegE TÄUG, BT-Drs. 18/5010, S. 46 f.
1354 Siehe bereits S. 81, dort Gliederungspunkt aa).

a) § 33 Abs. 1 WpHG

Zu den Put-Optionen mit physischem Settlement gilt betreffend die Meldepflicht aus § 33 Abs. 1 WpHG Vergleichbares wie für Call-Optionen mit physischem Settlement. Auch Put-Optionen stellen keine unbedingten und üblicherweise ohne zeitliche Verzögerung zu erfüllenden Vereinbarungen bezüglich des Aktienerwerbs dar. Weder ist der Zeitraum der Erfüllung dieser Optionen einheitlich zu beurteilen noch die Frage der (Nicht-)Ausübung der Option. Von einem gesicherten Anspruch auf den Erwerb von Aktien kann daher nicht ausgegangen werden.

Wird die Option ausgeübt, sind sowohl Optionsberechtigter als auch Stillhalter zu Meldungen nach § 33 Abs. 1 WpHG verpflichtet, soweit es auf ihrer Seite jeweils zu Schwellenberührungen kommt.

b) § 38 Abs. 1 S. 1 Nr. 1 WpHG

Eine Meldepflicht des Stillhalters nach § 38 Abs. 1 S. 1 Nr. 1 WpHG scheidet sowohl bei bedingten als auch bei unbedingten Put-Optionen mit physischem Settlement aus, da die Put-Option dem Stillhalter kein Erwerbsrecht und auch keine Befugnis zur Ausübung eines diesbezüglichen Ermessens verleiht,[1355] sondern eine Abnahmeverpflichtung auferlegt.[1356] Ein Erwerb liegt nicht in seinem Ermessen, da die Ausübung der Option der Entscheidung des Optionsberechtigten obliegt und nicht der des Stillhalters. Auch ist der Stillhalter nicht der unmittelbare Inhaber der Option, sodass bereits die Erfüllung dieses Tatbestandsmerkmals nicht gegeben ist. Ob er hingegen mittelbarer Inhaber oder als Inhaber zu behandeln ist, wird sogleich untersucht.

c) § 38 Abs. 1 S. 1 Nr. 2 WpHG

Nach alter Rechtslage waren Put-Optionen mit physischem Settlement nach einhelliger Ansicht unter § 25a Abs. 1 WpHG in der Fassung des AnsFuG zu subsumieren,[1357] da der Gesetzgeber dies eindeutig zum Ausdruck gebracht hat.[1358]

1355 Vgl. *U. H. Schneider*, in: Assmann/ders./Mülbert, WpHG, 7. Aufl. (2019), § 38, Rn. 40; BaFin, Emittentenleitfaden 2018, Modul B (Stand: 30. Oktober 2018), Ziffer I.2.8.1.2, S. 42.

1356 *Schürnbrand*, in: Emmerich/Habersack, Konzernrecht, 9. Aufl. (2019), WpHG § 38, Rn. 15.

1357 BaFin, Emittentenleitfaden 2013, Ziffer VIII.2.9.1.1, S. 141; *U. H. Schneider*, in: Assmann/ders., WpHG, 6. Aufl. (2012), § 25a, Rn. 45 f.; *Cascante/Topf*, AG 2009, S. 53 (54); *Krause*, AG 2011, S. 469 (478); *Renz/Rippel*, BKR 2011, S. 235 (237); *Voß*, BB 2010, S. 3099 (3102); kritisch *Cascante/Bingel*, NZG 2011, S. 1086 (1089); *Krämer/Kiesewetter*, BB 2012, S. 1679 (1683); *Heinrich/Krämer*, CFLaw 2013, S. 225 (230); *Heinrich*, in: Kölner Kommentar WpHG, 2. Aufl. (2014), § 25a, Rn. 45.

1358 Vgl. Begr RegE AnsFuG, BT-Drs. 17/3628, S. 19, 20.

Im Schrifttum gibt es Stimmen, die eine Meldepflicht für solche Optionen unter dem Regime des heutigen § 38 Abs. 1 S. 1 Nr. 2 WpHG verneinen.[1359] Diese Ansicht wird mit dem Wegfall des § 25a Abs. 1 S. 2 Nr. 2 i. V. m. Abs. 1 S. 3 WpHG a. F. begründet.[1360] Denn nach alter Rechtslage waren Put-Optionen unstreitig von § 25a Abs. 1 S. 2 Nr. 2 i. V. m. Abs. 1 S. 3 WpHG a. F. erfasst.[1361] Nach der Vorschrift des § 25a Abs. 1 S. 2 Nr. 2 WpHG a. F. bildete die Abnahmeverpflichtung des Stillhalters ein Regelbeispiel für das Ermöglichen des Erwerbs und gemäß § 25a Abs. 1 S. 3 WpHG a. F. wurde bei Optionsgeschäften deren Ausübung unterstellt. Da die Norm keine Fortführung im neuen Recht erfahren habe und zudem der neue § 38 Abs. 1 WpHG auf Erwerbsrechte und vergleichbare Rechte abstelle, sei eine Meldepflicht des Stillhalters einer Put-Option ausgeschlossen, weil sonst der Unterschied zwischen Kauf- und Verkaufsoptionen ausgeblendet werde.[1362] Der Stillhalter sei vor Ausübung der Put-Option gerade nicht zum Bezug von Aktien berechtigt. Um eine Meldepflicht zu begründen, müsse die Position des Stillhalters mit der Position beim (verdeckten) Beteiligungsaufbau durch Aktien vergleichbar sein. Dies sei sie aber nicht, da der Stillhalter bei Ausübung der Option regelmäßig Aktien zu einem über dem aktuellen Börsenkurs liegenden Ausübungspreis erwerben müsse.[1363] Der Stillhalter partizipiere weder an der wirtschaftlichen Entwicklung der Referenzaktien, noch erhalte er eine wirtschaftliche Zugriffsmöglichkeit.[1364] Die Annahme, es drohe die Gefahr des unbemerkten Anschleichens, sei daher „ökonomisch fragwürdig".[1365]

Demgegenüber sehen der Gesetzgeber, die BaFin und auch die ESMA Stillhalter von Put-Optionen als grundsätzlich vom Anwendungsbereich des § 38 Abs. 1 S. 1 Nr. 2 WpHG erfasst an.[1366]

1359 *Vogel, T.*, Beteiligungstransparenz (2018), S. 217; *Weidemann*, NZG 2016, S. 605 (609); *Seibt/Wollenschläger*, ZIP 2014, S. 545 (550).

1360 *Weidemann*, NZG 2016, S. 605 (609); *Seibt/Wollenschläger*, ZIP 2014, S. 545 (550).

1361 Vgl. nur *U. H. Schneider*, in: Assmann/ders., WpHG, 6. Aufl. (2012), § 25a, Rn. 45 f.

1362 *Weidemann*, NZG 2016, S. 605 (609).

1363 *Weidemann*, NZG 2016, S. 605 (609).

1364 *Vogel, T.*, Beteiligungstransparenz (2018), S. 217.

1365 *Weidemann*, NZG 2016, S. 605 (609).

1366 Begr. Reg TÄUG, BT-Drs. 18/5010, S. 46: „Auch zukünftig werden vor allem Optionen, Terminkontrakte und Differenzgeschäfte (contracts for difference) meldepflichtig sein [...]"; BaFin, Emittentenleitfaden 2018, Modul B (Stand: 30. Oktober 2018), Ziffer I.2.8.1.2, S. 42: „Erfasst werden aber auch die Stillhalterpositionen bei Put-Optionen, die eine physische Lieferung der Aktie vorsehen"; Liste der ESMA über meldepflichtige Instrumente (Stand: 22. Oktober 2015), S. 1: *"Options" should be read as including calls, puts or any combination thereof*; abrufbar unter: https://www.esma.europa.eu/document/indicative-list-financial-instruments (zuletzt abgerufen am 30. August 2020).

aa) Inhaberschaft

Zuvörderst müsste der Stillhalter der Put-Option Inhaber dieser Option im Sinne des § 38 Abs. 1 S. 1 WpHG sein. Als unmittelbarer Inhaber kommt zunächst nur derjenige in Betracht, in dessen Eigentum sich das Instrument befindet bzw. wer sonstiger Berechtigter ist.[1367] Bei Put-Optionen ist dies der Optionsberechtigte.[1368] Da der Stillhalter weder berechtigt ist, die Option auszuüben, noch ein Erwerbsrecht innehat, scheidet eine Inhaberstellung grundsätzlich aus. Zum alten Recht wurde vertreten, dass im Rahmen des § 25a WpHG in der Fassung des AnsFuG auch der Stillhalter einer Put-Option als Inhaber gelte.[1369] Fraglich ist, ob dieses Ergebnis zum alten Recht mit Blick auf den Wortsinn sowie die intendierte Schutzrichtung des heutigen § 38 WpHG aufrechterhalten werden kann.

Der Gesetzgeber sowie die BaFin erblicken in der Neugestaltung der Meldepflicht des § 38 WpHG keine inhaltlichen Änderungen.[1370] Dies hat zur Konsequenz, dass das Merkmal der vergleichbaren wirtschaftlichen Wirkung nicht nur die Tatbestandsmerkmale „unbedingtes Recht auf Erwerb" (§ 38 Abs. 1 S. 1 Nr. 1 lit a) WpHG) sowie „Ermessen in Bezug auf sein Recht auf Erwerb" (§ 38 Abs. 1 S. 1 Nr. 1 lit b) WpHG) sondern auch das Tatbestandsmerkmal der Inhaberstellung bzw. Berechtigung des § 38 Abs. 1 S. 1 WpHG überwinden kann.[1371] Eine solche Wirkung des Merkmals der vergleichbaren wirtschaftlichen Wirkung wäre auch konsequent, da die wirtschaftliche Betrachtungsweise, welche dem Merkmal zugrunde liegt, die rechtlichen Wirkungen der Instrumente gerade nicht in die Betrachtung einbezieht. Daher kann es im Rahmen der Anwendung des § 38 Abs. 1 S. 1 Nr. 2 WpHG auch nicht auf die rechtliche Stellung als Inhaber, sondern es muss darauf ankommen, ob jemand wirtschaftlich wie ein Inhaber gestellt wird. Entscheidend ist daher die Frage, ob eine Put-Option mit physischem Settlement für den Stillhalter wirtschaftlich einem Instrument mit Erwerbsrecht oder einem Ermessen bezüglich eines Erwerbsrechts nach § 38 Abs. 1 S. 1 Nr. 1 WpHG vergleichbar ist.

bb) Vergleichbare wirtschaftliche Wirkung

Eine Meldepflicht nach § 38 Abs. 1 S. 1 Nr. 2 WpHG ist für Put-Optionen mit physischem Settlement nur dann zu bejahen, wenn sie eine vergleichbare

1367 Vgl. *Petersen*, in: Spindler/Stilz, Aktiengesetz, 4. Aufl. (2019), WpHG §§ 33-47, Rn. 72; *U. H. Schneider*, in Assmann/ders./Mülbert, WpHG, 7. Aufl. (2019), § 38, Rn. 25.

1368 Vgl. nur *Weidemann*, NZG 2016, S. 605 (609).

1369 Vgl. *Wehowsky*, in: Erbs/Kohlhaas, Strafrechtliche Nebengesetze (230. EL), WpHG § 25a, Rn. 2 (Kommentierung des WpHG mit Stand aus April 2012/189. EL).

1370 Begr. Reg TÄUG, BT-Drs. 18/5010, S. 46; BaFin, Emittentenleitfaden 2018, Modul B (Stand: 30. Oktober 2018), Ziffer I.2.8.1.2, S. 42.

1371 Vgl. *Schürnbrand*, Emmerich/Habersack, Konzernrecht, 9. Aufl. (2019), WpHG § 38, Rn. 15; kritisch *Seibt/Wollenschläger*, ZIP 2014, S. 545 (550).

wirtschaftliche Wirkung wie die von Nummer 1 der Vorschrift umfassten Instrumente aufweisen. § 38 Abs. 1 S. 1 Nr. 2 WpHG fordert damit kein Erwerbsrecht, sondern eine wirtschaftlich vergleichbare Position. Eine solche ist gegeben, wenn das Instrument der Vermittlung einer erwerbsähnlichen Position dient, die es ihrem Inhaber ermöglicht, die wirtschaftlichen Chancen und Risiken einer Aktie im Hinblick auf deren Kursentwicklung zu nutzen, ohne dass mit dieser Position Stimmrechte einhergehen würden.

Ein Bezug zur Aktie, wie ihn die Gesetzesbegründung fordert, ist unproblematisch zu bejahen, da als Basiswert Aktien eines Emittenten dienen, die Vertragsgegenstand der Put-Option sind. Eine Put-Option gewährt im engeren Sinne jedoch kein Erwerbsrecht, also kein Recht, von der Gegenseite die Lieferung von Aktien zu verlangen, sondern begründet eine Abnahmeverpflichtung des Stillhalters, die einseitig vom Optionsberechtigten herbeigeführt werden kann. Dies ist im Rahmen des § 38 Abs. 1 S. 1 Nr. 2 WpHG zunächst jedoch nicht entscheidend, da lediglich eine wirtschaftlich vergleichbare und nicht rechtlich vergleichbare Wirkung des Instruments erforderlich ist, um eine Meldepflicht zu bejahen. Auf die fehlende Berechtigung des Stillhalters der Option zu deren Ausübung kommt es daher nicht an.[1372] Entscheidend ist allein, ob eine Put-Option mit physischem Settlement dem Stillhalter eine erwerbsähnliche Position vermittelt.

Fraglich ist insofern, ob der Stillhalter an den wirtschaftlichen Chancen und Risiken der Aktie partizipiert. Grundsätzlich erhält der Stillhalter eine Optionsprämie, welche bei Abschluss des Optionsgeschäfts zu zahlen ist. Im Gegenzug geht er das Risiko ein, dass ihm bei Ausübung der Option Aktien angedient werden, deren Erwerbspreis über dem aktuellen Aktienkurs liegt. Insoweit nimmt er bereits bei Abschluss der Put-Option an den Risiken der Aktien teil. Ein Aktienerwerb ist zudem jedenfalls dann, wenn der Ausübungspreis über dem aktuellen Aktienkurs liegt, hinreichend sicher, denn in diesem Fall ist davon auszugehen, dass dem Stillhalter die Aktien vom Optionsberechtigten angedient werden. Ob es tatsächlich zum Erwerb kommt, ist dabei unerheblich. Diese Unsicherheit ist jeder Option immanent und führt nicht zu einer Verneinung der Meldepflicht. Die Tatsache, dass § 25 Abs. 1 S. 3 WpHG in der Fassung des AnsFuG – der vorsah, dass bei Optionsgeschäften oder diesen vergleichbaren Geschäften deren Ausübung zu unterstellen war – nicht in den neuen § 38 WpHG übernommen wurde, führt zu keinem anderen Ergebnis. Auch der Gesetzgeber geht trotz des Fehlens einer vergleichbaren Regelung von einer unveränderten Meldepflicht aus.[1373] Insoweit war § 25 Abs. 1 S. 3 WpHG a. F. lediglich klarstellender Charakter beizumessen.

Es ist daher konsequent, auch Instrumente, welche die Andienung bzw. den Bezug von Aktien hinreichend sicher erscheinen lassen, als mit vergleichbarer wirtschaftlicher Wirkung ausgestattete Instrumente anzusehen, zumal § 38

1372 Kritisch *Seibt/Wollenschläger*, ZIP 2014, S. 545 (550).
1373 Vgl. Fn. 1366.

Abs. 1 S. 1 Nr. 2 WpHG vor allem, aber nicht nur das Anschleichen verhindern soll. Daneben soll er in genereller Hinsicht dazu beitragen, bedeutende stimmrechtsvermittelnde Positionen offenzulegen, um dem Kapitalmarkt eine bessere Informationsbasis zu liefern.[1374]

Eine Nutzung von Put-Optionen mit physischem Settlement zum unbemerkten Anschleichen ist auch nicht vollkommen ausgeschlossen. *Holfter* spricht in diesem Zusammenhang eine mögliche Abrede der Vertragsparteien dahingehend an, dass eine Ausübung der Option in jedem Fall erfolgen solle.[1375] Dabei sei aber zu bedenken, dass sich eine solche Abrede vom Grundtypus der Put-Option entfernen und letztlich eine Sonderstellung einnehmen könnte.[1376] Unabhängig von der hier angesprochenen Problematik eines etwaig bestehenden *Gentlemen's Agreement* ist die Put-Option mit physischem Settlement durchaus ein Instrument, welches sich – unter bestimmten Umständen – zum unbemerkten Aufbau einer Beteiligung eignet.

Im Ergebnis ist eine Meldepflicht des Stillhalters von Put-Optionen mit physischem Settlement nach § 38 Abs. 1 S. 1 Nr. 2 WpHG zu bejahen, da eine vergleichbare wirtschaftliche Wirkung gegenüber Instrumenten im Sinne des § 38 Abs. 1 S. 1 Nr. 1 WpHG gegeben ist. Dass er nicht Inhaber der Put-Option ist, ist insoweit unerheblich, da das Merkmal der vergleichbaren wirtschaftlichen Wirkung die fehlende Berechtigung überwindet.

4. Put-Optionen mit Cash Settlement

Eine Meldepflicht für Put-Optionen mit Cash-Settlement, d. h. mit der Verpflichtung des Stillhalters, bei Ausübung der Option einen Differenzbetrag zwischen Ausübungspreis und Aktienkurs zu zahlen, fällt weder unter § 33 Abs. 1 WpHG noch unter § 38 Abs. 1 S. 1 Nr. 1 WpHG, da hier sowohl vor als auch nach Ausübung der Option kein Anspruch des Stillhalters auf Übereignung von mit Stimmrechten verbundenen Aktien oder ein diesbezügliches Ermessen besteht, sondern der Stilhalter lediglich einen Barausgleich schuldet.[1377]

Was § 38 Abs. 1 S. 1 Nr. 2 WpHG betrifft, gelten dieselben Ausführungen wie für Put-Optionen mit physischem Settlement;[1378] denn ob ein Anspruch auf Lieferung oder Barausgleich besteht, ist für eine Meldepflicht nach § 38 Abs. 1 S. 1 Nr. 2 WpHG nicht von Relevanz. Auch bei einer Put-Option mit Cash Settlement kann bei entsprechender Kursentwicklung mit der Lieferung von Aktien

1374 Bericht der Kommission vom 27. Mai 2010, COM (2010) 243, S. 14, Rn. 28.
1375 *Holfter*, Öffentliche Übernahme durch Anschleichen (2012), S. 157 f.
1376 *Holfter*, Öffentliche Übernahme durch Anschleichen (2012), S. 157 f.
1377 Vgl. *U. H. Schneider*, in: Assmann/ders./Mülbert, WpHG, 7. Aufl. (2019), § 38, Rn. 20, 51 sowie Vorkommentierung zum alten Recht in: Assmann/ders., WpHG, 6. Aufl. (2012), § 25a, Rn. 46; kritisch *Heinrich/Krämer*, CFLaw 2013, S. 225 (230).
1378 Vgl. die Ausführungen auf Seite 274, Gliederungspunkt c).

gerechnet werden,[1379] da auch der Optionsberechtigte Aktien zu Sicherungszwecken in seinen Bestand aufnehmen wird.[1380] Mit dem Abschluss von Put-Optionen kann der Stillhalter die Gegenpartei somit in die Lage versetzen, eine Position in der betreffenden Aktie aufzubauen, auf die der Stillhalter später zugreifen kann.[1381]

Unter Zugrundelegung der bereits zu Put-Optionen mit physischem Settlement dargelegten Argumentation ist eine Meldepflicht beim Halten von Put-Optionen mit Cash Settlement nach § 38 Abs. 1 S. 1 Nr. 2 WpHG ebenfalls anzunehmen.

IV. Sonstige Gestaltungen

Im Folgenden werden zwei weitere Gestaltungsmöglichkeiten vorgestellt, die zum unbemerkten Aufbau von Beteiligungen an börsennotierten Aktiengesellschaften genutzt werden können, und erläutert, inwieweit sie unter die Meldepflichten des WpHG fallen.

1. Wertpapierdarlehen

Auch Wertpapierdarlehen – ebenfalls als Aktienleihe oder Wertpapierleihe bezeichnet[1382] – können grundsätzlich zum verdeckten Aufbau einer Beteiligung an einem Emittenten genutzt werden.[1383] Bei einem Wertpapierdarlehen überträgt der Darlehensgeber an den Darlehensnehmer, der in aller Regel eine Bank ist, Aktien, der Darlehensnehmer wird Aktionär.[1384] Im Gegenzug verpflichtet sich der Darlehensnehmer, Aktien gleichen Typs zurückzuerstatten.[1385] Sofern mehrere Wertpapierdarlehensverträge abgeschlossen werden, kann ein der Nutzung

---

1379 Vgl. *U. H. Schneider*, in: Assmann/ders./Mülbert, WpHG, 7. Aufl. (2019), § 38, Rn. 51.

1380 BaFin, Emittentenleitfaden 2018, Modul B (Stand: 30. Oktober 2018), Ziffer I.2.8.1.2, S. 42 f.

1381 Vgl. Fn. 1379 und 1380.

1382 Vgl. *U. H. Schneider/Brouwer*, FS K. Schmidt, S. 1411 (1414). Dies ist jedoch juristisch unglücklich gewählt, da bei einer Leihe im Sinne des § 598 BGB gemäß § 604 BGB die identische Sache zurückzugewähren ist. Daran haben aber weder der Darlehensnehmer noch der Darlehensgeber ein Interesse, da die Wertpapiere vom Darlehensnehmer meist im Wege von Absicherungsstrategien weiter genutzt werden, vgl. hierzu *Storck*, in: Zerey, Finanzderivate, 4. Aufl. (2016), S. 382 f.

1383 *Cascante/Bingel*, NZG 2011, S. 1086 (1091); *Brandt*, BKR 2010, S. 270 (273); *Seibt*, CFLaw 2010, S. 502 (504); *Merkner/Sustmann*, NZG 2012, S. 241 (244); *Cascante/Topf*, AG 2009, S. 53 (65 f.); *Heinrich/Krämer*, CFLaw 2013, S. 225 (230); *Wansleben*, StudZR 2009, S. 465 (488); *Weidemann*, NZG 2016, S. 605 (606).

1384 *U. H. Schneider*, in: Assmann/ders./Mülbert, WpHG, 7. Aufl. (2019), § 34, Rn. 73, 78.

1385 Vgl. *Weidemann*, NZG 2016, S. 605 (610); *Storck*, in: Zerey, Finanzderivate, 4. Aufl. (2016), S. 382; *U. H. Schneider*, in: Assmann/ders./Mülbert, WpHG, 7. Aufl. (2019), § 34, Rn. 73.

von *Cash Settled Equity Swaps* ähnlicher Effekt zum verdeckten Beteiligungsaufbau erzielt werden. Der Investor (Darlehensgeber) kauft bei dieser Methode jeweils mehrere Aktienpakete unter der 3 %-Schwelle und „parkt“ diese im Wege der Wertpapierleihe bei verschiedenen Banken (Darlehensnehmer).[1386] Diese Pakete sind damit keiner Meldepflicht unterworfen, und ihre Verbindung zum Investor ist für den Kapitalmarkt nicht erkennbar.

Bei einem Wertpapierdarlehen handelt es sich um ein Sachdarlehen gemäß § 607 BGB.[1387] Die Rechte in Bezug auf die Wertpapiere – hier: Aktien – gehen vollständig auf den Darlehensnehmer über. Er kann frei über die Aktien verfügen[1388] und damit auch das Stimmrecht frei ausüben. Grundsätzlich wäre es dem Darlehensgeber daher möglich, Dritten Aktien darlehensweise zu überlassen, ohne dass ihm Stimmrechte zugerechnet würden.[1389] Denn grundsätzlich unterfallen solche Wertpapierdarlehen keinem der Zurechnungstatbestände nach § 34 WpHG, soweit keine weiteren Abreden zwischen den Parteien existieren.[1390] So könnte der Darlehensgeber weitere Aktien hinzuerwerben, ohne nach § 33 WpHG meldepflichtig zu sein. Er hat bei Fälligkeit des Darlehens jedoch einen Rückforderungsanspruch gemäß § 607 Abs. 1 S. 2 BGB.

Dieser Rückforderungsanspruch war von der Meldepflicht des § 25 Abs. 1 WpHG in der Fassung des AnsFuG erfasst, da er unter den Begriff des sonstigen Instruments fiel.[1391] Ob sich durch das TÄUG an der Meldepflichtigkeit von Wertpapierdarlehen etwas geändert hat, soll nun untersucht werden.

a) § 33 Abs. 1 WpHG

Die Anwendung von § 33 Abs. 1 WpHG auf den Rückforderungsanspruch des Darlehensgebers ist davon abhängig, ob es sich bei diesem um einen gemäß § 33 Abs. 3 WpHG unbedingten und sofort zu erfüllenden Anspruch auf Übertragung von Aktien handelt.

Der Rückforderungsanspruch des Darlehensgebers wird nach § 608 Abs. 1 BGB erst mit Kündigung fällig. Die eine Kündigung betreffenden Regelungen werden zudem meist individualvertraglich ausgestaltet.[1392] Wertpapierdarlehen unterliegen daher keiner marktüblichen Lieferfrist und gelten nicht als ohne zeitliche Verzögerung zu erfüllende Verpflichtungen.

Eine Meldepflicht des Darlehensgebers bezüglich seines Rückforderungsanspruchs besteht daher bei Abschluss des Wertpapierdarlehens nach § 33

1386 *Weidemann*, NZG 2016, S. 605 (606).
1387 *Bedkowski*, BB 2009, S. 394 (396).
1388 *Storck*, in: Zerey, Finanzderivate, 4. Aufl. (2016), S. 382.
1389 *Cascante/Bingel*, NZG 2011, S. 1086 (1091).
1390 Vgl. nur *Weidemann*, NZG 2016, S. 605 (610) m. w. N.
1391 Vgl. Begr. RegE AnsFuG, BT-Drs. 17/3628, S. 19; *Muhr*, Vollharmonisierung im Kapitalmarktecht (2014), S. 200.
1392 Vgl. nur *Weidemann*, NZG 2016, S. 605 (610) m. w. N.

Abs. 1 WpHG nicht. Er muss jedoch die dem Darlehensnehmer übertragenen Aktien nach § 33 Abs. 1 WpHG „heruntermelden“,[1393] soweit es hier zu Schwellenberührungen kommt, da er die Aktionärsstellung und damit das Stimmrecht weiterreicht.

Gleichzeitig ist der Darlehensnehmer bereits zum Zeitpunkt des Abschlusses der Wertpapierdarlehensvereinbarung nach § 33 Abs. 1 und Abs. 3 WpHG meldepflichtig und nicht erst mit Übertragung der Aktien, da die Übertragung regelmäßig sofort zu erfolgen hat, sofern keine weiteren Bedingungen enthalten sind.

Zum Zeitpunkt der Rückübertragung der Aktien ist – sofern jeweils Schwellenberührungen stattfinden – der Darlehensgeber ebenso nach § 33 Abs. 1 WpHG zur Mitteilung verpflichtet wie der Darlehensnehmer, da sowohl das Über- als auch das Unterschreiten von Meldeschwellen eine Pflicht zur Mitteilung auslöst.

b) § 38 Abs. 1 S. 1 Nr. 1 WpHG

Fraglich bleibt, ob der Rückübertragungsanspruch aus dem Wertpapierdarlehen vom Darlehensgeber nach § 38 Abs. 1 S. 1 Nr. 1 WpHG gemeldet werden muss.

Nach früherer Rechtslage wurde eine Meldepflicht nach § 25 Abs. 1 WpHG in der Fassung des AnsFuG von der Aufsichtspraxis bejaht, soweit die Rückforderung nur vom Anspruchsinhaber oder Zeitablauf abhing.[1394] Auch in der Literatur wurde eine Meldepflicht befürwortet.[1395]

Indes handelt es sich beim Rückforderungsanspruch aus dem Wertpapierdarlehen auch um ein nach § 38 Abs. 1 S. 1 Nr. 1 WpHG meldepflichtiges Erwerbsrecht; denn bei Fälligkeit erlangt der Darlehensgeber einen unbedingten Anspruch auf die Übertragung von Aktien. Damit besteht eine Mitteilungspflicht nach der genannten Norm, soweit keine atypischen Abreden getroffen wurden.

2. Genehmigtes Kapital

Genehmigtes Kapital ist eine satzungsmäßige Ermächtigung des Vorstands einer AG, das Grundkapital aufgrund einer vorherigen Genehmigung der Hauptversammlung – in einem bestimmten Zeitraum – um einen bestimmten Betrag durch Ausgabe neuer Aktien gegen Einlagen zu erhöhen, ohne dass die Hauptversammlung dieser Kapitalerhöhung zustimmen müsste (§ 202 Abs. 1 AktG).

Auch über die Schaffung neuer Aktien im Wege genehmigten Kapitals gemäß § 202 ff. AktG ist in Einzelfällen ein Beteiligungsaufbau denkbar.[1396] Regelmäßig erfolgt ein solcher dabei im Zuge der nachfolgenden Kapitalerhöhung gegen Bareinlage mit erleichtertem Bezugsrechtsausschluss gemäß § 203 Abs. 1 AktG

1393 Zum Begriff „heruntermelden“ siehe bereits Fn. 1131.

1394 BaFin, Emittentenleitfaden 2013, Ziffer VIII.2.8.1.1, S. 135.

1395 Vgl. *Merkner/Sustmann*, NZG 2012, S. 241 (243); *Cascante/Bingel*, NZG 2011, S. 1086 (1092).

1396 *Seibt*, CFLaw 2013, S. 145 (152) mit Praxisbeispielen.

i. V. m. § 186 Abs. 3 S. 4 AktG.[1397] Hierbei treffen Bieter und Emittent regelmäßig eine Vereinbarung (sog. *Investment Agreement*) mit dem Inhalt, dass der Bieter ein freiwilliges Übernahmeangebot abgeben wird.[1398] Der Emittent verpflichtet sich im Gegenzug, eine Barkapitalerhöhung unter Bezugsrechtsausschluss durchzuführen. Der Ausschluss des Bezugsrechts führt dazu, dass die bisherigen Aktionäre kein privilegiertes Erwerbsrecht bezüglich der neu zu schaffenden Aktien haben. Damit wird ihnen die Möglichkeit genommen, die Quote ihrer Beteiligung am Emittenten mit Blick auf die Gesamtzahl der ausgegebenen Aktien zu wahren. Im Gegenzug verpflichtet sich der Bieter bezüglich der neu zu schaffenden Aktien zur Zeichnung zu einem vereinbarten Ausgabepreis. Die bisherigen Aktionäre haben in diesem Fall also das Nachsehen.

Das Verfahren einer Kapitalerhöhung im Wege genehmigten Kapitals stellt sich wie folgt dar: Ist in der Satzung der AG (Emittent) ein genehmigtes Kapital vorgesehen, beschließt der Vorstand zunächst, neue Aktien auszugeben. Grundsätzlich soll der Aufsichtsrat dieser Ausgabe von neuen Aktien gemäß § 202 Abs. 3 S. 2 AktG zustimmen müssen. Der Vorstand entscheidet sodann über den Inhalt der Aktienrechte und die Bedingungen der Aktienausgabe; die Entscheidung bedarf der Zustimmung des Aufsichtsrats nach § 204 Abs. 1 S. 1, S. 2 AktG. Die weiteren Schritte folgen dem Verfahren einer regulären Kapitalerhöhung. Die neuen Aktien sind gemäß §§ 203 Abs. 1 S. 1, 185 AktG zu zeichnen, und der Zeichner hat seine Einlage gemäß §§ 203 Abs. 1 S. 1, 188 Abs. 2, 36a AktG zu leisten. Anschließend ist die Kapitalerhöhung nach §§ 203 Abs. 1 S. 1, 188, 203 Abs. 3 S. 4 AktG zur Eintragung im Handelsregister anzumelden. Erst mit der Eintragung der Durchführung der Kapitalerhöhung im Handelsregister wird diese wirksam (§§ 203 Abs. 1 S. 1, 189 AktG). Dadurch entstehen gemäß § 211 AktG auch die Stimmrechte. Diese entstehen dabei direkt beim Erstzeichner und nicht zunächst beim Emittenten.[1399]

In den meisten Fällen einer Kapitalerhöhung mit Ausgabe neuer Aktien bedient sich der Emittent eines Emissionsunternehmens, in der Regel eine Bank, welche die neu ausgegebenen Aktien zunächst übernimmt (Erstzeichner) und erst im Anschluss an die Investoren (Zweitzeichnern) weiterveräußert.[1400]

1397 *Seibt*, CFLaw 2013, S. 145 (152).

1398 Vgl. beispielsweise Ad-hoc-Mitteilung der D+S Europe AG vom 15.04.2008: „D+S Europe AG und Apax schließen Vereinbarung zur Vorbereitung einer öffentlichen Übernahme der D+S Europe AG und zur Beteiligung von Apax im Wege einer Barkapitalerhöhung“, abrufbar unter: https://www.ots.at/presseaussendung/OTS_20080415_OTS0297/euro-adhoc-ds-europe-ag-fusionuebernahmebeteiligung-ds-europe-ag-ds-europe-ag-und-apax-schliessen-vereinbarung-zur-vorbereitung-einer-oeffentlichen-uebernahme-der-ds-europe-ag-und-zur-beteiligung-vo.html (zuletzt abgerufen am 30. August 2020).

1399 BaFin, Emittentenleitfaden 2018, Modul B (Stand: 30. Oktober 2018), Ziffer I.2.3.4.1.1, S. 14.

1400 *Dieckmann*, BKR 2019, S. 114 (118).

a) § 33 Abs. 1 WpHG

Eine Meldepflicht nach § 33 Abs. 1 WpHG besteht für den Erstzeichner ab dem Zeitpunkt der Eintragung der Kapitalerhöhung in das Handelsregister. Sofern unter Berücksichtigung bereits gehaltener Aktien die 3 %-Schwelle erreicht oder überschritten wird, ist eine Schwellenberührung auf „sonstige Weise" im Sinne des § 33 Abs. 1 S. 1 WpHG gegeben.[1401]

Fraglich ist, ob der maßgebliche Zeitpunkt für die Meldepflicht nicht schon im Augenblick der Zeichnung der Aktien gegeben ist. Dazu müsste es sich um einen unbedingten und ohne zeitliche Verzögerung zu erfüllenden Anspruch handeln (§ 33 Abs. 3 WpHG).

Die Kapitalerhöhung wird, wie angesprochen, erst mit Eintragung in das Handelsregister wirksam. Diese erfolgt erst nach Zeichnung der neuen Aktien. Insoweit sind also noch wesentliche Zwischenschritte – nämlich Anmeldung und Eintragung – erforderlich, um Stimmrechte beim Zeichner entstehen zu lassen. Da der weitere Fortgang insbesondere von der Prüfung der Voraussetzungen einer Kapitalerhöhung seitens des Handelsregisters abhängt, kann von einem ohne zeitliche Verzögerung zu erfüllenden Anspruch nicht gesprochen werden. Eine Meldepflicht nach § 33 Abs. 1 und 3 WpHG ist daher zum Zeitpunkt der Zeichnung der Aktien zu verneinen.

Zudem ist im Falle der Einschaltung eines Emissionsunternehmens die Ausnahmevorschrift des § 36 Abs. 3 Nr. 1 WpHG zu beachten. Danach ist das Emissionsunternehmen bis zum Ablauf des dritten Handelstages nach der Erstzeichnung von der Meldepflicht befreit.

Für die Zweitzeichner besteht grundsätzlich eine Meldepflicht gemäß § 33 Abs. 1 und 3 WpHG, sofern sie gegen den Erstzeichner einen unbedingten und sofort zu erfüllenden Anspruch haben.[1402] Da es für den Zweitzeichner sehr schwierig sein kann, den konkreten Zeitpunkt der Entstehung der Stimmrechte zu bestimmen, ist es Verwaltungspraxis der BaFin, auf die dingliche Rechtslage, d. h. die Einbuchung der Aktien im Depot abzustellen.[1403]

Für bestehende Aktionäre entsteht eine Meldepflicht immer dann, wenn bereits Stimmrechte gehalten werden und das Bezugsrecht im Laufe der Kapitalerhöhung nicht ausgeübt wird oder ausgeschlossen ist. Aufgrund der damit einhergehenden Verwässerung der Stimmrechtsanteile kann es zu einer

---

1401 BaFin, Emittentenleitfaden 2018, Modul B (Stand: 30. Oktober 2018), Ziffer I.2.3.4.1.1, S. 14.

1402 Vgl. BaFin, Emittentenleitfaden 2018, Modul B (Stand: 30. Oktober 2018), Ziffer I.2.3.4.1.1.2, S. 15; *Dieckmann*, BKR 2019, S. 114 (118); *U. H. Schneider*, in: Assmann/ders./Mülbert, WpHG, 7. Aufl. (2019), § 33, Rn. 36.

1403 Vgl. BaFin, Emittentenleitfaden 2018, Modul B (Stand: 30. Oktober 2018), Ziffer I.2.3.4.1.1.2, S. 15; *Dieckmann*, BKR 2019, S. 114 (118); *U. H. Schneider*, in: Assmann/ders./Mülbert, WpHG, 7. Aufl. (2019), § 33, Rn. 36.

Unterschreitung einer Meldeschwelle kommen.[1404] Damit wäre eine Schwellenberührung auf „sonstige Weise" i. S. d. § 33 Abs. 1 WpHG zu bejahen und eine entsprechende Mitteilungspflicht des Aktionärs bereits zum Zeitpunkt der Eintragung der Kapitalerhöhung ins Handelsregister gegeben.[1405]

b) § 38 Abs. 1 WpHG

Eine Meldepflicht nach § 38 Abs. 1 S. 1 WpHG wäre für die Zweitzeichner grundsätzlich zum Zeitpunkt der Eintragung der Kapitalerhöhung im Handelsregister zu bejahen, da der Abschluss der Erwerbsvereinbarung mit dem Erstzeichner zumindest ein Instrument darstellt, welches ein unbedingtes Recht auf den Erwerb von mit Stimmrechten verbundenen Aktien i. S. d. § 38 Abs. 1 S. 1 Nr. 1 lit a) WpHG verleiht. Dennoch ist es aufgrund der Schwierigkeit, den richtigen Zeitpunkt der Entstehung von Stimmrechten zu ermitteln, im Falle des § 38 WpHG wiederum Verwaltungspraxis der BaFin, im Zeitraum zwischen der Durchführung der Kapitalerhöhung und der Einbuchung der Aktien im Depot keine Mitteilungspflicht anzunehmen.[1406]

V. Résumé

Ein Résumé hinsichtlich der aktuellen Erfolgsaussichten für ein unbemerktes Anschleichen erscheint schnell gezogen. Bereits seit der Einführung der neuen Meldepflichten bezüglich stimmrechtsvermittelnder Finanzinstrumente im Wege des AnsFuG sind – soweit ersichtlich – keine Fälle des unbemerkten Anschleichens mehr in Deutschland aufgetreten. Der Gesetzgeber hat das Netz enger gezogen und somit aufsehenerregende Übernahmefälle durch unbemerktes Anschleichen erfolgreich verhindert.

Doch ob der Rückgang des unbemerkten Anschleichens auf eine Gesetzgebung *de lege artis* zurückzuführen ist oder auf eine mögliche Rechtsunsicherheit der Akteure hinsichtlich des Anwendungsbereichs der neuen Meldepflichten, bleibt fraglich. Diese Frage ist berechtigt, da nicht wenige Stimmen im Schrifttum die neuen Meldetatbestände vor allem mit Blick auf deren weit angelegten Anwendungsbereich durchaus kritisch betrachten.[1407]

Beim Rückgang des unbemerkten Anschleichens wirkt sicherlich auch die Lafonta-Rechtsprechung des EuGH[1408] hemmend auf etwaige

---

1404 *Nodoushani*, WM 2008, S. 1671 (1675).

1405 BaFin, Emittentenleitfaden 2018, Modul B (Stand: 30. Oktober 2018), Ziffer I.2.3.4.1.1.2, S. 15; *U. H. Schneider*, in: Assmann/ders./Mülbert, WpHG, 7. Aufl. (2019), § 33, Rn. 36.

1406 Vgl. BaFin, Emittentenleitfaden 2018, Modul B (Stand: 30. Oktober 2018), Ziffer I.2.3.4.1.1.2, S. 15; *Dieckmann*, BKR 2019, S. 114 (118); *U. H. Schneider*, in: Assmann/ders./Mülbert, WpHG, 7. Aufl. (2019), § 33, Rn. 36.

1407 Siehe hierzu bereits Seite 242, Gliederungspunkt aa).

1408 EuGH, Urteil vom 13. März 2015 – C-628/13 = NJW 2015, S. 1663 ff.

Übernahmestrategien, da börsennotierten Bietern insiderrechtliche Sanktionen drohen, wenn sie ihre Kaufabsicht, sofern diese eine präzise Information i S. d. Art. 1 Nr. 1 MAD darstellt, nicht rechtzeitig im Wege einer Ad-hoc-Mitteilung veröffentlichen.[1409] Es ist nach dem EuGH nämlich nicht entscheidend, in welche Richtung eine Information den Kurs einer Aktie beeinflussen kann, sondern es genügt bereits das Potenzial zur erheblichen Kursbeeinflussung in die eine oder andere Richtung.[1410] Hingegen ist der Hauptgrund für die erfolgreiche Verhinderung weiterer Übernahmen im Wege des unbemerkten Anschleichens in der Einführung der Meldepflicht mit Blick auf derivative Instrumente des Kapitalmarkts zu sehen.

Von der BaFin ist in jüngerer Zeit – soweit ersichtlich – nur ein weiterer öffentlichkeitswirksamer Fall eines möglichen unbemerkten Anschleichens untersucht worden, nämlich der Einstieg der chinesischen Geely Group Co. Ltd bei der Daimler AG.[1411] Die Geely Group erwarb zunächst knapp unter 3 Prozent der Aktien der Daimler AG sowie weitere Aktienoptionen, sodass die Beteiligung aggregiert knapp über 3 Prozent betrug.[1412] Das Erreichen der Meldeschwellen der §§ 33 Abs. 1 sowie 38 Abs. 1 WpHG wie auch die kombinierte Meldeschwelle des § 39 Abs. 1 WpHG wurde insoweit vermieden. Am 22./23. Februar 2018 übte Geely die Aktienoptionen aus und erwarb parallel weitere 6,19 Prozent der Stimmrechte an Daimler über Wertpapierleihen, sodass man schließlich Stimmrechte an Daimler in Höhe von 9,69 Prozent hielt.[1413] Die Wertpapierleihen wurden mit mehreren Banken an einem einzigen Tag vereinbart.[1414] Es ist ersichtlich, dass die involvierten Banken bereits im Vorfeld weitgehende Informationen gehabt haben müssen, um Vorbereitungen für Wertpapierleihen über einen solch hohen Bestand an Aktien der Daimler AG zu treffen. Einen Verstoß gegen die Meldepflichten sah die BaFin mit Blick auf Li Shufu – den Gründer und Chairman der Geely Group Co. Ltd. – in einer verspäteten Stimmrechtsmeldung.[1415] Li Shufu als beherrschender Gesellschafter der Geely Group hatte nach Ansicht der BaFin bereits am 22. Februar 2019 die Meldeschwelle des § 38 Abs. 1 WpHG erreicht. Die Meldung vom 23. Februar 2019 war damit fehlerhaft. Eine Korrektur fand erst

---

1409 Vgl. hierzu *Schulze*, Neuerungen im Kapitalmarktrecht (2016), S. 62 ff.; *Zetzsche*, AG 2015, S. 381 (387); *Voß*, BB 2015, S. 788 (788); *Wilsing/Kleemann*, DStR 2015, S. 955 (958).

1410 EuGH, NJW 2015, S. 1663 (Rn. 30).

1411 Siehe hierzu Antwort der Bundesregierung auf die Kleine Anfrage der Abgeordneten Fabio De Masi, Jörg Cezanne, Klaus Ernst, Michael Leutert, weiterer Abgeordneter und der Fraktion DIE LINKE BT-Drs. 19/2388.

1412 Vgl. Manager Magazin, 5/2018, S. 25 (26), Antwort der Bundesregierung auf Kleine Anfrage, BT-Drs. 19/2388, S. 2.

1413 Vgl. Fn. 1412.

1414 Manager Magazin, 5/2018, S. 25 (26).

1415 Antwort der Bundesregierung auf Kleine Anfrage, BT-Drs. 19/2388, S. 3.

am 4. Mai 2019 – und damit verspätet – statt.[1416] Von der Erhebung eines Bußgeldes sah die BaFin jedoch ab.[1417] Dennoch aktualisierte sie Ziffer 14 in ihrem Frage-Antwort-Katalog, der auf den Internetseiten der BaFin abrufbar ist.[1418] Die BaFin gibt darin zu erkennen, dass sie in Zukunft bei (stillschweigenden) Vorbereitungshandlungen (sog. Deckungsgeschäften), die von Banken mit Kenntnis des Kunden im Vertrauen auf eine zukünftige Verpflichtung zur Lieferung von Aktien getätigt werden, einen stillschweigenden „Geschäftsbesorgungsvertrag" vermutet, der – sofern nicht bereits von § 34 Abs. 1 S. 1 Nr. 2 WpHG erfasst – mindestens nach § 38 Abs. 1 WpHG mitteilungspflichtig sei.[1419] Es bleibt die Erkenntnis, dass eine zeitlich geschickte Ausübung von Aktienoptionen oder anderen stimmrechtsvermittelnden Instrumenten in Kombination mit bereits gehaltenen Aktien den Finanzmarkt durchaus überraschen kann. Inwieweit mit den Banken, die bereits im Vorfeld des Abschlusses der Wertpapierleihen konkrete Absprachen über zu tätigende Deckungsgeschäfte getroffen wurden, kann aufgrund fehlender Informationen nicht untersucht werden. Es lässt sich jedoch festhalten, dass hier wohl eine Grauzone im Transparenzregime ausgenutzt wurde, welche die BaFin in Zukunft genauer betrachten wird. Dass es sich bei alledem um eine erfolgversprechende zukünftige Strategie des unbemerkten Anschleichens handelt, darf bezweifelt werden. Nicht ernsthaft in Zweifel zu ziehen ist die Erkenntnis, dass zumindest zurzeit keine erfolgversprechenden Strategien zum Anschleichen an börsennotierte Aktiengesellschaften über stimmrechtsvermittelnde Instrumente existieren.

Dafür spricht auch, dass die Fallzahlen bezüglich Mitteilungen von stimmrechtsvermittelnden Finanzinstrumenten an die BaFin in den Jahren der Geltung des AnsFuG (2012 bis 2015) deutlich angestiegen sind (siehe Abbildung 7).

Die BaFin erhielt im Jahre 2015 insgesamt 9.686 Stimmrechtsmitteilungen. Davon bezogen sich 6.080 auf § 21 WpHG a. F., auf § 25 WpHG a. F. entfielen 1.821 und auf § 25a WpHG a. F. 1.785 Mitteilungen.[1420] Dies ergibt 3.606 Mitteilungen in Bezug auf Finanzinstrumente. Der Gesetzgeber ging bei Erlass des TÄUG

1416 Antwort der Bundesregierung auf Kleine Anfrage, BT-Drs. 19/2388, S. 4.

1417 Siehe Handelsblatt vom 14.12.2018: Bafin beanstandet Geely-Einstieg bei Daimler nicht; abrufbar unter: https://www.handelsblatt.com/finanzen/banken-versicherungen/transparenz regeln-bafin-beanstandet-geely-einstieg-bei-daimler-nicht/23763938.html (zuletzt abgerufen am 30. August 2020).

1418 BaFin, FAQ Transparenzpflichten WpHG (Stand: 22. Februar 2019), S. 10.

1419 BaFin, FAQ Transparenzpflichten WpHG (Stand: 22. Februar 2019), S. 10; vgl. auch *Wilk*, Bundesregierung: BaFin bejaht Verstoß gegen WpHG-Meldepflichten bei Daimler/Geely-Deal bei beck-online vom 29. Juni 2019; abrufbar unter: https://community.beck.de/2018/06/29/bundesregierung-bafin-bejaht-verstoss-gegen-wphg-meldepflichten-bei-daimler/geely-deal (zuletzt abgerufen am 30. August 2020).

1420 Jahresbericht 2015 der Bundesanstalt für Finanzdienstleistungsaufsicht, S. 242.

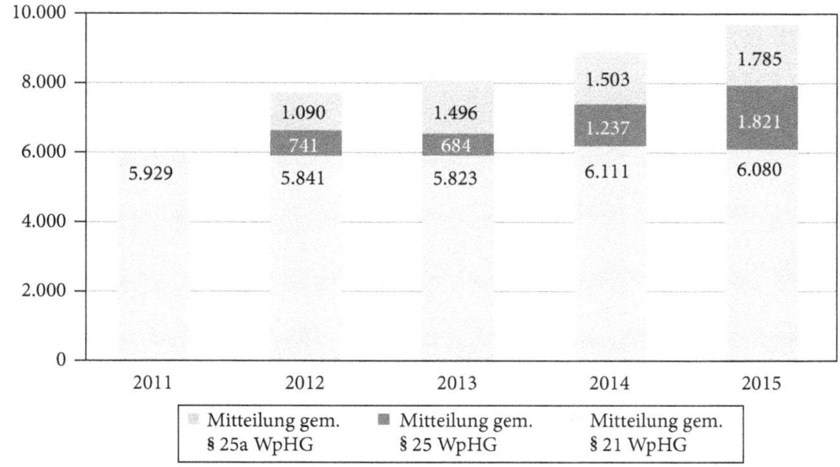

Abbildung 7: *Stimmrechtsmitteilungen nach Rechtslage vor dem TÄUG. Quelle: BaFin Jahresbericht 2015, S. 242*

im Jahre 2015 noch von einer Fallzahl von 2.000 pro Jahr aus.[1421] Im Jahr 2015 waren es aber bereits 3.606 Fälle von Stimmrechtsmitteilungen aus dem relevanten Bereich, während diese Zahl im Jahr 2014 noch bei 2.740 lag. Dies zeigt, dass seit der Einführung von Stimmrechtsmitteilungen bezüglich derivativer Finanzinstrumente im Jahr 2012 ein stetiger Anstieg der Meldungen zu verzeichnen ist.

Dieser Anstieg lässt aber zugleich auch vermuten, dass ein gewisser Grad an Rechtsunsicherheit hinsichtlich der Meldepflichtigkeit bestimmter derivativer Instrumente vorherrscht; insbesondere unter Berücksichtigung der extensiven Auslegung der Meldepflichten seitens der BaFin. Investoren werden hier lieber zu viel als zu wenig melden.

Aus dem Jahresbericht der BaFin für das Jahr 2016 ergibt sich hingegen ein vollkommen gegenteiliges Bild. Danach hat sich die Zahl der Stimmrechtsmitteilungen im Jahr 2016 mehr als halbiert (siehe Abbildung 8).

1421 Begr. RegE TÄUG, BT-Drs. 18/5010, S. 40: „Gemäß dem Jahresbericht der Bundesanstalt (Seite 175 f.) betrug die Zahl der Meldungen zu Finanzinstrumenten gemäß § 25 WpHG, etwa Call-Optionen mit physischem Settlement und Rückforderungsansprüche aus Wertpapierdarlehen, 684 im Jahr 2013 (2012: 741): Die Zahl der Mitteilungen nach § 25a WpHG betrug 1.496 im Jahr 2013 (2012: 1.090). Aus diesem Grund wird mit einer zukünftigen Fallzahl von 2.000 gerechnet."

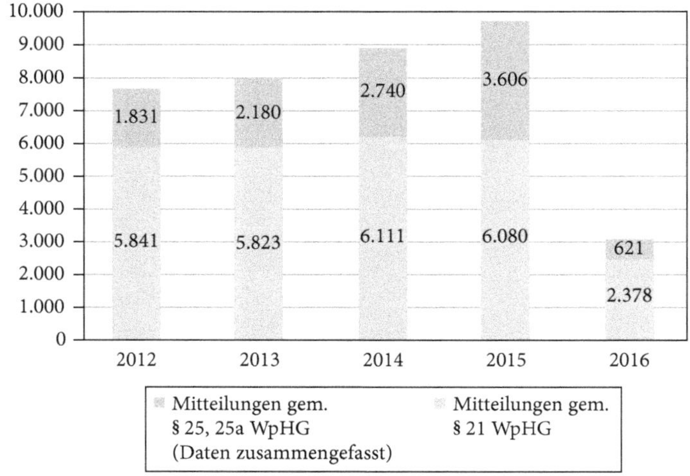

Abbildung 8: *Stimmrechtsmitteilungen ab Geltung des TÄUG. Quelle: BaFin Jahresbericht 2016, S. 186*

Die BaFin erhielt im Jahr 2016 lediglich 2.999 Stimmrechtsmitteilungen (Vorjahr 9.686), wobei 2.378 auf den Meldetatbestand des § 21 WpHG a. F.[1422] (Vorjahr 6.080) und 621 Mitteilungen auf die Tatbestände der §§ 25, 25a WpHG a. F.[1423] (Vorjahr 3.606) entfielen. Ein ähnliches Bild zeichnet der Jahresbericht der BaFin für das Jahr 2018:

Die Stimmrechtsmeldungen für die Jahre 2017 und 2018 hielten sich auf dem Niveau des Jahres 2016. Als Begründung für den deutlichen Rückgang des Mitteilungsaufkommens im Vergleich zum Jahr 2015 führt die BaFin insbesondere die Neuerungen durch das TÄUG an, das zum 26. November 2015 in Kraft getreten ist.[1424] Ein Hauptgrund liege in der neu eingeführten Möglichkeit nach Maßgabe des damaligen § 24 WpHG (nunmehr § 37 WpHG) Konzernmeldungen abzugeben. In Konzernstrukturen müsse nicht mehr jedes Tochterunternehmen Veränderungen in den Stimmrechtsbeständen melden, sondern das Mutterunternehmen könne dies für alle Tochterunternehmen gemeinsam leisten. Das bedeute, dass die Konzernmutter mit einer einzigen Stimmrechtsmitteilung sämtliche Beteiligungsveränderungen oder -bestände innerhalb des Konzerns an die BaFin berichten könne, und damit gehe eine Befreiungswirkung von Meldepflichten

1422 Nunmehr § 33 WpHG.
1423 Nunmehr §§ 38, 39 WpHG.
1424 BaFin, Jahresbericht 2016, S. 185 sowie Jahresbericht 2017, S. 143.

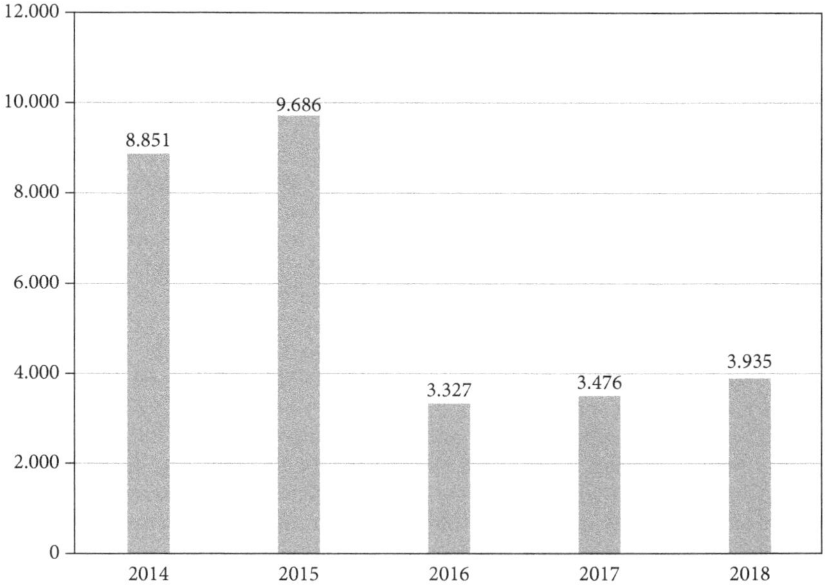

Abbildung 9: *Stimmrechtsmitteilungen 2018. Quelle: BaFin Jahresbericht 2018, S. 141*

aller Tochterunternehmen einher (§ 37 Abs. 1 WpHG i. V. m. § 12 Abs. 2 WpAV).[1425] Als weiteren Hauptgrund für die Verringerung des Meldeaufkommens nennt die BaFin die Änderung im Meldesystem der Mitteilungspflichten. Da jede Schwellenberührung im Rahmen der Meldepflichten der §§ 33, 34, 38, 39 WpHG nun zu einer Offenlegung sämtlicher Bestände an mit Stimmrechten verbundenen Aktien und Instrumenten verpflichte (vgl. §§ 12 Abs. 1, 14 S. 1 WpAV i. V. m. dem Formular in der Anlage der WpAV), würden zusätzliche separate Mitteilungen entbehrlich, die nach dem alten Meldesystem zum Teil noch notwendig gewesen seien.[1426]

Der Rückgang beruht damit nicht etwa auf einer gesteigerten Bestimmtheit und Rechtsklarheit der durch das TÄUG neu formulierten Meldetatbestände, sondern auf der Verbindlichkeit des nun zu verwendenden einheitlichen Meldeformulars wie auch auf der Befreiungswirkung des § 37 WpHG in Konzernstrukturen. Dass sich das Meldeaufkommen aufgrund dieser Änderungen so drastisch reduziert hat, ist sehr gut nachvollziehbar, da äußerst komplexe

1425 BaFin, Jahresbericht 2016, S. 186 sowie Jahresbericht 2017, S. 143.
1426 BaFin, Jahresbericht 2016, S. 186 sowie Jahresbericht 2017, S. 143.

Konzernstrukturen existieren, in denen sich eine Vielzahl von Tochterunternehmen findet. Damit ist ein signifikanter Rückgang der Anzahl von Mitteilungen über Beteiligungsveränderungen und zum Teil auch deren Berichtigungen verbunden. Im Umkehrschluss lässt sich daraus aber nicht folgern, dass die Meldetatbestände nun präziser formuliert und für den Rechtsanwender leichter zu handhaben wären. Andererseits lässt die Verringerung des Meldeaufkommens aber auch nicht darauf schließen, dass neue erfolgversprechende Wege des Anschleichens über stimmrechtsvermittelnde Instrumente existieren.

Die Betrachtung der in der Vergangenheit gebräuchlichsten Instrumente, welche zum Anschleichen an ein börsennotiertes Unternehmen genutzt wurden, hat gezeigt, dass die bekannten Instrumente des Kapitalmarkts auch vom Anwendungsbereich der neuen Meldetatbestände des WpHG – in der Fassung des TÄUG und des 2. FiMaNoG – erfasst sind. Maßgebliches Kriterium für die Erfassung dieser Instrumente ist das nun zentrale Tatbestandsmerkmal der vergleichbaren wirtschaftlichen Wirkung in § 38 Abs. 1 S. 1 Nr. 2 WpHG. Eine solche ist zu bejahen, wenn das Instrument der Vermittlung einer dem Beteiligungsaufbau ähnlichen Position dient, die es ihrem Inhaber ermöglicht, die wirtschaftlichen Chancen und Risiken einer Aktie im Hinblick auf deren Kursentwicklung zu nutzen, ohne dass mit dieser Position Stimmrechte einhergehen. Trotz der hier vertretenen – aus verfassungsrechtlicher Sicht erforderlichen – restriktiven Auslegung dieses Merkmals erfasst § 38 Abs. 1 WpHG die für einen möglichen verdeckten Beteiligungsaufbau an börsennotierten Gesellschaften relevanten Instrumente, ohne dass der Anwendungsbereich der Vorschrift unnötig weit ausgedehnt würde.

G. Denkbare zukünftige Maßnahmen für einen Gewinn an Rechtssicherheit

Im Schrifttum sind in den vergangenen Jahren zahlreiche Vorschläge für eine weitere Neugestaltung oder Anpassung der Meldetatbestände nach WpHG sowie hinsichtlich der Reichweite von Aufsichtsmaßnahmen publiziert worden.[1427] Von diesen sollen im Folgenden nur einige aufgegriffen werden, um sie hinsichtlich ihres Potenzials für einen Gewinn an Rechtssicherheit bei der Ausgestaltung und Anwendung der Meldepflichten bezüglich derivativer Instrumente zu bewerten. Vorschläge zu Anpassungen des Sanktionsregimes sollen hierbei außer Betracht bleiben.[1428]

Als Ausgangspunkt der folgenden Betrachtung wird auf Überlegungen bezüglich der Rolle der BaFin bei der rechtssicheren Anwendung der Meldepflichten nach §§ 33 ff. WpHG eingegangen.

I. Bindende Wirkung von Entscheidungen der BaFin und der ESMA

Um die Diskussion bezüglich der Möglichkeit bindender Entscheidungen der Aufsichtsbehörden nachvollziehen zu können, sind zunächst grundlegende

---

1427 Vgl. nur *Neye*, ZIP 1996, S. 1853 (1855 ff.); *U. H. Schneider/Brouwer*, AG 2008 S. 557 (565) – „principle based regulation"; *Merkner/Sustmann*, NZG 2010, S. 681 (684 f.); *Anzinger*, WM 2011, S. 391 (396) – Schaffung eines „safe harbour"; *Renn/Weber/Gotschev*, AG 2012, S. 440 (444; 446 ff.) – Plädoyer für Delta-adjustierte Meldepflichten (dagegen *Seibt*, CFLaw 2010, S. 502 (505) sowie *Brandt*, BKR 2010, S. 270 f.); *Brandt*, BKR 2010, S. 270 (273) – Anhebung Eingangsmeldeschwelle für neue Meldepflichten auf 10% (dagegen *Seibt*, CFLaw 2010, S. 502 (505)); *Wackerbarth*, ZIP 2010, S. 1527 (1530) – ausdrückliche Erwähnung von „Tochterunternehmen" bei § 25a WpHG a. F.; *Seibt*, CFLaw 2010 S. 502 (505) – Bereichsausnahme für *Tag-Along-Rights* in Gesellschaftsverträgen; *Segna*, ZGR 2015, S. 84 (90) – Plädoyer für prinzipiengeleiteten Ansatz im Geiste des § 1 UWG; *Maiwald*, FS Gallas, S. 137 (140) – „exemplifizierende" Methode der Tatbestandsformulierung im Gegensatz zu Generalklausel und Regelbeispielen.

1428 Siehe dazu beispielsweise *Burgard*, AG 1992, S. 41 (54); *Happ*, JZ 1994, S. 240 (245); *Bedkowski*, BB 2009, S. 394 (399 f.); *Neye*, ZIP 1996, S. 1853 (1855 ff.); *Krämer/Heinrich*, ZIP 2009, S. 1737 (1738 f.) m. w. N.; *Vocke*, BB 2009, S. 1600 (1605); *Brandt*, BKR 2010, S. 270 (275); *Kocher/Widder*, ZIP 2010, S. 1326 (1329 ff.); *Seibt*, CFLaw 2010, S. 502 (507); *Baums/Drinhausen/Keinath*, ZIP 2011, S. 2329 (2351); *Veil*, ZHR 175 (2011), S. 83 (101, 105 ff.); *Dolff*, Der Rechtsverlust gem. § 28 WpHG (2011), S. 167 ff.; *Merkner*, AG 2012, S. 199 (206 ff.); *Brouwer*, AG 2012, S. 78 (84f.).

Ausführungen zur rechtlichen Wirkung von Entscheidungen und Ansichten der BaFin sowie der ESMA notwendig.

1. Rechtliche Wirkung von Entscheidungen und Ansichten der Aufsichtsbehörden

Grundsätzlich sind die Entscheidungen der BaFin für die Gerichte nicht bindend. Betroffene können die Rechtsansichten der BaFin gerichtlich überprüfen lassen, ohne dass die Richter an die Auffassung der BaFin – welche diese auch in ihrem Emittentenleitfaden offenlegt –[1429] gebunden wären. Zum Teil wird im Schrifttum aber eine zumindest faktische Bindungswirkung angenommen beziehungsweise sogar die Frage nach einer mittelbaren Außenwirkung der Entscheidungen und Ansichten – wie sie beispielsweise im Emittentenleitfaden dargelegt sind – der BaFin gestellt.[1430]

Im Folgenden soll daher geklärt werden, ob der Emittentenleitfaden bei der Auslegung und Anwendung der Meldetatbestände des WpHG durch den Richter tatsächlich nicht zu beachten oder ob ihm zumindest faktische Bindungswirkung zuzusprechen ist.

Zur mittelbaren Außenwirkung des Emittentenleitfadens der BaFin wird im Schrifttum die Ansicht vertreten, aufgrund der Selbstbindung der Verwaltung, welche Ausfluss des Gleichheitsgrundsatzes nach Art. 3 Abs. 1 GG sei und mit dem Emittentenleitfaden und den darin enthaltenen Auslegungsregeln der BaFin einhergehe,[1431] entfalte der Emittentenleitfaden zumindest mittelbare Außenwirkung.[1432] Dies wird einerseits damit begründet, dass sich der Normadressat gegenüber der BaFin auf den Emittentenleitfaden beziehen könne, und andererseits damit, dass die Befolgung des Emittentenleitfadens ein Verschulden des Normadressaten bei einem Verstoß gegen Verhaltensnormen des WpHG auszuschließen vermöge.[1433] Zudem sei es denkbar, dass gewisse Verhaltensnormen des Emittentenleitfadens zu Gewohnheitsrecht erstarken könnten.[1434]

Zu alledem stellt sich die Frage, ob und inwieweit es sich um ein Problem des Bestimmtheitsgrundsatzes des Art. 103 Abs. 2 GG handelt. Wäre eine mittelbare Außenwirkung oder zumindest eine faktische Bindungswirkung des

1429 Dazu sogleich unter Gliederungspunkt a).

1430 Zur faktischen Bindungswirkung siehe *Bedkowski*, BB 2009, S. 394 (399 f.); zur mittelbaren Außenwirkung vgl. nur *Krämer/Heinrich*, ZIP 2009, S. 1737 (1738 f.) m. w. N.

1431 So auch *Becker/Canzler*, NZG 2014, S. 1090 (1093) bezogen auf die Bußgeldleitlinien der BaFin.

1432 Vgl. *Krämer/Heinrich*, ZIP 2009, S. 1737 (1738).

1433 Vgl. *Krämer/Heinrich*, ZIP 2009, S. 1737 (1738); *Bedkowski*, BB 2009, S. 394 (400).

1434 Vgl. *Claussen/Florian*, AG 2005, S. 745 (747).

Emittentenleitfadens zu bejahen, könnte die niedergeschriebene Verwaltungspraxis der BaFin im Widerspruch zum Gesetzlichkeitsprinzip des Art. 103 Abs. 2 GG stehen.

Dazu ist zunächst die Funktion der BaFin im Rahmen der Anwendung und Auslegung der Meldepflichten zu klären. Die BaFin wacht über sämtliche Ver- und Gebote des WpHG (§ 6 Abs. 2 WpHG). Sie prüft dabei insbesondere auch die Einhaltung der Mitteilungs- und Veröffentlichungspflichten nach §§ 33 ff. WpHG. Zudem kann sie bei Nichtbeachtung dieser Pflichten Sanktionen nach § 120 WpHG verhängen (§ 36 Abs. 1 Nr. 1 OWiG i. V. m. § 121 WpHG).

a) Der Emittentenleitfaden der BaFin

Die BaFin veröffentlicht bezüglich der im WpHG enthaltenen Regelungsmaterien in unregelmäßigen Abständen einen jeweils überarbeiteten Emittentenleitfaden.[1435] Dieser stellt nach überwiegender Ansicht und auch nach Ansicht der BaFin selbst eine Erläuterung der Rechtspraxis der BaFin sowie einen Einstieg in die Rechtsmaterie dar und ist lediglich als Orientierungshilfe zu werten.[1436] Auch der BGH sieht im Emittentenleitfaden der BaFin lediglich eine norminterpretierende Verwaltungsvorschrift.[1437] Dem Emittentenleitfaden kommt daher im Verhältnis zu Dritten grundsätzlich keinerlei Bindungswirkung zu.[1438]

Demgegenüber sieht *Bedkowski* bereits *de lege lata* eine gesteigerte Bedeutung des Emittentenleitfadens im gerichtlichen Verfahren. Vom Emittentenleitfaden dürfe der Richter nicht ohne besondere Begründung abweichen, da der Leitfaden mit der Rechtsfigur der *Persuasive Authority* vergleichbar sei und „gelebtes Wertpapieraufsichtsrecht" fixiere.[1439] *Bedkowski* verweist als Begründung auf die Leitlinien der EU-Kommission für die Auslegung und Anwendung des EG-Vertrags, die als *Persuasive Authority* anerkannt seien und damit als gewichtige Äußerung zu einem Problem von sachverständiger Seite gelten, welche das Gericht zu prüfen habe und von der es nicht ohne triftigen Grund abweichen dürfe.[1440] Dem Emittentenleitfaden komme ebendiese besondere Bedeutung als gewichtige

---

1435 Seit dem Jahr 2018 veröffentlicht die BaFin ihren Leitfaden nicht mehr als Gesamtdokument, sondern lediglich in Form von Einzelmodulen; vgl. BaFin, Emittentenleitfaden 2018, Einl. (I.), S. 3.

1436 Vgl. nur *Krämer/Heinrich*, ZIP 2009, S. 1737 (1738) m. w. N.; BaFin, Emittentenleitfaden 2018, Einl. (I.), S. 3.

1437 Vgl. BGH, Beschluss vom 25. Februar 2008, AZ: II ZB 9/07, WM 2008, S. 641 (644) = NZG 2008, S. 300 (303) mit Verweis auf *Fleischer*, ZGR (sic!) gemeint ist NZG 2007, S. 401 (404) m. w. N.

1438 Vgl. *Krämer/Heinrich*, ZIP 2009, S. 1737 (1738).

1439 Vgl. *Bedkowski*, BB 2009, S. 394 (399 f.); ähnlich *Fleischer/Bedkowski*, DStR 2010, S. 933 (937 f.).

1440 *Bedkowski*, BB 2009, S. 394 (400).

Äußerung zu, von der ein Gericht daher nicht ohne triftigen Grund abweichen könne.[1441]

Diese Auffassung ist mit Blick auf das Bedürfnis der Kapitalmarktteilnehmer nach Rechtssicherheit auf den ersten Blick verständlich, hingegen rechtlich nicht haltbar. Der Emittentenleitfaden stellt weder ein formelles Gesetz noch eine Rechtsverordnung dar. Auch wenn er einen weitreichenden Konsultationsprozess durchläuft, ist er kein vom Gesetzgeber erlassener Rechtsakt. Weder der Erlass noch die Berücksichtigung des Emittentenleitfadens sind gesetzlich festgeschrieben. All' dies erkennt auch *Bedkowski* und versucht, mithilfe der Figur der *Persuasive Authority* eine Bindung des Richters durch die Hintertür zu etablieren. Da eine Zuwiderhandlung gegen die Meldepflichten des WpHG aber bußgeldbewehrt ist und dementsprechend Art. 103 Abs. 2 GG Anwendung findet, wäre die mittelbar verpflichtende Berücksichtigung dieser festgeschriebenen Verwaltungspraxis durch die Gerichte ein Verstoß gegen das Gesetzlichkeitsprinzip als Teilaspekt des besonderen Bestimmtheitsgrundsatzes. Der Richter soll nach Ansicht *Bedkowskis* aufgrund dieser Rechtsfigur nur im Ausnahmefall von den Vorgaben des Emittentenleitfadens abweichen dürfen, obwohl dieser auf kein formelles Gesetz zurückzuführen ist. Zudem wäre auch der Gewaltenteilungsgrundsatz zu beachten. Würde man der Auffassung *Bedkowskis* folgen, wäre es der Verwaltung grundsätzlich möglich, durch in aufwendigen Konsultationsverfahren ergangene schriftlich fixierte Verwaltungsvorschriften eine zumindest faktische Bindung der Gerichte an die Verwaltungspraxis herzustellen, von der nur unter besonderen Umständen soll abgewichen werden dürfen. Besonders mit Blick auf sanktionsbehaftete Gesetzesnormen und in deren Kontext erlassene Verwaltungsvorschriften ist eine faktische Bindung der Gerichte abzulehnen, da sie gegen den besonderen Bestimmtheitsgrundsatz des Art. 103 Abs. 2 GG verstößt. Weil zudem Verwaltungsvorschriften jederzeit und ohne die Mitwirkung des Gesetzgebers geändert werden können, ist die Rechtsfigur der *Persuasive Authority* dem Gedanken der Rechtssicherheit eher abträglich als nützlich.

Der Emittentenleitfaden ist weder Gesetz noch Rechtsverordnung, sondern lediglich eine norminterpretierende Verwaltungsvorschrift, die allenfalls durch jahrelange (anhaltende) Anwendung und Akzeptanz der betroffenen Verkehrskreise zu Gewohnheitsrecht erstarken kann. Eine Bindung der Gerichte, egal in welcher Form, vermag er nicht zu erzeugen, und selbst falls Teile des Emittentenleitfadens zu Gewohnheitsrecht erstarken sollten, kann auf dessen Grundlage keine Festsetzung eines Bußgeldes wegen einer Zuwiderhandlung erfolgen, da dies gegen Art. 103 Abs. 2 GG und den damit einhergehenden Grundsatz des geschriebenen Rechts – *lex scripta* – verstoßen würde. Als Auslegungshilfe ist der Emittentenleitfaden aber durchaus für den Richter verwendbar.

1441 *Bedkowski*, BB 2009, S. 394 (400).

b) Die Liste meldepflichtiger Instrumente der ESMA

In diesem Zusammenhang ebenfalls zu untersuchen, ist die Möglichkeit der Europäischen Wertpapier- und Marktaufsichtsbehörde (ESMA),[1442] gemäß Art. 13 Abs. 1b S. 2 der Transparenzrichtlinie i. d. F. der Transparenzrichtlinie-Änderungsrichtlinie 2013 meldepflichtige Instrumente zu benennen.[1443] Eine entsprechende Liste wurde von der ESMA bereits veröffentlicht.[1444] Diese Liste, deren Rechtscharakter aufgrund der Formulierung des Art. 13 Abs. 1b der Transparenzrichtlinie im Unklaren bleibt, ist nach wohl überwiegender Ansicht nicht bindend. Sie ist nach mehrheitlicher Auffassung als unverbindliche Empfehlung i. S. v. Art. 16 ESMA-VO i. V. m. Art. 288 Abs. 5 AEUV anzusehen und nicht als verbindlicher technischer Regulierungs- oder Durchführungsstandard i. S. v. Art. 10 ff., 15 ff. ESMA-VO i. V. m. Art. 290, 291 AEUV.[1445] Für die Unverbindlichkeit der Liste meldepflichtiger Instrumente der ESMA spricht zudem, dass noch in Art. 13 Abs. 2 lit. b) des Entwurfs der Transparenzrichtlinie-Änderungsrichtlinie 2013 eine Ermächtigung der Europäischen Kommission vorgesehen war, weitere Instrumente mittels delegierten Rechtsakts gemäß Art. 290 AEUV als meldepflichtig zu bestimmen.[1446] Diese Ermächtigungsgrundlage für die Europäische Kommission wurde später in der Ratsabstimmung durch die unverbindliche Liste der ESMA ersetzt.

1442 Die ESMA ist neben der Europäischen Bankenaufsichtbehörde (EBA) und der Europäischen Aufsichtsbehörde für das Versicherungswesen und die betriebliche Altersversorgung (EIOPA) eine von drei Europäischen Finanzaufsichtsbörden. Die rechtliche Grundlage für die Befugnisse der ESMA bildet die Verordnung (EU) Nr. 1095/2010 zur Errichtung einer Europäischen Aufsichtsbehörde (Europäische Wertpapier- und Marktaufsichtsbehörde – ESMA-VO), ABl. L 331 vom 15. Dezember 2010, S. 84.

1443 *„ESMA erstellt unter Berücksichtigung der technischen Entwicklungen auf den Finanzmärkten eine nicht erschöpfende Liste der Finanzinstrumente, die Mitteilungspflichten gemäß Absatz 1 unterliegen, und aktualisiert diese regelmäßig.“*

1444 Abrufbar unter: https://www.esma.europa.eu/document/indicative-list-financial-instruments (zuletzt abgerufen am 30. August 2020).

1445 *Seibt/Wollenschläger*, AG 2012, S. 305 (311); *Seibt/Wollenschläger*, ZIP 2014, S. 545 (550); *Veil*, WM 2012, S. 53 (58); *Veil*, ZHR 177 (2013), S. 427 (435); *Bosse*, BB 2015, S. 746 (748); *Diemers/Homfeldt*, PiR 2016, S. 45 (47); *Schilha*, DB 2015, S. 1821 (1823); *Brellochs*, AG 2016, S. 157 (165); *Rück/Heusel*, NZG 2016, S. 897 (902). A.A. *Hitzer/Hauser*, AG 2015, S. 891 (894) die zwar ebenfalls von der Unverbindlichkeit der Liste ausgehen, sie aber nicht als Empfehlung i.S.v. Art. 16 ESMA-VO verstanden wissen wollen. Im Ergebnis macht dies aber keinen Unterschied.

1446 Vergleiche Kommissionsvorschlag vom 25. Oktober 2011 KOM(2011) 683 endgültig – 2011/0307 (COD), abrufbar unter: http://eur-lex.europa.eu/legal-content/DE/TXT/PDF/?uri=CELEX:52011PC0683&from=DE (zuletzt abgerufen am 30. August 2020).

Erste Stellungnahmen der BaFin deuten darauf hin, man werde die Liste der ESMA vollumfänglich anwenden und ihr damit faktische Bindungswirkung verleihen.[1447] Von einer zumindest faktischen Bindungswirkung geht allem Anschein nach auch der Richtliniengeber aus. Denn er gibt vor, dass die in der Liste der ESMA genannten Finanzinstrumente einer Meldepflicht unterliegen. Man könnte dies nun so verstehen, dass die ESMA erst dann Instrumente in ihre Liste aufnimmt, wenn deren Meldepflichtigkeit gerichtlich festgestellt wurde. Dies ist dem Richtlinientext hingegen nicht zu entnehmen. Vielmehr soll die ESMA Instrumente auflisten, die ihrer Ansicht nach einer Meldepflicht unterliegen. Sie hat damit zumindest mittelbaren Einfluss auf die Reichweite der Meldepflichten, denn die nationalen Aufsichtsbehörden der anderen EU-Mitgliedstaaten werden es der BaFin sehr wahrscheinlich gleichtun und diese Liste ihrer Verwaltungspraxis zugrunde legen. Grund dafür ist der sog. *Comply-or-Explain*-Mechanismus.[1448] Gemäß Art. 16 Abs. 3 Unterabs. 2 ESMA-VO verpflichtet dieser Mechanismus die nationalen Aufsichtsbehörden, innerhalb von zwei Monaten nach Herausgabe einer Leitlinie oder Empfehlung durch die ESMA dieser gegenüber mitzuteilen, ob sie der Leitlinie oder Empfehlung nachkommen werden. Folgt eine nationale Aufsichtsbehörde der Leitlinie oder Empfehlung nicht, so hat sie dies zu begründen. Die Begründung kann nach Art. 16 Abs. 3 Unterabs. 3 ESMA-VO von der ESMA veröffentlicht werden.

Es ist daher zu fragen, inwieweit dieser *Comply-or-Explain*-Mechanismus mit dem Gesetzlichkeitsprinzip des Art. 103 Abs. 2 GG vereinbar ist, an das auch die Exekutive gebunden ist.

Bei der Liste der meldepflichtigen Instrumente der ESMA handelt es sich weder um eine unmittelbar geltende Rechtsverordnung noch um einen von den Mitgliedstaaten umzusetzenden Teil der Transparenzrichtlinie-Änderungsrichtlinie. Sie stellt auch keinen anderweitigen, die Mitgliedstaaten bindenden, europäischen Rechtsakt dar. Dennoch führt der *Comply-or-Explain*-Mechanismus zu einem gewissen Anwendungszwang, da die nationalen Aufsichtsbehörden den Mehraufwand aufgrund der geltenden Begründungspflicht bei beabsichtigter Nichtbefolgung der Vorgaben mehrheitlich scheuen werden. Diese Wirkung soll der *Comply-or-Explain*-Mechanismus auch entfalten, da es Ziel dieser Leitlinien und Empfehlungen ist, innerhalb des europäischen Finanzaufsichtssystems eine weitgehend harmonisierte Aufsichtspraxis zu erreichen.[1449]

Die §§ 33 ff. WpHG verweisen jedenfalls nicht auf die von der ESMA zu erstellende Liste meldepflichtiger Instrumente. Der Anwender dieser Normen wird durch einen Blick ins WpHG also nicht darüber in Kenntnis gesetzt, dass die ESMA aufgrund des Art. 13 Abs. 1b S. 2 Transparenzrichtlinie eine solche Liste zu

1447 BaFin, Emittentenleitfaden 2018, Modul B (Stand: 30. Oktober 2018), Ziffer I.2.8.1, S. 41.
1448 Vgl. *Hitzer/Hauser*, BKR 2015, S. 52 (55); *Veil*, ZHR 177 (2013), S. 427 (435).
1449 Vgl. *Hitzer/Hauser*, BKR 2015, S. 52 (55).

erstellen hat. Da diese Liste aber keine Bindungswirkung entfaltet, ist dies auch nicht notwendig. Sie dient vornehmlich der inhaltlichen Orientierung, welche Finanzinstrumente einer Meldepflicht unterliegen könnten. Die abschließende Entscheidung dieser Frage obliegt hingegen den Gerichten. Die faktische Bindungswirkung, welche die grundsätzliche Anerkennung dieser Liste im Rahmen der Anwendungspraxis der BaFin aufweisen mag, wirkt nur in den Aufsichtsbereich der BaFin als Teil der Exekutive hinein. An der rechtlichen Einordnung der Liste der ESMA als eine für die Gerichte unverbindliche Maßgabe ändert dieser Befund nichts. Sie ist mit einer internen Verwaltungsvorschrift zu vergleichen, die keine Außenwirkung besitzt. Auch die Tatsache, dass diese Liste öffentlich abrufbar ist, vermag an dieser Einordnung nichts zu ändern. Die Entscheidung über die Meldepflichtigkeit von Instrumenten treffen die Gerichte allein auf Grundlage der einschlägigen gesetzlichen Regelungen.

Die ungeprüfte Übernahme und Anwendung dieser Liste durch die BaFin könnte indes einen Verstoß gegen das Gesetzlichkeitsprinzip bedeuten, soweit die BaFin zur Begründung der Meldepflichtigkeit lediglich auf die Liste der ESMA verweisen sollte und eine Meldepflicht nicht von den §§ 33 ff. WpHG gedeckt wäre. Auch wenn die BaFin dem *Comply-or-Explain*-Mechanismus unterliegt,[1450] entbindet sie dieser nicht von ihrer Obliegenheit, weiterhin eine eigenständige Prüfung und Anwendung der Vorschriften des WpHG sicherzustellen. Denn es ist zwar Ziel der ESMA, durch ihre Leitlinien und Empfehlungen innerhalb des europäischen Finanzaufsichtssystems eine kohärente sowie effiziente Aufsichtspraxis zu erreichen.[1451] Hingegen sind die nationalen Aufsichtsbehörden lediglich verpflichtet, ein Abweichen von diesen Empfehlungen zu begründen. Ihnen verbleibt daher ein eigenständiger Entscheidungsspielraum. Sollte ein Instrument, welches die ESMA in ihrer Liste als meldepflichtig aufführt, nach Ansicht der BaFin nicht vom Wortlaut der Meldepflichten des § 38 Abs. 1 WpHG umfasst sein, so hätte sie dies der ESMA im Wege der Begründung der Nichtanwendung mitzuteilen.

Im Ergebnis ist die Liste der ESMA, ebenso wie der Emittentenleitfaden der BaFin, als eine Auslegungshilfe für den Richter zu werten.[1452] Die Erstellung einer Liste meldepflichtiger Instrumente seitens der ESMA, welche als nicht bindende

1450 Vgl. *Hitzer/Hauser*, BKR 2015, S. 52 (55). Der *comply or explain* Mechanismus verpflichtet nationale Aufsichtsbehörden innerhalb von 2 Monaten nach Herausgabe einer Leitlinie oder Empfehlung durch die ESMA dieser mitzuteilen, ob sie der Leitlinie oder Empfehlung nachkommen werden. Folgt eine nationale Aufsichtbehörde der Leitlinie oder Empfehlung nicht, hat sie dies zu begründen. Diese Begründung kann nach Art. 16 Abs. 3 Unterabs. 3 ESMA-VO veröffentlicht werden.

1451 Vgl. *Hitzer/Hauser*, BKR 2015, S. 52 (55).

1452 So auch *Stephan*, Der Konzern 2016, S. 53 (58, dort Fn. 69); *Schilha*, DB 2015, S. 1821 (1823).

Empfehlung im Sinne des Art. 16 ESMA-VO anzusehen ist, und die mit ihr verbundene Begründungspflicht der BaFin bei Nichtbefolgung gemäß Art. 16 Abs. 3 Unterabs. 2 ESMA-VO stellen per se keinen Verstoß gegen das Gesetzlichkeitsprinzip des Art. 103 Abs. 2 GG dar.

Ob eine verbindliche Wirkung dieser Liste wie auch von Entscheidungen der BaFin hinsichtlich des Aspekts der Rechtssicherheit– wie dies beispielsweise von *Muhr*[1453] gefordert wird – wünschenswert wäre, soll im Folgenden erörtert werden.

2. Diskussion über eine mögliche Bindungswirkung de lege ferenda

Im Schrifttum wird prognostiziert, dass die BaFin auch in Zukunft eine weite Auslegung der Meldetatbestände präferieren werde.[1454] Mit Blick auf die Funktion des Emittentenleitfadens der BaFin und dessen Auswirkungen auf die Mitteilungs- und Veröffentlichungspraxis bedarf dies einer näheren Untersuchung. Der Emittentenleitfaden ist weder Gesetz noch Rechtsverordnung, sondern lediglich eine norminterpretierende Verwaltungsvorschrift und muss daher von der Rechtsprechung nicht beachtet werden.[1455] Jedoch könnte der Emittentenleitfaden durch jahrelange Anwendung und Akzeptanz der betroffenen Verkehrskreise zu Gewohnheitsrecht erstarken.[1456] Dies lässt in Grundzügen bereits die möglichen Auswirkungen einer weiten Interpretation der Meldetatbestände seitens der BaFin erkennen.

Die Praxis wird sich am Emittentenleitfaden orientieren, um möglichen Sanktionen und langwierigen Auseinandersetzungen mit der BaFin aus dem Weg zu gehen, selbst wenn eine Meldepflicht bei restriktiver Auslegung der §§ 38, 39 WpHG nicht bestehen würde. Im umgekehrten Fall kann es aber auch dazu kommen, dass die BaFin ein Instrument für nicht meldepflichtig hält, während die Rechtsprechung eine Meldepflicht bejaht. Es ist daher nicht von der Hand zu weisen, dass aus der Sicht des Rechtsanwenders eine (mögliche) Unsicherheit hinsichtlich der Reichweite der Meldetatbestände besteht. Diese Unsicherheit resultiert letztlich aus der Gewaltenteilung, nämlich der Überwachungszuständigkeit der BaFin einerseits sowie der rechtlichen Überprüfung durch die Gerichte andererseits.

Anders ist dies zum Teil in den USA. Dort gilt das Prinzip der sog. *Reference* im Rahmen von *Amicus Curiae* Stellungnahmen.[1457] Danach ist das Gericht an die Auslegung von Ausführungsvorschriften (= Verwaltungsvorschriften)

1453 *Muhr*, Vollharmonisierung im Kapitalmarktrecht (2014), S. 214.
1454 *Brellochs*, AG 2016, S. 157 (166).
1455 Dies wurde im vorherigen Gliederungspunkt a) festgestellt.
1456 *Buck-Heeb*, Kapitalmarktrecht, 10. Aufl. (2019), § 1 III 1, Rn. 29.
1457 „Freund des Gerichts“.

seitens der Behörde, welche diese erlassen hat, gebunden.[1458] Der Emittentenleitfaden käme grundsätzlich für eine *Reference*-Lösung in Betracht. Die BaFin veröffentlicht den Emittentenleitfaden, um den (potenziell) meldepflichtigen Investoren eine Richtschnur an die Hand zu geben und gleichzeitig die eigene Überwachungspraxis transparent zu gestalten.[1459] Sie ist die für die Einhaltung der Meldepflichten zuständige Behörde und besitzt aufgrund ihrer Funktion als Aufsichtsbehörde hohe Fachkompetenz. Es ist also durchaus zu diskutieren, ob in Deutschland ein ähnlicher rechtlicher Mechanismus wie der der *Reference* etabliert werden könnte.

In diesem Zusammenhang soll noch auf eine Regelung im Schweizer Recht hingewiesen werden. Dort gibt es die Möglichkeit, bei der zuständigen Aufsichtsbehörde eine Vorabentscheidung über die Offenlegungspflicht einzuholen. Sofern sich der Meldepflichtige dabei redlich verhalten hat, kann ihm eine spätere gegenteilige Entscheidung nicht entgegengehalten werden.[1460]

Den beiden vorgestellten Rechtsprinzipien aus den USA und der Schweiz ist gemein, dass sie eine – teilweise – Bindung der Judikative durch die Exekutive herbeiführen. Eine solche Bindung einer anderen Gewalt ist im deutschen Recht grundsätzlich allein der Legislative möglich, da die Exekutive und die Judikative an Recht und *Gesetz* gebunden sind (Art. 20 Abs. 3 GG).[1461] Die gesetzgebende Gewalt kann also die anderen Gewalten im Rahmen des verfassungsrechtlich Möglichen binden.

Mithilfe einer *Reference*-Lösung wäre es der BaFin möglich, die Gesetze der Legislative zu konkretisieren und gleichzeitig die Judikative an ihre Auslegung zu binden. Ein Gericht könnte insoweit vom Inhalt des Emittentenleitfadens nicht abweichen. Der Vorteil der *Reference*-Lösung liegt in der damit verbundenen Erhöhung der Rechtssicherheit bei der Anwendung der Meldepflichten. Gleichzeitig könnten kostspielige Gerichtsverfahren vermieden und auch rechtssichere Lösungen mit der BaFin gefunden werden.

Es ist jedoch ein weiterer bedeutender Gesichtspunkt zu beachten, nämlich der Gewaltenteilungsgrundsatz nach Art. 20 Abs. 2 S. 2 GG. Er ist bei der Beantwortung der hier untersuchten Frage der maßgebliche Ansatzpunkt, da eine demokratisch nicht direkt legitimierte Aufsichtsbehörde die rechtsprechende Gewalt, welche von Verfassungs wegen zur Überprüfung von Maßnahmen der Exekutive wie auch der Gesetzgebungsorgane berufen ist, binden würde. Nun sind die Gerichte ebenfalls keine unmittelbar demokratisch legitimierten Institutionen,

---

1458 *Christ*, Barausgleichsderivate und das Anschleichen (2011), S. 139 (dort Fn. 575).

1459 Siehe nur BaFin, Emittentenleitfaden 2018, Einl. (I.), S. 3.

1460 *Christ*, Barausgleichsderivate und das Anschleichen (2011), S. 145 (dort Fn. 600, 601).

1461 Eine vieldiskutierte Ausnahme bilden hierbei die technischen Anleitungen zur Reinhaltung der Luft (TA Luft) und zum Schutz gegen Lärm (TA Lärm), welche von der mittlerweile vorherrschenden Meinung als für die Gerichte bindende allgemeine Verwaltungsvorschriften angesehen werden.

aber sie sind verfassungsrechtlich unabhängig von den anderen Gewalten und nur an Recht und Gesetz gebunden (Art. 20 Abs. 3 i. V. m. Art. 97 Abs. 1 GG). Dieses Prinzip wäre bei einer für die Gerichte bindenden Entscheidung der Exekutive durchbrochen. Daher sind nach der Rechtsprechung des BVerfG Verwaltungsvorschriften für Gerichte grundsätzlich nicht bindend.[1462] Es gibt durchaus Fälle, in denen auch Gerichte Entscheidungen der Exekutive nicht vollumfänglich überprüfen können. Genannt seien hier vor allem Ermessensentscheidungen von Behörden, die gerichtlich nur eingeschränkt auf Ermessensfehler hin überprüft werden können. Dennoch wäre die weitreichende Bindung der Gerichte durch den Emittentenleitfaden ein Fremdkörper im deutschen Recht. Auch wäre einer gerichtlichen Überprüfung der im Emittentenleitfaden wiedergegebenen Ansichten der BaFin hinsichtlich der Reichweite der Meldepflichten der Weg weitgehend versperrt. Hier würde es natürlich auf Art und Umfang der gerichtlichen Bindung ankommen, und von der Meldepflichtigkeit unabhängige Fragen wären auch weiterhin justiziabel. Diese eingeschränkte richterliche Kontrolle ist mit Blick auf Art. 19 Abs. 4 GG jedoch durchaus kritisch zu sehen, auch wenn nach der Rechtsprechung des BVerfG die Ersetzung des Rechtswegs durch eine andersartige Rechtskontrolle nicht grundsätzlich ausgeschlossen scheint.[1463] Indes muss es sich um ein gerichtsförmiges Verfahren hoheitlicher Streitbeilegung handeln, welches den zu treffenden Entscheidungen Rechtswirkung verleiht.[1464] Die *Reference*-Lösung ist verfassungsrechtlich erkennbar fragwürdig. Eine tiefgreifende Erörterung der verfassungsrechtlichen Fragen soll aber nicht Gegenstand dieser Untersuchung sein.

Ein milderes Mittel als die *Reference*-Lösung würde jedenfalls die Möglichkeit einer bindenden Vorabanfrage an die BaFin darstellen, wie es in der Schweiz vergleichbar praktiziert wird. Sofern der fragliche Sachverhalt vollständig und wahrheitsgetreu wiedergegeben wird, der Auskunftssuchende redlich handelt und daraufhin eine Vorabentscheidung der BaFin ergeht, so wäre – unter der Prämisse einer gleichbleibenden Sachverhaltsgrundlage – dem Ersuchenden eine spätere, von der Auskunft abweichende Entscheidung nicht anzulasten. Das würde weder einen Stimmrechtsausschluss nach § 44 WpHG noch ein Bußgeld für eine unterbliebene Meldung oder für eine Falschmeldung nach § 120 WpHG nach sich ziehen. Diese Lösung hat für den Rechtsanwender den Charme einer rechtssicheren Grundlage für seine Investitionsentscheidung. Ein ähnliches Institut gibt es beispielsweise bereits im Bauordnungsrecht im Bereich der Bauvoranfragen bzw. Bauvorbescheide.[1465] Eine vergleichbare Regelung im WpHG wäre unserer Rechtsordnung mithin nicht fremd.

1462 BVerfGE 78, S. 214 (227 f.).

1463 BVerfGE 103, S. 111 (136 f.).

1464 BVerfGE 103, S. 111 (136 f.).

1465 Bspw. § 66 der Hessischen Bauordnung sowie § 75 der Muster-Bauordnung in der geänderten Fassung vom 13. Mai 2016.

Es ist jedoch die Frage nach den praktischen Auswirkungen dieser Lösung zu stellen. Die BaFin würde bereits sehr frühzeitig in Entscheidungsprozesse eingebunden. Dies ist für beide Seiten durchaus vorteilhaft, da so ein Dialog zwischen der Aufsichtsbehörde und einem potenziell Meldepflichtigen etabliert werden kann. Der Arbeit der BaFin würde eine gesteigerte Marktnähe zuteil, und der Investor könnte Unsicherheiten bezüglich der Rechtsanwendung frühzeitig vermeiden. Andererseits wären auch diese Vorabentscheidungen der BaFin gerichtlich überprüfbar. Dies ist Ausdruck der soeben erwähnten Dreiteilung der Staatsgewalt, in der das Kennzeichen rechtsprechender Tätigkeit typischerweise darin zu erblicken ist, dass sie im Streitfall eine letztverbindliche Klärung der Rechtslage im Rahmen besonders geregelter Verfahren herbeiführt.[1466] Dennoch wird – auch in Zweifelsfällen – nicht jeder Investor um eine Vorabentscheidung ersuchen, da Investitionsentscheidungen nicht selten sehr schnell herbeigeführt werden müssen.

Die Etablierung eines verbindlichen Vorabentscheidungsverfahrens seitens der BaFin wäre zu begrüßen. Die Mehrbelastung der BaFin wäre zumindest hinnehmbar, da im Hauptverfahren auf die Erkenntnisse des Vorabverfahrens Bezug genommen werden könnte. Zudem wäre es sowohl aus Sicht der potenziellen Investoren als auch der Emittenten wünschenswert, einen Gewinn an Rechtssicherheit herbeizuführen.

II. Safe Harbour

Hinter dem Begriff *Safe Harbour*[1467] steht nichts anderes als die Idee der Schaffung eines gesetzlichen Ausnahmetatbestands.[1468] Unter bestimmten Voraussetzungen sind Handlungen, die grundsätzlich unter ein Handlungsgebot oder -verbot fallen, von dessen Anwendungsbereich ausgenommen.[1469]

Neben dem *Safe-Harbour*-Ansatz kommt auch die Erstellung verbindlicher *Black* oder *White Lists* in Betracht. Im Folgenden werden *Black Lists* als Positivlisten verstanden, d. h. die in dieser Liste aufgezählten Instrumente würden einem bestimmten Ver- oder Gebot unterfallen. *White Lists* hingegen stellen Negativlisten dar, d. h. die darin aufgeführten Instrumente würden dem Ver- oder Gebot nicht unterfallen. Der Unterschied zu einer *Safe-Harbour*-Regelung besteht darin,

---

1466 BVerfGE 103, S. 111 (138); *Grzeszick* in: Maunz/Dürig, GG-Kommentar, Bd. III, 90. EL (2020), Art. 20 Abschnitt V, Rn. 85, 106.

1467 „Sicherer Hafen".

1468 Vgl. *Anzinger*, WM 2011, S. 391 (397); *Baums/Sauter*, ZHR 173 (2009), S. 454 (493).

1469 Vgl. beispielsweise die in der Marktmissbrauchsverordnung aufgeführten „legitimen Handlungen" (Art. 9 Abs. 6 MAR), wobei es sich dabei streng genommen um keine echten *Safe Harbours* handelt, da die zuständige Behörde feststellen kann, dass die genannten Handlungen dennoch gegen das Verbot von Insidergeschäften verstoßen.

dass bei dieser der Umfang des Ausnahmetatbestands bereits im Gesetz festgeschrieben ist, während *Black* oder *White Lists* von der zuständigen Aufsichtsbehörde aufgrund einer gesetzlichen Ermächtigung erstellt werden.

Einen Nachteil von Positivlisten sieht *Anzinger* in dem dabei entstehenden latenten Vertrauen des Marktes in die fehlende Meldepflichtigkeit nicht in den Katalog aufgenommener Instrumente.[1470] Aber auch der umgekehrte Fall kann dazu führen, dass Instrumente, welche nicht in einer Negativliste aufgeführt sind, als grundsätzlich meldepflichtig angesehen werden. Ein klarer Vorteil ist der auf den ersten Blick entstehende Gewinn an Rechtssicherheit für die Normadressaten, da die von ihnen gehaltenen Instrumente mit einer bestehenden Liste abgeglichen werden können. Aufgrund der in der Praxis zum Teil sehr unterschiedlichen Ausgestaltung derivativer Instrumente wäre es aber mitunter schwierig, wirklich alle relevanten Gestaltungen in solch einer Liste zu erfassen. Die damit einhergehende Anforderung einer möglichst detaillierten Auflistung würde wiederum mehr Raum für Umgehungen eröffnen, da Gestaltungen gesucht werden könnten, die sich in wesentlichen Punkten unterscheiden.

Grundsätzlich erinnert die Möglichkeit der Auflistung von Ausnahmen an § 25a Abs. 4 S. 1 Nr. 2 WpHG in der Fassung des AnsFuG und ist mithin kein für die Meldepflichten neuer Gedanke. In der genannten Vorschrift übertrug der Gesetzgeber dem Bundesministerium der Finanzen die Ermächtigung zum Erlass einer Verordnung. In dieser sollten Ausnahmen von den Meldepflichten des WpHG für einzelne Finanzinstrumente geregelt werden. Der Gesetzgeber ging davon aus, dass das BMF – als übergeordnete Rechts- und Fachaufsicht der BaFin – eine größere Sachnähe zum Marktgeschehen aufweise als das Parlament und aufgrund der gegebenen Sachkompetenz daher angemessener und effizienter auf Änderungen des Marktgeschehens reagieren könne.[1471] Dieser Gedanke war im damaligen § 25a Abs. 4 S. 2 WpHG nochmals bekräftigt worden, hatte man dort doch das BMF ermächtigt, die Verordnungsermächtigung wiederum auf die BaFin zu übertragen, die eine besondere Nähe zu den Wertpapiermärkten aufgrund ihrer Wertpapierhandelsaufsicht aufweist und gezielter auf Störungen am Markt reagieren kann. Von der besagten Verordnungsermächtigung hatte das BMF seinerzeit nur in sehr geringem Umfang Gebrauch gemacht. So waren nach § 17a Nr. 1 WpAV a. F. solche Finanzinstrumente und sonstige Instrumente i. S. d. § 25a Abs. 1 S. 1 WpHG a. F. nicht in die Berechnung des Stimmrechtsanteils nach § 25a Abs. 2 WpHG a. F. einzubeziehen, die sich auf eigene Aktien eines

---

1470 *Anzinger*, WM 2011, S. 391 (397).

1471 Diesen Schluss lässt die folgende Formulierung zu: „*Dem Erlass einer Rechtsverordnung sollten Erkenntnisse über die Auswirkungen der neuen Mitteilungspflichten und die praktische Relevanz möglicher Ausnahmen zugrundeliegen. Diese können beispielsweise durch gesonderte Erhebungen oder Beobachtungen der praktischen Anwendung der neuen Mitteilungspflicht gewonnen werden.*"; vgl. Begr. RegE AnsFuG, BT-Drs. 17/3628, S. 21.

Emittenten bezogen und es diesem aufgrund ihrer Ausgestaltung ermöglichten, solche Aktien zu erwerben; dasselbe galt mit Blick auf Anteile von Aktien eines Emittenten an Aktienkörben (Baskets) und Indizes, soweit die Aktien höchstens 20 % des Baskets oder Indizes abbildeten (§ 17a Nr. 2 WpAV a. F.). Von einer umfänglichen *White List* konnte freilich nicht gesprochen werden. Auch sonst verhielten und verhalten sich sowohl das BMF als auch die BaFin sehr zurückhaltend, was die Anerkennung von Ausnahmen von den Meldepflichten betrifft. Dem Normadressaten ist also wenig geholfen, wenn die zuständigen Behörden von ihren Ermächtigungen keinen oder nur wenig Gebrauch machen. Eine zuverlässige Möglichkeit der Orientierung wird ihm insoweit verwehrt.

Auch die Liste meldepflichtiger Gestaltungen der ESMA, die die BaFin (in Zukunft) ebenfalls in ihre Aufsichtspraxis einbinden will,[1472] ist nur bedingt hilfreich für die rechtssichere Ermittlung des Anwendungsbereichs der Meldepflichten, da sie rechtlich nicht bindend ist und zudem regelmäßiger Aktualisierung unterliegt. Da die Einschätzung rechtlicher Unverbindlichkeit der Liste meldepflichtiger Gestaltungen der ESMA nicht allgemein geteilt wird, wäre es wünschenswert, wenn der europäische Gesetzgeber die rechtliche Wirkung der Liste vorgeben würde.[1473] Aufgrund der dargestellten Unsicherheit hinsichtlich der Wirkung der Liste der ESMA gibt es auch keine Sicherheit, ob bestimmte Gestaltungen unter die Meldepflichten zu fassen sind oder nicht. Mit den Worten *Schneiders* bewegt sich der Rechtsanwender auch weiterhin „im Nebel".[1474]

Ein Vorschlag aus dem Schrifttum sieht vor, der BaFin selbst das Recht einzuräumen, per Verfügung von der Mitteilungspflicht freizustellen.[1475] Dieser Vorschlag bewegt sich außerhalb des hier verfolgten Ziels einer transparenten und verlässlichen Erhöhung der Rechtssicherheit für alle Normanwender und ist allenfalls für schwierige Einzelfälle ein probates Mittel, um etwaige schwere Nachteile für den Meldepflichtigen abzuwenden. Ein Gewinn an Rechtssicherheit – im Sinne einer voraussehbaren Entscheidungsgrundlage – wäre damit nicht verbunden, sondern lediglich der Einzelfallgerechtigkeit ein Dienst erwiesen.

Wie sich zeigt, fehlt es dem deutschen Melderecht an *Safe-Harbour*-Regelungen, die eine zuverlässige Orientierung bieten. Ein Nachteil solcher Regelungen sei diesbezüglich aber nicht verschwiegen. Sie nehmen das Ergebnis der Anwendung einer Norm voraus, indem sie Gestaltungen oder Handlungen von vornherein aus dem Anwendungsbereich einer Norm ausschließen oder diesem unterwerfen. Sollten dabei Gestaltungen erfasst sein, die das Vertrauen in den Kapitalmarkt untergraben, müsste wiederum der Gesetzgeber aktiv werden und die Regelungen entsprechend anpassen. *Safe-Harbour*-Regelungen sind daher unflexibel. Will

---

1472 Siehe dazu bereits Seite 295, Gliederungspunkt b).
1473 So auch *Muhr*, Vollharmonisierung im Kapitalmarktrecht (2014), S. 214.
1474 So *U. H. Schneider*, FS Köndgen, S. 549 (555).
1475 *Baums/Sauter*, ZHR 173 (2009), S. 454 (493 f.).

man insoweit abweichende Entscheidungen der Aufsichtsbehörden ermöglichen, müssten solche Regelungen flexibler und damit offener gestaltet werden. Eine derartige, flexible Ausgestaltung einer *Safe-Harbour*-Regelung ließe aber nach der Sinnhaftigkeit einer solchen Vorschrift fragen.

Der Grund für eine flexible Gestaltung ist mitunter darin zu sehen, dass bei der Rechtsanwendung die Intention des Gesetzgebers zu beachten ist und lediglich in Ausnahmefällen eine zuvor privilegierte Handlung doch unter einen Verbotstatbestand fällt. Dies bedeutet, dass die Ausnahme von einer *Safe-Harbour*-Regelung restriktiv anzuwenden wäre. Nur in Ausnahmefällen könnte die Aufsichtsbehörde daher von der Grundsatzentscheidung des Gesetzgebers abweichen. Ein echter Mehrwert einer variablen *Safe-Harbour*-Regelung wäre zumindest darin zu erblicken, dass diese eine vorformulierte gesetzgeberische Direktive enthält, gewisse Instrumente nicht in den Anwendungsbereich der Meldepflichten fallen zu lassen. Es könnte nur in Ausnahmefällen – beispielsweise bei offensichtlichen Umgehungen – von dieser Direktive abgewichen werden. Dem Rechtsanwender würde zumindest eine rechtlich bindende Vorgabe an die Hand gegeben, dass er sich im Normalfall im nicht meldepflichtigen Bereich bewegt. Auch dies wäre durchaus wünschenswert, um das Normenkonvolut handhabbarer zu gestalten.

III. Regelungstechnische Vorschläge

Im Weiteren sollen vor allem solche Vorschläge zur Verbesserung der Meldepflichten nach WpHG näher beleuchtet werden, die bei der Regelungstechnik ansetzen.

1. Prinzipiengeleitete Generalklausel

Als erstes sei hierbei das Modell prinzipiengeleiteter Generalklauseln zur Verhinderung von Gesetzesumgehungen angesprochen, wie es von *Anzinger* präferiert wird. Eine prinzipiengeleitete Generalklausel zeichnet sich dadurch aus, dass sich neben dem generalklauselartig formulierten Tatbestand selbst auch auslegungsleitende Formulierungen (sog. Prinzipien) in dieser Norm finden.[1476] *Anzinger* verweist hierbei auf Regelungen in anderen Ländern, aber beispielsweise auch auf § 1 UWG, welcher – aufgrund der klaren Normierung des Schutzzwecks des UWG –[1477] auslegungsleitende Prinzipien der gesetzlichen Regelungen formuliere.[1478] An dieses Beispiel anknüpfend plädiert *Anzinger* auch bezüglich der Meldepflichten nach WpHG für eine prinzipiengeleitete Normgestaltung,

1476 Vgl. *Anzinger*, WM 2011, S. 391 (396 f.).

1477 Schutz der Mitbewerber, der Verbraucherinnen und Verbraucher sowie der sonstigen Marktteilnehmer vor unlauteren geschäftlichen Handlungen sowie zugleich Schutz des Interesses der Allgemeinheit an einem unverfälschten Wettbewerb.

1478 *Anzinger*, WM 2011, S. 391 (397) m. w. N.

welche auslegungsleitend wirken soll. Unbestimmte Rechtsbegriffe müssten im Lichte der auf diesem Wege gesetzlich verankerten Prinzipien ausgelegt werden. Weil der Zweck und die Schutzrichtung der Meldepflichten inkorporiert wären, würde die teleologische Auslegung an Bedeutung gewinnen, da die Schutzrichtung nicht lediglich aus der Gesetzesbegründung zu schließen sei, sondern sich konkret aus dem Gesetz ergebe. Die Auslegung gewinne dadurch an Autorität.[1479]

Um die Quintessenz seines Vorschlags zu verdeutlichen, erläutert *Anzinger* zunächst die Unterscheidung zwischen Prinzipien und Generalklauseln. Prinzipien enthielten keine Tatbestandsmerkmale, sondern gäben eine gesetzliche Zielrichtung, ein Regelungsziel, vor.[1480] Sie enthielten Wertungsspielräume und fänden ihre Grenzen in anderen Prinzipien und vorrangigen Regeln. Man könne sie durch Auslegung ermitteln oder auch im Gesetz verankern und damit den Grundstein für eine vertrauensvolle Selbstregulierung legen oder sie als gesetzliche Leitlinien für die Auslegung unbestimmter Rechtsbegriffe implementieren.[1481]

Anzinger schlägt in diesem Zusammenhang folgende Formulierung für eine prinzipiengeleitete Norm vor:[1482]

„Ziel der folgenden Meldepflichten ist die Offenlegung von Veränderungen des Stimmrechtseinflusses und der wirtschaftlichen Interessen an stimmrechtsvermittelnden Anteilen an börsennotierten Gesellschaften, um die Emittenten sowie die gegenwärtigen und künftigen Anleger über den Einfluss und die Entwicklung des Einflusses auf die Stimmrechte und über die wesentlichen wirtschaftlichen Interessen an Entscheidungen der Organe der Gesellschaft zu informieren."[1483]

Die Schwäche dieses Vorschlags liegt in der weiterhin existierenden Unbestimmtheit, welche eine auslegungsleitende Norm mit sich bringen würde. Ohne Vorgaben zur Konkretisierung des Tatbestands gilt aufgrund der Bußgeldbewehrung unrechtmäßigen Verhaltens auch hier die Wortlautgrenze des Art. 103 Abs. 2 GG. Die Reichweite der Meldepflichten wird daher vom Wortlaut des Normtatbestands und nicht von einem inkorporierten auslegungsleitenden Prinzip begrenzt. Dessen ist *Anzinger* sich bewusst und schlägt vor, der Unbestimmtheit einer prinzipiengeleiteten Generalklausel dadurch zu begegnen, dass ihr eine Auflistung von Regelbeispielen zur Seite gestellt wird.[1484] Er gibt jedoch

---

1479 *Anzinger*, WM 2011, S. 391 (396).
1480 *Anzinger*, WM 2011, S. 391 (396).
1481 *Anzinger*, WM 2011, S. 391 (396).
1482 Auch wenn die Ausführungen *Anzingers* sich grundsätzlich auf die Reform der §§ 21 ff. WpHG durch das AnsFuG beziehen, sind sie doch immer noch aktuell. Da auch auf europäischer Ebene im Rahmen der Novellierung der Transparenzrichtlinie keine prinzipiengeleiteten Meldepflichten etabliert wurden, behält der regelungstechnische Vorschlag *Anzingers* weiterhin seine Relevanz.
1483 *Anzinger*, WM 2011, S. 391 (398).
1484 *Anzinger*, WM 2011, S. 391 (397).

selbst zu bedenken, dass durch die Verwendung von Regelbeispielen die durch einen unbestimmten Rechtsbegriff gewonnene Dynamik der Meldepflichten verloren ginge.[1485]

Die Verwendung von Regelbeispielen zur Orientierung des Rechtsanwenders bei der Anwendung und Auslegung der sehr weitreichenden Meldepflichttatbestände ist aber auch aus *Anzingers* Sicht unvermeidbar, will man dem Bestimmtheitsgebot des Art. 103 Abs. 2 GG genügen.[1486] Sie bieten dem Rechtsanwender einen Anknüpfungspunkt bei der Konkretisierung der unbestimmten Tatbestandsmerkmale der Meldepflichten und sind damit unerlässlich, um ein Mindestmaß an Rechtssicherheit zu gewährleisten. Die alleinige Forderung nach einer prinzipiengeleiteten Auslegungsnorm wäre insoweit nicht ausreichend. Vielmehr können lediglich die in den Tatbeständen der Meldepflichten zu findenden Konkretisierungsmerkmale den besonderen Bestimmtheitsanforderungen des Art. 103 Abs. 2 GG genügen.

Der Vorschlag *Anzingers* kann durchaus als gewichtiger Schritt für einen Gewinn an Rechtssicherheit gesehen werden. Der Vorschlag erhöht zumindest die Vorhersehbarkeit der Reichweite der gesetzlichen Meldetatbestände, da deren Zielsetzung allgemein vorformuliert würde. Er sollte insoweit als mögliches zusätzliches Element zu weiteren Maßnahmen der näheren Konkretisierung der Meldevorschriften und nicht als von anderen Vorschlägen losgelöst angesehen werden. Insoweit ist der Vorschlag grundsätzlich zu unterstützen.

2. Weitere Kriterien zur Konkretisierung

Neben der Formulierung von prinzipiengeleiteten Generalklauseln und Regelbeispielen im Gesetzestext sind weitere Maßnahmen zur Konkretisierung der Meldepflichten wünschenswert. So wäre über eine Legaldefinition des Begriffs des Instruments nachzudenken, auch wenn damit eine mögliche Begrenzung der Reichweite der Meldepflichten einherginge. So könnte beispielsweise folgende Formulierung gewählt werden:

> *Instrumente im Sinne der §§ 38, 39 WpHG sind Finanzinstrumente im Sinne des § 2 Abs. 4 WpHG sowie sonstige Vereinbarungen, die stimmrechtsvermittelnde Wirkung besitzen oder eine solche Wirkung entfalten können.*

Daneben sollte über weitere Konkretisierungen nachgedacht werden. So wäre auch die gesetzliche Definition des Merkmals der „vergleichbaren wirtschaftlichen Wirkung“ aus § 38 Abs. 1 S. 1 Nr. 2 WpHG sinnvoll. Damit könnten Unsicherheiten in Bezug auf die Inhaltsbestimmung dieses Merkmals vermieden werden, da es sich um ein Merkmal handelt, welches bisher im deutschen Recht

---

1485 *Anzinger*, WM 2011, S. 391 (396).
1486 *Anzinger*, WM 2011, S. 391 (397).

keine Verwendung findet. Es könnte folgende Formulierung in Art. 13 der Transparenzrichtlinie sowie in § 38 Abs. 1 WpHG aufgenommen werden:

Eine vergleichbare wirtschaftliche Wirkung ist gegeben, wenn das Instrument der Vermittlung einer erwerbsähnlichen Position dient, die es seinem Inhaber ermöglicht, die wirtschaftlichen Chancen und Risiken einer Aktie im Hinblick auf deren Kursentwicklung zu nutzen, ohne dass mit dieser Position Stimmrechte einhergehen.

Zur näheren Konkretisierung dieser Vorgaben könnte in den Erwägungsgründen zur Transparenzrichtlinie sowie der Gesetzesbegründung zu § 38 Abs. 1 WpHG folgende Formulierung gewählt werden:

Eine erwerbsähnliche Position ist zu bejahen, wenn das Instrument den Erwerb der zugrundeliegenden Aktien hinreichend sicher erscheinen lässt. Dies ist grundsätzlich der Fall, wenn der Inhaber aus Sicht des Emittenten und des Marktes bei der Beteiligungsstruktur berücksichtigt werden sollte oder als primärer Erwerbskandidat erscheint. Von einer Nutzung der wirtschaftlichen Chancen und Risiken der dem Instrument zugrundeliegenden Aktien ist auszugehen, wenn der Wert der hinreichend gesicherten Erwerbsposition von Kursschwankungen dieser Aktien abhängig ist.

Auch wenn die derzeitige gesetzliche Formulierung der Meldetatbestände des WpHG als hinreichend bestimmt i. S. d. Art. 103 Abs. 2 GG anzusehen ist, kann eine weitergehende Konkretisierung und damit ein Gewinn an Rechtssicherheit durch die Aufnahme der angesprochenen Definitionen in den Gesetzestext erreicht werden.

3. Abstrakt-generelle Regelungsbeispiele im Normtext und verbindliche Auflistung seitens der ESMA

Als wenig geglückt sieht der Handelsrechtsausschuss des DAV die derzeitige Regelungstechnik der Transparenzrichtlinie 2013 an. Die beispielhafte Aufzählung von möglichen meldepflichtigen Instrumenten, die zuvor genannte Bedingungen erfüllen müssten, sei nicht gelungen.[1487] Der DAV bezieht sich dabei insbesondere auf sprachliche Ungenauigkeiten. So müssten meldepflichtige Finanzinstrumente die in Art. 13 Abs. 1b S. 1 lit. a) und b) der Transparenzrichtlinie i. d. F. der Änderungsrichtlinie 2013 genannten Bedingungen nicht kumulativ, sondern lediglich alternativ erfüllen. Dies gehe nicht ohne Weiteres aus der gewählten Formulierung hervor.[1488] Offen bleibe auch der Umfang des Auftrages an die ESMA hinsichtlich der Erstellung einer Liste meldepflichtiger Finanzinstrumente. So sei fraglich, ob die im Richtlinientext aufgenommene Aufzählung von Instrumenten abschließend sei und sich die ESMA nur im Rahmen dieser

---

1487 Stellungnahme des Handelsrechtsausschusses des DAV, NZG 2012, S. 770 (Rn. 16).
1488 Stellungnahme des Handelsrechtsausschusses des DAV, NZG 2012, S. 770 (Rn. 16).

genannten Instrumente bewegen könne oder ob sie bei ihrer Liste auch über die im Richtlinientext erwähnten Finanzinstrumente hinausgehen könne.[1489]

Der DAV schlägt als besten Mittelweg zwischen Rechtssicherheit und hinreichender Flexibilität bereits im Richtlinientext eine Aufnahme abstrakt-generell formulierter Regelungsbeispiele vor, welche die Reichweite der Meldepflichten eingrenzen. Zusätzlich solle die Möglichkeit vorgesehen werden, dass die EU-Kommission mithilfe der ESMA eine verbindliche Liste meldepflichtiger Instrumenten erstellen könne.[1490]

Diesem Vorschlag schließt sich *Muhr* an.[1491] Sie hält die verbindliche Außenwirkung der Liste der ESMA als eines technischen Regulierungsstandards für vorzugswürdig und mit Blick auf die Rechtssicherheit für dringend erforderlich.[1492]

Dies hätte zur Folge, dass die ESMA zur Ausarbeitung von verbindlichen technischen Regulierungsstandards nach Art. 10 ff., 15 ff. ESMA-VO berufen wäre. Diese Regulierungsstandards wären wiederum von der Kommission in Form eines Durchführungsrechtsakts gemäß Art. 290, 291 AEUV zu erlassen und damit europaweit einheitlich anzuwenden.[1493] Der Vorteil dieser Regelung läge in der damit erzielten Orientierungssicherheit innerhalb der EU, wie sie mit einer verbindlichen Auflistung geschaffen würde. Eine weitreichende Harmonisierung der Reichweite der Vorschriften zur Beteiligungstransparenz würde den grenzüberschreitenden Kapitalfluss fördern. Zudem würden einheitliche Maßstäbe gelten, da die nationalen Behörden wegen der Geltung des *Comply-or-Explain*-Mechanismus nicht mehr von den Vorgaben der ESMA und der Kommission abweichen könnten, da es sich nicht mehr nur um unverbindliche Leitlinien und Empfehlungen handeln würde.

Ein Nachteil ist jedoch hinsichtlich der zu fordernden Legitimationskette zu sehen, welche für eine Bußgeldbewehrung von Zuwiderhandlungen gegen die Meldepflichten einzuhalten ist. Die EU-Organe können im Rahmen ihrer Rechtsetzungsbefugnis Handlungen nur sehr eingeschränkt selbst gesetzlich sanktionieren. Sie benötigen die Parlamente der Mitgliedstaaten, die die Nichtbefolgung von EU-Recht Sanktionen unterwerfen. Im Falle verbindlicher Regulierungsstandards wäre die ESMA berufen, meldepflichtige Instrumente zu benennen. Durch die nationale Bußgeldvorschrift des § 120 WpHG wäre eine Zuwiderhandlung gegen die Meldepflichten und damit eine Nichtbefolgung der Vorgaben der ESMA sanktionsbedroht. Es würden also nicht der nationale Gesetzgeber oder das Europäische Parlament die Reichweite der Meldetatbestände konkretisieren, sondern die ESMA in Zusammenarbeit mit der Europäischen Kommission. Dies

1489 Stellungnahme des Handelsrechtsausschusses des DAV, NZG 2012, S. 770 (Rn. 16).
1490 Stellungnahme des Handelsrechtsausschusses des DAV, NZG 2012, S. 770 (Rn. 15).
1491 *Muhr*, Vollharmonisierung im Kapitalmarktrecht (2014), S. 210.
1492 *Muhr*, Vollharmonisierung im Kapitalmarktrecht (2014), S. 214.
1493 Vgl. insoweit *Muhr*, Vollharmonisierung im Kapitalmarktrecht (2014), S. 212.

wäre letztlich nur dann akzeptabel, wenn das WpHG ausdrücklich auf diese Liste im Rahmen der Meldetatbestände verweisen würde. Es sei nicht verschwiegen, dass eine solche Lösung verfassungsrechtlichen Bedenken hinsichtlich ihrer notwendigen Bestimmtheit ausgesetzt wäre. Denn eine Zuwiderhandlung gegen die Meldetatbestände unterliegt der Bußgeldbewehrung und damit auch dem besonderen Bestimmtheitsgebot. Dieses gebietet, dass der Gesetzgeber alle wesentlichen Entscheidungen für die Bußgeldbewehrung eines Verhaltens selbst fällt. Welche Instrumente unter den Tatbestand fallen, muss sich daher grundsätzlich unmittelbar aus dem Gesetz ergeben. Der Gesetzgeber muss damit zumindest die Grundentscheidung der Bußgeldbewehrung im Gesetz selbst regeln. Die Vielzahl von Verweisungsketten im Rahmen der Rechtsetzung in der Europäischen Union ist insoweit der Vorhersehbarkeit der Reichweite von Bußgeldtatbeständen abträglich. Diese Verweisungsketten sind jedoch Folge des fortschreitenden Zusammenwachsens unabhängiger Nationalstaaten im Rahmen der Europäischen Union und ohne weitere strukturelle Reformen weiterhin unausweichlich. Die Komplexität für den Normadressaten nähme weiter zu. Da die Exekutive insoweit wesentliche Merkmale der Meldetatbestände und damit der Reichweite der Sanktionsnorm bestimmen würde, müssten weitere Voraussetzungen erfüllt sein, damit dem besonderen Bestimmtheitsgebot genüge getan wäre.

Zusätzlich zur mindestens ausdrücklichen Inbezugnahme der technischen Regulierungsstandards im nationalen Umsetzungsgesetz müsste das Umsetzungsgesetz selbst objektiv nachvollziehbare Kriterien enthalten, da sie die Reichweite der Meldepflichten spezifizieren würden. Soweit es sich um eine Spezifizierung im Wege einer Verordnung bzw. von Regulierungsstandards, d. h. eine Maßnahme der Exekutive handeln würde, wäre eine Tatbestandsbeschreibung mit Merkmalen, die keine objektiven Maßstäbe enthalten, sondern in einem hohem Maße rein subjektiven Wertungen zugänglich sind, nicht ausreichend.[1494] Der Grad der Zulässigkeit wertender Spezifizierungen im Rahmen von Vorgaben der Exekutive ist von der Bestimmtheit des gesetzlichen Tatbestandes abhängig. Ist der verbindliche Regulierungsstandard nur Ausdruck der bereits im Richtlinientext und damit auch im nationalen Gesetz angelegten und erkennbaren Leitlinien, können auch Wertentscheidungen der Exekutive als zulässig betrachtet werden, sofern sie sich innerhalb des so abgesteckten gesetzlichen Regelungsrahmens bewegen. Fehlt es an diesen erkennbaren Leitlinien innerhalb des gesetzlichen Tatbestands, so ist die Wertentscheidung der Exekutive keine gesetzlich abgeleitete, sondern eine eigenständige, die von Art. 103 Abs. 2 GG nicht gedeckt wäre.[1495] Auch wenn es sich insoweit um der deutschen Rechtstradition entspringende Anforderungen handelt, sind diese Ausdruck allgemeiner rechtsstaatlicher Überlegungen, welche auch im Rahmen der Europäischen Union als Zusammenschluss demokratischer Nationalstaaten Geltung

---

1494 Vgl. *Raabe*, Der Bestimmtheitsgrundsatz (2007), S. 67.
1495 So auch *Raabe*, Der Bestimmtheitsgrundsatz (2007), S. 67.

beanspruchen. Dafür spricht bereits die Vorgabe des Art. 290 Abs. 1 Unterabs. 2 S. 2 AEUV, der ebenfalls verlangt, dass alle wesentlichen Regelungsinhalte einem Gesetzgebungsakt vorbehalten bleiben müssen.

Eine verbindliche Auflistung meldepflichtiger Instrumente wäre mit Blick auf den erzielbaren Gewinn an Rechtssicherheit bezüglich der Reichweite der Meldepflichten als begrüßenswerte Maßnahme anzusehen. Zu präferieren ist damit die ausdrückliche Auflistung dieser Instrumente im nationalen Umsetzungsgesetz, um dem besonderen Bestimmtheitsgrundsatz bestmöglich zu entsprechen. Zugleich sollten Legaldefinitionen die Orientierung für den Rechtsanwender bei der Bestimmung der Reichweite des Tatbestands erleichtern.

H. Schlussbetrachtung

I. Zunehmende Bedeutung des europäischen Gesetzgebers

Im Folgenden seien die zunehmende Bedeutung des europäischen Gesetzgebers bei der nationalen Gesetzgebung sowie die damit verbundene Einwirkung europäischer Regelungsziele auf die Rechtstraditionen der Mitgliedstaaten kurz angesprochen. Bei den Meldepflichten des WpHG handelt es sich vornehmlich um Vorschriften, welche die Transparenzrichtlinie 2013 umsetzen.

Mit der Transparenzrichtlinie-Änderungsrichtlinie 2013 wird eine partielle Vollharmonisierung angestrebt, um ein europaweit vereinheitlichtes Melderegime zu etablieren – ein sog. *Level Playing Field* – und den Mitgliedstaaten weniger Raum für eigene Ermessensentscheidungen zu lassen.[1496] Die Regelungen der vorangegangenen Transparenzrichtlinie ließen den Mitgliedstaaten weitreichende Freiräume, sodass die Mitgliedstaaten strengere Vorschriften als die in der Transparenzrichtlinie vorgesehenen festschreiben konnten.[1497] Mit der Transparenzrichtlinie-Änderungsrichtlinie 2013 wurden diese Möglichkeiten stark eingeschränkt, denn nach Art. 3 Abs. 1a Unterabs. 4 ist es den Mitgliedstaaten nicht mehr gestattet, für die Mitteilungspflichten strengere Vorschriften vorzusehen. Jedoch ist es den Mitgliedstaaten weiterhin möglich, niedrigere oder ergänzende Mitteilungsschwellen festzulegen.[1498] Daher wird bezüglich der Transparenzrichtlinie-Änderungsrichtlinie 2013 auch lediglich von einer weitgehenden oder partiellen Vollharmonisierung gesprochen.[1499]

Weiterhin verfolgt die Transparenzrichtlinie-Änderungsrichtlinie 2013 das Ziel, das Anschleichen an börsennotierte Aktiengesellschaften mithilfe eines weitgehend harmonisierten Transparenzregimes in den Mitgliedstaaten zu bekämpfen.

Ein Aspekt, der im Hinblick auf die Rechtssicherheit anzusprechen ist, ist die zunehmende Bedeutung des europäischen Gesetzgebers für die Auslegung und Anwendung nationaler Vorschriften. Wenn eine Richtlinie erlassen wird, die eine weitgehende Harmonisierung von Meldepflichten bezüglich stimmrechtsvermittelnder (Finanz-)Instrumente erreichen will, und der deutsche Gesetzgeber die Vorgaben der Richtlinie nahezu wortidentisch umsetzt, so entspricht der Gesetzgeber damit den Zielvorstellungen der Richtlinie. Jedoch kommt in dem Gesetzgebungsakt – neben dem Aspekt der Umsetzung der Richtlinie – keine

---

1496 Siehe hierzu bereits Seite 54, dort Gliederungspunkt 4.

1497 Vgl. *Seibt/Wollenschläger*, ZIP 2014, S. 545 (547) m. w. N.

1498 Vgl. *Seibt/Wollenschläger*, ZIP 2014, S. 545 (547) m. w. N.

1499 Vgl. *Veil*, WM 2012, S. 53 (56), *Brinckmann*, BB 2012, S. 1370 (1372), *Heinrich/Krämer*, CFLaw 2013, S. 225.

eigenständige gesetzgeberische Wertung zum Ausdruck. Letztlich beschränkt sich der gesetzgeberische Wille – überspitzt formuliert – auf eine Übernahme europarechtlicher Vorgaben auf nationaler Ebene.

Damit wird lediglich der Wille des europäischen Gesetzgebers ins nationale Recht transformiert. Daraus folgt auch die Heranziehung dieses Willens bei der Auslegung nationaler Vorschriften. Dies ist nicht neu, aber damit ist die wesentliche Frage verbunden, ob sich die teilweise unterschiedlichen traditionsgeprägten Rechtsanwendungsmodelle der Mitgliedstaaten zu einer einheitlichen gesetzgeberischen Wertung verbinden lassen.

Hierzu wird im Schrifttum angemerkt, dass dies zu Auslegungsschwierigkeiten führen könne, insbesondere in Fällen, in denen europäische Vorgaben wörtlich übernommen würden.[1500] Ausschlaggebend für diese Sichtweise ist der Aspekt, dass der nationale Gesetzgeber keinen eigenständigen Regelungswillen entwickle, sondern aufgrund des fehlenden Umsetzungsspielraums bei einer Vollharmonisierung allein die Zielsetzungen des europäischen Gesetzgebers entscheidend sei. Aufgrund sprachlicher Unterschiede, Feinheiten und Übersetzungsungenauigkeiten seien hier Fehlinterpretationen durchaus möglich.[1501] Das Problem nicht präziser Übersetzungen wird im Schrifttum auch in Bezug auf die deutsche Übersetzung des Erwägungsgrunds 8 der Transparenzrichtlinie-Änderungsrichtlinie 2013 angesprochen, bei dem von Aktienbezugsrechten[1502] die Rede ist.[1503] Es wird insoweit auf die englische sowie französische Originalfassung: *entitlements to acquire shares* bzw. *droits d'acquérir des actions*, aus denen ersichtlich sei, dass es allgemein um Rechte zum Erwerb von Aktien gehe, Bezug genommen.[1504] Der Begriff des Aktienbezugsrechts sei insoweit bereits zu speziell bzw. schlicht „falsch".[1505] Es ist ersichtlich, dass hier die Grenzen sprachlicher Präzision erreicht werden und nur unter Hinzuziehung der gesetzgeberischen Zielvorstellungen die Reichweite dieser Begriffe ergründbar ist. *Schroeder* merkt hierzu an, dass eine einheitliche Lösung, welche alle Sprachfassungen umfasst, nur durch Auslegung zu ermitteln ist. Dazu sei zunächst ein Vergleich der verschiedenen Sprachfassungen heranzuziehen und in einem zweiten Schritt seien die aufgeworfenen Fragen durch systematische und teleologische Auslegung zu lösen.[1506]

Wieder andere sprechen in diesem Zusammenhang die Problematik gegensätzlicher Rechtstraditionen und damit auch eines unterschiedlichen

---

1500 *Brellochs*, AG 2016, S. 157 (157 f.).
1501 EU-Rechtsakte werden zunächst in englischer oder französischer Sprache verfasst und dann in die Sprachen der anderen Mitgliedstaaten übersetzt.
1502 Dieser Begriff wird im deutschen Recht beispielsweise in § 186 AktG verwendet.
1503 *Burgard/Heimann*, FS Dauses, S. 47 (61).
1504 *Burgard/Heimann*, FS Dauses, S. 47 (61).
1505 So wohl im Ergebnis *Burgard/Heimann*, FS Dauses, S. 47 (61).
1506 *Schroeder, W.*, JuS 2004, S. 180 (184 f.).

Normverständnisses an.[1507] Angespielt wird hier wohl insbesondere auf das Problem der Voraussehbarkeit der Reichweite einer Regelung aufgrund des Sprachverständnisses. Damit gehe die Frage der Verständlichkeit einer Norm für den Adressaten einher, wenn die einzelne Vorschrift in Nationalstaaten mit unterschiedlichen Rechtstraditionen anzuwenden sei. Anknüpfungspunkt dieser Frage sei insoweit der Verständnishorizont des Normadressaten.[1508]

Die benannten Problemfelder sind durchaus bedeutsam, und auch im Hinblick auf die Rechtsanwendung ist genau zu beachten, wie eine deutsche Übersetzung tatsächlich zu verstehen ist. Mithin ist auch die englische und französische Originalfassung zu Rate zu ziehen.

Dies darf indes nicht als unlösbares Problem verstanden werden. Legt man einen gesamteuropäischen Kontext zugrunde, so ist aus Sicht der Rechtssicherheit mit der voranschreitenden Harmonisierung nationaler Vorschriften aufgrund unionsweiter Rechtssetzung auch ein Gewinn an Rechtssicherheit verbunden. Denn durch einen erhöhten Grad an Harmonisierung innerhalb der EU können nationale Alleingänge auch im Bereich der Meldepflichten weitgehend verhindert werden. Dies kann dazu beitragen, dass sich auch eine gefestigte, gleichgerichtete europäische wie nationale Rechtsprechung entwickelt, welche dem Rechtsanwender im jeweiligen Einzelfall Orientierung bietet.

Zum Teil wird in der Tatsache, dass der gesetzgeberische Spielraum bei der Umsetzung supranationaler Vorschriften zum Teil eingeengt sei, sogar ein bei der Prüfung der Bestimmtheit zu berücksichtigender Umstand gesehen.[1509]

Unabhängig von der Frage, ob dieser Ansicht zuzustimmen ist, macht es – juristisch betrachtet – keinen Unterschied, ob bei der Anwendung europarechtlich geprägter Normen dem nationalen Gesetzgeber ein Umsetzungsspielraum geblieben ist oder ob er die Richtlinie nahezu identisch übernimmt. Letztlich ist die Anwendung europarechtlich geprägter Normen eine Frage der Gewichtung der unterschiedlichen Begriffsprägungen im Rahmen der Auslegung des Umsetzungsgesetzes.

Ein Verlust an Rechtssicherheit oder ein durchgreifender Mangel an hinreichender Bestimmtheit ist darin jedenfalls nicht zu erblicken. Dem Rechtsanwender stehen aufgrund vorhandener Erwägungsgründe zu den Rechtsakten der EU sowie mit Blick auf die Begründungen zu den jeweiligen Umsetzungsgesetzen auf nationaler Ebene zum Teil mehr Quellen zur Bestimmung des Bedeutungskerns einer Regelung zur Verfügung als bei rein nationalen Gesetzgebungsakten. Mag darin auch keine Vereinfachung, sondern eine gewisse Erschwerung der Rechtsfindung zu erkennen sein, so ist das Zusammentreffen unterschiedlicher Rechtstraditionen jedenfalls kein Hinderungsgrund, Gesetze so inhaltlich

1507 *Parmentier*, AG 2014, S. 15 (21, dort Fn. 79) m. w. N.

1508 *Schmidt-Aßmann* (Vorkommentierung), in: Maunz/Dürig, GG-Kommentar, Bd. VI, 78. EL (2016), Art. 103 Abs. 2, Rn. 185 m. w. N.

1509 Vgl. *Kohlmann*, FS Vieregge, S. 443 (447).

bestimmt zu formulieren, dass der Normadressat mit den gewählten Formulierungen auch umgehen kann.

Eine Verletzung des Bestimmtheitsgrundsatzes aufgrund der steigenden Bedeutung europarechtlich geprägter Normen und Tatbestandsmerkmale ist per se jedenfalls nicht zu erkennen.

II. Fazit

Die Analyse der Meldepflichten nach WpHG bezüglich derivativer Finanzinstrumente anhand der rechtsstaatlichen Bestimmtheitsanforderungen des Grundgesetzes hat gezeigt, dass die Pflicht zur Transparentmachung bedeutender Beteiligungen an börsennotierten Aktiengesellschaften eine breit akzeptierte und wirksame Maßnahme darstellt, um unbemerktes Anschleichen zu verhindern und so die Funktionsfähigkeit und das Vertrauen in die europäischen Finanzmärkte zu sichern. Zugleich stehen die weitreichenden Meldepflichten immer stärker in einem Spannungsverhältnis zum Prinzip der Rechtssicherheit, da sie an Vorhersehbarkeit mehr und mehr eingebüßt haben. Dies gilt insbesondere mit Blick auf die Verwendung unbestimmter Rechtsbegriffe, welche vor allem europarechtlich geprägt und in Deutschland zum Teil (noch) unbekannt sind.

Ausgehend von den historischen Grundlagen wurde die Wirkungsweise der öffentlich-rechtlichen Meldepflichten zur Verhinderung des unbemerkten Anschleichens dargestellt und die Bekämpfung von Marktstörungen als oberstes Ziel herausgearbeitet. Die Meldetatbestände müssen dem strengen Bestimmtheitsgebot des Art. 103 Abs. 2 GG entsprechen, welches eine Analogie zulasten des Normadressaten ausschließt und auch einem – im Schrifttum teilweise geforderten – Gebot weitest möglicher Auslegung Einhalt gebietet.

Unter Zugrundelegung einer einschränkenden Auslegung des Merkmals der „vergleichbaren wirtschaftlichen Wirkung“ (§ 38 Abs. 1 S. 1 Nr. 2 WpHG) anhand eigenständiger Konkretisierungskriterien des besonderen Bestimmtheitsgebots sind die Meldepflichten bezüglich stimmrechtsvermittelnder Finanzinstrumente zwar als mit Art. 103 Abs. 2 GG vereinbar anzusehen. Jedoch kann dies nicht über das Erfordernis weiterer Anpassungen dieser Vorschriften hinsichtlich ihrer Regelungstechnik hinwegtäuschen. Obwohl das unbemerkte Anschleichen an börsennotierte Aktiengesellschaften wirksam verhindert wird, wären die Aufnahme von *Safe-Harbour*-Regelungen, die Formulierung inkorporierter auslegungsleitender Prinzipien sowie konkretisierender Legaldefinitionen wünschenswert. Zudem wäre auch die Erstellung einer rechtsverbindlichen Liste der ESMA bezüglich meldepflichtiger Finanzinstrumente, welche objektive Kriterien zur Bestimmung der Meldepflichtigkeit beinhaltet, eine sinnvolle Ergänzung. Dies gilt vor allem mit Blick auf einen damit zu erzielenden Gewinn an Rechtssicherheit für Normadressaten und Rechtsanwender.

III. Ausblick

Die Meldepflichten nach WpHG zur Beteiligungstransparenz sind mittlerweile nahezu deckungsgleich mit dem europäischen Richtlinientext. Dies zeigt, dass die europaweite Harmonisierung der Meldepflichten weiter voranschreitet. In Zukunft ist auch die Verabschiedung einer unmittelbar geltenden Verordnung, wie dies im Rahmen des Erlasses der Marktmissbrauchsverordnung bereits geschehen ist, vorstellbar, um eine Vollharmonisierung zu erreichen.[1510] Die EU-Mitgliedstaaten wären durch einen solchen Rechtsakt gebunden, ohne dass ihnen weiterhin ein eigener Gestaltungsspielraum zukommen würde.[1511] Ob eine solche Verordnung bereits als Ergebnis der nächsten Evaluierung der Regelungen zur Beteiligungstransparenz innerhalb der Europäischen Union wird verabschiedet werden können, lässt sich nicht voraussagen. Da hingegen eine Vollharmonisierung mithilfe der Transparenzrichtlinie-Änderungsrichtlinie 2013 schon nicht vollumfänglich erreicht werden konnte, erscheint der baldige Erlass einer Verordnung aus heutiger Sicht unwahrscheinlich. Vorteilhaft wäre eine weitere Harmonisierung – unabhängig von der Frage, ob dies im Wege einer Verordnung erreicht werden soll – mit Blick auf die Steigerung der Wettbewerbsfähigkeit der Kapitalmärkte der EU allemal. Mit der Vollharmonisierung wäre ein besserer Zugang zu den europäischen Kapitalmärkten sowie ein vereinfachter grenzüberschreitender Kapitalfluss innerhalb der EU verbunden. Auch die Compliancekosten für institutionelle Investoren würden sinken. Zudem hätte eine Vollharmonisierung eine bessere Vergleichbarkeit von Beteiligungsmitteilungen zur Folge und würde europaweit einheitliche Anlage- und Investitionsstrategien ermöglichen.[1512]

In der EU gilt immer noch die Besonderheit, dass Anleger bzw. Investoren meist in ihrem Herkunftsstaat und nicht grenzüberschreitend in Aktien europäischer börsennotierter Aktiengesellschaften investieren. Vollharmonisierte Beteiligungstransparenzvorschriften wären daher ein Beitrag zu einer weiter voranschreitenden Kapitalmarktunion und würden zu einer Stärkung des europäischen Kapital- und damit letztlich des Binnenmarktes führen.

1510 So auch *Veil*, WM 2012, S. 53.

1511 Vgl. *Muhr*, Vollharmonisierung im Kapitalmarktrecht (2014), S. 40.

1512 So auch *Fleischer/Schmolke*, NZG 2010, S. 1241 (1248 f.).

Anlage

Anlage (zu § 12 Absatz 1 WpAV)

(Fundstelle: BGBl I 2018, 1759 - 1761)

Stimmrechtsmitteilung

<table>
<tr><td colspan="5">1. Angaben zum Emittenten
Name: LEI:

Straße, Haus-Nr.: PLZ: Ort:</td></tr>
<tr><td colspan="5">2. Grund der Mitteilung (mehrere Angaben möglich)
□ Erwerb bzw. Veräußerung von Aktien mit Stimmrechten
□ Erwerb bzw. Veräußerung von Instrumenten
□ Änderung der Gesamtzahl der Stimmrechte
□ Sonstiger Grund:</td></tr>
<tr><td colspan="5">3. Angaben zum Mitteilungspflichtigen</td></tr>
<tr><td colspan="3">Natürliche Person (Vorname, Nachname):

Geburtsdatum:</td><td colspan="2">Juristische Person:

Registrierter Sitz, Staat:
,</td></tr>
<tr><td colspan="5">4. Namen der Aktionäre mit 3 % oder mehr Stimmrechten, wenn abweichend von 3.</td></tr>
<tr><td colspan="5">5. Datum der Schwellenberührung:</td></tr>
<tr><td colspan="5">6. Gesamtstimmrechtsanteile</td></tr>
<tr><td></td><td>Anteil Stimm-rechte (Summe 7.a.)</td><td>Anteil Instrumente (Summe 7.b.1. + 7.b.2.)</td><td>Summe Anteile (Summe 7.a. + 7.b.)</td><td>Gesamtzahl der Stimmrechte nach § 41 WpHG</td></tr>
<tr><td>neu</td><td>%</td><td>%</td><td>%</td><td></td></tr>
<tr><td>letzte Mitteilung</td><td>%</td><td>%</td><td>%</td><td></td></tr>
<tr><td colspan="5">7. Einzelheiten zu den Stimmrechtsbeständen</td></tr>
<tr><td colspan="5">a. Stimmrechte (§§ 33, 34 WpHG)</td></tr>
</table>

ISIN	absolut		in %	
	direkt (§ 33 WpHG)	zugerechnet (§ 34 WpHG)	direkt (§ 33 WpHG)	zugerechnet (§ 34 WpHG)
			%	%
			%	%
Summe			%	

b.1. Instrumente i. S. d. § 38 Abs. 1 Nr. 1 WpHG

Art des Instruments	Fälligkeit/ Verfall	Ausübungszeitraum/ Laufzeit	Stimmrechte absolut	Stimmrechte in %
				%
				%
				%
		Summe		%

b.2. Instrumente i. S. d. § 38 Abs. 1 Nr. 2 WpHG

Art des Instruments	Fälligkeit/ Verfall	Ausübungszeitraum/ Laufzeit	Barausgleich oder physische Abwicklung	Stimmrechte absolut	Stimmrechte in %
					%
					%
					%
			Summe		%

8. Informationen in Bezug auf den Mitteilungspflichtigen (bitte Zutreffendes ankreuzen)
□ Mitteilungspflichtiger (3.) wird weder beherrscht noch beherrscht Mitteilungspflichtiger andere Unternehmen, die Stimmrechte des Emittenten (1.) halten oder denen Stimmrechte des Emittenten zugerechnet werden.
□ Vollständige Kette der Tochterunternehmen, beginnend mit der obersten beherrschenden Person oder dem obersten beherrschenden Unternehmen:

Unternehmen	Stimmrechte in %, wenn 3 % oder höher	Instrumente in %, wenn 5 % oder höher	Summe in %, wenn 5 % oder höher
	%	%	%
	%	%	%
	%	%	%
	%	%	%

9. Bei Vollmacht gemäß § 34 Abs. 3 WpHG
(nur möglich bei einer Zurechnung nach § 34 Abs. 1 Satz 1 Nr. 6 WpHG)
Datum der Hauptversammlung:
Gesamtstimmrechtsanteile (6.) nach der Hauptversammlung

Anteil Stimmrechte	Anteil Instrumente	Summe Anteile

%	%	%
10. Sonstige Informationen:		

...., ...
Datum, Unterschrift

Anhang zur Anlage (nur für BaFin)

1. Angaben zum Mitteilungspflichtigen: Straße: Haus-Nr.: PLZ: Ort: Staat: bei juristischen Personen: □ Registrierter Sitz □ nur Geschäftsanschrift Ansprechpartner: Telefon: Telefax: E-Mail:
2. Angaben zum Absender (wenn abweichend von 1.): Name: Unternehmen: Straße: Hausnummer: PLZ: Ort: Staat: Telefon: Telefax: E-Mail:
3. Sonstige Informationen:

Literaturverzeichnis

Achenbach, Hans: Haftung und Ahndung, ZIS 2012, S. 178 ff.

Angerer, Lutz/Geibel, Stephan/Süßmann, Rainer (Hrsg.): Wertpapiererwerbs- und Übernahmegesetz, Kommentar, 3. Auflage, München 2017 (zitiert: *Bearbeiter*, in: Angerer/Geibel/Süßmann, WpÜG, 3. Aufl. (2017))

Anzinger, Heribert M.: Die normative Reichweite des Transparenzgebots für Beteiligungen an börsennotierten Kapitalgesellschaften – Plädoyer für einen Paradigmenwechsel im Melderegime, WM 2011, S. 391 ff.

Arnold, Michael/Wenninger, Thomas G.: Maßnahmen zur Abwehr feindlicher Übernahmeangebote, CFLaw 2010, S. 79 ff.

Assmann, Heinz-Dieter/Schneider, Uwe H./Mülbert, Peter (Hrsg.): Wertpapierhandelsgesetz, Kommentar, 7. Auflage, Köln 2019. (zitiert: *Bearbeiter*, in: Assmann/Schneider/Mülbert, WpHG, 7. Aufl. (2019))

Assmann, Heinz-Dieter/Schneider, Uwe H. (Hrsg.): Wertpapierhandelsgesetz, Kommentar, 6. Auflage, Köln 2012. (zitiert: *Bearbeiter*, in: Assmann/Schneider, WpHG, 6. Aufl. (2012))

Assmann, Heinz-Dieter/Schneider, Uwe H. (Hrsg.): Wertpapierhandelsgesetz, Kommentar, 5. Auflage, Köln 2009. (zitiert: *Bearbeiter*, in: Assmann/Schneider, WpHG, 5. Aufl. (2009))

Assmann, Heinz-Dieter/Schneider, Uwe H. (Hrsg.): Wertpapierhandelsgesetz, Kommentar, 4. Auflage, Köln 2006. (zitiert: *Bearbeiter*, in: Assmann/Schneider, WpHG, 4. Aufl. (2006))

BaFin: Emittentenleitfaden der Bundesanstalt für Finanzdienstleistungsaufsicht, 4. Auflage, Bonn, Frankfurt am Main 2013, abrufbar unter: https://www.bafin.de/SharedDocs/Veroeffentlichungen/DE/Fachartikel/2013/fa_bj_2013_09_emittentenleitfaden.html (zuletzt abgerufen am 30. August 2020)

dies.: Emittentenleitfaden der Bundesanstalt für Finanzdienstleistungsaufsicht, 5. Auflage, Bonn, Frankfurt am Main 2018, Einleitung (Stand: 12. November 2018), abrufbar unter: https://www.bafin.de/SharedDocs/Downloads/DE/Leitfaden/WA/dl_emittentenleitfaden_einleitung.html (zuletzt abgerufen am 30. August 2020)

dies.: Emittentenleitfaden der Bundesanstalt für Finanzdienstleistungsaufsicht, 5. Auflage, Bonn, Frankfurt am Main 2018, Modul B (Stand: 30. Oktober 2018), abrufbar unter: https://www.bafin.de/DE/Aufsicht/BoersenMaerkte/Emittentenleitfaden/Modul2/emittentenleitfaden_node.html (zuletzt abgerufen am 30. August 2020) dies.: FAQ zu den Transparenzpflichten des WpHG in den Abschnitten 6 (§§ 33 ff.) und 7 (§§ 48 ff.), Stand: 22. Februar 2019, abrufbar unter: https://www.bafin.de/SharedDocs/Downloads/DE/FAQ/dl_faq_transparenzpflichten_WpHG_Abschnitte_6_7.html (zuletzt abgerufen am 30. August 2020)

dies.: Jahresbericht 2015, Bonn, Frankfurt am Main 2016, abrufbar unter: https://www.bafin.de/DE/PublikationenDaten/Jahresbericht/jahresbericht_node.html (zuletzt abgerufen am 30. August 2020)

dies.: Jahresbericht 2016, Bonn, Frankfurt am Main 2017, abrufbar unter: https://www.bafin.de/DE/PublikationenDaten/Jahresbericht/jahresbericht_node.html (zuletzt abgerufen am 30. August 2020)

dies.: Jahresbericht 2017, Bonn, Frankfurt am Main 2018, abrufbar unter: https://www.bafin.de/DE/PublikationenDaten/Jahresbericht/jahresbericht_node.html (zuletzt abgerufen am 30. August 2020)

dies.: Jahresbericht 2018, Bonn, Frankfurt am Main 2019, abrufbar unter: https://www.bafin.de/DE/PublikationenDaten/Jahresbericht/jahresbericht_node.html (zuletzt abgerufen am 30. August 2020)

dies.: Präsentation „Informationsveranstaltung zur Umsetzung der TRL-ÄndRL" zur Umsetzung der Transparenzrichtlinie-Änderungsrichtlinie 2013, Frankfurt am Main 2015, abrufbar unter: https://www.bafin.de/SharedDocs/Downloads/DE/Rede_Vortrag/dl_151102_trl-aendrl-ums_folien.html (zuletzt abgerufen am 30. August 2020)

Balda, Volker/Emmerling, Erik: Wesentliche Neuerungen und Praxisempfehlungen hinsichtlich des Insiderrechts und des Verbots der Marktmanipulation aus Sicht des Aufsichtsrats, Audit Committee Quarterly (ACQ) II/2015, S. 14 ff.

Baldus, Christian/Becker, Rainer: Haustürgeschäfte und richtlinienkonforme Auslegung: Probleme bei der Anwendung angeglichenen europäischen Privatrechts, ZEuP 1997, S. 874 ff.

Baumbach, Adolf/Hopt, Klaus u. a.: Handelsgesetzbuch – Kommentar, 36. Auflage, München 2014 (zitiert: *Bearbeiter*, in: Baumbach/Hopt, HGB, 36. Aufl. (2014))

Baums, Theodor: Low Balling, Creeping in und deutsches Übernahmerecht, ZIP 2010, S. 2374 ff.

Baums, Theodor/Sauter, Maike: Anschleichen an Übernahmeziele mithilfe von Aktienderivaten, ZHR 173 (2009), S. 454 ff.

Baums, Theodor/Drinhausen, Florian/Keinath, Astrid: Anfechtungsklagen und Freigabeverfahren. Eine empirische Studie, ZIP 2011, S. 2329 ff.

Becker, Ralf/Canzler, Sabine: Die WpHG-Bußgeldleitlinien der BaFin – Eine Übersicht unter Berücksichtigung erster praktischer Erfahrungen, NZG 2014, S. 1090 ff.

Bedkowski, Dorothea: Der neue Emittentenleitfaden der BaFin, BB 2009, S. 394 ff.

Behr, Wilhelm Joseph (Hrsg.): System der angewandten allgemeinen Staatslehre oder der Staatskunst (Politik), Erste Abtheilung – die allgemeine Einleitung und die Staatsverfassungslehre, Frankfurt am Main, 1810 (zitiert: *Behr*, System der angewandten Staatslehre (1810), Teil I)

Behr, Wilhelm Joseph (Hrsg.): System der angewandten allgemeinen Staatslehre oder der Staatskunst (Politik), Zweyte Abtheilung – die Staatsverwaltungslehre, Frankfurt am Main, 1810 (zitiert: *Behr*, System der angewandten Staatslehre (1810), Teil II)

Bendix, Ludwig: Das Problem der Rechtssicherheit – Zur Einführung des Relativismus in die Rechtsanwendung, Berlin 1914, abgedruckt in: Schriften des Vereins Recht und Wirtschaft, Band III, Heft 5, Berlin 1914 (zitiert: *Bendix*, Das Problem der Rechtssicherheit (1914))

Bettermann, Karl August: Die verfassungskonforme Auslegung: Grenzen und Gefahren, Heidelberg 1986 (zitiert: *Bettermann*, Die verfassungskonforme Auslegung (1986))

Binding, Karl, Die Normen und ihre Übertretung: Eine Untersuchung über die rechtmässige Handlung und die Arten des Delikts, Band 1: Normen und Strafgesetze, 4. Auflage, Leipzig 1922 (Neudruck Aalen 1965) (zitiert: *Binding*, Die Normen und ihre Übertretung (1922), 4. Aufl. (Neudruck 1965))

Ders., Systematisches Handbuch der deutschen Rechtswissenschaft: Abt. 7, Teil 1, Band 1: Handbuch des Strafrechts, Leipzig 1885 (Neudruck Aalen 1991) (zitiert: *Binding*, Handbuch des Strafrechts (1885), Neudruck 1991)

Birkenstock, Reinhard Georg: Die Bestimmtheit von Straftatbeständen mit unbestimmten Gesetzesbegriffen, Köln 2004 (zitiert: *Birkenstock*, Die Bestimmtheit von Straftatbeständen (2004))

Blöink, Thomas/Kumm, Nina: Erleichterungen und neue Pflichten – ein Überblick über die Regelpublizität nach der neuen EU-Transparenzrichtlinie, BB 2013, S. 1963 ff.

Bosse, Christian: Referentenentwurf zur Umsetzung der EU-Transparenzrichtlinie-Änderungsrichtlinie: Änderungen bei periodischer Finanzberichterstattung und Beteiligungstransparenz, BB 2015, S. 746 ff.

Brandt, Ulrich: Transparenz nach RisikobegrenzungsG – und darüber hinaus?, BKR 2008, S. 441 ff.

ders.: Meldepflichten für aktienbasierte Instrumente: Anmerkungen zum Diskussionsentwurf des Bundesfinanzministeriums (AnlegerStärkungsG), BKR 2010, S. 270 ff.

ders.: Der Anwendungsbereich von § 25a WpHG in Bezug auf Pfandrechte: Ein Plädoyer für eine normzweckbezogene Auslegung der neuen Meldepflicht, CFLaw 2012, S. 110 ff.

ders.: Stimmrechtsmitteilungen nach §§ 21, 25, 25a, 27a WpHG im Aktienemissionsgeschäft: Ein praktischer Leitfaden, WM 2014, S. 543 ff.

Brassloff, Stephan: Die Rechtssicherheit. Eine Studie aus dem Gebiete der allgemeinen Rechtslehre, Wien und Leipzig 1928 (zitiert: *Brassloff*, Die Rechtssicherheit (1928))

Brechmann, Winfried: Die richtlinienkonforme Auslegung – Zugleich ein Beitrag zur Dogmatik der EG-Richtlinie, München 1994 (zitiert *Brechmann*: Die richtlinienkonforme Auslegung (1994))

Brellochs, Michael: Die Auslegung der kapitalmarktrechtlichen Melde- und Zurechnungsnormen im Licht der BGH-Rechtsprechung, ZIP 2011, S. 2225 ff.

ders.: Konzernrechtliche Beherrschung und übernahmerechtliche Kontrolle, NZG 2012, S. 1010 ff.

ders.: Die Neuregelung der kapitalmarktrechtlichen Beteiligungspublizität: Anmerkungen aus Sicht der M&A- und Kapitalmarktpraxis, AG 2016, S. 157 ff.

Brinckmann, Hendrik: Die geplante Reform der Transparenz-RL: Veränderungen bei der Regelpublizität und der Beteiligungstransparenz, BB 2012, S. 1370 ff.

Brouwer, Tobias: Stimmrechtsverlust de lege ferenda bei unterlassener Meldung potentieller Stimmrechte (§§ 25, 25a WpHG), AG 2012, S. 78 ff.

Buchheim, Regine/Schmidt, Martin/Ulbrich, Philipp: Was ändert sich mit dem Gesetz zur Umsetzung der Transparenzrichtlinie-Änderungsrichtlinie?, WPg 2016, S. 102 ff.

Bülte, Jens: Blankette und normative Tatbestandsmerkmale: Zur Bedeutung von Verweisungen in Strafgesetzen, JuS 2015, S. 769 ff.

Buck-Heeb, Petra: Kapitalmarktrecht, 6. Auflage, Heidelberg 2013 (zitiert: *Buck-Heeb*, Kapitalmarktrecht, 6. Aufl. (2013))

dies.: Kapitalmarktrecht, 10. Auflage, Heidelberg 2019 (zitiert: *Buck-Heeb*, Kapitalmarktrecht, 10. Aufl. (2019))

Burgard, Ulrich: Die Offenlegung von Beteiligungen, Abhängigkeits- und Konzernlagen bei der Aktiengesellschaft, Berlin 1990 (zitiert: *Burgard*: Offenlegung von Beteiligungen (1990))

Burgard, Ulrich: Die Offenlegung von Beteiligungen bei der Aktiengesellschaft, AG 1992, S. 41 ff.

Burgard, Ulrich/Heimann, Carsten: Beteiligungspublizität nach der Transparenzrichtlinie 2013, in: Heid, Daniel/Stotz, Rüdiger/Verny, Arsène (Hrsg.), Festschrift für Manfred A. Dauses, München 2014, S. 47 ff.

dies.: Beteiligungspublizität nach dem Regierungsentwurf eines Gesetzes zur Umsetzung der Transparenzrichtlinie-Änderungsrichtlinie, WM 2015, S. 1445 ff.

Bydlinski, Franz: Juristische Methodenlehre und Rechtsbegriff, 2. Aufl., Wien 1991 (zitiert: *Bydlinski*, Juristische Methodenlehre und Rechtsbegriff, 2. Aufl. (1991))

ders.: Grundzüge der juristischen Methodenlehre, 3. Aufl., Wien 2018 (zitiert: *Bydlinski*, Grundzüge der juristischen Methodenlehre, 3. Aufl. (2018))

Cahn, Andreas: Probleme der Mitteilungs- und Veröffentlichungspflichten nach dem WpHG bei Veränderungen des Stimmrechtsanteils an börsennotierten Gesellschaften, AG 1997, S. 502 ff.

ders.: Grenzen des Markt- und Anlegerschutzes durch das WpHG, ZHR 162 (1998), S. 1 ff.

ders.: Die Mitteilungspflicht des Legitimationsaktionärs: Kommentar zu OLG Köln v. 6.6.2012 – 18 U 240/11, AG 2012, 599, AG 2013, S. 459 ff.

ders.: Gesellschaftsinterne Informationspflichten bei Zusammenschluss- und Akquisitionsvorhaben, AG 2014, S. 525 ff.

Calliess, Rolf-Peter: Strafzwecke und Strafrecht: 40 Jahre Grundgesetz – Entwicklungstendenzen vom freiheitlichen zum sozialautoritären Rechtsstaat?, NJW 1989, S. 1338 ff.

Canaris, Claus-Wilhelm: Die richtlinienkonforme Auslegung und Rechtsfortbildung im System der juristischen Methodenlehre, in: Koziol, Helmut/Rummel, Peter (Hrsg.), Im Dienste der Gerechtigkeit: Festschrift für Franz Bydlinski, Wien 2002, S. 47 ff.

Cascante, Christian/Bingel, Adrian: Verbesserte Beteiligungstransparenz (nicht nur) vor Übernahmen? – Die Vorschriften des Anlegerschutz- und Funktionsverbesserungsgesetzes, NZG 2011, S. 1086 ff.

Cascante, Christian/Topf, Cornelia: „Auf leisen Sohlen"? – Stakebuilding bei der börsennotierten AG, AG 2009, S. 53 ff.

Cascante, Christian/Tyrolt, Jochen: 10 Jahre WpÜG – Reformbedarf im Übernahmerecht?, AG 2012, S. 97 ff.

Christ, Dominique: Barausgleichsderivate und das Anschleichen an Zielgesellschaften, Baden-Baden 2011 (zitiert: *Christ*, Barausgleichsderivate und das Anschleichen (2011))

Claussen, Carsten P./Florian, Ulrich: Der Emittentenleitfaden, AG 2005, S. 745 ff.

Deckert, Martina Renate: Folgenorientierung in der Rechtsanwendung, München 1995 (zitiert: *Deckert*: Folgenorientierung in der Rechtsanwendung (1995))

Deutscher Anwaltverein (DAV), DAV-Handelsrechtsausschuss: Stellungnahme zum Vorschlag der EU-Kommission für eine Richtlinie zur Änderung der Richtlinie 2004/109/EG („Transparenzrichtlinie") sowie der Richtlinie 2007/14/EG, NZG 2012, S. 770 ff.

Deutscher Anwaltverein (DAV), DAV-Handelsrechtsausschuss: Stellungnahme zum Regierungsentwurf eines Gesetzes zur Umsetzung der Transparenzrichtlinie-Änderungsrichtlinie, NZG 2015, S. 1069 ff.

Dieckmann, Andreas: Der neue Emittentenleitfaden Modul B – Eine (späte) Antwort der BaFin auf die Umsetzung der Transparenz-RL-Änderungs-RL von 2013, BKR 2019, S. 114 ff.

Diemers, Moritz/Homfeldt, Niklas: Änderungen des WpHG infolge der EU-Transparenzrichtlinie, PiR 2016, S. 45 ff.

Dietrich, David: Präsentation im Rahmen der Informationsveranstaltung der BaFin zur Umsetzung der Transparenzrichtlinie-Änderungsrichtlinie (TRL-ÄndRL), Frankfurt am Main, 2015, abrufbar unter: https://www.bafin.de/SharedDocs/Downloads/DE/Rede_Vortrag/dl_151102_trl-aendrl-ums_folien.html (zuletzt abgerufen am 30. August 2020)

Dolff, Christian: Der Rechtsverlust gem. § 28 WpHG aus der Perspektive eines Emittenten, Baden-Baden 2011 (zitiert: *Dolff*, Der Rechtsverlust gem. § 28 WpHG (2011))

Dönges, Flemming Vasco: Die §§ 21 ff. WpHG als Schutzgesetze im Sinne des § 823 Abs. 2 BGB, Würzburg 2012 (zitiert: *Dönges*, §§ 21 ff. WpHG als Schutzgesetz (2012))

Drost, Heinrich: Das Ermessen des Strafrichters: zugleich ein Beitrag zu dem allgemeinen Problem Gesetz und Richteramt, Berlin 1930 (zitiert: *Drost*: Das Ermessen des Strafrichters (1930))

Duttge, Gunnar: Zur Bestimmtheit des Handlungsunwerts von Fahrlässigkeitsdelikten, Tübingen 2001 (zitiert: *Duttge*, Bestimmtheit von Fahrlässigkeitsdelikten (2001))

Ehricke, Ulrich: Die Einbeziehung des Immobilienkaufs in die Folgen eines Widerrufs des Darlehensgeschäfts nach der Richtlinie 85/577/EWG, ZIP 2004, S. 1025 ff.

Eichner, Moritz Peter: Anschleichen bei Unternehmensübernahmen – Perfides taktisches Manöver oder achtbare strategische Entscheidung?, ZRP 2010, S. 5 ff.

Emmerich, Volker/Habersack, Mathias (Hrsg.): Aktien- und GmbH-Konzernrecht, 9. Aufl., München 2019 (zitiert: *Bearbeiter*, in: Emmerich/Habersack, Konzernrecht, 9. Aufl. (2019))

Enderle, Bettina: Blankettstrafgesetze: Verfassungs- und strafrechtliche Probleme von Wirtschaftsstraftatbeständen, Frankfurt am Main u. a. 2000 (zitiert: *Enderle*, Blankettstrafgesetze (2000))

Engert, Andreas: Hedgefonds als aktivistische Aktionäre, ZIP 2006, S. 2105 ff.

Epe, Daniel: Die neue kapitalmarktrechtliche Beteiligungstransparenz, Baden-Baden 2018 (zitiert: *Epe*, Die neue Beteiligungstransparenz (2018))

Erbs, Georg (Begr.)/Kohlhaas, Max herausgegeben von Häberle, Peter: Strafrechtrechtliche Nebengesetze, 230. Auflage, München 2020 (zitiert: *Bearbeiter*, in: Erbs/Kohlhaas, Strafrechtliche Nebengesetze (230. EL))

Everling, Ulrich: ECLR – Zur Auslegung des durch EG-Richtlinien angeglichenen nationalen Rechts, ZGR 1992, S. 376 ff.

Falkenhagen, Klaus: Aktuelle Fragen zu den neuen Mitteilungs- und Veröffentlichungspflichten nach Abschnitt 4 und 7 des Wertpapierhandelsgesetzes, WM 1995, S. 1005 ff.

Fatemi, Aliresa: Beteiligungstransparenz und der Verlust von Aktionärsrechten: Überblick über die Mitteilungspflichten nach § 20 AktG, DB 2013, S. 2195 ff.

Feuerbach, Anselm Paul Johann: Lehrbuch des gemeinen in Deutschland gültigen Peinlichen Rechts, Gießen, 1801 (zitiert: *Feuerbach*, Lehrbuch des Peinlichen Rechts (1801))

Fleischer, Holger: Ad-hoc-Publizität beim einvernehmlichen vorzeitigen Ausscheiden des Vorstandsvorsitzenden – Der DaimlerChrysler-Musterentscheid des OLG Stuttgart, NZG 2007, S. 401 ff.

Fleischer, Holger/Bedkowski, Dorothea: Stimmrechtszurechnung zum Treuhänder gemäß § 22 I 1 Nr. 2 WpHG – Ein zivilgerichtlicher Fehlgriff und seine kapitalmarktrechtlichen Folgen, DStR 2010, S. 933 ff.

Fleischer, Holger/Schmolke, Klaus Ulrich: Kapitalmarktrechtliche Beteiligungstransparenz nach §§ 21 ff. WpHG und „Hidden Ownership", ZIP 2008, S. 1501 ff.

dies.: Das Anschleichen an eine börsennotierte Aktiengesellschaft: Überlegungen zur Beteiligungstransparenz de lege lata und de lege ferenda, NZG 2009, S. 401 ff.

dies.: Zum beabsichtigten Ausbau der kapitalmarktrechtlichen Beteiligungstransparenz bei modernen Finanzinstrumenten (§§ 25, 25a DiskE-WpHG), NZG 2010, S. 846 ff.

dies.: Die Reform der Transparenzrichtlinie: Mindest- oder Vollharmonisierung der kapitalmarktrechtlichen Beteiligungspublizität?, NZG 2010, S. 1241 ff.

Franzen, Martin: Privatrechtsangleichung durch die Europäische Gemeinschaft, Berlin 1999 (zitiert: *Franzen*, Privatrechtsangleichung durch die Europäische Gemeinschaft (1999))

Friedeborn, Jan: Vormitgliedschaftliche Beteiligungstransparenz – Offenlegungspflichten im Vorfeld des Aktienerwerbs, Berlin 2014 (zitiert: *Friedeborn*, Vormitgliedschaftliche Beteiligungstransparenz (2014))

Fuchs, Andreas (Hrsg.): Wertpapierhandelsgesetz, 1. Aufl., München 2009 (zitiert: *Bearbeiter*, in: Fuchs, WpHG, 1. Aufl. (2009))

ders. (Hrsg.): Wertpapierhandelsgesetz, 2. Aufl., München 2016 (zitiert: *Bearbeiter*, in: Fuchs, WpHG, 2. Aufl. (2016))

Gaede, Karsten/Mühlbauer, Tilo: Wirtschaftsstrafrecht zwischen europäischem Primärrecht, Verfassungsrecht und der richtlinienkonformen Auslegung am Beispiel des Scalping – zugleich Besprechung von BGH wistra 2004, 109, wistra 2005, S. 9 ff.

Gebauer, Martin/Wiedmann, Thomas (Hrsg.): Zivilrecht unter europäischem Einfluss – Die richtlinienkonforme Auslegung des BGB und anderer Gesetze – Kommentierung der wichtigsten EU-Verordnungen, 2. Aufl., Stuttgart u. a. 2010 (zitiert: *Bearbeiter*, in: Gebauer/Wiedmann, Zivilrecht unter europäischem Einfluss, 2. Aufl. (2010))

Geiger, Theodor Julius: Vorstudien zu einer Soziologie des Rechts, 1947.

ders.: Vorstudien zu einer Soziologie des Rechts, 2. Aufl., Neuwied 1964.

Gieschen, Georg: Präsentation im Rahmen der Informationsveranstaltung der BaFin zur Umsetzung der Transparenzrichtlinie-Änderungsrichtlinie (TRL-ÄndRL), Frankfurt am Main, 2015, abrufbar unter: https://www.bafin.de/SharedDocs/Downloads/DE/Rede_Vortrag/dl_151102_trl-aendrl-ums_folien.html (zuletzt abgerufen am 30. August 2020)

Gött, Henner: Die ultra vires-Rüge nach dem OMT-Vorlagebeschluss des Bundesverfassungsgerichts, EuR 2014, S. 514 ff.

Grundgesetz-Kommentar hrsg. von Epping, Volker/Hillgruber, Christian, 3. Aufl., München 2020 (zitiert: *Bearbeiter* in: Epping/Hillgruber, Grundgesetz, 3. Aufl. (2013))

Habersack, Mathias: Beteiligungstransparenz adieu? Lehren aus dem Fall Continental/Schaeffler, AG 2008, S. 817 ff.

Habersack, Mathias/Mayer, Christian: Der Widerruf von Haustürgeschäften nach der „Heininger"-Entscheidung des EuGH, WM 2002, S. 253 ff.

Habersack, Mathias/Mülbert, Peter O./Schlitt, Michael (Hrsg.): Handbuch der Kapitalmarktinformation, 2. Aufl., München 2013 (zitiert: *Bearbeiter*, in: Habersack/Mülbert/Schlitt, Handbuch der Kapitalmarktinformation, 2. Aufl. (2013))

Hamann, Andreas: Grundgesetz und Strafgesetzgebung, Neuwied 1963 (zitiert: *Hamann*, Grundgesetz und Strafgesetzgebung (1963))

Hammen, Horst: Analogieverbot beim Acting in Concert?, Der Konzern 2009, S. 18 ff.

Hammer-Strnad, Eva: Das Bestimmtheitsgebot als allgemeiner Rechtsgrundsatz des Europäischen Gemeinschaftsrechts, Hamburg 1999 (zitiert: *Hammer-Strnad*, Das Bestimmtheitsgebot (1999))

Happ, Wilhelm: Zum Regierungsentwurf eines Wertpapierhandelsgesetzes, JZ 1994, S. 240 ff.

Hassemer, Winfried: Einführung in die Grundlagen des Strafrechts, 2. Aufl., München 1990 (zitiert: *Hassemer*, Grundlagen des Strafrechts, 2. Aufl. (1990))

Hauser, Marc: Creeping-In – Notwendigkeit der Regulierung einer vermeintlichen Umgehung der Mindestpreisregeln des WpÜG?, Hamburg 2014 (zitiert: *Hauser*, Creeping-In (2014))

Heck, Philipp: Begriffsbildung und Interessenjurisprudenz, Tübingen 1932 (zitiert: *Heck*, Begriffsbildung und Interessenjurisprudenz (1932))

Hecker, Bernd: Europäisches Strafrecht, 5. Aufl., Heidelberg 2015 (zitiert: *Hecker*, Europäisches Strafrecht (2015))

ders.: Die richtlinienkonforme und die verfassungskonforme Auslegung im Strafrecht, JuS 2014, S. 385 ff.

Heinrich, Tobias A./Krämer, Lutz: Emittentenleitfaden „reloaded" 2013, CFLaw 2013, S. 225 ff.

Henssler, Martin/Strohn, Lutz (Hrsg.): Gesellschaftsrecht, 4. Auflage, München 2019 (zitiert: *Bearbeiter*, in: Henssler/Strohn, GesR, 4. Aufl. (2019))

Herdegen, Matthias: Europarecht, 21. Auflage, München 2019 (zitiert: *Herdegen*, Europarecht, 21. Aufl. (2019)

Herresthal, Carsten: Rechtsfortbildung im europarechtlichen Bezugsrahmen: Methoden, Kompetenzen, Grenzen dargestellt am Beispiel des Privatrechts, München 2006 (zitiert: *Herresthal*, Rechtsfortbildung (2006))

ders.: Die richtlinienkonforme und die verfassungskonforme Auslegung im Privatrecht, JuS 2014, S. 289 ff.

Hettinger, Michael: Die zentrale Bedeutung des Bestimmtheitsgrundsatzes (Art. 103 II GG), erster Teil, JuS 1986, L 17 ff.

Heusel, Matthias: Der neue § 25a WpHG im System der Beteiligungstransparenz, WM 2012, S. 291 ff.

Hildner, Matthias: Kapitalmarktrechtliche Beteiligungstransparenz verbundener Unternehmen, in: Hadding, Walther/Schneider, Uwe H. (Hrsg.), Berlin 2002 (zitiert: *Hildner*, Kapitalmarktrechtliche Beteiligungstransparenz (2002))

Hippeli, Michael: Zurechnung nach WpHG und WpÜG bei beherrschten Stiftungen und stiftungsähnlichen Rechtsformen, Hamburg 2013 (zitiert: *Hippeli*, Zurechnung nach WpHG und WpÜG (2013))

Hirte, Heribert: Reformbedarf im Übernahmerecht vom 15.11.2011, Handelsblatt Rechtsboard abrufbar unter: http://blog.handelsblatt.com/rechtsboard/2011/11/15/reformbedarf-im-ubernahmerecht/ (zuletzt abgerufen am 30. August 2020)

ders.: Anlegerschutz und Übernahmerecht in der Diskussion, Der Konzern 2010, S. 599 ff.

Hirte, Heribert/Schall, Alexander: Zum faktischen Beherrschungsvertrag, Der Konzern 2006, S. 243 ff.

Hitzer, Martin/Hauser, Patrick: ESMA – Ein Statusbericht, BKR 2015, S. 52 ff.

dies.: Mitteilungspflichten für Vorkaufs- und ähnliche Rechte in Gesellschaftervereinbarungen, AG 2015, S. 891 ff.

Hofmann, Christian: Die zeitliche Dimension der richtlinienkonformen Auslegung, ZIP 2006, S. 2113 ff.

Holfter, Marc: Öffentliche Übernahme durch Anschleichen unter besonderer Berücksichtigung der Meldepflichten nach dem WpHG, Berlin 2012 (zitiert: *Holfter*, Öffentliche Übernahme durch Anschleichen (2012))

Hopf, Michael: Informationen für Märkte und Märkte für Informationen, Frankfurt a. M. 1983 (zitiert: *Hopf*, Informationen für Märkte (1983))

Hu, Henry T. C./Black, Bernhard: The New Vote Buying: Empty Voting and Hidden (Morphable) Ownership, 79 S. Cal. L. Rev. (2006), S. 811 ff.

Hüffer, Uwe/Koch, Jens: Aktiengesetz Kommentar, 14. Auflage, München 2020 (zitiert: *Koch*, in: Hüffer/ders., AktG, 14. Aufl. (2020))

Hutter, Stephan/Kaulamo, Katja: Das Transparenzrichtlinie-Umsetzungsgesetz: Änderungen der anlassabhängigen Publizität, NJW 2007, S. 471 ff.

Isensee, Josef: Staat im Wort, in: Ipsen, Jörn/Rengeling, Hans-Werner/Mössner, Jörg Manfred/Weber, Albrecht (Hrsg.): Verfassungsrecht im Wandel, Köln 1995, S. 571 ff. (zitiert: *Isensee*, in: Ipsen/Rengeling/Mössner/Weber, Verfassungsrecht im Wandel (1995))

Jörgens, Stefan/Wahl, Axel/Mann, Christina: Erzwungene Offenlegung von Informationen bei feindlichen Übernahmeangeboten, CFLaw 2013, S. 23 ff.

Kertai, Benjamin: Strafbarkeitslücken als Argument: Gesetzesauslegung und Bestimmtheitsgebot, JuS 2011, S. 976 ff.

Kindler, Peter: EU-ausländische Beteiligungskonsortien im Visier der BaFin – Keine multiple Meldepflicht nach § 21 WpHG für Gesellschafter eines ausländischen Anteilserwerbs!, in: Grundmann, Stefan/Haar, Brigitte/Merkt, Hanno/u. a. (Hrsg.), Festschrift für Klaus J. Hopt, Berlin 2010, Band 2, S. 2081 ff.

Knieper, Rolf: Der Wert der Stabilität der Verfassung und der Rechtssicherheit, WiRO 2015, S. 1 ff.

Köbler, Gerhard: Juristisches Wörterbuch – Für Studium und Ausbildung, 17. Auflage, München 2018.

Kocher, Dirk/Widder, Stefan: Keine Ausweitung der Bestandsmitteilungspflicht bei Einführung des TUG nach § 41 Abs. 4a WpHG, ZIP 2010, S. 1326 ff.

Kohlmann, Günter: Der Begriff des Staatsgeheimnisses (§ 93 StGB und § 99 Abs. 1 StGB a. F.) und das verfassungsrechtliche Gebot der Bestimmtheit von Strafvorschriften (Art. 103 Abs. 2 GG), Köln-Marienburg 1969 (zitiert: *Kohlmann*, Der Begriff des Staatsgeheimnisses (1969))

ders.: Das Strafrecht – wirksame Waffe gegen den Insiderhandel?: Skeptische Bemerkungen zu einer unendlichen Geschichte, in: Baur, Jürgen/Jacobs, Rainer/Lieb, Manfred/Müller-Graf, Peter-Christian (Hrsg.), Festschrift für Ralf Vieregge, Berlin 1995, S. 443 ff.

Kölner Kommentar zum Aktiengesetz hrsg. von Zöllner, Wolfgang/Noack, Ulrich, Band 6, 3. Auflage, Köln 2004 (zitiert: *Bearbeiter*, in: Kölner Kommentar AktG, Band 6, 3. Aufl. (2004))

Kölner Kommentar zum Wertpapierhandelsgesetz hrsg. von Hirte, Heribert/Möllers, Thomas M. J., 2. Auflage, Köln 2014 (zitiert: *Bearbeiter*, in: Kölner Kommentar WpHG, 2. Aufl. (2014))

Kommentar zum Grundgesetz für die Bundesrepublik Deutschland, hrsg. von Denninger, Erhard/Hoffmann-Riem, Wolfgang/Schneider, Hans-Peter/Stein, Ekkehart aus der Reihe Alternativkommentare hrsg. von Wassermann, Rudolf, Band 2, 3. Aufl., Neuwied und Kriftel 2001 (zitiert: *Bearbeiter*, in: Wassermann, AK-GG)

Kopper, Hilmar: Ist das Höchststimmrecht noch zeitgemäß?; FAZ vom 10. April 1990, S. 21.

Krahl, Matthias: Die Rechtsprechung des Bundesverfassungsgerichts und des Bundesgerichtshofs zum Bestimmtheitsgrundsatz im Strafrecht (Art. 103 Abs. 2 GG), Frankfurt am Main 1986 (zitiert: *Krahl*, Die Rechtsprechung zum Bestimmtheitsgrundsatz (1986))

Kramer, Ernst A.: Juristische Methodenlehre, 6. Auflage, München u. a. 2019 (zitiert: *Kramer*, Juristische Methodenlehre, 6. Aufl. (2019))

Krämer, Lutz/Heinrich, Tobias A.: Emittentenleitfaden „reloaded“, ZIP 2009, S. 1737 ff.

Krämer, Lutz/Kiesewetter, Matthias: Rechtliche und praktische Aspekte einer Due Diligence aus öffentlich zugänglichen Informationsquellen einer börsennotierten Gesellschaft, BB 2012, S. 1679 ff.

Krause, Hartmut: Prophylaxe gegen feindliche Übernahmeangebote, AG 2002, S. 133 ff.

ders.: Die erweiterte Beteiligungstransparenz bei börsennotierten Aktiengesellschaften, AG 2011, S. 469 ff.

Kropff, Bruno: Aktiengesetz: Textausgabe des Aktiengesetzes vom 6.9.1965 (Bundesgesetzbl. I S. 1089) und des Einführungsgesetzes zum Aktiengesetz vom 6.9.1965 (Bundesgesetzbl. I. S. 1185) mit Begründung des Regierungsentwurfs, Bericht des Rechtsausschusses des Deutschen Bundestags, Verweisungen und Sachverzeichnis, Düsseldorf 1965 (zitiert: *Kropff*, AktG 1965))

Küchenhoff, Günther: Der Begriff des „Minimum“ in der Rechtswissenschaft, NJW 1959, S. 1254 ff.

ders.: Rechtsphilosophische Grundlagen des kosmischen Rechts, ARSP 51 (1965), S. 449 ff.

Kudlich, Hans/Montiel, Juan Pablo/Schuhr, Jan C.: Gesetzlichkeit und Strafrecht, Berlin 2012 (zitiert: *Autor*, in: Kudlich/Montiel/Schuhr, Gesetzlichkeit und Strafrecht (2012)

Kühling, Jürgen: Die richtlinienkonforme und die verfassungskonforme Auslegung im Öffentlichen Recht, JuS 2014, S. 481 ff.

Kunig, Philip: Zur „hinreichenden Bestimmtheit" von Norm und Einzelakt, Jura 1990, S. 495 ff.

Lange, Richard: Der Strafgesetzgeber und die Schuldlehre, JZ 1956, S. 73 ff.

Larenz, Karl: Methodenlehre der Rechtswissenschaft, 6. Auflage, Berlin 1991 (zitiert: *Larenz*, Methodenlehre (1991))

Larenz, Karl/Canaris, Claus-Wilhelm: Methodenlehre der Rechtswissenschaft, 3. Auflage, Berlin u. a. 1995 (zitiert: *Larenz/Canaris*, Methodenlehre der Rechtswissenschaft, 3. Aufl. (1995))

Lebherz, Axel: Publizitätspflichten bei der Übernahme börsennotierter Unternehmen, WM 2010, S. 154 ff.

Leipziger Kommentar zum Strafgesetzbuch hrsg. von Cirener, Gabriele/Radtke, Henning/Rissing-van Saan, Ruth/Rönnau, Thomas/Schluckebier, Wilhelm, Großkommentar, Band 1, 13. Aufl., Berlin 2020 (zitiert: *Bearbeiter*, in: Leipziger Kommentar StGB, Bd. 1, 13. Aufl. (2020))

Leipziger Kommentar zum Strafgesetzbuch hrsg. von Laufhütte, Heinrich W./ Rissing-van Saan, Ruth/Tiedemann, Klaus, Großkommentar, Band 6, 12. Aufl., Berlin 2010 (zitiert: *Bearbeiter*, in: Leipziger Kommentar StGB, Bd. 6, 12. Aufl. (2010)

Leitner, Lukas: Meldepflichten bei der feindlichen Übernahme börsennotierter Aktiengesellschaften mittels Swaps, Wien 2011 (zitiert: *Leitner*, Meldepflichten bei feindlicher Übernahme (2011))

Lemmel, Hans-Peter: Unbestimmte Strafbarkeitsvoraussetzungen im Besonderen Teil des Strafrechts und der Grundsatz nullum crimen sine lege, Berlin 1970 (zitiert: *Lemmel*, Unbestimmte Strafbarkeitsvoraussetzungen (1970))

Lenckner, Theodor: Wertausfüllungsbedürftige Begriffe im Strafrecht und der Satz „nullum crimen sine lege", JuS 1968, S. 249 ff.

Lieske, Patrick: Der Rechtsverlust im Kapitalmarktrecht, Düsseldorf 2011 (zitiert: *Lieske*, Rechtsverlust (2011))

Lüdemann, Jörn: Die verfassungskonforme Auslegung von Gesetzen, JuS 2004, S. 27 ff.

Lutter, Marcus: Die Treuepflicht des Aktionärs – Bemerkungen zur Linotype-Entscheidung des BGH, ZHR 153 (1989), S. 446 ff.

ders.: Die Auslegung angeglichenen Rechts, JZ 1992, S. 593 ff.

Maiwald, Manfred: Bestimmtheitsgebot, tatbestandliche Typisierung und die Technik der Regelbeispiele, in: Lackner, Karl/Leferenz, Heinz/Schmidt, Eberhard/Welp, Jürgen/Wolff, Ernst Amadeus (Hrsg.), Festschrift für Wilhelm Gallas, Berlin 1973, S. 137 ff.

Maunz, Theodor/Dürig, Günter (Begr.): Grundgesetz-Kommentar hrsg. von Herzog, Roman/ Scholz, Rupert/Herdegen, Matthias/Klein Hans H., Band III, 90.

Ergänzungslieferung (Stand: Februar 2020), München 2020 (zitiert: *Bearbeiter*, in: Maunz/Dürig, GG-Kommentar, Bd. III, 90. EL (2020))

Maunz, Theodor/Dürig, Günter (Begr.): Grundgesetz-Kommentar hrsg. von Herzog, Roman/ Scholz, Rupert/Herdegen, Matthias/Klein Hans H., Band V, 90. Ergänzungslieferung (Stand: Februar 2020), München 2020 (zitiert: *Bearbeiter*, in: Maunz/Dürig, GG-Kommentar, Bd. V, 90. EL (2020))

Maunz, Theodor/Dürig, Günter (Begr.) Grundgesetz-Kommentar hrsg. von Herzog, Roman/ Scholz, Rupert/Herdegen, Matthias/Klein Hans H., Band VI, 90. Ergänzungslieferung (Stand: Februar 2020), München 2020 (zitiert: *Bearbeiter*, in: Maunz/Dürig, GG-Kommentar, Bd. VI, 90. EL (2020))

Maurer, Hartmut/Waldhoff, Christian: Allgemeines Verwaltungsrecht, 19. Auflage, München 2017 (zitiert: *Maurer/Waldhoff*, Allgemeines Verwaltungsrecht, 19. Aufl. (2017)

Merkner, Andreas: Das Damoklesschwert des Rechtsverlusts – Vorschlag für eine Neufassung von § 28 WpHG, AG 2012, S. 199 ff.

Merkner, Andreas/Sustmann, Marco: Vorbei mit dem unbemerkten Anschleichen an börsennotierte Unternehmen?, NZG 2010, S. 681 ff.

dies.: Erste „Guidance" der BaFin zu den neuen Meldepflichten nach §§ 25, 25a WpHG, NZG 2012, S. 241 ff.

Merkt, Hanno: „Creeping in" aus internationaler Sicht, NZG 2011, S. 561 ff.

Meyer, Andreas/Kiesewetter, Matthias: Rechtliche Rahmenbedingungen des Beteiligungsaufbaus im Vorfeld von Unternehmensübernahmen, WM 2009, S. 340 ff.

Michael, Lothar/Payandeh, Mehrdad: Richtlinienkonforme Rechtsfortbildung zwischen Unionsrecht und Verfassungsrecht, NJW 2015, S. 2392 ff.

Middelschulte, Christiane: Unbestimmte Rechtsbegriffe und das Bestimmtheitsgebot, Hamburg 2007 (zitiert: *Middelschulte*, Unbestimmte Rechtsbegriffe (2007))

Möllers, Thomas M. J.: Juristische Arbeitstechnik und wissenschaftliches Arbeiten, 9. Auflage, München 2018 (zitiert: *Möllers*, Juristische Arbeitstechnik (2018))

ders.: Die juristische Aufarbeitung der Übernahmeschlacht VW-Porsche – ein Überblick, NZG 2014, S. 361 ff.

Montesquieu, Charles-Louis de Secondat: De L'esprit des Lois, Genf 1748 (zitiert: *Montesquieu*, De L'esprit des Lois (1748))

Moosmayer, Klaus: Straf- und bußgeldrechtliche Regelungen im Entwurf eines Vierten Finanzmarktförderungsgesetzes, wistra 2002, S. 161 ff.

Möritz, Daniel: Eigenkapitalderivate, wirtschaftliches Eigentum und verdeckte Stimmmacht: Ein Vorschlag zur Reform der kapitalmarktrechtlichen Beteiligungstransparenz, ZVglRWiss 109 (2010), S. 94 ff.

Muhr, Eike: Das Prinzip der Vollharmonisierung im Kapitalmarktrecht am Beispiel des Reformvorhabens zur Änderung der Transparenzrichtlinie, Köln 2014 (zitiert: *Muhr*, Vollharmonisierung im Kapitalmarktrecht (2014))

Mülbert, Peter O.: Das Recht des Rechtsverlusts – insbesondere am Beispiel des § 28 WpHG, in: Bitter, Georg/Lutter, Marcus/Priester, Hans-Joachim/Schön, Wolfgang/Ulmer, Peter (Hrsg.), Festschrift für Karsten Schmidt, Köln 2009, S. 1219 ff.

Müller-Dietz, Heinz: Abschied vom Bestimmtheitsgrundsatz im Strafrecht?, in: Eser, Albin/Schittenhelm, Ulrike/Schumann, Heribert (Hrsg.), Festschrift für Theodor Lenckner, München 1998, S. 179 ff.

Müller-Erzbach, Rudolf: Wohin führt die Interessenjurisprudenz? – Die rechtspolitische Bewegung im Dienste der Rechtssicherheit und des Aufbaus der Rechtswissenschaften, Tübingen 1932 (zitiert: *Müller-Erzbach*, Interessenjurisprudenz (1932))

Münch, Christof: Rechtssicherheit als Standortfaktor, NJW 1996, S. 3320 ff.

Münchener Kommentar zum Aktiengesetz hrsg. von Goette, Wulf/Habersack, Mathias/Kalss, Susanne, Band 1: §§ 1–75, 3. Auflage, München 2008 (zitiert: *Bearbeiter*, in: MüKo AktG, Band 1, 3. Aufl. (2008))

Münchener Kommentar zum Aktiengesetz hrsg. von Goette, Wulf/Habersack, Mathias/Kalss, Susanne, Band 1: §§ 1–75, 4. Auflage, München 2016 (zitiert: *Bearbeiter*, in: MüKo AktG, Band 1, 5. Aufl. (2019))

Münchener Kommentar zum Bürgerlichen Gesetzbuch hrsg. von Säcker, Franz Jürgen/Rixecker, Roland/Oetker, Hartmut,/Limperg, Bettina Band 8: §§ 854–1296, 8. Auflage, München 2020 (zitiert: *Bearbeiter*, in: MüKo, BGB, Bd. 8, 8. Aufl. (2020))

Nartowska, Urszula: Stimmrechtsmeldepflichten und Rechtsverlust eines Legitimationsaktionärs nach §§ 21ff. WpHG, NZG 2013, S. 124 ff.

Nartowska, Urszula/Knierbein, Michael: Ausgewählte Aspekte des „Naming and Shaming“ nach § 40c WpHG, NZG 2016, S. 256 ff.

Naucke, Wolfgang: Zur Lehre vom strafbaren Betrug, Berlin 1964 (zitiert: *Naucke*: Lehre vom Betrug (1964))

Neye, Hans-Werner: Harmonisierung der Mitteilungspflichten zum Beteiligungsbesitz von börsennotierten Aktiengesellschaften, ZIP 1996, S. 1853 ff.

Noack, Ulrich/Zetzsche, Dirk: Verdeckter Positionsaufbau in börsennotierten Aktiengesellschaften – Anlegerschutz, Publizität, Enforcement, in: Grundmann, Stefan/Kirchner, Christian/Raiser/Thomas/Schwintowski, Hans-Peter/Weber, Martin/Windbichler, Christine (Hrsg.), Unternehmensrecht zu Beginn des 21. Jahrhunderts: Festschrift für Eberhard Schwark, München 2009, S. 569 ff.

Nodoushani, Manuel: Die Transparenz von Beteiligungsverhältnissen – Aktien- und kapitalmarktrechtliche Mitteilungspflichten im Lichte neuer Gesetzesentwicklungen, WM 2008, S. 1671 ff.

Nottmeier, Horst/Schäfer, Holger: Praktische Fragen im Zusammenhang mit §§ 21, 22 WpHG, AG 1997, S. 87 ff.

Oppermann, Thomas/Classen, Claus Dieter/Nettesheim, Martin: Europarecht, 8. Auflage, München 2018 (zitiert: *Oppermann/Classen/Nettesheim*, Europarecht, 8. Aufl. (2018))

Otto, Hans-Jochen: Die Verteilung der Kontrollprämie bei Übernahme von Aktiengesellschaften und die Funktion des Höchststimmrechts, AG 1994, S. 167 ff.

Papier, Hans-Jürgen/Müller, Johannes: Das Bestimmtheitsgebot und seine Durchsetzung, AöR 122 (1997), S. 177 ff.

Parmentier, Miriam: Die Revision der EU-Transparenzrichtlinie für börsennotierte Unternehmen, AG 2014, S. 15 ff.

Peine, Franz-Joseph/Siegel, Thorsten: Allgemeines Verwaltungsrecht, 13. Auflage, Heidelberg u. a. 2020 (zitiert: *Peine/Siegel*, Allgemeines Verwaltungsrecht, 13. Aufl. (2020))

Perlitt, Johannes/Stohlmeier, Thomas: Stellungnahme zum Entwurf des Emittentenleitfadens der BaFin vom 31. Mai 2013, S. 3 f.; abrufbar unter: https://www.bafin.de/SharedDocs/Downloads/DE/Konsultation/2013/dl_kon_0413_ELF_cliffordchance.pdf?__blob=publicationFile&v=2 (zuletzt abgerufen am 30. August 2020)

Petersohn, Nadine: Die Abhängigkeit von Geldbußtatbeständen von einer Einzelentscheidung der Verwaltungsbehörden, Göttingen 2006 (zitiert: *Petersohn*, Geldbußtatbestände (2006))

Polzin, Monika: Das Rangverhältnis von Verfassungs- und Unionsrecht nach der neuesten Rechtsprechung des BVerfG, JuS 2012, S. 1 ff.

Raabe, Andreas: Der Bestimmtheitsgrundsatz von Blankettstrafgesetzen am Beispiel der unzulässigen Marktmanipulation, Berlin 2007 (zitiert: *Raabe*, Der Bestimmtheitsgrundsatz (2007))

Radbruch, Gustav: Gesetzliches Unrecht und übergesetzliches Recht, SJZ 1946, S. 105 ff.

ders.: Der Geist des englischen Rechts, 2. erweiterte Auflage, Heidelberg 1947 (zitiert: *Radbruch*, Der Geist des englischen Rechts (1947))

Ransiek, Andreas: Gesetz und Lebenswirklichkeit- Das strafrechtliche Bestimmtheitsgebot, Heidelberg, 2007 (zitiert: *Ransiek*, Gesetz und Lebenswirklichkeit (1989))

Reimer, Sabine: Vorwort zum BaFin Journal, Ausgabe März 2011, S. 2

Renn, Christian: Einsatz und Offenlegung von Derivaten bei Unternehmensübernahmen, Zürich u. a. 2010 (zitiert: *Renn*, Einsatz und Offenlegung von Derivaten (2010))

Renn, Christian/Weber, Christoph Andreas/Gotschev, Georg G.: Beteiligungstransparenz und dynamisches Hedging – Zur Frage einer Delta-Adjustierung der Meldepflichten, AG 2012, S. 440 ff.

Renz, Hartmut/Rippel, Christine-Julia: Die Informationspflichten gem. §§ 21 ff. WpHG und deren Änderungen durch das Risikobegrenzungsgesetz, BKR 2008, S. 309 ff.

dies.: Änderungen der Transparenzvorschriften gem. §§ 21 ff. WpHG (Mitteilungspflichten von Stimmrechten) durch das Gesetz zur Stärkung des Anlegerschutzes und der Verbesserung der Funktionsfähigkeit des Kapitalmarktes, BKR 2011, S. 235 ff.

Roth, Hans-Peter: Das Gesetz zur Umsetzung der Transparenzrichtlinie-Änderungsrichtlinie, GWR 2015, S. 485 ff.

Roxin, Claus/Greco, Luís: Strafrecht Allgemeiner Teil, Band I, Grundlagen: Der Aufbau der Verbrechenslehre, 5. Auflage, München 2020 (zitiert: *Roxin/Greco*, Strafrecht AT, Bd. 1, 5. Aufl. (2020))

Rulf, Philipp: Die Zurechnungstatbestände des WpHG und WpÜG: Auslegung und Abgrenzung der Zurechnungstatbestände des § 22 WpHG und des § 30 WpÜG, Frankfurt am Main 2010 (zitiert: *Rulf*, Die Zurechnungstatbestände des WpHG und WpÜG (2009))

Rück, Heino/Heusel, Matthias: Zu den Grenzen der Beteiligungstransparenz bei Aktienerwerbsmöglichkeiten in Gesellschaftervereinbarungen, NZG 2016, S. 897 ff.

Rümelin, Max: Die Rechtssicherheit – Rede gehalten bei der akademischen Preisverteilung am 6. November 1924, Tübingen 1924 (zitiert: *Rümelin*, Die Rechtssicherheit (1924))

Rüthers, Bernd: Wozu auch noch Methodenlehre? – Die Grundlagenlücken im Jurastudium, JuS 2011, S. 865 ff.

Rüthers, Bernd/Fischer, Christian/Birk, Axel: Rechtstheorie, 11. Auflage, München 2020 (zitiert: *Rüthers/Fischer/Birk*, Rechtstheorie, 11. Aufl. (2020))

Sachs, Michael: Grundgesetz-Kommentar, 8. Auflage, München 2018 (zitiert: *Bearbeiter*, in: Sachs, Grundgesetz, 8. Aufl. (2018))

Satzger, Helmut: Die Europäisierung des Strafrechts – Eine Untersuchung zum Einfluß des Europäischen Gemeinschaftsrechts auf das deutsche Strafrecht, Köln u. a. 2001 (zitiert: *Satzger*, Europäisierung des Strafrechts (2001))

Schäfer, Dietrich: Aktuelle Probleme des neuen Aktienrechts, BB 1966, S. 229 ff.

Schäfers, Dominik: Einführung in die Methodik der Gesetzesauslegung, JuS 2015, S. 875 ff.

Schall, Alexander: Nochmals: Die Anwendbarkeit des Sachmangelrechts im Falle unbehebbarer Mängel der Kaufsache, NJW 2011, S. 343 ff.

Schanz, Kay-Michael: Schaeffler/Continental: Umgehung von Meldepflichten bei öffentlichen Übernahmen durch Einsatz von derivativen Finanzinstrumenten, DB 2008, S. 1899 ff.

Schiessl, Maximilian: Beteiligungsaufbau mittels Cash–settled Total Return Equity Swaps – neue Modelle und Einführung von Meldepflichten, Der Konzern 2009, S. 291 ff.

Schilha, Ralph: Umsetzung der EU-Transparenzrichtlinie 2013: Neuregelungen zur Beteiligungspublizität und periodischen Finanzberichterstattung, DB 2015, S. 1821 ff.

Schlitt, Michael/Schäfer, Susanne: Auswirkungen der Umsetzung der Transparenzrichtlinie und der Finanzmarktrichtlinie auf Aktien- und Equity-Linked-Emissionen, AG 2007, S. 227 ff.

Schlüchter, Ellen: Zum „Minimum" bei der Auslegung normativer Merkmale im Strafrecht, NStZ 1984, S. 300 ff.

Schmidt, Karsten: Rechtsdogmatik und Rechtspolitik: Hamburger Ringvorlesung – Hamburger Rechtsstudien, Heft 78, Berlin 1990 (zitiert: *Bearbeiter*, in: K. Schmidt, Rechtsdogmatik und Rechtspolitik (1990))

Schmidt, Karsten/Lutter, Marcus: Kommentar zum Aktiengesetz, Band I, 3. Auflage, Köln 2015 (zitiert: *Bearbeiter*, in: K. Schmidt/Lutter, AktG, Bd. I, 3. Aufl. (2015))

Schmidt-Bleibtreu, Bruno/Hofmann, Hans/Henneke, Hans-Günter: GG – Kommentar zum Grundgesetz, 14. Auflage, Köln 2018 (zitiert: *Bearbeiter*, in: Schmidt-Bleibtreu/Hofmann/Henneke, GG-Kommentar, 14. Aufl. (2018))

Schmieszek, Hans-Peter / Langner, Olaf: Der Pranger: Instrument moderner Finanz- und Wirtschaftsregulierung?, WM 2014, S. 1893 ff.

Schneider, Uwe H.: Gesetzliches Verbot für Stimmrechtsbeschränkungen bei der Aktiengesellschaft?, AG 1990, S. 56 ff.

ders.: § 25a WpHG – die dritte Säule im Offenlegungsrecht, AG 2011, S. 645 ff.

ders.: Die neue Konzeption der Regeln zur Offenlegung der Stimmrechte bei börsennotierten Aktiengesellschaften, in: Casper, Matthias/Klöhn, Lars/Roth, Wulff-Henning/Schmies, Christian: Festschrift für Johannes Köndgen, Köln 2016

Schneider, Uwe H. / Brouwer, Tobias: Kapitalmarktrechtliche Meldepflichten bei Finanzinstrumenten, AG 2008, S. 557 ff.

dies.: Kapitalmarktrechtliche Transparenz bei der Aktienleihe, in: Bitter, Georg/Lutter, Marcus/Priester, Hans-Joachim/Schön, Wolfgang/Ulmer, Peter (Hrsg.), Festschrift für Karsten Schmidt zum 70. Geburtstag, Köln 2009, S. 1411 ff.

Scholz, Franz: Die Rechtssicherheit, Berlin 1955 (zitiert: *Scholz*, Die Rechtssicherheit (1955))

Schröder, Christian: Europäische Richtlinien und deutsches Strafrecht, Berlin 2002 (zitiert: *Schröder, Chr.*, Europäische Richtlinien (2002))

Schroeder, Friedrich-Christian: Die Bestimmtheit von Strafgesetzen am Beispiel des groben Unfugs, JZ 1969, S. 775 ff.

Schroeder, Werner: Die Auslegung des EU-Rechts, JuS 2004, S. 180 ff.

Schulze, Philipp A.: Neuerungen im Kapitalmarktrecht: Europäische Regelungen zu Transparenzrichtlinie und Insiderrecht, Hamburg 2016 (zitiert: *Schulze*, Neuerungen im Kapitalmarktrecht (2016))

Schünemann, Bernd: Nulla poena sine lege?, Berlin 1978 (zitiert: *Schünemann*, Nulla poena sine lege? (1978))

Schürnbrand, Jan: Wider den Verzicht auf die gespaltene Auslegung im Kapitalmarktrecht, NZG 2011, S. 1213 ff.

Schwark, Eberhard/Zimmer, Daniel (Hrsg.): Kapitalmarktrechts-Kommentar, 4. Auflage, München 2010 (zitiert: *Bearbeiter*, in: Schwark/Zimmer, KMRK, 4. Aufl. (2010))

Schwark, Eberhard/Zimmer, Daniel (Hrsg.): Kapitalmarktrechts-Kommentar, 5. Auflage, München 2020 (zitiert: *Bearbeiter*, in: Schwark/Zimmer, KMRK, 5. Aufl. (2020))

Schwintowski, Hans-Peter: Juristische Methodenlehre, Frankfurt am Main 2005 (zitiert: *Schwintowski*, Juristische Methodenlehre, (2005))

Seel, Paul: Unbestimmte und normative Tatbestandsmerkmale im Strafrecht und der Grundsatz nullum crimen sine lege (Art. 103 II GG), München 1965 (zitiert: *Seel*, Unbestimmte und normative Tatbestandsmerkmale (1965))

Segna, Ulrich: Die sog. gespaltene Rechtsanwendung im Kapitalmarktrecht – Erörtert am Beispiel der §§ 21 ff. WpHG, ZGR 2015, S. 84 ff.

Seibt, Christoph H.: Verbandssouveränität und Abspaltungsverbot im Aktien- und Kapitalmarktrecht – Revisited: Hidden Ownership, Empty Voting und andere Kleinigkeiten, ZGR 2010, S. 795 ff.

ders.: Neues Regime der kapitalmarktrechtlichen Beteiligungstransparenz – Stellungnahme zum Anlegerschutz- und Funktionsverbesserungsgesetz, CFLaw 2010, S. 502 ff.

ders.: Übernahmerecht: Update 2010/2011, CFLaw 2011, S. 213 ff.

Seibt, Christoph H./Wollenschläger, Bernward: Europäisierung des Transparenzregimes: Der Vorschlag der Europäischen Kommission zur Revision der Transparenzrichtlinie, AG 2012, S. 305 ff.

dies.: Revision des Europäischen Transparenzregimes: Regelungsinhalte der TRL 2013 und Umsetzungsbedarf, ZIP 2014, S. 545 ff.

Siems, Mathias M.: Die Konvergenz der Rechtssysteme im Recht der Aktionäre – ein Beitrag zur vergleichenden Corporate Governance in Zeiten der Globalisierung, Tübingen 2005 (zitiert: *Siems*, Die Konvergenz der Rechtssysteme (2005))

Stephan, Klaus-Dieter: Die WpHG-Änderungen vom November 2015, Der Konzern 2016, S. 53 ff.

Stephan, Ulrich: Informationseffizienz von Aktienindexoptionen, Wiesbaden 1998 (zitiert: *Stephan, U.*, Informationseffizienz von Aktienindexoptionen (1998))

Streit, Manfred: Heterogene Erwartungen, Preisbildung und Informationseffizienz auf spekulativen Märkten, ZgS 139 (1983), S. 67 ff.

Sudmeyer, Jan: Mitteilungs- und Veröffentlichungspflichten nach §§ 21, 22 WpHG, BB 2002, S. 685 ff.

Teichmann, Christoph/Epe, Daniel: Neuer Regelungsansatz in der kapitalmarktrechtlichen Beteiligungstransparenz: Generalklausel statt Fallgruppen-Lösung, WM 2010, S. 1477 ff.

dies.: Die neuen Meldepflichten für künftig erwerbbare Stimmrechte (§§ 25, 25a WpHG), WM 2012, S. 1213 ff.

Theusinger, Ingo/Möritz, Daniel: Kapitalmarktrechtliche Beteiligungstransparenz, AL 2010, S. 3 ff.

Thöle, Claas: Die verfassungsmäßige Bestimmtheit der Strafbarkeit der Marktmanipulation nach dem Wertpapierhandelsgesetz, Berlin 2009 (zitiert: *Thöle*, Bestimmtheit der Marktmanipulation (2009))

Tiedemann, Klaus: Straftatbestand und Normambivalenz: am Beispiel der Geschäftsberichtsfälschung, in: Grünwald, Gerald u. a. (Hrsg.), Festschrift für Friedrich Schaffstein, Göttingen 1975, S. 195 ff.

ders.: Wirtschaftsstrafrecht – Einführung und Überblick, JuS 1989, S. 689 ff.

ders.: Wirtschaftsstrafrecht: Einführung und Allgemeiner Teil mit wichtigen Rechtstexten, 5. Auflage, München 2017 (zitiert: *Tiedemann*, Wirtschaftsstrafrecht, 5. Aufl. (2017))

Timm, Wolfram: Treupflichten im Aktienrecht, WM 1991, S. 481 ff.

Vallenthin, Wilhelm: Aktienrechtsreform und Kapitalmarkt, in: Marburger Aussprache zur Aktienrechtsreform hrsg. von der Rechts- und Staatswissenschaftlichen Fakultät der Philipps-Universität Marburg, S. 36 ff., Marburg 1959 (zitiert: *Vallenthin*, in: Marburger Aussprache zur Aktienrechtsreform (1959))

Veil, Rüdiger: Anlageberatung im Zeitalter der MiFID, WM 2007, S. 1821 ff.

ders.: Wie viel „Enforcement" ist notwendig? – Zur Reform des Instrumentenmix bei der Sanktionierung kapitalmarktrechtlicher Mitteilungspflichten gemäß §§ 21 ff. WpHG, ZHR 175 (2011), S. 83 ff.

ders.: Auf dem Weg zu einem Europäischen Kapitalmarktrecht: die Vorschläge der Kommission zur Neuregelung der Transparenzregime, WM 2012, S. 53 ff.

ders.: Beteiligungstransparenz im Kapitalmarktrecht – Rechtsentwicklungen und Reformperspektiven, ZHR 177 (2013), S. 427 ff.

Veil, Rüdiger/Dolff, Christian: Kapitalmarktrechtliche Mitteilungspflichten des Treuhänders – Grundsätze und Grenzen der Zurechnung von Stimmrechtsanteilen nach § 22 WpHG, AG 2010, S. 385 ff.

Vocke, Christian: Zum Rechtsverlust nach § 28WpHG bei Verstößen gegen Stimmrechtsmitteilungspflichten, BB 2009, S. 1600 ff.

Vogel, Till Moritz: Die jüngere Entwicklung der kapitalmarktrechtlichen Beteiligungstransparenz, Berlin 2018 (zitiert: *Vogel, T.*, Beteiligungstransparenz (2018))

von Arnauld, Andreas: Rechtssicherheit: Perspektivische Annäherungen an eine „idée directrice" des Rechts. Tübingen 2006 (zitiert: *von Arnauld*, Rechtssicherheit (2006))

von Bülow, Christoph/Stephanblome, Markus: Acting in Concert und neue Offenlegungspflichten nach dem Risikobegrenzungsgesetz, ZIP 2008, S. 1797 ff.

von Bülow, Christoph/ Petersen, Sven: Stimmrechtszurechnung zum Treuhänder?, NZG 2009, S. 1373 ff.

von Falkenhausen, Joachim: Reformbedarf beim Pflichtangebot gemäß § 35 WpÜG, ZHR 174 (2010), S. 293 ff.

von Holleuffer, Carl Eschwin Albert: Rechtssicherheit, unabhängige Justiz, ministerielle Cabinets-Justiz im Fürstenthum Schwarzburg-Sondershausen: Actenmäßige Darstellung eines in den Jahren 1863 und 1864 verhandelten Preßprozesses, Dessau 1864 (zitiert: *von Holleuffer*, Rechtssicherheit (1864))

von Mangoldt, Hermann/Klein, Friedrich/Starck, Christian: Kommentar zum Grundgesetz, Band 2, 7. Auflage, München 2018 (zitiert: *Bearbeiter*, in: von Mangoldt/Klein/Starck, GG-Kommentar, Bd. 2, 7. Aufl. (2018))

von Mangoldt, Hermann/Klein, Friedrich/Starck, Christian: Kommentar zum Grundgesetz, Band 3, 7. Auflage, München 2018 (zitiert: *Bearbeiter*, in: von Mangoldt/Klein/Starck, GG-Kommentar, Bd. 3, 7. Aufl. (2018))

von Münch, Ingo/Kunig, Philip: Grundgesetz-Kommentar, Band 1, 6. Auflage, München 2012 (zitiert: *Bearbeiter* in: von Münch/Kunig, GG-Kommentar, Bd. 1, 6. Aufl. (2012))

von Münch, Ingo/Kunig, Philip: Grundgesetz-Kommentar, Band 3, 5. Auflage, München 2003 (zitiert: *Bearbeiter* in: von Münch/Kunig, GG-Kommentar, Bd. 3, 5. Aufl. (2003))

von Savigny, Friedrich Carl, System des heutigen römischen Rechts, Band 1, Berlin 1840 (zitiert: *von Savigny*, System des heutigen Römischen Rechts (1840))

Voß, Thorsten: Das Anlegerschutz- und Funktionsverbesserungsgesetz – ausgewählte Aspekte des Regierungsentwurfs, BB 2010, S. 3099 ff.

ders.: Anmerkung zum Urteil des EuGH vom 11.3.2015 – C-628/13, BB 2015, S. 788 ff.

Volkswirtschaftslehre unter der Leitung von Albers, Hans-Jürgen, 13. Auflage, Haan-Gruiten 2018 (zitiert: *Albers*, Volkswirtschaftslehre, 13. Aufl. (2018))

Wackerbarth, Ulrich: Ein Seismograph für Übernahmeaktivitäten: Neue Regeln zum Verhindern des „Anschleichens" an potenzielle Zielgesellschaften im Diskussionsentwurf eines „Gesetzes zur Stärkung des Anlegerschutzes und Verbesserung der Funktionsfähigkeit des Kapitalmarkts", ZIP 2010, S. 1527 ff.

Wagner, Adolf: Volkswirtschaft für jedermann, 3. Auflage, München 2009 (zitiert: *Wagner*, Volkswirtschaft, 3. Aufl. (2009))

Wansleben, Till: Derivative Finanzinstrumente und Meldepflichten nach dem WpHG, StudZR 2009, S. 465 ff.

Weber, Christoph/Meckbach, Anne: Finanzielle Differenzgeschäfte – Ein legaler Weg zum „Anschleichen" an die Zielgesellschaft bei Übernahmen?, BB 2008, S. 2022 ff.

Weber, Martin: Vormitgliedschaftliche Treubindungen – Begründung, Reichweite und Vorauswirkung gesellschaftsrechtlicher Treupflichten, München 1999 (zitiert: *Weber*, Vormitgliedschaftliche Treubindungen (1999))

Weidemann, Moritz: „Hidden Ownership" und §§ 21 ff. WpHG – status quo?, NZG 2016, S. 605 ff.

Weichert, Tilman/Wenninger, Thomas: Die Neuregelung der Erkundigungs- und Aufklärungspflichten von Wertpapierdienstleistungsunternehmen gem. Art. 19 RiL 2004/39/EWG (MiFID) und Finanzmarkt-Richtlinen-Umsetzungsgesetz, WM 2007, S. 627 ff.

Wessels, Johannes/Beulke, Werner/Satzger, Helmut: Strafrecht, Allgemeiner Teil, 48. Auflage, Heidelberg 2018 (zitiert: *Wessels/Beulke/Satzger*, Strafrecht AT, 48. Aufl. (2018))

Widder, Stefan/Kocher, Dirk: Stimmrechtszurechnung vom Treugeber zum Treuhänder gem. § 22 Abs. 1 Satz 1 Nr. 2 WpHG analog?, ZIP 2010, S. 457 ff.

Wiedemann, Herbert: Minderheitenschutz und Aktienhandel: eine rechtsvergleichende Studie zum amerikanischen und deutschen Gesellschaftsrecht, Stuttgart 1968 (zitiert: *Wiedemann*, Minderheitenschutz und Aktienhandel (1968))

Wilke, Stefan: Grenzen einheitlicher Rechtsanwendung von Ver- und Geboten des Wertpapierhandelsgesetzes, Hamburg 2010 (zitiert: *Wilke*, Grenzen einheitlicher Rechtsanwendung (2010))

Wilsing, Hans-Ulrich / Kleemann, Marcel: Veröffentlichung von Insider-Information mit potenziellem Einfluss auf Kurse von Finanzinstrumenten auch ohne entnehmbare Richtung – Anmerkung zu EuGH- Urteil „Lafonta", DStR 2015, S. 955 ff.

Witt, Carl-Heinz: Übernahmen von Aktiengesellschaften und Transparenz der Beteiligungsverhältnisse, Köln 1998 (zitiert: *Witt*, Übernahmen von Aktiengesellschaften (1998)) *ders.*: Regelmäßige „Wasserstandsmeldungen" – unverzichtbarer Bestandteil eines künftigen Übernahmegesetzes, NZG 2000, S. 809 ff.

ders.: Die Änderungen der Mitteilungs- und Veröffentlichungspflichten nach §§ 21 ff. WpHG durch das geplante Wertpapiererwerbs- und Übernahmegesetz, AG 2001, S. 233 ff.

Zerey, Jean-Claude (Hrsg.), Finanzderivate, 4. Auflage, Baden-Baden 2016 (zitiert: *Bearbeiter*, in: Zerey, Finanzderivate, 4. Aufl. (2016))

Zetzsche, Dirk: Insider-Information beim verdeckten Beteiligungsaufbau („Anschleichen") mittels Total Return Swaps? – Zur Einordnung von EuGH, Urt. v. 11.3.2015 – Rs C-628/13, AG 2015, 388 – „Lafonta/AFM", AG 2015, S. 381 ff.

Zippelius, Reinhold: Recht und Gerechtigkeit in der offenen Gesellschaft, 2. Auflage (erweitert), Berlin 1996 (zitiert: *Zippelius*, Recht und Gerechtigkeit, 2. Aufl. (1996))

ders.: Rechtsphilosophie 6. Auflage, München 2011 (zitiert: *Zippelius*, Rechtsphilosophie, 6. Aufl. (2011))

ders.: Juristische Methodenlehre, 11. Auflage, München 2012 (zitiert: *Zippelius*, Juristische Methodenlehre, 11. Aufl. (2012))

Börsen- und kapitalmarktrechtliche Abhandlungen

Herausgegeben von Horst Hammen

Band 1 Susann Schumann: Die Verbesserung der Eigenkapitalausstattung mittelständischer Unternehmen durch Unternehmensbeteiligungsgesellschaften. Eine Analyse der Entwicklung des Gesetzes über Unternehmensbeteiligungsgesellschaften. 2007.

Band 2 Sonja Granzow: Die Aufsicht über den Handel mit Energiederivaten nach dem Gesetz über das Kreditwesen. 2007.

Band 3 Jens H. Kunz: Ausgewählte Rechtsprobleme des Zentralen Kontrahenten. Unter besonderer Berücksichtigung des Clearing-Systems an der Frankfurter Wertpapierbörse. 2009.

Band 4 Stefan Bressler: Public Private Partnership im Bank- und Börsenrecht durch Beleihung mit einer Anstaltsträgerschaft. 2009.

Band 5 Horst Hammen (Hrsg.): Interessenkonflikte beim Börsengang von Börsen. 2009.

Band 6 Alexander Hofmann: Der Skontroführer an den deutschen Wertpapierbörsen. 2009.

Band 7 Roman Jüngling: Polnisches Börsen- und Kapitalmarktrecht. Interessenkonflikte bei der Selbstnotierung der Warschauer Börse. 2010.

Band 8 Gisella Victoria Villeda: Prävention und Repression von Insiderhandel. 2010.

Band 9 Horst Hammen: Börsen und multilaterale Handelssysteme im Wettbewerb. Eine wirtschaftsrechtliche Analyse. 2011.

Band 10 Karsten Fink: Der Freiverkehr. Die rechtliche Organisation des Handelssegments Freiverkehr an deutschen Börsen. 2013.

Band 11 Simon Reitz: Börsengeschäfte, Übertragung von Wertpapieren und Leistungsstörungen. 2013.

Band 12 Elisabeth Heuser: Mistrades bei Börsengeschäften. 2013.

Band 13 Horst Hammen: Börsenerlaubnis, Anteilseignerkontrolle und Niederlassungsfreiheit bei der Fusion von Börsenorganisationen. Das Projekt Gamma. 2013.

Band 14 Matthias Bopp: Fusionen und Kooperationen deutscher Börsen und ihrer Träger. 2015.

Band 15 Dennis Rasch: Der Nachweis der haftungsbegründenden Kausalität bei fehlerhafter Adhoc-Publizität. Anwendungsmöglichkeit der Vermutung aufklärungsrichtigen Verhaltens? 2016.

Band 16 Heinrich Eva: Die Rechtsstellung der für die Börse tätigen Personen. 2017.

Band 17 Feyko Conring: Sittenwidriges Informationsverhalten. Die Haftung für fehlerhaftes Informationsverhalten gegenüber den Anlegern am regulierten Wertpapiermarkt. 2017.

Band 18 Marcel Lohwasser-Spitzer: Börsenerlaubnis. Anspruch auf Erteilung und Widerruf der Börsenerlaubnis. 2018.

Band 19 Christin Riedel: Freiwilliges und zwangsweises Delisting im deutschen und südkoreanischen Recht. 2018.

Band 20 Erik Emmerling: Die Bekämpfung des Anschleichens an eine börsennotierte Gesellschaft und das Gebot der Rechtssicherheit. Eine Analyse der aktuellen Meldepflichten des WpHG bezüglich stimmrechtsvermittelnder Instrumente des Kapitalmarkts unter besonderer Beachtung des strafrechtlichen Bestimmtheitsgrundsatzes des Art. 103 Abs. 2 GG. 2020.

www.peterlang.de

www.ingramcontent.com/pod-product-compliance
Ingram Content Group UK Ltd.
Pitfield, Milton Keynes, MK11 3LW, UK
UKHW022104051026
15623UKWH00003B/668

9 783631 836637